Teoria Tridimensional do

DIREITO DE FAMÍLIA

W464t Welter, Belmiro Pedro

Teoria tridimensional do direito de família / Belmiro Pedro Welter. – Porto Alegre: Livraria do Advogado Editora, 2009.

330 p.; 23 cm.

ISBN 978-85-7348-622-3

1. Direito de família. I. Título.

CDU – 347.6

Índice para catálogo sistemático:

Direito de família 347.6

(Bibliotecária responsável: Marta Roberto, CRB-10/652)

BELMIRO PEDRO WELTER

Teoria Tridimensional do
DIREITO DE FAMÍLIA

Porto Alegre, 2009

Capa, projeto gráfico e diagramação
Livraria do Advogado Editora

Revisão
Rosane Marques Borba

Direitos desta edição reservados por
Livraria do Advogado Editora Ltda.
Rua Riachuelo, 1338
90010-273 Porto Alegre RS
Fone/fax: 0800-51-7522
editora@livrariadoadvogado.com.br
www.doadvogado.com.br

Impresso no Brasil / Printed in Brazil

À esposa, Sandra, e aos filhos, Leonardo e Nathália:
É maravilhoso conviver e compartilhar os episódios da vida, compreendendo os modos de ser-no-mundo-genético, de ser-no-mundo-afetivo e de ser-no-mundo-ontológico!

Prefácio

Durante décadas e décadas aprendemos – e continuamos ensinando (sic) – que "interpretar é extrair o unívoco sentido do texto, que interpretar é retirar da lei tudo o que ela contém, que a norma (que confundimos com o texto) possui uma vontade e que o legislador é bem ou mal intencionado. Criávamos – e continuamos criando – um mundo de ficções textuais, cindindo razão teórica de razão prática.

Nesse contexto, as teorias positivistas do direito vem se recusando, historicamente, a fundar suas epistemologias em uma racionalidade que desse conta do agir propriamente dito (escolhas, justificações, etc). Como alternativa, estabeleceram um princípio fundado em uma razão teórica pura: o direito, a partir de então, deveria – e ainda "deve" – ser visto como um objeto que seria analisado segundo critérios emanados de uma lógica formal rígida. Assim – e o socorro vem de Castanheira Neves – distinguia-se no pensamento jurídico uma perspectiva "teórica" ("científica") e uma perspectiva "prática" (a "teoria" e a "prática") e se instituía o que se poderá designar por dualismo normativista: o ser do direito nas normas (as normas do sistema jurídico) e a interpretação e o conhecimento dele por meio destas primeiro; e a sua aplicação posterior: dualismo de entidades, de momentos, de atos.

Isso significa dizer que, para o positivismo jurídico, pouco importava colocar em discussão – no campo d(e um)a teoria do direito – questões relativas à legitimidade da decisão tomada nos diversos níveis do poder estatal (legislativo, executivo ou judicial). No fundo, operou-se uma cisão entre validade e legitimidade, sendo que as questões de validade seriam resolvidas através de uma análise lógico-semântica dos enunciados jurídicos, ao passo que os problemas de legitimidade – que incluem uma problemática moral – deveriam ficar sob os cuidados de uma teoria política que poucos resultados poderia produzir, mormente se considerarmos a história do Brasil, com poucas décadas de efetivo regime democrático.

Por certo, a pretensão das teorias positivistas era oferecer à comunidade jurídica um objeto e um método seguro para produção do conhecimento científico no direito. Isso levou a uma aposta em uma racionalidade teórica asfixiante que isolava/insulava todo contexto prático de onde as questões jurídicas realmente haviam emergido. Melhor dizendo, essa racionalidade teórica possibilitou – e continua a possibilitar – "entender" o direito em sua autônoma objetividade. Ou, ainda, em outras palavras, os fatos sociais, os conflitos, enfim, a faticidade, não faziam parte das "preocupações" da teoria do direito. Portanto, ironicamente, a pretensão estabilizadora e cientificizante do positivismo jurídico acabou por criar uma babel resultante da separação produzida entre questões teóricas e questões práticas, entre validade e legitimidade, entre teoria do direito e teoria política.

O resultado disso é que – mesmo em tempos de "consenso pós-positivista" – o estado da arte da teoria do direito continua apontando para o fato de que, muito embora as transformações ocorridas no campo do conhecimento, continuamos reféns da antiga contraposição "objetivismo-subjetivismo", com algumas variações que, ao fim e ao cabo, acabam retomando uma dessas posturas que perpassam o imaginário dos juristas há mais de dois séculos.

Com efeito – e venho insistindo nisso –, se a primeira "etapa" do *linguistic turn* foi recepcionada (principalmente) pelas concepções analíticas do direito, proporcionando consideráveis avanços no campo da teoria do direito, o segundo "giro" (que adiciona o mundo prático à filosofia, que se pode denominar de giro linguístico-ontológico ou *hermeutic turn*) ainda não conseguiu seduzir suficientemente os juristas a ponto de levá-los a superar as velhas concepções que apostam, de um lado, na objetividade textual e, de outro, no protagonismo do sujeito-intérprete.

Se ficarmos atentos, não é difícil constatar – em um universo que calca o conhecimento em um fundamento último e no qual a "epistemologia" é confundida com o próprio conhecimento (problemática presente nas diversas teorias discursivas-argumentativas e nas perspectivas analíticas em geral) – que a hermenêutica jurídica dominante no imaginário dos operadores do direito no Brasil (*perceptível a partir do ensino jurídico, da doutrina e das práticas dos tribunais*) continua sendo entendida como um (mero) saber "operacional" (talvez por isso os juristas se autodenominem "operadores do direito").

Domina, no âmbito do campo jurídico, o modelo assentado na ideia de que "o processo/procedimento interpretativo" possibilita que o sujeito (a partir da certeza-de-si-do-pensamento-pensante, enfim, da subjetividade "instauradora" do mundo) alcance o resultado ("unívoco sentido" ou até mesmo "qualquer sentido", atribuído ao abrigo de, por vezes, pragmatismos inconsequentes, pelos quais o intérprete/juiz "resolve" um problema e "cria" dezenas de outros, pela impossibilidade de estender aos demais cidadãos, sob o pálio do princípio da igualdade, os mesmos direitos concedidos *ad hoc*). Em outras palavras: o problema decorrente dessas "contradições epistêmicas" reside no fato de que esse "sentido do texto" exsurge de um *sub-jectum* que, sustentado em uma "adequada metodologia", alcança essa "certeza", que, estranhamente, pode ser "uma entre várias"...! O que não se pode esquecer – e isso é de uma relevância ímpar – que o método para alcançar/controlar esse sentido decorre do próprio *sub-jectum,* como se fosse possível "isolar" o conteúdo a ser buscado do método controlador desse mesmo resultado...! Volta-se, uma vez mais, à cisão entre razão teórica e razão prática.

Uma vez que passamos da epistemologia para a hermenêutica (fundada no giro linguístico-ontológico), é razoável pensar (e esperar) que essa ruptura paradigmática deveria obter uma ampla recepção nessa complexa área do conhecimento que é o direito, mormente se parti[r]mos da concepção de que há uma indissociável ligação entre o positivismo jurídico – que tanto queremos combater – e o esquema sujeito-objeto (afinal, ninguém admite, principalmente no Brasil, ser epitetado de "positivista").

Em Heidegger e Wittgenstein essas questões ficam extremamente bem delineadas, embora sob perspectivas diferenciadas. A utilização da filosofia hermenêutica e da hermenêutica filosófica dá-se na exata medida da ruptura paradigmática introduzida principalmente por Heidegger (e também por Wittgenstein), nos anos 20-30 do século XX, a partir da introdução do mundo prático na filosofia, circunstância que aproxima os dois filósofos. Desnecessário referir, aqui, nos limites de um prefácio, a importância da "continuidade" desse projeto filosófico: a hermenêutica de Hans-Georg Gadamer, que a todo tempo atravessa a obra de Belmiro.

Por todo o exposto, *há uma pergunta que se torna condição de possibilidade:* por que o direito estaria "blindado" às influências dessa revolução paradigmática ocorrida no campo da filosofia? Parece evidente que o direito não está imune aos influxos da filosofia. E é nesse contexto que deve ser lida a obra *Teoria Tridimensional do Direito de Família*, de Belmiro Pedro Welter. Trata-se de uma pesquisa inovadora, buscando um novo olhar sobre esse complexo ramo do direito. Sua análise é diferenciada, para além da crítica tradicional – por vezes apenas calcada em protagonismos judiciários – que tem sido feita ao velho direito de família. Pois não há nada mais anti-hermenêutico do que a repetição de conceitos como de princípios, efetividade do direito, literalidade da lei, automatismo, axiologismos, valores, etc, sem a devida reflexividade que uma consciência histórica (*Wirkungsgeschichte*) nos coloca. As diversas posturas normativistas-positivistas apenas nos induzem a "falar"/"contar" – com toda a força e sem a devida filtragem hermenêutica – uma determinada tradição, que nem sempre é constitucionalmente adequada.

Ancorado em consistente bibliografia, Belmiro deixa claro no decorrer de todo o texto que os avanços hermenêuticos (compreensão, interpretação, rompimento com método, etc) *não podem significar o enfraquecimento da autonomia do direito* alcançada/conquistada com tanto custo a partir das tragédias decorrentes de duas guerras mundiais. O direito do Estado Democrático de Direito é um *plus* normativo/qualitativo e assim deve ser analisado/compreendido. Isso significa dizer – e isso está implícito nessa inovadora construção teórica de Belmiro – que a hermenêutica jurídica não pode se tornar refém de discursos adjudicadores com pretensões corretivas advindos do campo da moral, da economia ou da política.

Há, pois, uma cooriginariedade entre direito e moral, direito e política e direito e economia, para falar apenas destas relações tão complexas. *Verbi gratia*: não mais podemos falar de uma *moral ornamental (uma modalidade da moral que não opera no mundo prático-concreto)*. Devemos evitar, igualmente, uma espécie de moralismo jurídico pelo qual o direito seria responsável pela capilarização dos desejos morais individuais dos que participam da comunidade política. Em uma moral ornamental, tem-se a institucionalização de um *discurso postiço* no direito – circunstância presente nas teorias da argumentação – mas que funciona apenas como uma "capa de sentido", ou um discurso adjudicador. Neste caso, o argumento moral tem um "caráter predatório": ele sequestra o sentido jurídico para oferecer a decisão do caso. O que seja essa decisão, no final, será tarefa do intérprete dizer. E isso representa um problema grave para a democracia e a legitimidade do direito. A moral ornamental é inimiga da autonomia do direito porque ela pretende colocar o direito sob "seu comando". Quando se diz que o juiz deve decidir por argumento de princípio – e tenho insistido nisso – , não se pode entender que nesse momento se esteja fazendo uma cisão positivista entre moral e direito.

Não se pode, a pretexto de uma pretensa secularização, efetuar uma separação entre moral e direito, como se o direito fosse "bom" e a "moral" fosse ruim (seria ruim porque geraria insegurança e irracionalidades no interior do conhecimento jurídico). Defender a secularização não significa isolar a moral como se fosse algo "contagioso" para o direito. Até porque, e isso é preciso esclarecer, moral não é religião, nem desejo pessoal das pessoas sobre o que é bom ou ruim para a sociedade. Aliás, nesse caso, pode-se dizer o contrário, que a moral significaria o ideal de vida boa simplesmente e que o direito seria uma mera racionalidade instrumental. O que não pode ser deixado de lado é que direito e moral se preocupam com questões idênticas: a ação e a legitimidade dos atos de poder desempenhados em sociedade.

Nesse sentido, importa registrar que Belmiro não se deixa seduzir pelo "canto da sereia" do pan-principiologismo que toma conta da doutrina e da jurisprudência pátrias, especialmente no que diz respeito ao direito civil (trata-se da – equivocada – tese de que os princípios são a "positivação" da moral" ou dos "valores" ou de que "os princípios são valores", circunstância que possibilita a "criação" infinita de novos princípios, à revelia da própria Constituição). Com efeito, o direito civil – mormente o ramo "de família" – , depois de ficar aprisionado/refém, por centenas de anos, do paradigma liberal-individualista centrado no sujeito-proprietário-de-mercadorias, parece ter encontrado, a partir de uma excessiva adesão aos princípios (que por vezes nem princípios são), a sua pedra filosofal da interpretação, como se, em um passe de mágica, cada intérprete, de forma discricionária, pudesse fazer uma espécie de "livre atribuição de sentidos", substituindo o direito pela sociologia, pela moral, etc, fragilizando – e permito-me insistir nesse ponto[1] – a autonomia do direito.

Belmiro sustenta que deve haver uma nova forma de compreender a família. Sem confundir a sua proposta tridimensional com o conceito "tridimensional" tradicional de Miguel Reale (fato, valor e norma), o autor trabalha na perspectiva de que o ser humano tem uma abertura de caráter tridimensional: abertura às coisas, aos outros e para si, pelo que a compreensão do direito de família deve ser efetivada pelos mundos genético (abertura às coisas), (des)afetivo (abertura e/ou fechamento aos outros), e ontológico (abertura para si). Daí que – acertadamente – diz que a compreensão do texto do direito de família não deve ser efetivada a partir do paradigma da subjetividade (filosofia da consciência), saltando na direção de uma compreensão intersubjetiva, lócus do paradigma hermenêutico que sustenta toda a sua reflexão.

É nesse pressuposto hermenêutico que Belmiro "amarra" suas reflexões. Sabe muito bem que, se texto e norma são coisas diferentes, isso não quer dizer que possa ser atribuída qualquer norma a esse texto. Mas, fundamentalmente, essa discussão "texto-norma" não pode ser feita, jamais, à revelia da faticidade. *Quaestio facti* e *quaestio juris* são cooriginários, não estão cindidos, circunstância que a diferença ontológica *(ontologische Differentz)* nos permite compreender de uma forma diferenciada e condizente com um paradigma jurídico como é o Estado Democrático de Direito.

Em outras palavras, invocando o historiador Edward Thompson, em seu Senhores e Caçadores, o direito importa e por isso nos importamos com tudo isso. Ser jurista em tempos de crescente complexidade social é um profundo desafio. Por vezes, somos tentados a colocar o direito em segundo plano, como se fosse uma mera racionalidade formal. Por vezes, somos tentados, mormente em ramos complexos como o direito de família, a apostar (cada vez) mais no protagonismo judicial, *fragilizando a produção democrática do direito*. Mas não devemos esquecer que a principal característica do positivismo jurídico, tão bem denunciada por Dworkin, foi e é a discricionariedade. E, ainda, que a Constituição é pós-positivista.

Um direito de família adequado ao Estado Democrático de Direito, que respeite a "tridimensionalidade" defendida por Belmiro Pedro Welter, deve ser produto de uma

[1] A discussão acerca da autonomia do direito assume cada vez mais importância em sociedades complexas como a brasileira. Nesse sentido, remeto o leitor à obra de José Manuel Aroso Linhares e Alexandre M. da Rosa, *Diálogos com a Law & Economics*. Rio de Janeiro, Lumen Juris, 2008.

"comunidade de intérpretes", e não fruto de voluntarismos e/ou ativismos. *Esse é o ganho do paradigma da intersubjetividade*. Esse é o ganho proporcionado pela hermenêutica filosófica. Incertezas da linguagem ou "insuficiências ônticas" devem ser compreendidas a partir da Constituição (e dos princípios constitucionais). Não teria sentido que, nesta quadra da história, depois da superação dos autoritarismos/totalitarismos surgidos no século XX e no momento em que alcançamos esse (elevado) patamar de discussão democrática do direito, viéssemos a "depender" da discricionariedade dos juízes na discussão dos assim denominados "casos difíceis" ou em face das (inexoráveis) incertezas da linguagem.

Todas essas questões tornam ainda mais instigante a leitura de *Teoria Tridimensional do Direito de Família*.

Do escaldante verão de 2009, da Dacha de São José do Herval para São Luiz Gonzaga, terra de Noel Guarani e Pedro Ortaça,

Prof. Dr. LENIO LUIZ STRECK

Titular da Unisinos-RS,
Membro Catedrático da Academia Brasileira de Direito Constitucional,
Docente Visitante da Universidade de Coimbra (CAPES-GRICES),
Procurador de Justiça-RS.

Nota do autor

É a primeira vez no Brasil que é sustentado, por meio de uma teoria filosófica no direito, que a família não é compreendida na unidimensionalidade genética ou na bidimensionalidade e normatividade genética e afetiva, e sim na tridimensionalidade existencial genética, (des)afetiva e ontológica.

A hermenêutica filosófica não é imperialista e nem pretende substituir qualquer outra teoria do direito ou ter a última palavra, não sendo melhor nem pior que as demais teorias, mas um modo de compreender diferente, não mais olhando o Direito por uma teoria do Direito, mas, sim, buscando compreender o Direito por uma teoria filosófica. Isso quer dizer que a tese não é a primeira, a segunda ou a última palavra em direito de família, e sim o direito "à" palavra, ao diálogo, à hermenêutica, à linguagem. A família será vista de outra forma, diferente, não compreendendo o direito em sua autocompreensão, e sim pela filosofia prática, isso porque hermenêutica é filosofia e, enquanto filosofia, filosofia prática, aplicando-a de acordo com o mundo da vida, a realidade existencial.

O ser humano convive e compartilha nos mundos genético, afetivo e ontológico, que são mundos diferentes, mas que condicionam uns aos outros, modos simultâneos de compartilhar em família, porque:

a) genético é o mundo dos objetos a nossa volta, o mundo natural dos seres vivos, abrangendo as necessidades biológicas, impulsos, instintos, das leis e dos ciclos naturais, do dormir, do acordar, do nascer, do morrer, do desejo, do alívio, um modo de ser-no-mundo-genético; b) (des)afetivo é o mundo dos inter-relacionamentos entre os humanos, principalmente em família, é o ser-com-os-outros, da linguagem, da compreensão, do diálogo, do entendimento, do afeto e do desafeto, da solidariedade, em que a afetividade é uma condição de possibilidade de o ser humano ser realmente humano e compreender o seu próprio mundo (ontológico), em que o humano é um modo de ser-no-mundo-(des)afetivo; c) ontológico é o mundo da percepção de si mesmo, do auto-relacionamento, do diálogo não somente em sociedade ou em família, e sim uma autoconversação, um vir-à-fala, uma compreensão de consigo mesmo, um modo de ser-no-mundo-ontológico.

Isso significa que o ser humano tem uma abertura de caráter tridimensional: abertura às coisas, aos outros e para si, pelo que a compreensão do direito de família deve ser efetivada pelos mundos genético (abertura às coisas), (des)afetivo (abertura e/ou fechamento aos outros), e ontológico (abertura para si).

A compreensão do texto do direito de família não deve ser efetivada pela subjetividade do intérprete/julgador, mas pela intersubjetividade, conduzida pelo acontecer da história, em que o passado e o presente se encaixam em contínua mediação, para tentar compreender o futuro da família. O acontecer da interpretação, que é um modo de ser-no-mundo, ocorre a partir da fusão de horizontes para si mesmo, porque compreender é um existencial, uma categoria pela qual o ser humano se constitui, exsurgindo a norma, que é o produto da síntese hermenêutica, que se dá a partir da faticidade, da existencialidade, e da historicidade do intérprete.

Para compreender o texto deste ensaio científico é necessário parar diante dele, deixando que ele diga alguma coisa ao intérprete, olhando-o de soslaio, como se nunca tivesse ouvido falar em filosofia; como se nunca tivesse ouvido falar em Direito; como se nunca tivesse ouvido falar em família; como se não tivesse família, amigos, professores, livros e outros meios de comunicação para explicar como é o ser humano, a família, a sociedade e o mundo; como se tivesse acabado de nascer para o mundo e precisar perguntar o que é, por que é e como é o mundo, o texto, a família, o ser humano.

Com a hermenêutica filosófica, o intérprete nunca pode propagar que compreendeu o texto melhor do que outra pessoa, vez que quando se logra compreender, não se compreende melhor, e sim de modo diferente. Significa dizer que se compreende cada época a partir de seus conceitos prévios, da tradição, da linguagem, porquanto um texto, mesmo antigo, é sempre atual, novo, que se apresenta cada vez diferente em sua concretização.

Na hermenêutica filosófica não há como fugir das heranças da tradição, dos pre-cônceitos e da incidência do tempo, o tempo de todos os tempos, que marcam as diferenças entre os modos de ser-no-mundo-genético, de ser-no-mundo-(des)afetivo e de ser-no-mundo-ontológico, em que o direito não é separado da sociedade, da realidade da vida, motivando a compreensão e a existência pela vinculação social.

Condição de possibilidade da compreensão tridimensional da família é a harmonização do sistema de regras com os princípios constitucionais, visto que a Era da jurisdição constitucional impõe limites no processo interpretativo, não sendo a hermenêutica um salvo-conduto às atribuições subjetivas do intérprete. Enquanto a regra golpeia a abertura, o princípio promove o fechamento do processo hermenêutico, servindo como blindagem contra a livre atribuição de sentidos do texto do direito de família, à medida que em cada regra habita um princípio, que não poderá se sobrepor à sua própria principiologia, sob pena de promover um retorno ao positivismo.

O texto do direito de família não é a norma e nem existe sem ela, assim como não existe norma sem texto, porquanto o legislador produz o texto, que é apenas um momento da concretização normativa, cabendo ao intérprete descobrir a estrutura da norma, que existe no sentido do texto. Por isso, na cultura jurídica do País *sempre sobra a realidade*, que, no direito de família, é a compreensão da condição humana tridimensional, isto é, os modos de ser-no-mundo-genético, de ser-no-mundo-(des)afetivo e de ser-no-mundo-ontológico.

Significa que é chegado o momento de o legislador/intérprete compreender o direito de família não apenas por uma *teoria do direito genética*, mas, principalmente, por uma *teoria filosófica no direito genética, (des)afetiva e ontológica*, repensando a visão meramente positivista, que busca os ideais liberais da certeza e da segurança jurídica, pois a filosofia é condição de possibilidade de compreender o direito.

Não se está a sustentar a compreensão da filosofia *do* direito, e sim da filosofia *no* direito (Streck), tendo em vista que o filósofo não é mero espectador, mas, sim, participante do direito, na medida em que a hermenêutica é filosofia, e filosofia é hermenêutica, é práxis social, é realidade da vida. Dessa forma, é impossível fazer direito sem filosofia aplicada, que se constrói e se projeta na compreensão fenomenológica tridimensional, a cada evento da vida genética, (des)afetiva e ontológica. Nesse sentido, o direito está em constante movimento hermenêutico e temporal, porquanto hermenêutica é palavra, é linguagem, é troca de ideias, é discurso, é intersubjetividade, é harmonia, é entendimento, é silêncio, enfim, é o direito de falar e o dever de ouvir.

Compreendendo fenomenologicamente o direito de família, a partir da hermenêutica da faticidade heideggeriana e dos aportes da hermenêutica filosófica gadameriana, procurarei superar a noção objetificante da dogmática jurídica, saltando para um modo de ser-em-família, um encontro prático com o mundo da vida.

Volverei o olhar à concretude existencial e histórica, procurando desvelar e materializar, na concretude do acontecer jurídico familiar, a essência, a realidade do modo de ser-no-mundo-genético, de ser-no-mundo-(des)afetivo e de ser-no-mundo-ontológico, compreendendo o direito sob a égide da tradição histórica da família. Assim, dentro do complexo contexto de recuperação da filosofia prática, proporei a tridimensionalidade como alternativa humanista para a compreensão do direito de família.

A tese tem a pretensão de trazer apenas uma mensagem, um anúncio da tridimensionalidade humana, uma compreensão diferente da família, não mais por uma teoria do Direito, mas por uma teoria filosófica *no* Direito, buscando uma experiência hermenêutica, a qual não poderá ser controlada em gabinete, na medida em que obriga o ser humano a pensar de outro modo, sempre de acordo com a realidade existencial e (de)limitado pela Constituição do País, já que vivemos sob os ditames de um Estado Democrático de Direito.

Sumário

Considerações gerais iniciais da Teoria Tridimensional do Direito de Família[1]

O mundo está em processo de globalização, em que é sustentado o compartilhamento em rede do território, do Estado, do povo, da economia, da cultura, da educação, das comunicações, dos deveres, dos direitos, dos desejos, da política, de todos os setores da sociedade, inclusive da falência do Estado,[2] devido às suas crises.[3] Por isso, não é possível conviver com dogmas religiosos, verdades eternas, aceitação de regras em detrimento de princípios constitucionais, compreensão do texto do direito de família pela subjetividade, desproporcional intromissão do Estado Laico e Democrático de Direito, e com a linguagem normativa da genética na vida familiar.

A família é a mais antiga comunhão plena de vida genética, afetiva e ontológica, a qual sempre foi (des)cuidada pelo prisma da normatização do mundo biológico, desconectada dos mundos afetivo[4] e ontológico.[5] Como o afeto e a ontologia não constam de forma expressa nos textos (infra)constitucionais, a comunidade jurídica não os têm acolhido como valor jurídico, tendo em vista que a dogmática jurídica presta rigorosa obediência ao legislador, não obstante o Direito abarcar o sentido incorporado na lei, na jurisprudência, no enunciado, na doutrina, na súmula, na realidade, nos fatos da

[1] REALE, Miguel. *Teoria Tridimensional do Direito*. 5.ed. 7. tiragem. São Paulo: Saraiva, 2005. A teoria de Reale é positivista (o Direito seria valor, fato e norma). Segundo o autor (p. 147 a 153), ela tem o propósito de "alcançar uma visão integral do Direito, superando explicações unilaterais ou setorizadas", porque o tridimensionalismo "atende a esses três pressupostos, pois ela vem, fora de dúvida, integrar em unidade orgânica conteúdos antes dispersos, vistos separadamente, ora como fato, ora como valor, ora como norma". A teoria esposada nesta pesquisa se afasta do campo positivista, adotando uma teoria filosófica *no* Direito (hermenêutica filosófica).

[2] NOVAES, Adauto (Org). Crepúsculo de uma civilização. In: *Civilização e Barbárie*. São Paulo: Companhia das Letras, 2004, p. 08. RIBEIRO, Renato Janine. Civilização sem guerra. In: *Civilização e Barbárie*. Adauto Novaes (Org.). São Paulo: Companhia das Letras, 2004, p. 224. É possível que estejamos à beira de um conflito terrível e talvez mundial. GADAMER, Hans-Georg. *Herança e futuro da Europa*. Tradução de António Hall. Portugal: Edições 70 Ltda, 1989, p. 12. Em 1989, nos seus 89 anos de vida, noticia que não apenas as nações em desenvolvimento, como toda a Europa, estão imersas em crise de projeção mundial, em que *nos aproximamos lentamente da zona fronteiriça da vida e da sobrevivência*.

[3] BOLZAN DE MORAIS, José Luiz (Org). *As crises do Estado*. Porto Alegre: Livraria do Advogado, 2005, p. 09 a 27.

[4] REGO, Teresa Cristina; OLIVEIRA, Marta Kohl de. Vygotsky e as complexas relações entre cognição e afeto. In: *Afetividade na Escola*. Valéria Amorim Arantes (Organizadora). São Paulo: Summus Editorial, 2003, p. 15. No campo da afetividade, encontra-se uma multiplicidade de termos, como: emoções, paixões, afetos, sentimentos, que se resume na linguagem humana.

[5] Por ontologia, quer-se dizer que o ser humano é um ser que compartilha e convive, além dos mundos genético e afetivo, também em seu próprio mundo, seu mundo endógeno, as suas circunstâncias pessoais.

montanha da vida,[6] como os existenciais genético, (des)afetivo e ontológico. O sentido da família é o que se pode articular na abertura da compreensão, que é existência, mas "não pode ser definido como algo que ocorre em um juízo ao lado e ao longo do ato de julgar", porque a compreensão está sempre capturada pelo intérprete, antes de qualquer interpretação.[7]

O humano habita, ao mesmo tempo, os mundos genético, (des)afetivo e ontológico, porque: a) é um ser humano genético como todos os outros seres vivos (mundo biológico); b) é um ser humano que convive e compartilha no mundo familiar e social (mundo des-afetivo); c) é um ser humano que se relaciona em seu próprio mundo da vida, um ser-em-si-mesmo (mundo ontológico). É dizer, o ser humano não é apenas "ele e suas circunstâncias pessoais", mas, sim, ele e suas circunstâncias genéticas (mundo das necessidades biológicas dos seres vivos em geral), (des)afetivas (mundo da convivência em família e em sociedade) e ontológicas (mundo pessoal, endógeno, o seu próprio mundo).

No primeiro capítulo, abordarei a origem e a evolução da família e da filiação, sendo o direito romano o portal de entrada, eminentemente patriarcal, em que o homem (*paterfamilias*) tinha a posse, a propriedade e o poder de vida e de morte sobre o filho, a mulher e o escravo.[8] Por longo período, predominou o autoritarismo do homem/pai/marido, em que o casamento era a única forma de edificar a família, em prejuízo de seus integrantes, que eram, e ainda são, expatriados pelo pré-conceito da desigualdade, da diversidade e da violência, desterrados de seus direitos e desejos pelo homem, pela sociedade[9] e pelo próprio Estado, cujo exílio deveria ter sido afastado pela isonomia familiar que lateja na Constituição desde o ano de 1988, que é autoaplicável.[10]

No segundo capítulo, considerando que as regras vigem e os princípios valem,[11] examinarei o direito de família com lastro no neoconstitucionalismo,[12] na jurisdição constitucional, que compreende o Direito pelo sentido republicano, laico, democrático,

[6] GADAMER, Hans-Georg. *Quem sou eu, quem és tu?* Traduzido por Raquel Abi-Sâmara. Rio de Janeiro: Ed. UERJ, 2005, p. 51, em análise aos poemas *Hausto-Cristal*, de Paul Celan, afirma que o monte-vida, a montanha da vida, "somos todos nós, com toda a nossa experiência acumulada".

[7] HEIDEGGER, Martin. *Ser e Tempo.* 14.ed. Traduzido por Márcia Sá Cavalcante Schuback. Petrópolis: Vozes, 2005. Parte I, p. 208, 211 e 219.

[8] CRETELLA JÚNIOR, José. *Curso de Direito Romano.* 28.ed. Rio de Janeiro: Forense, 2003, p. 81. "Tem sobre os filhos o direito de vida e morte ('jus vitae necisque'), mas a medida extrema depende da consulta dos membros da família mais próximos. Pode vendê-los como escravos para além do Tibre, exercer a 'manus' sobre a nora, casar os filhos com quem achar conveniente, exercer a pátria potestas sobre os netos, obrigar os filhos ao divórcio, dá-los 'in cancipio'".

[9] GADAMER, Hans-Georg. *Quem sou eu, quem és tu?: comentário sobre o ciclo de poemas.* Hausto-Cristal de Paul Celan. Traduzido e apresentado por Raquel Abi-Sâmara. Rio de Janeiro: UERJ, 2005, p. 108. O autor refere que "desterrado quer dizer também: odiado e perseguido. É desterrado aquele que não tem o direito à pátria, em lugar nenhum, aquele que está fora da lei porque foi banido da sociedade".

[10] STRECK, Lenio Luiz. Dogmática e hermenêutica. In: *Caderno de Pesquisa nº 02 do Curso de Pós-Graduação da UNISINOS*, 1997, p. 31. A eficácia dessa norma advirá de um trabalho de adjudicação de sentido.

[11] BONAVIDES, Paulo. *Curso de Direito Constitucional.* 11.ed. São Paulo: Malheiros, 2001, p. 260.

[12] TRINDADE, André Karam. e GUBERT, Roberta Magalhães. Ontem, os Códigos; hoje, as Constituições. In: *Introdução da Revista do Instituto de Hermenêutica Jurídica* nº 02. Porto Alegre: Instituto de Hermenêutica Jurídica, 2004, p. 09.

social, hermenêutico.[13] Cuidarei da afetividade[14] com âncora na dignidade da pessoa humana, na proteção integral e absoluta da criança, do adolescente e do idoso, na razoabilidade, na proporcionalidade e no processo de secularização, tendo em vista que o afeto é uma das três condições de possibilidade de o ser humano exercer a sua tridimensionalidade humana.

No terceiro capítulo, lançarei comentários sobre a teoria jurídica dominante no País, que, além de não acolher integralmente o modo de ser-no-mundo-genético, não aceita os modos de ser-no-mundo-(des)afetivo[15] e de ser-no-mundo-ontológico, ao (de)limitar o direito de família numa exegese genética absoluta, única e sagrada, determinando ao intérprete a busca do direito unicamente no texto da lei, na subjetividade do legislador, como se ele fosse a fonte suprema, infalível e sempre justa.

A compreensão da família exclusivamente pelo mundo genético normatizado é prova de que a tão (en)cantada igualdade material não passa de uma abstração, que obriga o ser humano a se despir da riqueza de sua individualidade, em vista do pressuposto metodológico, supondo que cada caso seja a expressão individual de uma série de questões semelhantes.[16] Isso se dá porque a filosofia da consciência está reduzida a um sistema de conceitos e enunciados jurídicos, destinados a viabilizar a comunicação formal entre os lidadores do Direito.[17]

Para amainar os efeitos da dogmática jurídica, invocarei a hermenêutica[18] filosófica,[19] que *não* é uma teoria do direito, e sim uma *teoria filosófica no direito*, não sendo "imperialista ou invasora de outras teorias, do mesmo modo que não pretende substituir qualquer outra teoria (epistemológica ou não) ou ter a última palavra",[20] para

[13] CAMARGO, Margarida Maria Lacombe. *Hermenêutica e Argumentação: uma contribuição ao estudo do Direito*. 2.ed. Rio de Janeiro: Renovar, 2001, p. 24 e 50.

[14] MAY, Rollo. *A descoberta do ser*. 4.ed. Traduzido por Cláudio G. Somogyi. Rio de Janeiro: Rocco, 2000, p. 10. O autor menciona que, "ao esconder o ser, perdemos exatamente aquelas coisas que mais apreciamos na vida. Pois o sentimento de ser está profundamente ligado às questões mais íntimas e fundamentais – questões de amor, morte, ansiedade, afeição".

[15] KUPFER, Maria Cristina Machado. Afetividade e cognição: uma dicotomia em discussão. In: *Afetividade na Escola*. Valéria Amorim Arantes (Organizadora). São Paulo: Summus Editorial, 2003, p. 50. "Há choques culturais na relação cotidiana; esses choques impedem que haja resultados de aprendizagem, e a conseqüência seguinte são as reações emocionais: apatia, agressividade, indisciplina". Para GABRIEL CHALITA. *Educação: a solução está no afeto*. 8.ed. São Paulo: Gente, 2001, p. 264, a solução dos problemas (educação, agressividade, indisciplina, apatia, liberdade, cidadania e dignidade das crianças e adolescentes está unicamente no afeto.

[16] BAPTISTA DA SILVA, Ovídio Araújo. *Processo e Ideologia. O Paradigma Racionalista*. Rio de Janeiro: Forense, 2004, p. 303.

[17] LUCAS, Douglas César (coord.). Hermenêutica Filosófica e os limites do acontecer do direito numa cultura jurídica aprisionada pelo "procedimentalismo metodológico". In: *Olhares hermenêuticos sobre o Direito*. Ijuí: UNIJUÍ, 2006, p. 25.

[18] BARRETO, Vicente de Paulo. Da interpretação à hermenêutica constitucional. In: *Direito & Justiça. Revista da Faculdade de Direito da PUCRS*, volume 23, ano XXIII, 2001, p. 317.

[19] STRECK, Lenio Luiz. *Verdade & Consenso*. Rio de Janeiro: Lumen Juris, 2006, p. 40. O autor lembra o seguinte sobre a hermenêutica filosófica: "Não há qualquer relação entre filosofia hermenêutica e existencialismo; do mesmo modo, não há qualquer liame entre as teorias heideggerianas e o decisionismo de Schmitt; e, mais do que isso, é um absurdo dizer que *Ser e Tempo* foi suporte (sic) do nazismo (...). A decisão de Heidegger ao nazismo não decorreu de sua posição filosófica.

[20] STRECK, Lenio Luiz. *Verdade & Consenso*. Rio de Janeiro: Lumen Juris, 2006, p. 249.

compreender[21] o ser humano pela linguagem da genética, da afetividade e da ontologia, porque compreender significa entender-se uns aos outros, uma comunidade de diálogo[22] e condição de possibilidade da Arte do entendimento, da compreensão, da conversação, um "estar por alguém".[23]

A hermenêutica filosófica é dirigida pelo viver cotidiano, pela realidade da vida, pelos modos existenciais de ser-no-mundo-genético, de ser-no-mundo-(des)afetivo e de ser-no-mundo-ontológico, pela razão prática que se encontra no texto (do direito de família) que se pretende compreender,[24] afastando o véu dogmático, metafísico e paradigmático[25] dos conceitos prévios familiares.

No seio familiar é que pulsa com mais intensidade a extrema necessidade do diálogo, da conversação, do entendimento, da aceitação da diversidade genética, (des)afetiva e ontológica, de ouvir e de ser ouvido, do deixar-se dizer e da aceitação de que o outro membro familiar possa ter razão. Isso tudo é encontrado na linguagem gadameriana,[26] em que um verdadeiro diálogo não é experimentar algo de novo, e sim encontrar no outro alguma coisa que ainda não foi encontrada na experiência humana, à medida que o diálogo é o encontro "entre dois mundos, duas visões e duas imagens do mundo", havendo sempre uma transformação nos seres humanos que dialogam.

A compreensão tridimensional da família perpassa, necessariamente, pelo diálogo, pelo vaivém da palavra, pela conversação, pelo aceitar que o outro possa ter razão, pela hermenêutica, pela liberdade, que é a essência mais íntima da existência humana,[27] pelo dizer a si mesmo e deixar-se dizer, porquanto é a linguagem que desempenha a função de antecipar e organizar o nosso modo de pensar, de conviver no mundo e de ser-no-mundo.[28]

Em decorrência dessa capacidade para dialogar, surge a possibilidade de cada membro da família ser o mesmo para o Outro, na medida em que, atesta Gadamer,[29]

---

[21] NEDEL, Antonio. *Uma Tópica Jurídica*. Porto Alegre: Livraria do Advogado, 2006, p. 252. O autor lembra quem, na visão heideggeriana, o termo compreensão significa um existencial, "que, em imanência com a concretude histórica da vida, adquire uma dimensão crítico-transcendente, que, fundamentada no legado cultural da tradição, põe em marcha um projeto de possibilidades futuras, não submissa ao abstracionismo das determinações lógico-científicas".

[22] GADAMER, Hans-Georg. *Verdade e Método I*. 6.ed. Traduzido por Flávio Paulo Meurer. Petrópolis: Vozes, 2004, p. 248; e GADAMER, Hans-Georg. *Verdade e Método II*. 2.ed. Traduzido por Enio Paulo Giachini. Petrópolis: Vozes, 2004, p. 292, 297 e 369.

[23] STEIN, Ernildo. *Diferença e Metafísica: ensaios sobre a desconstrução*. Porto Alegre: EDIPUCRS, 2000, p. 121.

[24] SCHROTH, Ulrich. Hermenêutica filosófica e jurídica. In: *Introdução à Filosofia do Direito e à Teoria do Direito Contemporâneas*. Traduzido por Marcos Keel; Manuel Seca de Oliveira. Arthur Kaufmann; Winfried Hassemer (organizadores). Lisboa: Fundação Calouste Gulbenkian, 2002, p. 385.

[25] BAPTISTA DA SILVA, Ovídio Araújo. *Processo e Ideologia. O Paradigma Racionalista*. Rio de Janeiro: Forense, 2004, p. 32. "Este é o trabalho indicado por Kuhn como 'limpeza', ajustamento, ou mesmo ampliação do raio de ação do 'paradigma'".

[26] GADAMER, Hans-Georg. *Verdade e Método II*. 2.ed. Traduzido por Enio Paulo Giachini. Petrópolis: Vozes, 2004, p. 243, 246, 247, 251, 252, 368.

[27] HOTTOIS, Gilberto. *História da filosofia*. Traduzido por Maria Fernanda Oliveira. Lisboa, Portugal: Instituto Piaget, 2002, p. 326.

[28] DUQUE-ESTRADA, Paulo César. *Dicionário de filosofia do Direito* Vicente de Paulo Barreto (Coordenador). Rio de Janeiro: Renovar, 2006, p. 373.

[29] GADAMER, Hans-Georg. *Verdade e Método II*. 2.ed. Traduzido por Enio Paulo Giachini. Petrópolis: Vozes, 2004, p. 269, 280 e 286.

todos encontram o Outro e a si mesmos no Outro, uma vez que compreensão sempre vem ligada com linguagem, sendo, ela mesma, um evento, um episódio, um momento, um instante, o que significa que o acontecer da realidade, da diversidade humana, que em direito de família é tridimensional, não ocorre às esconsas da linguagem.

Um dos grandes problemas da linguagem em família é o fato de seus membros terem, muitas vezes, ouvidos de mercador, por não estarem mergulhados na mesma linguagem genética, afetiva e ontológica, ouvindo apenas a si mesmos, buscando os seus próprios interesses com tanta compulsividade que não conseguem ouvir os demais integrantes. De acordo com Gadamer, a capacidade constante de ouvir o Outro é a verdadeira elevação do ser humano à humanidade, sendo a incapacidade para o diálogo a objeção que se lança contra aquele que não quer seguir nossas ideias, havendo necessidade de diálogo familiar infinito, para não haver uma conversação de surdos.[30]

O ser humano se conhece quando compreende a linguagem, compreendendo algo como algo, que se manifesta no diálogo, na palavra, em que as coisas chegam a ser e são,[31] que renova a abertura dos sentidos de cada evento, incorporando os pré-conceitos, acolhendo o Direito em sua historicidade, em seu tempo,[32] e não em uma odisseia procedimental e metodológica. A conversação, o ouvir e ser ouvido, o entendimento, o perdão, o diálogo permanente, o dizer e deixar dizer, a aceitação da igualdade e da diversidade faz de Gadamer um defensor da família, cuja linguagem tridimensional precisa ser inicializada, domesticada, urbanizada, humanizada, pois ela é a condição de possibilidade da condição humana.

Nessas considerações iniciais, farei perfunctória análise da forma de compreensão da hermenêutica filosófica, para que o intérprete tenha uma noção geral sobre essa teoria na compreensão do texto do direito de família, nos seguintes termos:

a) o método da hermenêutica filosófica é abissal, sem fundo, universal, em que acontece a pré-compreensão, o modo de ser-no-mundo-genético, de ser-no-mundo-(des)afetivo e de ser-no-mundo-ontológico, cuja relação não será mais entre sujeito e objeto, mas, sim, entre pessoa e pessoa, em que a linguagem é condição de possibilidade de avistar os horizontes do passado, do presente e do futuro entre o intérprete, o texto e a tradição, na medida em que não é o ser humano que compreende, porque "é sempre um passado que nos permite dizer: compreendi",[33] significando que o mundo já compreendido se interpreta.[34] Na verdade, a hermenêutica filosófica não se prende a um método, uma vez que a verberação é apenas para fins de facilitar a reflexão, como o círculo hermenêutico, a fusão de horizontes, a suspensão dos preconceitos, a tradição histórica, a compreensão, o diálogo e a linguagem universal;[35]

---

[30] STEIN, Ernildo. *Diferença e Metafísica: ensaios sobre a desconstrução.* Porto Alegre: EDIPUCRS, 2000, p. 140.

[31] HEIDEGGER, Martin. *Introdução à Metafísica.* Traduzido por Emmanuel Carneiro Leão. Rio de Janeiro: Tempo Brasileiro, 1969, p. 44.

[32] HEIDEGGER, Martin. *Heráclito.* Traduzido por Marcia Sá Cavalcante Schuback. 3.ed. Rio de Janeiro: Relume Dumará, 2002, p. 96 e 97.

[33] GADAMER, Hans-Georg. *Verdade e Método II.* 2.ed. Traduzido por Enio Paulo Giachini. Petrópolis: Vozes, 2004, p. 159.

[34] HEIDEGGER, Martin. *Ser e Tempo.* Traduzido por Márcia Sá Cavalcante Schuback. Rio de Janeiro: Vozes, 2005. Parte I, p. 205.

[35] ROHDEN, Luiz. Hermenêutica e Linguagem. In: *Hermenêutica Filosófica: Nas trilhas de Hans-Georg Gadamer.* Coleção Filosofia 117. Porto Alegre: EDIPUCRS, 2000, p. 171-2.

b) os prejuízos autênticos e inautênticos significam a pré-compreensão de que não existe um ser humano puro, sem preconceitos, já que, como um ser que se encontra mergulhado na linguagem do mundo, ele absorve os pré-juízos puros e impuros, formando uma pré-compreensão, um pré-conceito, um prejuízo, um juízo prévio, um conceito prévio do texto que, muitas vezes, o impede de visualizar as (r)evoluções da família, por estar imerso na milenar discriminação familiar, sequestrando, com a normatização, a realidade das dimensões existenciais da genética, da (des)afetividade e da ontologia;

c) a compreensão histórica da tradição quer dizer que o intérprete do texto do direito de família produz uma conversação, um vir-à-fala, um diálogo, com o passado, o presente e o futuro, fundindo esses horizontes em um único horizonte, do qual surge um novo texto, porquanto, para compreender a família, é preciso, em primeiro lugar, compreender a sua história,[36] a sua linguagem, a sua tridimensionalidade;

d) o círculo hermenêutico conduz a linguagem do geral ao particular, do coletivo ao singular, da universalidade à singularidade, do todo à parte e da parte para o todo, a partir de si mesmo,[37] do permanente efeito recíproco e da ida e volta do olhar[38] entre o texto, o intérprete e a compreensão da tradição da família. Isso quer dizer que "só é compreensível aquilo que realmente apresenta uma unidade de sentido completa",[39] porque a atualização da linguagem compreende o passado a partir do presente,[40] uma vez que o mundo surge sempre em primeiro lugar como um mundo de sentido, que encontra sua origem e seu fim na existência;[41]

e) a fusão de horizontes compreende a cosmovisão dos preconceitos, da tradição, do acontecer do tempo e do conjunto de experiências historicamente transmitidas ao intérprete pelo mundo da vida, pois "lo metodicamente controlable sólo abarca una ínfima parte de nuestra experiencia de la vida";[42]

f) essa forma de compreensão filosófica da família faz sentido pela linguagem, que é a condição de possibilidade da tridimensionalidade humana, uma vez que "todo esforço de querer compreender começa quando nos deparamos com algo estranho, provocante e desorientador",[43] cuja perplexidade faz (re)pensar, suspender os preconceitos diante do texto do direito de família, olhando-o de soslaio, porque a verdadeira comunicação é formatada pelo diálogo, pela palavra, pela linguagem, que não impõe e nem agrega a forma de pensar de um contra o outro, porque transforma a ambos. O mundo não foi criado pela alteridade, pela competição, e sim pelo consenso, pela compreensão

---

[36] MAY, Rollo. *O homem à procura de si mesmo.* 30.ed. Traduzido por Áurea Brito Weissenberg. Petrópolis: Vozes, 2004, p. 171 e 173.

[37] GADAMER, Hans-Georg. *Verdade e Método II.* 2.ed. Traduzido por Enio Paulo Giachini. Petrópolis: Vozes, 2004, p. 72.

[38] BAPTISTA DA SILVA, Ovídio Araújo. *Processo e Ideologia. O Paradigma Racionalista.* Rio de Janeiro: Forense, 2004, p. 283.

[39] GADAMER, Hans-Georg. *Verdade e Método II.* 2. ed. Traduzido por Enio Paulo Giachini. Petrópolis: Vozes, 2004, p. 77-78.

[40] HEIDEGGER, Martin. *Ser e Tempo.* 14.ed. Traduzido por Márcia Sá Cavalcante Schuback. Petrópolis: Vozes, 2005, p. 198.

[41] HOTTOIS, Gilberto. *História da filosofia.* Traduzido por Maria Fernanda Oliveira. Lisboa, Portugal: Instituto Piaget, 2002, p. 324.

[42] GRONDIN, Jean. *Hans-Georg Gadamer. Una biografía.* Barcelona: Empresa Editorial Herder. 2000, p. 376-377.

[43] GADAMER, Hans-Georg. *Verdade e Método II.* 2. ed. Traduzido por Enio Paulo Giachini. Petrópolis: Vozes, 2004, p. 217-218.

comum e recíproca do mundo, atesta Gadamer. É por isso que não existe a primeira, a segunda e nem a última palavra, porquanto é a linguagem que abarca o conjunto do diálogo, que não poderá ser reduzido a uma opinião subjetiva, individual, à medida que "somos nós, ninguém em particular e todos em geral, que falamos a cada vez, e esse é o modo de ser da *linguagem*";[44]

g) a expressão *ser-no-mundo* foi descoberta de Heidegger,[45] uma revolução fenomenológica na filosofia, explicando que o modo mais simples de compreender o que o ser humano é no mundo é compreendê-lo da mesma maneira que o garfo está na gaveta, porque é a partir de ser-no-mundo que o ser humano se relaciona com todas as coisas.[46] Ser-no-mundo, de acordo com Heidegger, não quer dizer que o homem se acha no meio da natureza, ao lado de árvores, animais, coisas e outros humanos, não sendo nem um fato, nem uma necessidade no nível dos fatos, e sim *uma estrutura de realização*.[47] Por isso, é possível ponderar que o mundo, a filosofia, o ser humano, a família, o texto, a lei, a doutrina, a jurisprudência, a súmula, a filiação, a paternidade, a maternidade, a genética, a afetividade, a ontologia, são episódios históricos hermenêuticos e estruturas de realização e de formação do ser humano.

No nascedouro do mundo ocidental laico, democrático[48] e universal,[49] em que a dignidade, a igualdade, a cidadania, a liberdade são os pilares da República, arquitetada sob o manto de um Estado Democrático de Direito[50] (Estado Constitucional), não é razoável que a família continue sendo compreendida, como sempre, tão-só pelos laços normativos do sangue. Isso porque o ser humano não é constituído unicamente pela genética, mas, sim, pela linguagem da genética, da afetividade e da ontologia, mundos interligados, inter-relacionados, condicionados e compreendidos uns aos outros, mas, ao mesmo tempo, mundos diferentes e simultâneos de ser-no-mundo, em que um não exclui o outro.[51] Embora a linguagem humana seja tridimensional, cuida-se, na verdade, de um único mundo, cuja compreensão é efetivada por nenhuma teoria mecânica, biológica ou psicológica,[52] já que a essência do ser humano não é uma coisa,[53] um objeto, e

[44] GADAMER, Hans-Georg. *Verdade e Método II*. 2. ed. Traduzido por Enio Paulo Giachini. Petrópolis: Vozes, 2004, p. 231.

[45] STRECK, Lenio Luiz. *Dicionário de filosofia do Direito* Vicente de Paulo Barreto (Coordenador). Rio de Janeiro: Renovar, 2006, p. 426.

[46] DUBOIS, Christian. *Heidegger: Introdução a uma leitura*. Rio de Janeiro: Jorge Zahar Editor, 2005, p. 26.

[47] HEIDEGGER, Martin. *Ser e Tempo*. 14.ed. Traduzido por Márcia Sá Cavalcante Schuback. Petrópolis: Vozes, 2005. Parte I, p. 20.

[48] BOBBIO, Norberto. *O futuro da democracia*. 9.ed. Traduzido por Marco Aurélio Nogueira. São Paulo: Paz e Terra, 2004, p. 207. "Uma sociedade internacional completamente democratizada pressupõe que todos os Estados que a compõem sejam democráticos".

[49] AGRA, Walber de Moura. *Republicanismo*. Porto Alegre: Livraria do Advogado, 2005, p. 104.

[50] STRECK, Lenio Luiz. *Hermenêutica Jurídica e(m) Crise*. 5.ed. Porto Alegre: Livraria do Advogado, 2004, p. 38.

[51] MAY, Rollo. *A descoberta do ser*. 4.ed. Traduzido por Cláudio G. Somogyi. Rio de Janeiro: Rocco, 2000, p. 142.

[52] MAY, Rollo. *A Descoberta do Ser: estudos sobre a psicologia existencial*. 4.ed. Traduzido por: Cláudio G. Somogyi. Rio de Janeiro: Rocco, 2000, p. 40.

[53] GADAMER, Hans-Georg. *Verdade e Método II*. 2. ed. Traduzido por Enio Paulo Giachini. Petrópolis: Vozes, 2004, p. 83. O conceito de "coisa", na esteira da hermenêutica filosófica gadameriana, não "traduz apenas o conceito jurídico romano de "res", porquanto a palavra alemã "Sache" (coisa) e seu significado assumem sobretudo o que expressa a palavra latina "causa".

sim a existência,[54] o aparecer e a imensa capacidade de reinventar o mundo pela linguagem, que está sempre pré-posta na vida.[55]

A tradição comprova que a família sempre foi compreendida apenas em uma parte da genética, deixando de fora a totalidade da dimensão existencial da biologia, da (des)afetividade e da ontologia, a realidade da vida humana. Isso quer dizer que normatizar a família no vínculo genético é compreendê-la em parte pelo mundo dos seres vivos em geral, tendo em vista que o ser vivo se transforma em humano quando tiver linguagem, o que ocorre a partir dos mundos afetivo e ontológico.

O cuidado com os integrantes da família foi reescrito formal e materialmente pela Constituição de 1988, que revolucionou o (re)canto humano tridimensional, uma vez que a biologia, o afeto e a ontologia são linguagens que falam, ao mesmo tempo, a totalidade e a singularidade da condição humana.[56] Por isso, a premente necessidade de ser afastada da família a teoria jurídica dominante (dogmática jurídica, filosofia da consciência,[57] senso comum dos juristas), uma vez que ela sequer é uma teoria do Direito, e sim uma teoria jurídica teológica[58] e metafísica,[59] que aprisiona e escraviza o intérprete na vontade exclusiva do legislador, que acolhe só parte do mundo biológico, sempre estabelecendo, mediante um paradigma, as regras de interpretação do texto do direito de família, que sustentam a *reprodução* do sentido "dado", "um sentido-em-si", um "sentido primevo" da norma.[60]

Nesse sentido, a pesquisa procurará examinar, pelo modo de sua constituição sanguínea, de seu modo de ser consigo mesmo, em família e em sociedade, se o ser humano precisa ser compreendido pela biologia e pela linguagem da afetividade e da ontologia, afastando-se o dogma da compreensão parcial da genética, que não consegue mais corresponder a uma série de desafios sociais.

A hermenêutica filosófica, que é, ao mesmo tempo, hermenêutica e filosofia, preocupa-se com os grandes problemas da humanidade, buscando as condições de possibilidade da realidade social,[61] da procura da verdade tridimensional do texto do direito de família, promovendo a pré-compreensão, o conceito prévio que o intérprete tem da

---

[54] STEIN, Ernildo. *Diferença e Metafísica: ensaios sobre a desconstrução.* Porto Alegre: EDIPUCRS, 2000, p. 116.

[55] HEIDEGGER, Martin. *Ser e Tempo.* 14.ed. Traduzido por Márcia Sá Cavalcante Schuback. Petrópolis: Vozes, 2005. Parte I.

[56] ARENDT, Hannah. *A condição humana.* Rio de Janeiro: Forense, 2004, p. 17 e 19. "A questão da natureza do homem é tanto uma questão teológica quanto a questão da natureza de Deus; ambas só podem ser resolvidas dentro da estrutura de uma resposta divinamente revelada".

[57] STRECK, Lenio Luiz. Hermenêutica (jurídica) e Estado Democrático de Direito: uma análise crítica. In: *Anuário do Programa de Pós-Graduação em Direito.* Mestrado e Doutorado. Leonel Severo Rocha, Lenio Luiz Streck e José Luis Bolzan de Morais (Organizadores). São Leopoldo: UNISINOS, 1999, p. 105.

[58] PIRES, Celestino. Deus e a Teologia em Martin Heidegger. In: *Revista portuguesa de filosofia.* Braga, jul.-dez. 1970. fase 3-4. Tomo XXVI, p. 3.

[59] STEIN, Ernildo. *Diferença e metafísica.* Porto Alegre: EDIPUCRS, 2000.

[60] STRECK, Lenio Luiz. Dogmática e hermenêutica. In: *Caderno de Pesquisa nº 02 do Curso de Pós-Graduação da UNISINOS*, 1997, p. 23 e 32.

[61] STEIN, Ernildo. *Uma breve introdução à Filosofia.* Ijuí: UNIJUÍ, 2002, p. 18, 20, 29 e 37.

história e da cultura do mundo,[62] pois a história é o que o ser humano foi antigamente e o que ele é agora, o aspecto vinculador de seu futuro destino.[63]

Abordarei, portanto, a melhor forma de compreender o direito de família: a) se pelo método da dogmática jurídica, da filosofia da consciência, na relação sujeito-objeto, da subjetividade,[64] em que o Direito de família é *reproduzido* e interpretado em etapas, obedecendo cegamente às ordens do legislador, que seria o único capaz de ditar o Direito por meio da lei; b) ou se a compreensão mais humana da família é formatada pela hermenêutica filosófica, pela relação sujeito-sujeito, da *intersubjetividade*, da *produção do direito com relação social*, em que o intérprete não está apegado a um método, mas imerso na linguagem a partir de sua condição de ser-no-mundo tridimensional, de sua experiência, do acontecer da existência humana, mergulhando em seus preconceitos claros e turvos, no círculo hermenêutico, no acontecer linguístico da história, da cultura, da tradição, do monte-vida e da fusão desses horizontes, sempre capitaneados pela jurisdição constitucional, já que vivemos sob o manto do Estado Democrático de Direito.

Será examinado se o texto do direito de família pode ser interpretado em uma parte da constituição genética, mediante um método da dogmática jurídica, um ponto de vista individual, subjetivo, objetificado, ou se deve ser compreendido pela tridimensionalidade humana, genética, afetiva e ontológica, por meio da hermenêutica filosófica, um estudo da linguagem interdisciplinar, universal, histórica, filosófica, humanista. É dizer, a tese será confeccionada com base na hermenêutica filosófica, de Hans-Georg Gadamer, para o qual, "quem quiser compreender um texto está disposto a deixar que ele diga alguma coisa",[65] pois "ser que pode ser compreendido é linguagem",[66] inserindo, no campo do paradigma hermenêutico, ao mesmo tempo, a compreensão da linguagem como modo de acesso às coisas e ao mundo, já que são as coisas que se revelam ao ser humano, e não ele quem as indica.[67]

Para tanto, procurarei afastar o véu da filosofia da consciência, para desvelar o sentido da estrutura do texto[68] do direito de família, para que ele diga alguma coisa ao intérprete, mediante os três modos de ser-no-mundo,[69] um acontecer da (pré)compreensão,

---

[62] STRECK, Lenio Luiz. Hermenêutica (jurídica): compreendemos porque interpretamos ou interpretamos porque compreendemos? Uma resposta a partir do Ontological Turn. In: *Anuário do programa de pós-graduação em direito.* Leonel Severo Rocha e Lenio Luiz Streck (org.). São Leopoldo: UNISINOS, 2003, p. 237.

[63] GADAMER, Hans-Georg. *Verdade e Método II.* 2.ed. Traduzido por Enio Paulo Giachini. Petrópolis: Rio de Janeiro, 2004, p. 49.

[64] ENGISCH, Karl. *Introdução ao pensamento jurídico.* 8.ed. Traduzido por J. Baptista Machadi. Lisboa: Fundação Calouste Gulbenkian, 2001, p. 170-1.

[65] GADAMER, Hans-Georg. *Verdade e Método.* 2.ed. Traduzido por Ênio Paulo Giachini. Rio de Janeiro: Vozes, 2004. Tomo II, p. 76.

[66] GADAMER, Hans-Georg. *Verdade e Método.* 6.ed. Rio de Janeiro: Vozes, 2004. Tomo I, p. 612.

[67] ESPINDOLA, Angela Araujo da Silveira e SALDANHA, Jânia Maria Lopes, Construir a Constituição para a Cidadania: A compreensão e a Linguagem na Nova Crítica do Direito Afastando os Mitläufers Jurídicos. In: *Olhares hermenêuticos sobre o Direito.* Douglas Cesar Lucas (Organizador). Ijuí: UNIJUÍ, 2006, p. 81.

[68] STRECK, Lenio Luiz. A hermenêutica filosófica e as possibilidades de superação do positivismo pelo (neo)constitucionalismo. In: *Constituição, sistemas sociais e hermenêutica*: Anuário do Programa de Pós-Graduação em Direito da UNISINOS, ano 2004. Leonel Severo Rocha; Lenio Luiz Streck (Organizadores). Porto Alegre: Livraria do Advogado, 2005, p. 167-169, 175-176.

[69] HEIDEGGER, Martin. *Ser e Tempo.* 14.ed. Traduzido por Márcia Sá Cavalcante Schuback. Petrópolis: Vozes, 2005. Parte I, p. 20.

dentro de um círculo hermenêutico, de uma tradição histórica, da experiência humana no mundo e dos preconceitos claros e nublados, que estão sempre submersos na linguagem, na qual o ser humano nasce para o mundo, que é um acontecimento, uma experiência, um evento, um episódio, um momento, um vir-à-fala,[70] uma verdade não-empírica, nem absoluta ou canônica.

No quarto capítulo, listarei alguns efeitos jurídicos decorrentes da linguagem tridimensional do direito de família, como forma de demonstrar que a hermenêutica não é unicamente teórica, mas, sim, um meio de resgatar a razão prática, um elogio à teoria e à práxis social.

Nas conclusões da tese, efetivarei resenha das questões que foram assentadas com maior profundidade no decorrer da pesquisa, com vistas a propor que a família seja compreendida pela totalidade da linguagem genética, afetiva e ontológica, mundos[71] que os alemães denominam de *Umwelt*, o mundo biológico, dos objetos à nossa volta, dos impulsos, dos instintos, o ambiente; *Mitwelt*, o mundo do afeto, do amor, das relações interpessoais; *Eigenwelt*, o mundo próprio de cada um, do relacionamento consigo mesmo e com o mundo, o mundo dentro do indivíduo.[72]

A hermenêutica filosófica promove o clareamento das incertezas do mundo da vida,[73] principalmente do ser humano e da família, uma vez que o compreender não será mais um conhecer, um comportamento, um agir humano, mas modos de ser-no-mundo genético, (des)afetivo e ontológico, um diálogo, uma linguagem, uma compreensão. Por isso, "compreender, e, portanto, interpretar (que é explicitar o que se compreendeu) não depende de um método, saltando-se, assim, da epistemologia da interpretação à ontologia da compreensão".[74]

Concordo com Rollo May, quando assevera que "é um erro crasso a crença ingênua de que os fatos podem ser melhor observados se toda preocupação com assuntos filosóficos for evitada", porquanto a ontologia serve para afastar o totalitarismo da razão, apontando a fenda entre o que é *abstratamente verdadeiro* e o que é *existencialmente real*. O autor lembra que o esquecimento do mundo afetivo (*Mitwelt*) faz com que o ser humano conviva no mundo instintivo, genético (*Umwelt*), e que o afastamento do mundo ontológico (*Eigenwelt*) "contribui não somente para uma aridez intelectual e perda da vitalidade, como, também, obviamente, tem muito a ver com o fato de que as pessoas modernas sejam propensas à perda do senso de realidade em suas experiências".[75]

Com a hermenêutica filosófica, o intérprete não deve propagar que compreendeu o texto melhor do que outra pessoa, porque, pela linguagem gadameriana, quando se logra

---

[70] SILVA FILHO, José Carlos Moreira da. *Hermenêutica Filosófica e Direito. O exemplo privilegiado da boa-fé objetiva no Direito contratual*. Rio de Janeiro: Lumen Juris, 2003, p. 106, 107, 111 e 112.

[71] MAY, Rollo. *A Descoberta do Ser: estudos sobre a psicologia existencial*. Traduzido por: Cláudio G. Somogyi. 4.ed. Rio de Janeiro: Rocco, 2000, p. 139 a 141.

[72] MAY, Rollo. *A descoberta do ser*. 4.ed. Traduzido por Cláudio G. Somogyi. Rio de Janeiro: Rocco, 2000, p. 23.

[73] STEIN, Ernildo. Nas raízes da controvérsia. In: *Apresentação obra Verdade & Consenso*. Lenio Luiz Streck. Rio de Janeiro: Juris Lumen, 2006, p. XX.

[74] STRECK, Lenio Luiz. *Dicionário de filosofia do Direito* Vicente de Paulo Barreto (Coordenador). Rio de Janeiro: Renovar, 2006, p. 429.

[75] MAY, Rollo. *A Descoberta do Ser: estudos sobre a psicologia existencial*. Traduzido por: Cláudio G. Somogyi. 4.ed. Rio de Janeiro: Rocco, 2000, p. 142.

compreender, não se compreende melhor, e sim de modo diferente. Significa dizer que se compreende cada época a partir de seus conceitos prévios, da tradição, da linguagem, porquanto um texto, mesmo sendo antigo, é sempre atual, novo, que se apresenta cada vez diferente em sua concretização. Tudo isso é efetivado pela linguagem (comunicação em geral), que é um *medium* universal em que se realiza a compreensão e o acesso ao mundo pelo ser humano, na relação entre o universal e o particular, porquanto sem linguagem não há compreensão, existência, nem diálogo. Segundo Gadamer, ser que pode ser compreendido é linguagem, que não só é a casa do ser, mas também a casa do ser humano, na qual ele vive, se instala, se encontra a si e no outro ser humano, em que o mundo que se apresenta por si mesmo.

Na hermenêutica filosófica não há como fugir das heranças da tradição, dos preconceitos e da incidência do tempo, o tempo de todos os tempos,[76] que marcam as diferenças entre os modos de ser-no-mundo-genético, de ser-no-mundo-(des)afetivo e de ser-no-mundo-ontológico, em que o direito não é separado da sociedade, da realidade da vida, motivando a compreensão, a existência, pela vinculação social. É por isso que somente é possível falar sobre aquilo que o intérprete consegue compreender, pelo que tenho a pretensão de trazer apenas uma mensagem, um anúncio da tridimensionalidade humana, e não de interpretar o texto do direito de família, para que haja uma experiência hermenêutica, a qual, segundo Gadamer, "no es algo que podemos planear y controlar en un laboratorio, sino que nos sucede, nos derrumba y obliga a pensar de otro modo".[77]

A condição de possibilidade da compreensão dessa família tridimensional é efetivada pela harmonização do "sistema de regras" com os princípios constitucionais, visto que, alerta Streck, a jurisdição constitucional repudia um voluntarismo hermenêutico arbitrário e constitucionalmente ilegítimo, uma vez que há limites no processo interpretativo.[78] A norma principiológica afasta a ideologia subjetiva,[79] sendo, na visão streckiana, o fundamento, justificação, o modo de ser-no-mundo, compreendendo a singularidade, a universalidade, a diversidade humana e *a realidade social* como sujeitos da história e da dimensão prática e social do Direito, porque a realidade é o resultado de sua interpretação.[80] Não basta compreender as regras, mas, sobretudo, os princípios, na medida em que "o mundo prático não pode ser dito no todo – porque sempre sobra algo –, o princípio traz à tona o sentido que resulta desse ponto de encontro entre texto e realidade, em que um não subsiste sem o outro".

Com seu cuidado peculiar com a jurisdição constitucional, o autor conclui que, por essas circunstâncias, não pode haver colisão entre regras e princípios, porque a regra não prevalece em face de um princípio, sob pena de o intérprete incidir em contradição, à medida que toda regra está mergulhada em um princípio, não podendo se sobrepor, em

[76] HEIDEGGER, Martin. *Heráclito*. Traduzido por Marcia Sá Cavalcante Schuback. 3.ed. Rio de Janeiro: Relume Dumará, 2002, p. 96 e 97.

[77] STRECK, Lenio Luiz. *Diferença (ontológica) entre texto e norma: afastando o fantasma do relativismo*. Disponível em: www.ihj.org.br. Acessado em 07.05.2007, às 22h05min.

[78] STRECK, Lenio Luiz. Interpretar e Concretizar: em busca da superação da discricionaridade do positivismo jurídico. In: *Olhares hermenêuticos sobre o Direito*. Douglas Cesar Lucas (Organizador). Ijuí: Editora Unijuí, 2006, p. 327 a 398.

[79] FACHIN, Luiz Edson. In: *Canotilho e a Constituição Dirigente*. 2ª ed. Jacinto Nelson de Miranda Coutinho (Organizador). São Paulo: Renovar, 2005, p. 59.

[80] STRECK, Lenio Luiz. Interpretar e Concretizar: em busca da superação da discricionaridade do positivismo jurídico. In: *Olhares hermenêuticos sobre o Direito*. Douglas Cesar Lucas (Organizador). Ijuí: UNIJUÍ, 2006, p. 347-348.

decorrência, à sua própria principiologia, sob pena de haver "um retorno ao positivismo, além de independentizar a regra de qualquer princípio, como se fosse um objeto dado (posto), que é exatamente o primado da concepção positivista do direito, em que não há espaços para os princípios".[81]

[81] STRECK, Lenio Luiz. *Verdade & Consenso.* Rio de Janeiro: Lumen Juris, 2006, p. 266 e 102.

Capítulo I

DIREITO DE FAMÍLIA GENÉTICO

1. Considerações iniciais do capítulo

Examinarei a origem e a evolução das formas de família e de filiação, com base no mundo genético, que é o mundo em que habitam os humanos e os demais seres vivos, o mundo das coisas, das necessidades biológicas, único mundo aceito pela dogmática jurídica, ao compreender o texto, o ser humano, a família, exclusivamente pela normatização do sangue.

Duas teorias – matriarcal e patriarcal – disputam a origem da família: a primeira, de que ela é originária de um estágio inicial de promiscuidade sexual, em que mulheres e homens pertenciam uns aos outros; a segunda, de que não havia essa promiscuidade, porque o pai sempre foi o centro organizacional da família, tendo ela origem cultural.

Com relação às formas de família e de filiação no direito brasileiro, verificarei se, da compreensão histórica da tradição, há indicativo de uma (r)evolução, pois, da total discriminação, subjugação e violência, a Constituição do País de 1988 encaminhou a família na trilha da igualdade, da liberdade, da democracia,[1] da laicização, da cidadania, da dignidade e da condição humana tridimensional.

O presente familiar continua influenciado pelo seu passado, ainda compreendido pelo legislador e pela comunidade jurídica com um conceito prévio normatizado pelo sangue, não acolhendo o integral modo de ser-no-mundo-genético, de ser-no-mundo-(des)afetivo e de ser-no-mundo-ontológico. Nesse sentido, Gadamer[2] afirma que o imenso horizonte do passado exerce sua influência em tudo que o ser humano quer ou teme no futuro, e a história é o primado do porvir que possibilita a recordação e a preservação, motivo pelo qual recomenda a reinvenção da história a partir de cada presente e com visão ao futuro.

Acerca dos três mundos do ser humano, Rollo May[3] certifica que eles estão sempre inter-relacionados, condicionando-se uns aos outros, e que ele vive simultaneamente nos mundos *Umwelt* (genético), *Mitwelt* (afetivo) e *Eigenwelt* (ontológico), e, embora diferentes, são um único modo de ser-no-mundo humano.

O mundo genético (*Umwelt*), segundo o autor,

---

[1] SALDANHA, Nelson. *O Jardim e a Praça.* Porto Alegre: Sergio Antonio Fabris Editor, 1986, p. 28. O autor lembra que "muita gente parece pensar que a democracia significa a igualização no plano privado, quando no público é que a igualdade democrática se situa basicamente (alguns chegam a crer que a igualdade 'democrática' significa todo mundo de calças jeans e sandálias de borracha, e, de preferência, os homens com barba para ninguém parecer diferente").

[2] GADAMER, Hans-Georg. *Verdade e Método II.* 2.ed. Traduzido por Enio Paulo Giachini. Petrópolis: Vozes, 2004, p. 260, 261 e 384.

[3] MAY, Rollo. *A Descoberta do Ser: estudos sobre a psicologia existencial.* Traduzido por: Cláudio G. Somogyi. 4.ed. Rio de Janeiro: Rocco, 2000, p. 139 a 141.

é o mundo dos objetos a nossa volta, o mundo natural. Todos os organismos possuem um *Umwelt*. Para os animais e seres humanos, o *Umwelt* abrange necessidades biológicas, impulsos, instintos – o mundo em que o indivíduo existiria ainda que, hipoteticamente, não tivesse autoconsciência. É o mundo das leis e ciclos naturais, do dormir e acordar, do nascer e o morrer, do desejo e do alívio, o mundo da limitação e do determinismo biológico, o "mundo imposto" no qual cada um de nós foi lançado por meio do nascimento e deve, de alguma forma, ajustar-se.

Portanto, no vestibular da pesquisa, examinarei o mundo genético, em que se encontram todos os seres vivos em geral, inclusive o humano, que, por meio da biologia, normatizou a história da vida humana, desprezando os mundos (des)afetivo e ontológico.

2. A origem da família

Em todo o mundo é possível verificar fatos denunciando desigualdades, discriminações, violências entre os seres humanos. Isso ocorre devido a inúmeros fatores, como dinheiro, poder, produção, educação, força física, genética, afetividade, desafetividade, o que refletiu nas relações familiares, sociais e econômicas, modelando as sociedades passadas, presentes e influenciando as futuras. Não se tem dúvida alguma de que a maior discriminação ocorre(u) contra as mulheres e os filhos, os quais, em pleno século XXI, na Era da igualdade entre todos os integrantes familiares, continuam sendo vítimas de violência física, moral e psicológica.

Tem-se dito que os pesquisadores dificilmente conseguirão identificar o estado gestacional do fenômeno familiar,[4] na medida em que as ideias defendidas não passam de meras especulações,[5] assentando-se em deduções imprecisas, formuladas por seus adeptos, de conformidade com as suas ideologias naturalistas, evolucionistas ou sociológicas.[6] Duas teorias são invocadas: a primeira, a matriarcal, em que a família é originária de um estágio inicial de promiscuidade sexual, em que mulheres e homens pertenciam uns aos outros; a segunda, a patriarcal, em que é negada a forma de ser da sexualidade, sob o argumento de que o pai sempre foi o centro organizacional, tendo ela origem cultural.

A origem da família foi compendiada por Frederich Engels,[7] com base em Johann Bachofen, primeiro autor a realizar essa pesquisa,[8] noticiando que, sob o ângulo matriarcal, as pessoas se organizaram a partir do estado selvagem, transitando pela barbárie até a civilização. Engels diz que Morgan chegou à conclusão de que existiu uma época primitiva em que imperava, no seio da tribo, o comércio sexual promíscuo, em que cada mulher pertencia a todos os homens. Depois, passou-se a se formar a união por grupos, com a exclusão do congresso sexual entre pais e filhos e, em momento ulterior, entre os irmãos.[9]

[4] TARRAGATO, Eugenio. *La afinidad.* Madrid, Espanha: Centro Editorial de Góngora, 1925.

[5] ÁVILA, Fernando Bastos de. *Introdução à Sociologia.* 8. ed. Rio de Janeiro: Agir, 1996, p. 221.

[6] REBÊLO, Gabriel Antônio. *A Família Brasileira e o Reconhecimento do Filho Adulterino.* Rio de Janeiro: A Manhã, 1943, p. 05.

[7] ENGELS, Friedrich. *A origem da família, da propriedade privada e do Estado.* Traduzido por Leandro Konder. 14.ed. Rio de Janeiro: BCD União de Editoras, 1997.

[8] ÁVILA, Fernando Bastos de. *Introdução à Sociologia.* 8. ed. Rio de Janeiro: Agir, 1996, p. 222.

[9] RIZZARDO, Arnaldo. *Direito de Família.* Rio de Janeiro: Aide. Vol. I, 1994, p. 28.

Para Engels,[10] nem sempre a mulher foi discriminada, visto que, no estado selvagem (caracterizado pelo matrimônio por grupos, denominado promiscuidade) e, depois, no estágio da barbárie (quando as relações sexuais começam a se restringir), a família teria sido comandada pela mulher, a matriarca, razão pela qual a mulher gozava de privilégios no lar em relação aos homens. A promiscuidade nas relações familiares teria acarretado a supremacia da mulher sobre o homem, já que o filho tinha mãe certa e pai incerto. Por isso, a descendência apenas se contava por parte desta,[11] consagrando-se o chamado *lar comunista*, que significa predomínio da mulher na casa, na impossibilidade de conhecer com certeza o verdadeiro pai.[12]

A substituição da família matriarcal pela patriarcal deu-se, conforme relata Engels, com o fortalecimento da família sindiásmica, que passou a exigir a estrita monogamia para as relações conjugais, permitindo que, ao lado da verdadeira mãe, figurasse o verdadeiro pai. A partir daí, o homem não parou de impor suas vontades, uma vez que, ao organizar a família monogâmica, passou a deter os instrumentos de trabalho necessários para garantir a alimentação da família, assumindo papel mais importante que o da mulher, encarregada, desde então, dos cuidados com a casa e com os filhos.

O autor complementa seu pensamento, afirmando que a consequência da estrita monogamia feminina e da divisão do trabalho – fazendo com que o homem passasse a concentrar em suas mãos as riquezas advindas de seu trabalho, ocorrendo a primeira divisão de classes sociais e a desigualdade entre os cônjuges – foi a abolição do direito hereditário feminino, uma vez que "os filhos, na qualidade de herdeiros diretos, entrarão, um dia, na posse dos bens de seu pai".[13] Passou a ser dever da mulher conservar a estrita monogamia (ter apenas o marido como homem), para que fosse reconhecida a paternidade incontestável e a sucessão legítima.[14]

É repudiada a possibilidade de ter existido um *lar comunista*, governado pelas mulheres, defendendo-se a teoria patriarcalista da origem da família. O patriarcalismo, caracterizado pela monogamia e pelo (pre)domínio do homem sobre a mulher, foi ressaltado nas legislações antigas – Legislação Mosaica, Código de Hamurábi e Código de Manu –, todas elas com cunho religioso, que sustentavam a autoridade do marido perante a mulher, do pai perante os filhos e do senhor perante seus servos. Essa questão foi deixada bem clara por Fustel de Coulanges, de que a superioridade do marido sobre a mulher, do pai sobre os filhos e do senhor sobre seus servos "derivou da religião e por esta foi estabelecida: não foi, pois, o principal elemento constitutivo da família", impondo o modelo patriarcal e monogâmico de família, para que o culto aos antepassados não fosse perturbado pelo adultério e pela consequente contestação da paternidade, isso porque "a primeira regra do culto está em o lar se transmitir de pai a filho".[15]

---

[10] ENGELS, Friedrich. *A origem da família, da propriedade privada e do Estado.* 16.ed. Traduzido por Leandro Konder. Rio de Janeiro: Bertrand Brasil, 2002, p. 56.

[11] SOUZA, Aida Maria Loredo Moreira de. *Aspectos polêmicos da união estável.* 2.ed. Rio de Janeiro: Lumen Juris, 2000, p. 12.

[12] ENGELS, Friedrich. *A origem da família, da propriedade privada e do Estado.* 16.ed. Traduzido por Leandro Konder. Rio de Janeiro: Bertrand Brasil, 2002, p. 50.

[13] ENGELS, Friedrich. *A origem da família, da propriedade privada e do Estado.* 16.ed. Traduzido por Leandro Konder. Rio de Janeiro: Bertrand Brasil, 2002, p. 50, 58-59 e 66.

[14] OSÓRIO, Luiz Carlos Osório. *Família Hoje.* Porto Alegre: Artes Médicas, 1996, p. 27.

[15] COULANGES, Fustel de. *A Cidade Antiga.* 4.ed. Traduzido por Fernando de Aguiar. São Paulo: Martins Fontes, 1998.p. 36 e 98.

Neste sentido, Sigmund Freud, fundador da Psicanálise, já havia refutado a presumida promiscuidade originária, atestando que a família, desde seus primórdios, foi norteada por *totens*[16] e *tabus*,[17] que, ao proibirem relações sexuais incestuosas, estabeleceram a primeira lei da Psicanálise, que é uma lei de Direito de Família, denominada Lei do Incesto, Complexo de Édipo ou Lei do Pai.[18]

Dessa forma, a teoria matriarcal – fundada na origem promíscua da família – foi combatida pela teoria patriarcal, que nega a promiscuidade,[19] aduzindo que a família surgiu como um fato natural, com preponderância dos laços biológicos, em que predominou o direito do homem. Parte da doutrina[20] tem dito que a admissão da promiscuidade não é compatível com a conduta exclusivista do homem e de muitos irracionais, contraditória com o desenvolvimento da espécie, sendo mais razoável aceitar-se a família monogâmica, até porque, pelos dados históricos, a família ocidental viveu longo lapso temporal sob a forma patriarcal.

Para a psicanálise,[21] a família não é um grupo natural, mas cultural, não se constituindo por homem, mulher e filhos, mas, sim, por uma edificação psíquica, em que cada membro ocupa um lugar/função de pai, de mãe, de filho, sem que haja necessidade de vínculo biológico. Por isso, diz-se que não se pode presumir a promiscuidade, nem mesmo nos alegados casos de casamento grupal, visto que, desde a origem da família, existem interdições e leis.

A sociologia[22] comunga com ambos os pensamentos, relatando que "a família humana é, ao mesmo tempo, um grupo natural e cultural, ao passo que as 'famílias' dos animais não-humanos são puramente naturais".

3. A histórica discriminação humana

A origem da vida, contada pela religião cristã (Legislação Mosaica), vem carregada de preconceitos (conceitos prévios, no sentido gadameriano), privilegiando o homem em detrimento da mulher e dos filhos. Um exemplo é o Antigo Testamento,[23] ao narrar que Deus, em primeiro lugar, criou o homem do pó da terra e, achando-o sozinho, tomou

[16] Segundo Rodrigo da Cunha Pereira, *totem* pode ser um animal, um vegetal, um fenômeno natural, um objeto, representando um objeto de tabus, de proteção e deveres, ou "... o antepassado comum do clã, ao mesmo tempo que é o espírito guardião e auxiliar. Cada clã possui seu *totem*".

[17] "De origem polinésia, designa a *crença religiosa*, ou propriamente a *superstição* que, atribuindo a certos objetos, ou lugares, o caráter de sagrados, impede que sejam por qualquer forma tocados" (SILVA, De Plácido e. *Op. cit, p.* 792).

[18] PEREIRA, Rodrigo da Cunha. *Direito de Família: uma abordagem psicanalítica*. 2.ed. Belo Horizonte: Del Rey, 1999, p. 26.

[19] Sobre a origem da família, ver Georges Duby e Michelle Perrot (História das Mulheres) e de Georges Duby e Philipe Ariès (História da Vida Privada), Editora Apontamento.

[20] PEREIRA, Caio Mário da Silva. Instituições de Direito Civil. 9.ed. Rio de Janeiro: Forense, 1994, p. 19. Vol. V.

[21] LACAN, Jacques. Os complexos familiares. Traduzido por Marco Antonio Coutinho e Potiguara Mendes da Silveira Júnior. Rio de Janeiro: Jorge Zahar, 2002, p. 14.

[22] BRANDÃO, Adelino. Iniciação à sociologia do Direito. São Paulo: Juarez de Oliveira, 2003, p. 72.

[23] BÍBLIA CATÓLICA. *Antigo e Novo Testamento*. Traduzido por: Padre Antônio Pereira de Figueiredo. Difusão Cultural do Livro. Gênesis: 2:7, 18, 21, 22, p. 10.

uma de suas costelas para criar a mulher, para que ela fosse companheira, mas sempre dependente do homem, significando que, desde que há mundo humano, a mulher sempre foi (re)legada à submissão do homem, neste mundo (terreno) e no outro (divino).

Além disso, de acordo com o relato bíblico, a mulher foi considerada a grande culpada pela queda do homem, de sua expulsão do paraíso, pois Adão "atendeu à voz de sua mulher", comendo o fruto (maçã ?) da árvore proibida. É dizer, como a mulher estava subordinada ao homem, ele não deveria tê-la ouvido, pelo que, por ter renunciado à sua autoridade sobre a mulher, ambos mereceram a pena de deserção do paraíso.

O culto aos antepassados foi adotado nas famílias antigas, em que foi permitido o chamado *levirato*,[24] que ocorria nas hipóteses em que o homem casado morresse sem filhos, sendo dever de sua esposa (viúva) deitar-se com o cunhado, irmão do falecido, para que, por meio do filho oriundo desta relação, fosse edificado o nome do falecido.

Em todas as legislações antigas, inclusive nos dez mandamentos,[25] está descrita a proibição do *não adulterarás*. O adultério (*feminino*) foi ferrenhamente combatido, punido com a pena de morte, já que só ao filho legítimo caberia perpetuar o culto doméstico, devendo o homem repelir o filho adulterino recém-nascido e, na posição de dono de sua mulher, condená-la à morte.[26]

A Lei de Moisés (Legislação Mosaica), parte principal do Antigo Testamento,[27] estabelecia, por exemplo, a monogamia feminina, já que o homem poderia ter mais de uma mulher,[28] ao passo que, caso a mulher fosse flagrada em adultério, a pena prevista era de morte.[29] O divórcio, que representava verdadeiro repúdio do marido, era privilégio do homem, e a mulher repudiada que se unisse a outro ficava *contaminada*,[30] não podendo o primeiro marido se unir a ela novamente no caso de se tornar viúva.

A Legislação Mosaica trazia uma visão muito depreciativa da mulher, considerando-a, desde a queda do paraíso, uma pecadora, imunda, contaminada, merecedora de punições extremas, como a pena de morte, caso não fosse virgem quando de seu casamento[31] ou quando flagrada em adultério. Ela era vista como *imunda* durante o período menstrual e após o parto, e caso desse à luz a um menino, só no oitavo dia deixava de ser suja, devendo ficar mais trinta e três dias a purificar-se de seu sangue, não devendo

---

[24] BÍBLIA CATÓLICA. *Antigo e Novo Testamento*. Traduzido por: Padre Antônio Pereira de Figueiredo. Difusão Cultural do Livro. Gênesis: 38:8 "Então disse Judá a Onã: Possui a mulher de teu irmão, cumpre o levirato e suscita descendência a teu irmão". e Deuteronômio: 25:5 e 6.

[25] BÍBLIA CATÓLICA. *Antigo e Novo Testamento*. Traduzido por: Padre Antônio Pereira de Figueiredo. Difusão Cultural do Livro. Êxodo: 20: 14.

[26] COULANGES, Fustel de. *A Cidade Antiga*. 4.ed. Traduzido por Fernando de Aguiar. São Paulo: Martins Fontes, 1998, p. 98-99.

[27] A parte principal do Antigo Testamento, decorrente das leis de Moisés, é o *Pentateuco*, dividindo em cinco livros: Gênese, Êxodo, Números, Levítico e Deuteronômio.

[28] BÍBLIA CATÓLICA. *Antigo e Novo Testamento*. Traduzido por: Padre Antônio Pereira de Figueiredo. Difusão Cultural do Livro. Deuteronômio: 21:15. *"Se um homem tiver duas mulheres, uma a quem ama e outra a que aborrece..."*.

[29] BÍBLIA CATÓLICA. *Antigo e Novo Testamento*. Traduzido por: Padre Antônio Pereira de Figueiredo. Difusão Cultural do Livro. Deuteronômio: 22:22. "Se um homem for achado deitado com uma mulher que tem marido, então ambos morrerão...".

[30] BÍBLIA CATÓLICA. *Antigo e Novo Testamento*. Traduzido por: Padre Antônio Pereira de Figueiredo. Difusão Cultural do Livro. Deuteronômio: 24: 1, 2 e 4.

[31] BÍBLIA CATÓLICA. *Antigo e Novo Testamento*. Traduzido por: Padre Antônio Pereira de Figueiredo. Difusão Cultural do Livro. Deuteronômio: 22:20 e 21.

tocar em nada que fosse considerado sagrado. Caso a mulher tivesse uma menina, o prazo, para deixar de ser considerada impura, era dobrado, passando para duas semanas, e, para sua purificação, para sessenta e seis dias.[32]

Quanto ao relacionamento paterno-filial, a Legislação Mosaica ordenava que os filhos honrassem pai e mãe (dever constante nos dez mandamentos da Igreja Católica), sendo a desobediência apenada, pelos homens da cidade, com apedrejamento, até a morte do filho.[33]

Havia distinção entre os filhos, à medida que ao primogênito, oriundo do casamento, cabiam todos os direitos sucessórios[34] em detrimento dos demais. Entretanto, na ausência de filho homem, a herança era dividida entre as filhas mulheres,[35] contanto que estas casassem com os filhos de seus tios paternos (seus primos), permanecendo a herança na tribo da família de seu pai.[36]

O que mais se ouve falar, na Lei de Moisés, é "multiplicar a descendência", não se mencionando a afetividade, muito menos a ontologia na família. O maior castigo de uma mulher recém-casada era não poder conceber um filho, pois julgada infértil, tendo nascido daí o costume de a mulher ter o dever de entregar sua serva a seu marido, para que, por meio de dela, pudesse dar um filho a seu marido, como se de seu ventre tivesse saído. Era uma forma de penalizar a mulher que não podia ter filhos. Exemplos desses costumes são os de Sara e Abraão, Raquel e Jacó,[37] mas, quando Sara conseguiu engravidar e dar à luz um filho, rejeitou o filho do marido com a serva.

Também é possível encontrar na legislação de Moisés os chamados casamentos ilícitos, denominados, atualmente, impedimentos matrimoniais, delimitando o relacionamento sexual e o casamento com a finalidade de evitar o incesto entre pais e filhos, padrasto/madrasta e enteadas(os), irmãos, mesmo que unilaterais, avô/avó e netas(os), sogro e nora, genro e sogra, sobrinho(a) com tia(o) e entre cunhados.[38]

A homoafetividade está relacionada, desde a Legislação Mosaica, como união familiar abominável,[39] não podendo um homem se deitar com outro homem, como se fosse sua mulher, sob pena de morte. É dizer, a condenação e a marginalização dos homossexuais têm origem religiosa, um modo-no-mundo-afetivo-ontológico que ainda não foi laicizado, embora o País, há mais de um século, e o mundo ocidental, há mais de 500 anos, tenham-se afastado do direito canônico (secularização – separação entre Estado e Igreja). Isso significa que, desde os tempos primitivos da humanidade, já existia o

[32] BÍBLIA CATÓLICA. *Antigo e Novo Testamento.* Traduzido por: Padre Antônio Pereira de Figueiredo. Difusão Cultural do Livro. *Levítico:* 12: 2 a 5.

[33] BÍBLIA CATÓLICA. *Antigo e Novo Testamento.* Traduzido por: Padre Antônio Pereira de Figueiredo. Difusão Cultural do Livro. Deuteronômio: 21:18 e 21.

[34] BÍBLIA CATÓLICA. *Antigo e Novo Testamento.* Traduzido por: Padre Antônio Pereira de Figueiredo. Difusão Cultural do Livro. Gênesis: 25: 5 e 6.

[35] BÍBLIA CATÓLICA. *Antigo e Novo Testamento.* Traduzido por: Padre Antônio Pereira de Figueiredo. Difusão Cultural do Livro. Números: 27:4 a 9.

[36] BÍBLIA CATÓLICA. *Antigo e Novo Testamento.* Traduzido por: Padre Antônio Pereira de Figueiredo. Difusão Cultural do Livro. Números: 6 a 8, 11 e 12.

[37] BÍBLIA CATÓLICA. *Antigo e Novo Testamento.* Traduzido por: Padre Antônio Pereira de Figueiredo. Difusão Cultural do Livro. Gênesis: 30:3, 22, 23, 24, 16:2 e 15; 21: 3, 9 e 10.

[38] BÍBLIA CATÓLICA. *Antigo e Novo Testamento.* Traduzido por: Padre Antônio Pereira de Figueiredo. Difusão Cultural do Livro. Levítico: Dos casamentos ilícitos: 18: 6 até 18.

[39] BÍBLIA CATÓLICA. *Antigo e Novo Testamento.* Traduzido por: Padre Antônio Pereira de Figueiredo. Difusão Cultural do Livro. Levítico: Uniões abomináveis: 18:22.

relacionamento homoafetivo e o preconceito religioso, tradição familiar que se mantém até os nossos dias.

Outra legislação antiga sobre religião é o Código de Hamurábi, constituído de 282 artigos, 64 deles destinados a regular as relações familiares, originadas na religião e caracterizadas pelo patriarcalismo, na autoridade do homem como chefe de família. Aqui, a mulher adúltera poderia ser repudiada pelo marido e, caso o marido traído ou o rei não lhe concedesse perdão, era amarrada e jogada ao rio juntamente com seu amante.

Assim como na Lei de Moisés, o Código de Hamurábi também permitia que, no caso da esterilidade da mulher, o homem poderia conviver com uma escrava para formar a sua descendência, repudiando a mulher por meio do divórcio, mas, diferentemente da Legislação Mosaica, também previa, para estes casos, a adoção por meio de contrato e a aquisição de uma esposa secundária.[40]

Em meio a tanta discriminação contra a mulher e os filhos, a adoção gozava de certo *status*,[41] uma vez que o adotado tinha os mesmos privilégios que os outros filhos, sob pena de ele retornar à sua família biológica. Em contrapartida, os filhos deviam estrita obediência ao seu pai, pois o Código de Hamurábi previa penas cruéis para o filho desobediente, que negasse ou agredisse o pai, pelo que, "quando um filho disser a seu pai: vós não sois meu pai, deverá ser marcado a ferro em brasa com o sinal dos escravos, acorrentado e vendido".

O Código de Manu, embora não tenha tido o mesmo alcance e influência das Leis de Moisés e de Hamurábi, também coisificava a mulher, considerada incapaz durante toda sua vida, porquanto até o casamento ficava sob a guarda do pai. Depois de casada, sua guarda passava ao marido e, na velhice, ficava sob a assistência dos filhos, não alcançando jamais a capacidade e nem o direito de fazer prevalecer a sua vontade.[42]

O adultério era punido severamente no Código de Manu, já que o homem deveria ter descendência *(masculina)* para manter a tradição da cerimônia fúnebre após sua morte e dar continuidade à família. Em razão disso, a mulher que não pudesse ter filhos deveria ser substituída,[43] ao passo que se o homem fosse estéril, sua genitura poderia ser alcançada por meio de um irmão ou parente, desde que autorizasse sua esposa a se unir com um destes para conceber o filho, que tanto desejava.[44]

A mulher grávida sempre desejava um filho menino, pois, caso assim não fosse, a filha ficava encarregada de entregar o filho macho que tivesse ao seu pai, para que o pai o criasse, cumprindo o neto em sua honra a cerimônia fúnebre,[45] significando que

[40] GUSMÃO, Paulo Dourado de. *Introdução ao Estudo do Direito*. 19.ed. Rio de Janeiro: Forense, 1996, p. 303.

[41] AZAMBUJA, Maria Regina Fay de. *Violência sexual intrafamiliar: é possível proteger a criança?* Porto Alegre: Livraria do Advogado, 2004, p. 22.

[42] Artigo 415 do Código de Hamurábi: "Uma mulher está sob a guarda de seu pai durante a infância, sob a guarda de seu marido durante a juventude, sob a guarda de seus filhos em sua velhice; ela não deve jamais conduzir-se à sua vontade".

[43] Artigo 493 do Código de Manu: "Uma mulher estéril deve ser substituída no oitavo ano; aquela cujos filhos têm morrido, no décimo; aquela que só põe no mundo filhas, no undécimo; e aquela que fala com azedume, imediatamente".

[44] Artigo 471 do Código de Manu: "Quando não se tem filhos, a progenitura que se deseja pode ser obtida pela união da esposa, convenientemente autorizada, com um irmão ou outro parente".

[45] Artigo 538 do Código de Manu: "Aquele que não tem filho macho pode encarregar a sua filha da maneira seguinte, de lhe criar um filho, dizendo: que o filho macho que ela puser no mundo se torne meu e cumpra em minha honra a cerimônia fúnebre".

os filhos eram discriminados pela sexualidade. Além disso, o filho fora do casamento não adquiria direito algum, tocando o direito sucessório apenas ao filho mais velho e oriundo do casamento, porque somente ele representava garantia de continuidade da família e do culto religioso.[46]

A Grécia Antiga, caracterizada pela forma democrática de estabelecer leis, também punia o adultério feminino, enquanto a concubinagem do marido era tolerada.[47] O casamento era monogâmico, e a mulher, como no Código de Manu, era considerada incapaz, portanto, passava da autoridade do pai à do marido e deste à dos filhos e, ficando viúva, à de um tutor. Na ausência de filhos genéticos, a adoção era permitida, e, com relação ao direito sucessório, as filhas só herdavam no caso de não existirem filhos homens.

Quanto ao direito paterno-filial, os filhos deviam obediência ao pai. A criança doente ou imperfeita podia não ser aceita pelo pai, que exercia seu poder de vida e de morte sobre o filho, a mulher e os escravos. Na cidade de Esparta, os meninos, aos sete anos de idade, eram entregues aos cuidados do Estado, que ficava responsável por sua guarda até completar dezoito anos, ensinando-lhe a rígida disciplina militar, a fim de torná-lo um soldado.[48]

O direito romano, herdado pelos países do Ocidente, teve sua origem histórica na Lei das Doze Tábuas, aprimorada até ser incorporada pelo *Corpus Iuris Civilis*, de Justiniano. A Lei das Doze Tábuas[49] surgiu do conflito entre plebeus e patrícios,[50] modelo encontrado pelos patrícios para pacificar os plebeus que, por sua vez, se sentiam ameaçados e injustiçados por desconhecerem o direito a que estavam submetidos, já que o direito romano, de cunho sagrado, se baseava nos costumes e era de conhecimento exclusivo dos *pontífices* (sacerdotes patrícios), que o aplicavam.

Na primeira codificação do direito romano primitivo era proibido o casamento entre patrícios e plebeus. A celebração do casamento *sine manu* (sem transferência de família) não exigia maiores formalidades, e a *affectio maritalis,* isto é, "a intenção de vida em comum, com caráter estável, não alterava a situação dos cônjuges, continuando o marido e a mulher a pertencerem às suas famílias de origem".[51] O casamento *cum manu* (com transferência de família), acessível somente aos patrícios, exigia solenidade religiosa, em que os noivos, na presença de testemunhas e do Pontífice, se alimentavam de um bolo, no qual havia uma oferenda a Júpiter.

A organização da família romana era determinada pelo ascendente comum mais velho, chamado *paterfamilias,* que exercia sua autoridade não somente sobre a esposa, filhos e escravos, como também sobre as filhas casadas *cum manu* com seus descenden-

[46] Artigo 517 do Código de Manu: "Mas o mais velho, quando ele é eminentemente virtuoso, pode tomar posse do patrimônio em totalidade e os outros irmãos devem viver sob sua tutela, como viviam sob a do pai".

[47] BITTENCOURT, Edgard de Moura. *Concubinato.* São Paulo: Leud, 1975, p. 40, lembra que, para os gregos "a concubinagem não acarretava qualquer desconsideração, e era, em certa medida, reconhecida pelas leis".

[48] AZAMBUJA, Maria Regina Fay de. *Violência sexual intrafamiliar: é possível proteger a criança?* Porto Alegre: Livraria do Advogado, 2004, p. 23-24.

[49] CRETELLA Júnior. *Curso de Direito Romano: o direito romano e o direito civil brasileiro, no novo Código Civil.* 28.ed. Rio de Janeiro: Forense, 2003, p. 32-33. "Inicialmente foram redigidas X tábuas, correspondendo ao número de 10 membros que constituíram a comissão encarregada de redigir uma lei escrita para o povo romano. No ano seguinte, mais duas tábuas são acrescentadas às primeiras, dando um total de XII tábuas".

[50] VENOSA, Sílvio de Salvo. *Direito Civil: parte geral.* São Paulo: Atlas, 2001, p. 54.

[51] MENDES, Sérgio de Sá. *Direito Romano Resumido.* 2.ed. Rio de Janeiro: Rio, 1978, p. 81.

tes.[52] Qualquer que fosse a situação, a mulher estava sempre sujeita à autoridade de um homem, fosse seu pai, irmão, marido, sogro, filho ou tutor.

O homem era o chefe político, jurídico e religioso da família, enquanto a mulher era considerada incapaz (*alieni iuris*), e, quando adquirida pelo marido, como se fosse um objeto à venda, passava ao poder dele. A transferência do poder familiar do pai ao marido era denominada *coemptio*, que constituía uma espécie de compra fictícia da mulher. Em decorrência das desigualdades entre homem e mulher, somente ao homem era dado o direito de rejeitar sua mulher, desde que apresentasse as razões do repúdio.

Um pouco mais flexível, a Lei das Doze Tábuas transformava o *usus,* que tem características de uma união estável, em casamento, quando a mulher residia durante um ano na casa de um homem, como se fosse sua esposa, e desde que não tivesse se ausentado da casa durante três noites.

Em relação aos filhos, era permitido ao pai matar aquele que nascesse com defeito físico, desde que contasse com a concordância de cinco vizinhos, ou podia vendê-los, mas, na terceira venda, perdia o pátrio poder (poder/dever familiar). Os filhos nascidos de relação concubinária passavam à condição de legitimados com o casamento posterior dos pais.[53]

Foi na Lei das Doze Tábuas que surgiu a paternidade presumida, nos casos em que o filho nasce após a morte do pai, sendo considerado legítimo se nascesse dez meses após o falecimento de seu pai, caracterizando-se o que o Código Civil denomina de causas suspensivas do casamento e da união estável.

A adoção, além de ser utilizada para dar filhos a quem não os tivesse, era uma forma de os plebeus adquirirem a cidadania romana, sendo duas as modalidades desse instituto:[54] a primeira, a mais antiga, denominada *ad rogatio,* em que o *paterfamilias*, que tivesse sua capacidade diminuída, tornando-se incapaz, levava consigo toda sua família e seu patrimônio e ingressava na família do adotando, submetendo-se ao seu pátrio-poder; a segunda, a adoção conhecida como *datio in adoptionem,* em que o *paterfamilias* adotava um filho que, abandonando sua família de origem, passava a ser membro da família do adotante.

Com relação à sucessão hereditária também havia discriminação entre filhos e filhas, só herdando os filhos homens. Entretanto, a legislação romana primitiva implicou mudanças significativas para o direito das sucessões, como o instituto do testamento e a divisão entre os filhos varões dos bens deixados pelo *de cujus.* Com isso, diferentemente da Lei de Moisés e dos Códigos de Hamurábi e Manu, o primogênito não herdava a totalidade dos bens de seu pai, pelo que, com a morte do pai, as dívidas ativas e passivas eram divididas entre os herdeiros varões, conforme o quinhão de cada um.

Na ausência de testamento e de herdeiro necessário (filho varão), a filha mulher não herdava, sendo a herança transmitida ao agnado (parente consanguíneo por linha masculina) mais próximo, ou, na falta deste, aos gentis. No caso de morte do *paterfamilias*, sem deixar testamento, ficando um herdeiro seu impúbere, o poder familiar não

[52] NOGUEIRA, Jacqueline Filgueras. *A filiação que se constrói: o reconhecimento do afeto como valor jurídico*. São Paulo: Memória Jurídica, 2001, p. 25.

[53] MENDES, Sérgio de Sá. *Direito Romano Resumido*. 2.ed. Rio de Janeiro: Rio, 1978, p. 82.

[54] LOTUFO, Maria Alice Zaratin. Curso Avançado de Direito Civil. São Paulo: Revista dos Tribunais, 2002. Vol. 5: *Direito de Família*, p. 216.

passava para a mãe, mas para o parente mais próximo na linha masculina (agnado), devendo este ser o tutor do menor impúbere e também dos portadores de deficiência mental e pródigos.

A histórica discriminação, especialmente contra mulheres e filhos, foi atenuada com o fortalecimento do cristianismo na Idade Média.[55] A religião antiga foi substituída[56] pela religião cristã da Igreja Católica e, em decorrência dessa mudança, o mundo Ocidental iniciou a caminhada em busca de relacionamentos familiares mais humanos e iguais. Contudo, a Igreja Católica, para justificar seu poder, assumiu a posição de intérprete de *Deus* na terra, passando a ditar a Lei Canônica quanto à constituição e consagração da família medieval.[57] Além de dizer que detinha em suas mãos o poder celeste, com a invasão germânica e a consequente queda do Império Romano, a Igreja ocidental herdou as tradições e legislações romanas, a Lei das XII Tábuas e o *Corpus Iuris Civilis* de Justiniano. Como a Igreja negava o direito secular, passou a defender sua autonomia em relação ao poder estatal,[58] produzindo, então, o *Corpus Iuris Canonici*, passando o direito da Igreja Católica a cristianizar o direito romano.[59]

A Igreja Católica passou a ditar as regras da família medieval que, constituída com a celebração de uma cerimônia religiosa, se caracterizava pelo modelo patriarcal, monogâmico e indissolúvel, exigindo fidelidade e castidade do casal e a obediência dos filhos. O controle do casamento era forma utilizada pela Igreja para refrear os instintos sexuais dos seres humanos, bem como evitar relações incestuosas, como refere Georges Duby,[60] nos termos:

> Cuidar para que ninguém "ousasse macular-se ou macular a outrem por meio de núpcias incestuosas" implicava em que todas as "nuptiae" (núpcias), "as dos não-nobres assim como as dos nobres", fossem públicas; que elas não fossem nem "inexordinatae" e nem "inexaminatae" e, conseqüentemente, que um inquérito sobre o grau de parentesco dos esposos as precedesse. Publicidade, inquérito – junto aos "parentes", aos "vizinhos", aos "veteres populi" (pessoas mais velhas) – mas, em primeiro lugar, junto ao padre, junto ao bispo, chamados assim, daí por diante, legalmente, a participar das cerimônias nupciais. Não apenas para benzer, para exorcizar, não apenas para moralizar, mas para controlar e para autorizar. Para julgar. Portanto, para dirigir.

Cristianizado o matrimônio, tanto o homem quanto a mulher foram reprimidos sexualmente, não podendo o homem excitar sua mulher e nem esta sentir prazer, devendo ser fria no débito (dívida) conjugal. O repúdio masculino foi abolido, e o divórcio, que era permitido pelos romanos,[61] foi condenado por Leão XII, em nome da unidade e da

---

[55] KOSHIBA, Luiz. *História: origens, estruturas e processos*. São Paulo: Atual, 2000, p. 126.

[56] KOSHIBA, Luiz. *História: origens, estruturas e processos*. São Paulo: Atual, 2000, p. 126.

[57] DUBY, Georges. *Idade Média, idade dos homens: do amor e outros ensaios*. Traduzido por Jônatas Batista Neto. São Paulo: Companhia das Letras, 1989, p. 14.

[58] "O Papa Gelásio I (492-496) foi o primeiro a enunciar com clareza o princípio da separação entre o poder *temporal* (dos reis) e *espiritual* (da Igreja, representado pelo papa), declarando a superioridade deste último" (KOSHIBA, Luiz. *História: origens, estruturas e processos*. São Paulo: Atual, 2000, p. 126).

[59] GUSMÃO, Paulo Dourado de. *Introdução ao Estudo do Direito*. 19.ed. Rio de Janeiro: Forense, 1996, p. 315.

[60] DUBY, Georges. *Idade Média, idade dos homens: do amor e outros ensaios*. Traduzido por Jônatas Batista Neto. São Paulo: Companhia das Letras, 1989, p. 20.

[61] Diz, Fustel de Coulanges, que, "tendo sido o casamento contratado apenas para perpetuar a família, parece justo que pudesse anular-se no caso de esterilidade da mulher. O divórcio, para este caso, foi sempre, entre os antigos, um direito; é mesmo possível tenha sido até obrigação" (*Op. cit, p.* 47).

indissolubilidade do matrimônio, concebendo apenas a separação de corpos em casos excepcionais.

Pelo relato formatado, vê-se que, após milênios, ainda permanecem muitos dos preconceitos impuros contra a mulher e os filhos, mesmo diante da laicização do Direito, há vários séculos, e da instalação de uma ordem social democrática, havendo, dessa forma, a necessidade de uma paralisação de todos os intérpretes frente ao (con)texto constitucional, para que esses pré-conceitos impuros sejam hermeneuticamente afastados da jurisdição constitucional.

4. A evolução das formas de família e de filiação no Brasil

Desde o descobrimento do Brasil, historia Gilberto Freyre,[62] a discriminação dos membros da família, principalmente mulher e filhos, era fato corriqueiro na Casa-Grande e na Senzala. A mulher branca, por exemplo, era destinada ao casamento; a mulata, ao sexo, e a negra, ao trabalho, demonstrando o preconceito impuro do homem. As moças eram criadas em ambiente rigorosamente patriarcal, vivendo "sob a mais dura tirania dos pais – depois substituída pela tirania dos maridos". Momento seguinte, o autor relata que os homens não gostavam de casamentos longos, mas de se amasiar, se concubinar, o que era facilitado pelas leis portuguesas, que proibiam o reconhecimento dos filhos havidos fora do casamento.

O historiador cita mais um caso de discriminação contra a mulher: as virgens tinham que casar, no máximo, aos doze ou treze anos, pois acreditavam: a) que, depois de certa idade, "as mulheres pareciam não oferecer o mesmo sabor de virgens ou donzelas que aos doze ou aos treze anos"; b) na época, a ideia era de que "a virgindade só tem gosto quando colhida verde", mesmo que transformando a criança em mãe, porquanto, "na idade de brincar com boneca, já estava lidando com filho".

No Brasil, os portugueses, no início do século XVI, se depararam com indígenas seminus, de costumes muito diferentes da moral cristã dos europeus, na formação da família, o que contrariava os princípios da Igreja Católica quanto aos impedimentos matrimoniais por consanguinidade, a exigência da monogamia e a indissolubilidade do casamento. Entre os indígenas era permitida a união entre tio materno e sobrinha, já que a linhagem por parte de mãe não era vista como parente, enquanto o parentesco paterno era o único verdadeiro. Os indígenas adotavam o casamento exogâmico e tinham tantas mulheres quantas pudessem manter, e o fim do casamento era visto com normalidade, pois tanto o homem quanto a mulher tinham liberdade para buscarem outros pares.[63]

No período colonial, só os homens migravam para a colônia brasileira, seja por questões de política – aumentar a população para desbravar toda a extensão territorial brasileira –, seja por preferência sexual – as mulheres indígenas eram consideradas mais ardentes na cama –, seja por não haver opção para satisfazer suas necessidades sexuais

[62] FREYRE, Gilberto. *Casa-Grande & Senzala*: formação da família brasileira sob o regime da economia patriarcal. 49.ed. São Paulo: Global, 2004, p. 72, 390, 429 e 510.

[63] FREYRE, Gilberto. *Casa-Grande & Senzala*: formação da família brasileira sob o regime da economia patriarcal. 49.ed. São Paulo: Global, 2004.

– a escassez de mulher branca. Com esse modo de ser, o homem europeu deu início à vida brasileira num ambiente de *quase intoxicação sexual*.[64]

Da multiplicidade de relacionamentos sexuais do homem branco com as índias, escravas e mestiças, resultou o nascimento de filhos e a impossibilidade de descobrir o verdadeiro pai. A discriminação dos filhos no Brasil tem início com a chegada do europeu, uma vez que, para os indígenas, a mulher "não tinha participação efetiva na formação do filho, sendo apenas um recipiente adequado onde o homem depositava a semente para a germinação, desenvolvimento e geração do fruto",[65] pelo que os filhos nascidos de mãe índia com pai desconhecido eram chamados de *filhos de ninguém, ninguendades*. Assim, os filhos nascidos das relações sexuais entre brancos e índias, africanas e mestiças não eram reconhecidos pelo pai branco, elevando-se o número de filhos (ilegítimos, os nascidos de relações sexuais fora da constância do casamento).[66]

Era costume dos indígenas o *cunhadismo* – casamento de uma moça índia com um homem branco –, que tornava o homem branco dos membros da tribo, pois era uma honra para os índios ter como parente um branco, considerado raça superior.[67] Embora não visse com bons olhos a união entre cristãos (europeus) e não-cristãos (índias, escravas e mestiças), os padres abençoavam o casamento (monogâmico) entre homens e mulheres de religiões distintas, na tentativa de frear as relações sexuais desenfreadas, tornando mais fácil converter as mulheres gentias para os princípios do catolicismo, o que realmente aconteceu.

Os negros africanos trazidos pelos portugueses, para se tornarem trabalhadores escravos no Brasil, produziram a riqueza dos colonizadores e renderam muito dinheiro para seus senhores, além de contribuir para aumentar o contingente de mão-de-obra escrava. Os africanos, trazidos pelos navios negreiros, ao chegarem à terra firme, eram (ex)postos como objeto, avaliados e vendidos de acordo com as suas condições físicas para o trabalho e para a reprodução em massa, passando a propriedade deles aos senhores de engenho.[68]

A família brasileira é decorrente da força da mulher (gentia) que, embora tenha sido utilizada e explorada pelo homem (branco), provou sua fertilidade, multiplicando os povoados destas terras, e com disposição para o trabalho conseguiu criar os filhos[69] não reconhecidos pelos pais brancos. Além disso, quando casada com o homem branco, passou a adotar a religião católica, acolhendo os princípios da monogamia, patriarcalismo e indissolubilidade do casamento, que regem o matrimônio cristão, iniciando a típica família brasileira.

Mas, mesmo carregando essa cruz canônica por todos os tempos, a mulher, como sempre, continua sendo discriminada, compreendida pelo preconceito da inferioridade, incapacidade, submissa à autoridade do homem, como se ele fosse um semideus, um ser

---

[64] FREYRE, Gilberto. *Casa-grande & senzala: formação da família brasileira sob o regime da economia patriarcal*. 49.ed. São Paulo: Global, 2004, p. 161.

[65] BRUM, Argemiro J. *O Desenvolvimento Econômico Brasileiro*. 20.ed. Ijuí: UNIJUÍ, 1999, p. 144.

[66] FREYRE, Gilberto. *Casa-grande & senzala: formação da família brasileira sob o regime da economia patriarcal*. 49.ed. São Paulo: Global, 2004, p. 162.

[67] BRUM, Argemiro J. *O Desenvolvimento Econômico Brasileiro*. 20.ed. Ijuí: UNIJUÍ, 1999, p. 143.

[68] FREYRE, Gilberto. *Casa-Grande & Senzala*: formação da família brasileira sob o regime da economia patriarcal. 49.ed. São Paulo: Global, 2004, p. 443 a 446.

[69] FREYRE, Gilberto. *Casa-grande & senzala*: formação da família brasileira sob o regime da economia patriarcal. 49.ed. São Paulo: Editora Global, 2004. p. 202..

puro, esquecendo-se que, muitas vezes, ele é bem mais impuro, pecador, preconceituoso e inautêntico do que as mulheres.

No século XVII, as relações jurídicas brasileiras[70] passaram a ser disciplinadas pela legislação portuguesa, mais especificamente pelas Ordenações Filipinas, em decorrência da Lei nº 11.1.1.603. No tocante à família, a República portuguesa, preocupada em aumentar o contingente humano, sacrificou alguns princípios da Igreja Católica, ao adotar, na compilação lusitana, o chamado *status de casados* ao homem e mulher que vivesse uma união pública (fama, tratamento e nome de casados),[71] estendendo a essa união o mesmo tratamento destinado ao casamento.

Os dogmas da religião cristã estabeleceram como deveriam se comportar as famílias lusitanas e brasileiras, cuidando dos impedimentos matrimoniais, que decorriam do parentesco e da consanguinidade, que tornavam nulo o casamento, até a sua indissolubilidade, pelo que o adultério era visto como crime contra a República e, para a Igreja Católica, considerado pecado. A punição para quem fosse pilhado em adultério dependia da análise da forma de casamento, se de direito, se de feito (casamento putativo) ou de estado de casados (união estável), sendo aplicada a pena de morte nos dois primeiros casos ou o degredo para a África, Brasil ou Castro-Marim, no caso de união estável (Livro 5, Título XXVI). A hipótese de bigamia, prevista expressamente no Livro 5, Título XIX, tinha como punição a pena de morte.

Mesmo após a proclamação da independência, por meio do Decreto de 20 de outubro de 1823, permaneceu vigorando entre nós a legislação lusitana "em tudo que não contrariasse a soberania nacional e o regime brasileiro",[72] só deixando de ser aplicada quando entrou em vigor o Código Civil dos Estados Unidos do Brasil de 1916.

Na Constituição Imperial do Brasil de 1824, a religião oficial era da Igreja Católica e Apostólica Romana,[73] cujo texto constitucional preocupou-se tão-só com a família imperial, regulamentando alimentos, dotação, bens etc. que lhe pertenciam. O casamento religioso deixa de ser costume, passando a ser obrigatório, com o Decreto de 03 de novembro de 1827, pelo que o Direito Canônico foi erigido a fonte primordial nas questões matrimoniais.[74] Naquela época, casamento válido era somente o abençoado pela Igreja Católica, e aqueles que não professassem a religião oficial do Estado ficavam à margem da sociedade.

Por meio do Decreto nº 1.144, de 11 de setembro de 1861, o Estado passou a reconhecer efeitos civis aos casamentos das pessoas que não professassem a religião católica. Com o Decreto 181, de 24 de janeiro de 1890, o casamento religioso foi substituído pelo casamento civil, pelo que as cerimônias de batizado, de casamento e fúnebres perderam seu valor jurídico perante a instituição estatal do registro civil de nascimento, casamento e óbito. Ademais, tornava possível que a filiação natural paterna fosse atestada por alguma prova ou confissão espontânea, permitindo o reconhecimento do filho me-

---

[70] GUSMÃO, Paulo Dourado de. *Op. cit, p.* 335.

[71] FREYRE, Gilberto. *Casa-grande & senzala: formação da família brasileira sob o regime da economia patriarcal.* 49.ed. São Paulo: Global, 2004, p. 325.

[72] CINTRA, Antonio C. de Araujo. et al. *Teoria Geral do Processo.* 18.ed. São Paulo: Malheiros, 2002, p. 104.

[73] Artigo 5º da Constituição de 1824: "A Religião Catholica Apostolica Romana continuará a sér a Religião do Imperio. Todas as outras Religiões serão permittidas com seu culto domestico, ou particular em casas para isso destinadas, sem fórma alguma exterior de Templo".

[74] CAHALI, Yussef Said. *Op. cit.* 6.ed, p. 44-45.

diante escritura pública, no momento de seu nascimento, ou em outro documento autêntico subscrito pelo pai.[75]

A secularização do Estado, libertando-se do jugo da religião católica, estava estampada na Constituição Republicana de 1891, na seção da Declaração dos Direitos,[76] constando no § 4º do artigo 72: *A República só reconhece o casamento civil, cuja celebração será gratuita.*

Foi neste cenário laico que entrou em vigor, em janeiro de 1917, o Código Civil, no qual muitas normas tinham cunho religioso e discriminatório, afetando as mulheres e os filhos.

É possível perceber que os legados históricos influenciaram na elaboração das diretrizes da família republicana brasileira, já que estabeleceram o patriarcalismo, a incapacidade da mulher diante da figura opressora do homem, a monogamia, a família como sinônimo de casamento, que era indissolúvel, e a desigualdade entre os filhos.

A Constituição de 1934, além de prever o voto feminino (artigo 108), estabelecia a igualdade perante a lei, proibindo privilégios e distinções, por motivo de nascimento, sexo, raça, profissão, classe social, religião ou política (artigo 113, I). Foi a primeira Constituição a destinar um capítulo à família, à educação e à cultura (Título V, Capítulos I e II). Contudo, no artigo 144, relacionou a família ao casamento, consagrando sua indissolubilidade e ressuscitando, no artigo 146, a possibilidade de realização de casamento religioso, ao qual passava a atribuir os mesmos efeitos do casamento civil.

O parágrafo único do artigo 145 da Constituição de 1934 deixava a cargo da lei civil a determinação dos casos de desquite e de anulação do casamento. Mesmo previsto no Código Civil de 1916, o desquite só era possível em casos extremos, de prática de ilícito penal cometido por um cônjuge contra o outro, e, tal qual o divórcio canônico (*divortium quoad thorum et mensam*), não passava de mera separação de corpos.

A Constituição de 1934 também possibilitava o reconhecimento dos filhos naturais com direitos hereditários em igualdade de condições com os filhos legítimos (artigo 147).

Alterado o panorama político, econômico e social do Brasil e implantado o Estado Novo, a Constituição de 1937, mantendo o princípio da indissolubilidade do casamento, incentivava a formação de famílias numerosas (artigo 124). Nessa época, as famílias, que já recebiam orientação religiosa de *casai e multiplicai-vos*, passaram a ser muito mais numerosas, e os filhos representavam para o pai uma ajuda financeira do Estado e o aumento da mão-de-obra (proletariado), razão pela qual eram denominados *prole*. Em razão disso é que a mulher foi vista como objeto, como mera parideira, tendo um filho atrás do outro, sem assistência médica, morrendo no parto, muitas vezes.

Além disso, no Capítulo da Família, foram inseridos dispositivos referentes à educação da *prole* (artigo 125), o reconhecimento dos filhos naturais, assegurando-lhes direitos iguais aos dos legítimos (artigo 126), a proteção do Estado na defesa dos direitos e garantias da infância e juventude (artigo 127).

A contar de 1941, por meio do Decreto-Lei nº 3.200, passou a ser proibida a qualificação do filho nas certidões de nascimento, salvo por requerimento do próprio interessado ou por decisão judicial. Ainda em 1941, o Decreto-Lei nº 5.213, de 21 de janeiro,

---

75 PORTUGAL, Sylvio. *Investigação de Paternidade*. São Paulo, 1926, p. 82.

76 A Constituição Republicana afastou a influência da Igreja Católica, permitindo a liberdade de culto e tornando secular o casamento, o ensino e as cerimônias fúnebres (artigo 72, §§ 2º ao 7º).

modificou o Decreto-Lei nº 3.200/41, autorizando o pai a permanecer com a guarda do filho natural, se assim o tivesse reconhecido. Também surgiu nesse ano o importantíssimo estatuto da mulher casada (Lei nº 4.121), que alterou muitos dispositivos discriminatórios contidos no Código Civil de 1916.

Em 1942, surgia no cenário brasileiro o Decreto-Lei nº 4.737, de 24 de setembro, cujo artigo 1º autorizava o reconhecimento, voluntário, ou por meio de ação de investigação de paternidade, após o desquite, do filho havido pelo cônjuge fora do matrimônio. Antecedendo a Constituição de 1946, o Decreto nº 9.701, de 03 de setembro de 1946, regulava a guarda e o direito de visitas aos filhos menores nos casos de desquite judicial.

Devido a essas previsões legais, o texto da Constituição de 1946 não fazia nenhuma referência à filiação, pelo que, além de manter a indissolubilidade do casamento (artigo 163), voltou a disciplinar o casamento civil e o religioso com efeitos civis (§§ 1 e 2). Em vista do amparo às famílias numerosas, instituído pela Constituição de 1934, acarretou não só o aumento desenfreado de filhos, como também da mortalidade infantil e das gestantes, pelo que a Constituição de 1946 tornou obrigatória a assistência à maternidade, à infância e à adolescência (artigo 164).

Em 1949, a Lei nº 883, de 21de outubro, possibilitou que os filhos naturais investigassem sua paternidade mesmo na constância do casamento do indigitado pai. Contudo, aos filhos adulterinos somente era possível a investigação da paternidade depois de dissolvida a sociedade conjugal ou em caso de separação de fato dos genitores, há mais de cinco anos contínuos.

O cenário jurídico brasileiro, acerca da adoção, até então disciplinada pelo Código Civil de 1916, passou a contar com a Lei nº 4.655, de 02 de junho de 1965, que instituía a legitimação adotiva.

A Constituição de 1967, prevendo a igualdade perante a lei, sem distinção de sexo, raça, profissão, religião e convicção política, estabeleceu que o preconceito de raça era punido pela lei (artigo 150, § 1). O Título IV desse texto constitucional cuidava da família, da educação e da cultura, mas sem qualquer preocupação em separar as matérias por capítulos. À família foi destinado um só artigo, dividido em quatro parágrafos, dispondo que ela era constituída pelo casamento civil ou religioso com efeitos civis, determinando sua indissolubilidade, além de prever a criação de lei para proteger a maternidade, a infância e a adolescência (artigo 167).

Lentamente, o panorama jurídico brasileiro foi sendo alterado, com o objetivo de regular as relações jurídicas decorrentes do relacionamento em família, de uma sociedade mais humanizada, secularizada, pluralizada, democratizada, enfim, da família que tem como modo de ser a felicidade de seus membros. Nesse processo evolutivo, além das leis já citadas, muitas outras precederam o texto constitucional de 1988, como a Lei nº 6.515, de 26 de dezembro de 1977, que permitiu o divórcio no Brasil, afastando o princípio canônico da indissolubilidade do casamento. Além disso, permitiu que o pai reconhecesse o filho na constância do casamento, por meio de testamento cerrado, aprovado antes ou depois do nascimento do filho e, nesta parte, irrevogável.

O Código de Menores, instituído pela Lei nº 6.697, de 10 de outubro de 1979, revogando a Lei nº 4.655/65, trazia a adoção plena, com a aceitação dos direitos sucessórios ao adotado, e a adoção simples, em que o adotado recebia metade dos direitos do filho legítimo.[77] A Lei nº 7.250, de 14 de novembro de 1984, acrescentava o § 2º ao artigo 1º da Lei nº 883/49, autorizando a confissão de filho adulterino na constância da sociedade conjugal, desde que o cônjuge do genitor estivesse separado de fato há mais de cinco (5) anos contínuos.

Antes mesmo de ser promulgada a Constituição do Brasil, desde o dia 05 de outubro de 1988, havia uma pré-disposição social, política e jurídica a afastar os principais conceitos prévios do passado jurídico, permitindo que a família fosse vista por olhares democráticos, hermenêuticos e republicanos. Portanto, com a sensibilidade de uma sociedade mais igualitária, laica e democrática, a partir do texto igualitário entre marido e mulher, do cuidado e proteção da pessoa dos filhos, as leis protetivas começaram a surgir, como o Estatuto da Criança e do Adolescente, as leis da união estável, o Código Civil de 2002, o Estatuto do Idoso, a Lei Maria da Penha.

Com o advento da Constituição Cidadã, formou-se um novo tempo consitucional, em que as discriminações e violências contra a mulher e os filhos foram afastadas, parcial e formalmente, mas não de forma material, pelo que há ainda um longo caminho a ser percorrido até a compreensão da família tridimensional. Isso quer dizer que ainda é eminentemente lenta a laicização, a democratização, a humanização e a condição humana tridimensional, devido à resistência do ser humano em suspender os preconceitos violentos, espúrios e i-mundos legados pela tradição histórica. Por isso, a condição de possibilidade da compreensão do direito de família é conhecer a tradição histórica, em que o seu contexto é marcado por discriminação, hierarquia, intolerância e violência, as quais devem ser substituídas pela linguagem democrática, laica, republicana e constitucional.

5. Considerações finais do capítulo

Com relação à compreensão histórica da tradição familiar, tem-se dito que o mundo Ocidental, com realidades históricas distintas e peculiares a cada País, em razão do tempo e/ou do espaço, vivenciou alguns eventos, como: o absolutismo, a escravidão, a colonização, a cristianização, o individualismo, o liberalismo, os processos de constitucionalização, o capitalismo, a industrialização, as formas de governo, as guerras, as revoluções, as reformas, as crises econômicas, políticas, sociais, os processos secularizatórios, a democratização, a globalização, a informatização, que acarretaram mudanças nas suas estruturas econômicas, políticas, jurídicas, ideológicas, culturais e sociais.[78]

A religião doméstica, as mitologias e o cristianismo foram, além de crenças, fundamentos utilizados para justificar e estabelecer os ditames morais das famílias antiga e medieval. Nesse sentido, se, num primeiro momento, a família antiga mantinha suas bases lançadas pela religião doméstica, pelo culto aos antepassados,[79] é com o fortale-

[77] FACHIN, Luiz Edson. Família Hoje. In: *A Nova Família: problemas e perspectivas*. Vicente Barreto (org.). Rio de Janeiro: Renovar, 1997, p. 38.

[78] WELTER, Sandra Regina Morais. *A secularização da culpa no direito de família*. Monografia de conclusão da graduação em Direito, pela Universidade Regional do Alto Uruguai e das Missões (URI, Santo Ângelo), em 2005.

[79] COULANGES, Fustel de. *A Cidade Antiga*. 4.ed. Traduzido por Fernando de Aguiar. São Paulo: Martins Fontes, 1998. 37.

cimento do cristianismo que a crença em seus *deuses* domésticos foi abolida pela Igreja Católica, que, se arrogando da legitimidade de intérprete de *Deus* na terra, ditou a Lei cristã quanto à constituição e consagração da família medieval. Esse triunfo do cristianismo se iniciou em 313 d.C., quando o Imperador Constantino, por meio do edito de Milão, estabeleceu a liberdade da prática da religião cristã, que, com o Imperador Teodósio, foi declarada religião oficial do Estado.[80]

De acordo com Philippe Ariès, a vida familiar, no passado e até o século XVII, era vivida em público, porque "a densidade social não deixava lugar para a família", que "não existia como sentimento ou como valor". A partir do século XVIII, prossegue o autor, começou a florir *o sentimento de família*, tornando-se uma unidade fechada, na qual seus membros gostavam de permanecer, mas isso não significa que tenha sido uma vitória do individualismo,[81] porque quem triunfou foi indubitavelmente a linguagem familiar.[82]

Pelo que foi pesquisado, não é possível identificar a teoria dominante da origem da família, se patriarcal ou matriarcal, não se podendo anunciar se o recanto familiar foi ou não de origem natural ou cultural. O certo é que, no Brasil, a contar da Constituição de 1988, não se pode mais falar somente em família patriarcal ou matriarcal, e sim em uma família laica, democrática, hermenêutica, igualitária, um modo de ser-no-mundo-genético, de ser-no-mundo-(des)afetivo e de ser-no-mundo-ontológico, em que todos os seus membros gozam dos mesmos direitos e obrigações.

Não há dúvida da importância do mundo genético ao ser humano, visto que ele transmite todas as características da ancestralidade biológica, um complexo programa que influencia o ser humano em sua atividade, movimento ou comportamento.[83] Esse mundo, junto aos existenciais (des)afetivo e ontológico, forma a condição humana tridimensional.

O direito de família sempre foi visto e compreendido por parte do mundo genético, em vista de sua normatização, que recolhe apenas uma amostra do conceito de família, decorrendo desse preconceito a fixação do parentesco, do direito de herança, da filiação, do poder familiar, da guarda, das visitas, enfim, de todos os direitos do ser humano, não apenas os de direito de família. Mas, deve ser compreendido que o humano não é apenas um ser genético-padronizado, já que a corrente sanguínea *é um dos modos de ser-no-mundo*, um dos três existenciais, fazendo com que, pela sua reprodução, haja a continuação da linhagem, do ciclo de vida. Nesse mundo biológico, é que ocorrem a transmissão às gerações: a compleição física, os gestos, a voz, a escrita, a origem do ser humano, a imagem corporal,[84] parecendo-se, muitas vezes, com sua mãe ou seu pai, garantindo, mediante do exame genético em DNA, a certeza científica da paternidade/maternidade.

[80] KOSHIBA, Luiz. *História: origens, estruturas e processos*. São Paulo: Atual, 2000, p. 126.

[81] BRAGATO, Fernanda. *Dicionário de filosofia do Direito*. Vicente de Paulo Barretto (Coordenador). Rio de Janeiro: Lumen Juris, 2006, p. 468.

[82] ARIÈS, Philippe. *História Social da criança e da Família*. 2.ed. Traduzido por Dora Flaksman. Rio de Janeiro: LTC, 1981, p. 190-1.

[83] VARELLA, Dráuzio. A imposição sexual. In: *Caderno Colunistas do jornal O SUL*. Em 04 de março de 2007.

[84] ASIMOV, Isaac. *O Código Genético*. São Paulo: Cultrix, 1962, p. 16.

A filiação formal, ficção jurídica, mera presunção legal, constante do artigo 1.597 do Código Civil, foi apadrinhada pelo artigo 232 do mesmo digesto legal[85] e pelo verbete nº 301 da súmula do Superior Tribunal de Justiça.[86] Entalhada no texto constitucional a igualdade formal e material da perfilhação sanguínea, afetiva e ontológica (artigos 1º, II e III, 227, cabeço e § 6º, da Constituição de 1988, e 1.584, parágrafo único, 1.593, 1.596, 1.597, cabeço, 1.597, V, 1.603 e 1.605, II, 1.610, 1.638, 1.683 do Código Civil), esvaiu-se o objeto da discussão da existência de três verdades da perfilhação: formal,[87] biológica[88] e sociológica,[89] visto que a família é um modo de ser-no-mundo tridimensional, não sendo mais um comportamento humano, mas um modo de ser-cônjuge-convivente-pai-mãe-filho-irmão-parente, enfim, um modo de ser-em-família, de ser-no-mundo-familiar.

A presunção da paternidade/maternidade foi banida da prática forense, do ordenamento jurídico brasileiro pela unidade da perfilhação e pela certeza científica da paternidade/maternidade, com a produção do exame genético em DNA. O texto constitucional de 1988 harmonizou biologia, socioafetividade[90] e ontologia, atribuindo aos integrantes da família os mesmos direitos e deveres, não se devendo admitir a discussão acerca de privilégio em favor da biologia, porquanto o afeto e a ontologia foram alçados a valor jurídico, a direitos fundamentais da pessoa e causa de pedir na investigação de paternidade/maternidade.

Os preconceitos citados denotam que a discussão será mais acalorada sobre o direito de família tridimensional, motivo por que o intérprete não poderá ter a primeira, a segunda e nem a última palavra, mas, sim, ter *a* palavra, *a* linguagem humana, trazendo tão-somente uma nova mensagem da família, cada qual com as suas idiossincrasias, individualidade, ancestralidade, identidade, formação social, singularidade, dignidade e modos de ser-no-mundo.

Tudo o que for afirmado sobre família deve ser visto de soslaio, na medida em que o diálogo se encontra na fase gestacional, não havendo engenharia genética, afetiva ou ontológica capaz de clonar os princípios constitucionais de prioridade, de prevalência absoluta dos interesses dos integrantes da família, da cidadania, da dignidade e da tridimensionalidade humana.

Com a descrição da origem e da evolução das formas de família e de filiação, está sendo demonstrada a importância de ser conhecido o passado, a tradição histórica, para que o intérprete tenha uma visão da fusão de horizontes do passado, do presente

---

[85] Artigo 232 do Código Civil: "A recusa à perícia médica ordenada pelo juiz poderá suprir a prova que se pretendia obter com o exame".

[86] Súmula nº 301 – STJ – 18/10/2004 – DJ 22.11.2004. "Em ação investigatória, a recusa do suposto pai a submeter-se ao exame de DNA induz presunção *juris tantum* de paternidade/maternidade".

[87] Artigo 1.597 do Código Civil.

[88] Artigo 227, § 6º, da Constituição do País.

[89] Filiação socioafetiva: artigos 227, cabeço e § 6º, da Constituição do País de 1988, e 1.584, parágrafo único, 1.593, 1.596, 1.597, cabeço, 1.597, V, 1.603 e 1.605, II, 1.610, 1.638, 1.683 do Código Civil.

[90] Entendo que a interpretação sincrônica recomenda o uso do termo filiação *socioafetiva*, porque: o hífen causa uma ruptura gráfica, retirando a identidade do termo, estando ainda apegado à idéia de cisão cartesiana; *socioafetivo* dá a entender unidade de filiação, isto é, igualdade entre filhos biológicos e sociológicos; *socioafetivo* denota a existência de *um pai*, e não *o pai* (biológico); *socioafetivo* dá a idéia de que não pertence apenas à perfilhação biológica; *socioafetivo* estar-se-á aplicando uma interpretação originária do contexto social. Com a reforma ortográfica de 2009, não há mais dúvida acerca da utilização do termo "socioafetivo", sem hífem.

e do futuro genético, afetivo e ontológico, com vista na antecipação de sentido, que (de)limita cada compreensão do texto do direito de família, não o tomando como um ato de subjetividade, mas, sim, de intersubjetividade, porquanto o "sentido de um texto supera seu autor não ocasionalmente, mas sempre. Por isso, a compreensão nunca é um comportamento meramente reprodutivo, mas também e sempre produtivo".

A compreensão da família não é efetivada mediante a reprodução do passado ou do presente, e sim por meio da *produção* de sentido no presente, da compreensão da evolução do passado, do presente e do futuro, uma vez que, anota Gadamer, "quando alguém recolhe uma palavra da tradição, quando faz falar essa palavra, também a esse alguém lhe sucede algo". Cuida-se de compreensão do que nos vem ao encontro na história, interpelando-nos, isso porque a missão da tradição consiste em formular perguntas e encontrar as respostas, que são descobertas a partir do que o ser humano se torna como possibilidade de seu futuro,[91] buscando desvelar, elucidar o passado familiar, a partir do presente.

Com o advento da Constituição Cidadã de 1988, é bem outra a história a ser contada sobre a família, porquanto se cuida da compreensão democrática, laica, digna, social, cidadã, solidária, igualitária, hermenêutica, filosófica, genética, afetiva e ontológica. É por isso que, do texto constitucional, não se indaga se as diversas formas de ser-em-família são contratos ou instituições, visto que elas não são frutos da monetarização do ser humano, e sim da liberdade, da democracia, da solidariedade, do amor, da felicidade, da condição existencial de ser-no-mundo tridimensional.

[91] GADAMER, Hans-Georg. *Verdade e Método II.* 2. ed. Traduzido por Enio Paulo Giachini. Petrópolis: Vozes, 2004, p. 169 e 173.

Capítulo II

DIREITO DE FAMÍLIA (DES)AFETIVO

1. Considerações iniciais do capítulo

Os três mundos do ser humano, *Umwelt* (genético), *Mitwelt* (afetivo) e *Eigenwelt* (ontológico), lembra May,[1] estão sempre inter-relacionados, condicionando-se uns aos outros, e, emboras diferentes, são modos simultâneos de ser-no-mundo tridimensional.

O mundo afetivo (Mitwelt), segundo o autor,

> é o mundo dos inter-relacionamentos entre os seres humanos. Em *Mitwelt*, porém, as categorias de ajustamento e adaptação não são exatas; o termo *relacionamento* oferece a categoria certa. Se eu insisto para que outra pessoa ajuste-se a mim, não a estarei tomando como pessoa, como *Dasein*, mas como instrumento; e, mesmo que eu me ajuste a mim próprio, estarei usando a mim mesmo como objeto. O indivíduo não pode jamais falar com exatidão de seres humanos como "objetos sexuais"; no momento em que a pessoa é um objeto sexual, você não estará mais falando de uma pessoa. A essência do relacionamento é que no contato ambas as pessoas apresentam uma mudança.

A sociedade patriarcal fez com que a família fosse ajustada, desde que há mundo humano, unicamente por parte do mundo genético, uma linguagem normatizada, objetificada, desumanizada, porque os seus membros estão unidos pela totalidade dos laços genéticos, afetivos e ontológicos. O (re)canto familiar é uma forma de proporcionar ao ser humano carinho e solidariedade que se dispersaram da vida em sociedade, superando a condição humana marcada pela realidade da competição e da desigualdade,[2] tendo em vista que ele está profundamente ligado às questões mais íntimas e fundamentais, como o amor, a afeição.[3]

Não apenas no Direito, mas, em praticamente todas as áreas do relacionamento humano, há uma crescente compreensão acerca do acolhimento do afeto como linguagem integrante da tridimensionalidade humana.

Na área Educacional,[4] a afetividade possui ingerência constante no funcionamento da inteligência do ser humano, estimulando-o ou perturbando-o, acelerando-o ou

---

[1] MAY, Rollo. *A Descoberta do Ser: estudos sobre a psicologia existencial.* Traduzido por Cláudio G. Somogyi. 4.ed. Rio de Janeiro: Rocco, 2000, p. 139 a 141.

[2] BRAUNER, Maria Claudia Crespo. Casamento Desfeito, Transitoriedade e Recomposição Familiar. In: *Casamento, uma escuta além do Judiciário.* Ivone M. C. Coelho de Souza (org.).Florianópolis: VoxLegem, 2006, p. 302.

[3] MAY, Rollo. *A descoberta do ser.* 4.ed. Traduzido por Cláudio G. Somogyi. Rio de Janeiro: Rocco, 2000, p. 10.

[4] SOUZA, Maria Thereza Costa Coelho de. O desenvolvimento afetivo segundo Piaget. In: *Afetividade na Escola.* Valéria Amorim Arantes (Organizadora). São Paulo: Summus Editorial, 2003, p. 57. "Inteligência e afetividade são diferentes em natureza, mas indissociáveis na conduta concreta da criança, o que significa que não há conduta unicamente afetiva, bem como não existe conduta unicamente cognitiva".

retardando-o.[5] Com efeito, para Vygotsky, a linguagem afetiva atua na construção das relações do ser humano a partir de uma perspectiva pessoal, social e cultural.

Para Henri Wallon, a evolução da linguagem da afetividade "depende das construções realizadas no plano da inteligência, assim como a evolução da inteligência depende das construções afetivas".

Jean Piaget, por sua vez, historia que "a afetividade seria como a gasolina, que ativa o motor de um carro". Em outro momento, o autor[6] certifica que "a afetividade é a energética da ação e, de modo mais enfático, que a afetividade e a inteligência são, assim, indissociáveis, e constituem os dois aspectos complementares de toda conduta humana".

A afetividade também é defendida nos campos neurológico, psicológico,[7] psicanalítico,[8] pedagógico,[9] demonstrando que, em pleno século XXI, não é possível continuar compreendendo o ser humano pela teoria cartesiana,[10] porque a condição humana é um modo de ser-no-mundo-genético, de ser-no-mundo-(des)afetivo e de ser-no-mundo-ontológico. É por isso que se diz que o afeto é arte,[11] canto,[12] poesia, sabedoria, linguagem,[13] educação, conhecimento, inteligência,[14] saúde,[15] felicidade, liberdade, enfim, o afeto é enchente de vida e portal da existência, forjado na seiva que alimenta a cadência do sentido da vida, que se engendra e se identifica na tridimensionalidade humana.

Entretanto, o afeto pode transformar-se em desafeto, desamor, violência doméstica e familiar, uma vez que, ao mesmo tempo, cega e ilumina os humanos, fazendo parte da existência,[16] da linguagem e da condição humana, do modo de ser-no-mundo-afetivo-e-desafetivo. O afeto não é apenas um direito fundamental individual e social de afeiçoar-se ao outro ser humano (artigo 5º, § 2º, da Constituição do País),[17] como um

---

[5] ARANTES, Valéria Amorim. *Afetividade e Cognição: rompendo a dicotomia na educação.* Disponível em: http://www.hottopos.com/videtur23/valeria.htm. Acesso em 26.10.2004.

[6] COSTA, Maria Luiza Andreozzi da. *Piaget e a intervenção psicopedagógica.* São Paulo: Olho d´Água, 1997, p. 12 e 15.

[7] Idem, ibidem.

[8] FERREIRA, Patrícia Vasconcellos Pires. *Afetividade e cognição.* Disponível em: http://www.psicopedagogia.com.br/artigos/artigo.asp?entrID=404. Acesso em 29.10.2004.

[9] MONTEIRO, Denise Schulthais dos Anjos; PEREIRA, Luciana Fernandes; SARMENTO, Marilza Rodrigues Sarmento; e MERCIER, Tânia Maura de Aquino. *Resiliência e pedagogia na presença: intervenção sócio-pedagógica no contexto escolar.* Disponível em: http://www.pedagogiaemfoco.pro.br/fundam01.htm. Acesso em 29.10.2004.

[10] FERREIRA, Patrícia Vasconcellos Pires. *Afetividade e cognição.* Disponível em: http://www.psicopedagogia.com.br/artigos/artigo.asp?entrID=404. Acesso em 29.10.2004.

[11] FROMM, Erich. *A arte de amar.* Traduzido por Eduardo Brandão. São Paulo: Martins Fontes, 2000.

[12] CHASIN, Ibaney. *O canto dos afetos.* São Paulo: Perspectiva, 2004.

[13] MORIN, Edgar. *Amor, poesia, sabedoria.* 6. ed. Traduzido por Edgard de Assis Carvalho. Rio de Janeiro: Bertrand Brasil, 2003, p. 09, 53.

[14] ARANTES, Valéria Amorim. *Afetividade e Cognição: rompendo a dicotomia na educação.* Disponível em: http://www.hottopos.com/videtur23/valeria.htm. Acesso em 26.10.2004. COSTA, Maria Luiza Andreozzi da. *Piaget e a intervenção psicopedagógica.* São Paulo: Olho d´Água, 1997.

[15] BALLONE, GJ. *Afetividade.* Disponível em: http://www.psiqweb.med.br/cursos/afet.html. Acesso em 26.10.2004.

[16] MORIN, Edgar. *Amor, poesia, sabedoria.* 6. ed. Traduzido por Edgard de Assis Carvalho. Rio de Janeiro: Bertrand Brasil, 2003, p. 53, 65.

[17] BARROS, Sérgio Resende. A Constituição e o afeto. In: *Boletim IBDFAM*, de novembro/dezembro de 2005.

direito à sua integridade humana tridimensional, já que o ser humano não é constituído unicamente pela genética e/ou pela genética e afetividade, mas pelas três dimensões: genética, (des)afetividade e ontologia.

Reside no País um falso preconceito quanto às famílias, ao se pensar que sempre estão com jeito de ser-no-mundo-afetivo, devendo-se "acabar com a imagem idealizada da família feliz, que o Estado protege e ninguém pode interferir. É preciso chamar a atenção da sociedade de que a família não é exclusivamente um lugar de afeto!".[18]

Para compreender essa visão familiar afetiva e desafetiva é preciso aceitar a universalidade da compreensão da hermenêutica filosófica, porque ela afasta "a hipocrisia, a falsidade institucionalizada, o fingimento, o obscurecer dos fatos sociais, fazendo emergir as verdadeiras valorações que orientam as convivências grupais".[19] Com efeito, Gadamer, ao buscar compreender os poemas de Paul Celan,[20] lembrou que o ser humano vive sob o teto da linguagem, e cada um "gostaria de demolir o teto que nos garante uma proteção comum, pois ele nos impede a vista e a passagem".

Essa montanha de palavras que encobre a linguagem humana pode ser compreendida como *o teto de preconceitos que paira sobre todos os humanos*, à medida que o preconceito exclusivo do afeto mostra o que é familiar, impedindo todo e qualquer olhar em direção ao não-familiar, que é o desafeto. Com isso, há necessidade de o intérprete estranhar o que lhe era mais familiar (o afeto) e, ao mesmo tempo, o convoca a tornar conhecido o que lhe surge como estranho (o desafeto).

A linguagem familiar, no sentido de não vislumbrar a ausência de afeto, pode ser o teto que impede o ser humano de suspender os seus preconceitos, mas, por meio da linguagem não-familiar (do desafeto), esses preconceitos poderão ser descobertos, suscitados, suspensos. O ser humano deve derrubar esse *teto preconceituoso* que o encobre (de que na família há apenas afeto), para que possa obter uma paisagem e uma passagem à compreensão do ser humano como humano, que, às vezes, *está* afetivo, mas, outras vezes, desafetivo.

Isso, porém, não significa, como pretende a jurisprudência, que "afeto tecnicamente tanto pode ser o amor como o ódio. O ódio também é afeto. O odiar alguém também é uma forma de ter afeto por essa pessoa".[21] Equivocada essa compreensão do ser humano, à medida que o afeto não é desafeto e que amar não é, ao mesmo tempo, odiar alguém, isso porque o ser humano somente é humano quando está afetivo, à medida que, quando se encontra em estado desafetivo, regride à sua condição de mero ser vivo. Quer dizer, o ser humano é humano unicamente *enquanto for um ser-no-mundo-afetivo*, porque, quando ele está *desafetivo*, quando ele odeia o outro humano, retroage em sua condição humana para um mero ser vivo, vivendo no mundo genético, mas não nos mundos afetivo e ontológico.

Deve ser desmistificada a ideia de que na família é conjugado somente o verbo amar, porque ela encobre o mundo do desafeto, da desunião, da guerra familiar, da

---

[18] DIAS, Maria Berenice. Incesto: um pacto de silêncio. In: *Boletim IBDFAM* de novembro/dezembro de 2005.

[19] PEREIRA, Sérgio Gischkow. *Estudos de direito de família*. Porto Alegre: Livraria do Advogado, 2004, p. 35.

[20] GADAMER, Hans-Georg. *Quem sou eu, quem és tu?: comentário sobre o ciclo de poemas*. Hausto-Cristal de Paul Celan. Traduzido e apresentado por Raquel Abi-Sâmara. Rio de Janeiro: UERJ, 2005, p. 58.

[21] RIO GRANDE DO SUL. Tribunal de Justiça. Ac. nº 70013567888, 4º grupo cível. Relator: José S. Trindade, em 13 de janeiro de 2006. Disponível em: www.tj.rs.gov.br. Acessado em 15.01.2008.

desumanidade, do preconceito, da ofensa física e verbal, da ausência de solidariedade. No ser humano reside uma *linguagem não-familiar* (do desafeto), pelo que o texto do direito de família não significa normatização genética, mas, sim, existência genética, afetiva e ontológica. Quando o intérprete compreender que na família está automaticamente inserida a linguagem desafetiva, a partir daí estará em condições de compreender a *linguagem familiar*, do amor, do afeto, da harmonia, do diálogo, da hermenêutica, da igualdade, da paz entre os seus membros.

A família se vela e se desvela no preconceito, e a função principal do hermeneuta é a descoberta, a suspensão, a suscitação e o desmoronamento de seus juízos prévios, de sua linguagem habitual do preconceito do afeto. Para tanto, o intérprete precisa fazer um esforço igual ao da defesa dos ideários de sua vida, procurando, incansavelmente, "lutar contra a função desgastada e ordinária da linguagem, que acoberta e nivela tudo".[22]

Quando o ser humano está se relacionando com o mundo afetivo, acontece alguma coisa dentro dele "infinitamente mais complexa, sutil, rica e poderosa do que já tínhamos percebido",[23] porquanto é o afeto que auxilia o ser humano em seu relacionamento pessoal, familiar e social, mas é preciso aceitar que, de um modo geral, esse mundo sempre foi muito castigado, malcompreendido e mal-orientado,[24] visto que o humano não é um ser unicamente afetivo, sendo também desafetivo (ausência de afeto). Essa compreensão do afeto e do desafeto já havido sido assinalada, há 2.500 anos, pelo pré-socrático Empédocles,[25] ao afirmar que "tudo se unifica, graças ao Amor", mas "o Ódio (desafeto), como o Amor (afeto), sempre existirá, porque o tempo nunca será privado deste par".

Portanto, o ser humano, por vezes, *está afetivo* (um modo de ser-no-mundo-afetivo), mas, em outros momentos, *está desafetivo* (um jeito de ser-no-mundo-des-afetivo), motivo pelo qual há necessidade da produção do direito, da realidade, buscando o sentido do texto do direito de família, da aplicação concreta da coisa mesma (do exame das circunstâncias concreta da questão jurídica). Isso porque o estado de humor (de afeto e de desafeto), segundo Heidegger,[26] não é em si mesmo algo psíquico, um estado interior, mas, sim, um existencial, eventos, episódios, que se mostram por si mesmos, obtendo a cada leitura uma nova compreensão do texto do direito de família, o que impede a reprodução do direito.

A linguagem em família não quer dizer apenas falar, palavrear, porque ela compreende a palavra, texto, gesto, olhar, silêncio, (in)compreensão, genética, (des)afeto, (des)amor, ontologia, solidariedade, companheirismo, (in)tolerância, (in)diferença, ódio, raiva, vingança, enfim, toda forma de comunicação humana,[27] envolvendo os mais

---

[22] GADAMER, Hans-Georg. *Quem sou eu, quem és tu?: comentário sobre o ciclo de poemas*. Hausto-Cristal de Paul Celan. Traduzido e apresentado por Raquel Abi-Sâmara. Rio de Janeiro: UERJ, 2005, p. 59.

[23] MAY, Rollo. *A descoberta do ser*. 4.ed. Traduzido por Cláudio G. Somogyi. Rio de Janeiro: Rocco, 2000, p. 25.

[24] BAQUERO, Victoriano. *Afetividade Integrada Libertadora*. 3.ed. Rio de Janeiro: Edições Loyola, 1992, p. 5.

[25] BRUN, Jean. *Os Pré-Socráticos*. Traduzido por Armindo Rodrigues. Lisboa: Edições 70, p. 77 a 79.

[26] HEIDEGGER, Martin. *Ser e Tempo*. 14.ed. Traduzido por Márcia Sá Cavalcante Schuback. Petrópolis: Vozes, 2005. Parte I, p. 61 e 189.

[27] ROHDEN, Luiz. Hermenêutica e linguagem. In: Hermenêutica filosófica: Nas trilhas de Hans-Georg Gadamer. *Coleção Filosofia 117*. Porto Alegre: EDIPUCRS, 2000, p. 156 e 162.

variados modos de ser afetivo (modo de constituir) e desafetivo (modo de desconstituir a família).

Nessa senda, Gadamer[28] aduz que o Outro, que, em direito de família, é o cônjuge, o convivente, os pais, avós, os filhos, os irmãos, os parentes, "rompe com a centralidade de meu eu, à medida que dá a entender algo". É dizer, o cerne da compreensão em família é deixar que o Outro fale, aceitando seus argumentos, compreendendo o que ele diz e, principalmente, admitir que ele pode estar certo, porque "a possibilidade de o outro ter direito é a alma da hermenêutica".[29] Lembro que deixar o membro familiar falar e aceitar seus argumentos não significa, necessariamente, concordar sempre com ele, porque o que importa é o diálogo eterno.

A afetividade não é somente o direito de amar, de ser feliz, mas também o dever de compreender e estar com o Outro, porquanto "existir não é apenas estar-no-mundo, é também, inevitavelmente, estar-com-alguém",[30] estar-em-família, rompendo com a individualidade e com os conceitos prévios (pré-conceitos, pré-juízos). A diversidade humana é, simultaneamente, genética, afetiva e ontológica, e somente mediante o diálogo permanente será possível arrancar das profundezas da condição humana a individualidade e os preconceitos sobre os direitos e deveres da família.

Para isso ocorrer, não basta o entendimento, na medida em que "quando dizemos que nos entendemos sobre alguma coisa, isso não significa, em absoluto, que um tenha uma opinião idêntica ao outro".[31] É preciso a compreensão, que é acordo, aceitação da alteridade, da diferença, mediante o envolver-se dos membros da família por meio da pergunta e da resposta, do entrar na conversação, permitindo ser interpelado e interpelar, abrindo espaço à diversidade, que é tridimensional e diferente em cada ser humano. Deve-se esquecer a tradição histórica de posse e de domínio na linguagem familiar, deixando que nela habite a liberdade, o vaivém do diálogo, a aceitação e a possibilidade de que algo seja dito, sem que isso signifique ofensa, e sim um direito/dever do ser humano de ouvir e ser ouvido.

Em termos gadamerianos,[32] é intolerante quem quer comprovar que sua palavra é a única verdade, porque a experiência ensina que "nada mais impede um verdadeiro entendimento entre um eu e um tu do que a pretensão de uma das partes de compreender o Outro em seu ser e em sua opinião". Contudo, adverte o autor, ser compreensivo, *de antemão,* mesmo diante das réplicas do Outro, nada mais é do que tirar o corpo fora do postulado feito pelo Outro, sendo um modo de não se deixar dizer nada.

A linguagem de desafeto precisa ser compreendida como o padecimento no mundo afetivo, mas não da morte dos mundos genético, afetivo e ontológico, uma descoberta do diálogo permanente, do entrar em conversação, do dizer e deixar-se dizer, aceitando a diferença, uma vez que é na família que devem ser compreendidos os três

[28] GADAMER, Hans-Georg. *Verdade e Método II.* 2.ed. Traduzido por Enio Paulo Giachini. Petrópolis: Vozes, 2004, p. 17.

[29] LIXA, Ivone Fernandes Morcilo. *Hermenêutica e Direito: uma possibilidade crítica.* Curitiba: Juruá, 2003, p. 189 e 190.

[30] HOTTOIS, Gilberto. *História da filosofia.* Traduzido por Maria Fernanda Oliveira. Lisboa, Portugal: Instituto Piaget, 2002, p. 327.

[31] GADAMER, Hans-Georg. *Verdade e Método II.* 2.ed. Traduzido por Enio Paulo Giachini. Petrópolis: Vozes, 2004, p. 25.

[32] GADAMER, Hans-Georg. *Verdade e Método II.* 2.ed. Traduzido por Enio Paulo Giachini. Petrópolis: Vozes, 2004, p. 47 e 58.

mundos do pai, da mãe, do filho, do irmão, do membro familiar. Há, pois, necessidade de ser adotada uma linguagem que possa "deixar e fazer ver aquilo que se mostra, tal como se mostra a partir de si mesmo",[33] ou seja, deixar e fazer ver a família tal como ela se mostra a partir de si mesma.

A afetividade será examinada com base nos princípios constitucionais da dignidade da pessoa humana, da proteção absoluta e integral da criança, do adolescente e do idoso, da razoabilidade, da proporcionalidade e da secularização, tendo em vista que são os princípios, e não as regras, que promovem o desvelamento da realidade pessoal, familiar, social e tridimensional.

2. Afetividade e dignidade da pessoa humana (artigo 1º, III, da Constituição)

É reconhecida a dignidade da pessoa humana, um dos princípios mais afetivos, quando da compreensão do texto do direito de família em sua linguagem tridimensional, cujo princípio é *holding* para qualquer processo de interpretação,[34] constituindo-se em um valor fundante da República, do Estado, da democracia e do Direito.[35]

Haverá dignidade humana com democracia,[36] com laicização e com o reconhecimento do ser humano pelos seus modos de ser-no-mundo-genético, de ser-no-mundo-(des)afetivo e de ser-no-mundo-ontológico, cuja linguagem é indisponível, intangível, intransferível, imprescritível, inegociável.

A comunidade jurídica não se cansa de esclarecer que, "enquanto houver uma pessoa que não veja reconhecida a sua dignidade, ninguém pode considerar-se satisfeito com a dignidade adquirida",[37] que tem relação umbilical com a superação da intolerância, da discriminação, da exclusão social, da violência, da liberdade e da incapacidade de aceitar o Outro.[38] Todos os princípios constitucionais, que precisam ser harmonizados, já que nenhum tem prevalência sobre o outro, estão consolidados como âncora, fonte e sentido a conferir validade a toda regra, que sempre é o produto da interpretação do texto, que é inseparável de seu sentido, cuja aplicação está limitada pela jurisdição constitucional.

É por isso que no direito de família deve ser aplicada a máxima kantiana, de que "as violações à pessoa humana não são mais, na atualidade, atos contra um único indiví-

---

[33] TOLFO, Rogério. Linguagem e mundo: a fenomenologia do sinal em *ser e tempo* de Martin Heidegger. *In:* HELFER, Inácio (org.). *Pensadores alemães dos séculos XIX e XX.* Santa Cruz do Sul: EDUNISC, 2000, p. 139, lembrando Heidegger.

[34] STRECK, Lenio Luiz. In prefácio no livro de Belmiro Pedro Welter. *Igualdade entre as filiações biológica e socioafetiva.* São Paulo: Revista dos Tribunais, 2003.

[35] SILVA, José Afonso da. A dignidade da pessoa humana como valor supremo da democracia. *Revista de Direito Administrativo.* Rio de Janeiro: Renovar, nº 212, p. 92, abr./jun. 1998.

[36] WARAT, Luis Alberto. *Introdução Geral ao Direito, o Direito não estudado pela teoria jurídica moderna.* Porto Alegre: Sergio Antonio Fabris Editor, 1997, p. 61. Volume III.

[37] MIRANDA, Jorge. *Manual de Direito Constitucional: direitos fundamentais.* 3.ed. Coimbra, Portugal: Coimbra, 2000, p. 188. Tomo IV.

[38] BARROSO, Luís Roberto. *Interpretação e aplicação da Constituição.* 5.ed. São Paulo: Saraiva, 2003, p. 335.

duo, mas, sim, contra a espécie humana",[39] dizendo respeito às diversidades, aos modos de ser-no-mundo tridimensional.

Isso significa que se o afeto é um direito fundamental individual e social de afeiçoar-se ao outro ser humano (artigo 5º, § 2º, da Constituição), a dignidade humana é o critério "pelo qual a Constituição proporciona a proteção do afeto: estabelece a proporção entre os interesses individuais e os deveres sociais, categorias e difusos, no direito de família".[40] Afastar a linguagem do recanto familiar é confiscar a dignidade e a condição humana tridimensional, na medida em que o ser humano deixaria de ser humano, já que somente nos mundos afetivo e ontológico ele atinge a condição humana, porquanto, no mundo genético, ele é um mero ser vivo.

O reconhecimento dos direitos e das garantias fundamentais constitui um dos principais pilares da dignidade da pessoa humana,[41] mas esse princípio não é uma singela e formal declaração universal ou nacional de direitos e de garantias fundamentais, não sendo um atestado do que consta do texto infraconstitucional, mas, sim, uma compreensão tridimensional, composta pela corrente sanguínea (mundo genético), pelas relações em família e em sociedade (mundo des-afetivo) e pelo relacionamento consigo mesmo (mundo ontológico).

Conforme anota Canotilho, o princípio da dignidade da pessoa humana deve constar da Constituição para limitar qualquer legislador democrático, pelas seguintes razões:

> Em primeiro lugar, porque, como limite ao próprio poder, deve estar na Constituição. Em segundo lugar, porque se trata de um imperativo categórico, que deve estar na Constituição, porque implica também uma proibição total da transformação de um sujeito (que é a pessoa) em objeto. Em terceiro lugar, porque ela própria é um índice de que vivemos em comunidades inclusivas, e a dignidade é uma questão de reconhecimento recíproco de uns em relação aos outros (só temos dignidade uns em relação aos outros).[42]

O princípio da dignidade humana acolhe, ao mesmo tempo, a igualdade e a diversidade humana tridimensional, uma vez que exige que o humano seja cuidado como humano, e não mais por uma parcela normatizada do mundo genético, onde é transformado em objeto, em coisa, em moeda, em mercadoria.

3. Afetividade, razoabilidade e proporcionalidade (artigo 5º, § 2º, da Constituição)

Para os seguidores do racionalismo jurídico, o único caminho para encontrar a verdade é pela razão, pela subjetividade, mediante um método, que tem a pretensão

---

[39] BRAGA, Renata. Por um estatuto jurídico do embrião humano. In: *Direitos de Família, uma abordagem interdisciplinar*. Reinaldo Pereira Silva e Jackson Chaves de Azevedo (Coordenadores). São Paulo: LTr, 1999, p. 66.

[40] BARROS, Sérgio Resende. A Constituição e o afeto. In: *Boletim IBDFAM*, de novembro/dezembro de 2005.

[41] SARLET, Ingo Wolfgang (org.). As dimensões da dignidade da pessoa humana: construindo uma compreensão jurídico-constitucional necessária a possível. In: *Dimensões da Dignidade: ensaios da Filosofia do Direito e Direito Constitucional*. Porto Alegre: Livraria do Advogado, 2005, p. 22.

[42] CANOTILHO, J.J. Gomes. In: *Canotilho e a Constituição Dirigente*. 2.ed. Jacinto Nelson de Miranda Coutinho (Organizador). São Paulo: Renovar, 2005, p. 21.

de determinar as regras morais, como forma de negar que a moral esteja inserida no Direito. Para eles, é preciso refutar a razoabilidade, visto que o fato de os seres humanos pensarem de forma diferente "não é decorrência de haver opiniões mais (e menos) razoáveis, mas por conta de o homem guiar seu pensamento por diversas vias", havendo um caminho dogmático da verdade.[43]

Em decorrência, é afastada a possibilidade da compreensão do texto do direito de família pela verossimilhança, pela razoabilidade e proporcionalidade, na medida em que, pela dogmática jurídica, só existe uma única verdade infalível, que é a lei, que será desvelada pelo legislador e aplicada por um método de interpretação.

Os princípios da razoabilidade e da proporcionalidade têm as suas origens e seus desenvolvimentos atrelados à Carta Magna, de João Sem-Terra,[44] de 15-06-1215, do Direito anglo-saxão, que evoluiu para o que é chamado no direito norte-americano de *due process of law*[45] (garantia do devido processo legal, que é imposição constitucional irrenunciável).[46]

Esses princípios impõem ao operador do Direito sacrificar o mínimo para preservar o máximo de direitos, que não podem ser suprimidos, carecendo de "uma medida de valor, a partir da qual se procede a uma ponderação",[47] proporção, adequação, validade, exigibilidade, necessidade, menor interferência possível, mínimo de intervenção, meio suave, meio moderado, subsidiariedade, conformidade e proibição de excesso.[48]

Os princípios constitucionais da igualdade e da proporcionalidade têm algumas circunstâncias em comum, à medida que, enquanto a igualdade está umbilicalmente ligada "à distribuição de direitos e deveres, de vantagens e de encargos, de benefícios e de custos inerentes à pertença à mesma comunidade ou à vivência da mesma situação", a proporcionalidade "é um dos critérios que lhe presidem ou uma das situações imprescindíveis; é uma medida de valor a partir da qual se procede a uma ponderação".[49]

Na doutrina, é efetivada a bipartição do conceito entre os princípios da razoabilidade e da proporcionalidade, sob os seguintes argumentos:[50]

a) *razoabilidade* é prudência, ponderação, sapiência, tolerância, equilíbrio, moderação, harmonia, não arbitrário ou caprichoso, senso comum, boa-fé, honestidade,

---

[43] MAIA, Alexandre da. O Embasamento Epistemológico como Legitimação do Conhecimento e da Formação da Lei na Modernidade: uma leitura a partir de Descartes. In: *Direito, Estado e Democracia: entre a (in)efetividade e o imaginário social*. Porto Alegre: Instituto de Hermenêutica Jurídica, v. 1, n. 4, 2006, p. 17, 19 e 20.

[44] RIGAUX, François. *A lei dos juízes*. Traduzido por Luís Couceiro Feio, Lisboa: Instituto Piaget, 2000, p. 238.

[45] BRAGA, Valeschka e Silva. *Princípios da proporcionalidade & da razoabilidade*. Curitiba: Juruá, 2004, p. 42.

[46] LIMA, Francisco Gérson Marques de. *Fundamentos constitucionais do processo*. São Paulo: Malheiros Editores, 2002, p. 65.

[47] MIRANDA, Jorge. *Manual de Direito Constitucional*. 2.ed. Coimbra, Portugal: Coimbra Limitada. 1993, p. 216. Tomo IV.

[48] BONAVIDES, Paulo. *Curso de Direito Constitucional*. 11.ed. São Paulo: Malheiros, 2001, p. 369.

[49] MIRANDA, Jorge. *Manual de Direito Constitucional*. 2.ed. Coimbra, Portugal: Coimbra. 1993, p. 216. Volume IV.

[50] BRAGA, Valeschka e Silva. *Princípios da proporcionalidade & da razoabilidade*. Curitiba: Juruá, 2004, p. 204.

lealdade, sinceridade, correção, moralidade, adequação, idoneidade, aceitabilidade, logicidade, equidade, bom-senso;

b) *proporcionalidade* quer dizer avaliação entre os custos e os benefícios das medidas e restrições impostas, proporção, medida ou solução justa, adequada e necessária, máximo de benefício com o mínimo de sacrifício.

Ressalta Streck[51] que os princípios da razoabilidade e da proporcionalidade agasalham o garantismo negativo e positivo: o negativo, para proteger a sociedade contra os excessos do Estado (intervenção excessiva); o positivo, para assegurar os direitos fundamentais da sociedade contra a insuficiência de proteção do Estado (intervenção omissa ou deficiente).

Poderá, pois, ser ilustrada a inconstitucionalidade da disposição infraconstitucional por violação do princípio da razoabilidade e da proporcionalidade pela *proibição de proteção do excesso* ou pela *proibição de proteção deficiente*. Por isso, segundo o autor, esses princípios têm duplo viés, para que todos os atos do Estado de Direito tenham vinculação à materialidade da Constituição do País, tendo como resultado "sensível diminuição da discricionariedade (liberdade de conformação) do legislador".

Esses dois princípios,[52] que têm caráter "universal no âmbito de vigência das constituições dos Estados Democráticos de Direito",[53] aplicam-se aos Poderes da República, pelo que o Poder Judiciário tem o poder/dever de evitar a jurisprudencialização da Constituição,[54] aplicando os princípios da separação de poderes e da proibição de proteção do excesso ou de proteção deficiente, mediante a jurisdição constitucional.

Essa forma de compreensão é constitucionalmente razoável e proporcional, tendo em vista que a República e o Estado Constitucional (artigo 5º, XXXV) outorgam ao Judiciário o poder jurídico e político, inspirando-se no modelo constitucional norte-americano,[55] deslocando a esfera de tensão social dos Poderes Executivo e Legislativo para o Judiciário,[56] o qual tem o compromisso de salvaguardar os direitos e as garantidas constantes da Constituição do País.[57]

Não há qualquer ameaça desses dois princípios contra a separação de poderes, à medida que é atribuição do Poder Judiciário controlar a constitucionalidade da pro-

---

[51] STRECK, Lenio Luiz. Da proibição de excesso à proibição de proteção deficiente: de como não há blindagem contra normas penais inconstitucionais. In: *Revista do Instituto de Hermenêutica Jurídica – (Neo)constitucionalismo: ontem, os Códigos; hoje, as Constituições.* Porto Alegre, 2004, p. 254.

[52] MIRANDA, Jorge. *Manual de Direito Constitucional.* 2.ed. Coimbra – Portugal: Coimbra, 1993, p. 216. Tomo IV.

[53] STEINMETZ, Wilson Antônio. *Colisão de Direitos Fundamentais e princípio da proporcionalidade.* Porto Alegre: Livraria do Advogado, 2001, p. 147.

[54] BOLZAN DE MORAIS, José Luís; AGRA, Waber de Moura. A jurisprudencialização da Constituição e a densificação da legitimidade da jurisdição constitucional. In: *Revista do Instituto de Hermenêutica Jurídica – (Neo)constitucionalismo: ontem, os Códigos; hoje, as Constituições.* Porto Alegre, 2004, p. 217.

[55] VELOSO, Carlos Mário da Silva. *O poder judiciário como poder político no Brasil do século XXI.* Porto Alegre: *Revista Jurídica.* Ano 49 – Maio de 2001 – nº 283, p. 11 e 16.

[56] STRECK, Lenio Luiz; BOLZAN DE MORAIS. José Luis. *Ciência Política e Teoria Geral do Estado.* Porto Alegre: Livraria do Advogado, 2000, p. 95.

[57] BONAVIDES, Paulo. *Do País Constitucional ao País Neocolonial: a derrubada da Constituição e a recolonização pelo golpe de Estado institucional.* 2.ed. São Paulo: Malheiros Editores, 1999, p. 85.

dução normativa[58] e o cumprimento integral dos direitos, das garantias fundamentais e sociais e das promessas da modernidade inseridas na Carta Magna, caso sonegados pelos demais Poderes.

Aplicados esses dois princípios ao direito de família, não é razoável e nem proporcional compreender o ser humano na normatização genética, esquecendo que o humano não é um ser parcial, coisificado, e sim uma unidade e uma totalidade, uma forma, um jeito, uma circunstância, uma condição de ser no mundo humano, um acontecer tridimensional. É por isso que Gadamer compreende a razoabilidade como um modo de ser-no-mundo, "algo que agarramos e a que nos agarramos, a fim de criarmos e conservarmos sempre de novo uma ordem humana e ética erigida em normas comuns".[59]

Em Tempos de Estado de Direito, Democrático, Laico, Social, e em plena vigência da linguagem republicana, não é possível compreender o texto do direito de família sem transitar pelos princípios constitucionais da razoabilidade e da proporcionalidade.

Para melhor compreender o pensamento ultrapassado da dogmática jurídica, que rejeita os princípios da razoabilidade e da proporcionalidade, trago à baila uma lenda da mitologia grega, sobre Procusto, que atraía para sua casa as pessoas, mediante a oferta de banquete ou para abrigá-las. Para que os convidados pudessem descansar no *leito de Procusto*, havia a condição de coincidir exatamente com o tamanho do leito,

> mas isso implicaria duas situações desagradáveis aos abrigados: a primeira, a pessoa sendo maior que o leito, Procusto decepava seus membros inferiores, a fim de que a pessoa pudesse caber estritamente nos limites da cama. Outra possibilidade era de o abrigado ser menor que o leito, e, para poder repousar, Procusto esticava seus membros com tenazes até chegarem aos limites do leito. Invariavelmente, não havia a possibilidade de uma pessoa ser exatamente do tamanho do leito, pois a cama seria sempre modificada por Procusto, dependendo da altura daquele que estava em sua casa, a fim de que sempre a pessoa fosse torturada por ele.[60]

Essa fábula de Procusto bem ilustra o ideário da dogmática jurídica, tendo em vista que cria um mecanismo limitador – o método, o *estirador* –, a partir de *uma verdade única*, pelo que tudo o que fugir da estruturação da racionalidade, da subjetividade, é simplesmente afastado do cenário jurídico. O leito de Procusto identifica, simbolicamente, o método, a subjetividade, a busca de uma verdade única, que se encontraria no texto da lei, que, por isso, algumas vezes é decepada, e, outras vezes, dilatada, estirada, tudo dependendo dos interesses do intérprete.

Por isso, a importância de serem aplicados no direito de família os princípios da razoabilidade e da proporcionalidade, condições de possibilidade para qualquer interpretação, em vista do afastamento da verdade única e absoluta da dogmática jurídica,[61]

[58] STEINMETZ, Wilson Antônio. *Colisão de Direitos Fundamentais e princípio da proporcionalidade*. Porto Alegre: Livraria do Advogado, 2001.

[59] GADAMER, Hans-Georg. *Elogio da Teoria*. Lisboa: Edições 70, 2001, p. 44.

[60] MAIA, Alexandre da. O Embasamento Epistemológico como Legitimação do Conhecimento e da Formação da Lei na Modernidade: uma leitura a partir de Descartes. In: *Direito, Estado e Democracia: entre a (in)efetividade e o imaginário social*. Porto Alegre: Instituto de Hermenêutica Jurídica, v. 1, n. 4, 2006, p. 26 e 27.

[61] STRECK. Lenio Luiz. *Dicionário de Filosofia do Direito*. Rio de Janeiro: Lumen Juris, 2006, p. 434.

pelo que há sempre necessidade de adoção desses princípios na interpretação de um texto, em toda a sociedade, evidentemente, nas decisões judiciais.[62]

Mas, é preciso atentar para um fato: o afeto e o desafeto estão presentes na vida do ser humano em todos os episódios do processo interpretativo, e por isso a razoabilidade e a proporcionalidade somente estarão observadas quando o intérprete estiver numa situação hermenêutica afetiva. Isso ocorre porque o modo de ser-no-mundo-desafetivo se aloja no mundo genético, o mundo dos seres vivos em geral, em que não há linguagem e nem afeto. Numa só palavra, somente no mundo afetivo há linguagem razoável e proporcional, mundo humano e a possibilidade de compreensão da condição humana tridimensional.

4. Afetividade e o processo da secularização (artigos 1º, cabeço, e 2º da Constituição)

São três sistemas de relacionamento entre a religião e o Estado: a) confusão, que é a mistura entre religião e Estado; b) união, que significa o vínculo entre religião e Estado; c) separação, que é a distinção absoluta entre religião e Estado, cujo princípio é mantido pelo Brasil (artigo 19, I, da Constituição).

O processo de secularização compreende vários sentidos, por exemplo: a) a separação entre o Estado e a Religião, em que se afasta o Direito Divino do Direito Estatal; b) a plena liberdade do comércio, das artes, da cultura, da religião, das comunicações, da economia, da política, do direito, da universalização de todos os setores da sociedade e do Estado-Nação; c) da plenarização da democracia universal, com a noção de *espaço público*.[63]

Noticia-se[64] que, com o desmembramento do Império Romano em Ocidente e Oriente, a contar do século V d. C., e com o decorrente desaparecimento de uma ordem secular estável, houve o deslocamento de autoridade e poder de Roma ao Chefe da Igreja Católica Romana, que desenvolveu o direito canônico, estruturado num conjunto normativo dualista – laico e religioso. Deviso a isso, na Idade Média, o Direito era ditado pela religião, cuja combinação dos poderes da *Igreja* e do *Império* denominou-se Sacro Império.[65]

A partir do século XIV, as divergências entre Estado e Igreja tornaram-se cada vez mais acirradas e, paulatinamente, começaram a se firmar teorias contrárias aos interesses dos Papas (que alimentavam ao domínio mundial), pelo que Igreja e Império, "poderes universais, vão enfrentar uma limitação cada vez maior, e a tendência dominante da época vai ser a de uma gradativa secularização da mentalidade, com reflexos em todos os setores da atividade humana".[66]

---

[62] MIRANDA, Jorge. Manual de Direito Constitucional. 3.ed. Coimbra, Portugal: Coimbra, 2000, p. 205. Volume IV.

[63] PINHO, Rodrigo César Rebello. *Sinopses jurídicas. Teoria Geral da Constituição e Direitos Fundamentais*, nº 17. 5.ed. São Paulo: Saraiva, 2005, p. 91 e 92.

[64] PHILIPPI, Jeanine Nicolazzi. *A Lei: uma abordagem a partir da leitura cruzada entre Direito e Psicanálise*. Belo Horizonte: Del Rey, 2001, p. 89, 90, 91, 99 e 101.

[65] SALDANHA, Nelson. *Secularização e Democracia*. Rio de Janeiro: Renovar, 2003, ps.66 a 68.

[66] SARLET, Ingo Wolfgang. *Maquiavel, "o príncipe" e a formação do Estado moderno*. In: CD Juris Plenum, edição 72, vol.2, agosto de 2003.

A teologia continua influenciando a edição de leis, principalmente na área da família, mas o Estado Democrático de Direito não deve aceitar a canonização das relações políticas e jurídicas. Em outras palavras, à Religião deve ser concedido o direito de editar as normas canônicas, mas, ao Estado, de acordo com a realidade vivenciada pela sociedade, e não por um Direito supostamente ditado por Deus.

No Brasil, a laicificação foi implantada com a Proclamação da República, na qual ficou proibida a intervenção da autoridade federal e dos Estados Federais em matéria religiosa (Decreto nº 119-A, de 07 de janeiro de 1890). Em outras partes do mundo, a laicização encontrava-se em andamento desde o século XIV, intensificando os conflitos entre Estado e Igreja, com a gradativa modificação da mentalidade em todos os setores da atividade humana (política, religião, regime de governo, família etc.), com a decrescente autoridade religiosa e, via de consequência, a crescente autoridade da ciência, da razão, do ser humano secular.[67]

A secularização é a ruptura entre a cultura eclesiástica e filosófica, especialmente entre a moral do clero, não sendo mais o Direito Estatal um mandato das alturas, e sim um poder profano. O Direito Canônico interferiu em praticamente todas as áreas da sociedade, como a política, que, antes do século XIV, era entendida como um poder que provinha de Deus, cujo destino dos humanos era prescrito por Ele. Os valores espirituais eram considerados superiores aos valores humanos, cuja prova é que "a Igreja não hesitava em intervir no mundo profano: sacralizava as relações políticas, tornando-se, assim, fator imprescindível de legitimidade, como no caso da sagração dos reis, ou da cavalaria, em que transformava uma categoria social numa espécie de ordem religiosa".[68]

Mais tarde, no século XVIII, o Estado tornou-se mais secularizado, surgindo o Estado Absolutista, com a paulatina retirada da influência divina no Estado, culminando com o advento dos Estados de Direito Liberal, Social e Democrático. No século XXI, o mundo ocidental está ou, pelo menos, deveria estar completamente secularizado, incorporando a complexidade da transnacionalização[69] dos direitos, dos deveres e das garantias fundamentais, como a liberdade,[70] a democracia, o pluralismo, a dignidade e a tridimensionalidade da pessoa humana, em que estão "compendiados o futuro da cidadania e o porvir da liberdade de todos os povos".[71]

A moral cristã era o pensamento "entre o bem e o mal, do justo e do injusto, que transcende e preexiste à autoridade do Estado". Maquiavel, embora não tenha invocado o princípio da separação entre Estado e Religião, percebeu que o poder político era tudo, menos divino. A liberdade também foi secularizada, com a libertação dos dogmas religiosos, refazendo-se a imagem do poder, antes emanado de Deus, mas, depois, fixado num ente artificial chamado Estado, em decorrência do liberalismo, que cunhou a liberdade como sua pedra angular. Na sociedade secularizada, a pessoa passa à condição

[67] SARLET, Ingo Wolfgang. *Maquiavel, "o príncipe" e a formação do Estado moderno.* In: CD Juris Plenum, edição 72, vol.2, agosto de 2003.

[68] KOSHIBA, Luiz. *História: origens, estruturas e processos.* São Paulo: Atual, 2000, p. 191.

[69] HABERMAS, Jürgen. *Direito e Democracia entre facticidade e validade.* Traduzido por Flávio Beno Siebeneichler. Rio de Janeiro: Tempo Brasileiro, 1997, p. 291 e 296. Volume II. MOREIRA, Vital. O Futuro da Constituição. In: *Direito Constitucional: estudos em homenagem a Paulo Bonavides.* Eros Roberto Grau e Willis Santiago Guerra Filho (Org.). São Paulo: Malheiros, 2001, p. 322.

[70] STRECK, Danilo R. *Rousseau & a Educação.* Belo Horizonte: Autêntica, 2004, p. 32.

[71] BONAVIDES, Paulo. *Do País Constitucional ao País Neocolonial: a derrubada da Constituição e a recolonização pelo golpe de Estado institucional.* 2. ed. São Paulo: Malheiros 2001, rodapé, p. 38 e 174.

de humana, ensejando a criação do Estado de Direito, sem qualquer ingerência divina, uma verdadeira revolução da intersubjetividade contra a dogmática da Religião, com a decorrente negação das ambições da Igreja sobre o poder temporal.[72]

Assim como é irreversível a consolidação da tridimensionalidade do texto, da família, do ser humano, também é indomável a tridimensionalidade do Estado, secularizado, democrático e universal, que se firmou no século XXI, tendo em vista o lento e incessante processo de secularização, iniciado no século XIV. Um certeiro golpe foi lançado contra a Igreja Católica – de as normas do Estado de Direito continuarem sendo secularizadas – quando da promulgação da Constituição Europeia, em que não se invocou a proteção de Deus no Preâmbulo da Constituição. O Papa João Paulo II criticou essa decisão, mas recebeu a seguinte resposta dos representantes de quase um bilhão de habitantes: *uma Constituição deve ser laica.*[73]

5. Desnecessidade de legislação infraconstitucional para o acolhimento da tridimensionalidade humana

No capítulo constitucional sobre a família está inserida a condição humana tridimensional, tendo havido profunda modificação do conceito de unidade familiar, porquanto a filiação era composta por filhos unicamente do matrimônio, mas, desde o ano de 1988, residem, no ordenamento jurídico, diversas formas de família, como a conjugal, convivencial, monoparental, unipessoal, homoparental, socioafetiva, anaparental, reconstituída e demais modos de ser-em-família.

A paternidade pode ser genética ou sociológica, tenha ou não legislação a esse respeito, à medida que "não se concebe um sistema jurídico que, embora não o diga, não conceda um lugar à verdade sociológica".[74] Não se cuida, com isso, de uma desbiologização da filiação, mas, sim, de um fortalecimento das duas perfilhações, por duas razões; a primeira, porque, com a produção do exame genético em DNA, a paternidade é comprovada com certeza científica; a segunda, com o acolhimento da igualdade entre todos os membros da família, o afeto, a solidariedade, o amor, o desvelo, a felicidade, a convivência, os modos de ser-em-família foram acolhidos como direitos fundantes da pessoa humana.

O Código Civil de 1916 não albergava o modo de ser-filho-afetivo, muito menos o modo de ser-em-família-ontológico, que, no entanto, estão reconhecidos na Carta Magna de 1988. Tem-se[75] dito que aceitar a condição de ser-filho-afetivo sem legislação é outorgar poder legiferante ao juiz, tornando-se inviável reconhecer a paternidade.

Discordo desse pensamento, na medida em que a realidade mutante dos valores cultuados nas relações familiares faz com que sejam acolhidos os mundos genético, afetivo e ontológico, nos seguintes termos:

---

[72] SARLET, Ingo Wolfgang. *Maquiavel, "o príncipe" e a formação do Estado moderno.* In: CD Juris Plenum, edição 72, vol.2, agosto de 2003.

[73] Informação fornecida por Fátima Bernardes, no Jornal Nacional da Rede Globo, em 19 de junho de 2004.

[74] OLIVEIRA, Guilherme. *Critério Jurídico da Paternidade.* Coimbra, Portugal: Almedina, 1998, p. 421.

[75] PEREIRA, Caio Mário da Silva. *Reconhecimento de Paternidade e seus Efeitos.* 5.ed. Rio de Janeiro: Forense, 1996, p. 52-3 e 119.

a) o vazio legislativo não é impasse jurídico à perfilhação afetiva, à medida que, como refere Mauro Cappelletti, os juízes são chamados a esclarecer, integrar, plasmar, transformar e produzir o direito, o que não significa que sejam legisladores,[76] mas aplicadores da jurisdição constitucional, que compreende a tridimensionalidade humana com base na principiologia constitucional;

b) o intérprete/julgador precisa adequar as regras jurídicas com vinculação social, defendendo os anseios da sociedade, já que "o direito, nos quadros do Estado Democrático (e Social) de Direito, é sempre um instrumento de mudança social",[77] querendo-se dizer que dentro do Direito já estão incorporados, automaticamente, as regras da genética, da afetividade e da ontologia, isto é, a condição humana tridimensional;

c) o desacolhimento dos mundos afetivo e ontológico deixa uma lacuna no discurso da igualdade entre todos os membros da família;

d) reconhecer as famílias genética, sociológica e ontológica é priorizar a dignidade e a condição humana como princípio fundamental da República;

e) o artigo 227, *caput*, e § 6º, da Constituição, assegura os direitos fundamentais à convivência em família e da igualdade da perfilhação (genética e afetiva);

f) o artigo 229 da Constituição impõe o dever/obrigação de os pais sustentarem seus filhos e estes, em contrapartida, garantirem o sustento e a vida de seus pais na melhor idade, na carência e na enfermidade;

g) o artigo 1.511 do Código Civil afasta a ideia de que o casamento ou a união estável é um contrato ou uma instituição, visto que passou a ser uma comunhão plena de vida, genética, (des)afetiva e ontológica;

h) o artigo 1.584, parágrafo único, do Código Civil, concede a guarda do filho, quando não aos pais, a terceiros, umbilicalmente ligados pelo afeto;

i) o artigo 1.593 do Código Civil declara que o parentesco é natural (genético) ou civil, conforme resulte de consanguinidade ou outra origem, que é a filiação afetiva;

j) o artigo 1.596 do Código Civil institui a igualdade das filiações (biológica e afetiva);

k) o artigo 1.597, inciso V, do Código Civil, presume a paternidade na inseminação artificial heteróloga, em que o material genético paterno e/ou materno é de terceiro, assumindo o marido/convivente, o ser humano, a paternidade sem ser o pai genético, mas, sim, afetivo;

l) o artigo 1.603 do Código Civil reza que a filiação se prova pela certidão do termo de *nascimento* registrada no Registro Civil, cujo nascimento compreende o filho genético e afetivo, já que, para registrar um filho, não é preciso comprovar o laço genético;

m) o artigo 1.605 do Código Civil admite que é constituída a filiação quando existirem veementes presunções resultantes de fatos já certos, que é o modo existencial de ser-no-mundo tridimensional;

n) o artigo 1.610 do Código Civil proíbe a revogação do testamento de admissão voluntária da paternidade biológica ou socioafetiva;

[76] CAPPELLETTI, Mauro. *Juízes legisladores?* Traduzido por Carlos Alberto Álvaro de Oliveira. Porto Alegre: Sergio Antonio Fabris Editor, 1999, p. 73 e 74.

[77] GRAU, Eros Roberto. *O direito posto e o direito pressuposto*. 5.ed. São Paulo: Malheiros, 2003, p. 59.

o) o artigo 1.638 do Código Civil determina a suspensão do poder familiar quando a conduta dos pais (genéticos e/ou afetivos) não atender ao princípio da proteção integral e absoluta dos filhos;

p) o texto da lei não pode ser equiparado à norma jurídica, porquanto no texto não está (toda) a norma!,[78] pelo que a lei deve ser complementada pela linguagem do método fenomenológico, que examina o Direito com base na compreensão histórica da tradição, na fusão de horizontes e nos preconceitos. Isso quer dizer que no texto de família não está toda a norma jurídica, que somente poderá ser compreendida pelo modo de ser-no-mundo-genético, de ser-no-mundo-(des)afetivo e de ser-no-mundo-ontológico;

q) o artigo 226, § 4º, da Constituição, engendrou a família monoparental, unilinear, nuclear, pós-nuclear, socioafetiva, eudemonista, genética, afetiva e ontológica, vivida no cumprimento das necessidades pessoais, sociais, com a comunhão da linguagem existencial, em que não é o indivíduo que existe para a família, e sim a entidade familiar é condição de possibilidade do desenvolvimento tridimensional de seus membros;

r) o pacto constitucional, nos artigos 1º, incisos II a IV, 3º, incisos I e IV, 4º, inciso II, 5º, cabeço, e 170, por exemplo, valorizaram os direitos humanos, engendrando uma sociedade, livre, justa, solidária, promovendo o bem de todos, sem preconceitos de origem, raça, sexo, cor, idade e quaisquer outras discriminações, assegurando, enfim, uma existência genética, afetiva e ontológica;

s) os artigos 226 a 230 revogaram os dispositivos do Código Civil de 1916 e demais leis esparsas que patrocinavam o patriarcalismo, a hierarquia e a desigualdade, em detrimento do bem-estar de pais e filhos, cujos comportamentos foram substituídos pelo jeito de ser-em-família, pelo modo de ser-democrático, de ser-dessacralizado, de ser-hermenêutico, refletindo o movimento básico da existência humana tridimensional;

t) no conceito social primitivo de paternidade sequer se incluía, necessariamente, o elemento biológico, o que veio a ocorrer mais tarde, por dois motivos psicológicos: "a) o ciúme, passando-se a exigir a exclusividade; b) o narcisismo, para rever-se no produto, levando o homem a exigir, como condição para tornar-se pai social, a convicção da paternidade biológica".[79] Mas, com a tridimensionalidade no direito de família, o ser-pai, o ser-mãe, o ser-filho, o ser-em-família, passou a ser um existencial, porque o afeto e o desafeto não são um estado interior, mas, sim, um modo existencial, significando que os modos de ser-no-mundo-genético, de ser-no-mundo-afetivo e de ser-no-mundo-ontológico são fenômenos, existenciais, momentos, eventos, instantes, fatos, acontecimentos, episódios que se mostram por si mesmos;

u) não há diferença de criação, educação, destinação de carinho e amor entre os filhos sociológicos e biológicos, não se podendo conferir efeitos jurídicos desiguais a quem vive a realidade da vida em igualdade de condições, sob pena de revisitar a odiosa discriminação, o que seria, sem dúvida, inconstitucional, à medida que toda filiação precisa ser adotiva,[80] no sentido de serem respeitados os laços genéticos, afetivos e ontológicos.

---

[78] STRECK, Lenio Luiz. Em manifestação em apelação criminal nº 70.006.451.827, 5ª Criminal do Tribunal de Justiça do RS, em 20 de junho de 2003. Relator: Luiz Gonzaga da Silva Moura.

[79] ALMEIDA JÚNIOR, A. *Paternidade: aspectos biopsicológico, jurídico e social.* São Paulo: Nacional, 1940, p. 124.

[80] BRAUNER, Maria Cláudia Crespo. Nascer com dignidade frente à crescente instrumentalização da reprodução humana In: *Revista do Direito do Programa de Pós-Graduação em Direito-Mestrado nº 14 (jul./dez.2000).* Santa Cruz do Sul: UNISC, 2000, p. 15.

6. Considerações finais do capítulo

Neste segundo capítulo, ficou compreendido que o texto do direito de família não deve ser compreendido exclusivamente pela normatização genética, mas também pelo mundo (des)afetivo, não havendo como ser negada a influência da jurisdição constitucional, à medida que, no Estado Constitucional, preponderam os princípios sobre as regras, e dentro de cada regra reside um princípio, que é, na linguagem streckiana,[81] "a razão prática da discussão jurídica; a realidade que é trazida para dentro da discussão; enfim, é o caso – concreto –, que só existe em sua singularidade, irrepetível, pois!".

A genética, a afetividade e a ontologia são imprescindíveis à saúde física, mental, à inteligência, à educação, à estabilidade econômica, social, material e cultural do ser humano, à dignidade e à condição humana, não bastando tão-só a procriação, a origem genética, como também a ancestralidade afetiva, a recreação, a paz, a felicidade, a solidariedade familiar e o respeito ao modo de ser de cada membro familiar.

O afeto e o desafeto são um construído, um (des)coberto, uma imagem, um especulativo de um sentido na singularidade, na universalidade e na faticidade das relações sociais, do mundo em família e do mundo próprio de cada ser humano, que "não é coisa ou substância, mas uma actividade vivida de permanente autocriação e incessante renovação".[82]

Nesse caminho, Heidegger, em sua ontologia fundamental, concorda com a compreensão afetiva do ser humano, o que se infere das seguintes citações dele e de seus seguidores:

a) o ser humano, na qualidade de ser-no-mundo, é compreensão e afetividade;[83]

b) a afetividade atinge o ser humano em sua manifestação de linguagem;[84]

c) a compreensão afetiva "é necessária porque, quando falamos, comunicamos marcos afectivos particulares, seleccionamos e omitimos, falamos do que poderia ser";[85]

d) a expressão "afeto" é devastadora, fazendo "parte de meu relacionamento ekstático, de meu ser-no-mundo", juntamente com a genética e a ontologia;[86]

e) todos "os existenciais, não apenas a compreensão, por exemplo, também a afectividade, tiram o seu sentido do futuro originário";[87]

---

[81] STRECK, Lenio Luiz. *Verdade & Consenso*. Rio de Janeiro: Lumen Juris, 2006, p. 216.

[82] BLANC, Mafalda de Faria. *Introdução à Ontologia*. Lisboa: Instituto Piaget, 1990, p. 110.

[83] STRECK, Lenio Luiz. *Jurisdição constitucional e hermenêutica: uma nova visão crítica do direito*. 2.ed. Rio de Janeiro: Forense, 2004, p. 200.

[84] COBRA, Rubem Q. *Martin Heidegger*. Disponível em: http://www.cobra.pages.nom.br/fc-heidegger.html. Acesso em 20.12.2001.

[85] ROCHA, Acílio da Silva Estanqueiro. O Ideal da Europa. In: *Revista Portuguesa de Filosofia*. jul./dez. 2000. Vol. 56, fase 3-4, p. 327.

[86]. HEIDEGGER, Martin. *Seminários de Zollikon*. Traduzido por Gabriela Arnhold e Maria de Fátima de Almeida Prado. Petrópolis: Vozes, 2001, p. 187.

[87] HAAR, Michel. *Heidegger e a essência do homem*. Lisboa: Instituto Piaget, 1990, p. 65.

f) a experiência afetiva, "em que se lhe mostra o ser, ou melhor, em que nos sentimos no meio dele, é uma experiência indistinta de existência, e o seu nada é, paralelamente, um nada da existência finita";[88]

g) de acordo com Vattimo,[89] seguindo as pegadas de Heidegger, a afetividade é "o modo originário de se encontrar e de se sentir no mundo é uma espécie de primeira 'pressão' global do mundo que, de alguma maneira, funda a própria compreensão". Quer dizer que *o intérprete somente compreenderá o texto do direito de família tridimensional se ele se encontrar numa situação afetiva,* na medida em que

> o próprio encontro com as coisas no plano da sensibilidade só é possível com base no facto de que o *Deisen* está sempre originariamente numa situação afetiva; por conseguinte, toda relação específica com as coisas individuais (mesmo a compreensão e sua articulação interpretativa) é possível em virtude da abertura ao mundo garantida pela tonalidade afectiva. "A tonalidade afectiva abriu desde já sempre o *Deisen* ao mundo na sua totalidade, tornando assim possível um dirigir-se para".

Momento seguinte, Vattimo afirma que o ser humano pode confiar "a descoberta originária do mundo à simples tonalidade afectiva", querendo dizer que o "ser-no-mundo nunca é um sujeito puro porque nunca é um espectador desinteressado das coisas e dos significados".

O mundo da afetividade também compreende o perdão e a reconciliação, visto que, em linguagem gadameriana,[90] o simples fato de alguém pedir perdão significa que ele está perdoado, independentemente da manifestação do ofendido, pelo que

> àquele que conseguiu pedir perdão é permitido acolhê-lo de tal modo que já lhe foi perdoado. Eis o único perdão que existe, uma palavra que já não tem de ser dita, porquanto já abriu o caminho que conduz de um ao outro, porque já superou, através do gesto da palavra, a desavença, a injustiça, isto é, tudo o que nos dissociava.

Com o perdão, abrem-se as comportas da reconciliação, a qual, segundo Gadamer,[91] é "algo da verdadeira historicidade interna do homem; portanto, da possibilidade do seu crescimento interior". Aduz, ainda, a seguinte passagem de afetividade e de solidariedade humana, principalmente no ventre da conjugalidade, da convivencialidade, da parentalidade e do modo de ser-no-mundo tridimensional:

> É esse, de facto, o segredo da reconciliação: onde quer que exista a desunião, a desavença e a cisão, onde entre nós estivermos divididos, onde a nossa convivência se desfez, quer se trate de um Eu ou Tu, ou de uma pessoa e a sociedade, ou eventualmente do pecador e a Igreja – em toda a parte experimentamos que, com a reconciliação, um mais entra no mundo. Só através da reconciliação se pode superar a alteridade, a ineliminável alteridade, que separa o homem do homem e se eleva, sim, à admirável realidade de uma vida e de um pensamento comuns e solidários.

Significa que Gadamer também soube decifrar e compreender a família, motivo pelo qual seu pensamento tem aplicação na tese da condição humana tridimensional, pelo seguinte: a genética está incorporada nas células humanas; a afetividade se dá por meio do incansável esforço de união, consenso, diálogo e reconciliação entre os huma-

---

[88] FRAGA, Gustavo de. *Sobre Heidegger.* Coimbra: Livraria Almedina, 1965, p. 35.

[89] VATTIMO, Gianni. *Introdução a Heidegger.* 10.ed. Portugal, Lisboa: Instituto Piaget, 1999, p. 38 a 40.

[90] GADAMER, Hans-Georg. *Elogio da Teoria.* Lisboa: Edições 70, 2001, p. 20.

[91] GADAMER, Hans-Georg. *Elogio da Teoria.* Lisboa: Edições 70, 2001, p. 20-21.

nos, na família e na sociedade; a ontologia, por meio da defesa intransigente ao respeito do mundo particular, pessoal de cada ser humano.

A (des)afetividade acompanha o ser humano desde a concepção até o leito de sua morte, tendo profunda influência no modo de ser-no-mundo, sendo inclusive a chave que abre o mundo dos seres vivos em geral (mundo genético) para o mundo humano, à medida que, "sem essa abertura mútua, tampouco pode existir verdadeiro vínculo humano",[92] que é condição de possibilidade para pré-compreender o ser humano em sua tridimensionalidade.

Não há dúvida de que é no recôndito da família que cresce, evento a evento, a importância do diálogo, do perdão e da reconciliação permanente, à medida que eles curam os desentendimentos e entram "numa conversação que ninguém dirige, mas que a todos nos conduz",[93] sendo, pois, o vaivém da palavra, o escutar recíproco de um e outro, em que se forma e se elabora o ser-com, que possui os modos de não ouvir, resistir, defender-se.[94]

O ser humano convive e compartilha a sua total tridimensionalidade humana quando ouve e é ouvido, tornando-se um ser-com-os-outros, socializando-se e tornando-se diferente dos demais seres vivos em geral, isso porque "o mundo é sempre o mundo compartilhado com os outros. O ser-em é ser-com os outros. Somente onde se dá a possibilidade existencial de discurso e escuta é que alguém pode ouvir".[95]

Os membros da família precisam procurar se educar na conversação, no direito existencial de ouvir e de ser ouvido e no diálogo interminável, de tal modo que possam reconciliar, aceitando a diversidade tridimensional que habita em todo ser humano, porque se afeto é harmonia, saúde e inteligência, o desafeto é desequilíbrio, doença, ausência de educação. O (re)estabelecimento do afeto, da saúde tridimensional, poderá ser efetivado com o ouvir e o ser ouvido, promovendo o círculo *hermenêutico*, e não um círculo hermético, uma vez que cada ser humano é de maneira diversa, pelo que não existe "historia de amor que no se cree sus propias relaciones internas y externas, por cuya tensión no se deje al mismo tiempo transportar".[96]

Se Gadamer e Heidegger compreendem, respectivamente, que "ser que pode ser compreendido é linguagem" e que "a linguagem é a casa do ser", é porque o sentido da família será compreendido/desvelado pela linguagem genética, afetiva e ontológica, quando então toda conversação em família, social e pessoal passa a gerar uma linguagem em comum. Essa nova linguagem comum surge com a conversação, com o diálogo, com o dizer e deixar-se dizer, o que não significa a adaptação de uns aos outros, um "mero confronto e imposição do ponto de vista pessoal, mas uma transformação que converte naquilo que é comum, na qual já não se é mais o que se era".[97]

---

[92] GADAMER, Hans-Georg. *Verdade e Método I*. 6.ed. Petrópolis: Vozes, 2004, p. 471-472.

[93] GADAMER, Hans-Georg. *O mistério da saúde:* o cuidado da saúde e a arte da Medicina. Lisboa, Portugal: Edições 70, 1993, p. 129.

[94] HEIDEGGER, Martin. *Ser e Tempo*. Traduzido por Márcia Sá Cavalcante Schulack. 14.ed. Parte I. Rio de Janeiro: Vozes, 2005, p. 222-3.

[95] Idem, p. 170.

[96] KOSELLECK, Reinhart. Histórica y hermenéutica. In: KOSELLECK, Reinhart; GADAMER, Hans-Georg. *Historia y hermenéutica*. Barcelona: Paidós Ibérica, Instituto de Ciencias de la Educación de la Universidad Autónoma de Barcelona, 1997, p. 77.

[97] GADAMER, Hans-Georg. *Verdade e Método I*. 6.ed. Traduzido por Flávio Paulo Meurer. Petrópolis: Vozes, 2004, p. 493.

Brota, com isso, uma nova forma de compreender o texto do direito de família, não apenas dentro de um mundo natural, do mundo genético, do instinto, do mundo dos demais seres vivos, mas de outros dois mundos comuns pertencentes ao ser humano – afetivo e ontológico –, de que os demais seres vivos não fazem parte. É dizer, o ser humano, dentro do mundo genético, é um mero ser vivo, à medida que ele somente se transforma em humano pela linguagem, que se localiza dentro dos mundos afetivo e ontológico.

O mundo afetivo é o mundo do relacionamento em sociedade, mas, essencialmente, da compreensão, do diálogo, do entendimento, da solidariedade, do afeto e do desafeto, do amor, do perdão, da reconciliação.

O mundo ontológico é o mundo humano pessoal, é o modo de ser e de estar-aí-no-mundo, do diálogo consigo mesmo, uma autoconversação, um autorrelacionamento, uma linguagem e compreensão de si mesmo, porquanto compreender algo significa sempre aplicá-lo a nós próprios.

Essa confabulação familiar não se situa no mundo genético, no mundo circundante, como sempre tem sido apregoado e aplicado no mundo ocidental, na medida em que o mundo biológico não distingue os humanos dos demais seres vivos. O acordo na conversação é diferente, assevera Gadamer,[98] uma vez que é uma linguagem *humana* que "deve ser pensada como um processo vital específico e único, pelo fato de que no entendimento da linguagem se manifesta 'mundo'". Além disso, o autor anota que o mundo é um solo comum, "não palmilhado por ninguém e reconhecido por todos, que une a todos os que falam entre si". É por isso, conclui, que a linguagem é por sua essência a linguagem da conversação, só adquirindo sua realidade quando se dá o entendimento mútuo.

Entendimento mútuo não é possível no mundo genético, onde habitam os seres vivos em geral, sendo por isso que o humano é diferente, porque ele tem outros dois mundos *humanos* (afetivo e ontológico), tendo, portanto, linguagem. Significa que a dogmática jurídica e o legislador, ao normatizar o ser humano apenas parcialmente no mundo genético, já que é praticamente impossível legislar sobre a evolução humana, equipararam o humano aos seres vivos, tendo em vista que o ingresso dele na totalidade da tridimensionalidade humana é a condição de possibilidade de ser compreendido e tornar-se um ser humano.

Essa compreensão pode ser efetivada pela hermenêutica filosófica, mediante a singularidade e a historicidade da coisa mesma, da parte ao todo e do todo à parte,[99] a partir de si mesmo,[100] do permanente efeito recíproco e da ida e volta do olhar[101] entre o texto, o intérprete, a tradição familiar e da suspensão dos preconceitos puros e impuros. Para tanto, é fundamental a compreensão da distância do tempo, que distingue "os pré-juízos

---

[98] GADAMER, Hans-Georg. *Verdade e Método I*. 6.ed. Traduzido por Flávio Paulo Meurer. Petrópolis: Vozes, 2004, p. 575-6.

[99] MORENO, Montserrat; SASTRE, Genoveva. O significado afetivo e cognitivo das ações. In: *Afetividade na Escola*. Valéria Amorim Arantes (Organizadora). São Paulo: Summus Editorial, 2003, p. 130.

[100] GADAMER, Hans-Georg. *Verdade e Método II*. 2.ed. Traduzido por Enio Paulo Giachini. Petrópolis: Vozes, 2004, p. 72

[101] BAPTISTA DA SILVA, Ovídio Araújo. *Processo e Ideologia. O Paradigma Racionalista*. Rio de Janeiro: Forense, 2004, p. 283.

(preconceitos) *verdadeiros* segundo os quais *compreendemos,* dos pré-juízos *falsos* que produzem os *mal-entendidos*".[102]

Para compreender o texto do direito de família devem ser suspensos, afastados, expostos os preconceitos ao crivo da diversidade, do modo de ser-nos-mundos-genético-des-afetivo-ontológico, para que haja o desvelamento da verdade, da dignidade, da igualdade, da liberdade e da condição humana. Isso, na linguagem gadameriana, quer dizer que a consciência hermenêutica precisa ser uma consciência histórica,[103] visto que "a consciência hermenêutica tem sua consumação não na certeza metodológica sobre si mesma, mas na comunidade de experiência que distingue o homem experimentado daquele que está preso aos dogmas".[104]

A compreensão da família não pode ser pensada na limitada subjetividade, mas, sim, como um retroceder que penetra num acontecimento da tradição, em que se misturam constantemente passado, presente e futuro. Por isso, não basta examinar o texto do direito de família pelos mundos genético e afetivo, sendo necessário também compreender o mundo ontológico (*Eigenwelt*), o qual, caso não reconhecido, "as relações interpessoais tenderão a se tornar superficiais e estéreis", e isso ocorre porque o afeto, sem esse mundo particular, próprio e único de cada humano, "carece de poder e de capacidade para frutificar-se".[105] Numa só palavra, a ausência do mundo pessoal (ontológico) causa a dissolução do mundo afetivo do ser humano, porque ele estará se relacionando unicamente no mundo genético, em que se encontram os seres vivos em geral, que não possuem linguagem.

A resistência em aceitar a idéia de um ser humano genético, afetivo e ontológico contribuiu para a lenta evolução do direito de família, pelo que não é mais possível tolerar as ponderações colacionadas por Carlos Maximiliano, ao certificar que vários sentimentos levam o magistrado a ancorar-se no argumento de autoridade: "o medo de errar se acaso se fia em suas próprias luzes; o receio de constituir opinião isolada; a aversão às novidades, comum nos velhos e nos que publicaram o seu modo de pensar; o desejo de obter assentimento de outros, vitórias, aplausos".[106] Logo a seguir, o autor reconhece que existe um caso em que o argumento de autoridade se torna muito positivo, quando os escritores aparecem "como um feixe compacto, um bloco, melhor ainda quando é unânime, que, sem excluir absolutamente o critério profissional do intérprete, lhe impõe grande prudência para romper, de frente, contra o que a mesma lhe sugere".

Essa fala da autoridade é desdenhada por grande parte da comunidade jurídica, política e social, que está a defender o acontecer da Constituição, mediante a jurisdição constitucional, e não mais o pensamento subjetivo impregnado pelo sentido comum teórico, de que: a) a lei é a única fonte do Direito; b) o estudo do Direito restringir-se aos Códigos; c) o intérprete do Direito deveria submeter-se à vontade do legislador; d) Direito válido é tão-somente o Direito estatal; e) na aplicação da lei, o intérprete precisa

---

[102] TESTA, Edimarcio. *Hermenêutica filosófica e história.* Passo Fundo: UPF, 2004, p. 62, nas pegadas de Gadamer.

[103] GADAMER, Hans-Georg. *Verdade e Método II.* 2.ed. Traduzido por Enio Paulo Giachini. Petrópolis: Vozes, 2004, p. 79 e 80.

[104] GADAMER, Hans-Georg. *Verdade e Método I.* 6.ed. Petrópolis: Vozes, 2004, p. 472 e 385.

[105] MAY, Rollo. *A Descoberta do Ser: estudos sobre a Psicologia Existencial.* Traduzido por Cláudio G. Somogyi. Rio de Janeiro: Rocco, 2000, p. 143 a 145.

[106] MAXIMILIANO, Carlos. *Hermenêutica e Aplicação do Direito.* 18.ed. Rio de Janeiro: Forense, 2000, p. 275.

formatar raciocínio lógico dedutível, não interpretando o Direito com vínculo genético, afetivo, ontológico e social.

A cultura jurídica, de acordo com Streck, está acorrentada na *reprodução* liberal-individualista do Direito, quando, na realidade, o Estado Democrático de Direito reclama a *produção* do Direito com vinculação social, já que a relação é transmoderna, em que os conflitos predominantes são de cunho transindividual. O direito de família, continua o autor, é (des)cuidado nessa mesma angularização entre Estado e parte, surgindo, com isso, um contraponto, pois o Estado Constitucional passa, necessariamente, "por este deslocamento do centro das decisões dos Poderes legislativo e executivo para o âmbito do judiciário". Isso quer dizer que de nada adianta interpretar-se o Direito com base em norma infraconstitucional ou devido a um feixe compacto de escritores, na medida em que deve passar, obrigatoriamente, pelo processo de filtragem do texto constitucional.

Também afasta a fala de autoridade Luiz Alberto Warat, ao pontificar que os discursos de verdade não são resultados de um emissor isolado, mas, sim, "vinculados a uma prática comunitária organizada em torno de uma subjetividade específica dominante",[107] os quais, na visão streckiana, estão legitimados a fazer, inclusive, "extorsões de sentido", "trucagens discursivas" e "abusos significativos", e quem resistir, se rebelar ou ostentar a ousadia de "desafiar esse processo de confinamento dos discursos, enfim, quem tentar entabular um contradiscurso, responde(rá) pelo (hediondo) crime de 'porte ilegal da fala'".[108]

É por isso que Streck propõe a eliminação do caráter de ferramenta da Constituição, porquanto "a Constituição não é ferramenta – é constituinte. Temos de des-objetivar a Constituição, tarefa que será possível com a superação do paradigma metafísico que (pré)domina o imaginário dos juristas".[109] A seguir, argumenta que há necessidade de ser aberta uma clareira no Direito, para des-ocultar caminhos, porquanto "é na abertura da clareira, no aberto para tudo que se apresenta e ausenta, é que se possibilitará que a Constituição se mostre como ela mesma, que se revele e se mostre em si mesma, enquanto fenômeno".

A Constituição, acrescenta o autor, deve se desnudar, "deixando vir à presença o ente (constitucional/constitucionalizado) no seu ser (isto é, em seu estado de des-coberto), conduzindo o discurso jurídico ao próprio Direito, des-ocultando-o, deixando-o visível", à medida que "constituir alguma coisa é fazer um pacto, um contrato, no qual toda a sociedade é co-produtora. Desse modo, violar a Constituição ou deixar de cumpri-la é descumprir essa constituição do contrato social".

A Constituição, a família, o ser humano, é um acontecer, um evento, um momento, um episódio da vida, um modo de ser-no-mundo tridimensional, porquanto, anota Streck, as palavras da lei são engendradas de vaguezas, ambiguidades e de incertezas significativas, inviável extrair-se o sentido "fundante, originário, primevo, objetificante, unívoco ou correto de um texto jurídico. Basta, para tanto, ler a Constituição do País

[107] WARAT, Luis Alberto. *Introdução Geral ao Direito II: a epistemologia jurídica da modernidade*. Porto Alegre: Sergio Antonio Fabris Editor, 1995, p. 68.

[108] STRECK, Lenio Luiz. Hermenêutica (jurídica) e Estado Democrático de Direito: uma análise crítica. *Anuário do Programa de Pós-Graduação em Direito 1998/99* – Centro de Ciências Jurídicas Unisinos, p. 110.

[109] STRECK, Lenio Luiz. *Hermenêutica jurídica e(m) crise*. 2.ed. Porto Alegre: Livraria do Advogado, 2000, p. 287

ou qualquer dispositivo de um Código para perceber as múltiplas possibilidades interpretativas que se abrem ao usuário/operador do Direito". O autor adverte que, "sem a suspensão dos pré-juízos e, conseqüentemente, sem confrontá-los/fundi-los com um horizonte de sentido crítico o intérprete estará incorrendo em um discurso inautêntico, repetitivo, psicologizado e desontologizado".

Por fim, o filósofo e fenomenológico atesta que o princípio desvela e, ao mesmo tempo, se oculta na regra, mas sempre está na regra, só que no estado encoberto. A regra encobre o princípio, por duas razões: a primeira, pela explicação dedutiva do texto; a segunda, diante da equivocada compreensão dos princípios constitucionais, de que eles se desvelam pela explicação, quando, na verdade, o princípio se mostra pela pré-compreensão do texto. Diante da principiologia constitucional, que supera a Era do positivismo jurídico, a realização do direito (norma) somente ocorre na situação concreta.[110]

Não é sem razão que Merryman[111] historia que praticamente não existe um artigo dos Códigos Civis típicos (da Prússia, de 1794, Napoleônico, de 1804, da Saxônia, de 1863, e da Alemanha, de 1896), "que haja escapado a la necessidad de la interpretación judicial para obtener un significado que no era claro para las partes, para sus abogados o para los proprios jueces". Em outras palavras, o texto da lei não pode ser equiparado à norma jurídica, visto que, argumenta Streck, no texto não está (toda) a norma!,[112] pelo que o texto do direito de família deve ser compreendido e concretizado pelo sentido do rio de sua historicidade, do acontecer da linguagem fenomenológica tridimensional.

Resumindo os dois primeiros capítulos, a pesquisa até agora efetivada foi a seguinte: no primeiro capítulo, foi visto que o ser humano habita o mundo genético; no segundo, que o ser humano habita nos mundos genético e (des)afetivo.

A partir do terceiro capítulo, o texto do direito de família será compreendido como um modo de ser-no-mundo-genético, de ser-no-mundo-(des)afetivo e de ser-no-mundo-ontológico, um acontecer, um evento, um momento, um significante, um enunciante, uma realidade no mundo da vida.

Para tanto, abordarei as teorias do Direito e a compreensão do direito de família pela hermenêutica filosófica, para que haja o entrelaçamento da tese, de que a família é uma linguagem tridimensional, genética, (des)afetiva e ontológica.

---

[110] STRECK, Lenio Luiz. Desvelando os discursos positivistas. In: *Uma tópica jurídica*. NEDEL, Antonio. Porto Alegre: Livraria do Advogado, 2006, p. 1 a 03.

[111] MERRYMAN, John Henry. *La tradición juridical romano-canônica*. Traduzido por Eduardo L. Suárez. México: Fondo de Cultura Econômica, 2004, p. 87.

[112] STRECK, Lenio Luiz. *Em manifestação em apelação criminal nº 70.006.451.827*, 5ª Criminal do Tribunal de Justiça do RS, em 20 de junho de 2003. Relator: Luiz Gonzaga da Silva Moura.

Capítulo III

DIREITO DE FAMÍLIA ONTOLÓGICO

1. Considerações iniciais do capítulo

Em vista da sustentação da compreensão do direito de família pela linguagem tridimensional, há necessidade de ser confeccionada uma resenha das teorias do Direito, a começar pelo racionalismo moderno, transitando pela hermenêutica tradicional e culminando na hermenêutica filosófica, que não é uma teoria do Direito, e sim um ramo da filosofia no Direito.[1]

A dogmática jurídica não contribui para a (r)evolução do direito de família, tendo em vista que foi gerada na época do Estado Absolutista, não se coadunando com a Idade Constitucional, em que se luta contra "a pretensão de haver um único caminho de acesso à verdade", havendo necessidade, pois, de ser arredado o monismo metodológico da hermenêutica tradicional, com a implantação da hermenêutica filosófica.

Investigarei as razões de a comunidade jurídica continuar resistindo à compreensão total da tridimensionalidade humana, da instalação da principiologia constitucional e os motivos que levam o Poder Judiciário, em uma Era laica, democrática, hermenêutica, social e universal a permanecer neutro com relação à *produção do Direito com vinculação social*. Isso porque ele se constitui em um Poder da República em igualdade de condições com os demais Poderes, não havendo razoabilidade na cega e absoluta obediência ao legislador, como se a humanidade ainda adotasse a mesma história dos séculos XVII e XVIII.

Algumas conclusões do paradigma do racionalismo jurídico moderno podem ser citadas:

a) a aceitação incondicional de que a lei se esgota no Direito, sendo a vontade do legislador a verdade justa, única, sagrada e absoluta, cujo pensamento é *reproduzido* incansavelmente pela cultura jurídica;

b) é adotado o totalitarismo do Estado Absolutista, incompatível com o Estado Democrático de Direito, pelo que o racionalismo é antidemocrático;

c) instituiu o individualismo, que não aceita a diferença tridimensional, genética, (des)afetiva e ontológica entre os seres humanos, que é indispensável para um pacífico relacionamento numa democracia;

d) separou a realidade, os fatos, nos Direitos Material e Processual;

e) pondera a interpretação das regras infraconstitucionais em detrimento do sentido das regras e dos princípios constitucionais;

---

[1] KAUFMANN, Arthur. Filosofia do Direito, Teoria do Direito, Dogmática Jurídica. In: *Introdução à Filosofia do Direito e à Teoria do Direito Contemporâneas*. Traduzido por Marcos Keel; Manuel Seca de Oliveira. Arthur Kaufmann; Winfried Hassemer (organizadores). Lisboa: Fundação Calouste Gulbenkian, 2002, p. 25.

f) acolheu unicamente parte da família genética normatizada, em prejuízo aos modos de ser-nos-mundos-genético-afetivo-ontológico do ser humano;

g) compreende o texto do direito de família pela subjetividade do intérprete, esquecendo-se de que na Era Constitucional prevalece a intersubjetividade.

Nesse sentido, Johannes Hessen[2] historia que o racionalismo encontra a principal fonte no conhecimento humano na razão subjetiva, ao aduzir o seguinte: "se minha razão julga que deve ser assim, que não pode ser de outro modo, e que, por isso, deve ser assim sempre e em toda parte, então (e só então), segundo o modo de ver do racionalismo, estamos lidando com um conhecimento autêntico". O autor acrescenta que quase todos os defensores do racionalismo também são matemáticos, e por isso essa teoria jurídica é unilateral, porquanto "infere proposições materiais de princípios formais e deduz conhecimentos a partir de meros conceitos".

O paradigma dogmático está umbilicalmente ligado a dois elementos básicos, afirma Streck,[3] quais sejam: "a identificação do Direito com a lei e o monopólio da produção normativa pelos órgãos estatais". O positivismo jurídico "separa o Direito – reino da razão – da política – reino da paixão. Isola o Estado da sociedade civil".

Buscarei identificar e propor o afastamento do pensamento dogmático no contexto constitucional, para, em momento seguinte, compreender a família pela linguagem tridimensional da genética, da (des)afetividade e da ontologia, o que poderá ser efetivado pela hermenêutica filosófica, para quem "compreender acaba sendo um compreender-se", tendo em vista que "compreender é o caráter ontológico original da própria vida humana", implicando a totalidade dessa estrutura existencial.[4]

2. A matriz teórica analítica

A matriz analítica, também denominada filosofia analítica, neopositivismo, positivismo lógico ou empirismo lógico, surge dos estudos de um grupo de filósofos do chamado Círculo de Viena, que tinham por objetivo criar uma ciência pura e autônoma do Direito, com objeto e métodos próprios, reduzindo o estudo do cientista jurídico à norma (im)posta. A matriz analítica neopositivista manteve o mesmo apego do positivismo jurídico que lhe antecedeu, entendendo equivocadamente que somente o que está na lei é Direito, havendo o predomínio do Legislativo em detrimento do Judiciário, ao qual cabe a função de oráculo, de boca da lei, decidindo os casos concretos conforme as palavras expressas na lei, em seu sentido literal, metodológico.

Analisarei, em um primeiro momento, para melhor compreender a matriz analítica, o racionalismo e o positivismo jurídico, para, a partir daí, adentrar na matriz analítica

[2] HESSEN, Johannes. *Teoria do Conhecimento.* Traduzido por João Vergílio Gallerani Cuter. São Paulo: Martins Fontes, 2000, p. 48, 50 e 54.

[3] STRECK, Lenio Luiz. Direito Penal, criminologia e paradigma dogmático: um debate necessário. In: *Revista do Ministério Público do Rio Grande do Sul* nº 36, 1995, p. 17, lembrando CELSO CAMPILONGO. *Representação política e ordem jurídica: os dilemas da democracia liberal.* São Paulo: 1982, p. 12 e seguintes.

[4] GADAMER, Hans-Georg. *Verdade e Método I.* 6.ed. Traduzido por Flávio Paulo Meurer. Petrópolis: Vozes, 2004, p. 348, 349 e 351.

e na hermenêutica tradicional e, por fim, aprofundar a pesquisa do direito de família pela hermenêutica filosófica.

2.1. O racionalismo e o positivismo jurídico

Para os gregos, a razão tinha o sentido originário de *juntar*, *ligar*, e as expressões latinas *reor*, *ratio*, correspondiam aos signos *calcular*, *contar*, compreensão ligada à sabedoria, à prudência, à inteligência humana.[5]

No período denominado Renascimento, caracterizado pela valoração do homem, visto como ser racional, a partir das ciências exatas, a matemática, é proposta uma *ciência* (racional) do Direito. Para Descartes,[6] o conhecimento devia pautar-se no sentido de descobrir a verdade, mediante a utilização da razão, que predica a certeza, pelo que "onde quer que o espírito disponha-se à busca da verdade, pode-se recorrer a um conjunto bem preciso de regras, derivadas da matemática". Com isso, pregava-se que "se é aceitável que a matemática ensina-nos a ligação entre a descoberta da verdade e a aplicação de um método, é fácil perceber-se que ele permite a abstração deste método para sua aplicação sobre outras matérias".

Para Leibniz, "assim como na matemática, também as verdades da metafísica, da moral e da 'ciência natural do direito' podem ter a mesma clareza e poderão ser objeto de demonstração, com o mesmo rigor com o que se demonstra um postulado matemático".[7] Ademais, entendia o autor que o Direito era uma daquelas ciências que não dependiam de experiência, e sim de definições, não sendo demonstração de sentidos, mas, sim, de razão, de certeza matemática, concluindo que "no es sorprendente que los principios de estas ciencias sean verdades eternas".[8] É por isso que Leibniz

> não considera apenas demonstráveis as proposições jurídicas, tais como são demonstráveis as verdades geométricas, mas, além disso, lança os fundamentos para a subseqüente construção do "mundo jurídico", depois consagrado pela filosofia de Kant, tornando o direito uma ciência generalizante, ciências das normas e das verdades eternas; em última análise, alimentando aquela tendência, a que já aludimos, de fuga do mundo empírico para o mundo normativo, que tão drasticamente acomete o pensamento jurídico moderno.

A partir das novas exigências da sociedade renascentista, realizou-se o Pacto Social (séculos XVII e XVIII), fundando o Ente artificial denominado Estado, que foi justificado,[9] basicamente, na segurança, paz e ordem social (Thomas Hobbes),[10] além

[5] GRANGER, Gilles-Gaston. *A Razão*. Traduzido por João da Silva Gama. São Paulo: Edições 70, p. 13 a 15.

[6] PIMENTA, Olímpio. *Razão e conhecimento em Descartes e Nietzsche*. Belo Horizonte: UFMG, 2000, p. 21 e 24.

[7] BAPTISTA DA SILVA, Ovídio Araújo. *Jurisdição e execução*. 2.ed. São Paulo: RT, 1997, p. 43.

[8] LEIBNIZ, G. W. *Los Elementos Del Derecho Natural*. Traduzido por Tomás Guillén Vera. Madrid: Editorial Tecnos S.A., 1991, p. 70 e 71.

[9] DALLARI, Dalmo de Abreu. *Elementos da Teoria Geral do Estado*. 14.ed. São Paulo: Saraiva, 1989, p. 43 a 50.

[10] RIBEIRO, Renato Janine. Hobbes: o medo e a esperança. In: *Os Clássicos da Política*. 12.ed. Francisco C. Weffort (org.). São Paulo: Ática, 1999, p. 62. Vol. I.

da tutela de direitos naturais e inalienáveis dos homens (John Locke)[11] e na busca pela igualdade material social (Jean Jacques Rousseau).[12]

Instalado o Estado secular, contribuíram para a complexidade da sociedade moderna a afirmação da condição humana (humanismo), o cientificismo (racionalismo), as grandes navegações (expansão comercial), o protestantismo (a Igreja Católica deixa de ser a única referência dos cristãos), as revoluções políticas, econômicas e filosóficas (Iluminismo, Revoluções Francesa, Americana, Industrial) etc. O que até então não era visto, sentido e sequer imaginado em tempos passados, passava a ser uma constante na dinâmica vida moderna das cidades, ocorrendo verdadeira transposição de expressões, referências e conceitos.

A comunidade (centralizada) passou a se chamar sociedade (descentralizada);[13] as justificativas transcendentais do poder (político e jurídico) foram substituídas pela razão (criação) humana; a organização social deixou de ser estratificada, passando a ser diferenciada, motivo por que houve necessidade de positivar/normatizar o Direito.

O ser humano moderno, na busca pela emancipação e libertação, entendeu que não bastava dominar, sendo preciso "conhecer para dominar, e dominar para libertar".[14] Surge a positivação do Direito, não para torná-lo escrito,[15] e sim porque o ordenamento jurídico passava a ser um dado da criação humana, dinâmico (e não mais estável/imutável como era a moral, a tradição, o costume), profano (e não mais divino como eram as revelações religiosas), exigindo maior conhecimento e rigor científico.

O positivismo jurídico, que se constitui "numa epistemologia e numa ideologia de leitura do direito positivo, essencialmente metafísica, crê, de uma forma um tanto contraditória, com a idéia de *mudança* inerente ao fenômeno da positivação, na auto-existência do objeto criado pelo homem, notadamente da lei".[16] Na visão positivista, Direito é sinônimo de lei, de regra (im)posta, a única fonte do Direito, já que decorre da vontade *sempre justa* do legislador.

O caminho jurídico, sob a ótica vestibular do positivismo jurídico, devia funcionar da seguinte forma: a lei, elaborada pelo Legislativo e, depois de sancionada pelo Executivo, passava a ter validade e presunção absoluta de ser justa, cabendo ao juiz, representante do Judiciário, mediante o caso concreto (premissa menor), a função mecânica (neutra) do silogismo judiciário, considerando a vontade do legislador (premissa maior)

[11] CORRÊA, Darcísio. *A Construção da Cidadania: reflexões histórico-políticas.* Ijuí: Unijuí, 1999, p. 53.

[12] GUSMÃO, Paulo Dourado de. *Introdução ao Estudo do Direito.* 19.ed. Rio de Janeiro: Forense, 1996, p. 390.

[13] GALUPPO, Marcelo Campos. A Epistemologia Jurídica Entre o Positivismo e o Pós-Positivismo. In: *Revista do Instituto de Hermenêutica Jurídica*, Porto Alegre, 2005, vol. 1, n.3. Porto Alegre: Instituto de Hermenêutica Jurídica, 2005, p. 195-196.

[14] GALUPPO, Marcelo Campos. A Epistemologia Jurídica Entre o Positivismo e o Pós-Positivismo. In: *Revista do Instituto de Hermenêutica Jurídica*, Porto Alegre, 2005, vol. 1, n.3. Porto Alegre: Instituto de Hermenêutica Jurídica, 2005, p. 197.

[15] FERRAZ JÚNIOR, Tércio Sampaio. *Introdução ao Estudo do Direito: técnica, decisão, dominação.* 4.ed. São Paulo: Atlas, 2003, p. 72.

[16] GALUPPO, Marcelo Campos. A Epistemologia Jurídica Entre o Positivismo e o Pós-Positivismo. In: *Revista do Instituto de Hermenêutica Jurídica*, Porto Alegre, 2005, vol. 1, n.3. Porto Alegre: Instituto de Hermenêutica Jurídica, 2005, p. 198.

presente no sentido literal dos signos expressos na lei, surgindo daí o método gramatical e a interpretação meramente declarativa que constituíam a sentença (conclusão).[17]

Os positivistas compreendem o Direito como um sistema completo, fechado, infalível e justo, decorrente da vontade do legislador, sendo a lei equiparada ao Direito, que não apresenta lacunas, descabendo, em decorrência, qualquer interpretação hermenêutica. Na dúvida ou na inexistência de lei, o juiz, naquela época, deveria recorrer ao legislador, pedindo auxílio, esclarecimento sobre qual a vontade sobre determinada expressão. Com a publicação do Código de Napoleão, foi afastada a *referé législatif*, isso porque o *Code Civil* oferecia, segundo os positivistas, a solução para todos os casos de lacunas e de falta da lei, e, caso não houvesse previsão jurídica, o fato levado ao Judiciário era tido como não-jurídico,[18] ocorrendo o que ainda hoje se conhece por impossibilidade jurídica do pedido.

O positivismo jurídico limitou os fatos, a realidade, ao que o legislador havia tornado juridicamente possível de ser tutelado (juridicização), não aceitando como jurídico e nem como justo o que estivesse fora do universo normativo. O princípio da separação de poderes, a concepção de um Legislativo forte, que se sobrepunha ao Judiciário, representado por juízes, instrumentos que reproduziam fielmente as palavras da lei, decorre da obra *O Espírito das Leis*, de Montesquieu,[19] que, em sua concepção, "quanto mais o governo se aproxima da República, mais a forma de julgar se torna fixa (...). No governo republicano, é da natureza da constituição que os juízes sigam a letra da lei".

Extremamente positivista, Hobbes, criador do Estado Absolutista, há vários séculos, em seu "Leviatã",[20] afirmou o seguinte, o que, infelizmente, ainda continua sendo cumprido pela comunidade jurídica:

> Nossos juristas concordam que a lei nunca pode ser contrária à razão, como também não ser a letra – quer dizer, cada uma de suas frases – a própria lei, e sim aquilo que é conforme a intenção do legislador (...). É possível que muito estudo fortaleça e confirme sentenças errôneas (...). O que faz a lei, portanto, não é aquela *juris prudentia*, ou sabedoria dos juízes subordinados, mas a razão deste nosso homem artificial, o Estado (...). Em todos os tribunais de justiça quem julga é o soberano – que é a pessoa do Estado. O juiz subordinado deve levar em conta o motivo que levou o soberano a fazer determinada lei, para que sua sentença não destoe desta lei. Nesse caso, *a sentença é do soberano, caso contrário é do juiz, e é injusta* (destaquei).

Essas são algumas circunstâncias que estão causando o falecimento do positivismo jurídico,[21] que exclui a realidade da vida, (de)limitando o Direito à lei, acreditando em verdades exatas, imutáveis, eternas, absolutas (racionalismo), exigindo a neutralidade, o mais perigoso de todos os preconceitos, do Poder Judiciário, ao impor-lhe a tarefa de tão-só declarar o sentido literal do texto da lei, reproduzindo a vontade do legislador,

---

[17] CINTRA, Antonio Carlos de Araújo *et al*. *Teoria Geral do Processo*. 18.ed. São Paulo: Malheiros, 2002, p. 100-101.

[18] JUSTO, A. Santos. *Introdução ao Estudo do Direito*. Coimbra: Editora Coimbra, 2003. Palestra ministrada na Unisinos, ano 2005.

[19] MONTESQUIEU, Charles de Secondat, Baron de. *O espírito das leis*. 3.ed. Traduzido por Cristina Murachco. São Paulo: Martins Fontes, 2005, p. 87.

[20] HOBBES, Thomas. *Leviatã*. Traduzido por Alex Marins. São Paulo: Martin Claret, 2003, p. 200.

[21] STRECK, Lenio Luiz. A atualidade do debate da crise paradigmática do direito e a resistência positivista ao neoconstitucionalismo. In: *Direito, Estado e Democracia: entre a (in)efetividade e o imaginário social*. Porto Alegre: Instituto de Hermenêutica Jurídica, v. 1, n. 4, p. 223. 2006.

seus interesses, seus preconceitos, afastando do cenário jurídico a razão prática, o que não é do interesse do legislador.

Resultado disso, anota Baptista da Silva,[22] é que o Poder Judiciário, em plena vigência do século XXI e em um Estado de Direito, Laico, Democrático e Social, não consegue retirar as amarras de aprisionamento do texto legal, sendo instrumento de expressão de vontade, oráculo do legislador, servo da lei, ou, como disse Montesquieu, boca da lei. Isso porque, como sentenciava Hobbes, somente as leis são as regras do justo e do injusto, querendo dizer que o Direito está cristalizado unicamente no texto da lei escrita, não havendo, assim, leis injustas, porque derivadas da força da vontade do soberano/legislador.

2.2. A matriz analítica ou neopositivismo

A crise epistemológica, ideológica, do positivismo jurídico passa a ser enfrentada, no século XX, pelos pensadores do Círculo de Viena, com o objetivo de unificar a ciência mediante uma metodologia universal e pela análise de sua linguagem. Surge, então, o neopositivismo, também denominado matriz analítica, filosofia analítica, empirismo lógico ou positivismo lógico.[23]

Expoente do novo positivismo jurídico, Hans Kelsen, em sua obra *Teoria Pura do Direito*, propõe uma nova matriz epistemológica, sem abandonar, contudo, o pensamento racionalista de criar uma Ciência do Direito que devia ser isenta de qualquer influência externa (do meio social), já que, "na teoria pura, uma coisa é o Direito, outra, distinta, é a ciência do Direito. O Direito é a linguagem-objeto, e a ciência do Direito a metalinguagem: dois planos lingüísticos diferentes".[24] Essa teoria não visa a entender o Direito como um produto da justiça, mas, sim, como uma técnica social, baseada na experiência humana. O fundamento de sua validade é uma hipótese jurídica, uma norma fundamental, examinando o direito positivo puro.[25] Para o autor, uma ciência do Direito está umbilicalmente ligada a uma teoria capaz de desvincular-se de qualquer elemento estranho ao Direito, apto a expurgar de si toda a referência que não seja jurídica, arquitetando um sistema autorreferente, excluindo dele quaisquer considerações não normativas.

Nessa perspectiva, só era Direito o fato (ser) que havia se tornado conteúdo da norma, que prescreve o dever-ser, sendo a norma jurídica objeto da Ciência do Direito. É dizer, na defesa de uma ciência *pura* do Direito, Kelsen separou o conhecimento jurídico dos demais subsistemas da sociedade, como a moral, a religião, a política, a economia etc., ignorando a realidade, o mundo dos fatos, o mundo social, a razão de existência do Direito, que precisa abarcar todos os subsistemas sociais. O autor se esqueceu que o fato tornado norma jurídica nada mais é do que o ser convertido em dever-

---

[22] BAPTISTA DA SILVA, Ovídio Araújo. *Jurisdição e execução.* 2.ed. São Paulo: Revista dos Tribunais, 1997, p. 43. Ao citar a passagem da subordinação do Poder Judiciário aos demais Poderes, o autor lembra Edmundo Campos Coelho. *As profissões Imperiais – Medicina, Engenharia e Advocacia no Rio de Janeiro, 1822-1930.* Rio de Janeiro: Record, 1999, p. 178.

[23] HOUAISS, Antonio; VILLAR, Mauro de Salles. *Dicionário Houaiss de Língua Portuguesa.* Rio de Janeiro: Objetiva, 2001, p. 2269.

[24] ROCHA, Leonel Severo. *Epistemologia Jurídica e Democracia.* 2.ed. São Leopoldo: Unisinos, 2003, p. 96-97.

[25] KELSEN, Hans. *Teoria Geral do Direito e do Estado.* 2.ed. Traduzido por Luís Carlos Borges. Martins Fontes, 1992, p. 02.

ser, influenciado pela moral, cultura, política e meio social, não havendo uma ciência pura, já que seu objeto é a norma jurídica que, antes de ser conteúdo normativo, é fato social, sofrendo influências de todos os segmentos sociais. Significa que a ciência de Kelsen não é tão pura, pois, mesmo negando interferências externas, normatiza(va) o ser, tornando-o dever-ser (norma jurídica), objeto da Ciência do Direito, o que ele havia notado, quando diferenciou o sistema estático do sistema dinâmico, observando que, numa sociedade dinâmica, condutas produzem normas.[26]

A proposta kelseniana manteve os mesmos paradigmas do positivismo jurídico, reduzindo o conhecimento do Direito à lei, não admitindo interferências externas, por acreditar que o fundamento do Direito estava no próprio Direito,[27] cabendo ao cientista jurídico estudar/conhecer a norma posta para saber/dominar o Direito. Por conseguinte, o objeto do conhecimento científico continuou sendo a lei, somente válida se de acordo com uma lei fundamental, hierarquicamente superior.

Ao normativismo de Kelsen, Norberto Bobbio aplicou a filosofia analítica, empreendendo um maior rigor linguístico ao sentido das palavras da lei. Considerando a lei uma proposição normativa, esse autor restringiu a interpretação da lei à abordagem do enunciado normativo, sendo preciso existir regras de uso das definições jurídicas, criando, para tanto, a noção de purificação, integração e ordenação da linguagem jurídica.[28]

Se de um lado, o normativismo kelseniano contribuiu para introduzir "a perspectiva dinâmica do direito, explicando os processos de produção e autorreprodução das normas",[29] de outro, a Ciência do Direito, por meio da matriz analítica, apenas descreveu o sistema normativo, baseando-se em critérios sintático-semânticos que não correspondiam às expectativas e às novas exigências teórico-sociais do sistema social complexo. Com isso, a filosofia analítica adentrou em profunda crise, surgindo, como resposta, outras teorias do Direito, como a dogmática jurídica e a hermenêutica filosófica, que não é uma teoria do Direito, e sim uma teoria filosófica *no* Direito.

2.3. Legado do (neo)positivismo: a dogmática analítica

A positivação do Direito, a partir das matrizes epistemológicas do positivismo jurídico e do neopositivismo, importou na reprodução dogmática do Direito, considerando Direito somente o contido nos textos legais, afastando os fatos, a realidade, a práxis social, do mundo do Direito, transformando o julgador em mero seguidor da vontade do legislador.[30] Para examinar a evolução político-jurídica do mundo ocidental, é preciso volver ao tempo do Estado Moderno. O termo "Estado" surge pela primeira vez no século XVI, na obra "O Príncipe", de Nicolau Maquiavel, que, numa análise política,

---

[26] GUERRA FILHO, Willis Santiago. *Autopoiese do Direito na Sociedade Pós-Moderna: introdução a uma teoria social sistêmica.* Porto Alegre: Livraria do Advogado, 1997, p. 69.

[27] BERNARDES, Márcio de Souza. *A compreensão do Direito nas matrizes neopositivistas e pragmático-sistêmica.* Disponível em: http://jus2.uol.com.br/doutrina/texto.asp?id=5624. Acesso em: 11.09.2005.

[28] ROCHA, Leonel Severo *et al. Introdução à Teoria do Sistema Autopoiético do Direito.* Porto Alegre: Livraria do Advogado, 2005, p. 19-20.

[29] ROCHA, Leonel Severo *et al. Introdução à Teoria do Sistema Autopoiético do Direito.* Porto Alegre: Livraria do Advogado, 2005, p. 18.

[30] FERRAZ JÚNIOR, Tércio Sampaio. *Introdução ao Estudo do Direito: técnica, decisão, dominação.* 4.ed. São Paulo: Atlas, 2003, p. 15.

buscou descobrir "como fazer reinar a ordem, como instaurar um Estado estável?",[31] com poder legiferante e apto a decidir, isoladamente, as questões internas e externas, embora fosse um poder laicizado, separado dos ditames religiosos.

Com a elaboração do Pacto Social e a instalação do Estado secular, o rei libertou-se das influências eclesiásticas, exercendo seu reinado de forma ampla: passa a ter não só poder, mas, também, autoridade,[32] tendo início o Estado Absolutista, defendido pelo contratualista Thomas Hobbes, que, em seu *Leviatã,* publicado em 1651,[33] listou as características desse Estado: poderes ilimitados ao Monarca, a fim de garantir a ordem, a paz social, já que os homens haviam perdido parte de sua liberdade, ao fundar o ente artificial que, em contrapartida, tinha por objetivo a segurança (jurídica).

Foi com o surgimento do Estado Moderno (secular) que teve início o processo de positivação do Direito, que passou a exigir um conhecimento jurídico-científico, afastando o Direito da realidade, ao limitá-lo à lei posta, concebida como verdade absoluta, justa, não permitindo que acompanhassem a dinâmica da sociedade moderna, porquanto, como recomendava Savigny,[34]

> o Direito deveria fugir das complexidades da vida real, escondendo-se nas certezas matemáticas, cujas verdades, sendo universais, absolutas e eternas, são possíveis de serem normatizadas, o que não ocorre com o caso concreto, que é autêntica matéria-prima do Direito, considerado fenômeno histórico, portanto, individual, que não pode ser submetido à normatização esquemática.

O neopositivismo, afora o fato de ter imprimido a perspectiva dinâmica do Direito, por meio da racionalidade do sistema normativo, explicando o processo hierárquico de produção e reprodução das normas,[35] apenas vestiu nova roupagem aos pressupostos epistemológicos do positivismo jurídico. Em vista do pensamento (neo)positivista é que, em pleno século XXI, sob a égide do Estado Democrático de Direito, (sobre)vive o racionalismo (pré)moderno, mantendo as teorias dogmáticas, uma vez que ainda é cultivada a exegese (análise semântica do texto legal), o silogismo (não permitindo que o julgador fuja do sentido literal da lei), reduzindo o estudo do Direito ao texto expresso da lei.

Nesse compasso, Baptista da Silva revela que o grande mal da racionalidade está "na transferência do Direito para o campo das ciências puramente lógicas, o que determinou a redução da função jurisdicional à pura e mecânica aplicação da lei, numa posição de total servilismo do juiz frente ao legislador, segundo o ideal do Século das Luzes". Sob a perspectiva racionalista, continua o autor, a teoria da separação de poderes, mais do que descentralizar o poder, serviu para reservar a atividade criadora do Direito ao Poder Legislativo, restando ao Poder Judiciário a declaração e aplicação do Direito, criado pela vontade do legislador.[36]

---

[31] SADEK, Maria Tereza. Nicolau Maquiavel: o cidadão sem *fortuna*, o intelectual sem *virtù*. In: *Os Clássicos da Política*. Francisco C. Weffort (org.). 12.ed. São Paulo: Ática, 1999, p. 18. Vol. I.

[32] FERRAZ JÚNIOR, Tércio Sampaio. *Introdução ao Estudo do Direito: técnica, decisão, dominação.* 4.ed. São Paulo: Atlas, 2003, p. 63.

[33] LEAL, Rogério Gesta. *Teoria do Estado.* Porto Alegre: Livraria do Advogado, 2001, p. 66.

[34] BAPTISTA DA SILVA, Ovídio Araújo. *Processo e Ideologia. O Paradigma Racionalista.* Rio de Janeiro: Forense, 2004, p. 240.

[35] ROCHA, Leonel Severo *et al. Introdução à Teoria do Sistema Autopoiético do Direito.* Porto Alegre: Livraria do Advogado, 2005, p. 18.

[36] BAPTISTA DA SILVA, Ovídio Araújo. *Processo e Ideologia. O Paradigma Racionalista.* Rio de Janeiro: Forense, 2004, p. 218 e 270.

A retrospectiva histórica do fenômeno jurídico e de sua positivação permite compreender o motivo da cultura jurídica continuar confinada ao mundo do dogmatismo exegético, esquecendo-se de que séculos se passaram, acarretando demandas muito mais complexas do que outrora, em vista da indiscutível e fantástica evolução do mundo ocidental. Em decorrência, o ordenamento jurídico, como subsistema jurídico, que acompanhou o dinamismo das sociedades, não pode ter por fundamento pontos de vista em desacordo com a época em que se vive, porque isso impede a evolução do ser humano, da família, da sociedade, do Estado.

Nenhuma época pode ter por fundamentos que não sejam os seus próprios, os quais, logicamente, não são absolutos, mas, sim, historicamente condicionados. A presença do Iluminismo preside o pensamento do legislador e da comunidade jurídica, aprisionando o ideário do Direito à letra fria da lei, que foge "da vida real e da História, para tornar-se conceitual e, conseqüentemente, eterna como um mero conceito",[37] pois "a fé na razão é a convicção fundamental de todo o Iluminismo".[38]

A época em que Thomas Hobbes, entre outros, fundaram o racionalismo moderno (século XVIII), o contexto histórico – cultural, político, jurídico, econômico e social – é manifestamente diversa do século XXI, significando que a comunidade jurídica e o legislador estão com um dos pés na realidade do terceiro milênio, mas, com o outro, no longínquo século XVIII. O Direito, por ser dinâmico, se encontra arraigado na cultura e, dentro dos limites, deve responder às demandas específicas de uma sociedade de um determinado lugar e momento históricos, o que, no fundo, "es un proceso históricamente determinado por el que se perciben, formulan y resuelven ciertos problemas sociales".[39]

A dogmática jurídica está desatualizada, fora da realidade e do contexto histórico e social, encontrando-se desconectada do ambiente em que foi forjada, porque as exigências da época em que se lançaram as bases do positivismo jurídico são manifestamente antagônicas da sociedade constitucional, que é plural (e não individualista), democrática, hermenêutica (e não hierárquica) e universal (e não local).

Em resumo, o Direito não pode mais ser compreendido dogmática e matematicamente, com certeza infalível e sagrada, já que o mundo ocidental não se encontra na Era da certeza sólida,[40] e sim da certeza jurídica, familiar, política e social líquida, em vista da fulminante transformação social, em que se exige do intérprete, na compreensão do texto do direito de família, a totalidade da linguagem tridimensional, genética, (des)afetiva e ontológica.

---

[37] BAPTISTA DA SILVA, Ovídio A. Fundamentação das Sentenças como Garantia Constitucional. In: *Direito, Estado e Democracia: entre a (in)efetividade e o imaginário social*. Porto Alegre: Instituto de Hermenêutica Jurídica, v. 1, n. 4, p. 325. 2006.

[38] GADAMER, Hans-Georg. *Elogio da Teoria*. Lisboa: Edições 70, 2001, p. 41.

[39] MERRYMAN, John Henry. *La tradición juridical romano-canônica*. Traduzido por Eduardo L. Suárez. México: Fondo de Cutlrura Econômica, 2004, p. 278.

[40] BAPTISTA DA SILVA, Ovídio Araújo. Coisa julgada relativa? In: *Anuário do Programa de Pós-Graduação em Direito. Mestrado e Doutorado*. Leonel Severo Rocha e Lenio Luiz Streck (Organizadores). São Leopoldo: UNISINOS, 2003, p. 363-364.

3. A lei como sinônimo de Direito

O conhecimento da lei, como sinônimo de Direito, nasceu na Modernidade, a partir da necessidade de positivar as ordens emanadas do Poder secular constituído (os costumes, o direito romano). O positivismo jurídico, como matriz epistemológica, mais do que positivar o Direito, buscou, na racionalidade moderna, um conhecimento jurídico científico, uma vez que, para dominar o Direito, era preciso conhecê-lo matematicamente. Característica do positivismo jurídico é que o Direito se confunde com a lei, e que somente a lei positiva é Direito, fazendo surgir a exegese, o silogismo, a dogmática analítica, o servilismo do Poder Judiciário ao Poder Legislativo, já que, para os positivistas, o julgador deve buscar na lei (sempre justa e absoluta) a vontade do legislador.

Há vários séculos, o racionalismo jurídico está alcançando conquistas no campo do Direito, historia Baptista da Silva, como: a certeza do Direito; a verdade eterna; a separação de poderes; a segurança jurídica; a previsibilidade do resultado da demanda judicial; o princípio da neutralidade do juiz, que é um reflexo da neutralidade do Estado, o mais perigoso de todos os preconceitos; a proibição do exame do caso concreto; a renúncia ao individual; o repúdio ao precedente; a temeridade em conceder liminares de antecipação do mérito; a ordinariedade do processo civil; o excesso de recursos; a separação entre fato e Direito; a compreensão da norma jurídica em sentido unívoco; o desligamento do Direito do reino da existência, aprisionando-o no puro positivismo, fazendo com que a Magistratura seja mero órgão, e não um Poder, do Estado Democrático de Direito, assimilada à carreira de servidor público, submetida ao controle do Governo.

O intérprete não consegue se apegar aos ideais da jurisdição constitucional, porque se encontra aprisionado ao texto infraconstitucional, sendo instrumento de expressão da vontade do legislador, servo da lei, ou, como disse Montesquieu, boca da lei. Isso decorre da sentença de Hobbes, de que somente as leis são as regras do justo e do injusto, querendo dizer que o Direito está cristalizado unicamente no texto da lei escrita, não havendo, assim, leis injustas, porquanto derivadas da força da vontade do legislador/soberano. Mais adiante, Baptista da Silva anota que, no Estado Absolutista, engendrado por Hobbes, entre outros, as leis não são produtos da razão, mas da vontade do soberano, do ente artificial (o Estado). Essas leis, na visão hobbesiana, devem ser tão-só aplicadas, mas não compreendidas, interpretadas ou questionadas, sob pena de o julgador transformar-se em legislador, "com grave risco para a liberdade dos cidadãos, se lhe fosse dado expressar, nos julgamentos, suas opiniões particulares".

Concernente à essa questão, Bobbio lembra que Montesquieu sufraga a tese de que a decisão do Magistrado deve ser uma fiel reprodução da lei, ao afirmar o seguinte: "ao juiz não deve ser deixada qualquer liberdade de exercer sua fantasia legislativa, porque se ele pudesse modificar as leis com base em critérios eqüitativos ou outros, o princípio da separação dos poderes seria negado pela presença de dois legisladores".

Pondera, Quentin Skinner[41] que Hobbes é lembrado como o pai do positivismo e inimigo do constitucionalismo, já que do pensamento dele podem ser extraídas as seguintes conclusões:

---

[41] SKINNER, Quentin. *Razão e retórica na filosofia de Hobbes.* Traduzido por Vera Ribeiro. São Paulo: UNESP e Cambridge Univesity Press, 1999, p. 25, 28, 397, 403, 404, 405, 406, 409, 419.

a) a ciência simplesmente é um método, uma forma de buscar a verdade; b) o Direito é possível de ser reduzido à infalibilidade da razão; c) a razão "é capaz de produzir conclusões que vão além da controvérsia ou da dúvida"; d) pode ser edificada uma ciência "da qual provenham conclusões verdadeiras e evidentes sobre o que é certo e o que é errado, e sobre o que é bom e o que é prejudicial para a existência e bem-estar da humanidade"; e) a verdadeira eloquência provém da "Arte da lógica", e não da Arte da retórica;[42] f) os súditos cometem pecado e subvertem a obediência civil cada vez que *não* cumprem as ordens *injustas* de seus Príncipes.

Para Descartes,[43] o conhecimento devia pautar-se no sentido de descobrir a verdade, mediante a utilização da razão que predica a certeza, pelo que "onde quer que o espírito disponha-se à busca da verdade, pode-se recorrer a um conjunto bem preciso de regras, derivadas da matemática". Com isso, entende-se que, "se é aceitável que a matemática nos ensina a ligação entre a descoberta da verdade e a aplicação de um método, é fácil perceber-se que ele permite a abstração deste método para sua aplicação sobre outras matérias". Em outras palavras, para Descartes, seguindo o método matemático/dogmático, podia "fundar, a respeito de tudo, uma ciência racional: deve conter os primeiros princípios da razão humana e tem unicamente de desenvolver-se para extrair verdades seja de que assunto for".[44]

No Brasil-Colônia, a subordinação do Judiciário aos demais Poderes reinou de forma absoluta, lembra Coelho,[45] chegando-se ao absurdo de editar a *Lei da Boa Razão*, em 18 de agosto de 1769, a qual autorizava a Casa de Suplicação, de Lisboa, a criar jurisprudência quando o juiz estava em dúvida sobre *a inteligência das leis*. Essa lei totalitarista previu que se o Advogado interpretasse a lei de forma frívola, poderia sofrer a pena de *degredo para Angola.*

Pela Constituição de 1824, o Judiciário dependia dos recursos do Executivo, sendo subordinado ao Legislativo, transformando a autonomia em mera ficção, cujas amarras, depois de quase dois séculos, continuam, em parte, como uma autêntica *dependência* de Poderes, cujos efeitos são originários daquela época, quando o Ministro Nabuco de Araújo disse que o Executivo e o Judiciário *eram poderes rivais*, e que o Executivo "tem exercido o direito de interpretar as leis por via de autoridade", não cabendo aos tribunais sequer questionar a sua constitucionalidade, nem interpretá-las, "mas, tão-só, aplicá-las aos casos concretos e ainda assim apenas no âmbito dos litígios entre os particulares", tornando-se inconcebível que julgasse alguma causa entre o particular e o Estado. Em 1888, o Executivo continuava a instruir e a manietar o Judiciário, inclusive censurando "o Supremo Tribunal de Justiça e as demais Cortes de Justiça pela falta de fundamentação[46] nas revistas concedidas e nas sentenças".[47]

---

[42] GADAMER, Hans-Georg. *Verdade e Método II.* 2.ed. Traduzido por Enio Paulo Giachini. Petrópolis: Vozes, 2004, p. 370-1. Retórica abarca qualquer forma de comunicação baseada na capacidade de falar.

[43] PIMENTA, Olímpio. *Razão e conhecimento em Descartes e Nietzsche.* Belo Horizonte: UFMG, 2000, p. 21 e 24.

[44] GRANGER, Giles-Gaston. *A razão.* Traduzido por João da Silva Gama. Lisboa: Edições 70, 1955, p. 19.

[45] COELHO, Edmundo Campos. *As profissões liberais. Medicina, Engenharia e Advocacia no Rio de Janeiro – 1822 a 1930.* Rio de Janeiro: Record, 1999, p. 153, 155, 162, 163, 164 e 176.

[46] STRECK, Lenio Luiz. *Verdade e Consenso.* Rio de Janeiro: Lumen Juris, 2006, p. 223.

[47] COELHO, Edmundo Campos. *As profissões liberais. Medicina, Engenharia e Advocacia no Rio de Janeiro – 1822 a 1930.* Rio de Janeiro: Record, 1999, p. 153, 155, 162, 163, 164 e 176.

Como lembra Émile Noel,[48] nos projetos de Copérnico e de Galileu é utilizada a certeza matemática como modelo, cuidando para que seja produzida "uma linguagem que seja tão próxima quanto possível da inteligibilidade, da exatidão e do rigor da linguagem matemática". Contudo, Canaris enfatiza que a concepção matemática "pode-se hoje, sem reserva, considerar como ultrapassada. De facto, a tentativa de conceber o sistema de determinada ordem jurídica como lógico-formal ou axiomático-dedutivo está, de antemão, voltada ao insucesso".[49]

Cotejadas essas "certezas jurídicas" dos séculos XVII e XVIII com as do século XXI, há de se concordar que houve ínfimo progresso na teoria do Direito, especialmente no direito de família, em que não é compreendida a totalidade da linguagem genética, muito menos o modo de ser-no-mundo-des-afetivo e ontológico. Essa compreensão limitada do direito de família decorre pelo fato da afetividade e da ontologia não constarem expressamente em lei, pelo que todos os direitos de família continuam circulando o cordão umbilical genético-normativo, quando a verdade em família reside nas dimensões existencias tridimensionais.

Por essas e outras razões é que muitas decisões judiciais carecem de fundamentação/justificação/compreensão principiológica, limitando-se a *reproduzir* os termos de súmulas, enunciados, doutrina, jurisprudência. Isso demonstra que parte do Judiciário continua seguindo as ordens do legislador, aceitando a separação de poderes ditada por Montesquieu, e como se a represália de Hobbes – se for reconhecido algum direito não constante em lei, o julgador estará cometendo um ato de subversão da ordem jurídica – ainda estivesse retumbando nos gabinetes do Judiciário, em pleno terceiro milênio.

A comunidade jurídica e o legislador estão influenciados por Hobbes, que se revela "mais que absolutista, teórico da soberania e, antes disso, radical individualista",[50] mas, estando o Brasil imerso em um Estado Democrático (Laico e Social) de Direito, em plena Era republicana, laica e constitucional, portanto, distante há vários séculos do Estado Absolutista, não é razoável aplicar o Direito confinado no círculo da lei.

Razão assiste a MacIntyre[51] ao declarar que o legado do Iluminismo[52] é a previsão de um ideal de justificação racional que se mostrou impossível de atingir. É por isso que Baptista da Silva,[53] na esteira de Nicolai Hartmann, insiste em afirmar que esse servilismo judicial diante do império da lei é causa de anulação do Poder Judiciário que,

> em nossas circunstâncias históricas, tornou-se o mais democrático dos ramos do Poder estatal, já que, frente ao momento de crise estrutural e endêmica vivida pelas democracias representativas, o

---

[48] CHÂTELET, François. *Uma história da razão. Entrevista com Émile Noël.* Traduzido por Lucy Magalhães. Rio de Janeiro: Jorge Zahar Editor, 1994, p. 66.

[49] CANARIS, Claus-Wilhelm. *Pensamento sistemático e conceito de sistema na ciência do Direito.* 3.ed. Lisboa: Fundação Calouste Gulbenkian, 2002, p. 30.

[50] RIBEIRO, Renato Janine. *Ao leitor sem medo. Hobbes escrevendo contra o seu tempo.* 2.ed. Belo Horizonte: UFMG, 1999, p. 177.

[51] MACINTYRE, Alasdair. *Justiça de quem? Qual racionalidade?* 2.ed. Traduzido por Marcelo Pimenta Marques.Coleção filosofia 17. São Paulo: Loyola, 2001, p. 17.

[52] GADAMER, Hans-Georg. *Elogio da Teoria.* Lisboa: Edições 70, 2001, p. 41. "A fé na razão é a convicção fundamental de todo o Iluminismo".

[53] BAPTISTA DA SILVA, Ovídio Araújo. *Jurisdição e execução.* 2.ed. São Paulo: Revista dos Tribunais, 1997, p. 210, 217 a 219.

livre acesso ao Poder Judiciário, constitucionalmente garantido, é o espaço mais autêntico para o exercício da verdadeira cidadania.

O autor adverte que a comunidade jurídica continua a habitar o mundo do dogmatismo exegético, em que a presença do Iluminismo preside o pensamento do legislador e da comunidade jurídica, normatizando inclusive o ideário republicano e constitucional, fugindo "da vida real e da História, para tornar-se conceitual e, conseqüentemente, eterna como um mero conceito".[54]

Por isso, a importância do Judiciário em adotar a jurisdição constitucional (artigo 93, IX, da Constituição do Brasil), que exige a fundamentação/justificação e compreensão do Direito pela principiologia constitucional, mas não com base unicamente no princípio da dignidade humana, na medida em que uma Constituição jamais poderá ser compreendida exclusivamente nessa unidimensionalidade principiológica, e sim pela harmonização de todos os princípios constitucionais e pela vinculação social, já que "todos nos encontramos no meio da estrutura social".[55] Tudo isso para assegurar a independência do Judiciário como um Poder de Estado e da República, e não a dependência diante dos demais Poderes, porque essa compreensão do Direito, em um regime democrático e republicano, faz com que haja a garantia individual e social, para que todos tenham conhecimento do modo como os magistrados estão decidindo,[56] visto que o Direito se faz em nome do povo, fonte primária de todo poder, que não é indiferente "às razões pelas quais um juiz ou um tribunal toma suas decisões".[57]

A compreensão de poder do povo deve ser tomada não no sentido de uma parcela dos brasileiros, e sim no sentido de "uma grandeza real que engloba, afinal de contas, todas as pessoas, inclusive aquelas que estão excluídas do povo, que nem sequer têm consciência política, que não participam na dinamização democrática".[58] O Direito, sob a compreensão do Estado Democrático de Direito, cobra reflexão acerca dos paradigmas que informam e conformam a decisão jurisdicional,[59] motivo por que ninguém tem o direito de ignorar as adversidades submetidas ao Poder Judiciário, devido ao aumento

[54] BAPTISTA DA SILVA, Ovídio A. Fundamentação das Sentenças como Garantia Constitucional. In: *Direito, Estado e Democracia: entre a (in)efetividade e o imaginário social*. Porto Alegre: Instituto de Hermenêutica Jurídica, v. 1, n. 4, p. 325. 2006.

[55] GADAMER, Hans-Georg. *Herança e futuro da Europa*. Tradução de António Hall. Lisboa-Portugal: Capa de Edições 70, 1989, p. 09.

[56] STRECK, Lenio Luiz. *Quando um caso em concreto não é um caso concreto: um caso prático*. Disponível em: www.leniostreck.com.br. Acesso em 11.11.2005.

[57] STRECK, Lenio Luiz. Direito Penal, criminologia e paradigma dogmático: um debate necessário. In: *Revista do Ministério Público do Rio Grande do Sul* nº 36, 1995, p. 11, invocando Heleno Fragoso (Entrevista concedida a Nilo Batista. In: Nilo Batista. *Punidos e mal pagos*. Rio de Janeiro: Revan, 1990, p. 96), diz o seguinte: "Estamos mal habituados a uma autêntica sacralização da justiça, pela qual os advogados são, talvez, os maiores responsáveis. Dos tribunais se costuma dizer sempre que são 'egrégios', 'colendos', 'altos sodalícios'. Dos juízes se diz sempre que são 'eminentes', 'ínclitos', 'meritíssimos', 'doutos', 'ilustres' etc. As sentenças são sempre 'venerandas' e 'respeitadas', por mais injustas e iníquas que possam ser. *Nada disso tem sentido num regime democrático e republicano, no qual a justiça se faz em nome do povo, fonte primária de todo poder*".

[58] CANOTILHO, J.J. Gomes. In: *Canotilho e a Constituição Dirigente*. 2ª ed. Jacinto Nelson de Miranda Coutinho Organizador. São Paulo: Renovar, 2005, p. 25.

[59] CATTONI DE OLIVEIRA, Marcelo Andrade (Org.). Jurisdição e hermenêutica constitucional no Estado Democrático de Direito: um ensaio de teoria da interpretação enquanto teoria discursiva da argumentação jurídica de aplicação. In: *Jurisdição e Hermenêutica Constitucional*. Belo Horizonte: Mandamentos, 2005, p. 51.

inimaginável da litigiosidade e, por outro lado, das notórias carências materiais e humanas.

A exigência constitucional de fundamentação/justificação/compreensão das decisões, da razão prática e de "todos os comportamentos humanos e toda a auto-organização humana neste mundo, a cujo âmbito pertence, antes de mais nada, a política e, dentro desta, a legislação",[60] contribuem à efetividade do processo, ao cumprimento da linguagem republicana e democrática, à redução do número de recursos, ao aumento da credibilidade do Judiciário, ao afastamento da verdade única da lei e ao fomento da jurisdição constitucional.[61]

4. A intolerância da dogmática jurídica

A globalização fez brotar um sentimento que estava enraizado no ser humano, que ainda não havia se manifestado de forma tão intensa antes do século XX, estando, agora, cada vez mais presente na vida em sociedade e, inclusive, na família. Isso está a ocorrer devido ao que o ser humano compreende por *estrangeiro*, que não é mais um ser humano que vive longe de nós, do outro lado do mundo, porque se tornou um vizinho de porta, sentando-se, muitas vezes, junto de nós em nossa mesa.

A convivência de quem estava distante explica, em parte, o aumento da diversidade humana social e familiar, uma vez que, se é difícil ser solidário na abundância, muito mais preocupante são os momentos de crise, como a atual, "em que as dificuldades de satisfação dos sujeitos aumentam e o outro surge, necessariamente, como aquele cujo modo de satisfação impede o meu".[62] Por convivência, entende-se que o ser humano não é um ser isolado, na medida em que "todo ser é sempre ser-com mesmo na solidão e isolamento, a pré-sença é sempre co-pre-sença, o mundo é sempre mundo com-partilhado, o viver é sempre co-con-vivência".[63]

Historia John Henry Merryman[64] que o Direito se encontra arraigado na cultura e, dentro desses limites, responde às demandas específicas de uma sociedade de um certo lugar e momento históricos, o que, no fundo, "es un proceso historicamente determinado por el que se perciben, formulan y resuelven ciertos problemas sociales".

Enfatiza Gadamer[65] que a humanidade deve vislumbrar não um no outro, mas outro em um, porque o outro é o outro de nós mesmos, sendo o outro a diferença de nós mesmos. Atesta também que esse é um terreno que precisa ser cultivado, para que

[60] GADADER, Hans-Georg. *Elogio da Teoria.* Traduzido por João Tiago Proença. Lisboa, Portugal: Edições 70, Ltda., 1983, p. 22 e 57.

[61] Sobre jurisdição constitucional, ver STRECK, Lenio Luiz. *Jurisdição constitucional e hermenêutica: uma nova visão crítica do direito.* 2.ed. Rio de Janeiro: Forense, 2004.

[62] KOLTAR, Caterina. O 'estrangeiro' no processo de globalização ou a insustentável estrangeiridade do outro. In: *Desafios da globalização.* 3.ed. Ladislau Dowbor; Octavio Ianni; Paulo-Edgar A. Resende (organizadores). Petrópolis: Vozes, 1997, p. 73.

[63] HEIDEGGER, Martin. *Ser e Tempo.* 12.ed. Rio de Janeiro: Vozes, 2005. Parte I.

[64] MERRYMAN, John Henry. *La tradición juridical romano-canônica.* Traduzido por Eduardo L. Suárez. México: Fondo de Cutlrura Econômica, 2004, p. 278.

[65] GADAMER, Hans-Georg. *Herança e futuro da Europa.* Traduzido por António Hall. Portugal: Edições 70 Ltda, 1989, p. 12, .

o outro não se torne invisível, até porque é difícil concordar com o outro perante nós mesmos. Quer dizer que o ser humano deve aprender a respeitar o outro e ao outro, a diferença genética, (des)afetiva e ontológica que se aloja em todos os humanos, e a não querer estar sempre com razão, de sempre vencer no jogo da vida, principalmente em família, cuja iniciação ocorre nos primeiros anos de vida, sob pena de não mais compreender os problemas maiores do relacionamento entre os seres humanos.

Noticia Jean-Françóis Mattéi que a civilização "sempre foi pensada como uma abertura para uma alteridade que a fecunda",[66] porquanto somos seres que convivem e compartilham do mesmo universo, não um-ser-no-eu, mas um-ser-no-nós, um ser-no-mundo, um ser-compartilhado,[67] um ser-povo, um ser-social, um ser com dimensão plural de Estado, um ser-dependente da sociedade e a sociedade dele dependente,[68] um ser que se reconhece a si e a si no outro,[69] um ser que tem muitas coisas em comum com todos os humanos.[70]

Como anota Gadamer,[71] o humano não é um ser confinado em sua individualidade, e sim um ser-coletivo, identificado em sua condição humana, um ser a se deter perante o outro como outro e a compreender o outro e os outros como os outros em nós mesmos. Por essa razão, há necessidade de uma mudança no modo de ser-no-mundo tridimensional, que precisa ser efetivada mediante o uso do diálogo, visto que a linguagem é "a casa do homem, na qual ele vive, se instala, se encontra a si, se encontra a si no outro (...). Escutar tudo aquilo que nos diz algo, e deixar que nos seja dito – eis onde reside a exigência mais elevada que se apresenta a cada ser humano".

Essa conduta hermenêutica deve ser semeada desde o berço familiar, porque se não for domesticado o outro que está em cada humano, que, em matéria de família, é a diversidade tridimensional, genética, (des)afetiva e ontológica, o preconceito impuro presente em todos os humanos, ninguém será capaz de respeitar o outro em família, em sociedade, em uma Nação e, muito menos, em uma complexa humanidade. Nesse sentido, Kehl diz que a aceitação do outro, do estranho, do estrangeiro, do bárbaro,[72] do desafeto, não reside tão-só em admitir que ele ocupe algum lugar longe de nós, mas em aceitar que ele, perto ou longe de nós, nos "desestabilize permanentemente, deslocando nossas certezas, borrando as fronteiras de nossa suposta identidade, oferecendo traços identificatórios que frustram o outro projeto moderno, de unicidade e individualidade". Aceitar o outro é tolerar a incerteza dele, pelo que o ser humano deve ter a "capacidade

[66] MATTÉI, Jean-Françóis. *A barbárie interior.* São Paulo: UNESP, 2002, p. 09, 11, 13 , 14, 19 e 23.

[67] INWOOD, Michael. *Dicionário Heidegger.* Tradução: Luíza Buarque de Holanda. Rio de Janeiro: Jorge Zahar Editor, 2002, p. 02, 30, 32, 36, 40, 42 e 59.

[68] DURKHEIM, Émile. *Sociologia e filosofia.* São Paulo: Ícone, 2004, contracapa.

[69] GADAMER, Hans-Georg. *Herança e futuro da Europa.* Tradução de António Hall. Lisboa-Portugal: Capa de Edições 70, 1989, p. 132.

[70] KEHL, Maria Rita. Civilização Partida. In: *Civilização e Barbárie.* Adauto Novaes (Org.). São Paulo: Companhia das Letras, 2004, p. 114.

[71] GADAMER, Hans-Georg. *Herança e futuro da Europa.* Tradução de António Hall. Portugal: Edições 70 Ltda, 1989, p. 19 e 28.

[72] MATTÉI, Jean-Françóis. *A barbárie interior.* São Paulo: UNESP, 2002, p. 314, lembrando Thomas De Koninck, ao afirmar, em *Da dignidade humana*, que o bárbaro *é propriamente aquele que não pode mais reconhecer sua própria dignidade*, "que alienou, recusando reconhecer a humanidade dos outros".

de suportar a dúvida, a divisão, a falta de certeza, que cede lugar ao Outro e permite a convivência com a diversidade".[73]

A autora, em outro momento, esclarece que essa indiferença entre os humanos é explicada pela psicanálise, principalmente freudiana e lacaniana, como sintoma de neurose, tendo em vista que o ser humano, em sua individualidade canônica e capitalista, encastela-se em seu inconsciente, em suas percepções, deletando o espaço de receptividade, das informações contraditórias e das perturbações do mundo. A abertura para o outro, para o diferente, que habita em nós, "é uma condição para a tolerância, pois uma das bases da intolerância é o mecanismo defensivo de projetar sobre o outro – meu semelhante na diferença – tudo aquilo que eu rejeito em mim mesmo". É por isso, conclui a autora, que os conflitos entre o Ocidente e o Oriente não são de civilizados e bárbaros, "mas entre as modalidades de barbárie produzidas por ambos os sistemas, em que cada um tenta eliminar no outro os elementos que podem perturbar suas certezas de estar do lado do Bem e da Verdade, únicos e inquestionáveis".[74]

Fala-se muito em um novo Pacto Social, em um grande projeto universal,[75] mas, para tanto, é preciso, acima de tudo, aceitar a compreensão, a linguagem, o diálogo, a conversa com o outro ser humano, de que o Outro pode estar certo e nós, errados, porque não existe um ser humano puro, sem preconceitos e sempre com a verdade única. Um diálogo, diz Gadamer, "inclui sempre um encontro com as opiniões do outro, que vem, por sua vez, à fala", à medida que "onde não há vínculo, também não pode haver diálogo",[76] pelo que "o objetivo último é antes recuperar a capacidade natural de se comunicar com os outros".[77]

A alteridade significa condição do que é o outro, do que é distinto, situação, estado ou qualidade que se constrói mediante relações de contraste, de distinção, de diferença. Quer dizer, desde que o mundo é mundo humano há seres humanos convivendo na alteridade, pelo que, "historicamente, sempre houve estrangeiros, só que não eram afastados do outro como ocorre na modernidade".[78] Esse localizar-se mais próximo não é motivo para fomentar a diversidade, seja porque o estrangeiro não está pessoalmente mais próximo do que antes, seja porque o mundo pertence a mim e ao outro, seja porque assim como o outro é outro para mim, eu também sou outro para o outro. Portanto, o ser humano tem o direito de estar no mesmo mundo, cujas "escolhas só podem ser feitas dentro de um mundo já estabelecido",[79] na medida em que o *mundo é mundo comum*.[80]

---

[73] KEHL, Maria Rita. Civilização Partida. In: *Civilização e Barbárie*. Adauto Novaes (Org.). São Paulo: Companhia das Letras, 2004, p. 102.

[74] KEHL, Maria Rita. Civilização Partida. In: *Civilização e Barbárie*. Adauto Novaes (Org.). São Paulo: Companhia das Letras, 2004, p. 121.

[75] JAMESON, Fredric. O Pós-modernismo e o mercado. In: *Um mapa da ideologia*. Traduzido por Vera Ribeiro. Slavoj Zizek (org.). Rio de Janeiro: Contraponto, 1999, p. 296.

[76] GADAMER, Hans-Georg. *O problema da consciência histórica*. 2.ed. Tradução de Paulo César Duque Estrada. Rio de Janeiro: Fundação Getúlio Vargas, 2003, p. 57.

[77] GADAMER, Hans-Georg. *Verdade e Método II*. 2.ed. Traduzido por Ênio Paulo Giachini. Rio de Janeiro: Vozes, 2004, p. 139.

[78] KOLTAR, Caterina. O estrangeiro no processo de globalização ou a insustentável estrangeiridade do outro. In: *Desafios da globalização*. 3.ed. Ladislau Dowbor; Octavio Ianni; Paulo-Edgar; A. Rezende (Organizadores). Petrópolis: Vozes, 2000, p. 71.

[79] INWOOD, Michael. *Dicionário Heidegger*. Rio de Janeiro: Jorge Zahar Editor, 1999, p. 85.

[80] DUBOIS, Christian. *Heidegger: Introdução a uma leitura*. Rio de Janeiro: Jorge Zahar, 2005, p. 183 a 187.

Para aceitar a universalização do Estado e de todos os segmentos da sociedade, o ser humano tem de incorporar a complexidade e a diversidade da mundialização, havendo, nesse sentido, "um notável convergente de teóricos sustentando a solidariedade coletiva e de cidadania ativa".[81] É por isso que Zizek anota que o sofrimento mais profundo da humanidade reside na falta de um abrigo, de um lar, uma vez que o humano "é, cada vez mais, um estranho em seu próprio mundo, pelo que a essência do desabrigo é o desabrigo da própria essência, e se não há lar, não há morada apropriada para a dimensão realmente essencial do homem".[82] Esse vazio da humanidade pode ser preenchido pela aceitação do humano pela linguagem *genética, (des)afetiva e ontológica*, à medida que, segundo Gadamer, "estar-em-conversação significa estar-além-de-si-mesmo, pensar com o outro e voltar sobre si mesmo como outro",[83] querendo dizer que a "perfeição do humano não é se afastar da terra, mas aprender a viver no pequeno planeta em companhia das criaturas que estão junto a nós".[84]

Esse modo de ser-no-mundo justifica plenamente a proibição da renúncia ao diálogo, "porque aumentaria a deterioração e destruição dos laços sociais, com o aumento da pobreza, desemprego e violência, fomentado pelo enriquecimento patrimonial e o consumismo desenfreado".[85] Nessa senda, Philippi[86] procura "deslocar o eixo das análises centradas na idéia de um indivíduo consumidor de normas para a compreensão de um ser responsável pela produção de uma legalidade". Para tanto, alerta a autora, a pessoa deverá compreender que "as palavras proferidas pelo outro são de sua incumbência".

Nessa linha, Mattéi[87] assevera que é preciso que o ser humano pare de representar o indivíduo na figura do sujeito, reinstaurando a pessoa na abertura para o exterior, e não em sua individualidade, deixando de ser um simples ator virtual e privado de responsabilidade, porque ninguém (sobre)vive isolado no e do mundo, significando que a *humanidade só sobreviverá se os extremos se unirem.*[88]

A humanidade sempre atravessou crises, motivo por que uma pergunta se impõe: como o ser humano se transformou naquilo que é hoje?[89] Por isso, se o ser humano quiser ter um futuro mundo humano, cada qual deverá desempenhar a Arte da linguagem, do diálogo, do perdão, da reconciliação, sob pena de fazer parte do derradeiro *mundo da barbárie,*[90] acarretando a desintegração de sua condição humana, passando a ser um objeto disponível, uma coisa em meio a tantas outras coisas. Para tanto, compreender

---

[81] GÓMES, José María. *Política e democracia em tempos de globalização.* São Paulo: Vozes, 2000, p. 48, 50, 51 e 74

[82] ZIZEK, Slavoj (Org.). O espectro da ideologia. In: *Um Mapa da Ideologia.* Traduzido por Vera Ribeiro. Rio de Janeiro: Contraponto, 1999, p. 21.

[83] GADAMER, Hans-Georg. *Verdade e Método II.* 2.ed. Traduzido por Enio Paulo Giachini. Rio de Janeiro: Vozes, 2004, p. 422, 428 e 432.

[84] BUZZI, Arcângelo R. *Introdução ao Pensar.* 30.ed. Petrópolis: Vozes, 2003, p. 146.

[85] PEREIRA, Sérgio Gischkow. *Estudos de Direito de família.* Porto Alegre: Livraria do Advogado, 2004, p. 36.

[86] PHILIPPI, Jeanine Nicolazzi. *A lei: uma abordagem a partir da leitura cruzada entre Direito e Psicanálise.* Minas Gerais: Del Rey, 2001, p. 420-1.

[87] MATTÉI, Jean-Françóis. *A barbárie interior.* São Paulo: UNESP, 2002, p. 287 e 341.

[88] ADORNO, Theodor W. Mensagem numa garrafa. In: *Um mapa da ideologia.* Slavoj Zizek (org.). Traduzido por Vera Ribeiro. Rio de Janeiro: Contraponto, 1999, p. 51.

[89] GADAMER, Hans-Georg. *Herança e futuro da Europa.* Traduzido por António Hall. Portugal: Edições 70 Ltda, 1989, p. 30.

[90] MATTÉI, Jean-Françóis. *A barbárie interior.* São Paulo: UNESP, 2002, p. 182.

o outro é de fundamental importância, assevera Castoriadis,[91] porquanto o ser humano vive por diferença, e não em oposição aos outros, não sendo inimigos, opositores ou desafetos, mas diferentes, pelo que ser civilizado é aceitar que o outro humano colabore mutuamente na luta por uma vida melhor, porque o espaço é imenso, é público e acessível a todos.

Essa incorporação da alteridade ocorre devido à forma de compreensão do texto do direito de família, mantendo-se fiel ao pensamento da lei e por não ser tolerante com a diversidade,[92] não admitindo a hermenêutica, a complexidade do mundo laico, democrático e globalizado, confinando-se na incapacidade de aceitar e assimilar a pluralidade no meio de um gigante mundo aberto.[93]

A intolerância habita, lamentável e intocavelmente, no direito de família, devido à inacreditável resistência legislativa, judicial e doutrinária em acolher a tridimensionalidade humana, apegando-se exclusivamente ao mundo genético-normatizado, o que é prova conclusiva de que a dogmática jurídica não se importa com os direitos e as garantias fundamentais da pessoa humana, com os princípios constitucionais da razoabilidade, da proporcionalidade, da cidadania, da liberdade, da igualdade, da democracia, da secularização, da dignidade e da condição humana, porque ela "parte de pressupostos que assume como verdadeiros, sem dispor de provas dessa veracidade. O argumento da dogmática jurídica é sempre imanente ao sistema; o sistema vigente permanece intocado".[94]

Essa fuga ao diálogo, à hermenêutica, de que o outro possa ter razão, significa que não há linguagem, nem proposta de acordo dentro da dogmática jurídica, que impõe coercitivamente a sua vontade, mediante o texto da lei. Ela se esquece, como lembra Gadamer,[95] que "um verdadeiro diálogo não é termos experimentado algo de novo, mas termos encontrado no outro algo que ainda não havíamos encontrado em nossa própria experiência de mundo", isso porque o diálogo é o encontro "entre dois mundos, duas visões e duas imagens do mundo", havendo sempre uma transformação nos seres humanos que dialogam.

O diálogo não é só condição de possibilidade da hermenêutica, mas principalmente condição de possibilidade do jeito de ser-em-família e em sociedade, e é por isso que a linguagem se dá no vaivém da palavra, na conversação, no ouvir e ser ouvido, no aceitar que o outro possa ter razão, no encontro entre os mundos genético, (des)afetivo e ontológico. A linguagem, enfatiza Gadamer,[96] nos oferece a liberdade do dizer a si mesmo e deixar-se dizer, surgindo a possibilidade de cada membro da família e da sociedade ser o mesmo para o Outro, na medida em que todos encontram o outro e a si

---

[91] CASTORIADIS, Cornelius. *As encruzilhadas do Labirinto.* Traduzido por Regina Vasconcelos. São Paulo: Paz e Terra, 2002. Volume IV, p. 207.

[92] BIGNOTTO, Newton. Tolerância e diferença. In: *Civilização e Barbárie*. Adauto Novaes (Org.). São Paulo: Companhia das Letras, 2004, p. 77.

[93] BAPTISTA DA SILVA, Ovídio Araújo. *Processo e Ideologia. O Paradigma Racionalista.* Rio de Janeiro: Forense, 2004, p. 289.

[94] KAUFMANN, Arthur. Filosofia do Direito, Teoria do Direito, Dogmática Jurídica.In: *Introdução à Filosofia do Direito e à Teoria do Direito Contemporâneas*. Traduzido por Marcos Keel; Manuel Seca de Oliveira. Arthur Kaufmann; Winfried Hassemer (organizadores). Lisboa: Fundação Calouste Gulbenkian, 2002, p. 26.

[95] GADAMER, Hans-Georg. *Verdade e Método II.* 2.ed. Traduzido por Enio Paulo Giachini. Petrópolis: Vozes, 2004, p. 247 e 246.

[96] GADAMER, Hans-Georg. *Verdade e Método II.* 2.ed. Traduzido por Enio Paulo Giachini. Petrópolis: Vozes, 2004, p. p. 243 e 247.

mesmos no outro em sua diversidade, pelo que o ser humano significa com os outros ou não fará mais sentido.[97]

Concluindo seu pensamento, o autor anota que o preconceito, o conceito prévio, faz parte da realidade histórica, a qual não pertence ao ser humano, porque é ele que pertence a ela, à medida que "os preconceitos de um indivíduo, muito mais que seus juízos, constituem a realidade histórica de seu ser".[98] Devido aos preconceitos históricos, que são automaticamente incorporados, pois o ser humano nasce em um mundo pré-pronto e cheio de preconceitos puros e impuros, é imprescindível que, na aceitação do Outro, principalmente os membros da família, sejam suscitados os preconceitos puros e impuros, já que são condições de possibilidade de compreensão da condição humana tridimensional.

5. A dogmática jurídica no Estado Democrático de Direito

A teoria da separação de poderes é compreendida no Poder Legislativo "como a reserva, para esse poder, da atividade criadora do Direito", estando o Poder Judiciário limitado a aplicar o Direito criado pelo legislador. Desse pensamento, segue-se a premissa do racionalismo, de que a atividade criadora do Direito, pelo Judiciário, passa a ser considerada "um perigo para o Estado de Direito e uma violação do princípio de separação de poderes".[99]

Antes de descrever a história do Estado Democrático, Laico e Social de Direito, é preciso volver ao tempo da criação do Estado Moderno, para que se possa compreender a evolução da sociedade, do Estado e do Direito, já que o século XXI deveria estar vinculado com a *produção,* e não com a mera *reprodução do Direito*, assumindo a (r)evolução da realidade social. Com efeito, pelo pensamento moderno,[100] no Estado Democrático e Social, "o Direito é sempre um instrumento de mudança social. O direito é produzido pela estrutura econômica, mas, também, interagindo em relação a ela, nela produz alterações. A economia condiciona o Direito, mas o Direito condiciona a economia".

Foi Maquiavel quem entendeu o Estado Absolutista como um *poder central soberano*, legiferante e apto a decidir, isoladamente, as questões internas e externas, embora, ao mesmo tempo, fosse um poder laicizado, separado dos ditames religiosos. Esse autor entendia que o "objetivo de todos os governantes é conquistar e manter o poder, sem se preocupar com questões éticas, desvinculando, assim, a política da moral".[101] Nessa espécie de Estado, as famílias e as pessoas, embora livres, estavam sob a autoridade do Monarca, que era absoluto, comandando sem receber ordens, não dependendo de ninguém, nem de Deus, não exigindo nenhum fundamento/justificação/compreensão,

---

[97] SILVA, Maria Luísa Portocarrero. Razão e Memória em H.-G. Gadamer. In: *Revista Portuguesa de Filosofia*. jul./dez. 2000. Vol. 56, fase 3-4, p. 343-344.

[98] GADAMER, Hans-Georg. *Verdade e Método I.* 6.ed. Traduzido por Flávio Paulo Meurer. Petrópolis: Vozes, 2004, p. 368.

[99] BAPTISTA DA SILVA, Ovídio Araújo. *Processo e Ideologia. O Paradigma Racionalista.* Rio de Janeiro: Forense, 2004, p. 270.

[100] GRAU, Eros Roberto. *O direito posto e o direito pressuposto.* 5.ed. São Paulo: Malheiros, 2003, p. 59.

[101] KOSHIBA, Luiz. *História.* São Paulo: Saraiva, 2000, p. 285.

porquanto auto-suficiente, indivisível, perpétuo e transcendente, o Estado Absolutista era tal como, na linguagem teológica, Deus *é*.[102]

O Estado absolutista dividiu-se em duas fases: a primeira, o regime da Monarquia absoluta e do Direito Eclesiástico, em que o Estado era governado, lado a lado, pelo Monarca e pelas leis da Igreja Católica. Segundo Hobbes, o homem era lobo do homem, intratável, insociável, que deveria ser moído, porquanto mera matéria-prima do Estado, que o molda como faz um escultor com o barro ou mármore.[103] Esse Estado tinha sua base na "idéia de que o poder dos reis tinha origem divina. O rei seria o 'representante' de Deus na Terra, o que o desvinculava de qualquer vínculo limitativo de sua autoridade".[104] Na segunda fase desse Estado é afastada a teologia, que impedia o livre exercício do poder estatal, iniciando-se a secularização, que, em pleno século XXI, ainda não está completada, principalmente na área do direito de família, em vista das enormes influências canônicas, o que se infere dos efeitos jurídicos listados no capítulo IV desta obra.

O contratualista Thomas Hobbes foi quem, em sua obra *Leviatã,* publicada em 1651, em Londres,[105] sustentou as características do Estado Absolutista, com poderes ilimitados do Monarca, que governava pelo medo, pelo sangue, pela desconfiança e ferócia contumaz, pela segurança jurídica, pelo positivismo absolutista, em que a pessoa perdia a liberdade, mas ganhava em troca a segurança. Na época, tornou-se necessário um Pacto Social, "de modo que é como se cada homem dissesse a cada homem: 'cedo e transfiro meu direito de governar-me a mim mesmo a este homem, ou a esta assembléia de homens'. Feito isso, a multidão assim unida numa só pessoa se chama Estado".[106] Para Hobbes, o Estado era um Leviatã, designação que significa "*deus mortal*, porque a ele – por debaixo do Deus imortal – devemos a paz e a defesa de nossa vida. Esta dupla denominação resulta fortemente significativa: o Estado absolutista que Hobbes edificou é, em realidade, metade monstro e metade deus mortal.

O Absolutismo terminou, pelo menos formalmente, no ano de 1789, nascendo o primeiro Estado de Direito (Liberal), decorrente do Movimento Iluminista, que, fundado na razão humana e em direitos naturais do ser humano, deflagrou a Revolução Francesa. No Estado Liberal, a figura do soberano não mais se confunde com o Estado, muito menos com o Direito Eclesiástico, prevalecendo os interesses da sociedade. Além de assegurar os direitos humanos à vida, à liberdade e à segurança, o Estado Liberal concedeu ênfase à propriedade, a qual, para Locke, era uma extensão do indivíduo.

Historiam Streck e Bolzan[107] que, em Locke, ocorre substancial alteração do conteúdo do Contrato Social: o de associação, quando se funda a sociedade civil, e o de submissão, instituidor do poder político, que não pode, no entanto, violar direitos naturais. Além disso, divulgam que esse contratualista promoveu o controle do Execu-

---

[102] CHÂTELET, François; DUHAMEL, Olivier; PISIER-KOUCHNER, Évelyne. *Histórias das idéias políticas.* Traduzido por Carlos Nelson Coutinho. Rio de Janeiro: Jorge Zahar, 2000, p. 38.

[103] CHEVALLIER, Jean-Jacques. *As grandes obras políticas de Maquiavel a nossos dias.* Traduzido por Lydia Cristina. 8.ed. 4.impressão. Rio de Janeiro: Agir, 2002, p. 88, 431 a 434.

[104] STRECK, Lenio Luiz; BOLZAN DE MORAIS, José Luis. *Ciência Política e Teoria Geral do Estado.* 4.ed. Porto Alegre: Livraria do Advogado, 2004, p. 45.

[105] LEAL, Rogério Gesta. *Teoria do Estado.* Porto Alegre: Livraria do Advogado, 2001, p. 66.

[106] RIBEIRO, Renato Janine. Hobbes: o medo e a esperança. In: *Os Clássicos da Política.* 12.ed. Francisco C. Weffort (org.). São Paulo: Ática, 1999, p. 62. Vol. I.

[107] STRECK, Lenio Luiz; BOLZAN DE MORAIS, José Luis. *Ciência Política e Teoria Geral do Estado.* 4.ed. Porto Alegre: Livraria do Advogado, 2004, p. 35-36.

tivo pelo Legislativo e do governo pela sociedade, bases do pensamento liberal. Essa segunda grande revolução política da idade moderna, segundo Paulo Bonavides,[108] não foi promovida pela monarquia absoluta, nem pelos senhores feudais ou pela nobreza, e sim pela burguesia, que havia se servido do direito natural para colocar abaixo o absolutismo.

O reconhecimento e tutela dos direitos e das garantias fundamentais da pessoa humana, como a vida, a liberdade, a igualdade, a propriedade, produziram os direitos de primeira dimensão, por necessidade do capitalismo, que exigia homens livres e iguais perante a lei para poderem firmar contrato entre si. O ideário liberal, mais do que reconhecer e proteger direitos naturais do ser humano, fomenta o individualismo, como o direito de propriedade, absoluto e intocável, demonstrativo de que esse Estado, desde então, não era sinônimo de democracia[109] e nem tolerava a diversidade e, muito menos, a hermenêutica.

Para o contratualista Jean-Jacques Rousseau, o verdadeiro fundador do Estado Civil foi o ser humano que primeiro delimitou sua propriedade, revelando *isto é meu*, e os demais, em sua ingenuidade, acreditaram nele, nascendo, com isso, a desigualdade e a hostilidade. Mas, Rousseau, ao contrário de Hobbes, não considerava o humano lobo do humano, admitindo que o ser humano nasce livre, tendo o Estado o dever de torná-lo ainda mais feliz.[110] O autor defendia que o Contrato Social servia para justificar o liberalismo e a República, assegurando a igualdade, a liberdade e o governo submetido a leis escritas pela vontade geral.[111]

O Estado de Bem-Estar Social de Direito, também denominado Estado Social ou Providencial, surge após a primeira guerra mundial, com a promulgação das Constituições do México, em 1917, e da Alemanha, em 1919 (Constituição de Weimar), nas quais se enfatizou a necessidade de o Estado assegurar os direitos e as garantias, objetivando uma existência digna. Significa que, além dos direitos individuais e políticos do Estado Liberal, foram reconhecidos os direitos e as garantias sociais, zelando mais pelo social do que o individual.[112]

O Estado de Providência foi um conjunto de políticas públicas destinadas à manutenção de um mínimo de convivência solidária e social,[113] ampliando-se mais o conteúdo dos direitos fundamentais, firmando-se, nessa espécie de Estado, além dos direitos individuais e dos políticos, constantes do Estado Liberal, também os direitos sociais,[114] não como caridade, mas como direito. Todavia, implantado o modelo político econômico neoliberal, passou-se a sustentar que o Estado possui duas faces simultâneas, porque, para alguns, é a continuidade do Estado de Bem-estar Social; para outros, o Estado, por

---

[108] BONAVIDES, Paulo. *Teoria do Estado.* 4.ed. São Paulo: Malheiros, 1999, p. 288.

[109] ROBERT, Cinthia; MAGALHÃES, José Luiz Quadros. *Teoria do Estado, Democracia e Poder Local.* 2.ed. Rio de Janeiro: Lumen Juris, 2002, p. 171.

[110] STRECK, Lenio Luiz; BOLZAN DE MORAIS, José Luis. *Ciência Política e Teoria Geral do Estado.* 4.ed. Porto Alegre: Livraria do Advogado, 2004, p. 38-39.

[111] GUSMÃO, Paulo Dourado de. *Introdução ao Estudo do Direito.* 19.ed. Rio de Janeiro: Forense, 1996, p. 390.

[112] ROBERT, Cinthia. e MAGALHÃES, José Luiz Quadros de. *Teoria do Estado. Democracia e Poder Local.* 2.ed. Rio de Janeiro: Lumen Juris, 2002, p. 181.

[113] VIEIRA, José Ribas. *Teoria do Estado.* Rio de Janeiro: Lumen Juris, 1995, p. 84.

[114] ROBERT, Cinthia; MAGALHÃES, José Luiz Quadros. *Teoria do Estado, Democracia e Poder Local.* 2.ed. Rio de Janeiro: Lumen Juris, 2002, p. 173.

ação ou omissão, em vista da miséria de vários bilhões de pessoas, está assumindo caráter punitivo-repressivo.[115] É por isso que se tem dito[116] que a maioria dos liberais clássicos é contra o "Welfare State" e a favor do Estado Mínimo, aguardando que a "mão invisível do mercado, sem as amarras que o Estado lhe impõe, possa soberanamente dominar o mundo, transformando-o no prometido paraíso terrestre".

Foi Paulo Bonavides[117] quem cunhou, no Brasil, o termo "Estado Social", em 1958, quando do lançamento do livro "Do Estado Liberal ao Estado Social", com base na nova ordem social da Alemanha que, em 1949, promulgou a Constituição Social de Bonn. Na ocasião, recebeu críticas pela nomenclatura, sob a seguinte alegação: qual Estado não é social? Desde então, viu-se que, ao contrário do que era contestado, poderia ser indagado: qual o Estado que foi social? O articulista lembra que são quatro espécies de Estado Social:

a) o Estado Social conservador, beneficiando o empresário e o trabalhador, que não agradou nem aos reformadores e nem aos revolucionários; b) o Estado Social da igualdade e da justiça social, o qual pendia mais em favor dos interesses da sociedade, pois prestigiava os postulados da educação, saúde, previdência, garantia salarial, direitos de família, habitação, alimentação, escolaridade, seguro-desemprego, cultura, direitos sociais, como da participação do trabalhador nos lucros da empresa e reforma agrária; c) o Estado Social que implantou o socialismo, de vertente marxista, com a comunhão igualitária de classes sociais; d) o Estado Social das ditaduras, que revogou o pacto democrático, formando um Estado autoritário, ditatorial ou totalitário, de monopólio do poder público, sem a possibilidade do livre consenso que congregava a participação cidadã.

O Estado Democrático de Direito, de acordo com Streck,[118] suplanta as noções dos Estados Absolutista, Liberal e Social, na medida em que o modelo de produção capitalista e financeiro é de viés social, dando passagem, "por vias pacíficas e de liberdade formal e real, a uma sociedade onde se possam implantar superiores níveis reais de igualdades e liberdades". Essa espécie de Estado, segundo Streck e Bolzan, "adota a posição de que a Constituição é dirigente e vinculativa, de onde exsurge que todas as normas possuem eficácia, não tendo mais sentido falar em 'normas programáticas'", significando que no Estado Democrático, Social e Laico de Direito ocorre um deslocamento da esfera de tensão dos Poderes Executivo e Legislativo para o Judiciário,[119] "um aprofundamento/transformação da fórmula, de um lado, do Estado de Direito e, de outro, do 'Welfare State'".[120]

---

[115] GÓMEZ, José María. *Política e democracia em tempos de globalização.* Petrópolis: Vozes; 2000, p. 101-102; FARIAS, J.E. Direitos humanos e globalização econômica: notas para uma discussão. *USP. Estudos Avançados* 11 (30), 1997.

[116] SILVA, Ovídio Araújo Baptista da. *Processo e Ideologia.* Rio de Janeiro: Forense, 2004, p. 10.

[117] BONAVIDES, Paulo: *Teoria do Estado.* 4.ed. São Paulo: Malheiros, 1999, p. 288.

[118] STRECK, Lenio Luiz. *Hermenêutica Jurídica e(m) Crise.* 5.ed. Porto Alegre: Livraria do Advogado, 2004, p. 38.

[119] STRECK, Lenio Luiz; BOLZAN DE MORAIS, José Luis. *Ciência Política e Teoria Geral do Estado.* 4.ed. Porto Alegre: Livraria do Advogado, 2004, p. 68, 93 e 98.

[120] BOLZAN DE MORAIS, José Luis. As crises do Estado. In: *O Estado e suas crises.* José Luis Bolzan de Morais (organizador). Porto Alegre: Livraria do Advogado, 2005, p. 18.

No Estado Constitucional, a expressão normas programáticas precisa ser superada, adverte Eros Grau, na medida em que "porta em si vícios ideológicos perniciosos",[121] no que é apadrinhado por Canotilho, ao sustentar que essas normas programáticas têm uma estrutura própria, com juridicidade, vinculatividade e aplicabilidade, pelo que todo aquele que sustentar que essas normas são tão-somente esquemas retóricos ou declamações ideológicas não passa de "jurista imperativista e subsuntivista, que pouco mais vê que a conclusão apodítica dos silogismos de aplicação das normas jurídicas".[122]

De acordo com Ferrajoli,[123] no modelo paleo-yuspositivista, o Estado era Legislativo/Legal de Direito, tendo o monopólio da produção jurídica, na qual o princípio da legalidade é a norma de conhecimento. Pelo modelo neo-yuspositivista, *o Estado é Constitucional de Direito*, que surgiu na Europa, após a Segunda Guerra Mundial, instituindo as Constituições rígidas e o controle da constitucionalidade das leis ordinárias com base nos princípios constitucionais. O Estado Constitucional tem a função da produção legislativa do Direito, ao mesmo tempo em que altera o papel da jurisdição constitucional, determinando ao intérprete a compreensão, interpretação e aplicação das leis somente válidas diante do texto constitucional, declarando, se for o caso, a sua (in)constitucionalidade. Com isso, acrescenta Ferrajoli, também ocorre a necessidade da subordinação das leis aos princípios constitucionais, o que representa uma "dimensión sustancial no sólo en las condiciones de validez de las normas, sino también en la naturaleza de la democracia, para la que representa un límite".

Esses limites foram estabelecidos devido ao fato de os direitos constitucionais representarem proibições e obrigações impostas aos poderes da maioria, os quais, de outra forma, seriam absolutos. Isso quer dizer, finaliza o autor, que os princípios da legalidade e da reserva legal passam a ter cada vez menos sentido, em vista da fragilidade do Estado (único) Legislativo/Legal, que passou a ser, sobretudo, Constitucional, em que vige a harmonia dos princípios constitucionais, pelo que

> una Constitución no sirve para representar la voluntad común de un pueblo, sino para garantizar los derechos de todos, incluso frente a la voluntad popular. Su función no es expresar la existencia de un *demos*, es decir, de una homogeneidad cultural, identidad colectiva o cohesión social, sino, al contrario, la de garantizar, a través de aquellos derechos, la convivencia pacífica entre sujetos e intereses diversos y virtualmente en conflicto.

Nesse ponto, Sanchís[124] pondera que, na transformação do Estado Legislativo/Legal de Direito em Estado Constitucional, a lei deixou de ser a única, suprema e racional fonte do Direito, motivando a declaração da intransponível crise da dogmática jurídica. O autor quer dizer que o Estado Constitucional criou uma nova teoria do Direito, com base em várias questões, como:

a) mais princípios que regras; b) mais ponderação que subsunção; c) presença suprema da Constituição em todas as áreas do Direito e em todos os conflitos sociais; d) intromissão legal do Poder Judiciário no lugar do legislador ordinário; e) coexistência de uma pluralidade de valores, inclusive contraditórios, no lugar da hegemonia ideoló-

[121] GRAU, Eros Roberto. In: *Canotilho e a Constituição Dirigente*. 2ª ed. Jacinto Nelson de Miranda Coutinho Organizador. São Paulo: Renovar, 2005. Resenha do Prefácio, p. 08.

[122] CANOTILHO, J. J. Gomes. *Brancosos e interconstitucionalidade*. Portugal: Almedina, 2006, p. 211-2.

[123] FERRAJOLI, Luigi. Pasado y Futuro Del Estado de Derecho. In: *Neoconstitucionalismo(s)*. Edición de Miguel Carbonell. Paris: Trotta, 2005, p. 14, 16 a 21, 24 e 28.

[124] SANCHÍS, Luis Prieto. Neoconstitucionalismo y Ponderación Judicial. In: *Neoconstitucionalismo(s)*. Edición de Miguel Carbonell. Paris: Trotta, 2005, p. 131 a 133.

gica, "en torno a un puñado de principios coherentes entre sí y en torno, sobre todo, a las sucesivas opciones legislativas"; f) ao lado "de cada precepto legal se adivina siempre una norma constitucional que lo confirma o lo contradice", fazendo com que o legislador cada vez mais perca a sua autonomia, visto que toda as regras ordinárias devem ser, previamente, filtradas pelas normas (regras e princípios) constitucionais.

É necessário (re)lembrar, aduz Streck,[125] que é impossível a cisão entre compreensão, interpretação e aplicação, pois uma regra não poderá ser compreendida sem levar em consideração a sua principiologia, porque ela está entranhada no princípio, que se desvela e, ao mesmo tempo, se oculta na regra, mas sempre habita na regra, existencializando-a. O autor demonstra o equívoco da argumentação jurídica por ainda trabalhar com o princípio como regra (ou adotando alguns princípios como meta-princípios), "como se fosse possível transformar a regra em um princípio. Ocorre que ela jamais será um princípio, porque no princípio está em jogo algo mais que a explicação causalista". Razão assiste ao autor ao ponderar que há um caminho à saída da crise do Direito, que é por meio da jurisdição constitucional, sendo preciso promover uma resistência constitucional, mediante a urbanização, humanização e efetivação da Constituição democrática, social, laica, hermenêutica e republicana.

Com o afastamento objetificador do texto constitucional, continua o autor, a "Constituição desaparece como um fato sólido que norma, de maneira rígida, o exercício do direito. Ela já sempre opera através da pré-compreensão que dela tenho quando pratico a justiça". Todavia, isso não significa que a hermenêutica filosófica afasta o caráter ôntico da Carta Magna, porque é ela que fornece ao intérprete "o complemento necessário do processo pré-compreensivo no qual já sempre trazemos a Constituição conosco como o nosso modo fundamental de ser no estado e na sociedade", querendo dizer que a Constituição do País deixará de existir como ferramenta, surgindo "já sempre em operação no auto-compreender-se do intérprete do direito".[126]

Acerca da compreensão que o intérprete precisa cultivar diante da jurisdição constitucional, promovida pela linguagem principiológica democrática e republicana, Streck esposa a ideia de que é preciso compreender a diferença entre jurisdição constitucional e legislação, tendo em vista que não há democracia sem respeito aos direitos e às garantias fundamentais pessoais e sociais do Estado laico, social e democrático. Isso quer dizer que foi promovida uma revolução constitucional, um novo paradigma, uma nova legitimidade no princípio da separação de poderes, porque o Poder Judiciário não tem mais a singela atribuição de executar a legislação, e sim promover a jurisdição constitucional, exigindo dos demais Poderes da República os direitos e as garantias inseridas na Constituição Cidadã.

A função jurisdicional passou do sistema legalista à principiologia constitucional, social, democrática e republicana do Direito, afastando a anterior pré-compreensão da existência de normas constitucionais não auto-aplicáveis, visto que a Constituição *constitui*, afirma Streck, passando a ter função dirigente, transformadora, não sendo apenas

---

[125] STRECK, Lenio Luiz. A atualidade do debate da crise paradigmática do direito e a resistência positivista ao neoconstitucionalismo. In: *Direito, Estado e Democracia: entre a (in)efetividade e o imaginário social.* Porto Alegre: Instituto de Hermenêutica Jurídica, v. 1, n. 4, p. 241 e 242. 2006.

[126] STEIN. Ernildo. *Novos caminhos para uma filosofia da constitucionalidade. Apresentação à obra Jurisdição Constitucional e Hermenêutica – Uma Nova Crítica do Direito, de Lenio Luiz Streck.* Disponível em: www.leniostreck.com.br. Acesso em 12.06.2006.

um texto que tem condição de possibilidade de outro texto, e sim um episódio histórico originário de um pacto constituinte.

Não destoa dessa compreensão Ferrajoli, diz Streck, quando aduz que, no Estado Democrático de Direito, "el Derecho ya no está subordinado a la política como si fuera de ella un mero instrumento, sino que es la política la que se convierte en instrumento de actuación del Derecho". Pretende dizer, com isso, que a Constituição é um medicamento contra as maiorias, contra a política, rumando no sentido da superação da igualdade formal e na direção da concretização da igualdade material, para que o Poder Judiciário exerça o seu poder/dever de igualdade perante os demais Poderes da República,[127] garantindo essa isonomia entre todos os juridicionados.

Esse relato serve para que o ser humano possa se situar e se compreender no atual contexto da história, apegando-se ao exame da tradição, já que ela não tem importância tão-só como sucessão de fatos, e sim como condição de possibilidade "de compreender a relação do homem com os contextos que cria, e que o recriam". A hermenêutica propicia a crítica e provoca a dúvida, o reexame e a teorização, conduzindo ao diálogo permanente, e não mais à verdade absoluta, única e sagrada.[128]

É no Estado Democrático, Laico e Social de Direito que se encontra a maior resistência à dogmática jurídica, porque essa forma de Estado fortalece o direito fundamental à democracia, um apanágio da humanidade, porque sem ela não há liberdade, hermenêutica, cidadania, dignidade e nem condição humana tridimensional, não se constituindo uma forma de governo, mas, sim, um princípio jurídico que serve de base para os Estados de Direito tridimensional: de primeira (Estado Liberal); de segunda (Estado Social) e de terceira dimensões (Estado Democrático, Social e Laico de Direito).[129]

É por isso que Gadamer verbera que a compreensão histórica da tradição é a revolução mais importante da Idade Moderna, caracterizando-se pela plena consciência "de la historicidad de todo presente y de la relatividad de todas las opiniones".[130] O autor critica a utilização do método da dogmática jurídica, uma vez que, no terceiro milênio, a humanidade não se encontra na Era da certeza, e sim da incerteza jurídica, em vista da fulminante transformação social, em que a modernidade sólida foi dissolvida, tornando-se líquida. Exige-se do intérprete, na compreensão de um texto, o conhecimento sobre a totalidade da linguagem do sistema jurídico-político-social, em que a Constituição de um País precisa estar municiada com normas flexíveis, ajustáveis em tempo real, adaptáveis a fatos cada vez mais líquidos e inéditos.[131] Quer dizer que a humanidade vive em tempo singular, que alguém qualificou de *era da incerteza*, visto que o casamento, por exemplo, que parecia ser perene, tornou-se instável diante da voracidade das transfor-

[127] STRECK, Lenio Luiz. *La jurisdicción constitucional y las posibilidades de concretización de los derechos fundamentales-sociales*. Disponível em: www.leniostreck.com.br. Acesso em 12.06.2006.

[128] SALDANHA, Nelson. *Secularização e Democracia*. Rio de Janeiro: Renovar, 2003, p. 149, 150, 189 e 193.

[129] BONAVIDES, Paulo. *Teoria do Estado*. 4.ed. São Paulo: Malheiros,1999, p. 445-452.

[130] GADAMER, Hans-Georg. *El problema de la consciencia histórica*. 2.ed. Traducido por Agustín Domingo Moratalla. Madrid: Editorial Tecnos, 2001, p. 41.

[131] ENGELMANN, Wilson. A Crise Constitucional: a linguagem e os direitos humanos como condição de possibilidade para preservar o papel da Constituição no mundo globalizado. In: *O Estado e suas crises*. José Luis Bolzan de Morais (organizador). Porto Alegre: Livraria do Advogado, 2005, p. 256 a 259.

mações culturais,[132] com o advento da união estável, da monoparentalidade e dos demais modos de ser-em-família.

Esses são alguns motivos pelos quais é possível perceber que a dogmática jurídica é manifestamente antidemocrática, incompatível com o atual Estado Democrático de Direito, motivo pelo qual não deve preponderar a vontade única do legislador, cabendo ao Poder Judiciário compreender e adequar o texto, de forma hermenêutica, com vinculação social e constitucional do Direito.

A esse respeito, Bolzan de Morais e Moura Agra[133] testemunham o seguinte:

> Enquanto nos modelos liberais havia um sentido que levava as decisões públicas a uma constante tentativa de normatização do político, numa busca constante de certeza e determinação institucional, nos modelos democráticos de direito esse sentido inverteu-se, estando, agora, num fluxo contrário que determina, muito mais, a politização do jurídico. E nessa perspectiva, o Poder Judiciário tem que assumir uma nova postura, mais política, uma vez que a ele também cabe, ao lado dos demais poderes, dar uma nova dimensão concreta às normas e princípios constitucionais, antes tratados como meros programas futuros, dependentes de ações do Poder Executivo para a sua realização.

Os contextos históricos entre os séculos XVIII (racionalismo jurídico, absolutismo) e XXI (hermenêutica, democracia) são manifestamente diversos, pelo que o caráter antidemocrático da dogmática jurídica reside nas seguintes hipóteses, por exemplo:

a) a dogmática surgiu numa época em que sequer havia Estado de Direito, e como nos últimos cinquenta anos houve mais mudanças sociais do que nos últimos cinquenta mil anos,[134] foram redesignados o Estado, a sociedade, a família, já que, "em lugar das sociedades nacionais", surgiu *a sociedade global*,[135] e a sociedade absolutista foi transformada em sociedade democrática;

b) o pensamento unívoco da dogmática permite ao intérprete apenas a liberdade de fazer tudo quanto permite a lei, desfrutando da sensação de liberdade se permanecer fiel à lei,[136] a única verdade, que abarca o Direito, com o que somente seria justo o que estiver expresso na lei, ditada pelo legislador;

c) a comunidade jurídica foi invadida com um paradigma matemático e lógico, que se acostumou a pensar no código binário "certo" ou "errado" (biológico ou não biológico, em matéria de família), exigindo do intérprete a aplicação da vontade do legislador, sob pena de ser tachado de arbitrário. Essa informação advém de Hobbes, do século XVIII, "de que é preferível ter um juiz 'subordinado' do que a sociedade submeter-se

---

[132] BAPTISTA DA SILVA, Ovídio Araújo. Coisa julgada relativa?. In *Anuário do Programa de Pós-Graduação em Direito. Mestrado e Doutorado.* Leonel Severo Rocha e Lenio Luiz Streck (Organizadores). São Leopoldo: UNISINOS, 2003, p. 363-364.

[133] BOLZAN DE MORAIS, José Luiz. AGRA, Walber de Moura. A jurisprudencialização da Constituição e a densificação da legitimidade da jurisdição constitucional. In: (Neo)Constitucionalismo. Ontem, os Códigos; hoje, as Constituições. *Revista do Instituto de Hermenêutica Jurídica* nº 02. Porto Alegre: Instituto de Hermenêutica Jurídica, 2004, p. 218, 221 e 222.

[134] SANTOS, Milton. *Por uma outra globalização.* 11.ed. Rio de Janeiro: Record, 2004, p. 171.

[135] ESPINDOLA, Angela Araujo da Silveira. A Crise Conceitual e a (re)construção interrompida da soberania: o fim do Estado-Nação. In: *O Estado e suas crises.* José Luis Bolzan de Morais (organizador). Porto Alegre: Livraria do Advogado, 2005, p. 30.

[136] BAPTISTA DA SILVA, Ovídio Araújo. *Processo e Ideologia. O Paradigma Racionalista.* Rio de Janeiro: Forense, 2004, p. 297.

aos caprichos de um julgador arbitrário".[137] Mais recentemente, no século XX, essa visão hobbesiana foi reproduzida por Giuseppe Chiovenda,[138] ao afirmar que a jurisdição "tem por escopo a atuação da vontade concreta da lei", atestando, equivocadamente, que não é possível cumprir a vontade do Direito, mas, tão só, os limites estreitos da lei;

d) a dogmática jurídica adota a doutrina hobbesiana, de que o ser humano renunciou à sua consciência privada, havendo apenas "uma consciência pública, da qual o soberano é o único intérprete";[139]

e) a cultura jurídica promove a separação entre fato e Direito, entendendo que o Direito é a produção da vontade do legislador, manifestada por meio da lei, que é a única verdade, justa e sagrada. Isso explica a resistência em não compreender integralmente a tridimensionalidade humana e sequer de juridicizar explicitamente o afeto e a ontologia, porque esses valores jurídicos não fariam parte do Direito, não podendo ser normatizados. É por esse motivo que, ainda hoje, retumba no País o pensamento de Ihering, não obstante tenham transcorrido mais de cento e cinquenta anos, quando disse que "ao jurista que esteja a fazer 'ciência', é-lhe vedado sequer pronunciar a palavra *vida*",[140] indicativo de que, em pleno terceiro milênio, continua abissal a distância entre a realidade, o fato e a compreensão do Direito;

f) a liberdade é um dos pilares do Estado Democrático de Direito, um modo de ser-no-mundo-genético, de ser-no-mundo-(des)afetivo e de ser-no-mundo-ontológico, fazendo com que seja totalitária e absolutista a conduta de resistência ao diálogo, à hermenêutica, ao vir-à-fala, o confronto com os preconceitos, com a fusão de horizontes e com a compreensão da tradição do direito de família. Como o mundo ocidental não se encontra no racionalismo da Idade Moderna, mas em plena Era Constitucional, é manifestamente antidemocrática a decisão dos Poderes Executivo, Legislativo e Judiciário em seccionar o fato da norma, ao exigir o cumprimento da lei, destoando da ideia de Direito, em manifesta contradição à linguagem da República Democrática e Social de Direito.

Invocando Luhmann, Canotilho lembra que "as Constituições dos Estados deixarão de desempenhar a sua função quando não conseguirem estabilizar as expectativas normativas". Depois, citando Lenio Luiz Streck, o autor lembra que "a associação de Estado e Constituição, Constituição e Estado, é, de resto, claramente afirmada pelos nossos interlocutores brasileiros", os quais afirmam, com incisividade, que "uma tal teoria da Constituição dirigente não prescinde de uma teoria do Estado, apta a explicitar as condições de possibilidade da implantação de políticas de desenvolvimento constantes – de forma dirigente e vinculativa – no texto da Constituição".

Mais adiante, Canotilho aduz que as Constituições nacionais estão hoje em rede, conversando com as outras Constituições e esquemas organizativos supranacionais, que desbancam algumas normas e princípios das próprias Constituições nacionais, fazendo com que se instaure a fraqueza destas Constituições, uma vez que "quem passa a man-

[137] BAPTISTA DA SILVA, Ovídio Araújo. *Processo e Ideologia. O Paradigma Racionalista.* Rio de Janeiro: Forense, 2004, p. 243.

[138] CHIOVENDA, Giuseppe. *Instituições de Direito Processual Civil.* 2.ed. Traduzido por Paolo Capitanio. São Paulo: Bookseller, 2000, p. 08. Volume II.

[139] BOBBIO, Norberto. *Thomas Hobbes.* 9ª tiragem. Traduzido por Carlos Nélson Coutinho. Rio de Janeiro: Campus, 1991, p. 60.

[140] BAPTISTA DA SILVA, Ovídio Araújo. *Processo e Ideologia. O Paradigma Racionalista.* Rio de Janeiro: Forense, 2004, p. 302.

dar, quem passa a ter o poder são os textos internacionais. Mas a directividade programática permanece, transferindo-se para estes".[141]

No Estado Constitucional não prevalece a vontade soberana do Estado, e sim a Arte da palavra, do diálogo, do contraditório, da discussão, do debate, da argumentação, da justificação, da fundamentação, da compreensão, da retórica, da hermenêutica, da práxis, da liberdade de pensamento, à medida que o ser humano está inserido em um mundo essencialmente hermenêutico e democrático, em que *a palavra se torna rainha*,[142] em um ente notável, pois deixa ver o modo de como algo se apresenta.[143] Enfim, a dogmática jurídica é antidemocrática porque, em plena Era hermenêutica, democrática, laica, social, universal e líquida, proíbe que o ser humano tenha capacidade de *historicizar* a modernidade, na qual nada pode aspirar ao "selo da eternidade".[144]

A dogmática jurídica aprisionou normativamente parte da genética e a totalidade da afetividade e da ontologia, ao não compreendê-las pela jurisdição constitucional, continuando o ser humano refém do legislador e da comunidade jurídica, ao ser mantido o mesmo mundo matemático e genético das leis, impedindo que o Direito possa reconhecer a realidade da vida, superando a metodologia jurídica do fato.[145] Como o Judiciário tem o dever de ser o mais democrático dos três Poderes, amplia a sua missão constitucional de harmonizar o paradigma da dogmática jurídica, afastando a neutralidade (o mais grave de todos os preconceitos) do legislador/intérprete/julgador, para não ser mero reflexo da neutralidade do Estado Democrático de Direito,[146] já que, como refere Heidegger, "um homem verdadeiramente sábio não é aquele que persegue cegamente uma verdade. É somente aquele que conhece constantemente todos os três caminhos, o do Ser, o do não-ser e o da aparência".[147]

6. Genética, afetividade e ontologia: questões de fato e de Direito

A comunhão plena de vida familiar genética, afetiva e ontológica é uma questão de fato ou de Direito? A comunidade jurídica reluta em acolher, como valores jurídicos, a totalidade da genética (do modo de ser-no-mundo-genético), da afetividade (do modo de ser-no-mundo-des-afetivo) e da ontologia (do modo de ser-no-mundo-ontológico). Esse entendimento causa, por exemplo, o afastamento do fato como Direito e a denegação de recurso especial, diante do verbete nº 07 da Súmula do Superior Tribunal de

[141] CANOTILHO, J.J. Gomes. In: *Canotilho e a Constituição Dirigente*. 2ª ed. Jacinto Nelson de Miranda Coutinho Organizador. São Paulo: Renovar, 2005, p. 15, 25, 28, 135, 136 e 185.

[142] CHÂTELET, François. *Uma história da razão. Entrevista com Émile Noël*. Traduzido por Lucy Magalhães. Rio de Janeiro: Jorge Zahar Editor, 1994, p. 16.

[143] GADAMER, Hans-Georg. *Hermenêutica em retrospectiva. Heidegger em retrospectiva*. Rio de Janeiro: Vozes, 2007, p. 123.

[144] BAPTISTA DA SILVA, Ovídio Araújo. *Sentença e Coisa Julgada*. 4.ed. Rio de Janeiro: Forense, 2003, p. 264.

[145] BAPTISTA DA SILVA, Ovídio Araújo. *Processo e Ideologia. O Paradigma Racionalista*. Rio de Janeiro: Forense, 2004, p. 84.

[146] BAPTISTA DA SILVA, Ovídio Araújo. *Jurisdição e execução*. 2.ed. São Paulo: Revista dos Tribunais, 1997, p. 111.

[147] HEIDEGGER, Martin. *Introdução à Metafísica*. Traduzido por Emmanuel Carneiro Leão. Rio de Janeiro: Tempo Brasileiro, 1969, p. 139.

Justiça, vazado nos seguintes termos: "A pretensão de simples reexame de prova não enseja recurso especial".

O Supremo Tribunal de Justiça de Portugal entendeu que "há matéria de Direito sempre que, para se chegar a uma solução, surja a necessidade de recorrer a uma disposição legal",[148] pelo que seguiu os ditames do racionalismo, ao entender que é Direito o que consta na lei.

Tem-se discordado veementemente desse pensamento, asseverando que "decidir sobre a existência da posse de estado (o modo de ser-filho-afetivo) é matéria de direito, pois aí se verá se os fatos que se apresentaram provam ou não a posse de estado",[149] querendo-se dizer que "não é 'o direito' que se distingue de 'o facto', pois o direito é a síntese normativo-material em que o 'facto' também é elemento, aquela síntese que justamente a distinção problemática criticamente prepara e fundamenta".[150]

A confusão da igualdade entre lei e Direito também foi promovida por Hegel, no século XIX, ao enfatizar que "é conhecido como o que, com justiça, tem valor: *é a lei*. Este *direito* é, por meio desta determinação, o direito positivo em geral"[151] (destaquei). Nesse sentido, Benjamin Cardozo, membro da Suprema Corte dos Estados Unidos, em pleno século XX, década de 1960, sentenciou que "o Direito criado pelos juízes é secundário e subordinado ao Direito criado pelos legisladores", porque o juiz "é o oráculo da lei".[152]

A cultura jurídica considera o Direito como proposição *normativa* – portanto, apenas lógica –, atesta Baptista da Silva, certificando que "tudo o que fizer no domínio da realidade, enquanto *fato,* não exercerá a menor influência sobre o *conceito*. O direito ficará limitado *à norma*, tendo o *fato* como uma conseqüência". Essa cultura jurídica exerce duplo papel, denuncia o autor, porque, embora tenha libertado o juiz do absolutismo monárquico, o aprisionou na lei, com o dogma da certeza do Direito, dificultando "as tentativas das classes dominadas de se insurgir contra a ordem estabelecida".

A univocidade de sentido da lei não admite a retórica, cabendo ao Magistrado a função de declarar e aplicar a jurisdição, com base no que consta expressamente na lei. Esse pensamento dogmático "pressupõe a perfeição da lei criada por um legislador iluminado", esquecendo-se, contudo, que essas leis podem tornar-se anacrônicas, lacunosas, mal redigidas, fora de seu tempo e injustas quando de sua aplicação, "capazes, como toda proposição normativa, de gerar duas ou mais compreensões hermenêuticas legítimas, embora entre si antagônicas".[153]

---

[148] SANTOS, Eduardo dos. *Direito da Família.* Coimbra Portugal: Livraria Almedina, 1999, p. 458. O autor louva-se em acórdão citado no BMJ, 115:449, 27.03.62, STJ, e ac. do STJ de 1969-02-11, BMJ, 184:279.

[149] FACHIN, Luiz Edson. *Estabelecimento da filiação e paternidade/maternidade presumida.* Porto Alegre: Sergio Antonio Fabris Editor, 1992, p. 157.

[150] NEVES, Antonio Castanheira. *Questão-de-facto-questão-de-Direito ou o problema metodológico da juridicidade.* Coimbra: Almedina, 1.967, p. 586.

[151] HEGEL, G. W. F. *Princípios da Filosofia do Direito.* Traduzido por Norberto de Paula Lima. São Paulo: Ícone, 1997, p. 182.

[152] CARDOZO, Benjamin N. *A natureza do processo judicial.* Traduzido por Silvana Vieira. São Paulo: Martins Fontes, 2004, p. 05 e 08.

[153] BAPTISTA DA SILVA, Ovídio Araújo. *Processo e Ideologia. O Paradigma Racionalista.* Rio de Janeiro: Forense, 2004, p. 25 e 144.

A respeito da separação entre fato e Direito, Streck[154] explica que

> *applicatio* significa *o ponto de estofo do sentido*, em que fato é norma e norma é fato. Ou seja, é evidente que não há só textos; o que há são normas (porque a norma é o resultado da interpretação do texto). *Mas também não há somente normas, porque nelas está contida a normatividade que abrange a realização concreta do Direito.* No plano de uma hermenêutica jurídica de cariz filosófico, a norma será o *locus* do acontecer (*Ereignen*) da efetiva concretização dos direitos previstos na lei (compreendida na diferença ontológica existente entre texto e norma e vigência e validade).

Momento seguinte, o autor adverte que não deve ser esquecido que texto e norma, fato e norma, "não estão separados e tampouco um 'carrega' o outro; texto e norma, fato e direito, são (apenas e fundamentalmente) diferentes".

Discorrendo sobre norma e fato, Adeodato esclarece que "a 'norma' geral não é prévia, só o seu texto o é. A norma geral previamente dada não existe, é uma ficção". O que o legislador originário/ordinário faz "é produzir o texto legal ou constitucional, não a norma propriamente dita, nem sequer a moldura dentro da qual se situam as interpretações devidas. O texto, expresso em artigos e parágrafos na lei, é somente um 'dado de entrada' na efetiva elaboração da norma", o que quer dizer que a dogmática jurídica mostra "apenas um dos aspectos da concretização normativa".[155]

Nessa quadra, convém ressaltar o pensamento gadameriano, para não esquecer que,

> inclusive nas ciências, o "fato" não se define como o simplesmente presente, fixado através da mensuração, da ponderação ou da contagem: "fato" é antes um conceito hermenêutico, ou seja, algo sempre referido a um contexto de suposições ou expectativas, a um contexto de compreensão inquiridora de tipo complicado. Não tão complicado, mas igualmente difícil de levar a cabo, é ver, na práxis vital de cada um, aquilo que existe, e não o que gostaríamos que existisse.[156]

A comunidade jurídica, ao seguir as ordens do legislador, como ocorre desde a origem do Estado Moderno, séculos XVII e XVIII, esqueceu-se de que "o texto não existe sem a norma; o texto não existe em sua 'textitude'; a norma não pode ser vista; ela apenas é (existe) no (sentido) texto",[157] sendo, por isso, que *sempre sobra a realidade*,[158] que no direito de família é a compreensão da tridimensionalidade humana, que não pode ser totalmente compreendida nem mesmo pela linguagem. Isso porque não é possível compreender toda a tradição histórica da família, tendo em vista que o ser humano é lançado em um mundo pré-existente, repleto de preconceitos puros e impuros.

---

[154] STRECK, Lenio Luiz. A hermenêutica filosófica e as possibilidades de superação do positivismo pelo (neo)constitucionalismo. In: *Constituição, sistemas sociais e hermenêutica: programa de pós-graduação em Direito da UNISINOS: mestrado e doutorado.* Leonel Severo Rocha; Lenio Luiz Streck (Organizadores). Porto Alegre: Livraria do Advogado, 2005, p. 162, 175-176.

[155] ADEODATO, João Maurício. Jurisdição Constitucional à Brasileira – situações e limites. In: *Neoconstitucionalismo – ontem, os códigos; hoje, as Constituições. Revista do Instituto de Hermenêutica Jurídica.* Porto Alegre: IHJ, 2004. n. 2, p. 177.

[156] BAPTISTA DA SILVA, Ovídio Araújo. Verdade e significado. In: *Constituição, sistemas sociais e hermenêutica: programa de pós-graduação em Direito da UNISINOS: mestrado e doutorado.* Leonel Severo Rocha; Lenio Luiz Streck (Organizadores). Porto Alegre: Livraria do Advogado, 2005, p. 269-270.

[157] STRECK, Lenio Luiz. A hermenêutica filosófica e as possibilidades de superação do positivismo pelo (neo)constitucionalismo. In: *Constituição, sistemas sociais e hermenêutica: programa de pós-graduação em Direito da UNISINOS: mestrado e doutorado.* Leonel Severo Rocha; Lenio Luiz Streck (Organizadores). Porto Alegre: Livraria do Advogado, 2005, p. 175-176.

[158] Idem, p. 180.

Talvez o maior erro cometido pela dogmática jurídica, no campo do direito de família, tenha sido a visão parcial da genética, normatizando o modo de ser-no-mundo-genético, isso sem falar na lembrança, sequer normativa, dos mundos afetivo e ontológico. Contudo, assim como o Direito não é apenas a lei, o ser humano também não é um ser genético-normatizado, mas um humano tridimensional (biológico, des-afetivo e ontológico).

Embora não se admitam os três modos de ser-no-mundo e a realidade humana como valores jurídicos, diante da dicotomia que se produz entre norma, fato e lei, oportuna a lembrança de Rousseau, ao anotar, em 1757,[159] que "a família é a mais antiga das sociedades, a norma primitiva das sociedades políticas". Isso quer dizer que as relações em família refletem na sociedade, no Estado e no Direito, pelos seguintes motivos, por exemplo:

a) a família e a religião são os únicos fenômenos sociais encontráveis em todos os tempos e em todas as culturas;[160]

b) na sociedade, em que se respeita a dignidade e a condição humana, devem conviver, conjunta e harmoniosamente, a democracia, a liberdade, a hermenêutica, a filosofia, o fato, a realidade, a lei, a norma, a doutrina, a jurisprudência, o ser humano, a família, o Estado, o Direito, a genética, a afetividade e a ontologia;

c) ao referir que a família é a *norma primitiva da sociedade*, Rousseau quis dizer que, embora a família tenha origem no primevo, o texto não pode ser compreendido em sua textitude, mas, sim, deixando acontecer a norma, o sentido do direito de família, que somente ocorre nos eventos tridimensionais e com a incidência da tradição histórica da família. Não importa se a tridimensionalidade humana está ou não normatizada, porque a realidade da vida está incorporada no Direito, sendo um conceito hermenêutico, que é fato, é o modo de ser-no-mundo-genético, de ser-no-mundo-(des)afetivo e de ser-no-mundo-ontológico, tendo em vista que a República está hasteada em um Estado Constitucional, no qual se impõe não apenas a lei, mas o Direito incorporado na Constituição do País.

O Poder Judiciário, ao não incorporar a tridimensionalidade do direito de família, está reproduzindo a vontade do legislador, desempenhando a função de mero declarador e aplicador da lei, agindo como se fosse um subordinado, um servidor público que deve fazer tão-só o que o legislador manda (compreender o texto do direito de família apenas pelo mundo genético normatizado). Esquece, com isso, que é um poder jurídico e político independente e harmônico dos demais Poderes da República. É surpreendente, diz Baptista da Silva, que parte do Poder Judiciário ainda se apegue ao passado, permanecendo inerte diante dos reclamos – anseios – da sociedade, já que o mundo ocidental não se encontra mais na Idade Média, que se tornou laica (e não mais sacra), democrática, hermenêutica (e não mais totalitária) e globalizada (e não mais local).

Além disso, não se cuida de um Judiciário como mero órgão, apêndice, servo da lei e dos Poderes Legislativo e Executivo, e sim de um Poder da República, independente, harmônico, pelo que é manifestamente antidemocrático seguir a dogmática jurídica, forjada, há vários séculos, por um Estado Absolutista. Numa só palavra, a cega obediência às ordens do legislador (da lei) é conduta que despe o Poder Judiciário de sua

[159] ROUSSEAU, Jean-Jacques. *Do Contrato Social.* Traduzido por Pietro Nassetti. São Paulo: Martin Claret, 2002, p. 24.

[160] ÁVILA, Fernando Bastos de. *Introdução à Sociologia.* 8.ed. Rio de Janeiro: Agir, 1996, p. 220.

independência, de sua condição de igualdade perante os demais Poderes da República, com grave ofensa ao princípio da separação de poderes.

Concordo com a noção[161] de que nem tudo são críticas ao Judiciário, sobrando elogios em favor da Magistratura brasileira, que "sempre caminhou à frente do legislador, recolhendo do seio da sociedade as demandas que dela emergem e que se cristalizam em valores, normas, instituições e metas coletivas e individuais". Defendo o avanço maior na senda da jurisdição constitucional, com menos regras e mais princípios, na medida em que o Estado Laico, Democrático e Social de Direito (Estado Constitucional) tem esse *plus* constitucional de compreender o Direito *com vinculação social*. Com isso, as promessas da modernidade, como os direitos e as garantias fundamentais, principalmente da genética, da afetividade e da ontologia, podem ser integralmente cumpridos, já que essa espécie de Estado incorpora, ao mesmo tempo, as funções do direito, da democracia, da hermenêutica, da laicização e da inclusão social.

O racionalismo reside também no Direito processual, em que é sustentado que o princípio da liberdade de apreciar a prova existente nos autos está restrito aos "critérios da lógica, assim como da razão e da experiência".[162] Merryman[163] adverte que "el ideal de la certeza en el derecho se vuelve inalcanzable en vista de la incertidumbre existente de hecho, cuando la determinación de los derechos de las partes debe esperar con frecuencia los resultados del litigio".

Quanto aos recursos,[164] recordo que a proibição do exame jurídico em concreto no recurso especial (verbete nº 07 da súmula do STJ)[165] ainda é resquício do Tribunal de Cassação, da França, que, em sua primeira fase, era autorizado a esclarecer as dúvidas dos juízes, que não permaneciam vinculados à resposta dada pelo Tribunal Administrativo, mais tarde transformado em Tribunal Judicial. Quer dizer, o Superior Tribunal de Justiça, ao não admitir recurso especial para reexaminar os fatos da vida real (a genética, a afetividade e a ontologia), comporta-se, em tese, como o antigo Tribunal Administrativo, vinculado ao legislador, idêntico à primeira fase do Tribunal de Cassação. Limitado a esclarecer as dúvidas da lei (reexamina somente questões de Direito), não está a exercer a função de um Tribunal eminentemente Judicial, órgão do Poder Judiciário, o que causa grave ofensa ao princípio da separação de poderes e do devido processo legal.

Não se está a postular o aumento de recursos aos tribunais superiores, porque a indústria recursal precisa ser restringida, mas não mediante o corte vertical entre o fato e o Direito, como o faz a dogmática jurídica, e sim por outros instrumentos jurídicos (infra)constitucionais.

---

[161] FILIPPI, Rejane. Recasamentos. In: *Casamento, uma escuta além do Judiciário*. Ivone M. C. Coelho de Souza (org.).Florianópolis: VoxLegem, 2006, p. 449.

[162] CHIOVENDA, Giuseppe. *Instituições de Direito Processual Civil*. 2.ed. Traduzido por Paolo Capitanio. São Paulo: Bookseller, 2000, p. 110. Volume II.

[163] MERRYMAN, John Henry. *La tradición juridical romano-canônica*. Traduzido por Eduardo L. Suárez. México: Fondo de C. Econômica, 2004, p. 87 e 166.

[164] BAPTISTA DA SILVA, Ovídio Araújo. *Processo e Ideologia*. Rio de Janeiro: Forense, 2004, p. 28 e 243. Na comunidade jurídica há uniformidade quanto ao fato de os recursos serem os principais responsáveis pela morosidade do Judiciário, mas, por incrível que pareça, ninguém está disposto a modificá-los.

[165] Verbete nº 07 da súmula do Superior Tribunal de Justiça: "A pretensão de simples reexame de prova não enseja recurso especial".

Quanto à questão de fato e de Direito, impedindo que as instâncias superiores examinem as provas, matéria destinada com exclusividade aos juízes de primeira e de segunda instância, Baptista da Silva tem dito que, ao inverso do que está sumulado pelo Superior Tribunal de Justiça (verbete nº 07), cabe sim àquela Corte de Justiça examinar os fatos, como forma de garantir a adequada aplicação da lei, decorrente do princípio do devido processo legal, e "o controle dos erros de fato, na apreciação da prova, seja, neste caso, pela ilogicidade dos fundamentos aceitos pelas sentenças; seja pela 'incompletude' da análise da prova, determinante de erro na aplicação do direito".[166] Isso ocorre porque a separação entre questão de fato e questão de Direito "foi uma ambição das filosofias modernas, estando ligada, sem dúvida, à concepção do Direito como uma prescrição normativa".[167]

O direito de família sempre fomentou o mundo dos seres vivos em geral, o mundo dos instintos, compreendendo parte do mundo genético, só que nesse mundo não estão incluídos o afeto e a ontologia, que podem ser compreendidos nos mundos *Mitwelt* (afetivo) e *Eigenwelt* (ontológico), que transformam o ser vivo em ser humano. O mundo genético não absorve automaticamente os mundos afetivo e ontológico; o mundo afetivo não engloba os mundos genético e ontológico; e o mundo ontológico, por sua vez, não acolhe os mundos genético e afetivo, porque o ser humano, para ser cuidado como humano, e não como coisa, deve ser compreendido, *ao mesmo tempo*, por esses três mundos, os quais são interligados, inter-relacionados, condicionando-se, simultaneamente, uns aos outros.[168]

A normatização do mundo genético é uma compreensão *parcial* (menos de 1/3) do direito de família, efetivada de forma preconceituosa, uma vez que se os mundos afetivo e ontológico não podem ser compreendidos dentro do mundo biológico, falta ao legislador e à comunidade jurídica o senso de razoabilidade, de proporcionalidade, de realidade, de responsabilidade constitucional, social e humana na compreensão da família, que pode ser efetivada pela hermenêutica filosófica, no sentido de dizer "não aos 'pré-conceitos', aos 'pré-juízos', aos fatos e às idéias da experiência cotidiana, ao que 'todo mundo diz e pensa', ao estabelecido", colocando "entre parênteses nossas crenças para poder interrogar quais são as causas e qual é seu sentido",[169] para que se possa levar a cabo, "na práxis vital de cada um, aquilo que existe, e não o que gostaríamos que existisse".[170]

Com razão Rollo May, ao advertir que "é um erro crasso a crença ingênua de que os fatos podem ser melhor observados se toda preocupação com assuntos filosóficos for evitada", uma vez que a ontologia serve para afastar o totalitarismo da razão, apontando a "fenda entre o que é *abstratamente verdadeiro* e o que é *existencialmente real*". O autor lembra que o esquecimento do mundo afetivo (*Mitwelt*) faz com que o ser huma-

[166] BAPTISTA DA SILVA, Ovídio A. Fundamentação das Sentenças como Garantia Constitucional. In: *Direito, Estado e Democracia: entre a (in)efetividade e o imaginário social.* Porto Alegre: Instituto de Hermenêutica Jurídica, v. 1, n. 4, p. 348. 2006.

[167] BAPTISTA DA SILVA, Ovídio A. Fundamentação das Sentenças como Garantia Constitucional. In: *Direito, Estado e Democracia: entre a (in)efetividade e o imaginário social.* Porto Alegre: Instituto de Hermenêutica Jurídica, v. 1, n. 4, p. 348-349. 2006.

[168] MAY, Rollo. *A descoberta do ser.* 4.ed. Traduzido por Cláudio G. Somogyi. Rio de Janeiro: Rocco, 2000, p. 141 a 145.

[169] CHAUÍ, Marilena. *Convite à filosofia.* 13.ed. São Paulo: Ática, 2004, p. 18.

[170] BAPTISTA DA SILVA, Ovídio Araújo. Verdade e significado. In: *Constituição, sistemas sociais e hermenêutica: programa de pós-graduação em Direito da UNISINOS: mestrado e doutorado.* Leonel Severo Rocha; Lenio Luiz Streck (Organizadores). Porto Alegre: Livraria do Advogado, 2005, p. 269-270.

no conviva no mundo instintivo (*Umwelt*), e que o afastamento do mundo ontológico (*Eigenwelt*) "contribui não somente para uma aridez intelectual e perda da vitalidade, como, também, obviamente, tem muito a ver com o fato de que as pessoas modernas sejam propensas à perda do senso de realidade em suas experiências".[171]

O afastamento da linguagem tridimensional no direito de família é um preconceito inautêntico, impuro, porque a compreensão do ser humano não é formatada tão somente pela parte genética normatizada, deixando de fora a realidade, a totalidade das três dimensões existenciais de ser-no-mundo. Não é sem razão que Gadamer[172] utiliza palavras contundentes contra os defensores da dogmática jurídica, ao asseverar que "o que a lei prescreve, o que é caso da lei, esta só determina univocamente na cabeça de perigosíssimos formalistas. Aplicar o Direito significa pensar conjuntamente o caso e a lei de maneira tal, que o Direito propriamente dito se concretize". É por isso, conclui o autor, que o sentido de uma norma "só pode ser justificado e determinado realmente, na concretização, e através dela".

Todas as questões de direito de família sobre a genética, a afetividade e a ontologia são questões de fato e de direito, comportando os recursos especial e extraordinário, na medida em que "a lei é sempre deficiente, não em si mesma, mas porque, diante do ordenamento a que se destinam as leis, a realidade humana é sempre deficiente e não permite uma aplicação simples das mesmas".[173] Assim, a norma é individual: o legislador faz o texto, mas o intérprete faz a norma.[174] A hermenêutica filosófica evita que as questões sejam resolvidas de forma abstrata e que a realidade escorra pelos dedos diante de nossos olhos,[175] sendo por isso que, na dogmática jurídica, *sempre sobra a realidade!*, a qual, no direito de família, não se deduz matemática e abstratamente, e sim compreendida pela linguagem tridimensional.

Anota Streck[176] que é impossível continuar sustentando as serôdias dicotomias metafísicas, porque o texto não é a norma, porquanto é no sentido do texto que está a norma; o texto é fato, fato é texto; o texto é evento, evento é texto; na lei está uma parcela do Direito; não é na vigência, e sim na validade constitucional do texto que se vislumbra o Direito; questão de fato é questão de direito e questão de direito é questão de fato, isso porque hermenêutica é filosofia, e filosofia é hermenêutica, é faticidade, é acontecimento, é evento, é momento, é episódio da vida, uma vez que existir é sempre um fato,[177] pelo que genética, afetividade e ontologia serão possíveis como fenomenologia,[178] significando

---

[171] MAY, Rollo. *A Descoberta do Ser: estudos sobre a psicologia existencial*. Traduzido por: Cláudio G. Somogyi. 4.ed. Rio de Janeiro: Rocco, 2000, p. 142.

[172] GADAMER, Hans-Georg. *A razão na época da ciência*. Traduzido por Ângela Dias. Rio de Janeiro: Tempo Brasileiro, 1983, p. 51-2.

[173] GADAMER, Hans-Georg. *Verdade e Método I*. 6.ed. Traduzido por Flávio Paulo Meurer. Petrópolis: Vozes, 2004, p. 419.

[174] STRECK, Lenio Luiz. *Verdade e Consenso*. Rio de Janeiro: Lumen Juris, 2006, p. 252.

[175] MAY, Rollo. *A descoberta do ser*. 4.ed. Traduzido por Cláudio G. Somogyi. Rio de Janeiro: Rocco, 2000, p. 48, 52, 55, 78 e 142.

[176] STRECK. Lenio Luiz. *Dicionário de Filosofia do Direito*. Vicente de Paulo Barreto (Coordenador). Rio de Janeiro: Lumen Juris, 2006, p. 429.

[177] HEIDEGGER, Martin. *Ser e Tempo*. 14.ed. Traduzido por Márcia Sá Cavalcante Schuback. Petrópolis: Vozes, 2005. Parte I, p. 66 e 257.

[178] HEIDEGGER, Martin. *Ser e Tempo*. 14.ed. Traduzido por Márcia Sá Cavalcante Schuback. Petrópolis: Vozes, 2005. Parte I, p. 57. "A expressão 'fenomenologia' diz, antes de tudo, um *conceito de método*. Não caracteriza a qüididade real dos objetos da investigação filosófica, mas o seu modo, *como* eles o são. A pa-

que o conceito dogmático da normatização genética encobre a condição humana tridimensional, genética, (des)afetiva e ontológica.

7. A matriz teórica hermenêutica

Continuando com o exame das matrizes do Direito, passo a examinar a hermenêutica filosófica, de Hans-Georg Gadamer, e a hermenêutica fenomenológica, de Martin Heidegger.

Na mitologia grega, quem transmitia, anunciava e interpretava as mensagens dos deuses aos mortais era conhecido como Hermes,[179] daí a associação da função exercida por esse deus com a expressão hermenêutica, que não é tão só a arte de interpretar,[180] mas, principalmente, de levar uma mensagem, de manter um diálogo permanente, de afastar o segredo.

É com o Movimento Iluminista, decorrente do chamado renascimento, que ocorreu a emancipação do ser humano (humanismo), que estava ligada à razão que, por sua vez, acabou por suplantar a lógica grega e a teologia da Idade Média. Contrapondo-se ao racionalismo e, especialmente, ao caráter da verdade absoluta, começa a tomar forma a hermenêutica,[181] rompendo com padrões estáticos e fechados e compreendendo as coisas que estão no mundo a partir do universo humano, da realidade existencial.[182]

Ao longo da modernidade, como movimento crítico ao (neo)positivismo, a hermenêutica foi estudada pelos mais diversos filósofos, surgindo diferentes pontos de vistas.[183] Por exemplo, a teoria hermenêutica, em fins do século XIX, foi elaborada, entre outros,[184] por Wilhelm Dilthey e Emilio Betti, que objetivavam "estabelecer em moldes rigorosos as condições da possibilidade do conhecimento histórico-cultural, enfatizando a peculiaridade interpretativa desse campo de conhecimento e o papel metodológico fundante da compreensão".[185]

Por outro lado, difundida no século XX, a partir dos avanços da fenomenologia de Edmund Husserl e de Heidegger, a hermenêutica filosófica, de Gadamer, "afirma que o cientista social, ou intérprete, e o objeto estão ligados por um contexto de tradição,

lavra 'fenomenologia' exprime uma máxima que se pode formular na expressão: 'às coisas em si mesmas!' – por oposição às construções soltas no ar, às descobertas acidentais, à admissão de conceitos só aparentemente verificados, por oposição às pseudoquestões que se apresentam, muitas vezes, como 'problemas', ao longo de muitas gerações".

[179] BLEICHER, Josef. *Hermenêutica Contemporânea.* Traduzido por Maria Georgina Segurado. Lisboa: Edições 70, 2002, p. 23.

[180] HOUAISS,Antonio; VILLAR, Mauro de Salles. *Dicionario Houaiss de Língua Portuguesa.* Rio de Janeiro: Objetiva, 2001, p. 1519.

[181] CAMARGO, Margarida Maria Lacombe, *Hermenêutica e Argumentação: uma contribuição ao estudo do Direito.* 2.ed. Rio de Janeiro: Renovar, 2001, p. 29.

[182] STEIN, Ernildo. *Aproximações sobre hermenêutica.* 2.ed. Porto Alegre: EDIPUCRS, 2004, p. 39 a 44.

[183] BLEICHER, Josef. *Hermenêutica Contemporânea.* Traduzido por Maria Georgina Segurado. Lisboa: Edições 70, 2002, p. 13.

[184] BLEICHER, Josef. *Hermenêutica Contemporânea.* Traduzido por Maria Georgina Segurado. Lisboa: Edições 70, 2002, p. 29.

[185] COSTA, Jean Carlo de Carvalho. Hans-Georg Gadamer: notas introdutórias à hermenêutica filosófica contemporânea. In: *Fragmentos de Cultura.* Goiânia: Universidade Católica de Goiás, v.14, n. 5, 2004, p. 898.

o que implica a existência prévia de uma compreensão do seu objeto quando o aborda, sendo, por isso, incapaz de começar com um espírito neutro".[186] O autor quer dizer que o intérprete não é um livro em branco, não partindo de um grau zero, de um ponto cego, de compreensão ou de atribuição de sentido, à medida que "a linguagem, como a história, possuem um 'peso', uma força que nos conduz ou arrasta".[187] Isso significa que "o tempo não é um obstáculo para compreender o passado, e sim o âmbito onde tem lugar a autêntica compreensão, à medida que, quando ausentes o tempo e a tradição, falta a chave da compreensão![188]

Enquanto a obra "Ser e Tempo", de Martin Heidegger,[189] fornece uma prévia do seu tema central – "tomar aquilo que 'é' por uma presença constante e consistente, considerado em sua generalidade, é resvalar em direção à metafísica" – , Gadamer publica o livro "Verdade e Método", substituindo os velhos e surrados métodos da razão Iluminista pela verdade contra o método, mediante a compreensão universal da hermenêutica filosófica, pela fusão de horizontes, pelo círculo hermenêutico, pela suspensão dos preconceitos puros e impuros e pela tradição, tudo isso mediante a linguagem.

A hermenêutica filosófica levou para a seara jurídica a importância da enunciação, e não (só) do enunciado, abandonando o pensamento unívoco da lei, para compreender o texto "na práxis vital de cada um, aquilo que existe, e não o que gostaríamos que existisse".[190] Embora há quem afirme que a hermenêutica filosófica é uma derivação crítica da filosofia analítica,[191] ela, na verdade, não é uma teoria do Direito, e sim *uma teoria filosófica no Direito*, propondo ao intérprete uma atitude ativa – *produção do Direito* – e não passiva – *reprodução do Direito* –, como ocorre nas demais teorias, minimizando os estigmas (exegese/silogismo/neutralidade) impostos pelo (neo)positivismo jurídico.

A partir daí, afastou-se a dicotomia entre texto e norma, lei e Direito, fato e Direito, considerando o contexto social, a tradição histórica, o círculo hermenêutico à compreensão do texto do direito de família, que saltou de um comportamento, de um agir humano, de uma fundamentação para um modo, um jeito, uma condição de ser-no-mundo humano tridimensional, genético, (des)afetivo e ontológico.

O choque hermenêutico familiar pode ser compreendido nos seguintes termos: o que era norma, é texto, ser humano, família, que será extraída pelo sentido do texto; o que era meramente declarado pela lei, agora é compreendido hermeneuticamente; o que era enunciado, passou a ser enunciação; o que era fechado, transformou-se em aberto; o que era divino, profanou-se; o que era absoluto, relativizou-se; o que era certeza sólida, tornou-se certeza líquida; o que era tirano, democratizou-se; o que era local, universalizou-se. Enfim, a norma posta já não pode ser aplicada com base na suposta vontade

---

[186] BLEICHER, Josef. *Hermenêutica Contemporânea*. Traduzido por Maria Georgina Segurado. Lisboa: Edições 70, 2002, p. 15.

[187] ROHDEN, Luiz. Hermenêutica e Linguagem. In: *Hermenêutica filosófica nas trilhas de Hans-Georg Gadamer*. Custódio Almeida, Hans-Georg Flickinger e Luiz Rohden (Organizadores), Porto Alegre: Edipucrs, 2000, p. 151 e seguintes.

[188] STRECK, Lenio Luiz. *Hermenêutica Jurídica e(m) Crise*. 5.ed. Porto Alegre: Livraria do Advogado, 2004, p. 206.

[189] STRECK, Lenio Luiz. In: *manifestação no processo-crime nº 70001588300*. 5ª Câmara Criminal do Tribunal de Justiça do Rio Grande do Sul. 01.11.2000. Relator: Amilton Bueno e Carvalho.

[190] BAPTISTA DA SILVA, Ovídio Araújo. Verdade e significado. In: *Constituição, sistemas sociais e hermenêutica: programa de pós-graduação em Direito da UNISINOS: mestrado e doutorado*. Leonel Severo Rocha; Lenio Luiz Streck (Organizadores). Porto Alegre: Livraria do Advogado, 2005, p. 269-270.

[191] ROCHA, Leonel Severo. *Epistemologia Jurídica e Democracia*. 2.ed. São Leopoldo: Unisinos, 2003, p. 98.

do legislador, ou no sentido literal da lei, sendo preciso a *produção de sentido ao texto*, com base na compreensão do contexto da tradição histórica, na circularidade hermenêutica, por meio da linguagem.

Mais do que declarar o sentido literal do texto ou a suposta vontade do legislador/intérprete, a contar da matriz hermenêutica passa a ser encorajado a compreender o texto legal a partir de horizontes de sentidos. Em outras palavras, o intérprete, ante o texto e ao caso concreto, torna-se hermeneuta, devendo, numa circularidade,[192] reconhecer e suspender os seus pré-conceitos, para que possa compreender a si mesmo e, consequentemente, o texto do direito de família. Compreendido o sentido da existência, o intérprete parte para a atualização do texto e, para isso, embarca na tradição histórica, na fusão de horizontes (entre o passado e o presente), no círculo hermenêutico (da parte ao todo e do todo à parte), podendo então descobrir o sentido do texto (a norma), e assim dar-lhe (novo) sentido,[193] porquanto "não podemos compreender nada sem compreender a totalidade".[194]

Na sociedade constitucional continua a existir o que Herbert Hart – defensor da hermenêutica crítica para justificar o positivismo – denominou zona de textura aberta,[195] uma vez que, mesmo existindo a possibilidade de se fazer uma interpretação hermenêutica, a comunidade jurídica se nega a compreender a passagem da norma para a linguagem real.[196] E isso decorre dos anos de neutralidade (o mais perigoso dos preconceitos), de omissão, de subordinação, de crença na soberania legislativa, como se o legislador tivesse (tenha) a possibilidade de prever todos os eventos sociais que precisam passar do mundo do ser para o prescritivo mundo do dever-ser. Aliás, o próprio Hart, mesmo aceitando a interpretação da norma posta, não abandonou a maneira analítica do pensamento positivista,[197] porque, ao afirmar que é o Direito que possui uma zona de textura aberta, continuou a confundir texto normativo com Direito.

Dentre as vertentes hermenêuticas, encontra-se a fenomenologia, de Martin Heidegger,[198] cujo pensamento teve continuação pela hermenêutica filosófica, de Gadamer, em que a hermenêutica deixa seu viés normativo, passando a ser filosofia, e a filosofia transforma-se em hermenêutica. No Brasil, a hermenêutica filosófica e fenomenológica tem em Stein e Streck seus maiores expoentes,[199] os quais têm dito que a hermenêutica filosófica tem-se pautado

> como revisão crítica dos temas centrais transmitidos pela tradição filosófica através da linguagem como destruição e revolvimento do chão lingüístico da metafísica ocidental, mediante o qual é pos-

[192] STEIN, Ernildo. *Aproximações sobre hermenêutica*. 2.ed. Porto Alegre: EDIPUCRS, 2004, p. 61-62.

[193] STRECK, Lenio Luiz. *Hermenêutica Jurídica e(m) Crise: uma exploração hermenêutica da construção do Direito*. 5.ed. Porto Alegre: Livraria do Advogado, 2004, p. 214.

[194] STEIN, Ernildo. *Aproximações sobre hermenêutica*. 2.ed. Porto Alegre: EDIPUCRS, 2004, p. 61-62.

[195] ROCHA, Leonel Severo et al. *Introdução à Teoria do Sistema Autopoiético do Direito*. Porto Alegre: Livraria do Advogado, 2005, p. 24.

[196] FERRAZ JÚNIOR, Tércio Sampaio. *Introdução ao Estudo do Direito: técnica, decisão, dominação*. 4.ed. São Paulo: Atlas, 2003, p. 279.

[197] HABERMAS, Jürgen. *Direito e Democracia: entre facticidade e validade*. Traduzido por Flávio Beno Siebeneichler. Rio de Janeiro: Tempo Brasileiro, 1997, p. 250. Vol. I.

[198] STRECK, Lenio Luiz. *Hermenêutica Jurídica e(m) Crise: uma exploração hermenêutica da construção do Direito*. 5.ed. Porto Alegre: Livraria do Advogado, 2004, p. 190.

[199] STEIN, Arnildo. *A questão do método na filosofia. Um estudo do modelo heideggeriano*. Porto Alegre: Movimento, 1983, p. 100 e 101.

sível descobrir um indisfarçável projeto de *analítica da linguagem, numa imediata proximidade com a práxis humana, como existência e faticidade*, onde a linguagem – o sentido, a denotação – não é analisada num sistema fechado de referências, mas, sim, no plano da historicidade. Enquanto baseado no método hermenêutico-lingüístico, o texto procura *não se desligar da existência concreta*, nem da carga pré-ontológica que na existência já vem sempre antecipada.

No direito de família, a hermenêutica filosófica procura não se desligar da existência concreta e nem das cargas pré-genética, pré-(des)afetiva e pré-ontológica, que na existência já vêm sempre antecipadas, afastando-se da inflexibilidade da normatização, para compreender a família pela jurisdição constitucional, em sua condição humana tridimensional.

7.1. A compreensão do direito de família pela hermenêutica filosófica

Nos dois capítulos anteriores, foram vistos os três mundos do ser humano, que estão inter-relacionados, condicionando-se uns aos outros, em que o ser humano convive e compartilha, simultaneamente, nos mundos *Umwelt* (genético), *Mitwelt* (afetivo) e *Eigenwelt* (ontológico), mundos diferentes, mas, ao mesmo tempo, modos de ser-no-mundo-genético, de ser-no-mundo-(des)afetivo e de ser-no-mundo-ontológico.

O mundo ontológico (*Eigenwelt*), segundo May,[200]

> pressupõe autoconsciência (ou percepção de si mesmo), auto-relacionamento, e está presente unicamente nos seres humanos. Não se trata, no entanto, de uma experiência meramente subjetiva, interior; ao contrário, é a base na qual vemos o mundo real em sua perspectiva verdadeira, a base sobre a qual nos relacionamos. É a percepção do que uma coisa qualquer no mundo – esse buquê de flores, aquela outra pessoa – significa para *mim*. Isso quer dizer que, quando digo "essa flor é linda", significa que "*para mim* esta flor é linda". Nossa dicotomia ocidental entre sujeito e objeto nos levou, em contraste, a assumir que dissemos o mais importante ao afirmar que a flor é linda inteiramente separada de nós, como se a afirmação fosse mais verdadeira em proporção à insignificância do que nós tenhamos a ver com o fato! Essa atitude de deixar o *Eigenwelt* contribui não somente para uma aridez intelectual e perda da vitalidade, como também, obviamente, tem muito a ver com o fato de que as pessoas modernas sejam propensas à perda do senso de realidade em suas experiências.

No mundo ontológico não há espaço à objetificação, à coisificação do texto do direito de família, nem à verdade absoluta, à subjetividade, à compreensão da lei em sentido unívoco, meramente histórico, porque, como alerta Gadamer,

> uma lei não quer ser entendida historicamente. A interpretação deve concretizá-la em sua validez jurídica. Da mesma forma, o texto de uma mensagem religiosa não quer ser compreendido como mero documento histórico, mas deve ser compreendido de forma a poder exercer seu efeito redentor. Em ambos os casos isso implica que, se quisermos compreender adequadamente o texto – lei ou mensagem de salvação –, isto é, compreendê-lo de acordo com as pretensões que o mesmo apresenta, devemos compreendê-lo a cada instante, ou seja, compreendê-lo em cada situação concreta de uma maneira nova e distinta. Aqui, compreender é sempre também aplicar.[201]

Enquanto a matriz analítica isolou e aprisionou o Direito à norma posta, a matriz hermenêutica abordou a historicidade, a fenomenologia, a linguagem, a singularidade, a universalidade, a realidade genética, (des)afetiva e ontológica, propondo um novo

[200] MAY, Rollo. *A Descoberta do Ser: estudos sobre a psicologia existencial*. Traduzido por: Cláudio G. Somogyi. 4.ed. Rio de Janeiro: Rocco, 2000, p. 139 a 141.

[201] GADAMER, Hans-Georg. *Verdade e Método I*. 6.ed. Petrópolis: Vozes, 2004, p. 408.

sentido à existência humana, combinando legalidade e realidade, exigindo do intérprete não uma mera análise sintática do texto normativo, mas a compreensão do texto a partir da circularidade, da fusão de horizontes, da suspensão dos preconceitos e do encontro com a tradição do direito de família.

A secularização do texto, do Estado, do Direito, do ser humano, da família, afastou o conhecimento de atemporalidade, possibilitando a sua (re)condução ao reino da extinção da verdade absoluta, única e sagrada, uma vez que a história não significa tão-só sucessão de fatos, e sim condição de possibilidade de compreender a relação do homem com os contextos que cria, e que o recriam, nascendo, desse modo, a hermenêutica, a filosofia, propiciando a dúvida e o reexame.[202]

Por harmonizar tudo o que até então havia sido justificado de forma absoluta pela razão iluminista, a hermenêutica filosófica, abalando a tão festejada segurança jurídica, foi muito criticada pelos reprodutores do dogmatismo jurídico, mas, afastando as críticas e as taxações de relativismo, a hermenêutica filosófica se apresenta como contraponto à razão iluminista, à medida que, diversamente do racionalismo, não estabelece o que o ser humano tem que ser, mas como o ser humano é, a sua realidade, o ser, e não o dever-ser, enfim, aquilo que existe, e não o que gostaríamos que existisse no ser humano.[203]

A hermenêutica filosófica mergulhou na linguagem histórico-existencial, passando a compreender a família a partir de sua existência tridimensional, genética, (des)afetiva e ontológica, buscando, em cada questão, uma solução hermeneuticamente adequada, aceitável, razoável, ponderável. Isso mediante a fenomenologia existencial circundante, na qual são purificados os preconceitos puros e impuros, dentro de uma espiral hermenêutica, uma tradição e uma fusão de horizontes entre passado e presente, de maneira que a linguagem se adapte ao contexto existencial do ser humano.

Com a compreensão do direito de família pela hermenêutica filosófica, há necessidade de serem examinadas várias questiúnculas, entre as quais: a hermenêutica filosófica e a acusação de ser relativista; a linguagem como condição de ser-no-mundo; o alcance universal do método fenomenológico; a (pré)compreensão dos preconceitos, do círculo hermenêutico, da fusão de horizontes e da compreensão da tradição histórica texto do direito de família.

7.2. A acusação de a hermenêutica filosófica ser relativista

A dogmática jurídica encontra-se em profunda e irreversível crise paradigmática, tendo em vista que se sustenta pelo prisma da relação entre sujeito-objeto, da razão, da verdade absoluta, da subjetividade, da compreensão da lei como Direito e, em decorrência, da equiparação do texto e norma. Quer dizer, independentemente das tendências/posições defendidas, o fato é que a teoria jurídica dominante (dogmática jurídica) perdeu credibilidade, uma vez que o sentido do texto passou a ser compreendido como dependente do contexto social.[204]

---

[202] SALDANHA, Nelson. *Secularização e Democracia*. Rio de Janeiro: Renovar, 2003, p. 189 e 193.

[203] BAPTISTA DA SILVA, Ovídio Araújo. Verdade e significado. In: *Constituição, sistemas sociais e hermenêutica: programa de pós-graduação em Direito da UNISINOS: mestrado e doutorado*. Leonel Severo Rocha; Lenio Luiz Streck (Organizadores). Porto Alegre: Livraria do Advogado, 2005, p. 269-270.

[204] ROCHA, Leonel Severo et al. *Introdução à Teoria do Sistema Autopoiético do Direito*. Porto Alegre: Livraria do Advogado, 2005, p. 22.

A filosofia da consciência apega-se na relação sujeito-objeto, em que a opinião dominante é a de que interpretar é descobrir o sentido, o alcance, o significado da norma, é explicar, esclarecer e dar o significado ao vocábulo, enfim, extrair da norma tudo o que nela se contém.[205]

Por isso, Gadamer vai dizer que "a lente da subjetividade é um espelho deformante", à medida que é tida como "dominadora" de sua situação, no sentido de que ela, ao pretender manter seu autodomínio, "somente poderá fazê-lo pagando o preço de deixar de fora de sua abordagem objetiva uma série de experiências capazes de modificar a sua própria auto-imagem",[206] significando que "o primado da autoconsciência é o primado do método",[207] o supremo momento da subjetividade[208].

A hermenêutica filosófica[209] não é metódica, e sim experiência de vida,[210] existência, um acontecer, um evento, um episódio da vida, em que o processo de interpretação tem como condição de possibilidade a compreensão, cujo sentido vem antecipado pela pré-compreensão que, por sua vez, "é pré-figurada por uma tradição determinada em que vive o intérprete e que modela os seus pré-juízos",[211] em que as relações passam a ocorrer entre sujeito e sujeito (entre humanos), sendo a linguagem a condição de possibilidade de uma visão da totalidade do mundo.[212]

Uma inquietante provocação é promovida por Gadamer, no sentido de assegurar que a verdade não é localizada por um método, porque a verdade é contra o método, propondo-se a demonstrar que não é por meio do método (adotado pela dogmática jurídica) que se alcança a verdade.[213] Em outra passagem, o autor[214] faz uma descrição do que significa um método, nos seguintes termos:

> Em sentido moderno, o método, apesar de toda a variedade apresentada nas diversas ciências, é um conceito unitário. O ideal de conhecimento pautado pelo conceito de método consiste em se poder trilhar um caminho cognitivo de maneira tão consciente que se torna possível refazê-lo sempre. *Methodos* significa "caminho de seguimento". Metódico é poder-seguir sempre de novo o

---

[205] STRECK, Lenio Luiz. Hermenêutica (jurídica): compreendemos porque interpretamos ou interpretamos porque compreendemos? Uma resposta a partir do Ontological Turn. In: *Anuário do programa de pós-graduação em direito*. São Leopoldo: UNISINOS, 2003, p. 225.

[206] TESTA, Edimarcio. *Hermenêutica filosófica e história*. Passo Fundo: UPF, 2004, p. 55.

[207] GADADER, Hans-Georg. *Elogio da Teoria*. Traduzido por João Tiago Proença. Lisboa, Portugal: Edições 70, Ltda., 1983, p. 21.

[208] STRECK, Lenio Luiz. Súmulas vinculantes: em busca de algumas projeções hermenêuticas. In: *Jurisdição e direitos fundamentais. Anuário 2004/2005 da Escola Superior da Magistratura do Rio Grande do Sul*. Ingo Wolfgang Sarlet (Organizador). Porto Alegre: Livraria do Advogado, 2005. Volume I. Tomo I, p. 108.

[209] BUZZI, Arcângelo R. *Introdução ao pensar*. 31.ed. Rio de Janeiro: Vozes, 2004, p. 147.

[210] GADAMER, Hans-Georg. *Verdade e Método I*. 6. ed. Traduzido por Flávio Paulo Meurer. Petrópolis: Vozes, 2004, p. 466-467. "A experiência ensina a reconhecer o que é real".

[211] STRECK, Lenio Luiz. A hermenêutica e o acontecer (*ereignen*) da Constituição: a tarefa de uma nova crítica do direito. In: *Anuário do programa de pós-graduação em Direito*. São Leopoldo: Unisinos, 2000, p. 108, rodapé. HEIDEGGER, Martin. *Ser e Tempo*. 14.ed. Traduzido por Márcia Sá Cavalcante Schuback. Petrópolis: Vozes, 2005. Parte I, p. 208 e 211.

[212] STRECK, Lenio Luiz. *Hermenêutica Jurídica e(m) Crise*. 5.ed. Porto Alegre: Livraria do Advogado, 2004, p. 141.

[213] LIXA, Ivone Fernandes Morcilo. *Hermenêutica e Direito: uma possibilidade crítica*. Op. cit, p. 14 e 177.

[214] GADAMER, Hans-Georg. *Verdade e Método II*. 2.ed. Traduzido por Enio Paulo Giachini. Petrópolis: Vozes, 2004, p. 61-62.

caminho já trilhado e é isto o que caracteriza o proceder da ciência. Justamente por isso faz-se necessário estabelecer logo uma restrição daquilo que pode resultar desta pretensão à verdade. Se a verdade (*veritas*) só se dá pela possibilidade de verificação – seja como for –, então, o parâmetro que mede o conhecimento não é mais sua verdade, mas sua certeza. Por isso, desde a formulação clássica dos princípios da certeza de Descartes, o verdadeiro *ethos* da ciência moderna passou a ser o fato de que só admite como condição satisfatória de verdade aquilo que satisfaz o ideal de certeza.

A humanidade tornou-se líquida,[215] significando que toda solidez é desmanchada no ar, e todo sagrado, profanado,[216] pelo que a dogmática jurídica está na iminência de desmanchar-se no ar, porque seu método é limitado, individualista e antidemocrático, não acompanhando a atual complexidade social, em que a modernidade sólida (pesada) transformou-se em modernidade líquida (leve), *infinitamente mais dinâmica*.[217]

Não é sem motivo que Streck[218] denuncia que "o paradigma (modelo/modo de produção de Direito) liberal-individualista está esgotado. O crescimento dos direitos transindividuais e a crescente complexidade social (re)clamam novas posturas dos operadores jurídicos". Isso quer dizer que o intérprete está inserido na história efetual, como diz Gadamer, que se rompe "com a questão epistemológica sujeito-objeto, porque o sujeito não é ele, mas é ele e sua possibilidade de ser-no-mundo, é ele e suas circunstâncias, é ele e sua cadeia significante"[219] tridimensional, genética, (des)afetiva e ontológica.

Fazer hermenêutica na modernidade líquida "é desconfiar do mundo e de suas certezas, é olhar o Direito de soslaio", na medida em que "o fundamento é um modo de ser e não um procedimento", motivo pelo qual não fornece a segurança jurídica almejada pela metafísica-fundamentalista, querendo-se dizer que "todo esforço em encontrar um fundamento absoluto e seguro para uma teoria representa uma tarefa que pode ser classificada como irracional".[220] Enquanto a dogmática jurídica *reproduz o Direito*, a hermenêutica filosófica *é produtora de sentido do texto do direito de família,* tendo em vista que o intérprete sempre atualiza os fatos e os textos com base em sua pré-compreensão do presente, pelo modo de ser-no-mundo tridimensional, no qual sempre está mergulhado, por força da tradição e da linguagem.

---

[215] BAPTISTA DA SILVA, Ovídio Araújo. Coisa julgada relativa? In: *Anuário de pós-graduação em Direito*. São Leopoldo: Unisinos, 2003, p. 363.

[216] SANTOS, Boaventura de Souza. *Pela mão de Alice. O social e o político na pós-modernidade*. 9.ed. São Paulo: Cortez, 2003, p. 23. Enfatiza que essa expressão foi utilizada no Manifesto Comunista de 1.848, por Marx.

[217] BAUMAN, Zygmunt. *Modernidade Líquida*. Traduzido por Plínio Dentzien. Rio de Janeiro: Jorge Zahar Editor, 2001, textos constantes na *orelha* esquerda e na contracapa do livro.

[218] STRECK, Lenio Luiz. Hermenêutica (jurídica) e Estado Democrático de Direito: uma análise crítica. In: *Anuário do Programa de Pós-Graduação em Direito. Mestrado e Doutorado*. Leonel Severo Rocha, Lenio Luiz Streck e José Luis Bolzan de Morais (Organizadores). São Leopoldo: UNISINOS, 1999, p. 77, 105 e 108.

[219] STRECK, Lenio Luiz. Hermenêutica (jurídica) e Estado Democrático de Direito: uma análise crítica. In: *Anuário do Programa de Pós-Graduação em Direito. Mestrado e Doutorado*. Leonel Severo Rocha, Lenio Luiz Streck e José Luis Bolzan de Morais (Organizadores). São Leopoldo: UNISINOS, 1999, p. 105.

[220] STRECK, Lenio Luiz. Hermenêutica (jurídica): compreendemos porque interpretamos ou interpretamos porque compreendemos? Uma resposta a partir do *Ontological Turn*. In *Anuário do Programa de Pós-Graduação em Direito. Mestrado e Doutorado*. Leonel Severo Rocha e Lenio Luiz Streck (Organizadores). São Leopoldo: UNISINOS, 2003, p. 230 e 241.

A hermenêutica filosófica, para Nelson Saldanha,[221] recebeu algumas críticas, no sentido de ser demasiadamente aberta, como o historicismo,[222] mas, o autor esclarece que, na verdade, a hermenêutica, nas últimas décadas, "teve e vem tendo um papel de relevo ao resgatar contribuições anteriores e ao ensejar o reexame do trabalho 'interpretativo' em áreas como a filosofia, a teologia e o direito". Não obstante a modernidade líquida trazer incertezas jurídicas, o acantonamento da hermenêutica filosófica não se dará na esfera do relativismo, pelo que adoto a réplica streckiana,[223] de que

> é preciso dizer que a hermenêutica jamais permitiu qualquer forma de "decisionismo", "realismo" ou "direito alternativo", e essa convicção vem apoiada em Grondin, que, fundado em Gadamer, *rejeita peremptoriamente qualquer acusação de relativismo* (ou irracionalidade) *à hermenêutica filosófica.* Numa palavra: *jamais existiu um relativismo para a hermenêutica; são antes os adversários da hermenêutica que conjuram o fantasma do relativismo, porque suspeitam existir na hermenêutica uma concepção de verdade, a qual não corresponde às suas expectativas fundamentalistas,* tranqüiliza-nos Grondin. Dessa forma, na discussão filosófica contemporânea, o relativismo funciona como um espantalho ou um fantasma assustador, em favor de posições fundamentalistas, que gostariam de abstrair da conversação interior da alma. *Quem fala do relativismo pressupõe que poderia existir para os humanos uma verdade sem o horizonte dessa conversação, isto é, uma verdade absoluta ou desligada de nossos questionamentos.*

Para confirmar que a hermenêutica filosófica não é relativista,[224] tem-se[225] esclarecido que a compreensão do texto supera o sentido herdado pela tradição, que, no mundo jurídico, se firmou como senso comum, "apresentando as condições de possibilidade de existência do Direito, em íntima relação com o mundo circundante". Nesse sentido, Streck[226] tem certificado que

> a pré-compreensão do jurista inserido no sentido comum teórico é condição de possibilidade deste (jurista) ser-no-mundo. Fundando este horizonte – que lhe dá o seu sentido de ser-no-mundo – com o horizonte de um dizer crítico (*ter horizonte, diz Gadamer, significa não estar limitado ao que está mais próximo de nós, mas, sim, poder ver além*), o jurista conformará uma nova compreensão, com o que não (re)produzirá o sentido inautêntico, e sim um novo sentido que possibilitará a aplicação/concreção do texto jurídico de acordo com os objetivos e os cânones do Estado Democrático de Direito, que funciona como uma nova linguagem (condição de possibilidade), a qual, ao se fundir com o (velho) horizonte oriundo da tradição (sentido comum teórico), *proporciona o desvelar do ser do (daquele) ente (o texto jurídico e sua inserção no mundo).*

A racionalidade jurídica foi gerada num contexto em que as relações sociais "se inscrevem nos acanhados limites duma técnica ainda primitiva", com o que, ao pretender o princípio da segurança jurídica e, portanto, da certeza absoluta e única da lei, torna-se incompatível com o Estado Democrático de Direito,[227] que se encontra inserido em uma Era de alta complexidade social. Por isso, não mais se justifica a acusação de

---

[221] SALDANHA, Nelson. *Ordem e Hermenêutica.* Rio de Janeiro: Renovar, 1992, p. 289.

[222] SALDANHA, Nelson. *Dicionário de Filosofia do Direito.* Vicente de Paulo Barreto (Coordenador). Rio de Janeiro: Lumen Juris, 2006, p. 435.

[223] GRONDIN, Jean. *Introdução à Hermenêutica Filosófica.* São Leopoldo: UNISINOS, 1999, p. 229 e seguintes.

[224] ROHDEN, Luiz. O "círculo hermenêutico" como estrutura, o "enquanto" da hermenêutica filosófica. In: *Revista Veritas. Revista Trimestral de Filosofia da PUCRS* volume 44, nº 1, março de 1999, p. 110.

[225] LIXA, Ivone Fernandes Morcilo. *Hermenêutica e Direito: uma possibilidade crítica.* Op. cit, p. 156.

[226] STRECK, Lenio Luiz. *Hermenêutica Jurídica e(m) Crise.* 5.ed. Porto Alegre: Livraria do Advogado, 2004, p. 279 e 280.

[227] AGRA, Walber de Moura. *Republicanismo.* Porto Alegre: Livraria do Advogado, 2005, p. 104.

Chiovenda,[228] de que "os juízes rigorosamente fieis à lei conferem ao cidadão maior garantia e confiança do que os farejadores de novidades em geral subjetivas e arbitrárias". Aplica-se, nesse contexto, o libelo de Streck, de que a pretensiosa segurança jurídica não representa mais do que uma forma acabada de discricionariedade judicial, visto que "não há pura interpretação; não há hermenêutica 'pura'. Hermenêutica é faticidade; é vida; é existência, é realidade. É condição de ser no mundo".[229]

Isso quer dizer que a hermenêutica filosófica não é relativista, caracterizando-se como um canal da compreensão universal do texto do direito de família, mergulhados na linguagem do Estado Democrático de Direito, banhando-se nas expectativas e nos sentidos de determinado momento histórico. Ela busca uma solução hermeneuticamente adequada, aceitável, razoável, ponderável, por meio de um método universal fenomenológico (um modo de ser-no-mundo), no qual são purificados os preconceitos puros e impuros, dentro de uma espiral hermenêutica, uma fusão de horizontes e de uma tradição, sempre compreendida nos limites da Constituição. Significa que não é possível compreender o texto do direito de família desatrelado do texto constitucional, porque a sociedade brasileira vive em um Estado Constitucional, em que, com a hermenêutica filosófica, o Direito passa a ser compreendido no sentido *produtivo*, e não meramente reprodutivo, concretizando a lei em cada caso (jurídico), na medida em que

> a complementação produtiva do Direito que se dá aí está obviamente reservada ao juiz, mas este se encontra sujeito à lei, como qualquer outro membro da comunidade jurídica. A idéia de uma ordem judicial implica que a sentença do juiz não surja de arbitrariedades imprevisíveis, mas de uma ponderação justa do conjunto. A pessoa que se tenha aprofundado na plena concreção da situação estará em condições de realizar essa ponderação justa. É por isso que existe segurança jurídica em um Estado de Direito. Claro que esta tarefa de concreção não se resume a um mero conhecimento dos artigos dos códigos. A idéia de uma dogmática jurídica perfeita, sob a qual se pudesse baixar qualquer sentença como um simples ato de subsunção, não tem sustentação.[230]

Com a hermenêutica filosófica, o Direito deixará de ser um teorema, um axioma, uma verdade absoluta, sagrada e justa, um método de interpretação, como ocorre na dogmática jurídica, para transformar-se em uma discussão, uma espiral de diálogo, uma escuta à fala, um vaivém da palavra, uma abertura para ouvir a voz do que não tem voz, a voz das minorias, dos excluídos dos laços sociais e dos modos de ser-no-mundo tridimensional, genética, (des)afetiva e ontológica, porquanto a possibilidade do outro membro familiar ter direito é a alma da hermenêutica.

Em outra passagem, Gadamer, referindo-se à problemática da acusação de relativismo, acrescenta que a alegada insegurança jurídica desesperadora não se faz presente na hermenêutica filosófica, porquanto o tempo já não é mais um abismo a ser transposto, sendo "o fundamento que sustenta o acontecer, onde a atualidade finca suas raízes. Essa superação dos períodos temporais era pressuposto ingênuo do historicismo, que era preciso se deslocar e pensar segundo os conceitos e representações do espírito da época".

---

[228] CHIOVENDA, Giuseppe. *Instituição de Direito Processual Civil.* 2.ed. Traduzido por J. Guimarães Menegale. São Paulo: Livraria Acadêmica Saraiva, 1942, p. 79. Volume I.

[229] STRECK, Lenio Luiz. A hermenêutica filosófica e as possibilidades de superação do positivismo pelo (neo)constitucionalismo. In: *Constituição, sistemas sociais e hermenêutica: Anuário do Programa de Pós-Graduação em Direito da UNISINOS:* Porto Alegre: Livraria do Advogado, 2005, p. 160 a 162.

[230] GADAMER, Hans-Georg. *Verdade e Método I.* 6. ed. Traduzido por Flávio Paulo Meurer. Petrópolis: Vozes, 2004, p. 432-433.

Para a hermenêutica filosófica, o tempo não é um abismo devorador, porque está preenchido pela continuidade de toda herança da tradição, uma genuína produtividade do acontecer. Dessa forma, conclui Gadamer, a distância contribui para separar, identificar e suspender os preconceitos puros e impuros, permitindo o surgimento de uma compreensão precisa, correta, incorporando a compreensão histórica, com a finalidade de mostrar a validade da tradição como opinião distinta, na medida em que a compreensão inicia onde algo interpela o intérprete, que é a condição suprema da hermenêutica. Essa interpelação é a suscitação por completo dos preconceitos inautênticos com relação ao texto do direito de família.

A essência da pergunta, da interpelação, instrui Gadamer, "é abrir e manter abertas possibilidades", não deixando de lado ou substituindo, imediatamente, o preconceito por outro, porque o preconceito entra no jogo quando já está metido nele, quando, então, pode "apreender a pretensão da verdade do outro, possibilitando que também ele entre em jogo". Compreender, aduz o autor, é, essencialmente, um processo de história efeitual, que goza de *status* de um princípio, do qual pode deduzir quase toda a sua hermenêutica, em que todos os acontecimentos históricos penetram no mundo histórico da compreensão das gerações posteriores, inclusive se apresentando como um horizonte de compreensão, uma pré-compreensão do evento histórico.[231]

Um fenômeno, um evento, um episódio histórico só pode ser compreendido se produziu efeito na história, se recebeu uma interpretação da tradição, já que a consciência humana é determinada pela história efeitual, impondo-se, inclusive, esclarece Gadamer, "ali onde a fé no método quer negar a própria historicidade". A consciência histórica tem visão limitada ao conceito de horizonte, sendo a dimensão crítica da hermenêutica, compreendendo a história como um processo contínuo e sempre influenciando o ser humano, não se cristalizando em um passado distante e fechado,[232] porque "é a tradição que abre e delimita nosso horizonte histórico, e não um acontecimento opaco da história que acontece 'por si'".[233]

As críticas à hermenêutica filosófica ocorrem porque é buscada a compreensão *isolada* das afirmações de seus defensores, chegando-se, equivocadamente, à conclusão de que se cuida de relativismo. Kaufmann[234] alerta que isso é decorrente da primeira impressão do intérprete, porque, na verdade, aquele que "consegue perceber a filosofia como a confluência do pensamento de muitos séculos e milênios, quem consegue destrinçar a convergência na divergência, poder escapar ao relativismo". A hermenêutica filosófica é taxada de relativista, conclui o autor, porque afasta o absolutismo da lei dos séculos XXVII e XVIII, sustentando que o intérprete precisa deixar de ser mero oráculo e reprodutor da lei, passando à condição de hermeneuta e de produtor do direito. Isso significa que essa teoria compreende o texto do direito de família em sua tridimensionalidade: dos laços consanguíneos (mundo genético); de seu relacionamento social e familiar (mundo des-afetivo); suas circunstancias pessoais, seu modo, seu jeito, sua

---

[231] GADAMER, Hans-Georg. *Verdade e Método I.* 6. ed. Traduzido por Flávio Paulo Meurer. Petrópolis: Vozes, 2004, p. 393 a 396.

[232] TESTA, Edimarcio. *Hermenêutica filosófica e história.* Passo Fundo: UPF, 2004, p. 67 e 68.

[233] GADAMER, Hans-Georg. *Verdade e Método II.* 2.ed. Traduzido por Enio Paulo Giachini. Petrópolis: Vozes, 2004, p. 94.

[234] KAUFMANN, Arthur. Filosofia do Direito, Teoria do Direito, Dogmática Jurídica. In: *Introdução à Filosofia do Direito e à Teoria do Direito Contemporâneas.* Traduzido por Marcos Keel; Manuel Seca de Oliveira. Arthur Kaufmann; Winfried Hassemer (organizadores). Lisboa: Fundação Calouste Gulbenkian, 2002, p. 29.

condição de ser neste mundo de humanos (mundo ontológico), já que a compreensão consiste na meditação "dos condicionamentos e das particularidades de cada situação, rompendo as amarras impostas pelo pensamento tradicional que tornava o Direito hermético a qualquer reflexão acerca do jurista como partícipe de sua compreensão".

Vê-se, assim, que a hermenêutica filosófica não é relativista, até porque, pela centelha de Gadamer, *quem quer compreender um texto deve estar disposto a deixar que este lhe diga alguma coisa,*[235] querendo dizer que essa teoria não está alheia ao texto da lei, mas, ao contrário, deve-se deixar que o texto diga algo ao intérprete. Em outra passagem de sua obra,[236] acerca da necessidade de ser ouvido o texto, e não as próprias opiniões, o autor diz:

> Quem quiser compreender não pode de antemão abandonar-se cegamente à causalidade das próprias opiniões, para em conseqüência e de maneira cada vez mais obstinada não dar ouvidos à opinião do texto, até que esta opinião não mais se deixe ouvir, impedindo a compreensão presumida. Quem quiser compreender um texto está, ao contrário, disposto a deixar que ele diga alguma coisa.

Deixar que o texto diga alguma coisa para ser possível compreendê-lo quer dizer, por exemplo, que é preciso deixar que a Constituição do País diga alguma coisa sobre o que é o texto do direito de família tridimensional, o que exclui a possibilidade de relativizar a sua compreensão na hermenêutica filosófica. Na verdade, quem relativiza a compreensão do texto é a dogmática jurídica, que se lança incondicionalmente às suas próprias opiniões, à sua deformante subjetividade, à sua verdade única e sagrada, não deixando margem alguma para que o texto (infra)constitucional diga alguma coisa. É o que pretende dizer Heidegger, lembra Gadamer,[237] ao citar que "um tal relativismo só podia vigorar a partir do ponto de vista fictício de uma visão absoluta, na qual as pessoas se satisfazem em constatar a objetividade e em tomar conhecimento daquilo que foi pensado nas diversas épocas há história do pensamento ocidental".

7.3. A linguagem como condição de ser-no-mundo

O acesso do ser humano aos objetos é sempre de modo indireto, formatado pela clivagem do significado, uma vez que conhece *algo como algo* e chega *a algo enquanto algo* (*Etwas als etwas*, diria Heidegger), lembra Stein. O autor acrescenta que o ser humano não conhece uma cadeira em sua plenitude como um objeto, mas enquanto objeto no qual se pode sentar, a cadeira enquanto cadeira. A linguagem que é usada fala sobre o mundo ou a linguagem enquanto linguagem, pelo que a compreensão e o próprio mundo têm estruturas de algo enquanto algo.[238]

O humano sempre tem que interpretar de alguma forma, uma vez que é por meio dela que ele chega ao objeto da filosofia, motivo por que "a filosofia passou a ser compreendida como hermenêutica, a hermenêutica passou a ser compreendida como filoso-

[235] GADAMER, Hans-Georg. *Verdade e Método I.* Traduzido por Flávio Paulo Meurer. 6.ed. Rio de Janeiro: Vozes, 2004, p. 358.

[236] GADAMER, Hans-Georg. *Verdade e Método II.* Traduzido por Enio Paulo Giachini. 2.ed. Rio de Janeiro: Vozes, 2004, p. 76.

[237] GADAMER, Hans-Georg. *Hermenêutica em retrospectiva. Heidegger em retrospectiva.* Rio de Janeiro: Vozes, 2007, p. 95.

[238] STEIN, Ernildo. *Aproximações sobre hermenêutica.* 2.ed. Porto Alegre: PUCRS, 2004, p. 20 a 56.

fia",[239] não sendo um método de interpretar o objeto, como ocorre na dogmática jurídica,[240] à medida que o ser humano compreende as coisas enquanto está na linguagem, na qual as coisas podem aparecer como coisas, não sendo o humano que delas se nutre, e sim elas que tragam o ser humano.

Esclarece Heidegger que "as palavras e a linguagem não constituem cápsulas, em que as coisas se empacotam para o comércio de quem fala e escreve. É na palavra, é na linguagem, que as coisas chegam a ser e são".[241] É por isso, conclui o autor, que um gravador não é tomado como uma peça eletrônica, mas como um gravador, significando que "nunca temos uma relação direta com o objeto, mas uma relação com o significado, com um estado de coisas".[242]

Ao nascer, o ser humano é jogado/lançado/mergulhado em um mundo de significados e valores, em um mundo pré-pronto, um mundo pré-existente, e por isso ele não pode pensar como entidade neutra avaliadora da realidade.[243] Assim, sem linguagem não há existência humana, porque "algo só é algo se podemos dizer que é algo",[244] com o que muitas "cosas salen del ocultamiento y se muestran a la luz cuando se habla!".[245]

Foi Wilhelm von Humboldt,[246] atesta Gadamer,[247] quem cunhou a filosofia da linguagem,[248] repousando nessa circunstância a universalidade da dimensão hermenêutica.[249] Não se deve falar sobre a linguagem, porquanto o diálogo pressupõe o conhecimento da essência da linguagem, porque, sem diálogo, não há linguagem.[250] Segundo Heidegger, "falar é dizer-mostrar-deixar-ver-comunicar e ouvir de modo correspondente, subordinar-se e adaptar-se a uma exigência, corresponder",[251] pelo que a linguagem

---

[239] STRECK, Lenio Luiz. Interpretar e Concretizar: em busca da superação da discricionaridade do positivismo jurídico. In: *Olhares hermenêuticos sobre o Direito*. Douglas Cesar Lucas (Organizador). Ijuí: Unijuí, 2006, p. 353.

[240] CHAUÍ, Marilena. *Convite à filosofia*. 13.ed. São Paulo: Ática, 2004, p. 92. A autora esclarece que, "na atitude dogmática, tomamos o mundo como já dado, já feito, já pensado, já transformado".

[241] HEIDEGGER, Martin. *Introdução à Metafísica*. Traduzido por Emmanuel Carneiro Leão. Rio de Janeiro: Tempo Brasileiro, 1969, p. 44.

[242] STEIN, Ernildo. *Diferença e Metafísica: ensaios sobre a desconstrução*. Porto Alegre: ED. PUCRS, 2000, p. 277.

[243] D'AGOSTINI, Franca. *Analíticos e continentais*. Traduzido por Benno Dischinger. Coleção Idéias. São Leopoldo: Unisinos, 2003, p. . 409 a 414.

[244] STRECK, Lenio Luiz. *Hermenêutica Jurídica e(m) Crise*. 5.ed. Porto Alegre: Livraria do Advogado, 2004, p. 204.

[245] GADAMER, Hans-Georg. *Acotaciones hermenéuticas*. Traduzido por Ana Agud; Rafael de Agapito. Madrid: Editorial Trotta, 2002, p. 252.

[246] HABERMAS, Jürgen. *Verdade e Justificação*. Traduzido por Milton Camargo Mota. São Paulo: Edições Loyola, 2004, p. 65. O autor historia que Humboldt disse o seguinte: "o homem pensa, sente, vive unicamente na língua, e é por ela que deve ser formado".

[247] STRECK, Lenio Luiz. *Hermenêutica Jurídica e(m) Crise*. 5.ed. Porto Alegre: Livraria do Advogado, 2004, p. 142-143.

[248] ROHDEN, Luiz. Hermenêutica e linguagem. In: *Hermenêutica filosófica. Nas trilhas de Hans-Georg Gadamer*. Porto Alegre: EDIPUCRS, 2000, p. 162.

[249] GADAMER, Hans-Georg. *Verdade e Método II*. 2.ed. Traduzido por Ênio Paulo Giachini. Rio de Janeiro: Vozes, 2004, p. 135.

[250] GADAMER, Hans-Georg. A incapacidade para o diálogo. In: *Hermenêutica filosófica. Nas trilhas de Hans-Georg Gadamer*. Porto Alegre: EDIPUCRS, 2000, p. 130.

[251] HEIDEGGER, Martin. *Seminários de Zollikon*. Traduzido por Gabriela Arnhold e Maria de Fátima de Almeida Prado. Petrópolis: Vozes, 2001, p. 228.

tem de acontecer em termos de tautologias, na medida em que "nenhuma coisa é onde falta a palavra", sendo o ser humano, antes de tudo, *na linguagem e pela linguagem*, o que quer dizer que temos de "trazer a linguagem como linguagem para a linguagem", para que haja uma linguagem cada vez mais clara, deixando de ser uma fórmula, um método,[252] "para constituir uma ressonância calada, que nos permite escutar um pouco desse próprio da linguagem".[253]

A linguagem não pode ser objeto de pensamento, porque o ser humano não é sujeito, mas servo da linguagem, não se tornando o senhor dela, na qual ele repousa e só pode advir a partir dela, sendo ela que fala por meio dele, e não ele que a traga.[254] Portanto, a expressão "que nenhuma coisa é onde falta a palavra" quer dizer que "só onde há palavra é que há coisa" ou, dito de outro modo, "só a palavra concede o ser às coisas",[255] isso porque "é aprendendo a falar que crescemos, conhecemos o mundo, conhecemos as pessoas e por fim conhecemos a nós próprios",[256] significando que *o ser do ser humano* somente será desvelado por meio da linguagem genética, (des)afetiva e ontológica.

Historia Cancello que "a linguagem não é uma ferramenta para interpretar a realidade a partir do nada", já que desde antes do ser humano nascer habita a linguagem, não partindo de um ponto neutro, cego, um grau zero de compreensão, pois quando ele nasce, e ainda durante muito tempo, antes de dizer *eu*, já é falado pelos outros, querendo-se dizer que "mesmo antes de nascer, o bebê já é assunto das palavras alheias, pelo que sempre estivemos num mundo já interpretado pelas palavras daqueles que nos antecederam nessa tarefa". O ser humano tem limites, conclui o autor, e somente mais tarde, ou talvez nunca, perceba que tem pouca decisão acerca de sua identidade, sendo, sim, autêntico prisioneiro da essência ditada pela linguagem dos outros, que poderá apontar para a libertação.[257]

Esse pensamento vem ao encontro da hermenêutica filosófica,[258] de que a linguagem não é uma ferramenta, um instrumento, um objeto, cujo uso pode ser dominado pelo intérprete, largando-a quando concluída a tarefa. Hermenêutica é mediação, diálogo, conversação, uma indissolubilidade entre pensamento, linguagem e compreensão, porquanto "em todo saber de nós mesmos e em todo saber do mundo nos encontramos sempre já pegos pela língua que é própria a nós. Nós crescemos, aprendemos a conhecer o mundo, aprendemos a conhecer os homens e ao fim, a nós mesmos, na medida em que aprendemos a falar".

---

[252] KUSCH, Martin. *Linguagem como cálculo versus linguagem como meio universal.* Traduzido por Dankwart Bernsmüller. São Leopoldo: Unisinos, 2003, p. 223.

[253] HEIDEGGER, Martin. *O caminho da linguagem.* Rio de Janeiro: Vozes, 2003, p. 124, 191-193. A expressão *que nenhuma coisa é onde falta a palavra* foi extraída pelo autor em analogia ao poema de Stefan George, com o título *A palavra*, 1919, em que consta a expressão: *nenhuma coisa que seja onde a palavra faltar.*

[254] PIRES, Celestino. Deus e a Teologia em Martin Heidegger. In: *Revista portuguesa de filosofia.* Braga, jul.-dez. 1970. fase 3-4. Tomo XXVI, p. 42.

[255] ZARADER, Marlène. *Heidegger e as palavras de origem.* Tradução de João Duarte. Lisboa: Instituto Piaget, 1990, p. 239 e 267.

[256] GADAMER, Hans-Georg. *Verdade e Método II.* 2.ed. Traduzido por Enio Paulo Giachini. Petrópolis: Vozes, 2004, p. 176.

[257] CANCELLO, Luiz A. G. *O fio das palavras.* 4.ed. São Paulo: Summus Editorial, 1991, p. 82.

[258] GADAMER, Hans-Georg. Homem e linguagem. In: *Hermenêutica filosófica. Nas trilhas de Hans-Georg Gadamer.* Porto Alegre: EDIPUCRS, 2000, p. 120-121.

A linguagem constitui-se em uma unidade em oposição à dicotomia sujeito-objeto,[259] porque, na senda streckiana,[260] "não descobrimos o mundo nem seu sentido independentemente da linguagem, que aparece como a condição de possibilidade de uma visão da totalidade do mundo". A compreensão é descoberta pela linguagem do relacionamento, do acesso, do conhecimento, da surgência, do desvelamento, do aparecimento, do sentido, da ação e do modo de ser-no-mundo. Por isso, continua o autor, o mundo não está atrás, mas dentro da linguagem, e o fato do ser humano ser-no-mundo (tridimensional) é "decorrente de sua própria constituição lingüística", fazendo com que possa entender os outros. Momento seguinte, o autor atesta que o ser humano tem o mundo da linguagem, que é concebida como totalidade, mas sempre ambígua, não havendo vínculo entre os nomes e as coisas, portanto, sem significação definitiva, rompendo "com a concepção de que há um sujeito cognoscente apreendendo um objeto, mediante um instrumento chamado linguagem".

Prossegue Streck, anotando que a hermenêutica passa a ser filosofia, *na relação sujeito-sujeito*, e não mais pelo vínculo sujeito-objeto, não sendo a subjetividade que funda e que descreve as coisas, os objetos do mundo, e sim a *intersubjetividade*, a linguagem, que é horizonte aberto e estruturado, pelo que ter mundo é ter linguagem, significando que "o mundo, como meio universal de significado, não é um objeto, mas um todo não-matemático, no qual e pelo qual o ser humano (*Dasein*) vive".[261] O autor anota que no ser humano que compreende não há uma mente em branco, tendo, desde sempre, uma prévia compreensão das coisas e do mundo, porque está jogado/lançado no mundo, no qual "as suas condições de possibilidade estão definidas (e se definem cotidianamente) na e pela linguagem". Tudo isso é transmitido pela compreensão da história da tradição, que é única, mas que se pré-compreende de forma incessante, cujo legado da linguagem, que fala por si mesma, é compulsório, irrenunciável e indisponível.[262] Concluindo, o autor lembra que o compreender "não é um dos modos do comportamento do sujeito, mas, sim, o modo de ser da própria existência".[263]

Em linguagem familiar, o compreender é um modo de ser-no-mundo-genético, de ser-no-mundo-(des)afetivo e de ser-no-mundo-ontológico, portanto, um modo de compreensão tridimensional da família. Quer dizer, a família é um existencial, um fenômeno, um evento, um episódio genético-(des)afetivo-ontológico, e não um existencial normativo biológico, como tem sido proclamado pelo legislador e aplaudido pela comunidade jurídica do mundo ocidental. Isso significa que "o ato interpretativo não é produto nem da objetividade plenipotenciária do texto e tampouco de uma atitude

---

[259] STEIN, Ernildo. *Uma breve introdução à Filosofia*. Ijuí: UNIJUÍ, 2002, p. 157.

[260] STRECK, Lenio Luiz. A hermenêutica e o acontecer (*ereignen*) da Constituição: a tarefa de uma nova crítica do direito. In: *Anuário do Programa de Pós-Graduação em Direito. Mestrado e Doutorado.* Leonel Severo Rocha; Lenio Luiz Streck; José Luis Bolzan de Morais (Organizadores). São Leopoldo: UNISINOS, 2000, p. 137.

[261] KUSCH, Martin. *Linguagem como cálculo versus linguagem como meio universal.* Traduzido por Dankwart Bernsmüller. São Leopoldo: Unisinos, 2003, p. 174.

[262] STRECK, Lenio Luiz. *Hermenêutica Jurídica e(m) Crise*. 5.ed. Porto Alegre: Livraria do Advogado, 2004, p. 141 a 144, 164, 165, 174 e 206.

[263] STRECK, Lenio Luiz. A atualidade do debate da crise paradigmática do direito e a resistência positivista ao neoconstitucionalismo. In: *Direito, Estado e Democracia: entre a (in)efetividade e o imaginário social.* Porto Alegre: Instituto de Hermenêutica Jurídica, v. 1, n. 4, p. 242 e 245. 2006.

solipsista do intérprete: o paradigma do Estado Democrático de Direito está assentado na intersubjetividade".[264]

A verdade e a essência do ser humano, que se procura toda a vida,[265] reside no aparecer, no acontecer, na existência, no desvelar, no modo de ser-no-mundo-genético-(des)afetivo-ontológico, no habitar e na imensa capacidade de reinventar o mundo pela linguagem, que está sempre pré-posta no mundo da vida, que está interpretado pelas palavras daqueles que nos antecederam.[266]

A linguagem é intranscendível, indissolúvel e esquecível, por três razões, escreve Gadamer: a primeira, ela é *intranscendível*, porque a crítica, enquanto manifestada em palavras, permanece no interior da linguagem, motivo pelo qual é ilusório pretender sair da linguagem para criticá-la ou para descrevê-la; a segunda, há uma *indissolubilidade* de palavra e de coisa, na medida em que é impossível conceber uma experiência humana pré-linguística pura, porque ela é sempre estruturada linguisticamente; a terceira, a linguagem *é esquecível*, porquanto o ser humano a esquece "no ato de fazer uso dela; é antes ela própria que dispõe de nós: 'somos presa da língua que é propriamente nossa, em todo o nosso saber, em todo o saber do mundo'", significando que a linguagem não pretende ser um "instrumento do qual dispomos, mas, quando muito, o lugar no qual (já/sempre) habitamos".[267]

O ser humano é um ser[268] vivendo na linguagem,[269] pelo que tudo o que existe no mundo é produção de uma linguagem, que nos antecede, nada podendo ser existente, identificado ou expressado sem a utilização de uma linguagem. É por isso que Gadamer atesta que a filosofia vive sempre um grande drama que lhe tira o fôlego, isso porque tem como busca constante a linguagem, estando "sempre sofrendo de uma indigência de linguagem".[270]

Adoto a linguagem streckiana no sentido de que "a palavra é pá (que) lavra, porque abre sulcos profundos na abissalidade do fundamento (sem fundo) do ser",[271] porquanto a palavra, a linguagem, não é apenas um dentre muitos dotes atribuídos ao ser humano que está no mundo, servindo de base absoluta para que ele tenha mundo, sendo

---

[264] STRECK, Lenio Luiz. A atualidade do debate da crise paradigmática do direito e a resistência positivista ao neoconstitucionalismo. In: *Direito, Estado e Democracia: entre a (in)efetividade e o imaginário social.* Porto Alegre: Instituto de Hermenêutica Jurídica, v. 1, n. 4, p. 239. 2006.

[265] CANCELLO, Luiz A. G. *O fio das palavras.* 4ed. São Paulo: Summus Editorial, 1991, p. 83.

[266] STRECK, Lenio Luiz. Hermenêutica (jurídica): compreendemos porque interpretamos ou interpretamos porque compreendemos? Uma resposta a partir do Ontological Turn. In: *Anuário do programa de pós-graduação em direito.* Leonel Severo Rocha e Lenio Luiz Streck (org.). São Leopoldo: UNISINOS, 2003.

[267] D'AGOSTINI, Franca. *Analíticos e continentais.* Traduzido por Benno Dischinger. Coleção Idéias. São Leopoldo: Unisinos, 2003, p. 417-418.

[268] LEIRIA, Maria Lúcia Luz. *O acesso à jurisdição e a garantia do crédito-débito tributário para impugnar a execução fiscal: uma releitura hermenêutica.* Disponível em www.revistadoutrina.trf4.gov.br/index.revistadoutrina.trf4. Acesso em 12.07.2005.

[269] GADAMER, Hans-Georg. *Verdade e Método II.* 2.ed. Traduzido por Ênio Paulo Giachini. Rio de Janeiro: Vozes, 2004, p. 173.

[270] GADAMER, Hans-Georg. *Verdade e Método II.* 2.ed. Traduzido por Enio Paulo Giachini. Petrópolis: Vozes, 2004, p. 102.

[271] STRECK, Lenio Luiz. *Jurisdição constitucional e hermenêutica: uma nova visão crítica do direito.* 2.ed. Rio de Janeiro: Forense, 2004, p. 205.

na linguagem que se representa o mundo, que se tem concepção de mundo, que se pode elevar-se acima do mundo sem abandoná-lo.[272]

É por isso que a hermenêutica filosófica é tão sedutora, porque compreende o direito de família não como método, como coisa, como objeto, e sim como uma complexa história, tradição e mundo de vida, de acontecimentos, de eventos, de episódios, portador de todas as linguagens, principalmente a tridimensional, que fala por meio do ser humano. Sem linguagem não há realidade, existência, mundo, tradição, nem história de vida humana, não estando ela à disposição do intérprete, mas é condição de possibilidade de manifestação de sentido, um meio de acesso e de chegada ao mundo, sendo um modo de saber e de ser,[273] e não apenas um modo de compreender e interpretar, que, no pensar de Stein, "são formas deficientes de acesso lógico aos objetos e de acesso lógico ao mundo, mas talvez sejam formas sábias. Em todo caso, quem tem consciência disso é apenas a filosofia".[274]

A linguagem tem o poder de dar vida, fornecer existência ao ser humano, antecedendo-o, alimentando-o, abrigando-o, desde os tempos daqueles que já habitaram e residiram no mundo humano. É por isso que Heidegger aduz que a linguagem fala pelo humano, que deveria aceitá-la como sua mestra. Já Gadamer chama a linguagem de "o meio universal de entendimento", não podendo ser desvinculada do mundo, não sendo signo, cópia ou objeto, e sim imagem do mundo, "o meio no qual e pelo qual vivemos no mundo", pelo que a "existência que pode ser compreendida é linguagem".[275] Humboldt, por sua vez, afirma que "o homem pensa, sente, vive unicamente na língua, e é por ela que deve ser formado".[276]

Muito antes de nascer, viver, legislar, compreender, interpretar, brincar, estudar, trabalhar, amar, odiar, (des)casar, (des)conviver, o ser humano já sempre habitou na linguagem, o que quer dizer que "a linguagem nasce do ser e com o ser, que é o modo como o homem primeiro compreende a si e as coisas",[277] enfim, o ser humano não apenas possui linguagem, mas é linguagem.[278]

Acerca da forma em que se manifesta a linguagem, Hottois, ao seguir as pegadas de Gadamer, disse o seguinte:

> É preciso pôr-se *à escuta da linguagem*, aprender a *deixar falar a linguagem*. A linguagem fala. O homem só fala na medida em que responde à linguagem. Dizer é originalmente ouvir (...) e dizer por sua vez. A escuta da linguagem é diálogo: diálogo com outrem, mas, sobretudo, com os textos

---

[272] GADAMER, Hans-Georg. *Verdade e Método I*. 6.ed. Rio de Janeiro: Vozes, 2004, *p*. 571, 572, 574, 584 e 585.

[273] HEIDEGGER, Martin. *Ser e Tempo*. 14.ed. Traduzido por Márcia Sá Cavalcante Schuback. Petrópolis: Vozes, 2005. Parte I, p. 47.

[274] STEIN, Ernildo. *Aproximações sobre hermenêutica*. 2.ed. Porto Alegre: PUCRS, 2004, p. 22.

[275] KUSCH, Martin. *Linguagem como cálculo versus linguagem como meio universal*. Traduzido por Dankwart Bernsmüller. São Leopoldo: Unisinos, 2003, p. 257, 265, 271, 273 e 276.

[276] HABERMAS, Jürgen. *Verdade e Justificação*. Traduzido por Milton Camargo Mota. São Paulo: Edições Loyola, 2004, p. 65.

[277] STEIN, Ernildo. *Uma breve introdução à Filosofia*. Ijuí: UNIJUÍ, 2002, p. 55.

[278] ROHDEN, Luiz. Hermenêutica e linguagem. In: *Hermenêutica filosófica. Nas trilhas de Hans-Georg Gadamer*. Porto Alegre: EDIPUCRS, 2000, p. 192.

e com a própria linguagem. O ser da linguagem e o ser do homem são diálogos. Nós somos um diálogo.[279]

A família está carente de linguagem, uma vez que, em pleno Estado Laico, Democrático, Social e universal de Direito, permanece imobilizada pelas ataduras da lei, que só concebe a linguagem fundada na normatização da genética. Isso prova que o legislador e a comunidade jurídica ainda não estão mergulhados na linguagem, na hermenêutica filosófica, e sim aprisionados no mundo da biologia, da lei, da metafísica,[280] da objetificação do humano.

Um exemplo esclarecerá melhor essa afirmação: no § 1.589 do Código Civil alemão constava que um filho *ilegítimo* e o seu pai não são parentes,[281] cuja legislação também vigorava no Brasil. Essa disposição do Código Civil alemão foi revogada, em 19.08.1969, sendo reconhecida a igualdade entre as filiações, o que, no Brasil, veio a ocorrer em 05.10.1988.

Essas alterações legislativas, alemã e brasileira, que, anteriormente, chamavam de bastardo o filho havido fora do casamento, vieram a acolher em família o mesmo filho como *legítimo*. Esse relato é prova contundente contra o legislador/intérprete, que compreende o Direito com base na lei, e não na realidade da vida, promovendo, assim, a discriminação do texto do direito de família, mediante pensamento unívoco, normativo, visto que recorta certos fatos da vida em sociedade para juridicizá-los, mesmo que contrários aos ditames do Direito e da condição humana tridimensional.

Este exemplo identifica o paradoxo da lei e a *reprodução* da lei pela dogmática jurídica, à medida que, em um momento, diz que o filho sanguíneo havido fora do casamento não é parente, mas, em evento histórico seguinte, admite que todos os filhos havidos fora do matrimônio são legítimos e parentes de seus pais.

A família tridimensional sempre fez, faz e fará parte da linguagem do Direito, independentemente de constar ou não da lei, que, na verdade, (de)limita, por meio do legislador, a abrangência do Direito, havendo, em decorrência, premente necessidade de intervenção do Poder Judiciário, não para legislar, e sim, mediante a jurisdição constitucional, ser o corregedor da realidade, da práxis da vida, promovendo um choque hermenêutico entre a lei e o Direito.

7.4. O método fenomenológico da hermenêutica filosófica

Acerca da fenomenologia, Streck historia que ela surgiu com Edmund Husserl, e aperfeiçoada por Martin Heidegger, seu discípulo, para quem a filosofia não deveria se ocupar somente com os objetos, mas, a partir daí, edificar o fundamento do conhecimento, que não fosse absoluto e não implicasse mais a teoria de dois mundos. Tendo encontrado dois conceitos fundamentais, da hermenêutica e da interpretação, que se afastassem das ciências humanas e da subjetividade, acolheu o elemento antropológico,

---

279 HOTTOIS, Gilberto. *História da filosofia.* Traduzido por Maria Fernanda Oliveira. Lisboa, Portugal: Instituto Piaget, 2002, p. 337.

280 PESSOA, Fernando. *Poesias.* Seleção de Sueli Barros Cassal. Porto Alegre: L&PM POCKET Editores, 1997. *Tirem-me daqui a metafísica!*, porque *há metafísica bastante em não pensar em nada.*

281 ENGISCH, Karl. *Introdução ao pensamento jurídico.* 8.ed. Traduzido por J. Baptista Machadi. Lisboa: Fundação Calouste Gulbenkian, 2001, p. 21

para descobrir no próprio ser humano a dimensão filosófica, ou seja, "na medida em que se compreende, o homem compreende o ser, e, assim, compreende-se a si mesmo".[282]

Diante disso, Heidegger vai transformar a fenomenologia em hermenêutica, mostrando "que existe um mostrar para algo que de si não se mostra", cujo algo não descoberto não havia sido identificado pelo mundo ocidental, "que terá como função principal examinar esse modo concreto de o homem existir, que chamou de ser no mundo".

Em sua obra *Ser e Tempo*, Heidegger[283] reconhece que, "caso a investigação que haverá de seguir avance no sentido de abrir as 'coisas mesmas', o autor deve, em primeiro lugar, a E. Husserl". Isso ocorreu porque foi por ele orientado, o qual lhe concedeu acesso às investigações ainda não publicadas, permitindo-lhe chegar às conclusões de que são vários os modos de encobrimento de fenômenos. Esclarece que um fenômeno (evento, episódio, acontecimento, fato, feito, ocorrência, ocasião, circunstância) pode manter-se encoberto por nunca ter sido descoberto, não havendo dele nem conhecimento e nem desconhecimento, pelo que o "conceito oposto de fenômeno é o conceito de encobrimento". Essa multiplicidade dos fenômenos, anota Heidegger, "só pode deixar de nos confundir quando se tiver compreendido, desde o princípio, o conceito de fenômeno: o que se mostra em si mesmo", querendo dizer que "as coisas em si mesmas" são uma máxima em fenomenologia, "por oposição às construções soltas no ar, às descobertas acidentais, à admissão de conceitos só aparentemente verificados".

No direito de família, a hermenêutica fenomenológica procura abordar os problemas filosóficos mediante o entorno às "coisas mesmas", para que os episódios da vida familiar se mostram em si mesmos, numa tentativa de desvelar a verdadeira condição humana, que é genética, (des)afetiva e ontológica, isso mediante os dados originários da experiência da vida, formulando, assim, elogios à teoria e, principalmente, à prática (à experiência, à essência genética, (des)afetiva e ontológica do ser humano).

Por meio do método fenomenológico universal, Heidegger, seguindo as pegadas de Husserl, descobriu que a compreensão do texto tem uma estrutura em que se antecipa o sentido, historia Stein, que "se compõe de aquisição prévia, vista prévia e antecipação. Desta estrutura explicitada nasce a situação hermenêutica, em que é possível apoiar-se para efetivação do projeto que se tem em vista". Nesse instante, recorda Stein,[284] Heidegger pára e descobre que o método fenomenológico é sem fundo, é abissal, é existencial, determinando-se *a partir da coisa mesma*, pelo que

> a escada para penetrar nas estruturas existenciais do ser-aí é manejada pelo próprio ser-aí e não pode ser preparada fora para depois se penetrar no objeto. Não há propriamente escada que sirva para penetrar no seu "sistema". A escada já está implicada naquilo para onde deveria conduzir. O objeto, o ser-aí, traz consigo a escada. Há uma relação circular. Somente subimos para dentro das estruturas do ser-aí, porque já nos movemos nelas. É apenas uma questão de explicitação. A análise do ser-aí está suspensa no ar. O ser-aí se levanta pelos cabelos.

---

[282] STRECK, Lenio Luiz. *Dicionário de filosofia do direito*. Vicente de Paulo Barreto (Coordenador). Rio de Janeiro: Renovar, 2006, p. 426 a 430.

[283] HEIDEGGER, Martin. *Ser e Tempo*. 14.ed. Traduzido por Marcia Sá Cavalcante Schuback. Rio de Janeiro: Vozes, 2005, p. 70, 67, 66, 61, 57.

[284] STEIN, Ernildo. Introdução ao Método Fenomenológico Heideggeriano. In: *Martin Heidegger. Sobre a essência do fundamento. Conferências e escritos filosóficos. Os pensadores*. Traduzido por Ernildo Stein. São Paulo: Abril Cultural, 1979, p. 290.

A dogmática jurídica está equivocada ao tentar compreender o direito de família mediante um método, como se a vida, a existência, o evento, o episódio, o momento, o instante, o interpretar, o julgar, o amar, o odiar se resumisse em uma conduta humana metódica, esquecendo-se da realidade da vida, de ir às coisas nelas mesmas, às coisas em si mesmas![285] Tem-se dito,[286] inclusive, que a utilização de um método é uma justificativa de o intérprete considerar-se exonerado de sua responsabilidade, "atribuindo ao legislador as injustiças que decorrem de suas sentenças",[287] uma vez que com o método há o sequestro, o esvaziamento, o extravio da linguagem, que é casa do ser,[288] que somente *pode ser compreendido pela linguagem*,[289] tornando-se impossível filosofar sobre algo sem falar sobre a linguagem,[290] indicativo de que aquiescer à compreensão é aderir ao espaço da linguagem.[291]

A interpretação do texto do direito de família fluirá a partir do fundamento sem fundo, do método fenomenológico,[292] desse lugar originário, produto da antecipação de sentido, "uma projeção, um abrir-se, um arremessar-se para, um instalar-se no espaço aberto no qual aquele que compreende primeiramente vem a si como um si mesmo".[293] A linguagem não é um objeto de compreensão e de interpretação, mas, sim, um modo de ser-no-mundo tridimensional, à medida que todo aquele que lê e procura compreender o texto "ocasiona siempre una apropiación productiva del texto desde su presente",[294] por intermédio da linguagem, em que o silêncio do passado familiar contribui na compreensão do presente e na projeção de um futuro, visto que "somos futuro, passado e presente num único movimento, um adiante-de-nós, já-no-mundo, junto-das-coisas".[295]

De acordo com Gadamer,[296] Hegel teria dito que todo método é ligado ao próprio objeto, mas, embora a filosofia seja um método, ele não é objetivo, subjetivo e nem subsuntivo/dedutivo, e sim fenomenológico, universal, um compreender prévio, um

[285] HEIDEGGER, Martin. *Ser e Tempo*. 14.ed. Traduzido por Márcia Sá Cavalcante Schuback. Petrópolis: Vozes, 2005. Parte I, p. 57.

[286] STRECK, Lenio Luiz. *Jurisdição constitucional e hermenêutica: uma nova visão crítica do direito*. 2.ed. Rio de Janeiro: Forense, 2004, p. 247.

[287] MARINONI, Luiz Guilherme. *A antecipação da tutela*. 8.ed. São Paulo: Malheiros, 2004, p. 355 e 356.

[288] HEIDEGGER, Martin. *Carta sobre o humanismo*. São Paulo: Moraes, 1991, p. 05 e 06.

[289] GADAMER, Hans-Georg. *Verdade e Método I*. 6.ed. Rio de Janeiro: Vozes, 2004, *p*. 612.

[290] STRECK, Lenio Luiz. Hermenêutica (jurídica) e Estado Democrático de Direito: uma análise crítica. In: *Anuário do Programa de Pós-graduação em Direito*. São Leopldo: Unisinos, 1999.

[291] SILVA, Rui Sampaio da. Gadamer e a Herança Heideggeriana. In: *Revista Portuguesa de Filosofia*. jul./dez. 2000. Vol. 56, fase 3-4, p. 536.

[292] HEIDEGGER, Martin. *Ser e Tempo*. 14.ed. Traduzido por Márcia Sá Cavalcante Schuback. Petrópolis: Vozes, 2005. Parte I, p. 66.

[293] INWOOD, Michael. *Dicionário Heidegger*. Traduzido por Luísa Buarque de Holanda. Rio de Janeiro: Jorge Zahar, 1999, p. 19.

[294] GADAMER, Hans-Georg. *Hermenéutica de la Modernidad. Conversaciones con Silvio Vietta*. Traduzido por Luciano Elizaincín-Arrarás. Madrid: Editorial Trotta, 2004, p. 17.

[295] LEIRIA, Maria Lúcia Luz. *O acesso à jurisdição e a garantia do crédito-débito tributário para impugnar a execução fiscal: uma releitura hermenêutica*. Disponível em www.revistadoutrina.trf4.gov.br/index.revistadoutrina.trf4. Acesso em 12.07.2005.

[296] GADAMER, Hans-Georg. *O problema da consciência histórica*. 2.ed. Traduzido por Paulo César Duque Estrada. Rio de Janeiro: Fundação Getúlio Vargas, 2003, p. 22.

conceito prévio, três modos de ser-no-mundo,[297] genético, (des)afetivo e ontológico, um existencial, uma antecipação que acompanha todo o nosso conhecimento.

O vínculo *sujeito-objeto* transforma o ser humano em homologia, identificado com as mesmas características das coisas, mas a compreensão da família, do ser humano, como *sujeito-sujeito*, como um ser-no-mundo tridimensional, permitirá o entendimento do que o mundo não pertence ao humano, uma vez que é ele que está mergulhado no mundo, projetado no tempo e no mundo.[298] Assim será possível identificar a essência do humano, que, nas palavras de Heidegger, *não é uma coisa, uma substância, um objeto,*[299] motivo por que ele deve ser cuidado para que permaneça humano, e não inumano, coisificado, situado fora de sua essência,[300] que é a existência.

Equivocada está a teoria jurídica dominante, ao buscar um fundamento na interpretação da família, garantindo o que denomina de *princípio da segurança jurídica*, visto que, segundo Heidegger, todo fundamento é sem fundo, sem chão firme, sem piso, sem apoio, sem solo, sem pavimento, sem superfície, sem base, um abismo, desprovido de segurança. Ao ser buscado um alicerce, um fundamento, uma base firme para preencher o fundo do texto, é porque o fundamento não tem fundo, porquanto se ele tivesse fundo não haveria necessidade de fundamentá-lo, de preenchê-lo, de justificá-lo com argumentos, com linguagem.

É pertinente a indagação que o autor faz à filosofia tradicional: "Quem indaga radicalmente pelo fundo e fundamentos não tem de descobrir alguma vez que o fundamento é um abismo?".[301] Nessa mesma senda, Gadamer também faz duas indagações: "Mas será que o diálogo com o todo da tradição filosófica na qual estamos e somos nós mesmos, enquanto seres filosofantes, carece de fundamento? Será necessário uma fundamentação para aquilo que nos sustenta desde sempre?". É dizer, o fundamento é um novo iniciar, que "sempre se renova como antecipação de sentido, dialetizando-se historicamente através da circularidade hermenêutica",[302] no qual será possível a emergência do ser do direito de família, que é genético, (des)afetivo e ontológico, portanto tridimensional.

Calha, assim, transcrever a passagem lembrada por Stein,[303] de que Kant reclamava da filosofia, afirmando que "é um escândalo a filosofia não ter encontrado ainda a ponte entre a consciência e o mundo", ao que Heidegger teria respondido o seguinte: "o escândalo é nós ainda estarmos procurando essa ponte. Nós a temos desde sempre, enquanto seres no mundo". Momento seguinte, o autor explica essa mensagem heideggeriana, de que o ser humano não é uma coisa que se encontra no mundo junto com as demais coisas, porque é com o ser humano, e não como as coisas, que surge o próprio

---

[297] STEIN, Ernildo. *A caminho de uma fundamentação pós-metafísica.* Coleção Filosofia – 57. Porto Alegre: EDIPUCRS, 1997, p. 101 e 102.

[298] LIXA, Ivone Fernandes Morcilo. *Hermenêutica e Direito: uma possibilidade crítica.* Curitiba: Juruá, 2003, p. 147.

[299] HEIDEGGER, Martin. *Ser e Tempo.* 14.ed. Traduzido por Márcia Sá Cavalcante Schuback. Petrópolis: Vozes, 2005. Parte I, p. 84.

[300] HEIDEGGER, Martin. *Carta sobre o humanismo.* São Paulo: Moraes Ltda., 1991, p. 06.

[301] SAFRANSKI, Rüdiger. *Heidegeer: Um mestre da Alemanha entre o bem e o mal.* Traduzido por Lya Lett Luft. São Paulo: Geração Editorial, 2000, p. 220.

[302] NEDEL, Antonio. *Uma Tópica Jurídica.* Porto Alegre: Livraria do Advogado, 2006, p. 265.

[303] STEIN, Ernildo. Diferença e Metafísica: ensaios sobre a desconstrução. Porto Alegre: EDIPUCRS, 2000, p. 62, 161 e 165.

mundo, a linguagem, tornando-se o humano ser-no-mundo. Com isso, alerta o autor, é preciso abandonar a objetificação do ser humano, não mais indagando o que é o ser humano, e sim como é o ser humano, qual a diversidade humana (tridimensional).

A formação do ser humano, diz Stein,[304] se faz mediante a história e a cultura, que é o próprio humano, pelo que a tradição hermenêutica passou a interpretar, reconstruir, recriar, o texto entre as linhas, descobrindo o que se encontra atrás e por dentro dele, o não-escrito, o sentido do texto (norma). O ser humano não aprende unicamente informações nas escolas, nas especializações, mas também é entalhado pela biografia dos movimentos sociais, culturais e históricos. É por isso que o método fenomenológico não é comparado ao da filosofia tradicional, porque se mantém sob constante controle e revisão, diante dos fenômenos que sempre estão ocorrendo no tempo e na tradição, horizontes de toda compreensão.[305]

Pela linguagem streckiana, interpretar não é envolver o texto e a norma em uma capa de sentido, uma vez que "os casos já são – e somente são – jurídico-concretos", ultrapassando o problema do fundamento da metafísica, já que "o próprio fundamento é um modo de ser; é interpretação aplicativa. É, pois, 'applicatio'".[306] Assim, a crítica efetivada à filosofia tradicional pela hermenêutica filosófica é no sentido de que "existe uma verdade que não é medida metodicamente: a verdade da arte, a verdade da história e a verdade da linguagem".[307]

Como o método fenomenológico é abissal, sem fundo, universal, um modo de ser-no-mundo, e não um método individual, subjetivo, não se compreende o texto do direito de família enquanto sujeito-objeto, mas na relação *sujeito-sujeito*, uma vinculação com o mundo, com a existência, com os episódios da vida, motivo pelo qual sujeito e objeto não coincidem com mundo,[308] porque

> a compreensão consiste no movimento básico da existência, à medida que *compreender* não significa um comportamento do pensamento humano entre outros que se possa disciplinar metodologicamente e, portanto, conformar-se como método científico. Constitui antes, o movimento básico da existência humana.[309]

Subscrevo as ponderações de Rohden,[310] no sentido de que a hermenêutica filosófica não se prende a um método, à medida que a verberação de um método fenomenológico é para fins de facilitar a reflexão, como o círculo hermenêutico, a fusão de horizontes, a tradição histórica, a compreensão, o diálogo, a linguagem universal. Isso porque "não se pode tomar a compreensão ou a linguagem como um fato passível de ser investigado apenas como um 'objeto empírico'. Ambas são irredutíveis a um simples

---

[304] STEIN, Ernildo. *Aproximações sobre hermenêutica.* 2.ed. Porto Alegre: PUCRS, 2004, p. 56.

[305] HEIDEGGER, Martin. *Ser e Tempo.* 14.ed. Traduzido por Márcia Sá Cavalcante Schuback. Petrópolis: Vozes, 2005. Parte I, p. 45.

[306] STRECK, Lenio Luiz. Diferença (ontológica) entre texto e norma: afastando o fantasma do relativismo. In: *Direito e Poder. Estudos em homenagem a Nelson Saldanha.* Heleno Taveira Tôrres (Coord.). São Paulo: Manole, 2005, p. 29.

[307] STEIN, Ernildo. *Aproximações sobre hermenêutica.* 2.ed. Porto Alegre: PUCRS, 2004, p. 29 e 82.

[308] HEIDEGGER, Martin. *Ser e Tempo.* 14.ed. Traduzido por Márcia Sá Cavalcante Schuback. Petrópolis: Vozes, 2005. Parte I, p. 98.

[309] CAMARGO, Margarida Maria Lacombe. *Hermenêutica e Argumentação: uma contribuição ao estudo do Direito.* 2.ed. Rio de Janeiro: Renovar, 2001. p 30.

[310] ROHDEN, Luiz. Hermenêutica e Linguagem. In: *Hermenêutica Filosófica: Nas trilhas de Hans-Georg Gadamer.* Coleção Filosofia 117. Porto Alegre: EDIPUCRS, 2000, p. 171-2.

objeto, 'mas ambas abrangem tudo o que, de um modo ou do outro, pode chegar a ser objeto'".[311] O autor sintetiza a sua compreensão sobre a ausência de metodologia na hermenêutica filosófica em uma só palavra: "a hermenêutica é e se constitui lingüisticamente, e nisso difere do 'método' das ciências naturais", pelo que tem razão quem sustenta que a hermenêutica não é um método, e sim pura filosofia.[312]

A tridimensionalidade humana, genética, (des)afetiva e ontológica não é aplicada no País devido ao fato de a dogmática jurídica ter pensamento unívoco diante do Direito, sem uma visão universal, intersubjetiva, de abrangência dos laços humanos, em que encontraria não o método, e sim a importância da linguagem nos episódios da existência humana. A cultura jurídica compreende o direito de família de forma metódica, como se o ser humano não estivesse mergulhado no mundo da linguagem, como se ele fosse parte tão só do mundo genético, normatizado, movido pela lógica, pela subsunção, pela subjetividade, e não um ser-no-mundo, um ser universal, um existencial, um evento, um instante, um modo de ser-no-mundo-biológico, de ser-no-mundo-(des)afetivo e de ser-no-mundo-ontológico.

A imersão do Direito no mundo real possibilita a convivência com o *individual*, aproximando-o da História, atesta Baptista da Silva,[313] podendo-se garantir que cada demanda de família é uma história humana tridimensional. É por isso que concordo com o autor, ao salientar que "não se alcança o conhecimento da história utilizando os métodos das ciências lógicas, ou das ciências de pesar, medir e contar". Isso porque a *compreensão* dos fenômenos históricos "decorre da capacidade que temos de comparar coisas semelhantes, situações análogas, surpreendendo o que, em cada uma delas, expresse a respectiva singularidade que a torne diferente". Concluindo, o autor certifica que as compreensões históricas não admitem um padrão epistemológico do "certo" e do "errado", típico das ciências matemática e experimental, uma vez que o "passado, ao contrário do que muitos possam supor, não é fixo, mas essencialmente plástico, cambiante, por isso que hermeneuticamente *compreendido*".

É devido a essa plasticidade da civilização do século XXI, da laicização, democratização, universalização, da linguagem, da hermenêutica, que a dogmática jurídica está impossibilitada de acompanhar a "modernidade líquida, infinitamente mais dinâmica" do que a modernidade "sólida" que foi suplantada. A passagem da Era sólida para a líquida "acarretou profundas mudanças em todos os aspectos da vida humana".[314] O que é dito com relação à civilização, pode ser aplicado ao direito de família, que, da sólida discriminação, da desigualdade, da tirania, da exclusividade genética, transformou-se na Era Constitucional, em igualdade, liberdade, hermenêutica, linguagem, cidadania, filosofia, dignidade e condição humana tridimensional, que não são compreendidos mediante um método, pela subjetividade, e sim por um modo de ser-no-mundo tridimensional.

---

[311] LIMA, Fabíola. *Escuta pronta.* Disponível em: http://www.sinpmp. com.br/News3_Escuta.asp. Acesso em 01.12.2005.

[312] KAUFMANN, Arthur. Filosofia do Direito, Teoria do Direito, Dogmática Jurídica.In: *Introdução à Filosofia do Direito e à Teoria do Direito Contemporâneas.* Traduzido por Marcos Keel; Manuel Seca de Oliveira. Arthur Kaufmann; Winfried Hassemer (organizadores). Lisboa: Fundação Calouste Gulbenkian, 2002, p. 149-150.

[313] BAPTISTA DA SILVA, Ovídio Araújo. *Processo e Ideologia. O Paradigma Racionalista.* Rio de Janeiro: Forense, 2004, p. 265.

[314] BAUMAN, Zygmunt. *Modernidade Líquida.* Traduzido por Plínio Dentzien. Rio de Janeiro: Jorge Zahar Editor, 2001, textos constantes na *orelha* esquerda e na contracapa do livro.

Por essa razão, por exemplo, que o casamento precisa se tornar líquido, não podendo mais ser edificado mediante um procedimento (de habilitação e de celebração) e nem desfeito pela solidez de um processo (de separação, de divórcio, de dissolução de união estável), e sim arquitetado e liquidado por meio de simples requerimento ao Oficial do Cartório de Registro Civil. A solidez normativa do mundo genético deve acompanhar a evolução da sociedade, tornando-se líquida, harmonizando-se com a tridimensionalidade humana, que não é unicamente genética, mas genética, (des)afetiva e ontológica.

7.5. A (pré)compreensão, os pré-conceitos autênticos e inautênticos do texto do direito de família

A compreensão está umbilicalmente ligada a uma estrutura prévia, uma pré-estrutura da compreensão, em que a pré-compreensão é a condição de possibilidade de compreensão do texto do direito de família. A pré-compreensão não decorre exclusivamente do texto como também do ser humano e da família, porque, sublinha Inwood, "interpretar a vida humana é como interpretar um texto recoberto por séculos de exegese distorcida". Quando da interpretação e da compreensão de um texto do direito de família são necessárias a purificação da prévia posição, dos preconceitos, da aproximação e visão hermenêutica, para que sejam originais e genuínos, porque se o intérprete mantiver apenas a sua interpretação pessoal, a interpretação do original deixará de existir, mas, se "o original permanece com a sua interpretação, a interpretação pode continuar, revelando sucessivamente diversos aspectos do texto".[315]

Esse é o grave problema da dogmática jurídica, do senso comum teórico dos juristas, na medida em que o enunciado, a súmula, o verbete, a lei, a fala de autoridade, a doutrina, devassam o original do texto do direito de família, ao não admitir a sucessiva interpretação e revelação dos diversos aspectos e sentidos de seus originais. A hermenêutica jurídica tradicional, filosofia da consciência, senso comum dos juristas, senso comum teórico, ao utilizar um método de interpretação, apega-se, segundo Warat, na circulação e no consumo das verdades no Direito, em que são canonizadas "certas imagens e crenças para preservar o segredo que escondem as verdades".[316]

A relação sujeito-objeto da dogmática jurídica, na visão streckiana, faz com que haja o conceito de um operador e de um resultado, da reprodução do Direito, em que os conceitos passam a ser coercitivos, induzindo o intérprete na senda das pautas gerais (jurisprudência, súmula, parecer, fala da autoridade, enunciado etc.), que acabam por ocultar o sentido da estrutura do texto. O autor acrescenta que o *habitus dogmaticus* é

> um conjunto de crenças e práticas que compõem os pré-juízos do jurista, que tornam a sua atividade refém da cotidianeidade (algo que podemos denominar de concretude ôntica), donde falará do e sobre o Direito. É o desde-já-sempre e o como-sempre-o-Direito-tem-sido, que proporciona a rotinização do agir dos operadores jurídicos, propicionando-lhes, em linguagem heideggeriana, uma "tranqüilidade tentadora". O *habitus dogmaticus* é uma espécie de "casa tomada", onde o problema de estar-refém-do-*habitus* nem sequer se apresenta como (*als*) um problema-de-estar-refém-do-*habitus*. É o lugar onde a suspensão dos pré-juízos não ocorre, impossibilitando-se a sua

[315] INWOOD, Michael. *Dicionário Heidegger*. Traduzido por Luísa Buarque de Holanda. Rio de Janeiro: Jorge Zahar, 1999, p. 79.

[316] WARAT, Luiz Alberto. *Introdução Geral ao Direito*. Porto Alegre: Sergio Fabris Editor, 1994, p. 13 e 15. volume I.

confrontação com o horizonte crítico. Em síntese, o *habitus*, o *locus* da de-caída para o discurso inautêntico repetitivo, psicoligizado e desontologizado.[317]

No terreno linguístico cotidiano dos juristas exsurge sempre um método supremo da subjetividade do intérprete (interpretação gramatical, literal, lógica, sistemática, filológica, histórica, teleológica, finalística, sociológica etc.), um processo subsuntivo-dedutivo, sendo o texto (a família, o ser humano) interpretado em etapas, como um jogo de cartas marcadas.[318]

Com a implantação do Estado Democrático de Direito, foi iniciada uma viragem linguística, possibilitando o afastamento dos métodos isolados de interpretação, seja porque a interpretação engloba todos os métodos, seja porque o método, o fundamento, não é um modo de agir, um comportamento, e sim um modo de ser-no-mundo tridimensional; seja porque toda palavra e escritos carecem de interpretação e de tradução;[319] seja porque não se pode compreender a família com base em um método isolado, mas, sim, por uma compreensão universal, um método sem fundo, intersubjetivo, um modo de ser-no-mundo; seja porque "não são os objetos que explicam o mundo, e sim este é o instrumento que possibilita o acontecer da explicitação dos objetos".[320]

A hermenêutica filosófica e fenomenológica afastaram o véu metafísico, a *tranquilidade tentadora* dos operadores jurídicos, mediante corte vertical do círculo da pré-compreensão, da tradição, da fusão de horizontes, dos pré-juízos autênticos e inautênticos, que se circunscrevem ao método fenomenológico, abissal, sem fundo, universal,[321] em que a interpretação ocorre porque já houve a pré-compreensão do texto do direito de família.

O intérprete ajusta o dialogar, o conversar, o palavrear com a realidade de que se fala no texto, cuja compreensão é uma ampla compreensão de si mesmo[322] e uma inserção em seu horizonte de pré-conceitos diferentes, "resultando uma reformulação das perspectivas que nos são próprias".[323] É por isso que a pré-compreensão não está atrelada ao ato de interpretar, porque, *antes de interpretar, já houve a pré-compreensão*, que não é um dos modos de agir, mas um modo de ser-no-mundo. Com isso, não há um operador e nem um resultado, mas, sim, um sentido, estando excluída a possibilidade de

---

317 STRECK, Lenio Luiz. A hermenêutica e o acontecer (ereignen) da Constituição: a tarefa de uma nova crítica do direito. In: *Anuário do programa de pós-graduação em Direito*. São Leopoldo: Unisinos, 2000, p. 108 e seguintes.

318 STRECK, Lenio Luiz. *Jurisdição Constitucional e Hermenêutica – Uma Nova Crítica do Direito*. Porto Alegre: Livraria do Advogado, 2002.

319 HEIDEGGER, Martin. *Heráclito*. 3.ed. Traduzido por Márcia Sá Cavalcante Schuback. Rio de Janeiro: Relume Dumará, 2002, p. 78. O autor lembra que "as palavras e escritos da própria língua materna necessitam de interpretação, e é por isso que, com freqüência e necessariamente, é preciso traduzir a própria língua. Todo dizer, discurso e resposta são tradução".

320 STRECK, Lenio Luiz. *Hermenêutica jurídica e(m) crise*. 2.ed. Porto Alegre: Livraria do Advogado, 2000, p. 287.

321 GADAMER, Hans-Georg. *O problema da consciência histórica*. 2.ed. Traduzido por Paulo César Duque Estrada. Rio de Janeiro: Fundação Getúlio Vargas, 2003, p. 12.

322 DUQUE, João. Gadamer e a Teologia. In: *Revista Portuguesa de Filosofia*. jul./ez. 2000. Vol. 56, fase 3-4, p. 343, p. 341-342, citando: Pontifícia Comissão Bíblica. *A interpretação da Bíblia na Igreja*. II.A.I, Secretaria Geral do Episcopado: Lisboa, 1994, p. 87.

323 SILVA, Rui Sampaio da. Gadamer e a Herança Heideggeriana. In: *Revista Portuguesa de Filosofia*. jul.-dez. 2000. Vol. 56, fase 3-4, p. 527.

um método de interpretação, à medida que a atribuição de sentido se dá na abertura, no desvelar, na pré-compreensão e no modo de ser-no-mundo.

Para interpretar, o intérprete necessita compreender e, para compreender, deve ter uma pré-compreensão, em que a linguagem não é um objeto, uma vinculação entre sujeito-objeto, e sim um relacionamento de sujeito-sujeito, um horizonte aberto pela compreensão histórica da tradição, um fio condutor de virada hermenêutica, fazendo brotar o sentido da estrutura do texto e a produção do Direito.[324] A linguagem hermenêutica deve ser trazida do geral para o particular, do coletivo para o singular,[325] dentro de uma universalidade e de uma singularidade,[326] porque a *"universalidade" só é na sua "singularidade" e esta só é na "universalidade"*,[327] e a atualização da linguagem compreende o passado a partir do presente[328], uma vez que "todo aquel que lee un texto e intenta comprenderlo ocasiona siempre una apropriación productiva del texto desde su presente",[329] dentro da característica fundamental do círculo da compreensão, que se submete a um constante processo de revisão crítica.[330]

No interpretar, o ser humano está sempre diante de uma situação concreta, uma singularidade, *daquele caso*, que não é igual ao outro (a coisa mesma não é a mesma coisa, diz Streck), tendo em vista que a verdade é desvelamento de uma situação concreta, nas suas especificidades.[331] O que liga o intérprete à situação hermenêutica não é a dogmática jurídica, que se calça na correção do resultado de um processo subsuntivo-dedutivo, que é para ela o sagrado instante da subjetividade, e sim a hermenêutica filosófica, pela compreensão histórica da tradição, que é o (re)aparecimento dos fenômenos à luz do sentido próprio da vida,[332] pois ninguém escapa da história, do passado e do presente, que são a proveniência do ser humano, que surte efeito nos fenômenos da convivência, significando "um conjunto de acontecimentos e influências que atravessa o passado, presente e futuro".[333]

O rompimento paradigmático assume absoluta relevância, ressalta Streck, "exatamente pela circunstância de que a hermenêutica não mais será uma 'questão de método',

---

[324] STRECK, Lenio Luiz. Hermenêutica (jurídica): compreendemos porque interpretamos ou interpretamos porque compreendemos? Uma resposta a partir do Ontological Turn. In: *Anuário do programa de pós-graduação em direito.* Leonel Severo Rocha e Lenio Luiz Streck (org.). São Leopoldo: UNISINOS, 2003.

[325] CANCELLO, Luiz A. G. *O fio das palavras.* 4.ed. São Paulo: Summus Editorial, 1991, p. 24.

[326] STRECK, Lenio Luiz. Hermenêutica (jurídica): compreendemos porque interpretamos ou interpretamos porque compreendemos? Uma resposta a partir do Ontological Turn. In: *Anuário do programa de pós-graduação em direito.* Leonel Severo Rocha; Lenio Luiz Streck (org.). São Leopoldo: UNISINOS, 2003, p. 225.

[327] STRECK, Lenio Luiz. *Jurisdição constitucional e hermenêutica: uma nova visão crítica do direito.* 2.ed. Rio de Janeiro: Forense, 2004, p. 265.

[328] HEIDEGGER, Martin. *Ser e Tempo.* 14.ed. Traduzido por Márcia Sá Cavalcante Schuback. Petrópolis: Vozes, 2005, p. 198.

[329] GADAMER, Hans-Georg. *Hermenéutica de la Modernidad. Conversaciones con Silvio Vietta.* Traduzido por Luciano Elizaincín-Arrarás. Madrid: Editorial Trotta, 2004, p. 17.

[330] VILA-CHÁ, João J. Hans-Georg Gadamer. In: *Revista Portuguesa de Filosofia.* jul.-dez. 2000. Vol. 56, fase 3-4, p. 305.

[331] STRECK, Lenio Luiz. Hermenêutica (jurídica): compreendemos porque interpretamos ou interpretamos porque compreendemos? Uma resposta a partir do *Ontological Turn.* In: *Anuário do programa de pós-graduação em direito.* Leonel Severo Rocha; Lenio Luiz Streck (org.). São Leopoldo: UNISINOS, 2003, p. 263-4.

[332] CANCELLO, Luiz A. G. *O fio das palavras.* 4ed. São Paulo: Summus Editorial, 1991, p. 83.

[333] HEIDEGGER, Martin. *Ser e Tempo.* 12.ed. Rio de Janeiro: Vozes. Volume II, 2005, p. 183 e 184.

passando a ser filosofia".[334] A hermenêutica deixa de ser uma aproximação entre um sujeito e um objeto, para ser um relacionamento entre um sujeito e outro sujeito (entre humanos), com a utilização de nenhum e, ao mesmo tempo, de todos os métodos, numa análise fenomenológica, existencial, sem fundo, abissal, universal.[335]

Pela hermenêutica filosófica é vista a história, o mundo e a tradição da vida numa espiral hermenêutica entre passado, presente e futuro, em que são (re)velados os preconceitos, formando uma pré-compreensão do texto do direito de família. Isso explica o porquê do processo de interpretação da dogmática jurídica não produzir o Direito, na medida em que é impossível extrair o sentido que estaria inserido no texto, por não haver domínio sobre a compreensão, que se dá a partir da condição de ser-no-mundo do intérprete.[336]

No pré-compreender, o ser humano é orientado por condicionamentos do tipo linguístico-cultural, havendo uma pré-compreensão das coisas, que antecipa o nosso conhecimento da realidade,[337] *sendo a condição de ser-no-mundo que vai determinar o sentido do texto* (e não o método de interpretação).[338] É por isso que Heidegger sinaliza que a interpretação se apoia existencialmente na compreensão, e não vice-versa, pelo que "interpretar não é tomar conhecimento de que se compreendeu, mas elaborar as possibilidades projetadas na compreensão",[339] já que "o mundo já compreendido se interpreta", motivo por que os pré-juízos (preconceitos) são o ponto de partida para toda a compreensão.[340]

Para compreender é preciso ser entendido na coisa mesma, naquilo que se pretende compreender, isto é, o intérprete deve ser versado na questão em análise, na situação hermenêutica concreta de que fala a filosofia prática, e, apenas secundariamente, destacar e compreender a opinião do outro como tal.[341] Como isso, Gadamer quer dizer que

[334] STRECK, Lenio Luiz. Hermenêutica (jurídica): compreendemos porque interpretamos ou interpretamos porque compreendemos? Uma resposta a partir do *Ontological Turn*. In: *Anuário do programa de pós-graduação em direito*. Leonel Severo Rocha e Lenio Luiz Streck (org.). São Leopoldo: UNISINOS, 2003, p. 236. Sobre a diferença ontológica, ver STEIN, Ernildo. *Diferença e metafísica*. Coleção filosofia nº 114. Porto Alegre: Edipucrs, 2000.

[335] STRECK, Lenio Luiz. *Hermenêutica Jurídica e(m) Crise*. 5.ed. Porto Alegre: Livraria do Advogado, 2004, p. 206. O autor afirma que "o historicismo pensou que a distância temporal era um 'handicap' de toda a compreensão que somente poderia salvar-se com o uso de metodologias apropriadas para nos permitir transladarmos à época em questão e adentrarmos em seu espírito, em sua cultura, em sua idiossincrasia, em seus ideais e vivências; tudo isto porque essa era a verdade do passado. Entretanto, contrariamente a isto, a nova hermenêutica propõe – ontologicamente, e não epistemologicamente – que a distância no tempo é a situação ótima que permite a sua compreensão".

[336] STRECK, Lenio Luiz. Hermenêutica (jurídica): compreendemos porque interpretamos ou interpretamos porque compreendemos? Uma resposta a partir do *Ontological Turn*. In: *Anuário do programa de pós-graduação em direito*. Leonel Severo Rocha e Lenio Luiz Streck (org.). São Leopoldo: UNISINOS, 2003, p. 268.

[337] D'AGOSTINI, Franca. *Analíticos e continentais*. Traduzido por Benno Dischinger. Coleção Idéias. São Leopoldo: Unisinos, 2003, p. 400.

[338] STRECK, Lenio Luiz. *Jurisdição constitucional e hermenêutica: uma nova visão crítica do direito*. 2.ed. Rio de Janeiro: Forense, 2004, p. 197-198.

[339] HEIDEGGER, Martin. *Ser e Tempo*. 14.ed. Traduzido por Márcia Sá Cavalcante Schuback. Petrópolis: Vozes, 2005. Parte I, p. 204.

[340] CAMARGO, Margarida Maria Lacombe. *Hermenêutica e Argumentação: uma contribuição ao estudo do Direito*. 2.ed. Rio de Janeiro: Renovar, 2001, p. 18 e 22, nota de rodapé.

[341] GADAMER, Hans-Georg. *Verdade e Método I*. 6.ed. Traduzido por Flávio Paulo Meurer. Petrópolis: Vozes, 2004, p. 390.

a primeira de todas as condições de uma conduta hermenêutica é a pré-compreensão "que surge do teor de se haver com essa mesma coisa. A partir daí, determina-se o que pode ser realizado como sentido unitário e, com isso, a aplicação da concepção prévia da perfeição". Por concepção prévia da perfeição, o autor entende que se cuida de uma pressuposição, orientando toda a compreensão, pois somente é compreensível o que apresenta uma unidade de sentido perfeita, tenha um conteúdo determinado, expresse perfeitamente sua opinião, sendo aquilo que o intérprete diz uma verdade perfeita, porquanto somente nessas circunstâncias o compreender é um compreender de forma diferente.[342]

Alguns exemplos contribuirão para elucidar o sentido da pré-compreensão do texto, do direito de família, do ser humano:

a) quando vejo um fuzil é porque antes disso eu já sabia que se cuidava de arma, já que, se não tivesse essa pré-compreensão de sentido, não saberia que se cuidava de um fuzil;[343]

b) quando digo que "o martelo é pesado demais, o que se descobre à visão não é um sentido, mas um ente no modo de sua manualidade".[344] Compreender o que é um martelo é considerá-lo ou vê-lo como um utensílio de martelar;[345]

c) as leis de Newton, antes dele, não eram verdadeiras e nem falsas, o que não significa que a lei da gravidade não existia antes de sua descoberta, mas, sim, que a gravidade foi desvelada com a descoberta, pelo que descobrir é o modo de ser da verdade;

d) quando o ser humano empreende uma experiência com um objeto, significa que ele não vê corretamente as coisas como elas são, mas que após a experiência ele se dá conta de como elas realmente são, e isso representa não uma reprodução, e sim uma produção de saber, de conhecimento;[346]

e) se vejo um apetrecho pelo conceito de violino, é porque não tenho a pré-compreensão de um violino;

f) um sociólogo tem compreensão do ser humano diferente da visão do economista, porque ele vai olhar para o comportamento social das pessoas, e não para o comportamento econômico;[347]

g) se alguém, na minha ausência, modifica o local dos móveis de meu quarto, de tal forma que aquilo que se localizava na direita passou para a esquerda, ao nele entrar no escuro eu não estou orientado sobre a posição dos móveis. Isso significa, diz Heidegger, que eu me oriento em um mundo e a partir de um mundo já *conhecido*, cujo

[342] GADAMER, Hans-Georg. *Verdade e Método I.* 6.ed. Traduzido por Flávio Paulo Meurer. Petrópolis: Vozes, 2004, p. 388, 389, 390 e 392.

[343] STRECK, Lenio Luiz. Hermenêutica (jurídica): compreendemos porque interpretamos ou interpretamos porque compreendemos? Uma resposta a partir do *Ontological Turn*. In: *Anuário do programa de pós-graduação em direito*. Leonel Severo Rocha e Lenio Luiz Streck (org.). São Leopoldo: UNISINOS, 2003, p. 228.

[344] HEIDEGGER, Martin. *Ser e Tempo.* 14.ed. Rio de Janeiro: Vozes, 2005, p. 212.

[345] INWOOD, Michael. *Dicionário Heidegger.* Rio de Janeiro: Jorge Zahar, 1999, p. 19.

[346] GADAMER, Hans-Georg. *Verdade e Método I.* 6.ed. Petrópolis: Vozes, 2004, p. 462.

[347] INWOOD, Michael. *Dicionário Heidegger.* Rio de Janeiro: Jorge Zahar, 1999, p. 99, citando os exemplos dos itens "e" e "f".

conjunto instrumental deve ter sido dado previamente, o que quer dizer que "se o mundo pode, de certo modo, evidenciar-se, é porque ele já deve ter-se aberto";[348]

h) se vejo dois pais e duas mães, que estão a brincar com os filhos, compreendo que se cuida de duas famílias, mesmo não sabendo, previamente, se as duas ou uma delas foi edificada pela união estável, querendo-se dizer que não é a lei, mas, sim, a realidade existencial que define uma família.

Para Gadamer, "compreender é sempre interpretar e, por conseguinte, a interpretação é a forma explícita da compreensão", querendo dizer que compreensão é interpretação e interpretação é compreensão. Essa fusão entre compreensão e interpretação faz com que tenha sido expulso da hermenêutica o momento da aplicação, uma vez que, na leitura gadameriana, "compreender é sempre também aplicar", ocorrendo "algo como uma aplicação do texto a ser compreendido à situação atual do intérprete".

Esse pensamento filosófico demonstra o equívoco que transita entre o senso comum dos juristas, quando se afirma que o julgador primeiro decide para depois buscar a fundamentação. Quando ele decide é porque já encontrou o fundamento, o modo de ser-no-mundo-genético-des-afetivo-ontológico, não sendo a interpretação, e sim a pré-compreensão que o leva a julgar, pelo que, antes de julgar, de fundamentar, de justificar, ele já pré-compreendeu, havendo, com isso, não várias etapas de interpretação, e sim um processo único.[349]

O ser humano só interpreta quando e porque compreende algo antes, pois, o contrário disso, o levaria ao abismo da dualidade metodológica,[350] significando que compreensão, interpretação e aplicação não são três, mas, sim, um evento unitário de igual importância e essencialidade na hermenêutica filosófica. Concluindo suas ideia, o autor percebe que "o conhecimento de sentido de um texto jurídico e sua aplicação a um caso jurídico concreto não são dois atos separados, mas um processo unitário", transpassando, com isso, a distância que separa o intérprete do texto e superando a alienação de sentido que o texto experimentou.

Para Heidegger, "sentido é aquilo que pode articular-se na abertura da compreensão. O sentido não pode ser definido como algo que ocorre em um juízo ao lado e ao longo do ato de julgar", uma vez que a compreensão está sempre articulada antes de qualquer interpretação.[351] O intérprete não conhece o texto como um universal, porque é a tradição que constitui o sentido e o significado do texto, mas sem ignorar a si mesmo e, principalmente, relacionar o texto com a situação hermenêutica, com o caso concreto, à medida que compreender é aplicar algo geral a uma situação concreta e particular.[352]

A compreensão, a interpretação e a aplicação do texto, para a hermenêutica tradicional, são momentos distintos, mas, para a hermenêutica filosófica, são instantes simultâneos, porque, na esteira gadameriana, a interpretação é a forma explícita da com-

---

[348] HEIDEGGER, Martin. *Ser e Tempo*. 14.ed. Traduzido por Márcia Sá Cavalcante Schuback. Petrópolis: Vozes, 2005. Parte I, p. 119 e 158.

[349] GADAMER, Hans-Georg. *Verdade e Método*. 6.ed. Rio de Janeiro: Vozes, 2004. Tomo I, p. 409.

[350] STRECK, Lenio Luiz. Hermenêutica (jurídica): compreendemos porque interpretamos ou interpretamos porque compreendemos? Uma resposta a partir do *Ontological Turn*. In: *Anuário do programa de pós-graduação em direito*. Leonel Severo Rocha e Lenio Luiz Streck (org.). São Leopoldo: UNISINOS, 2003, p. 228.

[351] HEIDEGGER, Martin. *Ser e Tempo*. 14.ed. Traduzido por Márcia Sá Cavalcante Schuback. Petrópolis: Vozes, 2005. Parte I, p. 208, 211 e 219.

[352] GADAMER, Hans-Georg. *Verdade e Método I*. 6.ed. Traduzido por Flávio Paulo Meurer. Petrópolis: Vozes, 2004, p. 406, 407,408, 409, 411 e 426.

preensão e a aplicação é o próprio ato de compreender, pelo que não se compreende primeiro para, depois, aplicar o compreendido a algo, mas compreende-se aplicando, visto que *só se pode aplicar o que já se possui previamente*.[353]

Em Gadamer, a pré-compreensão transforma-se em preconceito (o conceito prévio), mas não no sentido depreciativo, negativo, recebido da tradição Iluminista,[354] sem fundamentação e com o sentido legitimado racionalmente, mediante um método, o qual não deixa espaço para outros modos de certeza, já que o juízo prévio não tem um fundamento na coisa, sendo um juízo sem fundamento. Para compreender o sentido do preconceito, Gadamer[355] desvelou o seu conceito também *no sentido positivo*, à medida que existem preconceitos (conceitos prévios) autênticos (puros, legítimos claros) e inautênticos (impuros, ilegítimos, turvos).

A palavra pré-juízo, preconceito, pré-conceito, juízo prévio, conceito prévio, não possui conotação apenas negativista, mas também no sentido positivista, formando-se na pré-compreensão, portanto antes da compreensão do texto (da família, do ser humano), motivo pelo qual o conceito formado na pré-compreensão precisa sempre ser revisto, re-projetado. Isso quer dizer que o termo preconceito não significa, em princípio, um falso juízo, com conceito prévio negativo, *e sim um juízo que se forma antes da efetivação da compreensão, podendo ser valorado positiva ou negativamente*.[356]

O preconceito é um espaço aberto no modo de ser-no-mundo tridimensional, a condição de possibilidade para a compreensão, já que todo ser humano é portador de preconceito autêntico e inautêntico, não havendo um ser humano puro, totalmente autêntico. Nas palavras de Heidegger, a pessoa e o essencial das coisas tendem para o disfarce ou estão efetivamente encobertos, em vista do primado da tendência para o encobrimento, significando que ideologia, interesse, repressão, alienação, reificação, são modos de totalização que comandam as teorias sobre o ser humano e a história.[357]

O reconhecimento do caráter essencialmente preconceituoso de toda compreensão não é possível ser descoberto mediante um método, que se funda na razão, na subjetividade. Gadamer afirma que o preconceito é desvelado pelo diálogo entre o passado e o presente (tradição), do todo à parte e da parte ao todo (círculo hermenêutico), da suspensão dos preconceitos e da fusão de horizontes (cosmovisão dos preconceitos), cujo confronto é tarefa permanente, incompleta, para que seja possível rever, reavaliar, reprojetar as posições prévias, os juízos prévios, os conceitos prévios.

Para que o intérprete possa distinguir os preconceitos legítimos e ilegítimos, para tornar possível a compreensão, é indispensável o tempo, a historicidade, uma vez que, na visão gadameriana,[358] "o tempo não é primeiramente um abismo que se deve ultrapas-

---

[353] GADAMER, Hans-Georg. *Verdade e Método*. 6.ed. Traduzido por Flávio Paulo Meurer. Rio de Janeiro: Vozes, 2004. Tomo I, p. 418.

[354] TESTA, Edimarcio. *Hermenêutica filosófica e história*. Passo Fundo: UPF, 2004, p. 52. O autor lembra a formulação de Kant: "tenha coragem de te servir de teu próprio entendimento", expressando o princípio fundamental do Iluminismo, rechaça a autoridade por ser uma fonte de pré-juízos. Por não passar pelo crivo da razão, a autoridade apresenta-se fora da legitimidade conferida por ela.

[355] GADAMER, Hans-Georg. *Verdade e Método I*. 6.ed. Traduzido por Flávio Paulo Meurer. Petrópolis: Vozes, 2004, p. 360.

[356] TESTA, Edimarcio. *Hermenêutica filosófica e história*. Passo Fundo: UPF, 2004, p. 50 a 52.

[357] STEIN, Ernildo. *Seis estudos sobre ser e tempo*. 3.ed. Petrópolis: Vozes, 2005, p. 69.

[358] GADAMER, Hans-Georg. *Verdade e Método II*. 2.ed. Traduzido por Enio Paulo Giachini. Petrópolis: Rio de Janeiro, 2004, p. 79 e 80.

sar porque separa e distancia", mas é o fundamento que sustenta o acontecer, no qual se enraíza a compreensão atual. Importa é o acolhimento da distância temporal "como uma possibilidade positiva e produtiva da compreensão", a qual é preenchida pela "continuidade da origem e da tradição, em cuja luz se nos mostra tudo o que nos é transmitido". Quer-se dizer que o intérprete autêntico forma sua compreensão pela tradição histórica, que abarca os preconceitos puros e impuros, que poderão ser descobertos e suspensos com o encontro da tradição. Por isso, complementa o autor,

> para se destacar um preconceito, como tal, é necessário certamente suspender-lhe a validade; pois, à medida que continuamos determinados por um preconceito, não temos conhecimento dele e nem o pensamos como um juízo. Dessa forma, não conseguirei colocar um preconceito no aberto, diante de mim, enquanto este estiver constante e inadvertidamente em jogo, mas somente quando, por assim dizer, ele é incitado. O que permite incitá-lo, dessa forma, é o encontro com a tradição, uma vez que aquilo que provoca a compreensão já deve ter-se imposto em sua alteridade. O primeiro elemento com que se inicia a compreensão é o fato de que algo nos interpela. É a primeira de todas as condições hermenêuticas.

É preciso que o texto se deixe mostrar, dizendo alguma coisa ao intérprete, diz Gadamer, porque ambos têm seus próprios horizontes e pré-conceitos autênticos e inautênticos, que se localizam dentro de um só horizonte da compreensão, e tendo em vista que são as coisas que se revelam ao ser humano, e não o humano quem as indica.[359] O intérprete autêntico é aquele que promove uma cultura da compreensão histórica da tradição, "um desenvolvimento e uma continuação daquilo que recebemos como sendo o elo concreto entre todos nós",[360] pelo que o ser (in)autêntico depende do ser humano.[361] Reconhecer a morte é a mais autêntica das condutas humanas, mas a sua rejeição é um modo de ser inautêntico, isso porque ninguém pode substituir o humano no inevitável e derradeiro leito de sua morte, único bem de que, na verdade, ele tem a propriedade e a posse.[362]

A hermenêutica, anota Gadamer, "inclui sempre um encontro com as opiniões do outro, que vem, por sua vez, à fala", devendo haver a vinculação do intérprete ao texto e à tradição histórica, na medida em que sem essa espiral hermenêutica, sem esse vínculo, não pode haver diálogo.[363] Quem quiser compreender um texto, que sempre é uma obra de arte linguística,[364] deverá realizar um projeto, continua o autor, lançando, de antemão, um sentido da parte e do todo, com base em seus preconceitos autênticos e inautênticos, em que o primeiro sentido do texto se mostrará com certas perspectivas, dependendo do que já sabe sobre o que está pesquisando. Esse sentido preliminar é um projeto prévio,

---

[359] ESPINDOLA, Angela Araujo da Silveira e SALDANHA, Jânia Maria Lopes, Construir a Constituição para a Cidadania: A compreensão e a Linguagem na Nova Crítica do Direito Afastando os Mitläufers Jurídicos. In: *Olhares hermenêuticos sobre o Direito*. Douglas Cesar Lucas (Organizador). Ijuí: UNIJUÍ, 2006, p. 81.

[360] GADAMER, Hans-Georg. *O problema da consciência histórica*. 2.ed. Tradução de Paulo César Duque Estrada. Rio de Janeiro: Fundação Getúlio Vargas, 2003, p. 44.

[361] DOWELL, João A. Mac. *A Gênese da Ontologia Fundamental de M. Heidegger*. São Paulo: Loyola, 1993, p. 149.

[362] HUISMAN, Denis. *História do Existencialismo*. Traduzido por Maria Leonor Loureiro. Bauru: EDUSC, 2001, p. 116.

[363] GADAMER, Hans-Georg. *O problema da consciência histórica*. 2.ed. Traduzido por Paulo César Duque Estrada. Rio de Janeiro: Fundação Getúlio Vargas, 2003, p. 57.

[364] GADAMER, Hans-Georg. *Hermenêutica em retrospectiva. A virada hermenêutica*. Rio de Janeiro: Vozes, 2007, p. 40.

que sofre uma constante revisão com o aprofundamento no sentido do texto,[365] tornando inviável a reprodução de sentido.[366]

Em toda a compreensão do texto do direito de família, o intérprete sempre coloca em jogo os seus preconceitos límpidos e turvos, não existindo um ser humano puro (da criança ao idoso), isento de prejuízos (de preconceitos). Não é a vontade do intérprete ou do texto que deve se impor, e sim o dialogar entre o texto e o intérprete, os quais já estão inseridos, previamente, em um mundo pré-posto, pré-lançado, que é a compreensão histórica da tradição. A esse respeito, Gadamer fala dos pré-conceitos que pesam sobre a visão dos fatos históricos, afirmando que os pré-juízos (conceitos prévios) de um indivíduo, muito mais do que seus juízos, são a realidade histórica de seu ser,[367] havendo necessidade de purificá-los, pelo seguinte:

a) parte dos pré-conceitos não é eliminada, e fingir-se não tê-los "significa permanecer mais gravemente suas vítimas e prisioneiros; ou então se permanece vítima do mais perigoso de todos, o preconceito de neutralidade, o presumir não ter preconceitos"; b) os preconceitos são os meios para agilizar o nosso encontro com a realidade do mundo, são o pré-julgar e o pré-ver que orientam o nosso juízo e o nosso olhar.[368] A compreensão de um texto mediante a espiral hermenêutica significa que o intérprete está blindado por um preconceito autêntico, mas por meio de um método interpretativo, como ocorre na dogmática jurídica, é o mais inautêntico preconceito, visto que compreendido na limitada subjetividade e na impossibilidade de purificar os preconceitos dados pelo modo de ser-no-mundo tridimensional.

É por isso que Gadamer vai dizer que, quem quiser compreender um texto, não pode, de antemão, abandonar-se cegamente à causalidade de suas opiniões, aos seus preconceitos, não ouvindo a opinião do texto, porque *quem quiser compreender um texto está disposto a deixar que ele diga alguma coisa.* Isso não significa subjugação, neutralidade, autoanulamento ao texto, esquecendo as opiniões sobre o que se pretende compreender, e sim a suspensão dos conceitos prévios (pré-conceitos, pré-juízos), um modo de abertura para o texto, ao contexto, à opinião do outro, à tradição histórica, uma atitude hermenêutica receptiva para a alteridade do texto. Os preconceitos que não são notados são justamente os que nos tornam surdos para a coisa de que nos fala a tradição, querendo dizer que "o intérprete não está em condições de distinguir por si mesmo e de antemão os preconceitos produtivos, que tornam possível a compreensão, daqueles outros que a obstacularizam e que levam a mal-entendidos".[369]

O intérprete, prossegue o autor de Marburgo, deve permanecer neutro e receptivo ao texto, deixando que ele se apresente a si mesmo em sua alteridade, "de modo a

[365] GADAMER, Hans-Georg. *Verdade e Método II.* 2.ed. Traduzido por Enio Paulo Giachini. Petrópolis: Vozes, 2004, p. 75.

[366] STRECK, Lenio Luiz. *Hermenêutica Jurídica e(m) Crise.* 5.ed. Porto Alegre: Livraria do Advogado, 2004, p. 207.

[367] STRECK, Lenio Luiz. A hermenêutica filosófica e as possibilidades de superação do positivismo pelo (neo)constitucionalismo. In: *Constituição, sistemas sociais e hermenêutica: Anuário do Programa de Pós-Graduação em Direito da UNISINOS: mestrado e doutorado,* ano 2004. Leonel Severo Rocha; Lenio Luiz Streck (Organizadores). Porto Alegre: Livraria do Advogado, 2005, p. 163.

[368] D'AGOSTINI, Franca. *Analíticos e continentais.* Traduzido por Benno Dischinger. Coleção Idéias. São Leopoldo: Unisinos, 2003, p. 414.

[369] GAMADER, Hans-Georg. *Verdade e Método I.* 6. ed. Traduzido por Flávio Paulo Meurer. Petrópolis: Vozes, 2004, p. 391.

possibilitar o exercício de sua verdade objetiva contra a opinião própria",[370] mantendo a necessária distância histórica e uma abertura para o diálogo entre quem compreende e quem busca compreender,[371] porquanto é no palavrear com outras pessoas, textos e culturas que os preconceitos são corrigidos,[372] inclusive porque "cada texto tiene su propia unidad de intención, que no es siempre ni necesariamente la intención del que lo escribe".[373]

Nossos prejuízos, lembra Streck, estão alicerçados em uma cultura liberal-individualista, em que as leis infraconstitucionais não sofreram a indispensável e necessária filtragem hermenêutico-constitucional, fazendo com que os pré-conceitos estejam "tomados por um histórico de jurisdição constitucional que beira ao surrealismo".[374] Para Maria Luísa,[375] o ser humano parte sempre de sua memória histórica, de uma pertença a tradições, devendo, por isso, efetivar uma reabilitação do conceito de pré-conceito, reconhecendo que existem pré-juízos legítimos e ilegítimos. Em seguida, a articulista acrescenta que

> a temática do preconceito (ou o primado do recebido) constitui assim o núcleo da hermenêutica da finitude de Gadamer. Ou significamos com outros ou não fazemos mais sentido. Por isso os preconceitos de um indivíduo exprimem, muito mais do que seus juízos, a realidade histórica do seu ser. Não são juízos necessariamente errados, mas categorias dialécticas que só no diálogo fazem sentido. Pertence, pois, ao seu conceito a possibilidade de virem a ser apreciados positiva ou negativamente.

Concluindo, a autora enfatiza que uma das condutas autênticas do ser humano reside "no ouvir o que nos diz o outro e nos deixar que isso seja dito", porquanto é na linguagem que se alcança a dimensão do comum e do universal. Quer dizer, o preconceito autêntico é compreendido quando o ser humano se sente responsável por sua existência, não se tornando um estranho para si mesmo, mas se colocando a serviço dos outros, vivendo a vida, expressando os próprios sentimentos, buscando a realização de seus desejos.

Para Gadamer, lembra Sampaio da Silva,[376] o ser humano é constituído de preconceitos, motivo por que, na compreensão do texto do direito de família, deve colocar em jogo os seus pré-conceitos até que se tornem conceitos e linguagem. Com a filosofia,

---

[370] GADAMER, Hans-Georg. *Verdade e Método II*. 2.ed. Traduzido por Enio Paulo Giachini. Petrópolis: Vozes, 2004, p. 76.

[371] ROCHA, Acílio da Silva Estanqueiro. O Ideal da Europa. In: *Revista Portuguesa de Filosofia*. jul.-dez. 2000. Vol. 56, fase 3-4, p. 324.

[372] SILVA, Rui Sampaio da. Gadamer e a Herança Heideggeriana. In: *Revista Portuguesa de Filosofia*. jul.-dez. 2000. Vol. 56, fase 3-4, p. 526.

[373]. GADAMER, Hans-Georg. *Acotaciones hermenéuticas*. Traducido por Ana Agud y Rafael de Agapito. Madrid: Editorial Trotta, 2002, p. 249.

[374] STRECK, Lenio Luiz. A hermenêutica e o acontecer (*ereignen*) da Constituição: a tarefa de uma nova crítica do direito. In: *Anuário do Programa de Pós-Graduação em Direito. Mestrado e Doutorado*. Leonel Severo Rocha, Lenio Luiz Streck e José Luis Bolzan de Morais (Organizadores). São Leopoldo: UNISINOS, 2000, p. 106 e 116.

[375] SILVA, Maria Luísa Portocarrero. Razão e Memória em H.-G. Gadamer. In: *Revista Portuguesa de Filosofia*. jul./dez. 2000. Vol. 56, fase 3-4, p. 343-344.

[376] SILVA, Rui Sampaio da. Gadamer e a Herança Heideggeriana. In: *Revista Portuguesa de Filosofia*. jul./dez. 2000. Vol. 56, fase 3-4, p. 538. DUBOIS, Christian. *Heidegger: Introdução a uma leitura*. Rio de Janeiro: Jorge Zahar Editor, 2005, p. 91, afirma que "pensar a diferença é portanto pensar a verdade como desvelamento, acontecimento do próprio ser que se fecha em si mesmo".

passa-se o mesmo, continua o autor, visto que o significado de uma filosofia só pode ser outra filosofia; o significado de um poema só pode ser outro poema. Como o jogo não é jogo sem os jogadores, o texto não é texto sem o intérprete, sem o autor do texto e a tradição. Assim como o jogador submete-se às regras do jogo, o intérprete deve ater-se às regras do texto, da circularidade, da tradição, da fusão de horizontes e dos preconceitos, visto que "o acontecimento hermenêutico não é nosso agir sobre a coisa, mas o agir da própria coisa". Embora não seja o intérprete quem controla o jogo da verdade e da compreensão, ele não é totalmente passivo, pois, se assim fosse, o jogo também deixaria de ser jogo.[377]

O significado de um texto somente pode ser o de outro texto, porque a compreensão não será o resultado do intento do autor, nem do intérprete, mas, sim, do círculo hermenêutico entre ambos com pertinência ao que dizem o texto e os preconceitos autênticos e inautênticos do texto e do intérprete, da fusão de horizontes e da tradição. Como os preconceitos do intérprete, do texto e da tradição estão se movendo continuamente, cada leitura do texto do direito de família é uma nova compreensão da família, o que torna impossível a sua reprodução de sentido. O intérprete cuidadoso "fortalece as visões do texto tanto quanto possível, a fim de testar a verdade referente às suas próprias visões", havendo necessidade de serem evitadas as fusões *diretas* de horizontes do texto e do intérprete, porque reduzir a "velocidade do processo de assimilação é distinguir cuidadosamente entre seu próprio horizonte e o horizonte do texto".[378]

Como em todo texto devem estar em jogo os preconceitos, não há como negar que é estranho que a Constituição não seja vista pelo prisma do estranhamento, do assombro, da diversidade e da igualdade humana tridimensional, dos preconceitos do intérprete e da compreensão da tradição histórica do direito de família. Esse evento constitucional é um modo de ser-no-mundo, um existencial, um momento, um episódio, um evento, tendo rompido com tudo o que havia anteriormente, sendo um novo marco histórico, uma nova Era do constitucionalismo brasileiro.

O discurso da dogmática jurídica "é o desde-já-sempre e o como-sempre-o-Direito-tem-sido", propriciando, em linguagem heideggeriana, uma "tranqüilidade tentadora",[379] que é sentida na rejeição da totalidade dos modos de ser-no-mundo-genético-afetivo-ontológico e da principiologia constitucional. Não há dúvida de que é bem mais cômodo prosseguir com o desde-já-sempre, evitando a exposição dos preconceitos do intérprete e a garimpagem de um exaustivo trabalho hermenêutico do mais importante texto do País.

Os paradigmas do direito de família são difíceis de serem combatidos, uma vez que o ser humano não admite ser portador de preconceito inautêntico, de que algum dia

---

[377] SILVA, Rui Sampaio da. Gadamer e a Herança Heideggeriana. In: *Revista Portuguesa de Filosofia.* jul./dez. 2000. Vol. 56, fase 3-4, p. 522. O articulista informa que a distinção entre a verdade e o método, na obra de Gadamer, pode ser entendida como uma nova versão da diferença ontológica. STEIN, Ernildo. *Uma breve introdução à filosofia.* Ijuí: UNIJUÍ, 2002, p. 81. O autor refere que "a diferença ontológica nasce da tentativa de resolver o problema epistemológico. O ente é objeto do conhecimento científico e o ser, objeto da filosofia. A filosofia fundamenta a ciência. O conhecimento do ser é a condição de possibilidade do reconhecimento do real. Somente à medida que conheço o ser, conheço algo do real".

[378] KUSCH, Martin. *Linguagem como cálculo versus linguagem como meio universal.* Traduzido por Dankwart Bernsmüller. São Leopoldo: Unisinos, 2003, p. 260.

[379] STRECK, Lenio Luiz. A hermenêutica e o acontecer (*ereignen*) da Constituição: a tarefa de uma nova crítica do direito. In: *Anuário do programa de pós-graduação em Direito.* São Leopoldo: Unisinos, 2000, p. 108, rodapé.

tenha sido ridículo, praticado alguma violência, uma infâmia ou, pelo menos, um pecado venial, ao acreditar, cega e hipocritamente, ser o único ser Ideal, campeão e semideus.[380] Essa é uma das razões de a comunidade jurídica e o legislador resistirem aos avanços do direito de família tridimensional, o que representaria a aceitação de suas falhas, de seus preconceitos adulterados, de que somos humanos impuros, pelo que "aceder à autenticidade da existência é um combate que nunca está definitivamente ganho".[381]

Fazer uma parada obrigatória diante do texto do direito de família é uma pré-condição para deixá-lo que diga alguma coisa, porque quanto mais próximo o intérprete estiver do existente, do evento, do momento, mais distante estará da verdade hermenêutico-ontológica,[382] (des)afetiva e genética. O texto deverá dizer alguma coisa ao intérprete, o qual perguntará o que há de novo, o que mudou e qual o sentido da estrutura dessa revolucionária Carta Cidadã, colocando em jogo (em questão, no caso em concreto) os preconceitos. Embora o texto deva dizer alguma coisa, o intérprete precisa vincular-se a ele, porque onde não há vínculo não há diálogo,[383] deixando a linguagem familiar falar.

É preciso des-objetivar a Constituição, mediante a superação do paradigma metafísico do senso comum dos juristas, indagando pelo sentido e a linguagem do constitucionalismo, seu papel histórico-social no terceiro milênio.[384] A linguagem não é somente o local em que ocorre a compreensão, mas é o que torna ela possível, o meio pelo qual se transmite a realidade do mundo, em que todo o processo de compreensão, interpretação e aplicação realizam-se, simultaneamente, mediante a linguagem.[385]

No campo do direito de família, a compreensão que o intérprete deve ter é de que ela não apenas é o que consta da normatização genética, mas também com as incontáveis circunstâncias dos fantásticos modos de ser-no-mundo tridimensional, genético, (des)afetivo e ontológico, o que exige a compreensão da família não mediante um método subjetivo, e sim universal, em que o intérprete mergulha na tradição, na história do direito de família, procurando compreendê-la, atualizada pelo contexto histórico de suas (re)voluções.

Com efeito, no Brasil, por longos séculos, imperaram os paradigmas da discriminação, da hierarquia, da desigualdade, da opressão e do segredo familiar e da manutenção do casamento em detrimento da felicidade de seus membros. A Constituição Cidadã desfez tudo isso, fazendo prevalecer os direitos de todos os membros da família, substituindo a hierarquização, a violência, o totalitarismo, pelo modo de ser-no-mundo democrático, humano, solidário, protetivo, genético, afetivo e ontológico. Quer dizer, a pré-compreensão do intérprete deve ser no sentido de que houve uma revolução do paradigma familiar, em que tudo foi mudado, tudo se tornou digno, democrático, her-

[380] PESSOA, Fernando. *Poesias.* Seleção de Sueli Barros Cassal. Porto Alegre: L&PM POCKET Editores, 1997.

[381] HOTTOIS, Gilberto. *História da filosofia.* Traduzido por Maria Fernanda Oliveira. Lisboa, Portugal: Instituto Piaget, 2002, p. 327.

[382] STRECK, Lenio Luiz. *Jurisdição constitucional e hermenêutica: uma nova visão crítica do direito.* 2.ed. Rio de Janeiro: Forense, 2004, p. 234.

[383] GADAMER, Hans-Georg. *Verdade e Método.* 2.ed. Traduzido por Ênio Paulo Giachini. Rio de Janeiro: Vozes, 2004. Tomo II, p. 139.

[384] STRECK, Lenio Luiz. A hermenêutica filosófica e as possibilidades de superação do positivismo pelo (neo)constitucionalismo. In: *Constituição, Sistemas Sociais e Hermenêutica.* Anuário de Pós-Graduação de mestrado e doutorado da Unisinos. Porto Alegre: Livraria do Advogado, 2004, p. 183.

[385] ROCHA, Acílio da Silva Estanqueiro. O Ideal da Europa. In: *Revista Portuguesa de Filosofia.* jul.-dez. 2000. Vol. 56, fase 3-4, p. 326.

menêutico, solidário, a ser compreendido pela jurisdição constitucional e pela condição humana tridimensional.

7.6. O círculo hermenêutico na compreensão do direito de família

O círculo da compreensão está umbilicalmente ligado à temporalidade, com a consciência dos limites do ser humano, com os quais pode contar,[386] cuja espiral não poderá ser rompida, no plano ontológico, por nenhuma intervenção ôntica, como o intelecto ou a iluminação divina,[387] porque faz parte da condição humana.[388] Por isso, o alerta de Streck,[389] de que, ao examinar um texto (Constituição, um evento, a família, o ser humano), o intérprete já está imbuído da pré-compreensão do que é um texto, que "não é um elemento objetivo, separado do intérprete, fora da circularidade hermenêutica". Para dar-se o círculo hermenêutico (círculo da compreensão, espiral hermenêutica), "toda interpretação que se segue à compreensão precisa ter já compreendido o que vai expor", porque toda interpretação se funda existencialmente na compreensão,[390] significando que a compreensão é global, não nascendo da interpretação, que é singular, local.[391] Concluindo o pensamento, o autor alerta que, no interior do círculo hermenêutico, "o compreender não ocorre por dedução: não se deduz uma coisa de outra; o cânone ou método sempre chega tarde, porque pressupõe saberes teóricos separados da realidade".[392]

A espiral da compreensão não se fecha, superando a divisão da relação sujeito-objeto, enfatiza Gadamer, sugerindo uma estrutura do ser-no-mundo, porquanto há um sentido que se antecipa, tendo em vista que, "quem sabe usar uma ferramenta, não a converte em objeto, mas trabalha com ela".[393] Quer dizer, a compreensão do sentido do texto do direito de família promove-se mediante um vaivém "entre as partes que o compõem e a totalidade que ele é, mas também entre ele próprio e a totalidade maior de

---

[386] STEIN, Ernildo. *Uma breve introdução à Filosofia*. Ijuí: UNIJUÍ, 2002, p. 160, anota o seguinte sobre a finitude humana: "A finitude não é um elemento negativo da condução humana. Ela é a própria essência do homem. Sem ela o homem não seria homem. Se assim é, todo o vôo que quisesse deixá-la de lado deveria ser considerado como uma tentativa que não respeita a finitude. Não que a finitude deva ser abandonada, mas, sim, o vôo que não quer suportá-la. Vista de outro ângulo, a finitude com sua resistência é, antes de mais nada, aquilo que possibilita o vôo; querer eliminá-la seria destruir a própria possibilidade do vôo (...). Por isso, toda transcendência é, sempre novamente, uma experiência da finitude, isto quer dizer, uma tentativa de penetrar em seus fundamentos (...). O homem, portanto, não é finito porque tem um fim, porque termina. É finito porque é o único ser que sabe de seus limites, que pode contar positivamente com eles".

[387] STEIN, Ernildo. *Compreensão e finitude*. Ijuí: UNIJUÍ, 2001, p. 245.

[388] STEIN, Ernildo. Introdução ao Método Fenomenológico Heideggeriano. In: *Martin Heidegger. Sobre a essência do fundamento. Conferências e escritos filosóficos. Os pensadores*. Traduzido por Ernildo Stein. São Paulo: Abril Cultural, 1979, p. 290.

[389] STRECK, Lenio Luiz. Hermenêutica (jurídica): compreendemos porque interpretamos ou interpretamos porque compreendemos? Uma resposta a partir do *Ontological Turn*. In: *Anuário do programa de pós-graduação em direito*. Leonel Severo Rocha e Lenio Luiz Streck (org.). São Leopoldo: UNISINOS, 2003, p. 234 e 268.

[390] HEIDEGGER, Martin. *Ser e Tempo*. Rio de Janeiro: Vozes, 2005. Volume I, p. 211.

[391] INWOOD, Michael. *Dicionário Heidegger*. Rio de Janeiro: Jorge Zahar, 1999, p. 99.

[392] STRECK, Lenio Luiz. Hermenêutica (jurídica): compreendemos porque interpretamos ou interpretamos porque compreendemos? Uma resposta a partir do *Ontological Turn*. In: *Anuário do programa de pós-graduação em direito*. Leonel Severo Rocha e Lenio Luiz Streck (org.). São Leopoldo: UNISINOS, 2003, p. 265.

[393] GADAMER, Hans-Georg. *Verdade e Método II*. 2.ed. Traduzido por Enio Paulo Giachini. Petrópolis: Vozes, 2004, p. 382.

que ele não é senão uma parte", cuja dialética é ilimitada, em que "o texto remete para o livro que remete para a obra que remete para um contexto existencial e cultural que remete para uma época, uma história".[394]

O exemplo a seguir descrito, citado por Christian Dubois, em que Heidegger identifica o ser de um par de sapatos em uma obra de Arte de van Gogh, é o que melhor fotografa o que é o círculo da compreensão. A essência da Arte não é compreendida pelo cultor de Artes, e sim é a Arte que se deixa ver, que se mostra ao cultor, de sua pré-compreensão como obra de Arte. Esse círculo não pode ser rompido para nele entrar, fazendo a experiência pensante do círculo. Como fazer essa experiência? Se relacionando com a obra, deixando-a ser, visto que um par de sapatos na obra pode parecer como uma coisa entre tantas outras, já que pendurado na parede pode ser equiparado a um objeto, a uma arma de caça, por exemplo.

Poderia ser constatado que o par de sapatos se desvela como instrumento ao alcance da mão, que remete em última instância à mundanidade do mundo. O círculo hermenêutico dos sapatos na obra de Arte de Van Gogh, descrito por Heidegger, não de forma ôntica, e sim ontológica, foi traduzido no Brasil,[395] nos seguintes termos:

> Na obscura intimidade do oco do sapato está inscrita a fadiga dos passos do labor. No peso rude e sólido do sapato está contida a lenta e teimosa marca através do campo, ao longo dos sulcos sempre semelhantes, estendendo-se ao longe sob o vento. No couro reinam a umidade e a riqueza do solo. Sob a sola encontra-se a solidão do caminho do campo que se perde quando a noite cai. Nesses sapatos vibra o apelo silencioso da terra, seu dom silencioso do grão que amadurece, sua secreta recusa de si mesma no árido pousio dos campos invernais. Por meio desse instrumento perpassa a muda preocupação com a segurança do pão, a alegria sem palavras de novamente sobreviver à escassez, o frêmito do nascimento iminente, o tremor diante da morte que passa. Esse instrumento pertence à terra, e está ao abrigo no mundo da camponesa. No seio desse pertencimento protegido, o instrumento repousa em si mesmo.

Com pertinência ao autêntico desvelamento dessa obra de Arte, Dubois anota que o quadro mostra a verdade do instrumento em sua dimensão de mundo, e que "não é mais o filósofo que determina o ser da obra, é a obra que lhe permite descobrir o ser do instrumento", querendo-se dizer que, no compreender, há uma circularidade, "um proceder necessário do já compreendido ao compreendido, e vice-versa".[396]

Essa centelha hermenêutica de Heidegger registra que o ser-sapato do par de sapatos apareceu, desvelou-se, desocultou-se pelo simples fato de o intérprete ter-se plantado diante da obra de Arte, não sendo o intérprete, e sim a obra que fala, levando o intérprete a um lugar distinto daquele que ocupa habitualmente diante do texto. Aduz o autor que a Arte se ocupa com o belo e a beleza, e não com a verdade. É por isso que as Artes que produzem essa espécie de obra denominam-se Belas Artes, em oposição às Artes artesanais, que são meros utensílios.

No ato em que o intérprete está compreendendo, ele não está reivindicando uma posição superior, e sim confessando a necessidade de colocar à prova a verdade que su-

---

[394] HOTTOIS, Gilberto. *História da filosofia.* Traduzido por Maria Fernanda Oliveira. Lisboa, Portugal: Instituto Piaget, 2002, p. 343.

[395] DUBOIS, Christian. *Heidegger: Introdução a uma leitura.* Rio de Janeiro: Jorge Zahar, 2005, p. 168-169.

[396] D'AGOSTINI, Franca. *Analíticos e continentais.* Traduzido por Benno Dischinger. Coleção Idéias. São Leopoldo: Unisinos, 2003, p. 400.

põe própria,[397] motivo pelo qual, na linguagem heideggeriana,[398] o círculo hermenêutico contribui para o desvelamento do conhecimento originário, que pode ser apreendido de forma autêntica, isso "se a interpretação tiver compreendido que sua primeira, única e última tarefa é a de não se deixar guiar, na posição prévia, visão prévia e concepção prévia, por conceitos ingênuos e 'chutes'". A expressão "conceitos ingênuos e chutes" quer dizer que o intérprete deve afastar-se de seus prejuízos, os conceitos prévios, falsos, inautênticos, impuros, aqueles que cegam, evitando o cometimento de arbitrariedades.

Narra Gadamer[399] que o sentido do círculo hermenêutico – esse todo e essa parte – é o fundamento para toda compreensão, precisando ser integrado por outra determinação, que ele denomina de concepção prévia da perfeição, significando que "só é compreensível aquilo que realmente apresenta uma unidade de sentido completa". Salienta que o relevante no círculo da compreensão é "reconhecer a distância temporal como uma possibilidade positiva produtiva da compreensão", em que são mostrados ao intérprete tudo o que é transmitido pelo mundo da vida, inclusive distinguindo os preconceitos verdadeiros dos falsos, que serão suspensos pela estrutura da pergunta, cuja essência é colocar possibilidades e mantê-las em aberto, à medida que o preconceito só entra em jogo quando ele está em jogo, em questão, no caso concreto.

O círculo hermenêutico perfectibiliza-se mediante o método fenomenológico, na relação entre a antecipação do todo e a construção das partes, um entorno ao texto e ao contexto e à formação da compreensão histórica da tradição em que vive o intérprete, purificando os seus preconceitos e os do texto.[400] A espiral hermenêutica, esclarece Gadamer, não é de natureza formal, subjetiva ou objetiva, e sim o espaço entre o texto e o intérprete que, como mediador, evitará que o círculo se torne vicioso, como na hermenêutica tradicional, em vista do espelho deformante da subjetividade, não deixando que os seus conhecimentos e suas concepções prévias se imponham. Com isso, assegura a elaboração de um "primeiro projeto que se vai corrigindo, progressivamente, à medida que progride a decifração", tendo como início uma reflexão do intérprete "sobre as suas idéias preconcebidas que resultam da situação hermenêutica em que ele se encontra". O intérprete deve legitimar esses pré-conceitos mediante uma investigação de sua origem e de seu valor, para que o texto possa aparecer em sua diferença e manifestar a sua versão em contraste com os nossos preconceitos que a ele são impostos antecipadamente.[401]

Na visão de Almeida,[402] o projeto hermenêutico não se inicia no vazio, porque faz parte de uma *situação hermenêutica*, em que o intérprete é portador de perspectivas de uma prévia formação histórica, herdadas da tradição, estando marcado "por uma prévia estrutura que condiciona qualquer compreensão", não sendo um livro em branco, nem

---

[397] GADAMER, Hans-Georg. *Verdade e Método.* 2.ed. Traduzido por Enio Paulo Giachini. Rio de Janeiro: Vozes, 2004. Tomo II, p. 141.

[398] HEIDEGGER, Martin. *Ser e Tempo.* 14.ed. Traduzido por Márcia de Sá Cavalcante. Petrópolis: Vozes, 2005, p. 210. Parte I.

[399] GADAMER, Hans-Georg. *Verdade e Método II.* 2.ed. Traduzido por Enio Paulo Giachini. Petrópolis: Vozes, 2004, p. 74 a 80.

[400] GADAMER, Hans-Georg. *O problema da consciência histórica.* 2.ed. Tradução de Paulo César Duque Estrada. Rio de Janeiro: Fundação Getúlio Vargas, 2003, p. 13.

[401] GADAMER, Hans-Georg. *O problema da consciência histórica.* 2.ed. Tradução de Paulo César Duque Estrada. Rio de Janeiro: Fundação Getúlio Vargas, 2003, p. 61, 62 e 64.

[402] ALMEIDA, Custódio Luís S. de. Hermenêutica e Dialética. Hegel na perspectiva de Gadamer. In: *Hermenêutica filosófica. Nas trilhas de Hans-Georg Gadamer.* Porto Alegre: EDIPUCRS, 2000, p. 62.

partindo de um grau zero de compreensão, não sendo um livro em branco, nem partindo de um grau zero de compreensão, já que o ser humano, quando nasce, é lançado a um mundo já existente, cheio de conceitos prévios puros e impuros. O círculo da compreensão estabelece patamares interpretativos que, cada vez mais, lançarão as luzes sobre os pré-conceitos turvos e límpidos, ocorrendo a fusão de três horizontes: um, o horizonte de quem quer compreender o texto; outro, o horizonte do texto; o terceiro, o horizonte da tradição histórica.

Na fusão dessa *tridimensionalidade hermenêutica*, surge a compreensão, o diálogo, a retórica entre intérprete-interpretado, em constante interação entre o passado, o presente e o futuro, não permitindo a reprodução do sentido do texto. Essa distância temporal justifica as máximas de Heráclito, de que: a) "é impossível banhar-se duas vezes na mesma água do rio";[403] b) "aqueles que descem aos mesmos rios recebem águas sempre novas"; c) "descemos e não descemos aos mesmos rios"; c) "somos e não somos"; d) "a vida e a morte, a juventude e a velhice, a vigília e o sono são a mesma coisa, porque estes transformam-se naquelas e inversamente aquelas transformam-se nestes",[404] o que significa que a cada compreensão nasce um novo texto, um novo ser humano, uma nova família.

Informa Rohden que o círculo da compreensão se torna vicioso quando compreendido unilateralmente, subjetivamente, tendo em vista que a pré-compreensão é condição, não empecilho, de filosofar, e a cada nova compreensão é acrescentada ao mundo do intérprete, enriquecendo e aprofundando a sua pré-compreensão, à medida que o círculo da compreensão não é fechado, mas aberto para novas compreensões, ampliando novos horizontes.[405]

Tudo isso ocorre porque a pré-compreensão é um acontecer, um existencial, um modo de ser-no-mundo tridimensional, em que os preconceitos estão em constante mudança no círculo hermenêutico, fazendo com que cada instante seja um novo evento; cada compreensão é um novo choque hermenêutico; cada descida ao rio é formatada com nova água; cada evento é um novo evento aos membros da família, sendo, por isso, que somos outro a cada instante, diferentes de nós mesmos a todo episódio da vida, uma nova compreensão do texto do direito de família, porquanto, no segundo banho

---

[403] STRECK, Lenio Luiz. Hermenêutica (jurídica) e Estado Democrático de Direito: uma análise crítica. In: *Anuário do Programa de Pós-Graduação em Direito. Mestrado e Doutorado.* Leonel Severo Rocha, Lenio Luiz Streck e José Luis Bolzan de Morais (Organizadores). São Leopoldo: UNISINOS, 1999, p. 105. STRECK, Lenio Luiz. *Jurisdição constitucional e hermenêutica: uma nova visão crítica do direito.* 2.ed. Rio de Janeiro: Forense, 2004, p. 275. O autor anota o seguinte: (...) "Por isso, o processo hermenêutico de compreensão é uma violência, é um roubo, como acentua Heidegger, onde as 'res furtivae', isto é, o ente desvelado em seu ser (a coisa mesma) deve ficar sob a guarda do intérprete. Não se olvide que o ser se desvela e se vela, porque, afinal, nunca nos banhamos na mesma água do rio (...)".GADAMER, Hans-Georg. *Verdade e Método II.* 2.ed. Traduzido por Enio Paulo Giachini. Petrópolis: Rio de Janeiro, 2004, p. 59-60, nos diz, a esse respeito, o seguinte: "Heidegger nos ensinou o que significa para o pensamento do ser o fato de a verdade precisa ser arrebatada da ocultação, do velamento das coisas como um roubo. A ocultação e o velamento pertencem ao mesmo fenômeno. As coisas mantêm-se por si próprias em estado de ocultação: 'a natureza ama esconder-se', teria dito Heráclito. Mas também o velamento pertence à ação e ao falar próprios dos seres humanos, pois o discurso humano não transmite apenas a verdade, mas conhece também a aparência, o engano, a simulação. Há um nexo originário, portanto, entre ser verdadeiro e discurso verdadeiro. A desocultação do ente vem à fala no desvelamento da proposição".

[404] BRUN, Jean. *Os Pré-Socráticos.* Traduzido por Armindo Rodrigues. Lisboa: Edições 70, p. 45 a 47, citando os itens *b* a *d.*

[405] ROHDEN, Luiz. *Hermenêutica filosófica. Entre a linguagem da experiência e a experiência da linguagem.* São Leopoldo: Unisinos, 2002, p. 170-171.

hermenêutico, estarão contidos os preconceitos autênticos e inautênticos do primeiro e do segundo banhos e, assim, sucessivamente.

Isso significa que o passado, o presente e o futuro da tridimensionalidade humana não persistem isoladamente, estando relacionados um com o outro, em constante mutação, pela transformação da família, genética, (des)afetiva e ontológica, que está mudando a cada instante, por se encontrar em constante movimento circular e levar em conta a constituição histórica e temporal do ser humano, fazendo com que a espiral hermenêutica seja o princípio basilar da hermenêutica filosófica.[406]

De acordo com Rohden,[407] o círculo hermenêutico não tem ligação com nenhuma estrutura da compreensão, constituindo-se em estrutura do filosofar como um todo, não havendo interpretação única, última e definitiva, "como também não há um ponto final no filosofar", uma vez que, embora o humano seja finito no tempo (um ser para a morte, diria Heidegger), tem infinitude no saber. Para o autor, é possível compreender o círculo da compreensão como o *enquanto* da hermenêutica, constituindo-se em um espaço que instaura o sentido histórico, uma vez que ele ocorre no tempo e no espaço, vinculado à coisa transmitida, mantendo um nexo com a tradição. Nesse choque hermenêutico, o sentido acontece, não sendo extraído simplesmente, interessando mais a pergunta, que abre novas possibilidades de conhecer e de pensar que a resposta. Esse *enquanto* da compreensão, conclui o articulista, dá uma noção de movimento, sem ponto fixo, inapreensível, em que fim e princípio se encontram, apontando um algo ainda não-dito a se dizer.

O círculo hermenêutico reclama uma abertura histórica para o mundo da vida, à realidade, à práxis humana, à "experiência existencial da singularidade do humano acontecer fático, não redutível a qualquer apriorismo lógico conceitual".[408] Por isso, lembra Stein, na esteira de Heidegger,[409] que a "pedra não tem mundo, o animal é pobre de mundo e o ser humano é formador de mundo", querendo dizer que o *mundo natural* pode existir para os seres vivos não-humanos, e que o ser humano é formador do mundo, não havendo, para o ser humano, um mundo natural, objetificado, metódico, exclusivamente genético, como quer a dogmática jurídica. Desde que o ser humano fala em mundo nele sempre está envolto, situado em seu contexto histórico de conhecimento, "da familiaridade e do lidar, com que lhe tira o caráter simplesmente objetivo e lhe impõe o caráter de algo significado, vindo então o mundo ao nosso encontro com o caráter de significabilidade".

A Constituição, a lei, a família, o ser humano, não podem ser compreendidos como um comportamento, dentro do mundo dos seres vivos (genético), mas, sim, como uma forma, uma circunstância de ser dentro do mundo humano tridimensional, genético, (des)afetivo e ontológico. Isso ocorre porque o humano se transforma em humano quando evolui para além do mundo dos demais seres vivos, o que acontece quando passa a se relacionar com os mundos afetivo e ontológico, em cujos mundos ele adquire a linguagem.

---

[406] D'AGOSTINI, Franca. *Analíticos e continentais*. Traduzido por Benno Dischinger. Coleção Idéias. São Leopoldo: Unisinos, 2003, p. 400-401.

[407] ROHDEN, Luiz. *Hermenêutica filosófica: entre a linguagem da experiência e a experiência da linguagem*. São Leopoldo: Unisinos, 2002, p. 161, 166 a 169.

[408] NEDEL, Antonio. *Uma Tópica Jurídica*. Porto Alegre: Livraria do Advogado, 2006, p. 258.

[409] STEIN, Ernildo.*Pensar é pensar a diferença*. Ijuí: Unijuí, 2002, p. 116 a 125, lembrando Martin Heidegger. In: *Os conceitos fundamentais da metafísica – mundo, finitude e solidão*.

O ser humano tem uma abertura de caráter triplo: "para si, para os outros e para as coisas", lembra Heidegger. Aplicado esse pensamento ao direito de família, pode-se afirmar que a compreensão do ser humano não é efetivada unicamente pelo mundo genético (das coisas, dos objetos), mas, sim, compreendido como um acontecer, um existencial, um episódio nos mundos genético (abertura às coisas), afetivo (abertura para os outros) ou desafetivo (fechamento para os outros) e ontológico (abertura para si). É por isso que a hermenêutica filosófica não objetifica o ser humano, porque essa coisificação faz com que ele seja compreendido tão-só pelo viés solitário, unitário, pela visão parcial da normatização genética, quando a sua condição humana precisa ser compreendida como um ser em sua abertura total, no acontecer de sua tridimensionalidade.

Com razão Stein, ao pontificar que a objetificação torna tudo comum, igualando o ser humano e as coisas, mas o acontecer da hermenêutica filosófica e fenomenológica é um modo de evitar essa coisificação. É nesse acontecer que se encaixa o círculo hermenêutico e a diversidade genética, (des)afetiva e ontológica, porque transpassam a relação sujeito-objeto pela antecipação de sentido do texto do direito de família, impedindo o objetivismo e o subjetivismo, constituindo-se na linguagem da compreensão do ser humano e, ao mesmo tempo, concedendo o espaço de seu acontecer, representando "o teorema que precede qualquer distinção entre sujeito e objeto e, onde esta distinção for usada, ela já sempre repousa sobre um acontecer e um vir-ao-encontro".[410]

7.7. A fusão de horizontes no direito de família

A fusão de horizontes se plenariza sempre que o ser humano compreende alguma coisa do passado, na participação, na distância e no domínio da tradição, à medida que o velho e o novo crescem juntos para uma validade repleta de vida.[411] É a partir da fusão de horizontes que se dá o acontecer da interpretação, assevera Streck, porque compreender é sempre o processo de fusão dos supostos horizontes para si mesmo. Para interpretar, o ser humano precisa compreender, e, para compreender, deve ter uma pré-compreensão, "constituída de estrutura prévia do sentido – que se funda essencialmente em uma posição prévia, visão prévia e concepção prévia – que une todas as partes do 'sistema'". O compreender é a categoria pela qual o ser humano se constitui, sendo "pelo nosso modo de compreensão enquanto ser no mundo que exsurgirá a 'norma' produto da 'síntese hermenêutica', que se dá a partir da faticidade e da historicidade do intérprete". O autor[412] conclui seu pensamento nos seguintes termos:

> O sentido do texto se dá a partir do modo de ser-no-mundo no qual está inserido o intérprete. Não se percebe o texto primeiramente enquanto "ser-objeto". Há um mundo circundante onde acontece essa manifestação. Ao vislumbrar o texto, já há um ter-prévio, um ver-prévio e um pré-conceito acerca da Constituição.

A fusão de horizontes, pela doutrina gadameriana, abarca e encerra tudo o que pode ser visto a partir de determinado ponto, em que a estreiteza do horizonte pode ser ampliada, visualizando novos horizontes, que não são fechados, deslocando-se ao passo de que se move. O autor quer dizer que o horizonte do passado, em que habita a vida

---

[410] STEIN, Ernildo. *Pensar é pensar a diferença: filosofia e conhecimento empírico*. Ijuí: UNIJUÍ, 2002, p. 17 e 18.

[411] STRECK, Lenio Luiz. *Hermenêutica Jurídica e(m) Crise*. 5.ed. Porto Alegre: Livraria do Advogado, 2004, p. 207-208.

[412] STRECK, Lenio Luiz. *Verdade & Consenso*. Rio de Janeiro: Lumen Juris, 2006, p. 170 e 175.

humana, a montanha da vida, que se apresenta sob a forma de tradição, está sempre em movimento, não tendo sido a consciência histórica quem iniciou esse movimento, porque "nela esse movimento não faz mais que tomar consciência de si mesmo".[413]

A cosmovisão dos preconceitos é obtida pela fusão de horizontes, da tradição (horizonte do passado), do acontecer do tempo, do conjunto de experiências historicamente transmitidas, resolvendo a questão entre o horizonte do texto, do intérprete e da tradição histórica, os quais se fundem em um único horizonte, em um novo texto do direito de família. São, portanto, três horizontes que estão imbricados no momento da compreensão: um, o horizonte que o intérprete leva com ele no encontro com o texto e com a tradição; outro, o horizonte do autor do texto; o terceiro, o horizonte histórico da tradição, ocorrendo um alargamento do horizonte do intérprete quando da leitura do texto, nascendo, então, uma nova compreensão do texto do direito de família. É o que ensina Gadamer,[414] no sentido de que todos esses horizontes juntos

> formam esse grande horizonte que se move a partir de dentro e que abarca a profundidade histórica de nossa autoconsciência para além das fronteiras do presente. Na realidade, trata-se de um único horizonte que engloba tudo quanto a consciência histórica contém em si. O nosso próprio passado e o dos outros, ao qual se volta a consciência histórica, faz parte do horizonte móvel a partir do qual vive a vida humana, esse horizonte que a determina como origem e tradição.

O horizonte não é fixo, mas móvel, em constante movimento, pelo que o horizonte do presente não se forma sem o horizonte do passado, e nem ambos são constituídos sem um horizonte do futuro, uma vez que "compreender é sempre um processo de fusão desses horizontes presumivelmente dados por si mesmos".[415] Não ter horizonte, lembra Gadamer, é ter uma visão reduzida, delimitada, obstruída, compreendendo demasiadamente o que está próximo em detrimento do que está à distância, ou desvalorizando o que está distante em detrimento do que está próximo. Ter horizonte é valorizar de forma equânime o que está perto e o que está longe, a família antiga e a nova, a parte (genética, afetividade, ontologia), o todo (tridimensionalidade), a fração e o inteiro, aprendendo "a ver para além do que está próximo e muito próximo, não para abstrair dele, mas precisamente para vê-lo melhor, em um todo mais amplo e com critérios mais justos", mediante a espiral do diálogo, em que o horizonte é enriquecido, nascendo um outro texto, uma nova compreensão.[416]

O texto sempre necessita de interpretação para a sua aplicação prática, comportando função hermenêutica, à medida que é na fusão dos horizontes que o texto desaparece,[417] nascendo outro texto. É por isso que Gadamer afirma que o discurso do intérprete não se constitui em um texto, mas serve ao texto, fazendo com que "a compreensão de um texto tende a integrar o leitor no que diz o texto".[418] Quer dizer, a doutrina, a juris-

---

[413] GADAMER, Hans-Georg. *Verdade e Método I.* 6.ed. Traduzido por Flávio Paulo Meurer. Petrópolis: Vozes, 2004, p. 399 e 402.

[414] GADAMER, Hans-Georg. *Verdade e Método I.* 6.ed. Traduzido por Flávio Paulo Meurer. Petrópolis: Vozes, 2004, p. p. 402

[415] GADAMER, Hans-Georg. *Verdade e Método I.* 6.ed. Traduzido por Flávio Paulo Meurer. Petrópolis: Vozes, 2004, p. p. 404.

[416] GADAMER, Hans-Georg. *Verdade e Método I.* 6.ed. Traduzido por Flávio Paulo Meurer. Petrópolis: Vozes, 2004, p. p. 400 e 403.

[417] GADAMER, Hans-Georg. *Verdade e Método II.* 2.ed. Traduzido por Enio Paulo Giachini. Rio de Janeiro: Vozes, 2004, p. 399 e 405.

[418] GADAMER, Hans-Georg. *Quem sou eu, quem és tu?: comentário sobre o ciclo de poemas.* Hausto-Cristal de Paul Celan. Traduzido e apresentado por Raquel Abi-Sâmara. Rio de Janeiro: UERJ, 2005, p. 11.

prudência, a lei, a súmula, o enunciado, a fala da autoridade, o fato, o ser humano, os episódios da vida, não são textos em que está a norma, mas servem ao texto do direito de família, para que deles seja extraída a respectiva norma, ocorrendo, a cada nova compreensão, um novo texto, uma nova norma do direito de família.

Razão assiste a Streck ao verberar que "o sentido não está no texto. O sentido será dado pelo intérprete. Não há um sentido 'a priori', que seja anterior e independente do respectivo contexto em que ele se insere",[419] porque o sentido do texto será buscado pela contextualização, pela fusão de horizontes, pelo dialogar, pelo entrar em jogo entre o intérprete, o texto, o círculo hermenêutico, a suscitação dos preconceitos e a tradição da família, afastando-se o texto anterior, ante o surgimento de um sentido novo, mas, sempre "partindo de seus aspectos familiares para iluminar o que nele se apresenta como estranho ou obscuro".[420] Quer dizer que "nenhuma palavra faz sentido sem o seu contexto", motivo pelo qual cresce a importância de reler o texto, suspendendo os preconceitos, tendo em vista que é no ler e no reler o texto que a compreensão acabará por acontecer.[421]

Toda experiência, diz Gadamer, é um confronto, porque ela opõe o novo ao antigo, em vista das resistências encontradas, as quais, muitas vezes, permanecem por muito tempo após ter-se instalado o novo, em vista do paradigma dominante. Mas o novo tem de triunfar sobre a tradição, sob pena de fracassar, deixar de ser novo, uma vez que, por ser novo, se deve firmar contra alguma coisa.[422] Heidegger diria que o texto precisa ser visto pelo estranhamento, pelo assombro, porque é pelo espanto que o intérprete para, retrocede, regride, permanece suspenso, atraído e fascinado pelo fato de o teor do texto ser assim e não de outra maneira. Esse espanto, que o intérprete deve ter diante do texto, quer dizer

> que reconhecemos nossa ignorância e exatamente por isso podemos superá-la. Nós nos espantamos quando, por meio de nosso pensamento, tomamos distância do nosso mundo costumeiro, olhando-o como se nunca o tivéssemos visto antes, como se não tivéssemos tido família, amigos, professores, livros e outros meios de comunicação que nos tivessem dito o que o mundo é; como se estivéssemos acabando de nascer para o mundo e para nós mesmos e precisássemos perguntar o que é, por que é e como é o mundo, e precisássemos perguntar também o que somos, por que somos e como somos.[423]

O texto, mesmo quando estiver próximo à nossa mão e visão, deve ser analisado e visto como texto, ver algo como algo, o texto como texto, a família como família, o ser humano como ser humano, dirigindo-se ao encontro deles, não deixando que eles sejam mera representação subjetiva do intérprete.[424] O horizonte de sentido da compreensão não é realizado pelo que tinha em mente originariamente o autor e nem pelo horizonte

---

[419] BAPTISTA DA SILVA, Ovídio A. Fundamentação das Sentenças como Garantia Constitucional. In: *Direito, Estado e Democracia: entre a (in)efetividade e o imaginário social.* Porto Alegre: Instituto de Hermenêutica Jurídica, v. 1, n. 4, p. 331. 2006.

[420] GADAMER, Hans-Georg. *Quem sou eu, quem és tu?: comentário sobre o ciclo de poemas.* Hausto-Cristal de Paul Celan. Traduzido e apresentado por Raquel Abi-Sâmara. Rio de Janeiro: UERJ, 2005, p. 13.

[421] GADAMER, Hans-Georg. *Quem sou eu, quem és tu?: comentário sobre o ciclo de poemas.* Hausto-Cristal de Paul Celan. Traduzido e apresentado por Raquel Abi-Sâmara. Rio de Janeiro: UERJ, 2005, p. 159.

[422] GADAMER, Hans-Georg. *O problema da consciência histórica.* 2.ed. Traduzido por Paulo César Duque Estrada. Rio de Janeiro: Fundação Getúlio Vargas, 2003, p. 14.

[423] CHAUÍ, Marilena. *Convite à filosofia.* 13.ed. São Paulo: Ática, 2004, p. 18.

[424] CANCELLO, Luiz A. G. *O fio das palavras.* 4.ed. São Paulo: Summus Editorial, 1991, p. 91; HEIDEGGER, Martin. *Ser e Tempo.* Rio de Janeiro: Vozes, 2005. Volume I, p. 212..

de sentido do intérprete,[425] e sim a fusão em um único horizonte dos horizontes do texto, do intérprete e da tradição histórica do direito de família.

Quem quiser compreender um texto está disposto a deixar que ele diga alguma coisa.[426] O intérprete compreenderá o texto se não o interpretar no horizonte de sua subjetividade, mas deixando que ele lhe diga alguma coisa, dentro da circularidade hermenêutica, da fusão de horizontes, da tradição e dos preconceitos. O coágulo de sentido é um momento de encontro consigo mesmo, com o texto, com o autor do texto, com a tradição, com a intersubjetividade hermenêutica, portanto uma fusão de vários horizontes.[427]

A compreensão do texto do direito de família é uma leitura com base no horizonte compreensivo do presente, que é a noção de círculo hermenêutico, destinado a combater a ingenuidade do historicismo e demonstrar que a história se compreende como um acontecimento, uma experiência, um acontecer, um episódio, um evento, um desvelar do passado no presente e com visão para o futuro.[428] Essa fusão de vários horizontes faz com que o acesso do ser humano ao mundo se concretize a partir de sua situação hermenêutica, que é um posicionar-se diante dos fenômenos, aos instantes, às experiências trazidas da história, da tradição, do mundo da vida. O ser humano não está isolado do e no mundo e nem seu horizonte está hermeticamente fechado, e sim hermeneuticamente edificado por conflitos e perspectivas, "no qual trilhamos nosso caminho e que conosco faz o caminho", deslocando-se os horizontes ao passo de quem se move.[429]

A fusão de horizontes é uma apreensão de discursos, presentes no vínculo entre texto-intérprete-tradição, pela linguagem, em que são lançadas perguntas e respostas, mediante um diálogo, um choque hermenêutico, em que toda relação de pergunta e resposta se move inevitável e constantemente em círculo.[430] É por essa razão que Gadamer afirma ser a hermenêutica, a *linguistic turn,* "uma visão que não se oferece nem na minha perspectiva, nem na perspectiva do outro", sendo um diálogo infinito, que "se reinicia novamente e sempre emudece uma vez mais, sem jamais encontrar um fim".[431]

Quer dizer, "não é *a* consciência histórica que põe em movimento o horizonte, mas *na* consciência histórica este movimento se faz consciente de si mesmo",[432] pelo que essa circularidade hermenêutica *na* consciência histórica demonstra que o ser humano tem acesso ao mundo, que não é natural, mas um mundo forjado pelo humano, um mun-

[425] GADAMER, Hans-Georg. *Verdade e Método II.* 6.ed. Rio de Janeiro: Vozes, 2004. Volume I, p. 511, 512 e 76.

[426] GADAMER, Hans-Georg. *Verdade e Método.* 2.ed. Traduzido por Enio Paulo Giachini. Rio de Janeiro: Vozes, 2004. Tomo II, p. 76.

[427] ROSA, Alexandre Morais da. O estrangeiro, a exceção e o Direito. In: *Direito de Psicanálise* (Jacinto Nelson de Miranda Coutinho (Coordenador). Rio de Janeiro: Lumen Juris, 2006, p. 65.

[428] ROHDEN, Luiz. *Hermenêutica filosófica. Entre a linguagem da experiência e a experiência da linguagem.* São Leopoldo: Unisinos, 2002, p. 163.

[429] LIXA, Ivone Fernandes Morcilo. *Hermenêutica e Direito: uma possibilidade crítica.* Curitiba: Juruá, 2003, p. 174.

[430]. HEIDEGGER, Martin. *Seminários de Zollikon.* Traduzido por Gabriela Arnhold e Maria de Fátima de Almeida Prado. Petrópolis: Vozes, 2001, p. 64.

[431] GADAMER, Hans-Georg. *Hermenêutica em retrospectiva. A virada hermenêutica.* Rio de Janeiro: Vozes, 2007, p. 175 e 182.

[432] CAMARGO, Margarida Maria Lacombe. *Hermenêutica e Argumentação: uma contribuição ao estudo do Direito.* 2.ed. Rio de Janeiro: Renovar, 2001. p 33.

do humano, tornando-se desnaturalizado, e passando a ser a forma como o ser humano é: *ser-no-mundo*[433] tridimensional.

Nessa cosmovisão hermenêutica são resgatados a pré-compreensão, a antecipação prévia de sentidos e os preconceitos (des)contaminados, decorrentes da tradição e da história em que se encontra o ser humano, pelo que diante da temporalidade intrínseca humana não existe a possibilidade de compreensão fora da tradição, do acontecer do tempo e do conjunto de experiências historicamente transmitidas, que levam à historicidade de toda a pré-compreensão humana.[434] Pressuposto da fusão de horizontes é sempre outro ser humano, o horizonte do diálogo, que é formatado pela linguagem, "pois, assim como o sujeito pertence à linguagem, o texto também pertence, delineando um horizonte comum entre ambos – o que Gadamer denomina de consciência histórica operativa".[435]

O ser humano está localizado dentro de uma situação e de um tempo particular, afiança Kusch,[436] mas essa situação é limitada, cuja "fusão de horizontes, que ocorre na compreensão, é o próprio atingimento da linguagem", pelo que

> o horizonte é o alcance da visão que inclui todas as coisas que podem ser vistas de um determinado ponto de vista". Como Gadamer fala da fusão de tais horizontes, mais precisamente da fusão do horizonte do intérprete com o horizonte do texto, levanta-se a questão sobre quem é o agente ou o sujeito autor da ação de fundir. Em alguns contextos, a resposta de Gadamer, em consonância com as passagens anteriores, parece ser a fusão de horizontes, longe de ser de autoria do intérprete, é obra da tradição ou, mais especificamente, da linguagem: A idéia-guia (...) é que a fusão de horizontes que ocorre na compreensão é o próprio atingimento da linguagem.

O autor atesta que, para Gadamer, essa fusão de horizontes não é fixada pelo intérprete, nem pelo texto e nem pelo autor do texto, porque eles devem aceitar essa dependência da tradição, da linguagem. Os interesses do intérprete, "com relação a certas questões e respostas a determinado texto, são pré-delineados pela 'história de efetuação' como a soma de interpretações anteriores e/ou do impacto geral da tradição". É por isso que ter horizonte significa não estar limitado ao que está mais próximo do intérprete, mas, sim, poder ver além,[437] estar mergulhado na linguagem universal do direito de família.

Os preconceitos autênticos e inautênticos são recebidos de herança pelo ser humano, compulsoriamente, na qualidade de ser histórico, dos quais é impossível se desvencilhar, sendo incorporados pelo direito de família. Esses preconceitos são prévios, em que a compreensão do que será extraído do texto dependerá da elaboração desse projeto prévio, o qual deverá ser revisto na mesma profundidade que o intérprete mergulha no

---

[433] STEIN, Ernildo.*Pensar é pensar a diferença.* Ijuí: Unijuí, 2002, p. 120.

[434] PASQUALINI, Alexandre. *Hermenêutica e sistema jurídico.* Porto Alegre: Livraria do Advogado, 1999, p. 38.

[435] LIXA, Ivone Fernandes Morcilo. *Hermenêutica e Direito: uma possibilidade crítica.* Curitiba: Juruá, 2003, p. 182.

[436] KUSCH, Martin. *Linguagem como cálculo versus linguagem como meio universal.* Traduzido por Dankwart Bernsmüller. São Leopoldo: Unisinos, 2003, p. 256 e 257.

[437] STRECK, Lenio Luiz. A hermenêutica e o acontecer (*ereignen*) da Constituição: a tarefa de uma nova crítica do direito. In: *Anuário do Programa de Pós-Graduação em Direito. Mestrado e Doutorado.* Leonel Severo Rocha, Lenio Luiz Streck e José Luis Bolzan de Morais (Organizadores). São Leopoldo: UNISINOS, 2000, p. 115.

texto do direito de família, evitando que o seu preconceito prevaleça sobre aquilo que se pretende compreender.

Quando do encontro e da conversação com o texto não se exige que os preconceitos do intérprete sejam afastados, ou acolhidos os do texto, e sim que o intérprete esteja aberto ao novo, à alteridade textual, à opinião do texto. Isso não significa neutralidade, o maior dos preconceitos, pois a compreensão é dirigida à coisa que se quer compreender, e não ao autor do texto. É nessa fusão de horizontes que o texto, as opiniões do intérprete e as do autor (do texto) desaparecem, nascendo uma nova compreensão do texto do direito de família, e, por essa razão, é impossível a reprodução do Direito.

Esse novo texto, mesmo com a universalidade da hermenêutica filosófica e fenomenológica, não será compreendido totalmente, ficando sempre algo de fora, o inacessível, o não-dito, já que, em sendo a compreensão algo produtivo, e não reprodutivo, a nova compreensão será diferente, tudo dependendo do momento histórico, da linguagem em que se localiza o intérprete.

Afirma Gadamer que o intérprete não pode propagar que compreendeu melhor o texto do que Outro, porque, quando se logra compreender, compreende-se de modo diferente, cada época a partir de seus preconceitos, da tradição, da linguagem. Mesmo antigo, o texto é sempre atual, novo, que se apresenta a cada leitura diferente em sua concretização. Isso é efetivado pela linguagem (comunicação em geral), que é um "medium" universal em que se realiza a compreensão, o acesso ao mundo pelo ser humano, na relação entre o universal e o particular, pelo que, sem linguagem, não há compreensão. Assim, tem razão Gadamer quando afirma que ser que pode ser compreendido é linguagem,[438] que não só é a casa do ser, como diz Heidegger, mas também a casa do ser humano, "na qual ele vive, se instala, se encontra a si, se encontra a si no Outro"[439], na qual o mundo se apresenta.[440]

Aplicada a fusão de horizontes ao direito de família, pode-se afirmar que a súmula, a doutrina, a jurisprudência, o verbete, a fala da autoridade não têm o poder de modificar a realidade da vida, porquanto, alerta Streck, "as palavras não refletem as essências das coisas, assim como as palavras não são as coisas –, mas, sim, que é ele mesmo, o juiz, o intérprete, que faz uma fusão de horizontes para dirimir o conflito".[441] Momento seguinte, o autor, invocando Gadamer, diz que existem sempre dois mundos de experiência no qual ocorre o processo de compreensão:

> o mundo de experiência no qual o texto foi escrito e o mundo no qual se encontra o intérprete. O objetivo da compreensão é fundir esses dois mundos, em um determinado contexto, que é a particularidade do caso, a partir da historicidade e da faticidade em que estão inseridos os atores jurídicos. Por isto, acrescento, fusão de horizontes não é acoplagem de universais a particulares, da generalidade à particularidade. Isto seria subsunção, e a justificação, nos moldes em que se deseja no Estado Democrático de Direito, não tem lugar nos raciocínios subsuntivos/dedutivos.

---

[438] GADAMER, Hans-Georg. *Verdade e Método I*. 6.ed. Traduzido por Flávio Paulo Meurer. Rio de Janeiro: Vozes, 2004, *p*. 612.

[439] GADAMER, Hans-Georg. *Herança e futuro da Europa*. Tradução de António Hall. Lisboa-Portugal: Capa de Edições 70, 1989, p. 132.

[440] GADAMER, Hans-Georg. *Verdade e Método I*. 6.ed. Petrópolis: Vozes, 2004, p. 581.

[441] STRECK, Lenio Luiz. A hermenêutica filosófica e as possibilidades de superação do positivismo pelo (neo)constitucionalismo. In: *Constituição, sistemas sociais e hermenêutica: programa de pós-graduação em Direito da UNISINOS: mestrado e doutorado*. Leonel Severo Rocha; Lenio Luiz Streck (Organizadores). Porto Alegre: Livraria do Advogado, 2005, p. 178.

O texto do direito de família não pode ser compreendido em sua normatização genética, mas em sua universalidade e singularidade tridimensional, pela fusão de horizontes entre a época da produção do texto e da qual se encontra o intérprete, mediados pela tradição histórica, compreendendo a totalidade da linguagem da família.

A cultura jurídica brasileira ainda está mergulhada nos preconceitos do século XVIII, em que a função da família patriarcal era a de assegurar a transmissão da vida, dos bens e do nome, mas sem envolvimento afetivo,[442] muito menos ontológico. Esse passado lembra a discriminação e a violência doméstica e familiar, que golpeavam o próprio filho biológico em sua paternidade/maternidade, que não podia ser reconhecido se não havido na constância do casamento, que era o único meio de constituição da família.

A robusta proteção constitucional à família, a partir do século XX, com lastro na linguagem igualitária, democrática, laica, hermenêutica, genética, afetiva e ontológica, é manifestamente mais humana do que a família arquitetada sob a teoria patriarcal. Essa fusão de horizonte demonstra que não é mais possível conviver e compartilhar em família sem desvelar a linguagem tridimensional, visto que compreender é sempre uma fusão de horizontes presumivelmente dados por si mesmo, que se dá na vigência da tradição, da linguagem, em que a família velha e a nova crescem juntas.

Não se compreende a família com o horizonte do presente, *ou* do passado *ou* do futuro, mas, sim, com a fusão dessa tridimensionalidade temporal, cujo projeto é um só acontecer, um só momento, um só instante na efetivação da compreensão, da interpretação e da aplicação, que ocorrem, simultaneamente. A compreensão não se prende na autoalienação de uma consciência passada, mas se recuperando no horizonte compreensivo do agora.[443] Numa só palavra, a compreensão precisa ser formatada pelo seu sentido, deixando que o texto, o ser humano, a família, digam alguma coisa, não separando o tempo passado, presente e futuro, e sim desvelando essa temporalidade no momento em que é aplicada, lida, investigada, interpretada, em que se forma a "estrutura universal da experiência hermenêutica".[444]

7.8. A compreensão da tradição no direito de família

Para Gadamer, a tradição tem uma importância especial, sendo *a verdade mais originária*,[445] porque, a partir dela, se desvelam as experiências passadas, desembocando no presente e possibilitando um projeto de futuro, significando que a família não é algo pronto, perfeito, fixo, e sim um *continuum*, que se vai formando na história, trazendo a pré-compreensão como condição de possibilidade de toda compreensão, eivada de faticidade, do modo prático de ser-no-mundo-genético, de ser-no-mundo-(des)afetivo e de ser-no-mundo-ontológico.

---

[442] ARIÈS, Philippe. *História Social da criança e da Família.* 2.ed. Traduzido por Dora Flaksman. Rio de Janeiro: LTC, 1981, p. 193.

[443] GADAMER, Hans-Georg. *Verdade e Método I.* 6.ed. Traduzido por Flávio Paulo Meurer. Petrópolis: Vozes, 2004, p. 404-405.

[444] DUQUE-ESTRADA, Paulo César. *Dicionário de filosofia do Direito.* Vicente de Paulo Barreto (Coordenador). Rio de Janeiro: Renovar, 2006, p. 373.

[445] DUQUE-ESTRADA, Paulo César. *Dicionário de filosofia do Direito.* Vicente de Paulo Barreto (Coordenador). Rio de Janeiro: Renovar, 2006, p. 375.

A compreensão do texto do direito de família não é obtida de forma objetiva ou subjetiva, e sim pelo movimento da tradição, que sempre está agindo, não para subjugar, porquanto é um processo de mediação e de compreensão entre a tradição, o autor do texto e o intérprete. Quando Gadamer diz que o texto ou a tradição fala ao ser humano, ele não quer dizer que isso ocorre de forma direta, e sim no sentido do modo de ser-no-mundo (genético-des-afetivo-ontológico), uma vez que a tradição sempre é um momento de liberdade da história, necessitando ser concretada, assumida, cultivada, urbanizada. Ela é essencialmente conservação, atuando nas mudanças históricas, motivo pelo qual, mesmo nas transformações mais revolucionárias, como ocorreu com a Constituição do Brasil de 1988, em que tudo mudou, tudo ficou novo em família, mas que o antigo se conserva ainda bem mais presente na vida do intérprete.

O ser humano sempre está mergulhado na tradição, não de forma objetiva, como se ela pudesse ser pensada como estranha ou alheia, mas, pelo contrário, o dizer da tradição é uma transformação espontânea e imperceptível,[446] a qual é a "plena consciência da historicidade de todo presente e da relatividade de toda opinião", que se manifesta a todo momento, não julgando o passado com base na vida presente, mas, sim, "pensar expressamente o horizonte histórico coextensivo à vida que vivemos e seguimos vivendo".[447]

Quando o intérprete procura compreender o fenômeno histórico a partir da distância histórica, não é uma distância temporal, *e sim a distância hermenêutica como um todo*, aduz Gadamer, na medida em que ele se encontra sob os efeitos da história efeitual, que determina, de antemão, o que mostra questionável e o que se constitui em objeto de investigação, motivo por que se o intérprete toma o fenômeno imediato como toda a verdade, ele se esquece praticamente da metade de toda a verdade desse fenômeno.[448] A consciência da história efeitual é a consciência da situação hermenêutica em que está o intérprete, pelo que "todo o encontro com a tradição, realizado com consciência histórica, experimenta por si mesmo a relação de tensão entre texto e presente".[449]

Nesse sentido, Tiburi[450] certifica que, enquanto Heidegger fala numa história do ser, Gadamer substitui essa linguagem por humano, afirmando que a verdade "será um acontecer efetivo-histórico dentro do qual o homem (o ser humano) está e ao qual se manifesta um sentido". Mas, na compreensão desse passado, continua a autora, não se apresenta de modo direto, pois o que importa é a forma com que ele é recebido no presente e o que ele provocou, precisando ser analisado o seu caminho, "a via pela qual cada evento se transformou ao longo de sua existência que é a história".

Não é por meio de um método, mas por um acontecer da tradição que se encontra algo que o ser humano compreende, afiança Gadamer, não se cuidando de uma compreensão da história como um transcurso, mas de uma compreensão daquilo que vem ao encontro da história, interpelando e concernindo o intérprete. O ser humano está sempre

---

[446] GADAMER, Hans-Georg. *Verdade e Método I.* 6.ed. Traduzido por Flávio Paulo Meurer. Petrópolis: Vozes, 2004, p. 373-4.

[447] GADAMER, Hans-Georg. *O problema da consciência histórica.* 2.ed. Traduzido por Paulo César Duque Estrada. Rio de Janeiro: Fundação Getúlio Vargas, 2003, p. 18.

[448] GADAMER, Hans-Georg. *Verdade e Método I.* 6.ed. Traduzido por Flávio Paulo Meurer. Petrópolis: Vozes, 2004, p. 397.

[449] STRECK, Lenio Luiz. *Verdade & Consenso.* Rio de Janeiro: Lumen Juris, 2006, p. 0243.

[450] TIBURI, Márcia. Nota sobre hermenêutica: a linguagem entre o sujeito e o objeto. In: *Revista Veritas. Revista Trimestral de Filosofia da PUCRS* volume 45, nº 2, junho de 2000, p. 287-288.

no meio da história, que não deixa a nossa consciência livre ao modo de uma contraposição ao passado.[451]

Essa vinculação do ser humano com a história, o fato de poder falar da historicidade, ocorre "por sermos nós mesmos seres históricos, que nos permite o retorno do passado à vida".[452] O ser histórico significa "não se esgotar nunca no saber-se, porque todo saber-se provém de um dado histórico prévio".[453] Quer dizer, "la misma palabra manãna apunta al hecho de que en la formula entre el hoy y el manãna no se hace un corte arbitrario en el tiempo, sino que se parte de una articulación de la experiencia del tiempo que es la propia de todo ser vivo".[454]

O fato de o ser humano ser um ser-no-mundo tridimensional faz com que tenha o conhecimento de um mundo que circula, um mundo com espiral hermenêutica, no qual estão imersos os fatos históricos do mundo, sendo, por isso, que pode ser ponderado que o mundo, a filosofia, o ser humano, a família, a genética, a (des)afetividade, a ontologia, a tradição, o texto, a lei, a doutrina, a jurisprudência, a súmula etc. são, na verdade, eventos, acontecimentos, momentos, episódios, existenciais hermenêuticos. A pertença à tradição é viável pela estrutura circular da compreensão, que permite a antecipação de sentido,[455] mas é necessário ser cauteloso quando da compreensão do texto do direito de família, porque os preconceitos podem comprometer o verdadeiro reconhecimento do passado, mas que são necessários para o conhecimento histórico, que pode confirmar ou modificar a tradição, significando que a compreensão histórica não é um projeto livre, sendo necessário purificar seus preconceitos turvos.[456]

O ser humano, na condição de ser-no-mundo-genético-(des)-afetivo-ontológico, é marcado pela tradição, sendo lançado/projetado em um mundo pré-existente, pré-formado, pré-constituído, mas que por ele é absorvido, independentemente de sua vontade. Dependendo da forma que assimilará os seus preconceitos, a compreensão histórica terá grande influência sobre ele, que incorpora a tradição, o modo de ver as coisas de outra forma. Dessa forma, assim como o peixe não pode viver fora da água, uma vez que não é a água que está dentro dele, mas é ele que está dentro da água, assim também a família e o ser humano não podem viver fora da história, da linguagem e do mundo, sendo eles que estão dentro da linguagem, da história e do mundo. É por isso que, na hermenêutica filosófica, o ser humano passa ser um ser-no-mundo-histórico, com linguagem e com mundo humano, um acontecer, um momento do tempo.[457]

---

[451] GADAMER, Hans-Georg. *Verdade e Método II.* 2.ed. Traduzido por Enio Paulo Giachini. RJ: Vozes, 2004, p. 169 e 170.

[452] GADAMER, Hans-Georg. *O problema da consciência histórica.* 2.ed. Tradução de Paulo César Duque Estrada. Rio de Janeiro: Fundação Getúlio Vargas, 2003, p. 43.

[453] STRECK, Lenio Luiz. *Hermenêutica Jurídica e(m) Crise.* 5.ed. Porto Alegre: Livraria do Advogado, 2004, p. 208-209.

[454]. GADAMER, Hans-Georg. *Acotaciones hermenéuticas.* Traducido por Ana Agud y Rafael de Agapito. Madrid: Editorial Trotta, 2002, p. 266.

[455] HERMANN, Nadja. *Hermenêutica e Educação.* Porto Alegre: DP&A, 2003, p. 47.

[456] GADAMER, Hans-Georg. *O problema da consciência histórica.* 2.ed. Traduzido por Paulo César Duque Estrada. Rio de Janeiro: Fundação Getúlio Vargas, 2003, p. 12.

[457] HEIDEGGER, Martin. *Introdução à Metafísica.* Traduzido por Emmanuel Carneiro Leão. Rio de Janeiro: Tempo Brasileiro, 1969, p. 111. O autor fala o seguinte sobre o homem e o tempo: "Em todo tempo o homem era, é e será, porque o tempo só se temporaliza (*zeitigt*), enquanto o homem é. Não houve tempo algum em que o homem não fosse, não porque o homem seja desde toda e por toda a eternidade, mas porque

Para compreender o direito de família e o ser humano é preciso primeiro compreender a sua história, linguagem e mundo, pois "estar junto significa estar junto no mesmo mundo; e conhecer significa conhecer no contexto do mesmo mundo,[458] um dos modos de ser, fundados na estrutura permanente do ser-no-mundo".[459] É por isso que Gadamer divulga que a compreensão "deve ser pensada menos como uma ação da subjetividade e mais como um retroceder que penetra num acontecimento da tradição", em que o passado e o presente se intermedeiam, e não mediante a informação dos procedimentos de um método. Em vista dessa mediação do passado e do presente na hermenêutica é que se dá a compreensão do todo a partir do individual e o individual a partir do todo, o que significa dizer que "a antecipação de sentido que visa ao todo chega a uma compreensão explícita através do fato de que as partes, que se determinam a partir do todo, determinam, por sua vez, esse todo".[460]

Entretanto, Heidegger percebe que o intérprete, devido à tradição, *sempre chega tarde, só depois de acontecido o momento histórico,* à medida que existe algo antes de nós que nos coloca no mundo, que nos projeta como continuidade,[461] pelo que depois do ocorrido e de ser fato concreto determinado pela história e pela cultura é que o ser humano começa a compreender, pois ele é intransparente, limitado a algo, que vem de outro lugar, um projeto projetado, um jogo jogado, motivo pelo qual não é possível recuperar toda a compreensão da tradição, toda a verdade do texto. Isso quer dizer, continua Heidegger, que os fatos históricos e a cultura, que sempre estão pré-postos, pré-existentes quando o ser humano vem ao mundo, são, "por um lado, um peso que limita a nossa compreensão, mas, por outro lado, explicitados, analisados e interpretados, passam a ser a própria alavanca do desenvolvimento de nossa compreensão".[462]

Por dezenas de anos, lembra Stein,[463] Gadamer buscou localizar o caminho para a consciência histórica, numa ocupação da tradição que mantivesse a força do compromisso. Esse caminho, diz o autor,

> a hermenêutica filosófica explora na crítica da falsa autocompreensão metodológica das ciências do espírito. O filósofo pretende salvar a substância da tradição mediante uma apropriação hermenêutica. É assim que a Filosofia Hermenêutica de Gadamer encontra, na força civilizatória da tradição, a autoridade de uma razão diluída do ponto de vista da história efetual. Gadamer, portanto, não traz de volta a metafísica, nem mesmo uma ontologia salvadora, o que lhe importa é mostrar como a razão deve ser recuperada na historicidade do sentido, e essa tarefa se constitui na autocompreensão que o ser humano alcança como participante e intérprete da tradição histórica.

O ser humano, segundo Gadamer, está imerso na tradição, que é "o tecido conectivo que nos permite dialogar entre nós e com o passado", possibilitando a interpre-

---

tempo não é eternidade, porque tempo só temporaliza num tempo, entendido como existência Histórica do homem".

[458] MAY, Rollo. *A Descoberta do Ser: estudos sobre a psicologia existencial.* Traduzido por: Cláudio G. Somogyi. 4.ed. Rio de Janeiro: Rocco, 2000, p. 129.

[459] DOWELL, João A. Mac. *A Gênese da Ontologia Fundamental de M. Heidegger.* São Paulo: Loyola, 1993, p. 193, lembrando: *Sein und Zeit*, p. 62b.

[460] GADAMER, Hans-Georg. *Verdade e Método I.* 6.ed. Traduzido por Flávio Paulo Meurer. Petrópolis: Vozes, 2004, p. 385.

[461]. LUCAS, Douglas Cesar. Hermenêutica Filosófica e os limites do acontecer do direito numa cultura jurídica aprisionada pelo "procedimentalismo metodológico". In: *Olhares hermenêuticos sobre o Direito.* Douglas Cesar Lucas (Organizador). Ijuí: UNIJUÍ, 2006 p. 37.

[462] STEIN, Ernildo. *Aproximações sobre hermenêutica.* 2.ed. Porto Alegre: PUCRS, 2004, p. 68-69.

[463] STEIN, Ernildo. *Exercícios de fenomenologia.* Ijuí: UNIJUÍ, 2004, p. 50.

tação mediante uma conversação com os fatos históricos, com os preconceitos, com uma fusão de horizontes, dentro do círculo hermenêutico e do método fenomenológico. Um exemplo é citado por D'Agostini, ao lembrar que "não sou só eu a olhar, avaliar, ler; nem o livro, o monumento, o quadro, se oferecem a mim 'sozinhos'. Em mim vive a minha pertença à história, o diálogo dos seres humanos no decurso do tempo".[464]

Toda compreensão envolve uma pré-compreensão, anota Streck, a qual, por sua vez, é pré-traçada pela tradição em que vive o intérprete, programando os seus pré-juízos autênticos e inautênticos,[465] sendo, por isso, que "toda compreensão hermenêutica pressupõe uma inserção no processo de transmissão da tradição. Há um movimento antecipatório da compreensão, cuja condição ontológica é o círculo hermenêutico".[466]

A importância que Gadamer atribui à tradição não é no sentido de submissão, de passividade, de sujeição do intérprete na compreensão da recompilação entre a cultura de uma época e sua tradição, e sim de aplicação da compreensão que transcende as limitações temporais das diferentes épocas, vivificando "a relação entre o mundo e os indivíduos, tomados colectivamente; não é circunscrita aos subjectivismos dos indivíduos e ao relativismo próprio de cada época. Entre intérprete e objecto produz-se uma conversação, numa participação que é fusão de horizontes".[467]

Compreendido o sentido da existência, o intérprete parte para a atualização do texto do direito de família, embarcando na tradição (distância hermenêutica entre passado, presente e futuro), na fusão de horizontes (horizonte do texto, do autor, do intérprete), no círculo hermenêutico (da parte ao todo e do todo à parte). Com isso, ele pode descobrir o sentido do texto (da norma) familiar, e assim dar-lhe (novo) sentido,[468] uma vez que não é possível compreender nada sem compreender a totalidade.[469]

Por meio do diálogo com a tradição são esclarecidas as questões, freiando-se o arbítrio,[470] sendo por isso que "o indivíduo compreende-se a si mesmo através da consciência que tem de sua situação histórica. A esta idéia de *situação* ligam-se, por sua vez, as idéias de *tradição* e de *horizonte*",[471] em que o ser humano, desde sempre, está jogado no mundo pré-dado e (de)predado, recebendo o legado da tradição, que é compulsório,

---

[464] D'AGOSTINI, Franca. *Analíticos e continentais*. Traduzido por Benno Dischinger. Coleção Idéias. São Leopoldo: Unisinos, 2003, p. 415-416.

[465] STRECK, Lenio Luiz. *Jurisdição constitucional e hermenêutica: uma nova visão crítica do direito*. 2.ed. Rio de Janeiro: Forense, 2004, p. 216.

[466] STRECK, Lenio Luiz. *Hermenêutica Jurídica e(m) Crise*. 5.ed. Porto Alegre: Livraria do Advogado, 2004, p. 209 e 210.

[467] ROCHA, Acílio da Silva Estanqueiro. O Ideal da Europa. In: *Revista Portuguesa de Filosofia*. jul.-dez. 2000. Vol. 56, fase 3-4, p. 325.

[468] STRECK, Lenio Luiz. *Hermenêutica Jurídica e(m) Crise: uma exploração hermenêutica da construção do Direito*. 5.ed. Porto Alegre: Livraria do Advogado, 2004, p. 214. Informa o autor que, "sustentado no paradigma da linguagem e na medida em que rompe com a possibilidade de saberes reprodutivos, fica muito claro que a tarefa de interpretar a lei passa a ser uma tarefa criativa, de atribuição de sentido (*Sinngebung*). Neste contexto, Gadamer acentua que a interpretação da lei é uma tarefa criativa".

[469] STEIN, Ernildo. *Aproximações sobre hermenêutica*. 2.ed. Porto Alegre: EDIPUCRS, 2004, p. 61-62.

[470] HEIDEGGER, Martin. *Seminários de Zollikon*. Traduzido por Gabriela Arnhold e Maria de Fátima de Almeida Prado. Petrópolis: Vozes, 2001, p. 63.

[471] CAMARGO, Margarida Maria Lacombe. *Hermenêutica e Argumentação*: *uma contribuição ao estudo do Direito*. 2.ed. Rio de Janeiro: Renovar, 2001. p 32.

sem possibilidade de a ele renunciar,[472] não sendo, em decorrência, um ser humano cognoscente, uma mônada psíquica,[473] que pode ficar imune aos fatos da história.

Não há como compreender um texto de direito de família imerso no mundo subjetivo do intérprete, e sim assentado nos arraiais da compreensão histórica da tradição. Isso porque a filosofia explica e justifica a realidade como um todo, um universal, um entorno hermenêutico, em que o ser humano faz parte dessa realidade histórica como um todo, não podendo ser imparcial, comentando o espetáculo, porque ele é parte do espetáculo da vida.

Significa que o pressuposto na compreensão do texto do direito de família é conhecer os avanços da linguagem da história, que foi e será (re)transmitida pelas gerações por aqueles que fazem parte da história, do mundo, da realidade, da filosofia e da vida. É devido a esse Direito vivo, que habita em toda a compreensão histórica da tradição, que pensadores, como Heráclito, Sócrates, Platão, Aristóteles, Heidegger e Gadamer, apenas para citar alguns, continuam sendo seguidos e (re)lembrados como verdadeiras potências históricas, produzindo referências de sentidos e de significações.

Trasladada a hermenêutica filosófica à fenomenologia tridimensional no direito de família, pela linguagem familiar genética, (des)afetiva e ontológica, é possível historiar que a comunidade jurídica brasileira e o mundo ocidental recebeu o legado de milhares de anos da tradição, do modo de vida familiar, de desigualdade, de discriminações, de hierarquização, de sacralização, de arbitrariedade e de violência doméstica e familiar dos homens/maridos/pais, da sociedade e do Estado em detrimento das pessoas, das famílias, principalmente das mulheres, das crianças, dos adolescentes e dos idosos.

Alguns preconceitos do direito de família podem ser listados, conforme o Código Civil de 1916, por exemplo:

1) a mulher era considerada incapaz (artigo 6, I);

2) o domicílio dos incapazes era o de seus representantes e, por esta razão, o domicílio da mulher casada era o do marido (artigo 36, parágrafo único);

3) os filhos eram classificados em legítimos ou ilegítimos (artigo 183, § 4), espúrios, naturais (artigo 184, parágrafo único);

4) a vontade do pai prevalecia em detrimento da vontade da mãe, pois ele detinha o pátrio poder com relação aos filhos (artigos 186 e 380, parágrafo único);

5) o defloramento da mulher, ou seja, o fato de não ser mais virgem, quando ignorado pelo marido, possibilitava a anulação do casamento por erro essencial quanto à pessoa do outro cônjuge (artigo 219, § 4);

6) a criação da família legítima decorria somente do casamento (artigos 229 e 332);

7) foi criada a noção de culpa de um dos cônjuges pelo fim do casamento por anulação ou desquite, devendo o culpado ser penalizado com a perda de todas as vantagens havidas pelo cônjuge inocente (artigo 232, I e II);

---

[472] STRECK, Lenio Luiz. *Hermenêutica Jurídica e(m) Crise*. 5.ed. Porto Alegre: Livraria do Advogado, 2004, p. 206.

[473] CASTORIADIS, Cornelius. *As encruzilhadas do labirinto. Os domínios do homem*. São Paulo, 2002. Volume II, p. 389, esclarece o que é mônada psíquica, nos termos: "No quadro de uma cisão absoluta e em absoluta interdependência, surgem simultaneamente a mônada psíquica, essencialmente 'louca', a-real, criação efetuada de uma vez por todas e fonte de uma criação perpetuamente continuada, o Abismo em nós mesmos, fluxo representativo/afetivo/intencional indeterminado e incontrolável, psique em si mesma radicalmente inadaptada à vida, e o social-histórico (...)".

8) o marido era o chefe da família, e a mulher mera colaboradora (artigo 233), cabendo a ele a representação, administração e fixação do domicílio. A manutenção da família estava entre os deveres do marido, cabendo a ele, ademais, autorizar a profissão da mulher, bem como sua residência fora do teto conjugal (I, II, III, IV e V);

9) a mulher tinha parte de seus rendimentos particulares sequestrados judicialmente se abandonasse o lar conjugal (artigo 234);

10) a mulher não podia, sem a autorização do marido, exercer profissão (artigo 242, VII);

11) a instituição do regime dotal (artigo 278 e ss.), costume herdado dos portugueses, imprimia conotação contratual ao casamento, sendo utilizado pelos pais para casarem suas filhas, tornando-as mais atrativas aos olhos dos pretendentes;

12) a influência da Igreja Católica, ao serem previstas taxativamente as hipóteses de desquite (artigo 317): o adultério, tentativa de morte, sevícia, ou injúria grave, abandono voluntário do lar conjugal, durante dois anos contínuos. Contudo, em nome da indissolubilidade do casamento, o adultério deixava de ser motivo para o desquite se o cônjuge traído tivesse concorrido para que o outro o cometesse (culpa concorrente) ou se, então, perdoasse o adúltero (artigo 319, I e II);

13) os filhos incestuosos e os adulterinos não podiam ser reconhecidos (artigo 358);

14) ninguém podia ser adotado por duas pessoas, salvo se fossem marido e mulher (artigo 370);

15) era possível a dissolução do vínculo da adoção (artigo 374);

16) o filho adotado, fora os casos de impedimentos matrimoniais, não possuía relação de parentesco com os demais parentes do adotante (artigo 376);

17) se o adotante tivesse filhos legítimos, legitimados ou reconhecidos, o filho adotado não tinha direito à sucessão hereditária (artigo 377);

18) a preferência pelos parentes paternos e pelo sexo masculino na nomeação de tutores (artigo 409, I, II e III).

Na bíblia católica, na Lei de Moisés, no Código Hamurábi e no Código de Manu também são encontrados alguns preconceitos (conceitos prévios), quais sejam:

19) a herança cabia ao filho primogênito, oriundo do casamento, em detrimento dos demais irmãos;

20) na ausência desse filho, as mulheres herdavam, desde que se casassem com os seus primos (filhos dos tios), para que a herança permanecesse na família;

21) o maior castigo da mulher casada era não ter filhos, pois era obrigada a consentir que seu marido pudesse ter um filho com sua serva;

22) os impedimentos matrimoniais nasceram na Lei de Moisés, em que foi proibida a relação sexual entre pais e filhos, irmãos, padrasto/enteada; madrastra/enteado, sogra/genro; sogro/nora, sobrinho/tia; sobrinha/tio e entre cunhados;

23) a homoafetividade, na legislação mosaica, era tida como abominável, sob pena de morte;

24) a mulher, até o casamento, permanecia sob a guarda do pai; quando casada, sob a guarda do marido e, na velhice, sob a proteção dos filhos, jamais alcançando a capacidade plena e nem tendo o direito de fazer prevalecer a sua vontade. É dizer, qual-

quer que fosse a situação, a mulher estava sujeita à autoridade de um homem, fosse seu pai, irmão, marido, sogro, filho ou tutor;

25) as causas suspensivas do casamento originam-se da Lei das Doze Tábuas, em que o filho nascido após a morte do pai era considerado legítimo, isso se nascesse dez meses após o falecimento de seu pai;

26) a mulher não tinha o direito ao prazer sexual, não podendo o homem sequer excitá-la.

É possível perceber que os legados históricos influenciaram na elaboração das diretrizes da família republicana brasileira, já que foi estabelecido o patriarcalismo, a incapacidade da mulher diante da figura opressora do homem, a monogamia, a família como sinônimo de casamento, que era indissolúvel, a desigualdade entre os filhos.

Esses preconceitos familiares, históricos, sólidos, negativos e paradigmáticos não se desmancham no ar tão facilmente, não se tornando líquidos de uma hora para a outra, nascendo, com isso, a necessidade de o intérprete fazer uma pausa, uma profunda meditação sobre o passado, o presente e o futuro da família, tendo em vista que a compreensão da tradição histórica atesta que foi penosa a travessia da patriarcalidade à família laica, democrática, hermenêutica, a um modo de ser-no-mundo-genético, de ser-no-mundo-(des)afetivo e de ser-no-mundo-ontológico. É necessário quebrar o dorso do paradigma da opressão, da intolerância e dos preconceitos impuros, para que ela possa atracar no porto seguro da comunhão plena de vida tridimensional, cuja caminhada foi iniciada com a promulgação do texto constitucional de 1988.

Porém, ainda é eminentemente lenta a laicização, a democratização, a humanização e a urbanização da família, devido à resistência *do homem* em suspender os preconceitos violentos, espúrios e i-mundos legados pela tradição histórica. Por isso, a condição de possibilidade da compreensão do direito de família é conhecer a tradição histórica, em que o seu contexto é marcado por discriminação, hierarquia, intolerância e violência, podendo-se citar algumas (r)evoluções do direito de família, por exemplo:

a) a família antiga[474] era numerosa, resultante de um ancestral ou uma divindade comum;[475]

b) no direito romano, a família era unidade religiosa, jurídica e econômica,[476] em que o pai tinha o poder de vida e de morte sobre os filhos, a mulher e os escravos;

c) no mundo ocidental, a organização familiar foi arquitetada com lastro no direito romano, patriarcal, monogâmica, hierarquizada, impessoal, em que a figura paterna era incontestável, predominando a manutenção do casamento, como única forma de legitimar a família, mesmo que em prejuízo da felicidade de seus membros;

d) no Brasil, de acordo com o Código Civil de 1916, a família era compreendida como um conjunto de pessoas que descendiam de tronco ancestral comum, pelos laços sanguíneos, unidos entre si pelo matrimônio, pela filiação genética e a adoção;

e) no Brasil, a contar do texto constitucional de 1988, a família passou a ser nuclear, pluralizada, desencarnada, democratizada e dessacralizada, um gênero que envolve várias formas de unidade familiar, como conjugal, convivencial, monoparental,

[474] COULANGES, Fustel de. *A cidade antiga*. São Paulo: Martins Fontes, 2000.

[475] GUSMÃO, Paulo Dourado de. *Introdução ao Estudo do Direito*. 19.ed. Rio de Janeiro: Forense, 1996, p. 321.

[476] GOMES, Orlando. *Direito de família*. 7.ed. Rio de Janeiro: Forense, 1994, p. 36.

unipessoal, socioafetiva, anaparental, reconstituída etc., estando estruturada para o desenvolvimento pessoal de seus membros, representando "um abrigo, uma proteção, um pouco de calor humano, lar onde se sobressaem a solidariedade, a fraternidade, a ajuda mútua, os laços de afeto e o amor".[477] A hierarquia foi substituída pela democracia, demonstrando que deveriam prevalecer os supremos interesses de todos os membros da família, a comunhão plena de vidas, de afeto, de antologia, de solidariedade, de felicidades, recanto sagrado da promoção da cidadania e da dignidade da pessoa humana,[478] princípios fundamentais da República Federativa e do Estado Democrático do Brasil (artigo 1°, incisos II e III, da Constituição do País);

f) a Constituição também possibilita uma visão tridimensional da família, rompendo com todo o passado objetificado, intolerante, hierarquizado, preconceituoso, visto que não se caracteriza somente um comportamento, um modo de agir normatizado, mas, sim, um modo de ser, um jeito de ser, uma condição de ser-no-mundo-genético, de ser-no-mundo-(des)afetivo e de ser-no-mundo-ontológico.

Com essa novel linguagem familiar é afastado o conceito dogmático – de que a família seria um contrato, uma instituição ou contrato-instituição –, uma vez que não é possível normatizar o modo de ser-no-mundo tridimensional, motivo por que "a força normativa da Constituição começa a partir da concepção que se tem acerca de seu texto (que ex-surgirá sempre como uma norma), mas que não será uma norma qualquer, ao 'gosto' do intérprete".[479]

Para que a Constituição, que é um acontecer, possa realmente constituir,[480] é preciso que ela seja compreendida como condição de possibilidade de produzir sentido/aplicação vinculante à sociedade[481]. Em outras palavras, a norma é o resultado da atribuição

[477] FACHIN, Luiz Edson. *Da Paternidade/maternidade: relação biológica e afetiva.* Belo Horizonte: Del Rey, 1996, p. 22.

[478] FERRAZ JÚNIOR, Tercio Sampaio. *Constituição de 1988: legitimidade, vigência e eficácia, supremacia.* São Paulo: Atlas, 1989, p. 36, "o sentido da dignidade humana alcança, assim, a própria distinção entre Estado e Sociedade Civil, ao configurar o espaço de cidadania, que não se vê absorvida nem por um nem por outro, mas deve ser reconhecida como um pressuposto de ambos. Significa que, constitucionalmente, está reconhecido que o homem tem um lugar no mundo político em que age".

[479] STRECK, Lenio Luiz. Súmulas vinculantes: em busca de algumas projeções hermenêuticas. In: *Jurisdição e direitos fundamentais. Anuário 2004/2005 da Escola Superior da Magistratura do Rio Grande do Sul.* Ingo Wolfgang Sarlet (Organizador). Porto Alegre: Livraria do Advogado, 2005. Volume I. Tomo I, p. 109.

[480] STRECK, Lenio Luiz. *Hermenêutica jurídica e(m) crise.* 2.ed. Porto Alegre: Livraria do Advogado, 2000, p. 287. O autor propõe a eliminação do caráter de ferramenta da Constituição, porquanto "a Constituição não é ferramenta – é constituinte. Temos de des-objetivar a Constituição, tarefa que somente será possível com a superação do paradigma metafísico que (pré)domina o imaginário dos juristas". A seguir, argumenta que há necessidade de ser aberta uma clareira no Direito, para des-ocultar caminhos, porquanto "é na abertura da clareira, no aberto para tudo que se apresenta e ausenta, é que se possibilitará que a Constituição se mostre como ela mesma, que se revele e se mostre em si mesma, enquanto fenômeno". A Constituição do País, acrescenta, deve se desnudar, "deixando vir à presença o ente (constitucional/constitucionalizado) no seu ser (isto é, em seu estado de des-coberto), conduzindo o discurso jurídico ao próprio Direito, des-ocultando-o, deixando-o visível", à medida que "constituir alguma coisa é fazer um pacto, um contrato, no qual toda a sociedade é co-produtora. Desse modo, violar a Constituição ou deixar de cumpri-la é descumprir essa constituição do contrato social".

[481] LUCAS, Douglas Cesar. Hermenêutica Filosófica e os limites do acontecer do direito numa cultura jurídica aprisionada pelo "procedimentalismo metodológico". In: *Olhares hermenêuticos sobre o Direito.* Douglas Cesar Lucas (Organizador). Ijuí: UNIJUÍ, 2006.p. 55.

de sentido do texto,[482] não sendo o intérprete quem atribui sentido, pois ele se comunica com ele, deixando que diga alguma coisa, sendo as palavras do texto que desvelam o mundo da linguagem, o mundo da vida, o mundo da realidade, e, sem linguagem, não há mundo, já que "ser que pode ser compreendido é linguagem".[483]

A tridimensionalidade do direito de família é compreendida a partir do desvelamento da tradição, que demonstra a inexistência de espaço para o mundo familiar prático, ao diálogo, à conversação, à discussão, acerca de conflitos familiares e sociais, cujo preconceito não faz parte do Direito e nem foi pauta na Constituição do País. Conforme Streck,[484] é preciso suscitar, suspender esses pré-juízos, conceitos prévios, os quais tornam o ser humano surdo para a coisa mesma (a questão em análise), por meio do encontro com a tradição e o atual momento constitucional, isso porque "não será possível desvelar um pré-juízo enquanto ele agir continuada e sub-repticiamente, sem que saibamos, e sim somente quando ele for, por assim dizer, suscitado".

A hermenêutica filosófica é filosofia da família na família e da história na história, que é tradição e, fundamentalmente, linguagem, cujo diálogo hermenêutico "é uma *fusão de horizontes de sentido* (passado e presente): surge um sentido novo que é o produto dessa fusão. A fusão de horizontes é a operação dialógica ou hermenêutica graças à qual a tradição se enriquece de significados e de verdades novas",[485] em que a transmissão não implica opiniões prévias arbitrárias. Isso porque representam tradições, cuja pré-compreensão é sempre atualizada pelos novos aspectos que ocorrem na sociedade, significando que a interpretação é sempre algo produtivo. É por isso que o intérprete, "criado numa determinada tradição cultural e de linguagem, vê o mundo de uma maneira diferente daquele que pertence a outras tradições".[486]

O intérprete não estabelece sentido ao texto do direito de família fora da História, e sim compreende a partir das possibilidades de sentido pré-constituídas em uma determinada tradição, do martelo do tempo, da qual o ser humano sofre influência, não havendo um encontro neutro, um grau zero, um ponto cego de compreensão do direito. Por meio dos pré-juízos, os conceitos prévios, apresentados pela tradição, é que o intérprete poderá acessar as coisas como elas são, mediante a linguagem, que desvela o mundo humano.

A Constituição somente pode *constituir* se for compreendida como um existencial, um episódio, um evento histórico, uma condição de possibilidade de produzir senti-

---

[482] ESPINDOLA, Angela Araujo da Silveira e SALDANHA, Jânia Maria Lopes, Construir a Constituição para a Cidadania: A compreensão e a Linguagem na Nova Crítica do Direito Afastando os Mitläufers Jurídicos. In: *Olhares hermenêuticos sobre o Direito*. Douglas Cesar Lucas (Organizador). Ijuí: UNIJUÍ, 2006, p. 116.

[483] ESPINDOLA, Angela Araujo da Silveira e SALDANHA, Jânia Maria Lopes, Construir a Constituição para a Cidadania: A compreensão e a Linguagem na Nova Crítica do Direito Afastando os Mitläufers Jurídicos. In: *Olhares hermenêuticos sobre o Direito*. Douglas Cesar Lucas (Organizador). Ijuí: UNIJUÍ, 2006, p. 123.

[484] STRECK. Lenio Luiz. *Verdade e Consenso*. Rio de Janeiro: Lumen Juris, 2006, p. 237.

[485] HOTTOIS, Gilberto. *História da filosofia*. Traduzido por Maria Fernanda Oliveira. Lisboa, Portugal: Instituto Piaget, 2002, p. 344-5.

[486] ESPINDOLA, Angela Araujo da Silveira e SALDANHA, Jânia Maria Lopes, Construir a Constituição para a Cidadania: A compreensão e a Linguagem na Nova Crítica do Direito Afastando os Mitläufers Jurídicos. In: *Olhares hermenêuticos sobre o Direito*. Douglas Cesar Lucas (Organizador). Ijuí: UNIJUÍ, 2006, p. 101, 105 e 113.

do/aplicação vinculante dentro do ordenamento jurídico e da sociedade.[487] Isso ocorre porque o intérprete não domina a tradição, e seus sentidos não são obtidos mediante a subjetividade, mas, sim, pela intersubjetividade, que ocorre na e pela linguagem, havendo, em decorrência, a interdição dos sentidos arbitrários.[488]

8. Considerações finais do capítulo

Neste terceiro capítulo, foi visto que o direito de família não pode ser compreendido exclusivamente pela normatização genética e/ou afetiva, mas, sim, pela tridimensionalidade humana, genética, (des)afetiva e ontológica, abandonando-se a opinião da família objetificada, coisificada, da relação sujeito-objeto, de um comportamento, para compreendê-la como um modo de ser-no-mundo, acarretando, portanto, uma mudança de paradigma.

A mudança de paradigma é denominada revolução científica, afirma Kuhn, não se caracterizando um processo cumulativo, mas, sim, um redimensionamento, uma harmonização "da área de estudos a partir de novos princípios, reconstrução que altera algumas das generalizações teóricas mais elementares do paradigma, bem como de seus métodos e aplicações".[489]

A dogmática jurídica fixou paradigma biológico de parte do modo de ser-no-mundo-genético e confiscou a totalidade dos mundos afetivo e ontológico, normatizando a práxis humana como se fosse um objeto, uma coisa entre tantas outras coisas, esquecendo-se que o direito é vida, é gente, é sociedade, não devendo a regra escrita ter "o dom de aprisionar e destruir a vida, de estiolar e sufocar o que de especificamente humano há no homem; de conter os desejos, as angústias, as emoções, as realidades, as inquietações".[490]

Com relação à compreensão do direito de família pelo Poder Judiciário, consta nos artigos 2º e 3º, I, da Constituição do País, que os três Poderes são independentes e harmônicos entre si, tendo cada qual a obrigação de cumprir as promessas fundamentais e sociais da modernidade, como a construção de uma sociedade livre, justa e solidária. Esse poder/dever não significa conduta subversiva à obediência civil, como quer Hobbes,[491] nem substituir o legislador, porquanto a produção do Direito, mediante a compreensão intersubjetiva, não significa quebra do princípio da separação de poderes.[492]

---

[487] LUCAS, Douglas César (Org.). Hermenêutica Filosófica e os limites do acontecer do direito numa cultura jurídica aprisionada pelo "procedimentalismo metodológico". In: *Olhares hermenêuticos sobre o Direito.* Ijuí: UNIJUÍ, 2006, p. 42, 47 e 55.

[488] STRECK, Lenio Luiz. Interpretar e Concretizar: em busca da superação da discricionaridade do positivismo jurídico. In: *Olhares hermenêuticos sobre o Direito.* Douglas Cesar Lucas (Organizador). Ijuí: UNIJUÍ, 2006, p. 363.

[489] KUHN, Thomas S. *A estrutura das revoluções científicas.* 5.ed. São Paulo: Perspectiva, 2000, p. 122 e 116.

[490] PEREIRA, Sérgio Gischkow. *Estudos de direito de família.* Porto Alegre: Livraria do Advogado, 2004, p. 12-13.

[491] SKINNER, Quentin. *Razão e retórica na filosofia de Hobbes.* Traduzido por Vera Ribeiro. São Paulo: UNESP e Cambridge Univesity Press, 1999, p. 419.

[492] CAPPELLETTI, Mauro. *Juízes legisladores?* Traduzido por Carlos Alberto Álvaro de Oliveira. Porto Alegre: Sergio Antonio Fabris Editor, 1999, p. 73 e74.

Há muito tempo foi superara a desconfiança[493] que pesava sobre os ombros da Magistratura, do "período da justiça de arbítrio e de gabinete e, por outro lado, a adoração da lei animada por um espírito racionalista".[494] O Magistrado, no Estado Democrático de Direito, não é um subordinado, oráculo ou servo do legislador, como ocorria no século XVIII, e sim um poder da República e do Estado de Direito, e não um poder do governo, com a finalidade de compreender hermeneuticamente o Direito com vinculação social.

Com esse paradigma da família tridimensional, o Judiciário não é obrigado a buscar as verdades eternas, a segurança jurídica, a previsibilidade do resultado da demanda judicial, assumindo postura neutra diante da demanda judicial, deixando-se submeter humildemente ao controle do Governo, como ocorria nos séculos XVII e XVIII, uma vez que a separação de poderes não significa sujeição, mas, sim, independência, harmonia e igualdade.[495] Ele precisa examinar o Direito pela jurisdição constitucional, porque "ninguém tenha dúvida de que o Direito, como 'ciência da compreensão', exista no 'fato', hermeneuticamente interpretado".[496]

O Judiciário, ante a omissão dos demais poderes da República, tem a obrigação constitucional de excluir do ordenamento jurídico o racionalismo jurídico, promovendo uma autêntica compreensão do Direito pela vinculação social. Isso evita que a dogmática jurídica se ocupe unicamente com os termos genéticos da lei, evitando, mediante a efetivação da jurisdição constitucional, que a neutralidade do julgador continue sendo o reflexo da neutralidade do Estado, *reproduzindo*, assim, o mais grave preconceito contra o texto do direito de família.

Não se nega que parte do Poder Judiciário brasileiro tem promovido, com base no Estado Constitucional, uma silenciosa e fantástica transformação hermenêutica dos textos legais, afastando a univocidade da lei, proclamando o conceito autêntico de Direito. Todavia, muitos avanços estão estagnados na limitação do método da dogmática jurídica, que é individual, subjetivo, surgindo necessidade de ser ampliado esse movimento hermenêutico e social, principalmente no direito de família, para colocar em pauta a compreensão tridimensional, o que ainda não ocorreu pelo seguinte, por exemplo:

1) o racionalismo moderno engessou o Direito no conceito de lei, que decorre da vontade do legislador, sendo imune às transformações históricas e ao mundo real da vida, exigindo que a família tenha sentido unívoco, capaz de demarcar as fronteiras do justo e do injusto;[497]

---

[493] Essa desconfiança, afirma Engisch, foi produzida pelos próprios Juízes, "no período da justiça de arbítrio e de gabinete e, por outro lado, a adoração da lei animada por um espírito racionalista" (ENGISCH, Karl. *Introdução ao pensamento jurídico.* 8.ed. Traduzido por J. Baptista Machadi. Lisboa: Fundação Calouste Gulbenkian, 2001, p. 206). O juiz de primeiro grau perde sua legitimidade cada vez que sua sentença é recorrível, lembra Baptista da Silva (BAPTISTA DA SILVA, Ovídio Araújo. *Processo e Ideologia.* Rio de Janeiro: Forense, 2004, p. 239-240, 241).

[494] ENGISCH, Karl. *Introdução ao pensamento jurídico.* 8.ed. Traduzido por J. Baptista Machadi. Lisboa: Fundação Calouste Gulbenkian, 2001, p. 206.

[495] SALDANHA, Nelson. *O Estado Moderno e a Separação de poderes.* São Paulo: Saraiva, 1987, p. 87. O autor lembra que, "para os homens do século XVIII, valeu como *idéia* o esquema da igualdade de nível entre os poderes, mas a sobrevalência do Legislativo valeu como *crença*".

[496] BAPTISTA DA SILVA, Ovídio Araújo. *Processo e Ideologia. O Paradigma Racionalista.* Rio de Janeiro: Forense, 2004, p. 36.

[497] BAPTISTA DA SILVA, Ovídio Araújo. *Jurisdição e execução.* 2.ed. São Paulo: RT, 1997, p. 116.

2) a dogmática é uma teoria jurídica, um raciocínio matemático, "mediante o qual, dadas certas premissas, extraem-se necessariamente certas conclusões", em que o intérprete é dotado de cálculos racionais;[498]

3) o racionalismo separou o *Direito* do *fato,* "tendo o Direito como uma proposição *normativa* – portanto lógica –, tudo o que se fizer no domínio da realidade, enquanto *fato*, não exercerá a menor influência sobre o *conceito*",[499] tendo-se esquecido que o Direito é o modo de resolver casos concretos, aderindo à realidade da vida;[500]

4) o pensamento único da dogmática jurídica é o império da objetificação, que continua detido ao estreito domínio da positividade, promovendo uma "espécie de descompasso entre o funcionamento do Direito na realidade e as formulações nos códigos, na Constituição e as respectivas interpretações".[501]

A dogmática jurídica normatizou o mundo genético, desprezando os mundos afetivo e ontológico, pelo fato de a sentença, para ela, ser reprodutora, e não produtora do Direito, impedindo que sejam examinados os fatos sociais, a existência, não se envolvendo com os problemas da vida real, quaisquer que sejam as suas calamidades, (de)limitando-o estritamente aos termos da lei, da abstração, obedecendo à vontade cega do legislador, transformando a lei em pensamento único.

Por meio da Constituição deve ser promovido o afastamento da desvalia normativo-genético da família, percorrendo os caminhos da bastardia à igualdade, da opressão à liberdade entre todos os seus membros, da violência ao afeto doméstico e familiar, do sistema patriarcal à igualdade entre todos os membros familiares. O texto constitucional deve legitimar a pluralidade das famílias, como conjugal, convivencial, monoparental e demais modos de ser-em-família-tridimensional, em que o sentido da compreensão histórica da tradição é condição de possibilidade da compreensão da atual igualdade material constitucional.

Compreender o texto de família não se faz pelo passado ou pelo presente, mas pela fusão de horizontes do passado, do presente e do futuro, fundando-se a tridimensionalidade dos horizontes do texto, do intérprete e da tradição histórica da família, arquitetando a compreensão mediante o horizonte da temporalidade/historicidade.[502]

A Constituição não deve ser compreendida como uma mudança, e sim como uma revolução constitucional e hermenêutica, uma vez que a mera mudança do pensamento dogmático não será capaz de remover todos os açoites do passado e descobrir a correspondência entre passado, presente e futuro da família. É preciso vislumbrar, em cada

---

[498] BOBBIO, Norberto. *Thomas Hobbes.* 9ª tiragem. Traduzido por Carlos Nélson Coutinho. Rio de Janeiro: Campus, 1991, p. 38, referindo-se à razão de Hobbes, que "nada tem a ver com a faculdade de conhecer a essência das coisas: é faculdade de raciocínio, entendido o raciocínio como cálculo".

[499] BAPTISTA DA SILVA, Ovídio Araújo. *Processo e ideologia. O Paradigma Racionalista.* Rio de Janeiro: Forense, 2004, p. 125 e 144.

[500] CORDEIRO, António Menezes. Apresentação da obra de CANARIS, Claus-Wilhelm. *Pensamento sistemático e conceito de sistema na ciência do Direito.* 3.ed. Lisboa: Fundação Calouste Gulbenkian, 2002, p. XXIV.

[501] STEIN. Ernildo. *Novos caminhos para uma filosofia da constitucionalidade. Apresentação à obra "Jurisdição Constitucional e Hermenêutica – Uma Nova Crítica do Direito", de Lenio Luiz Streck.* Disponível em: www.leniostreck.com.br. Acesso em 12.06.2006.

[502] SILVA, Kelly Susane Alflen da. *Hermenêutica Jurídica e Concretização Judicial.* Porto Alegre: Sergio Fabris editor, 2000, p. 291. A autora acrescenta, na p. 292, que "o intérprete consciente da história efectual sabe da outreidade do texto e, por isso, busca realizar o projeto de um horizonte histórico que se desdobra na fusão de horizontes e se atualiza na compreensão".

artigo do texto constitucional, as violências do passado, do presente e a expectativa da não-reificação dessas tristes lembranças no futuro.

Essa Magna Carta será compreendida pela tridimensionalidade humana se forem afastadas as condutas preconceituosas do passado, ainda pendentes no presente, mas que também podem manifestar-se no futuro, caso não sejam revistos, efetivando-se uma fusão de horizontes e uma compreensão histórica da tradição. Pela leitura gadameriana,[503] a tradição não é simplesmente um acontecer que se aprende a conhecer e a dominar pela experiência, e sim uma linguagem, que fala por si mesma, sendo o que torna possível a liberdade do conhecer.

A experiência é fundamental no direito de família, na medida em que permite uma abertura para o outro ser humano, essencialmente ao pai, ao filho, ao irmão, ao cônjuge, ao convivente e ao parente, às pessoas que estão convivendo e compartilhando, permanecendo interligados pela linguagem. Essa abertura não se dá unicamente quando o ser humano permite que alguém lhe fale, mas quando esse humano permite que algo lhe seja dito, estando aberto a ouvir, a assimilar a réplica, aceitando que algo lhe seja proferido por outrem, cuja ausência dessa abertura faz desaparecer o verdadeiro vínculo humano.

Quando os seres humanos se compreendem, sustenta Gadamer, não significa olhar de forma hierarquizada, pois *escutar alguém* não significa realizar às cegas o que o Outro quer, porquanto significaria ser submisso, implicando mais o "reconhecimento de que devo estar disposto a deixar valer em mim algo contra mim, ainda que não haja nenhum outro que o faça valer contra mim". Isso porque "desde que somos um diálogo, somos a história una da humanidade". Por isso que a arte de conduzir uma conversa é a arte do entendimento, do consenso, da compreensão,[504] da incorporação da leitura de nossa tridimensionalidade humana. Entendimento, segundo Gadamer,[505] não significa concordância, pois onde já existe concordância não precisa mais haver entendimento. O verdadeiro entendimento é sempre buscado ou alcançado "em vista de algo determinado, sobre o qual não existe nehuma concordância plena".

Na visão unilateral da dogmática jurídica importam as relações que ocorrem no mundo comum a todos os seres vivos em geral (o mundo genético), mas é necessário procurar compreender a família também no mundo social e familiar (mundo afetivo) e no mundo exclusivo de cada ser humano, o mundo do diálogo consigo mesmo (mundo ontológico). Dentro de um imenso mundo, o ser humano habita, ao mesmo tempo, esses três mundos, que precisam ser compreendidos em um só mundo, deixando valer contra ele mesmo a tradição histórica em suas pretensões, rejeitando a violência do passado e reconhecendo que a tradição histórica da família tem algo a nos dizer, principalmente da revolução familiar produzida pelo Pacto Constitucional.

Na Carta Magna consta a condição humana tridimensional, genética, (des)afetiva e ontológica, que constitui limite aos Poderes da República, significando que o direito de família não poderá ser compreendido à margem da Constituição, em que não basta compreender as regras, mas, sobretudo, os princípios, na medida em que eles contribuem para o desvelamento e o fechamento do processo interpretativo.

---

[503] GADAMER, Hans-Georg. *Verdade e Método I*. 6. ed. Traduzido por Flávio Paulo Meurer. Petrópolis: Vozes, 2004, p. 467, 471 e 472.

[504] GADAMER, Hans-Georg. *Elogio da Teoria*. Lisboa: Edições 70, 2001, p. 11, 12, 57 e 118.

[505] GADAMER, Hans-Georg. *Hermenêutica em retrospectiva. A virada hermenêutica*. Rio de Janeiro: Vozes, 2007, p. 99.

No mundo globalizado nada mais é absoluto, as certezas se transformaram em incertezas, as determinações em indeterminações, a estabilidade em instabilidade, não sendo compreensível que, somente quanto à normatividade das leis, exista certeza absoluta. Nem mesmo o poder ou a soberania do Estado é absoluto, já que a globalização econômica alterou as relações internacionais, quebrando a resistência, baixando as barreiras entre fronteiras, possibilitando a transnacionalização de mercados.

Uma passagem de Niklas Luhmann, sobre a complexidade, riscos e contingências de um mundo laico, democrático, social e universal, demonstra que o Direito não compreendeu essa problemática, já que preocupado ainda com as categorias jurídicas antigas, com a certeza do Direito, quando, na verdade, o ser humano vive em um universo de incertezas, que aumentam a cada dia, surgindo não a segurança, e sim os riscos produzidos pelo próprio Direito, porque ele não está mais em uma época de segurança contra ações ilegais, de proteção jurídica, mas, sim, de segurança contra ações legais, envolvendo "complicadas disposições contrárias no próprio Direito, que exige constantes controles e adaptações jurídico-político. Por isso, o Direito atual não é mais capaz de garantir aquela certeza moral das expectativas que resulta do simples fato de alguém julgar-se no direito".[506]

No Brasil, embora o método epistemológico da teoria analítica predomine no cenário jurídico, está ocorrendo, de forma paulatina, a sua substituição, pois é inaceitável que, em pleno século XXI, o jurista volte ao passado, a decisões reiteradas em outras épocas, bem diferentes da atual, para tomar uma decisão que, não raras vezes, pode ser frustrante. Quero dizer com isso que, não obstante o conhecimento do passado seja essencial para compreender o futuro, nem sempre há como se apoiar somente em normas e decisões do passado (de vinte, quarenta, sessenta anos atrás) para decidir situações de uma época extremamente cambiante como essa em que vive o ser humano.

As transformações do mundo global provocam "irritações" no Sistema do Direito que deve estar apto a lidar com esta sociedade altamente complexa. Nesse sentido, as programações normativas ficam muito estanques, não dando conta de processar todas as informações que chegam ao Judiciário.

Concluindo a pesquisa, formatei as diferenças que podem ser localizadas entre os métodos das matrizes teóricas do Direito:

Na dogmática jurídica, as interpretações são gramaticais, literais, lógicas, sistemáticas, filológicas, históricas, finalísticas, sociológicas etc., um processo subsuntivo-dedutivo, em que o texto é interpretado em etapas. A teoria analítica está impregnada pelo racionalismo dos séculos XVII e XVIII, em que a lei, criada pelo Legislador, é a verdade absoluta, única, sagrada e justa. Essa teoria não admite o poder discricionário do intérprete, devendo-se apegar aos ditames da lei. O método é gramatical, relação sujeito-objeto.

A matriz hermenêutica tradicional já se afasta um pouco do legislador, aceitando a interpretação dos textos, mas continua sendo normativista. O método avança, com a adoção de outras formas de interpretação, como a teleológica, em que a relação de interpretação *continua* sendo entre *sujeito e objeto*.

Na hermenêutica filosófica, o método já não é mais subjetivo, objetificado, como ocorre nas teorias anteriores, porquanto a interpretação do texto fluirá a partir do fun-

[506] LUHMANN, Niklas. *Sociologia do Direito II*. Traduzido por Gustavo Bayer. Rio de Janeiro: Edições Tempo Brasileiro, 1985, p. 54-55.

damento sem fundo, do método fenomenológico,[507] universal, desse lugar originário, produto da antecipação de sentido, "uma projeção, um abrir-se, um arremessar-se para, um instalar-se no espaço aberto no qual aquele que compreende primeiramente vem a si como um si mesmo".[508] A matriz hermenêutica filosófica vai bem além, sendo um método universal, mediante a compreensão da linguagem, a espiral hermenêutica, a fusão de horizontes e a compreensão histórica da tradição, em que a relação passa de *sujeito a sujeito*, produzindo o Direito com vinculação social e constitucional.

[507] HEIDEGGER, Martin. *Ser e Tempo*. 14.ed. Traduzido por Márcia Sá Cavalcante Schuback. Petrópolis: Vozes, 1986. Parte I, p. 66. "A fenomenologia é a via de acesso e o modo de verificação para se determinar o que deve constituir tema da ontologia. A ontologia só é possível como fenomenologia (...). O conceito oposto de 'fenômeno é o conceito de encobrimento'".

[508] INWOOD, Michael. *Dicionário Heidegger*. Traduzido por Luísa Buarque de Holanda. Rio de Janeiro: Jorge Zahar, 1999, p. 19, citando Martin Heidegger.

Capítulo IV

ALGUNS EFEITOS JURÍDICOS DECORRENTES DA TEORIA TRIDIMENSIONAL DO DIREITO DE FAMÍLIA

1. Considerações iniciais do capítulo

No decorrer da pesquisa, foi sustentado que o ser humano, para ser compreendido como humano, e não como uma coisa, precisa habitar o mundo humano tridimensional, da genética (*Umwelt*), da (des)afetividade (*Mitwelt*) e da ontologia (*Eingenwelt*). Dessa forma, emerge a conversação com May,[1] no sentido de que esses mundos estão sempre inter-relacionados, condicionando-se uns aos outros, mundos diferentes, mas, ao mesmo tempo, um único mundo, um modo, jeito, peculiaridade, condição de ser-no-mundo-genético, de ser-no-mundo-(des)afetivo e de ser-no-mundo-ontológico, pelo seguinte:

a) o mundo biológico é o mesmo em todos os seres vivos, dos objetos a nossa volta, o mundo natural, dos organismos, das leis e ciclos naturais de dormir, acordar, nascer, morrer, desejo, alívio, determinismo, necessidade biológica, impulso, instinto, o mundo em que o ser humano existe mesmo que não tivesse autoconsciência;

b) o mundo (des)afetivo é o dos inter-relacionamentos entre os seres humanos em família e na sociedade, em que, por exemplo, ele não deve insistir para que o outro membro familiar se ajuste a ele ou ele ao outro, porque, nesse caso, ambos não estarão convivendo e compartilhando no mundo afetivo, e sim no mundo genético, no mundo do instinto, das necessidades dos seres vivos em geral. É no mundo afetivo que o humano deixa de ser um mero ser vivo, passando a ser pessoa, tendo em vista que mergulha no mundo da linguagem;

c) o mundo ontológico é o da percepção de si mesmo, do autorrelacionamento, do autoconhecimento, o significado que uma coisa ou outro ser humano tem para ele, e não para os outros, é a percepção do senso da realidade como ela é, e não como ela nos é imposta pela cultura jurídica do mundo ocidental, numa relação entre sujeito e sujeito (de humano para humano).

Os efeitos jurídicos dissecados neste capítulo são propostas de alterações que merecem maior atenção por parte do legislador e da comunidade jurídica, porque a família está sendo compreendida menos de uma terça parte de sua totalidade, ao permanecer atrelada unicamente ao mundo biológico normatizado, ao mundo dos demais seres vivos.

Embora a tese não tenha necessidade de descrever os efeitos jurídicos, segui o caminho trilhado por Gadamer, ao ensinar que "a essência da reflexão hermenêutica consiste justamente em que ela deve surgir da práxis hermenêutica". Isso porque her-

[1] MAY, Rollo. *A Descoberta do Ser: estudos sobre a psicologia existencial*. Traduzido por: Cláudio G. Somogyi. 4.ed. Rio de Janeiro: Rocco, 2000, p. 139 a 141.

menêutica é filosofia e, enquanto filosofia, filosofia prática,[2] não se podendo, em decorrência, cindir teoria e prática, nem fato e direito, para que o direito seja compreendido no sentido da concretude do mundo da vida. O compreender, segundo o autor, é possível quando aquele que compreende coloca em jogo, na coisa mesma, seus próprios preconceitos, o que pode ser efetivado pela linguagem, uma vez que não apenas no discurso, na escrita, mas "em todas as criações humanas encontra-se um 'sentido' a ser descoberto pela hermenêutica".[3]

Pretendo buscar a fonte da compreensão e da aplicação do texto do direito de família não pelo mundo normatizado genético, como sempre tem ocorrido no mundo ocidental, mas pela linguagem da genética, da afetividade e da ontologia. Para tanto, é preciso denunciar que o casamento, a união estável, enfim, todas as formas de ser-em-família não se alojam só no mundo biológico, o mundo da natureza, dos instintos sexuais, da preservação do patrimônio e da indissolubilidade do matrimônio, mas também nos mundos afetivo (no mundo do relacionamento entre as pessoas e da família) e ontológico (em que ocorre o relacionamento do ser humano consigo mesmo).

No decorrer da pesquisa será visto que quase todos os efeitos jurídicos poderão ser acolhidos pela cultura jurídica sem qualquer emenda constitucional, bastando aplicar a jurisdição constitucional, com base, por exemplo, nos seguintes princípios: da liberdade, da cidadania, da laicização, da proteção integral e absoluta da criança, adolescente e idoso, da razoabilidade, da proporcionalidade, da igualdade entre todos os membros da família, da afetividade, da separação de poderes, da dignidade e da condição humana tridimensional.

2. Natureza jurídica da família

A natureza jurídica da família, antes da Constituição, confundia-se com o casamento, que tinha três conceitos: o contratual, o institucional e o eclético ou misto (casamento seria um contrato e uma instituição). A corrente majoritária[4] classifica o casamento/união estável como um contrato (casamento-fonte): contrato, em vista do acordo de vontades para casar, escolher o cônjuge, separar, divorciar, modificar o regime de bens, planejamento familiar, local de residência e domicílio, administração da família etc; instituição (casamento-Estado), pela ingerência do Poder Público, editando normas que não podem ser alteradas pelos cônjuges ou conviventes, proporcionando melhores condições de vida, como a criação de órgãos sociais que a protejam, como o Ministério Público, o Conselho Tutelar e o Juizado da Infância e da Juventude.

De acordo com o artigo 1.511 do Código Civil, "o casamento estabelece comunhão plena de vida, com base na igualdade de direitos e deveres dos cônjuges". Isso quer dizer que a anterior hierarquia na família foi substituída pela democracia, prevalecendo os supremos interesses dos pais, filhos e demais integrantes da família, a qual, após o texto

[2] GADAMER, Hans-Georg. *A razão na época da ciência.* Traduzido por Ângela Dias. Rio de Janeiro: Tempo Brasileiro, 1983, p. 76.

[3] GADAMER, Hans-Georg. *Verdade e Método II.* 2.ed. Traduzido por Enio Paulo Giachini. Petrópolis: Rio de Janeiro: 2004, p. 10, 132, 133, 135 e 136.

[4] RIZZARDO, Arnaldo. *Direito de família.* Rio de Janeiro: Aide, 1994, p. 34. Volume I.

constitucional, não é mais uma instituição e, muito menos, um contrato, cujos conceitos denotam, ainda, a hierarquização, a coisificação, a monetarização da família.

A natureza jurídica da família pode ser compreendida como uma comunidade plena de vidas genética, afetiva e ontológica, na promoção da cidadania, da dignidade e da condição humana,[5] princípios fundamentais da República Federativa e do Estado Democrático do Brasil (artigo 1º, incisos II e III, da Constituição).

Condição de possibilidade da compreensão de um texto familiar é conhecer a tradição histórica, em que, no contexto da família, foi e continua sendo (de)marcado pela discriminação, pela hierarquia, pela intolerância, pela tirania, pela opressão e pela imensa violência familiar e doméstica.

Mediante o círculo hermenêutico, a fusão de horizontes, os preconceitos puros e impuros e a tradição histórica é possível listar algumas (r)evoluções do direito de família, por exemplo:

a) a família antiga[6] era numerosa, resultante de um ancestral ou uma divindade comum;[7]

b) no Direito Romano, a família era unidade religiosa, jurídica e econômica,[8] em que o pai tinha o poder de vida e de morte sobre os filhos, a mulher e os escravos;[9]

c) no mundo Ocidental, a organização familiar foi arquitetada com lastro na família romana, patriarcal, monogâmica, hierarquizada, impessoal, em que a figura paterna era incontestável, predominando a manutenção do casamento, como única forma de legitimar a família, mesmo que em prejuízo da felicidade de seus membros;

d) no Brasil, de acordo com o Código Civil brasileiro de 1916, a família era compreendida como um conjunto de pessoas que descendiam de tronco ancestral comum, pelos laços sanguíneos, unidos entre si pelo matrimônio, pela filiação genética e a adoção,[10] mas com ampla discriminação entre os membros familiares;

e) no Brasil, a contar do texto constitucional democrático, laico e hermenêutico de direito de 1988, a família passou a ser nuclear, pluralizada, desencarnada, democrati-

[5] FERRAZ JÚNIOR, Tercio Sampaio. *Constituição de 1988: legitimidade, vigência e eficácia, supremacia.* São Paulo: Atlas, 1989, p. 36, "o sentido da dignidade humana alcança, assim, a própria distinção entre Estado e Sociedade Civil, ao configurar o espaço de cidadania, que não se vê absorvida nem por um nem por outro, mas deve ser reconhecida como um pressuposto de ambos. Significa que, constitucionalmente, está reconhecido que o homem tem um lugar no mundo político em que age".

[6] COULANGES, Fustel de. A cidade antiga. São Paulo: Martins Fontes, 2000.

[7] GUSMÃO, Paulo Dourado de. *Introdução ao Estudo do Direito.* 19.ed. Rio de Janeiro: Forense, 1996, p. 321.

[8] GOMES, Orlando. *Direito de família.* 7.ed. Rio de Janeiro: Forense, 1994, p. 36.

[9] CRETELLA JÚNIOR, José. *Curso de Direito Romano*, 28.ed. Rio de Janeiro: Forense, 2003, p. 81. "A princípio, o 'pater', tem sobre os filhos o poder tão grande como o que tem sobre os escravos, podendo rejeitar os recém-nascidos e abandoná-los, exceto matá-los (o 'pater' não pode matar os filhos pela Lei das XII Tábuas). Tem sobre os filhos o direito de vida e morte ('jus vitae necisque'), mas a medida extrema depende da consulta dos membros da família mais próximos. Pode vendê-los como escravos para além do Tibre, exercer a 'manus' sobre a nora, casar os filhos com quem achar conveniente, exercer a 'patria potestas' sobre os netos, obrigar os filhos ao divórcio, dá-los 'in cancipio'".

[10] CRETELLA JÚNIOR, José. *Curso de Direito Romano*, 28.ed. Rio de Janeiro: Forense, 2003, p. 90. A adoção tinha grande importância no Direito Romano, "servindo, entre outras coisas, para dar herdeiro a quem não os tem, por motivos de família (continuação dos 'sacra privata') ou políticos (assegurava sucessor ao príncipe, como no caso de Justiniano, adotado por Justino); para transformar plebeus em patrícios; para atribuir o 'jus civitatis' a um latino".

zada e dessacralizada, um gênero que envolve várias formas de unidade familiar, como conjugal, convivencial, monoparental, unipessoal, socioafetiva, anaparental, reconstituída etc. Esse contexto constitucional está estruturado para o desenvolvimento pessoal de seus membros, representando "um abrigo, uma proteção, um pouco de calor humano, lar onde se sobressaem a solidariedade, a fraternidade, a ajuda mútua, os laços de afeto e o amor".[11]

f) a Constituição de 1988 também possibilita uma visão tridimensional da família, rompendo com todo o passado/presente objetificado, intolerante, hierarquizado, violento, preconceituoso, visto que ela não mais se caracteriza como um comportamento, um modo de agir normatizado, mas, sim, um modo de ser-em-família. A família não se limita mais ao casamento, à união estável, à anaparentalidade, à socioafetividade, à monoparentalidade, à unipessoalidade, porque é ilimitada em um modo de ser-no-mundo-genético, de ser-no-mundo-(des)afetivo e de ser-no-mundo-ontológico.

Com essa novel linguagem, é afastado o conceito dogmático – de que a família seria um contrato, uma instituição ou contrato-instituição –, visto que não é possível normatizar o modo de ser-no-mundo-genético, de ser-no-mundo-(des)afetivo e de ser-no-mundo-ontológico, tendo em vista que a compreensão humana não é um comportamento, mas, sim, o movimento básico da existência humana.[12] Isso significa que "a força normativa da Constituição começa a partir da concepção que se tem acerca de seu texto (que ex-surgirá sempre como uma norma), mas que não será uma norma qualquer, ao 'gosto' do intérprete",[13] porquanto o texto constitucional é um evento, uma forma de ser-no-mundo familiar.

Em não sendo a família um comportamento, um modo de agir, é possível compreender que ela não é suscetível de normatização, muito menos exclusivamente genética, já que é impossível ao legislador prever todos os jeitos de ser-em-família. Isso justifica os fracassos de todas as tentativas dos legisladores de compreender a natureza jurídica da família pela visão monocular, subjetiva e normatizada do casamento, da união estável, da monoparentalidade, porque ela, como o ser humano, tem seu modo de ser-no-mundo humano tridimensional.

3. A ingerência do Estado na família e a liberdade humana

O Código Civil, em seu artigo 1.513, anota que "é defeso a qualquer pessoa, de direito público ou privado, interferir na comunhão de vida instituída pela família". Isso significa que o Estado ou qualquer pessoa, física ou jurídica, não tem o direito de imiscuir-se na vida dos cônjuges, conviventes e demais integrantes da família.

[11] FACHIN, Luiz Edson. *Da Paternidade: relação biológica e afetiva*. Belo Horizonte: Del Rey, 1996, p. 22.

[12] HEIDEGGER, Martin. Apud CAMARGO, Margarida Maria Lacombe. *Hermenêutica e Argumentação: uma contribuição ao estudo do Direito*. 2.ed. Rio de Janeiro: Renovar, 2001. p 30.

[13] STRECK, Lenio Luiz. Súmulas vinculantes: em busca de algumas projeções hermenêuticas. In: *Jurisdição e direitos fundamentais*. Anuário 2004/2005 da Escola Superior da Magistratura do Rio Grande do Sul. Ingo Wolfgang Sarlet (Organizador). Porto Alegre: Livraria do Advogado, 2005. Volume I. Tomo I, p. 109.

Mesmo não se admitindo a ingerência do Poder Público ou de particulares, há situações em que se faz necessária essa intervenção, quando, por exemplo, não estão sendo cumpridos os princípios constitucionais da dignidade e da condição humana tridimensional, como: maus-tratos, discriminação, exploração, violência, crueldade, ausência de paternidade/maternidade, abandono, saúde, moradia, alimentação, educação, lazer, profissionalização, enfim, a ausência da convivência e do compartilhamento em família biológica, afetiva e ontológica.

Quando se fala em liberdade, vem à baila o princípio da negação de suas condições de possibilidade, isso porque a tradição histórica demonstra que nunca houve, na verdade, a plena liberdade, porque ela pode, por vezes, negar a própria liberdade e a diversidade do Outro. Quero dizer que o ser humano é livre e, ao mesmo tempo, não-livre, pois, em sendo o ser humano um ser autêntico e inautêntico, ele tem a tendência de encobrir a sua liberdade e a do outro ser humano.

A liberdade tem origem genética, (des)afetiva e ontológica, visto que essa tridimensionalidade agasalha, ao mesmo tempo, a igualdade, a liberdade e a diversidade humana. A liberdade é genética, porque faz parte da evolução e reprodução da espécie humana; a liberdade é (des)afetiva, porquanto é livre e não-livre, vez que o ser humano é afetivo e desafetivo, conduzindo sua sociabilidade nesse binômio, fazendo com que vele e desvele a liberdade e a diversidade do outro ser humano; a liberdade é ontológica, à medida que cada ser humano tem a sua própria liberdade, individualidade, suas circunstâncias pessoais, seu mundo pessoal, endógeno, a conversação consigo mesmo, significando que não existe uma liberdade única, universal, mas, sim, uma história de bilhões de liberdades humanas a serem desveladas em cada caso concreto.

Há necessidade de ser respeitada a igualdade, a liberdade e a diversidade humana, com menor ingerência do Estado na (des)constituição da família, assim como imprimir maior celeridade na total secularização do Direito de Família, expungindo do Direito do Estado não apenas algumas, mas todas as influências inconstitucionais da religião, para que o ser humano, para que o ser humano possa exercer com plenitude a sua condição humana tridimensional.

4. A diversidade humana tridimensional

A concepção jurídica dominante, por compreender o texto, o ser humano, a família, pelo mundo genético e, às vezes, pelo mundo afetivo, faz referência à necessidade de ser examinada a diferença (a alteridade, a diversidade) no direito de família. Isso para que ela seja pensada com direitos iguais, visto que "é somente a partir da diferença, sem a hegemonia de um sobre o outro, que é possível construir uma sociedade igualitária", sendo somente a diversidade "que possibilitará a aproximação do ideal de justiça, bem supremo do Direito".[14]

Esse racionalismo dogmático bem demonstra a sua incapacidade, devido à pequena tiragem de seu método, de encontrar a diferença no direito de família, uma vez que ainda continua a compreendê-la como uma *diferença exclusivamente ôntica*, encontradiça nas leis, quando, na verdade, a diversidade humana é genética, afetiva e ontológica,

[14] Por todos, PEREIRA, Rodrigo da Cunha. *Direito de família. Uma abordagem psicanalítica.* 2.ed. Belo Horizonte: Del Rey,1999, p. 118, 119 e 167.

portanto *tridimensional*. É dizer, a diversidade do texto do direito de família é ôntica e ontológica (mundos existenciais genético, des-afetivo e ontológico), encontrada de forma diferente em cada ser humano, nascendo, por isso, o exame da singularidade e da historicidade da coisa mesma (da questão jurídica em análise, da casuística), o que afasta, de antemão, a possibilidade de o legislador prever todas as diversidades ônticas e ontológicas entre os humanos.

É impossível a dogmática jurídica compreender, interpretar e aplicar, ao mesmo tempo, as três diferenças humanas, o que somente poderá ser efetivado por uma teoria que compreenda o Direito afastado do campo do Direito. Nesse contexto, a hermenêutica filosófica, que é uma teoria filosófica *no* Direito, tem a capacidade de compreender o texto do direito de família pela linguagem universal do método fenomenológico, do círculo hermenêutico, da suspensão dos preconceitos autênticos e inautênticos, da fusão de horizontes e da tradição histórica da família.

Pensar a diferença tridimensional no direito de família é compreender a verdade, a realidade, o ser humano e suas circunstâncias, sua cadeira de significante, suas formas de ser-no-mundo-genético, de ser-no-mundo-(des)afetivo e de ser-no-mundo-ontológico. Isso quer dizer que a dogmática jurídica desvela a diversidade humana unicamente pelo mundo normativo, ao passo que a hermenêutica filosófica (des)cobre o texto do direito pela linguagem tridimensional.

Essa compreensão existencial se justifica, porque compreender a hermenêutica na modernidade líquida "é desconfiar do mundo e de suas certezas, é olhar o Direito de soslaio", na medida em que o fundamento deixou de ser um agir, um comportamento, passando a ser compreendido como um modo de ser-em-três-mundos, significando que a dogmática não fornece a segurança jurídica almejada pela metafísica-fundamentalista, motivo pelo qual "todo esforço em encontrar um fundamento absoluto e seguro para uma teoria representa uma tarefa que pode ser classificada como irracional".[15]

A hermenêutica filosófica[16] não é metódica, e sim condição de ser-no-mundo, é experiência de vida, é existência, é realidade, em que o processo de interpretação tem como condição de possibilidade a compreensão. O sentido vem antecipado pela pré-compreensão (conceito prévio) que, por sua vez, é pré-figurada por uma tradição determinada em que vive o intérprete e que modela os seus pré-juízos,[17] que somente existe nas cargas pré-genéticas, pré-(des)afetivas e pré-ontológicas, que sempre antecedem a qualquer compreensão do texto do direito de família, que se manifestam pela linguagem.

Essas são algumas razões pelas quais se diz que, enquanto a dogmática jurídica objetifica o ser humano, pela relação sujeito-objeto, a hermenêutica filosófica o humaniza pela relação sujeito-sujeito, ao fazer com que a humanidade, que está velada no ser humano, se mostre, se desvele, se revele, abrindo uma clareira por si mesmo,

---

[15] STRECK, Lenio Luiz. Hermenêutica (jurídica): compreendemos porque interpretamos ou interpretamos porque compreendemos? Uma resposta a partir do *Ontological Turn*. In *Anuário* do Programa de Pós-Graduação em Direito. Mestrado e Doutorado. Leonel Severo Rocha e Lenio Luiz Streck (Organizadores). São Leopoldo: UNISINOS, 2003, p. 230 e 241.

[16] BUZZI, Arcângelo R. *Introdução ao pensar*. 31.ed. Rio de Janeiro: Vozes, 2004, p. 147.

[17] STRECK, Lenio Luiz. A hermenêutica e o acontecer (*ereignen*) da Constituição: a tarefa de uma nova crítica do direito. In: *Anuário* do programa de pós-graduação em Direito. São Leopoldo: Unisinos, 2000, p. 108, rodapé. HEIDEGGER, Martin. *Ser e Tempo*. 14.ed. Traduzido por Márcia Sá Cavalcante Schuback. Petrópolis: Vozes, 2005. Parte I, p. 208 e 211. "Sentido é aquilo em que se sustenta a compreensibilidade de alguma coisa. Chamamos de sentido aquilo que pode articular-se na abertura da compreensão, mas ele não pode ser definido como algo que ocorre em um juízo ao lado e ao longo do ato de julgar".

descobrindo um novo ser humano em sua diversidade tridimensional. Quer dizer que o ser humano não precisa de um objeto, de uma escada (por exemplo, um procedimento para casar; um processo para descasar, desconviver e adotar; o sangue para formar o parentesco; o casamento ou a união estável para demonstrar seu mundo afetivo), porque o próprio ser humano tridimensional se determina por si mesmo, dentro de seus mundos genético, afetivo e ontológico, independentemente da escada material ou procedural que é imposta pela lei.

Significa que o próprio ser humano é que maneja a escada, o procedimento, o processo, a genética, o (des)afeto, a ontologia, a lei, a doutrina, a jurisprudência, a súmula, dentro de seus três mundos, nos quais ele penetra em suas estruturas existenciais, mediante seu modo tridimensional de ser-no-mundo, motivo por que esses mundos não devem ser manejados pelo lado de fora do humano, por meio da lei (procedimentos, processos). Na verdade, sequer há uma escada para penetrar nesses mundos, justamente porque a escada (os três modos existenciais) já está dentro do ser humano, que somente por ele pode ser manejada, por seu jeito de ser-no-mundo-genético, de ser-no-mundo-(des)afetivo e de ser-no-mundo-ontológico. O legislador, que se encontra do lado de fora do ser humano, não pode instalar uma escada, uma ponte, um procedimento, um processo, para penetrar nos três mundos do humano, porque esses meios se encontram, automática e simultaneamente, dentro do ser humano, formando a sua essência, que é a existência, a vida humana.

O ser humano traz dentro de si a escada, a ponte, o procedimento, o processo, a igualdade, a liberdade, a solidariedade, a reprodução humana pelo sangue, o (des)afeto, a ontologia, a lei, a doutrina, o verbete, a súmula, o enunciado, dentro de seus mundos. É por meio dessa fascinante relação circular que a escada, o modo de ser-no-mundo tridimensional, levanta o ser humano pelos cabelos, deixando-o suspenso, não podendo ser alcançado por uma escada que se localiza do lado de fora dele, como a normatização, exatamente porque os mundos genético, afetivo e ontológico não são um agir, um comportamento, e sim modos de ser-no-mundo, um existencial.

Com a afirmação de que a escada, a ponte, o método, o processo, já se encontram dentro do ser humano, não estou afirmando que a hermenêutica filosófica afasta a necessidade da lei no Estado Constitucional, até porque seria denegar a própria doutrina gadameriana, ao sentenciar que, *se quiseres compreender um texto,deixe que ele lhe diga alguma coisa*. O que pretendo dizer é que o legislador e a dogmática jurídica, ao utilizar-se de um método subjetivo para compreender a lei, faz com que compreendam o texto do direito de família de forma objetificada, coisificada, monetarizada, na medida em que a ponte, a escada, o processo, já se encontram dentro do ser humano, no âmago da linguagem genética, (des)afetiva e ontológica.

Como refere Heidegger, o mundo é mundo humano, e não mundo das coisas, pelo que somente o humano é formador do mundo, cujo pensamento é comprovado pelas dezenas de efeitos jurídicos citados nesta tese, em que a genética, o (des)afeto, a ontologia não precisam ser normatizados, já que se encontram dentro dos três modos de ser-no-mundo, dentro das estruturas existenciais do ser humano. Significa dizer que é dispensável eventual método, ponte, escada, processo, que o legislador queira fazer entre o Estado e o ser humano, porque não são os métodos, a escada, o processo, e sim pelo modo de ser-no-mundo que se compreende o texto do direito de família.

Calha, assim, transcrever uma passagem citada por Ernildo Stein,[18] de que Kant reclamava da filosofia, afirmando que "é um escândalo a filosofia não ter encontrado ainda a ponte entre a consciência e o mundo", ao que Heidegger teria respondido o seguinte: "o escândalo é nós ainda estarmos procurando essa ponte. Nós a temos desde sempre, enquanto seres no mundo". Momento seguinte, Stein explica essa mensagem heideggeriana, de que o ser humano não é uma coisa que se encontra no mundo junto com as demais coisas, porque é com o ser humano, e não com as coisas, que surge o próprio mundo, a linguagem, tornando-se o humano ser-no-mundo. Com isso, alerta o autor, é preciso abandonar a coisificação, a objetificação, do ser humano, não mais indagando o que é o ser humano, e sim como ele é, qual a diversidade e a igualdade humana.

Pela linguagem heideggeriana, o ser humano tem uma abertura de caráter triplo – "para si, para os outros e para as coisas". Aplicado esse pensamento ao Direito de família, pode ser dito que a compreensão do ser humano não é efetivada unicamente pelo mundo genético (das coisas, dos objetos), mas, sim, compreendido como um acontecer no mundo genético (abertura às coisas), no mundo afetivo e desafetivo (abertura – afeto – ou fechamento – desafeto – para os outros) e mundo ontológico (abertura para si). É por isso que, pela hermenêutica filosófica, o ser humano deixa de ser objetificado, coisificado, porque ele perde o viés solitário, unitário, a visão monocular da normatização genética, para ser compreendido como um ser em sua totalidade, no acontecer de sua tridimensionalidade, genética, afetiva e ontológica.

A objetificação, explica Stein, torna tudo comum, igualando o ser humano e as coisas, os animais, os seres vivos, empacotando-os no mundo genético, mas o acontecer da hermenêutica filosófica é um modo de evitar essa coisificação. É por essa razão que as diversidades genética, afetiva e ontológica se constituem na linguagem da compreensão do ser humano e, ao mesmo tempo, concedem o espaço de seu acontecer, representando "o teorema que precede qualquer distinção entre sujeito e objeto e, onde esta distinção for usada, ela já sempre repousa sobre um acontecer e um vir-ao-encontro".[19]

Por tudo isso, a Constituição, a lei, a família, não podem ser compreendidas como um comportamento, uma forma de agir, mas, sim, como um jeito de ser, uma condição de ser-nos-mundos genético, afetivo e ontológico, uma circunstância de ser dentro do mundo humano, e não dentro de um mundo das coisas. Tudo isso é efetivado mediante a principiologia constitucional, porquanto, no Estado Constitucional, a hermenêutica filosófica promove a incansável compreensão do Direito por meio da jurisdição constitucional.

5. Afastamento do procedimento de habilitação e celebração do casamento

O procedimento de habilitação e de celebração do casamento é efetivado em três fases: a habilitação (artigos 1.525 a 1.532), a celebração (artigos 1.533 a 1.542) e o re-

[18] STEIN, Ernildo. *Diferença e Metafísica: ensaios sobre a desconstrução*. Porto Alegre: EDIPUCRS, 2000, p. 62, 161 e 165.

[19] STEIN, Ernildo. *Pensar é pensar a diferença: filosofia e conhecimento empírico*. Ijuí: UNIJUÍ, 2002, p. 17 e 18.

gistro (artigos 1.543 a 1.547 do Código Civil). Antes do registro e da celebração, deve ter havido a prévia habilitação, para demonstrar a capacidade matrimonial e ausência de impedimentos e de causas suspensivas. A habilitação também é composta de três estágios: apresentação dos documentos, publicação dos editais (proclamas) e registro da habilitação, com a consequente extração da certidão.

O requerimento deverá ser assinado pelos nubentes ou por seu(s) procurador(es), com poderes especiais, e os respectivos documentos deverão ser entregues no Cartório de Registro Civil de Pessoas Naturais do local do domicílio ou da residência dos nubentes ou, se diversos, em qualquer um deles, caso em que os editais de proclamas devem correr nos dois locais. Com a juntada ao procedimento de habilitação dos documentos citados no artigo 1.525, incisos I a V, do Código Civil, os autos serão remetidos ao Ministério Público, que não precisará designar audiência, bastando o exame dos documentos. Em caso de concordância, os autos serão encaminhados ao juiz de direito para homologar, ou não, a habilitação. Em caso de discordância, do Ministério Público ou do Magistrado, a manifestação será devidamente fundamentada e justificada, como garantia do Estado Democrático, Social e Laico de Direito.

Acolhido o pedido de habilitação, os autos volverão ao Oficial do Registro Civil para extração e publicação do edital de proclama (edital do casamento), no espaço reservado a publicações (átrio) do Cartório e na imprensa local de ambos os domicílios dos nubentes, durante o prazo de 15 dias, contados não da publicação na imprensa, e sim da afixação do edital em Cartório. Transcorrido esse prazo, e não tendo havido impugnação, de ofício ou por interessado, o Oficial declarará os nubentes habilitados a se casar, expedindo a competente certidão, que terá validade de noventa dias, contados da data da extração. Caso o casamento civil ou religioso (a certidão habilita os nubentes para esses dois casamentos) não seja realizado nesse período, os nubentes deverão submeter-se à nova habilitação.

Duas testemunhas confirmarão a ausência de impedimentos, devendo ser maiores de idade e capazes, não necessariamente 18 anos, caso estejam sob o abrigo do parágrafo único do artigo 5º do Código Civil, podendo ser parente (até o infinito, na linha reta, e até o 4º grau, na linha colateral) ou não de um ou dos nubentes. A lei determina que a declaração, perante o Oficial de Registro Civil, por instrumento público ou particular (com firma reconhecida por autenticidade), deve destinar-se para provar a inexistência de impedimento. A lei silenciou quanto à espécie de impedimento, mas como eles são públicos e privados, o documento serve para indicar as causas de nulidade (artigo 1.521) ou as causas suspensivas do casamento ou da união estável (artigo 1.523 do Código Civil).

Com o certificado de habilitação, os nubentes escolherão o dia, o horário e o local para celebrar o casamento pelo Juiz de Paz, cuja competência é do lugar em que se processou a habilitação,[20] não podendo ser substituída por outra pessoa, mesmo que de grau hierárquico mais elevado, salvo em caso de substituição, sob pena de anulação (e não de nulidade), conforme inteligência do artigo 1.550, VI, do Código Civil.

Os artigos 1.533 e 1.534 do Código Civil determinam que a data do casamento será agendada pela autoridade celebrante, durante o dia, nas dependências do Cartório de Registro Civil, cuja cerimônia poderá realizar-se à noite,[21] já que a união estável e os

---

[20] DINIZ, Maria Helena. *Curso de Direito Civil Brasileiro*. 17.ed. São Paulo: Saraiva, 2002, p. 98. Direito de família. Volume 5.

[21] VENOSA, Sílvio de Salvo. *Direito Civi*l. 2.ed. São Paulo: Atlas, 2002. Direito de família.p. 84-5.

demais modos de ser-em-família realizam-se a qualquer hora do dia ou da noite e em qualquer lugar, mesmo sem testemunhas.

De regra, o casamento deve ser realizado em dias úteis, nada impedindo que seja aos domingos e feriados, podendo ocorrer em edifício particular (casa, apartamento, clube, loja comercial, salões de festas, templos religiosos). O artigo 1.534, § 1º, do Código Civil, não informa se a realização do casamento em local particular é um direito ou um dever do celebrante. No silêncio da lei, e em não havendo a expressa proibição, em havendo pedido dos nubentes, o celebrante poderá se deslocar até o local particular, desde que fora do horário de expediente e pagas as custas decorrentes da locomoção.

Na celebração do casamento, as portas serão mantidas abertas, para que haja ampla publicidade, podendo-se impedir a entrada de pessoas inconvenientes ao bom desempenho do serviço cartorário e das festividades. Presenciarão o ato solene pelo menos duas testemunhas, parentes ou não dos nubentes, já que, se em juízo os parentes são legitimados a testemunhar fatos ocorridos em família, podem ser testemunhas de casamento. Se algum dos nubentes não souber ou não puder escrever, mesmo sabendo ler, serão quatro as testemunhas, as quais não precisarão saber ler e nem escrever, mas deixarão no documento as impressões digitais (artigo 1.534, § 2º, do Código Civil).

Caso o nubente não possa manifestar-se verbalmente, poderá fazê-lo mediante outro meio, por escrito ou por sinais, pois a ausência de manifestação inequívoca, clara e espontânea, implicará a suspensão imediata da celebração do casamento. Na forma do artigo 1.535 do Digesto Civil, o celebrante, presidente do ato, indagará aos nubentes acerca da pretensão de se casar de livre e espontânea vontade. Há necessidade de manifestação expressa por gesto, palavra ou qualquer outro meio de comunicação humana, a indicar o sim (concordo), porquanto o silêncio ou a recusa significa não casar, com o que, nesse dia, não mais se realizará o casamento. Com a resposta afirmativa, em língua nacional, ou estrangeira, quando presente intérprete, sem qualquer condição ou termo, o celebrante declarará contraído o casamento, nestes termos: "De acordo com a vontade que ambos acabais de afirmar perante mim, de vos receberdes por marido e mulher, eu, em nome da lei, vos declaro casados".

Como se vê no longo procedimento de habilitação e de celebração do casamento, a Igreja Católica passou a ditar as regras da família medieval que, constituída com a celebração de uma cerimônia religiosa, se caracterizava pelo modelo patriarcal, monogâmico e indissolúvel, exigindo fidelidade e castidade do casal e a obediência dos filhos. O controle do casamento era forma utilizada pela Igreja para refrear os instintos sexuais dos seres humanos, bem como evitar relações incestuosas, como refere Georges Duby,[22] nos termos:

> Cuidar para que ninguém "ousasse macular-se ou macular a outrem por meio de núpcias incestuosas" implicava em que todas as "nuptiae" (núpcias), "as dos não-nobres assim como as dos nobres", fossem públicas; que elas não fossem nem "inexordinata" e nem "inexaminatae" e, conseqüentemente, que um inquérito sobre o grau de parentesco dos esposos as precedesse. Publicidade, inquérito – junto aos "parentes", aos "vizinhos", aos "veteres populi" (pessoas mais velhas) – mas, em primeiro lugar, junto ao padre, junto ao bispo, chamados assim, daí por diante, legalmente, a participar das cerimônias nupciais. Não apenas para benzer, para exorcizar, não apenas para moralizar, mas para controlar e para autorizar. Para julgar. Portanto, para dirigir.

[22] DUBY, Georges. *Idade Média, idade dos homens: do amor e outros ensaios*. Traduzido por Jônatas Batista Neto. São Paulo: Companhia das Letras, 1989, p. 20.

Cristianizado o matrimônio, tanto o homem quanto a mulher foram reprimidos sexualmente, não podendo o homem excitar sua mulher e nem esta sentir prazer, devendo ser fria no débito (dívida) conjugal. O repúdio masculino foi abolido, e o divórcio, que era permitido pelos romanos,[23] foi condenado por Leão XII em nome da unidade e da indissolubilidade do matrimônio, concebendo apenas a separação de corpos em casos excepcionais.

A listagem dos requisitos à habilitação e celebração do casamento é uma longa estrada procedimental, resquício do Império e do monopólio da Igreja Católica, pois, mesmo com a Proclamação da República, há mais de um século, as leis matrimoniais guardam resquícios da Era eclesiástica. Com a secularização do direito de família, tornou-se oficial unicamente o casamento civil, pelo que não deve ser acolhido o casamento religioso com efeitos civis, por ofensa aos princípios da secularização e da igualdade entre todas as religiões do País, já que não mais existe uma religião oficial no Brasil.

Como o casamento civil não deve copiar as formalidades religiosas,[24] já que o princípio da separação entre Estado e Igreja data desde a edição do Decreto nº 119-A, de 07 de janeiro de 1890, tornam-se desnecessários os formalismos de habilitação e de celebração do casamento, e, principalmente, porque não é a lei ou a decisão judicial, e sim o (des)afeto, (des)amor, que une ou desune os cônjuges, os conviventes, a família.

Com a exigência de um procedimento de habilitação e de celebração do casamento, o Estado Republicano e Democrático de Direito adotou os mesmos formalismos da Igreja Católica, transformando o Juiz de Paz em simulacro de Padre da Igreja Católica. É dizer, o Direito da Igreja continua a ditar as regras do Estado de Direito, embora, há mais de seis séculos (600 anos), tenha iniciado no mundo Ocidental o processo de secularização (separação entre o Estado e a Igreja) e há mais de cem anos tenham sido afastadas as normas canônicas da família no Brasil.

É preciso denunciar que o casamento, a união estável, enfim, todas as formas de ser-em-família não se alojam no mundo canônico ou biológico, o mundo da natureza, dos instintos sexuais, da preservação do patrimônio e da indissolubilidade do matrimônio, e sim nos mundos genético (dos seres vivos em geral), (des)afetivo (no mundo do relacionamento entre as pessoas, essencialmente da família), e no mundo ontológico

---

[23] Diz, Fustel de Coulanges, que, "tendo sido o casamento contratado apenas para perpetuar a família, parece justo que pudesse anular-se no caso de esterilidade da mulher. O divórcio, para este caso, foi sempre, entre os antigos, um direito; é mesmo possível tenha sido até obrigação" (Op. cit, p. 47).

[24] BARBOSA, Florentino. *A família, sua origem e evolução*. Petrópolis: Vozes, 1948, p. 162, 175 a 177. Sobre a influência do casamento religioso sobre o civil, o autor diz o seguinte: "O matrimônio começou a existir como contrato natural, sendo ao mesmo tempo uma instituição religiosa. Mais tarde, com a formação dos Estados, a organização da família não perdeu o seu caráter religioso, mesmo entre os povos bárbaros e pagãos. Os governos tinham a sua religião de Estado, e respeitavam os ritos sagrados na celebração dos casamentos. A constituição do Brasil mantém integralmente os dispositivos legais da velha Constituição de 1891 relativamente ao processo de habilitação dos nubentes para o casamento civil (...). O referido processo segue os mesmos trâmites legais que ficaram expostos no capítulo anterior referente ao casamento religioso com efeitos civis (...). Dos dezessete impedimentos que a vigente Constituição conservou tais quais se acham no artigo 183 do Código Civil (de 1916), poucos são os que não coincidem com os impedimentos canônicos (...). Estas formalidades (para a celebração do casamento) são as mesmas de que já tratei no capítulo anterior relativo ao casamento religioso para efeitos civis". Sobre a obrigatoriedade de testemunhas no casamento, o Padre GRINS, Tadeu. Problemas matrimoniais. In: *Veritas. Revista da PUCRS*, tomo XIX, nº 17, junho de 1974, p. 94, diz o seguinte: "A presença obrigatória de testemunhas no casamento significa tratar-se de um ato público e social. O casamento não é negócio privado, que interessa apenas aos dois cônjuges".

(em que ocorre o relacionamento do ser humano consigo mesmo). Não é mais o formalismo eclesiástico ou estatal que institui o casamento, a união estável, a família, e sim o afeto, o amor, a solidariedade, o respeito e a consideração mútuos, o modo, o jeito de ser-no-mundo-genético, de ser-no-mundo-(des)afetivo e de ser-no-mundo ontológico dos membros do picadeiro familiar.

Pelo fato de a sociedade viver em uma Era secular, não é o legislador, e sim o ser humano quem determina o início e o fim do mundo conjugal, convivencial, afetivo, motivo pelo qual, para casar, conviver ou ser-em-família basta comparecer no Cartório de Registro Civil, sem qualquer prévio procedimento de habilitação. Para descasar e desconviver pode ser utilizado o mesmo jeito de ser, dirigindo-se ao mesmo local, ou Cartório de Registro Civil mais próximo do local de residência do interessado, informando que pretende averbar o fim do mundo afetivo, cientificando-se o outro cônjuge ou convivente, mas sem qualquer processo de separação ou de divórcio.

6. Os nomes do ser humano: uma formação contínua da vida

Preliminarmente, cabe informar que, com o advento da Constituinte de 1988, o Brasil afastou do cenário jurídico os sistemas patriarcal e matriarcal, tendo em vista a igualdade entre todos os membros da família, pelo que foi extinto o preconceito do acréscimo do nome do cônjuge ou do convivente, porque a adição do nome da mulher e do homem coisifica, objetifica, monetariza o ser humano.

No mundo afetivo, em que se encontram o casamento, a união estável e os demais modos de ser-em-família, não deve haver a submissão de um membro familiar em detrimento do outro, mas, sim, a cumplicidade da comunhão plena de vida genética, afetiva e ontológica. Se todos os familiares têm os mesmos direitos e obrigações, o acréscimo de um nome causa ofensa aos princípios isonômico, da dignidade e da secularização, porquanto o direito do nubente ou do convivente, de acrescer ao seu o nome do consorte, faz perpetuar os pré-conceitos, os conceitos prévios do patriarcalismo ou do matriarcalismo (coisificação, patrimonialização, da família), sob a linguagem tirânica de que um pertence ao outro, até que a morte os separe.

Portanto, em tese, é inconstitucional a adoção do nome do cônjuge ou do convivente, na medida em que os princípios da igualdade, da laicização e da dignidade humana entre todos os membros da família afastam os sistemas patriarcal e matriarcal, em que a adoção do nome de casado ou de convivente petrifica o velho sistema preconceituoso da perda de identidade da mulher e, agora, do homem, que, ao se casar, são "obrigados" a renunciar à sua origem paterna e materna, adotando o nome dos pais do nubente, com a finalidade de dar continuidade ao culto dos deuses domésticos de sua nova família, como ocorria há milhares de anos.

Pelo sistema legislativo, no (des)casar, no (des)conviver, na adoção, na vida social, no reconhecimento voluntário ou judicial da paternidade, por exemplo, são frequentes as dúvidas sobre o acréscimo ou manutenção do patronímico, tendo em vista a disciplina legal que, por vezes, autoriza o acréscimo, mas, em momento seguinte, permite ou determina a renúncia ao nome, como ocorre na separação judicial e no divórcio.

Com relação ao nome do ser humano, Gadamer esclarece que "o monte-vida somos nós, com toda a nossa experiência acumulada", e o nome "é o que nos é dado de saída e o que nós ainda não somos absolutamente". Isso porque não há como saber acerca do que será o recém-nascido, o qual se tornará somente no decorrer da vida, com a experiência conquistada em cada evento, em cada acontecimento, em cada momento/episódio de sua existência. Segundo o autor, isso ocorre porque o "nome não significa somente nomes de pessoas", e sim "toda uma montanha de palavras, ou seja, a linguagem que é depositada sobre toda a experiência da vida e é como um peso que acoberta".[25]

Nessa questão, Paul Celan, cujos versos[26] são interpretados por Gadamer, escreveu que "de seu miolo re-amassas nossos nomes", querendo dizer que, se os nomes dos humanos são reamassados pela carga da vida, é porque "todos se tornam o que são somente no decorrer da vida: assim como nós nos tornamos o que somos, também o mundo se torna o que é para nós". Os nomes adquiridos no decorrer da experiência da vida, conforme Gadamer e Celan, "são constantemente reamassados ou então se encontram pelo menos em formação contínua. Isso ocorre por um "Tu"". Esse "Tu" é o outro ser humano, o nosso próximo, porquanto "existir não é apenas estar-no-mundo, é também, inevitavelmente, estar-com-alguém",[27] e "todo ser é sempre ser-com mesmo na solidão e isolamento, a pré-sença é sempre co-pre-sença, o mundo é sempre mundo com-partilhado, o viver é sempre co-con-vivência".[28]

O reamassamento do nome citado pelos filósofos quer dizer que o ser humano, no decorrer de sua montanha da vida, vai adquirindo vários nomes, como o acréscimo do nome de casado, de adotado, de convivente, por ser assim conhecido publicamente (nome social),[29] no reconhecimento voluntário ou judicial da paternidade/maternidade etc. Esses nomes da vida vão formando o modo de ser-no-mundo do ser humano, porque, como diz Gadamer, os nomes se encontram *em formação contínua da vida*, motivo pelo qual nenhum deles poderá ser renunciado, visto que se estará abdicando da carga, da história, da experiência de vida, da evolução da espécie e da linguagem humana, que é, como diz o autor, "um peso que acoberta" a trajetória de vida.

Todos os nomes adquiridos pelo ser humano (pai, mãe – genético e afetivo – casamento, união estável, adoção, reconhecimento social ou reconhecimento voluntário ou judicial da perfilhação) são irrenunciáveis, imprescritíveis, intangíveis, indisponíveis. Isso porque o ser humano, ao acrescer ao seu o nome de alguém, estará impossibilitado de renunciar à linguagem de seu nome, de sua ancestralidade, de seu modo de ser-em-família e de seus três modos de ser-no-mundo, de seu nome na história da vida. Afastar

---

[25] GADAMER, Hans-Georg. *Quem sou eu, quem és tu?: comentário sobre o ciclo de poemas. Hausto-Cristal de Paul Celan.* Traduzido e apresentado por Raquel Abi-Sâmara. Rio de Janeiro: UERJ, 2005, p. 54.

[26] GADAMER, Hans-Georg. *Quem sou eu, quem és tu?: comentário sobre o ciclo de poemas. Hausto-Cristal de Paul Celan.* Traduzido e apresentado por Raquel Abi-Sâmara. Rio de Janeiro: UERJ, 2005, p. 52. O poema de Paul Celan diz o seguinte: "CORROÍDA PELO NÃO SONHADO, a terrapão atravessada insone cava, elevando, o monte-vida. De seu miolo re-amassas nossos nomes, que eu, um olho semelhante ao teu em cada dedo, tateio por um lugar onde possa vigilar rumo a ti, a clara vela fome na boca".

[27] HOTTOIS, Gilberto. *História da filosofia.* Traduzido por Maria Fernanda Oliveira. Lisboa, Portugal: Instituto Piaget, 2002, p. 327.

[28] HEIDEGGER, Martin. *Ser e Tempo.* 12.ed. Rio de Janeiro: Vozes, 2005. Parte I.

[29] RIO GRANDE DO SUL. Tribunal de Justiça. Apelação cível nº 595075771, 3ª CCv.; Relator: Tael João Selistre, em 24/08/1995. Disponível em: www.tj.rs.gov.br. Acessado em: 07.12.2006. "Acréscimo de nome pelo qual a requerente é conhecida. Possibilidade. Princípio insculpido no artigo 58 da Lei dos Registros Públicos não é absoluto, permitindo, em situações excepcionais, entre elas o acréscimo no prenome daquele pelo qual ele se tornou público, a retificação. Inexistência de violação da Lei".

os nomes incorporados pelo ser humano é o mesmo que renunciar à trajetória de vida até então trilhada, como se toda a temporalidade, os eventos, os acontecimentos, os episódios da existência não tivessem ocorrido e nem moldado o seu modo de ser-em-família, ser-em-sociedade e ser-no-mundo tridimensional, genético, (des)afetivo e ontológico.

A proibição da renúncia aos nomes adquiridos durante a estrada da vida[30] decorre da manutenção dos modos de ser-no-mundo e dos acontecimentos da existência humana, porque, como lembra, Gadamer, os eventos da vida não são somente os que foram vivenciados, mas, também, "que o seu ser-vivenciado teve um efeito especial, que lhe empresta um significado permanente".[31] O vivenciado pelo acréscimo do nome no casamento, na união estável, na adoção, do nome social, reconhecimento voluntário ou judicial da paternidade etc., tem um efeito especial e permanente na vida do ser humano, que nem o tempo é capaz de apagar, porque tempo é evento, episódio, acontecimento, experiência, nome, vida, existência, humanidade, linguagem.

Pela linguagem gadameriana,[32] isso quer dizer que o mundo da vida é sempre e ao mesmo tempo "um mundo comunitário que contém a co-presença de outros", pelo que toda a experiência familiar, social e pessoal é um confronto, porque ela opõe o novo ao antigo. As experiências adquiridas pela história da vida, embora possam representar um confronto (manter o nome do ex-cônjuge, possível desafeto), não podem ser esquecidas, apagadas do mundo da vida do vivente, porque fazem parte da evolução da humanidade e da essência histórica do ser humano.

É preciso lembrar que o *nome é linguagem*, e sem linguagem não há existência humana, sendo, por isso, o nome algo intocável, pois "guarda em si em nosso mundo social algo da intimidade e da dignidade da pessoa",[33] uma vez que "é aprendendo a falar que crescemos, conhecemos o mundo, conhecemos as pessoas e por fim conhecemos a nós próprios".[34] Nessa questão, Gadamer diz que "a person is not an intelligent animal, but rather a human being",[35] significando que o ser humano não é um animal inteligente, e sim um ser humano, que convive e compartilha entre os humanos em um mundo humano, e não em um mundo natural, animal. No mundo genético vivem os seres vivos em geral, inclusive os humanos, mas nesse mundo o humano não é um ser humano, mas tão só um ser vivo, visto que o humano somente se transforma em humano nos mundos afetivo (modo de ser-em-família e em sociedade) e ontológico (o ser humano e suas circunstâncias pessoais).

---

[30] RIO GRANDE DO SUL. Tribunal de Justiça. Apelação cível nº 70010871598. 8ª CCv. Relator: Alfredo Guilherme Englert, em 25.08.2005. Disponível em: www.tj.rs.gov.br. Acesso em 07.12.2006. "Inexiste qualquer vedação legal para que a viúva busque excluir o patronímico do marido, em face de seu falecimento. Aliás, tal possibilidade atende a uma interpretação sistemática, pois, na separação, é facultado à mulher abandonar o seu nome e na conversão da separação em divórcio é impositiva a volta ao nome de solteira. Assim, de todo descabido impor que continue com o nome de casada se o casamento findou em decorrência da morte do cônjuge".

[31] GADAMER, Hans-Georg. *Verdade e Método I.* 6ª ed. Traduzido por Flávio Paulo Meurer. Rio de Janeiro: Vozes, 2004, p. 106, 115 e 116.

[32] Idem, p. . 332, 345 e 465.

[33] GADAMER, Hans-Georg. *Hermenêutica em retrospectiva. Heidegger em retrospectiva.* Rio de Janeiro: Vozes, 2007, p. 120.

[34] GADAMER, Hans-Georg. *Verdade e Método* II. 2.ed. Traduzido por Enio Paulo Giachini. Petrópolis: Vozes, 2004, p. 176.

[35] GADAMER, Hans-Georg. *The enigma of health.* Traduzido por Jason Gaiger and Nicholas Walker. Stanford University Press: California, 1996, p. 60. Tradução do autor: O ser humano não é um animal inteligente, mas, sim, um humano.

No mundo ocidental, lembra Luiz Rohden, a expressão *logos* foi compreendida como "o homem é o animal racional, o ser vivo racional, isto é, que se difere do resto dos animais por sua capacidade de pensar". Mas, o autor lembra que Gadamer, quando aprendeu a ler Aristóteles, por meio dos ensinamentos de Heidegger, afirmou, com desconcerto, "que a definição clássica de pessoa não é 'o ente vivo que possui razão' (*animal rationale*), mas *o ente que possui linguagem*" (grifei), porque ela constitui o verdadeiro centro do existir humano.[36]

É na linguagem que se presenta o mundo; é na linguagem que se tem concepção de mundo; somente o ser humano está mergulhado na linguagem; o ser humano vive no mundo humano, e não exclusivamente no mundo dos demais seres vivos em geral; o *nome* do ser humano também é linguagem. Por isso, é fácil compreender que a linguagem do nome é inseparável de toda experiência, de toda vivência, de todo acontecer, de todo evento, de todo o episódio existencial, de todo modo de ser-no-mundo, uma vez que o ser humano é um ser histórico, cuja condição e dignidade humana evolui com base em todos os eventos de sua vida.

Em matéria de manutenção ou de acréscimo de nomes, o fim dos sistemas patriarcal e matriarcal e, principalmente, o novo modo de ser-em-família, de ser-em-sociedade e de ser-no-mundo do ser humano, desde a Constituição do País de 1988, trouxeram algumas questões, a serem corrigidas pelo Legislador ou pelo Judiciário:

a) em vista da exclusão dos sistemas patriarcal e matriarcal no recinto familiar, foi afastado o conceito prévio patrimonialista contra o homem e, principalmente, contra a mulher, não havendo mais razão para acrescer ao seu o nome do nubente ou do convivente, porquanto a manutenção desse preconceito causa ofensa aos princípios constitucionais da igualdade, da cidadania e da dignidade da pessoa;

b) caso não seja afastada a possibilidade de acréscimo ao seu do nome do cônjuge ou convivente, não é possível renunciar ao nome do pai e/ou da mãe genéticos e/ou afetivos ou apenas renunciar a um desses nomes, como tem decidido a jurisprudência,[37] porque eles fazem parte de sua história de vida, de sua procedência, de sua evolução humana;

c) todos os nomes e demais direitos humanos incorporados durante a vida não são suscetíveis de renúncia, preservando-se, com isso, a ancestralidade, a história e a experiência de vida, a carga familiar e social genética, afetiva e ontológica, a condição tridimensional e a dignidade da pessoa humana.

Caso o legislador permaneça inerte, caberá ao Judiciário assegurar os direitos fundamentais ao nome contra a insuficiência de proteção do Estado, com âncora nos princípios constitucionais da razoabilidade, da proporcionalidade, da cidadania, da dignidade e da espécie humana, porquanto, na visão streckiana,[38] os princípios da razoabilidade

---

[36] ROHDEN, Luiz. Hermenêutica e Linguagem. In: *Hermenêutica Filosófica: Nas trilhas de Hans-Georg Gadamer.* Coleção Filosofia 117. Porto Alegre: EDIPUCRS, 2000, p. 157-158.

[37] RIO GRANDE DO SUL. Tribunal de Justiça. Ap. nº 70008840274, 7ª CC, em 23.06.2004. Relator: José Carlos Teixeira Giorgis. Disponível em: www.tj.rs.gov.br. Acessado em 07.12.2006. "Cabível a exclusão do nome do pai, para adoção do sobrenome do futuro marido, já que a manobra não é coibida por nosso ordenamento jurídico".

[38] STRECK, Lenio Luiz. Da proibição de excesso (*Übermassverbot*) à proibição de proteção deficiente (*Untermassverbot*): de como não há blindagem contra normas penais inconstitucionais. In: *Revista do Instituto de Hermenêutica Jurídica* – (Neo)constitucionalismo: ontem, os Códigos; hoje, as Constituições. Porto Alegre, 2004, p. 254.

e da proporcionalidade agasalham o garantismo negativo e positivo: o negativo, para proteger a sociedade contra os excessos do Estado (intervenção excessiva); o positivo, para assegurar os direitos fundamentais da sociedade contra a insuficiência de proteção do Estado (intervenção omissa ou deficiente).

Portanto, poderá ser ilustrada a inconstitucionalidade de norma jurídica, por exemplo, contra a necessidade do procedimento de habilitação e de celebração do casamento, por violação do princípio da razoabilidade e da proporcionalidade pela proibição de proteção do excesso ou pela proibição de proteção deficiente. Por isso, esses princípios têm duplo viés, para que todos os atos do Estado tenham vinculação à materialidade da Constituição, tendo "sensível diminuição da discricionariedade (liberdade de conformação) do legislador".

7. Mutabilidade do regime de bens no casamento, na união estável e nos demais modos de ser-em-família

O § 2º do artigo 1.639 do Código Civil modificou o princípio da imutabilidade do regime de bens, no casamento, na união estável e nos demais jeitos de ser-em-família, ao dispor: "É admissível alteração do regime de bens, mediante autorização judicial em pedido motivado de ambos os cônjuges, apurada a procedência das razões invocadas e ressalvados os direitos de terceiros". A questão pertinente à alteração do regime de bens ainda não está sedimentada na comunidade jurídica, já que, por exemplo, se um dos cônjuges ou companheiros não a desejar "poderá sofrer pressão incontornável por parte do outro, que beira à coação, suficiente para ameaçar a paz conjugal".[39]

O pedido de mudança do regime de bens e do pacto antenupcial (no casamento) ou no pacto patrimonial (na união estável) é formatado nos seguintes termos, por exemplo: a) o pedido é dirigido ao juiz de direito de família em que residem os cônjuges ou conviventes; b) ambos os cônjuges ou conviventes subscrevem a peça inicial ou transcrevem os termos da alteração no instrumento de mandato ou, ainda, requerem a designação de audiência de oitiva do casal; c) devem justificar e fundamentar o pedido; d) confessam a ressalva aos direitos de terceiros; e) precisam intimar o Ministério Público de todos os atos processuais.

A Corregedoria-Geral da Justiça do Rio Grande do Sul, em 10 de setembro de 2003, por meio do Provimento nº 024/03, disciplinou a alteração do regime de bens, nos seguintes termos: artigo 1º – A modificação do regime de bens do casamento decorrerá de pedido manifestado por ambos os cônjuges, em procedimento de jurisdição voluntária, devendo o Juízo competente publicar edital com prazo de trinta (30) dias, a fim de imprimir a devida publicidade à mudança, visando a resguardar direitos de terceiros; artigo 2º – A intervenção do Ministério Público é necessária, para a validade da mudança; artigo 3º – Após o trânsito em julgado da sentença, serão expedidos mandados de averbação aos cartórios de registro civil e de imóveis, e, caso quaisquer dos cônjuges seja empresário, ao registro público de empresas mercantis; artigo 4º – A modificação do regime de bens é de competência do Juízo da vara de família da respectiva comarca onde se processar a mudança.

[39] – Cfe. Farrula Junior, Leônidas Filippone. *O Novo Código Civil: do Direito de Família*. Heloisa Maria Daltro Leite (coord.), Rio de Janeiro: Freitas Bastos, 2002, p. 315.

São, em linhas gerais, os seguintes os requisitos exigidos dos cônjuges e dos companheiros quando do pedido de mutação do regime de bens:

1) a alteração do regime de bens não pode ser mediante escritura pública, e sim por autorização judicial;

2) a competência é do atual domicílio ou residência dos cônjuges ou companheiros perante a Vara de Família, se houver;

3) o pedido é de alvará judicial, com o procedimento da jurisdição voluntária, não havendo, pois, litígio, pelo que a ação não é dirigida contra alguém, porque é um pedido conjunto dos cônjuges ou conviventes;

4) o pedido deve ser formulado por ambos os cônjuges ou companheiros, cujos termos da alteração (regime adotado e os fundamentos jurídicos) deverão constar da procuração ou o casal deverá subscrever a inicial;

5) publicar edital na imprensa local, ou, se não houver, na oficial, com prazo de trinta (30) dias, para resguardar os interesses de terceiros;

6) intimar o Ministério Público, sob pena de nulidade;

7) juntar negativas fiscais, municipal, estadual e federal, certidões cíveis e criminais da Justiça Estadual ou Federal, Trabalhista e Militar, se for o caso, e da Junta Militar, se um ou ambos os cônjuges ou companheiros forem empresários, resguardando os direitos de terceiros;

8) juntar certidões de casamento e do pacto antenupcial, se houver (ou justificar a existência da união estável e comprovar o regime de bens);

9) justificar as razões da mudança do regime patrimonial e provar que a convenção preserva suficientemente os interesses dos filhos e de ambos os cônjuges, além de não prejudicar direitos de terceiros;

10) informar o regime de bens que rege o casamento ou a união estável e o regime matrimonial que será adotado;

11) após o trânsito em julgado da sentença, requerer a expedição de mandados de averbação aos cartórios de registro civil e de imóveis, e, caso quaisquer dos cônjuges seja empresário, ao registro público de empresas mercantis, não havendo necessidade de lavrar escritura pública.

A exigência judicial na alteração do regime de bens é um das maiores intromissões do Estado na família, porque objetifica, coisifica, monetariza o ser humano, como ocorre com a exigência de processos de habilitação, celebração e dissolução do casamento. O próprio Estado (artigo 1.513 do Código Civil) diz que "é defeso a qualquer pessoa, de direito público ou privado, interferir na comunhão de vida instituída pela família", em cujo direito está incluída a livre administração dos bens pelos cônjuges/conviventes. Mas, em outro momento, no mesmo digesto legal, artigo 1.639, parágrafo único, o Estado invade essa íntima comunhão plena de vida tridimensional, genética (des)afetiva e ontológica, proibindo a modificação do regime de bens sem ordem judicial. Isso quer dizer que, para casar, o regime de bens pode ser escolhido livremente, mas, para alterá-lo, na constância do casamento ou da união estável, é obrigatória a intervenção do Estado, fugindo de todos os critérios normativos e hermenêuticos dos princípios da razoabilidade e da proporcionalidade.

Essa intromissão estatal pretende manter as garantias do Estado Liberal de Direito, evitando-se que terceiros sejam lesados em sua "sagrada" propriedade, a qual, para os defensores desse Estado, é a extensão do ser humano, quando, na verdade, a extensão, a essência da existência é a liberdade. O Estado Legislativo se esquece de três aspectos: o primeiro, desde o dia 05 de outubro de 1988, o País está mergulhado no Estado *Republicano, Democrático e Laico de Direito*, um Estado Constitucional; o segundo, o ser humano não é uma coisa, uma moeda, e sim um ser existencial, um ser humano; o terceiro, o controle judicial jamais será suficiente para ilidir fraude a credores ou à execução.

É por isso que Streck tem afirmado que o Estado Constitucional suplanta as noções dos Estados absolutista, liberal e social, na medida em que deve transformar o modelo de produção capitalista e financeiro e sua progressiva substituição por uma organização de viés social, "para dar passagem, por vias pacíficas e de liberdade formal e real, a uma sociedade onde se possam implantar superiores níveis reais de igualdades e liberdades".[40]

A procura judicial para evitar fraude a credores pode ser equiparada à antiga obrigatoriedade de fiscalizar a separação de corpos dos que casavam sem atingir a idade núbil. Da mesma forma, o Judiciário nunca será capaz de assegurar que terceiros não sofram prejuízos na alteração do regime de bens. É preciso deixar de normatizar o ser humano, na medida em que ofende os fins sociais da propriedade e os princípios da cidadania, da dignidade e da condição humana tridimensional (artigos 1º, II e III, 5º, XXIII, e 170, II e III, da Constituição do País) a exigência de um processo judicial para alterar seu patrimônio, quando maiores e capazes e cujo direito faz parte de sua liberdade de contratar, de dispor livremente de seus bens.

Há muitos anos, Rousseau já dizia que "ninguém pode dispor da liberdade de outro, nem mesmo nós podemos dispor livremente da nossa, uma vez que renunciar a ela seria o mesmo que renunciar à condição de ser humano".[41] A liberdade constitui-se em um "direito fundamental à participação, em igualdade de chances, nos processos de formação da opinião e da criação do direito legítimo".[42] Isso quer dizer que, se o legislador quer ter sua liberdade de legislar, também deverá respeitar o direito de liberdade da propriedade privada e de sua função social, isto é, "a liberdade engendra o dever de reconhecer a liberdade do outro".[43]

Significa que a liberdade é "abertura, disposição para evoluir, ser flexível, pronto para mudar em vista de mais importantes valores humanos. Identificar a liberdade com certo sistema é negá-la, cristalizá-la, transformá-la num dogma". A liberdade não vem automaticamente, precisando ser conquistada, apreciada, assimilada, namorada, mas não de uma única vez, e sim no dia-a-dia,[44] evento a evento, motivo pelo qual cresce a importância da efetivação da jurisdição constitucional, reconhecendo o direito dos cônjuges/conviventes de modificarem o regime de bens por meio de escritura pública, sem qualquer ingerência judicial. Isso será possível por meio da invocação dos princípios

---

[40] STRECK, Lenio Luiz. *Hermenêutica Jurídica e(m) Crise.* 5.ed. Porto Alegre: Livraria do Advogado, 2004, p. 38.

[41] STRECK, Danilo R. *Rousseau & a Educação.* Belo Horizonte: Autêntica, 2004, p. 32.

[42] MENDES, Alexandre Fabiano. *Dicionário de filosofia do Direito.* Vicente de Paulo Barretto (Coordenador). Rio de Janeiro: Lumen Juris, 2006, p. 538.

[43] MAURER Béatrice. Notas sobre o respeito da dignidade da pessoa humana ... ou pequena fuga incompleta em torno de um tema central. In: *Dimensões da Dignidade: ensaios da Filosofia do Direito e Direito Constitucional.* Traduzido por Ingo Wolfgang Sarlet *et al.* Ingo Wolfgang Sarlet (organizador). Porto Alegre: Livraria do Advogado, 2005, p. 79.

[44] MAY, Rollo. *O homem à procura de si mesmo.* 30.ed. Traduzido por Áurea Brito Weissenberg. Petrópolis: Vozes, 2004, p. 133 a 136 e 140.

da razoabilidade e da proporcionalidade, em vista da proteção excessiva do Estado, até porque a vigência do novo regime de bens deverá viger a partir da averbação da escritura pública ou da sentença nos Cartórios de Registro Civil e de Imóveis, para proteger os direitos de terceiros.

8. União estável homoafetiva

Com o advento da Constituição de 1988, o casamento deixou de ser a única condição de possibilidade de edificação de uma família, que poderá ser formalizada pela conjugalidade, convivencialidade, monoparentalidade, unipessoalidade, socioafetividade, anaparentalidade, reconstituída, enfim, todas as demais formas, jeitos, modos de ser-em-família.

A família convivencial, de acordo com o artigo 226, § 3º, da Constituição, poderá ser engendrada *entre o homem e a mulher*, mas está sendo acolhido esse jeito de ser-em-família entre dois homens ou duas mulheres, denominada união estável homoafetiva, que busca o reconhecimento de direitos e deveres iguais aos do casamento e da união estável entre homem e mulher, na medida em que é um modo de ser-no-mundo-(des)afetivo e ontológico.

Nesse sentido, em 1995, foi concedida medida liminar a um homossexual, garantindo-lhe o direito de continuar com a locação de um apartamento pertencente ao ex-convivente,[45] sob o argumento de que a ausência de normatização da união estável homoafetiva não significa que o relacionamento não possa gerar *efeitos patrimoniais*. Além disso, nos Países da Noruega, Hungria, Suécia, Holanda e Estados Unidos, especialmente em Nova Iorque, há legislação específica para esse segmento da sociedade, e, na Holanda, é admitida a adoção de crianças pelos casais homoafetivos, desde que a união esteja registrada.[46]

O pensamento que denega esse direito tem argumentos hermenêuticos sólidos, sendo preciso acolher os ditames constitucionais, já que, em um Estado Constitucional, o intérprete não pode fazer prevalecer sua subjetividade, e sim a compreensão intersubjetiva, com a prevalência do que diz o texto constitucional, pois, se queres compreender um texto, deixe que ele te diga alguma coisa. Somente por meio da jurisdição constitucional é possível resolver todos os problemas de interpretação, em que os princípios têm a mesma hierarquia hermenêutica, não havendo metarregras ou metanormas,[47] não se podendo, por isso, resolver todos os problemas jurídicos com base no princípio da dignidade humana.

8.1. Doutrina e jurisprudência sobre união estável homoafetiva

Aqueles que têm apoiado a união estável homoafetiva invocam, por exemplo, os princípios da cidadania, da dignidade da pessoa humana, da afetividade, da intimidade, da pluralidade das famílias e da proibição por discriminação sexual, tendo em vista a

[45] Jornal Zero Hora, Porto Alegre, 09 dez. 1995, p. 39.

[46] REVISTA CONSULEX, ano II, nº 16, p. 17, abr. 1998.

[47] STRECK, Lenio Luiz. *Jurisdição constitucional e hermenêutica: uma nova visão crítica do direito*. 2.ed. Rio de Janeiro: Forense, 2004, p. 238.

necessidade de legitimar as relações afetivas fora do casamento.[48] Isso porque, embora a sociedade se considere heterossexual, é preciso reconhecer e tutelar os direitos de grande parte da sociedade homossexual,[49] que, por viverem uma relação de afeto, devem ter seus relacionamentos cuidados pelo direito de família, e não pelo direito das obrigações.

Em 1991, a Anistia Internacional considerou violação dos direitos humanos a proibição da homossexualidade,[50] classificada como direito fundamental que se encontra sob a proteção do Estado Democrático de Direito. A sexualidade não seria um fenômeno somente natural, mas, também, influenciada pelo meio social e cultural, vivendo-se, hoje em dia, no signo da pluralidade, no nascimento de outras formas de entidades familiares, como as uniões homoafetivas.[51] Assegura-se, com essa roupagem jurídica, o direito fundamental ao pluralismo, no qual se verifica que a intimidade reclama o direito negativo de estar só e, sobretudo, a fixação de espaços de escolha e exercício da intimidade (artigo 5º, X, da Constituição).[52]

A jurisprudência[53] tem dito que, pelo fato de não existir lei que proteja a união homoafetiva, não faz com que desapareça o fenômeno social, a realidade da vida, o modo de ser-no-mundo dos homossexuais, pelo que a omissão do legislador não tem legitimidade de suprimir a homoafetividade.

Nessa direção sinalizou a Corregedoria-Geral da Justiça do Rio Grande do Sul, ao editar o provimento nº 06, de 17 de fevereiro de 2004, incluindo um parágrafo único ao artigo 215 da Consolidação Normativa Notarial Registral, nos termos: "As pessoas plenamente capazes, independentemente da identidade ou oposição de sexo, que vivam uma relação de fato duradoura, em comunhão afetiva, com ou sem compromisso patrimonial, poderão registrar documentos que digam respeito a tal relação. As pessoas que pretendam constituir uma união afetiva na forma anteriormente referida, também poderão registrar os documentos que a isso digam respeito".

No artigo 226, § 4º, da Constituição Cidadã, consta que se entende também como entidade familiar a comunidade formada por qualquer dos pais e seus descendentes (monoparentalidade). A expressão *também* "é uma conjunção aditiva, a evidenciar que

[48] DIAS, Maria Berenice. *Manual de Direito das Famílias*. 2.ed. Porto Alegre: Livraria do Advogado, 2005, p. 191 a 195. BRAUNER, Maria Cláudia Crespo (org.). As novas orientações do Direito de família. In: *O Direito de família descobrindo novos caminhos*. Canoas: La Salle, 2001, p. 10. "A partir do entendimento de que o afeto é a base da relação familiar, sustenta-se que é necessário reconhecer efeitos jurídicos a outras uniões, inclusive aquelas entre pessoas do mesmo sexo, pois estas consolidam, muitas vezes, relações duradouras, construindo um patrimônio comum por esforço mútuo, criando laços de responsabilidade e assistência que devem ser tuteladas pelo Direito". RIOS, Roger Raup. *A homossexualidade no Direito*. Porto Alegre: Livraria do Advogado, 2001.

[49] DIAS, Maria Berenice. União Homossexual: aspectos sociais e jurídicos. Direito de família: a família na travessia do milênio. *Anais do II Congresso Brasileiro de Direito de família*. Rodrigo da Cunha Pereira (coordenador). Belo Horizonte: Del Rey, 2000, p. 162-169.

[50] AZEVEDO, Álvaro Villaça. União entre pessoas do mesmo sexo. Direito de família: a família na travessia do milênio. *Anais do II Congresso Brasileiro de Direito de família*. Rodrigo da Cunha Pereira (coordenador). Belo Horizonte: Del Rey, 2000, p. 147.

[51] ARAÚJO, Maria de Fátima. Amor, casamento e sexualidade. *Revista de Psicologia, ciência e profissão*. Brasília, nº 02, ano 22, p. 75, 2002.

[52] RIOS, Roger Raup. *A homossexualidade no Direito*. Porto Alegre: Livraria do Advogado, 2001, p. 113.

[53] RIO GRANDE DO SUL. Tribunal de Justiça. Agravo de Instrumento nº 599075496. 8ª CCv. 17.06.1999. Relator: Breno Moreira Mussi. In: Jornal da Síntese. Porto Alegre: Síntese, 07/1999, p. 05.

se trata de uma enumeração exemplificativa da entidade familiar".[54] O artigo 4º, inciso II, da Constituição do País, protege os direitos dos homoafetivos, ao assegurar que a República, em suas relações internacionais, reger-se-á pela prevalência dos Direitos Humanos, cuja Declaração, de 1948, foi subscrita pelo Brasil, certificando que "todos os homens nascem livres e iguais em dignidade e direitos e que ao gozar desses direitos não pode haver distinção de qualquer espécie ou qualquer condição".[55]

O Superior Tribunal de Justiça acolheu o relacionamento homoafetivo, porém determinando que os direitos devem ser cuidados no âmbito do Direito das Obrigações,[56] portanto, não como entidade familiar.

Todavia, em julgamento pelo Tribunal de Justiça do Rio Grande do Sul,[57] foi proferida decisão que admite a união estável homoafetiva, em igualdade de condições da união estável entre homem e mulher, cuja ementa foi lavrada nos seguintes termos: "Incontrovertida a convivência, duradoura, pública e contínua entre parceiros do mesmo sexo, impositivo que seja reconhecida a existência de uma união estável, assegurando ao companheiro sobrevivente a totalidade do acervo hereditário. A omissão do constituinte e do legislador, em reconhecer efeitos jurídicos às uniões homoafetivas, impõe que a Justiça colmate a lacuna legal, fazendo uso da analogia. O elo afetivo que identifica as entidades familiares impõe seja feita analogia com a união estável, que se encontra devidamente regulamentada".

8.2. Limites constitucionais da união estável homoafetiva

A principiologia constitucional abre espaços à positivação dos princípios, devido ao surgimento de ordenamentos jurídicos constitucionalizados, com a característica especial da existência de uma Constituição, que condiciona a legislação, a doutrina e a jurisprudência, influenciando diretamente nas relações sociais.[58] Com isso, no Brasil, os que não aceitam a homoafetividade[59] elucidam que o casamento e a união estável reclamam, obrigatoriamente, um vínculo entre pessoas de sexos diferentes (artigo 226, §§ 3º

[54] DIAS, Maria Berenice. União homossexual, aspectos sociais e jurídicos. In: *CD Juris Plenum, Doutrina jurídica brasileira*, Porto Alegre.

[55] RELATÓRIO AZUL. Assembléia Legislativa do Rio Grande do Sul. *Garantias e violações dos direitos humanos*. Porto Alegre. 2000/2001, p. 188.

[56] BRASIL. Superior Tribunal de Justiça. Acórdão nº 148.897, 4ª Turma. Relator: Ruy Rosado de Aguiar. DJU 06.04.1998. In: *Revista Brasileira de Direito de família* nº 1, abr-mai-jun/99, citando RE 84969/RJ – RTJ 80/260; RE 81099/MG, RTJ 79/229. Nesse último recurso, Moreira Alves enfatizou a diferença que deve ser feita entre "a sociedade de fato (que é de caráter puramente patrimonial) e comunhão de vida" (RTJ 79/236). Nesse Superior Tribunal de Justiça persistiu o mesmo pensamento, acentuando-se a sociedade de fato como pressuposto para o reconhecimento do direito à partilha do patrimônio comum dela resultante (REsp 45886/SP, 4ª Turma. Relator: Torreão Braz), constando da ementa do REsp 4599/RJ: "A criação pretoriana inscrita no verbete de nº 380 da Súmula do STF tem por referência os arts. 1.363 e 1.366 do Código Civil; os efeitos patrimoniais ali descritos, decorrem do direito das obrigações (3ª Turma, Rel. Nilson Naves)".

[57] RIO GRANDE DO SUL. Tribunal de Justiça. Ac. nº 70003967676, 4º grupo de Câmaras Cíveis. 09.05.2003. Relator: Sérgio Fernando de Vasconcellos Chaves. In: *Revista Brasileira de Direito de família* nº 20, p. 45, de novembro de 2003. Porto Alegre: Síntese.

[58] STRECK, Lenio Luiz. *Verdade & Consenso*. Rio de Janeiro: Lumen Juris, 2006, p. 02.

[59] LIRA, Ricardo César Pereira. Breve estudo sobre as entidades familiares. In: *Repensando o Direito de família – I Congresso Brasileiro de Direito de família. Anais*. (coord.) Rodrigo da Cunha Pereira. Belo Horizonte: Del Rey, 1999, p. 96, "a união civil entre pessoas do mesmo sexo é matéria que não se põe no âmbito do Direito de família, devendo as questões dela decorrentes ser solucionadas estritamente dentro da portada do Direito das Obrigações".

e 5º, da Constituição do País), e que apenas com uma Emenda Constitucional poderá ser atendida a pretensão dos homossexuais.[60]

No acolhimento da família homoafetiva, Lenio Luiz Streck[61] pontifica que são equivocados os argumentos utilizados no acórdão sul-rio-grandense,[62] uma vez que não é direito do Judiciário colmatar lacuna do Poder Constituinte originário e nem derivado, sob pena de se transformar em legislador e, de forma paralela, criar uma Constituição, "estabelecendo, a partir da subjetividade assujeitadora de seus integrantes, aquilo que 'indevidamente' não constou no pacto constituinte". Aduz o autor que o argumento mais sólido da decisão judicial gaúcha precisa ser arredado, pelo fato de o Constituinte originário *ter restringido, de forma expressa, a união estável unicamente entre homem e mulher,* tendo sido categórico no sentido de inadmitir a família homoafetiva.

Não se cuida de uma interpretação metódica, gramatical, literal, lógica, sistemática, filológica, histórica, teleológica, finalística, sociológica etc., ou um processo subsuntivo-dedutivo, um jogo de cartas marcadas, visto que, segundo Streck, com a implantação do Estado Democrático de Direito e Republicano, foi iniciada uma viragem linguística, possibilitando o afastamento dos métodos isolados de interpretação, seja porque a interpretação engloba todos os métodos, seja porque o método, o fundamento, não é um modo de agir, um comportamento, e sim um modo de ser-no-mundo (tridimensional), seja porque toda palavra e escritos carecem de interpretação e de tradução.[63] Segundo o filósofo e fenomenologista acima citado, em uma democracia laica e representativa, "cabe ao Legislativo elaborar as leis (ou emendas constitucionais). O fato de o Judiciário – via justiça constitucional – efetuar 'correções' à legislação não significa que possa, *nos casos em que a própria Constituição aponta para outra direção*, constituir decisões 'legiferantes'" (destaquei).

O escoliasta pondera que não é pelo simples fato de a Constituição não proibir a união estável homoafetiva que ela poderá ser acolhida via jurisdição constitucional, na medida em que, se assim fosse entendida, todas "as não proibições poderiam ser transformadas em permissões", havendo a possibilidade, equivocada, de "um lado *b* da Constituição a ser 'descoberto' axiologicamente".

A compreensão do Direito, refere Streck,[64] não é aplicação só do julgador, porque "nem a norma está previamente fundamentada, nem é o juiz que a 'faz'", pelo que a Idade dos princípios "não é – de modo algum – um *plus* axiológico-interpretativo, que veio para transformar o juiz (ou qualquer intérprete) em superjuiz, que vai descobrir os 'valores ocultos' no texto".

---

[60] REALE, Miguel. *A atualidade do Direito de família no projeto do Código Civil à frente da Constituição de 1988*. Disponível em: Jus.navigandi.com.br. Acesso em: mar. 2000.

[61] STRECK, Lenio Luiz. *Verdade & Consenso.* Rio de Janeiro: Lumen Juris, 2006, p. 192.

[62] RIO GRANDE DO SUL. Tribunal de Justiça. Ac. nº 70003967676, 4º grupo de Câmaras Cíveis. 09.05.2003. Relator: Sérgio Fernando de Vasconcellos Chaves. In: *Revista Brasileira de Direito de família* nº 20, p. 45, de novembro de 2003. Porto Alegre: Síntese.

[63] HEIDEGGER, Martin. *Heráclito.* 3.ed. Traduzido por Márcia Sá Cavalcante Schuback. Rio de Janeiro: Relume Dumará, 2002, p. 78. O autor lembra que "as palavras e escritos da própria língua materna necessitam de interpretação, e é por isso que, com freqüência e necessariamente, é preciso traduzir a própria língua. Todo dizer, discurso e resposta são tradução".

[64] STRECK, Lenio Luiz. *Verdade & Consenso.* Rio de Janeiro: Lumen Juris, 2006, p. 252-255.

Pondera Ohlweiler[65] que o intérprete do Direito precisa ter uma postura de *Cuidado Constitucional* quando da compreensão do texto, para que "nunca falte a palavra constitucionalizante, ou seja, a palavra como um bem capaz de possibilitar o genuíno dizer, pois unicamente onde existir a palavra, existirá mundo".

Como o País se encontra sob o abrigo da jurisdição constitucional, lembra Streck, a compreensão do texto "repudia um voluntarismo hermenêutico arbitrário e, portanto, também constitucionalmente ilegítimo",[66] havendo, assim, limites no processo interpretativo, à medida que "as coisas têm nome; não que esse nome provenha de uma essência; mas também não advém do *cogito* solitário do intérprete". O autor assevera que a compreensão hermenêutica não é um salvo-conduto à vontade do intérprete, cuja informação é um ponto fundamental da luta pela superação do positivismo, visto que o "constitucionalismo coloca freios à discricionariedade própria do positivismo-normativista".

Nessa linha, Cattoni[67] enfatiza que esse pensamento está arraigado na questão da democracia, já que a República está mergulhada em um Estado Constitucional, que "não é indiferente às razões pelas quais um juiz ou um tribunal toma suas decisões. O Direito, sob o paradigma do Estado Democrático de Direito, cobra reflexão acerca dos paradigmas que informam e conformam a própria jurisdição constitucional". Streck[68] defende a harmonização do sistema de regras com os princípios constitucionais, porquanto são os princípios que, ao introduzirem o mundo prático, garantem uma objetividade na interpretação, significando que, enquanto a regra promove uma abertura, o princípio garante o fechamento do processo interpretativo, querendo dizer com isso que

> os princípios não "abrem" o processo interpretativo em favor de arbitrariedades; ao contrário, a *applicatio*, a partir dos teoremas fundamentais da hermenêutica (o círculo hermenêutico, que vai do todo à parte e da parte ao todo, do geral para o particular e do particular para o geral, a a diferença ontológica, que obstaculariza a dualização entre faticidade e validade) proporciona um "fechamento" da interpretação, isto é, *serve como blindagem contra a livre atribuição de sentidos.*

Com pertinência à obediência ao Estado Constitucional, Canotilho tem lecionado que o intérprete deve acatar a jurisdição constitucional, vinculando a vida política e jurídica aos termos da Constituição do País, citando, para tanto, o caso do Timor-Leste, aduzindo que não foram os juízes que deram a independência, mas, sim, "os homens e a resistência dos homens que deram Timor ao povo".[69] Para o autor, a Constituição do Brasil é dirigente e vincula o legislador, na medida em que, para conservar a República, há necessidade de vinculação do legislador, pelo que "não há governo constitucional sem essa vinculação à Constituição, ainda que conforme diferentes graus de intensidade

[65] OHLWEILER, Leonel Pires. *Dicionário de filosofia do Direito.* Vicente de Paulo Barretto (Coordenador). Rio de Janeiro: Lumen Juris, 2006, p. 622.

[66] SARLET, Ingo Wolfgang (org.). As dimensões da dignidade da pessoa humana: construindo uma compreensão jurídico-constitucional necessária e possível. In: *Dimensões da Dignidade: ensaios da Filosofia do Direito e Direito Constitucional.* Traduzido por Ingo Wolfgang Sarlet *et al.* Porto Alegre: Livraria do Advogado, 2005, p. 39.

[67] CATTONI, Marcelo (Coordenador). Jurisdição e Hermenêutica Constitucional no Estado Democrático de Direito: um ensaio de teoria da interpretação enquanto teoria discursiva na argumentação jurídica de aplicação. In: *Jurisdição e hermenêutica constitucional.* Belo Horizontes: Ed. Mandamentos, 2004. p. 50.

[68] STRECK, Lenio Luiz. *Verdade & Consenso.* Rio de Janeiro: Lumen Juris, 2006, p. 212.

[69] CANOTILHO, J.J. Gomes. In: *Canotilho e a Constituição Dirigente.* 2ª ed. Jacinto Nelson de Miranda Coutinho (Organizador). São Paulo: Renovar, 2005, p. 26.

vinculativa",[70] querendo dizer que a Constituição dirigente não substitui a política, mas, pelo contrário, "a Constituição dirigente nada mais faz do que sujeitar a política à fundamentação constitucional".[71]

Desse pensamento não se afasta Bercovici, ao pontificar que as soluções não serão alcançadas pelo Judiciário com a limitação do Direito Constitucional às decisões judiciais, não se podendo deixar ao Tribunal a tarefa de resolver as questões de competência exclusiva do Legislativo e/ou do Executivo.[72] Isso quer dizer que as normas (regras e princípios) da Constituição vinculam o legislador,[73] o executivo, o judiciário, o intérprete, as instituições públicas, privadas e a sociedade em geral, visto que, na esteira de Eros Grau,[74] "o governo revolucionário instaura a Constituição; o governo constitucional preserva, respeita a Constituição".

No Brasil, desde o dia 05 de outubro de 1988, embora tenha cessado o momento revolucionário, permanece a vinculação à Constituição e, em decorrência, a implementação da jurisdição constitucional, cuja consciência jurídica nacional precisa ser cultivada, para que o Estado brasileiro se afirme como um *Estado constitucionalmente vinculado*.[75]

Desse ideário não se afasta Carvalho Netto,[76] ao aduzir que

> a soberania popular só é soberania popular se ela for ocupada por alguém, se ela permanecer um hiato aberto, se ela não for, por exemplo, o Supremo Tribunal Federal ou o Congresso ou o Presidente da República ou quem quer que seja. No dia em que o direito constitucional se fechar, completar-se, ele não mais será Direito Constitucional, e sim ditadura, exclusão.

A Constituição do País não pode ser substituída por nenhum intérprete, juiz, Tribunal, nem mesmo o Supremo Tribunal Federal, porquanto "só é Constituição se não for apenas texto, ou seja, se for norma, se o sentido desses textos for internalizado e vivenciado intersubjetivamente por todos",[77] visto que "a Constituição (e cada Constituição) depende de sua identidade nacional, das especificidades de cada Estado Nacional e de sua inserção no cenário internacional".[78]

Verbera Canotilho que todo aquele que se aventurar no descobrimento das raízes da historicidade, "verificará que, de uma forma nem sempre clara, a historicidade do

---

[70] GRAU, Eros Roberto. In: *Canotilho e a Constituição Dirigente.* 2ª ed. Jacinto Nelson de Miranda Coutinho (Organizador). São Paulo: Renovar, 2005. Resenha do Prefácio da 2ª edição, p. 09 e 10.

[71] GRAU, Eros Roberto. In: *Canotilho e a Constituição Dirigente.* 2ª ed. Jacinto Nelson de Miranda Coutinho (Organizador). São Paulo: Renovar, 2005. Resenha do Prefácio da 2ª edição, p. 11.

[72] BERCOVICI, Gilberto. In: *Canotilho e a Constituição Dirigente.* 2ª ed. Jacinto Nelson de Miranda Coutinho (Organizador). São Paulo: Renovar, 2005, p. 76.

[73] SCAFF, Fernando Facury. In: *Canotilho e a Constituição Dirigente.* 2ª ed. Jacinto Nelson de Miranda Coutinho (Organizador). São Paulo: Renovar, 2005, p. 89.

[74] GRAU, Eros. In: *Canotilho e a Constituição Dirigente.* 2ª ed. Jacinto Nelson de Miranda Coutinho (Organizador). São Paulo: Renovar, 2005, p. 98.

[75] NUNES, António José Avelãs. In: *Canotilho e a Constituição Dirigente.* 2ª ed. Jacinto Nelson de Miranda Coutinho (Organizador). São Paulo: Renovar, 2005, p. 118.

[76] CARVALHO NETTO, Monelick de. In: *Canotilho e a Constituição Dirigente.* 2ª ed. Jacinto Nelson de Miranda Coutinho (Organizador). São Paulo: Renovar, 2005, p. 129.

[77] CARVALHO NETTO, Monelick de. In: *Canotilho e a Constituição Dirigente.* 2ª ed. Jacinto Nelson de Miranda Coutinho (Organizador). São Paulo: Renovar, 2005, p. 130.

[78] STRECK, Lenio Luiz. In: *Canotilho e a Constituição Dirigente.* 2ª ed. Jacinto Nelson de Miranda Coutinho (Organizador). São Paulo: Renovar, 2005, p. 81.

direito – de todo o direito, incluindo o direito constitucional – nos remete sempre para essências ontológicas ou para um 'apriori fenomenológico'".[79] Por isso, o autor sustenta que a Constituição é um fenômeno do passado, do presente e do futuro, porque:

> Em primeiro lugar, qualquer Constituição é o "presente do passado", pois não deixa de ser "memória na história" mesmo quando propõe rupturas (revolucionárias ou não) com o passado. Em segundo lugar, é o "presente do presente", pois ela dedica sempre uma indispensável *atentio* à conformação da ordem jurídica actual. Pretende ser – nalguns casos, de forma utópico-pragmática –, o "presente do futuro" ao proclamar tarefas e fins para o futuro, mas, sobretudo, ao antecipar expectativas de se converter em lei para as gerações futuras.

Também François Ost[80] posta-se contra a subjetividade do intérprete na jurisdição constitucional, ao asseverar que, na democracia, o aumento dos poderes do juiz constitucional, a representação é em benefício "de mecanismos reguladores que a Revolução entrevira sem conseguir pô-los em prática". Mas, o autor lembra que esse projeto democrático "não deverá levar a que a opinião tome o lugar da representação, nem a que o juiz constitucional substitua a vontade dos eleitos pela sua. Trata-se de uma afinição e de um redobrar da representação, e não de sua liquidação". Quer dizer, no momento em que o intérprete substituir a vontade da representação popular – aceitando, contra o texto constitucional, a homoafetividade como família –, estará legislando, liquidando, portanto, a representação do Poder Legislativo, ferindo letalmente o princípio da separação de poderes, a linguagem republicana e a própria democracia.

O legislador não tem a pretensão de lavrar emenda constitucional sobre a homoafetividade, sendo justamente por essa negativa da representação popular que o intérprete não tem o direito de substituir o legislador. Por isso, com inteira razão Ost, ao concluir que "o povo tem sempre o direito de rever, reformar e alterar a Constituição. Uma geração não tem o direito de sujeitar as gerações futuras às suas leis", significando que *é o povo, e não o Poder Judiciário,* que tem o direito de promover a emenda constitucional sobre a possibilidade da homoafetividade ser incluída, juridicamente, como um modo de ser-em-família.

No entender de Streck, a interpretação é dependente da compreensão, a qual está ligada a uma adequada pré-compreensão, pois interpretar é aplicar, pelo que o texto só existirá "como texto" (*etwas als etwas*) "a partir da atribuição de sentido que lhe dará o intérprete, inserido em uma intersubjetividade, a partir do círculo hermenêutico, que rompe com o esquema sujeito-objeto". A antecipação de sentido, que guia a compreensão acerca de um texto, segundo o autor, "não é um ato de subjetividade, mas, sim, um ato que se determina desde a comunidade que nos une com a tradição".

Momento seguinte, o autor esclarece que texto e norma não são a mesma coisa, motivo por que a norma (o sentido do texto) não pode superar o texto, porque ela não é superior ao texto. É por isso que, "quando o juiz pretende adequar a lei às necessidades do presente, tem claramente a intenção de resolver uma tarefa prática. Isso não quer dizer, de modo algum, que sua interpretação da lei seja uma tradução arbitrária", mas, sim, que "a 'vontade' e o 'conhecimento' do intérprete não podem dar azo a que este

[79] CANOTILHO, J. J. Gomes. *Brancosos e interconstitucionalidade.* Coimbra, Portugal: Almedina, 2006, p. 22 e 26.

[80] OST, François. *O Tempo do Direito.* Instituto Piaget, 1999, p. 263.

possa atribuir sentidos arbitrários. Afinal, como diz Gadamer, se queres dizer algo sobre um texto, deixe que o texto te diga algo!".[81]

Não é sem razão que Gadamer diz que quem quiser compreender um texto não pode de antemão abandonar-se cegamente à causalidade de suas opiniões, de seus preconceitos, não ouvindo a opinião do texto. É aí que o autor lembra que, *quem quiser compreender um texto, está disposto a deixar que ele diga alguma coisa,* o que não significa a subjugação, neutralidade, autoanulamento do intérprete ao texto, esquecendo as opiniões sobre o que se pretende compreender, e sim a suspensão dos conceitos prévios (pré-conceitos, pré-juízos), um modo de ser-hermeneuta, uma abertura para o texto, ao contexto, à opinião do outro, à tradição histórica, deixando que ele se apresente a si mesmo em sua alteridade, "de modo a possibilitar o exercício de sua verdade objetiva contra a opinião própria".[82]

Uma parada obrigatória deve ser efetivada diante do texto do direito de família e à Constituição, porque, quanto mais próximo o intérprete estiver do existente, mais distante estará da verdade hermenêutica-ontológica,[83] genética e (des)afetiva. Afastando-se do texto, o intérprete deixará que ele diga alguma coisa, perguntando-lhe o que há de novo, o que mudou e qual o sentido da estrutura dessa revolucionária Carta Cidadã, colocando em jogo (no caso jurídico) os preconceitos. Não se cuida de manifestação exclusiva do texto, numa interpretação gramatical, e sim buscar a vinculação entre ele, o autor do texto e a tradição da família, porque, onde não há vínculo, não pode haver diálogo,[84] abrindo espaço à linguagem, à conversação, ao círculo hermenêutico.

O texto, o fato, o episódio, a lei, o evento, sempre necessitam de interpretação para a sua aplicação prática, comportando, portanto, função hermenêutica, visto que é na fusão dos horizontes que o texto desaparece,[85] nascendo outro texto. É por isso que Gadamer afirma que o discurso do intérprete não se constitui em um texto, mas serve ao texto, fazendo com que a compreensão passe a integrar o leitor no que diz o texto,[86] o qual, mesmo quando estiver próximo à mão e visão do intérprete, deve ser analisado e visto como texto, ver algo como algo, o texto como texto, a família como família, o ser humano como ser humano, a heteroafetividade como heteroafetividade, a relação conjugal ou convivencial como marido e mulher.

Embora Cappelletti tenha sustentado que os juízes estão constrangidos a serem criadores do direito, ele adverte que isso não significa que sejam legisladores,[87] pelo

[81] STRECK, Lenio Luiz. Súmulas vinculantes: em busca de algumas projeções hermenêuticas. In: Jurisdição e direitos fundamentais. *Anuário 2004/2005 da Escola Superior da Magistratura do Rio Grande do Sul.* Ingo Wolfgang Sarlet (Organizador). Porto Alegre: Livraria do Advogado, 2005. Volume I. Tomo I, p. 109 e 110.

[82] GADAMER, Hans-Georg. *Verdade e Método II.* 2.ed. Traduzido por Enio Paulo Giachini. Petrópolis: Vozes, 2004, p. 76.

[83] STRECK, Lenio Luiz. *Jurisdição constitucional e hermenêutica: uma nova visão crítica do direito.* 2.ed. Rio de Janeiro: Forense, 2004, p. 234.

[84] GADAMER, Hans-Georg. *Verdade e Método.* 2.ed. Traduzido por Enio Paulo Giachini. Rio de Janeiro: Vozes, 2004. Tomo II, p. 139.

[85] GADAMER, Hans-Georg. *Verdade e Método II.* 2.ed. Traduzido por Enio Paulo Giachini. Rio de Janeiro: Vozes, 2004, p. 399 e 405.

[86] GADAMER, Hans-Georg. *Quem sou eu, quem és tu?: comentário sobre o ciclo de poemas.* Hausto-Cristal de Paul Celan. Traduzido e apresentado por Raquel Abi-Sâmara. Rio de Janeiro: UERJ, 2005, p. 11.

[87] CAPPELLETTI, Mauro. *Juízes legisladores?* Traduzido por Carlos Alberto Álvaro de Oliveira. Porto Alegre: Sergio Antonio Fabris Editor, 1999, p. 73 e74.

que o Poder Judiciário tem a finalidade de modificar, adaptar, compreender hermeneuticamente o texto da Constituição, mas pela jurisdição constitucional, e não pela judicialização da Constituição, que significa interpretação judicial subjetiva e arbitrária, divorciada do Pacto Constitucional, como é o caso da união estável homoafetiva, na medida em que o texto constitucional é expresso ao admitir a união estável exclusivamente entre homem e mulher, repudiando, portanto, a homoafetividade.

Como a norma não pode superar o texto, já que é preciso deixar que o texto diga alguma coisa ao intérprete, não é possível afastar a principiologia do artigo 226, § 3º, da Constituição do Brasil (princípio da heteroafetividade), e a tradição histórica brasileira do direito de família, inclusive no século XXI, em que o casamento e a união estável são edificados apenas por homem e mulher. Esses eventos históricos – tradição da família e a Constituição do País de 1988 – mantiveram atrelados o princípio heterossexual na família, isso porque atrás de cada regra há um princípio, que, com relação à união estável e ao casamento, não está prevista a homoafetividade.

Tendo em vista que o Estado Constitucional impõe obediência *à jurisdição constitucional, e não à judicialização ou politicização da Constituição*, não é possível compreender que no texto constitucional esteja acolhida a união estável homoafetiva, em vista de norma admitir a união estável somente heteroafetiva (artigo 226, § 3º), de que esse modo de ser-em-família somente se constitui *entre o homem e a mulher.*

Numa linguagem mais direta, onde o constituinte originário restringiu o texto não é possível colmatar a compreensão com a subjetividade do intérprete, mesmo quando o texto pareça ser preconceituoso e contrariar a principiologia constitucional de igualdade, de afetividade, de proibição de discriminação, da dignidade humana, já que foi a Constituinte quem excluiu a homoafetividade do patamar de família, de casamento, de união estável. Além disso, no Legislativo pendem vários projetos de lei, sem que, até hoje, a homoafetividade tenha sido reconhecida juridicamente, demonstrativo claro de que o legislador brasileiro não tem qualquer interesse em juridicizar esse modo de ser-em-família.

É certo que a hermenêutica filosófica persegue intransigentemente a realidade da vida, mas, em um Estado Democrático de Direito e Republicano, não prepondera a vontade subjetiva do intérprete, do julgador, e sim a vontade intersubjetiva da representação popular, pelo que é preciso deixar que o texto diga alguma coisa, o qual permite o casamento, a união estável, exclusivamente entre homem e mulher.

Como não há texto sem norma e como a norma é o resultado de interpretação do texto, porque se o intérprete quiser saber algo sobre o texto deve deixar que ele diga alguma coisa, não é possível acolher a família homoafetiva, na medida em que *não há texto (infra)constitucional sobre a homoafetividade*, mas, pelo contrário, *há texto constitucional expresso* (artigo 226, § 3º), *admitindo a família unicamente heteroafetiva,* pelo que não há norma (infra)constitucional acerca da homoafetividade. Decorre daí a pertinência da advertência de Paulo Bonavides, no sentido de que "a interpretação quando excede os limites razoáveis em que há de conter, quando cria ou 'inventa' 'contra legem' (contra Constituição), porque aparentemente ainda aí na sombra da lei, é perniciosa à garantia como à certeza das instituições".[88]

[88] STRECK, Lenio Luiz. *Diferença (ontológica) entre texto e norma: afastando o fantasma do relativismo.* Disponível em: www.ihj.org.br. Acessado em 07.05.2007, às 22h05min.

Em um Estado Republicano e Democrático de Direito deve ser cumprida a representação popular, por exigência do princípio da separação de poderes, sendo preciso aceitar o princípio heteroafetivo no direito de família, isso por opção do Constituinte originário e derivado e por força da tradição histórica familiar, que admitem a constituição da família exclusivamente entre homem e mulher. Essa conclusão decorre da compreensão da autoridade da Constituição, a qual, por "sua exigência por obediência e sua força normativa que atua sobre as vidas de sucessivas gerações, perderia legitimidade 'se ela fosse apenas um espelho para refletir as idéias e ideais dos seus leitores'". A Constituição não pode ser aquilo que o intérprete/julgador quer que ela seja,[89] não se podendo "fundamentar metafisicamente um discurso objetificador sobre a dignidade humana, mas apenas indicar elementos de sentido", isso porque não se pode fazer tudo no Direito com base na bandeira da dignidade humana.[90]

8.3. Movimentos sociais em favor da homoafetividade

Em outras oportunidades,[91] concordei com os defensores da tese da homoafetividade, porque a sua rejeição causa a objetificação humana, por denegar o direito à tridimensionalidade humana, genética, (des)afetiva e ontológica. Mas, compreendi, após longa meditação, que, no Estado Democrático de Direito, é proibido interpretar um texto sem confrontá-lo com a Constituição do País, na qual não está prevista a família homoafetiva.

É claro que a homoafetividade é uma forma de ser-no-mundo afetivo, portanto uma espécie de família, mas ela não poderá ser reconhecida constitucionalmente, na medida em que o artigo 226 e § 3º admite tão somente a família heteroafetiva. Mesmo que o texto constitucional esteja impregnado em pré-conceito contra a família, a homoafetividade é questão pertinente ao legislador, à representação popular, não estando ao alcance da subjetividade de cada intérprete, porque eliminaria o Estado Democrático de Direito, que impõe a observância da representação popular, por exigência do princípio da separação de poderes.

Embora seja a genética, a (des)afetividade e a ontologia que humaniza o ser humano, a família, o julgador, o intérprete, nem sempre encontram todas as respostas que eles gostariam na Constituição do País, cujo texto, em um Estado Constitucional, não pode ser conspurcado pela subjetividade deformante, já que não há uma Constituição do Legislativo, em nome do povo (artigo 1º, parágrafo único, da Constituição do Brasil), e outra do Judiciário, justamente por isso existem limites no processo interpretativo, sob pena de a hermenêutica tornar-se relativista. Isso significa que não é possível acolher a união estável homoafetiva, uma vez que o texto constitucional restringe esse jeito de ser-em-família apenas entre homem e mulher.

---

[89] STRECK, Lenio Luiz. Interpretando a Constituição: sísifo e a tarefa do hermeneuta. In: *A filosofia no direito e a filosofia do direito*. Revista do instituto de hermenêutica jurídica nº 05. Porto Alegre, RS, 2007, p. 131 e 132.

[90] OHLWEILER, Leonel. A ontologização do direito administrativo: o exemplo da dignidade humana como elemento hermenêutico. In: *A filosofia no direito e a filosofia do direito*. Revista do instituto de hermenêutica jurídica nº 05. Porto Alegre, RS, 2007, p. 171.

[91] WELTER, Belmiro Pedro. *Estatuto da União Estável*. Síntese, 2.ed., 2003; *Igualdade entre as filiações biológica e socioafetiva*. Revista dos Tribunais, 2003; Alimentos no Código Civil, 2.ed., Thomson/IOB, 2004.

Como a realidade da vida é mais humana do que a normatização, entendo que, embora a homoafetividade não possa ser aceita como família, ela, sem dúvida alguma, é uma forma de ser-em-família, porquanto existem várias condições de ser-em-família, como conjugal, convivencial, monoparental, unipessoal, socioafetiva, anaparental, reconstituída, homoafetiva etc. Quero dizer que as circunstâncias de ser-no-mundo-genético, de ser-no-mundo-(des)afetivo e de ser-no-mundo-ontológico merecem a proteção estatal, visto que a hermenêutica filosófica tem como principal objetivo a procura da realidade da trajetória de vida, da realidade da história. Ninguém pode negar que a realidade do mundo da vida, da história do século XXI, é de que a homoafetividade está presente em milhares de vidas e de lares, em que humanos desvelam seus sonhos em família, inclusive com filhos, mediante a adoção e a inseminação artificial.

Isso quer dizer que a homoafetividade é uma classe social da minoria, mas o Estado Constitucional, na visão de Ferrajoli, tem a missão de proteger as minorias, visto que

> una Constitución no sirve para representar la voluntad común de un pueblo, sino para garantizar los derechos de todos, incluso frente a la voluntad popular. Su función no es expresar la existencia de un *demos*, es decir, de una homogeneidad cultural, identidad colectiva o coheción social, sino, al contrario, la de garantizar, a través de aquellos derechos, la convivencia pacífica entre sujetos e intereses diversos y virtualmente en conflicto.[92]

Com a hermenêutica filosófica e fenomenológica, o Direito será compreendido dentro de um Estado Constitucional, todavia deixando de ser um teorema, um axioma, uma verdade absoluta, sagrada e justa, um método de interpretação, como ocorre na dogmática jurídica, para transformar-se em uma discussão, uma espiral de diálogo, uma escuta à fala, um vaivém da palavra, uma abertura para ouvir a voz do que não têm voz,[93] a voz das minorias, dos excluídos dos laços sociais e dos modos de ser-no-mundo tridimensional, porquanto, como enfatiza Gadamer, "a possibilidade de o outro ter direito é a alma da hermenêutica".[94]

Não é preciso que os humanos homoafetivos se dispam de todas as suas individualidades para serem aceitos (re)publicamente como iguais, na medida em que a igualdade constitucional precisa ser material, substancial, hermenêutica, democrática, que reclama, necessariamente, a aceitação, ao mesmo tempo, da igualdade e da diversidade tridimensional, motivo por que concordo com a doutrina, ao proclamar que, "quem não é igual, não deve ter medo nem vergonha de assumir a sua condição de vida", à medida que é manifestamente preconceituoso o afastamento do laço social "de quem encontrou na homoafetividade o seu jeito de ser".[95]

Na verdade, a homoafetividade está relacionada, desde a Legislação Mosaica, como união familiar abominável,[96] quando um homem não podia se deitar com outro

---

[92] FERRAJOLI, Luigi. Pasado y Futuro Del Estado de Derecho. In: *Neoconstitucionalismo(s)*. Edición de Miguel Carbonell. Paris: Trotta, 2005, p. 14, 16 a 21, 24 e 28.

[93] TIBURI, Márcia. Nota sobre hermenêutica: a linguagem entre o sujeito e o objeto. In: *Revista Veritas. Revista Trimestral de Filosofia da PUCRS* volume 45, nº 2, junho de 2000, p. 278.

[94] LIXA, Ivone Fernandes Morcilo. *Hermenêutica e Direito: uma possibilidade crítica*. Curitiba: Juruá, 2003, p. 189 e 190.

[95] DIAS, Maria Berenice. *Convivendo com a diversidade*. Disponível em: www.intranet.mp. rs.gov.br. Acesso em 19.07.2006.

[96] BÍBLIA CATÓLICA. *Antigo e Novo Testamento*. Traduzido por: Padre Antônio Pereira de Figueiredo. Difusão Cultural do Livro. *Levítico:* Uniões abomináveis: 18:22 "*Com homem não te deitarás, como se*

homem, como se fosse sua mulher, sob pena de morte. É dizer, a condenação e a marginalização da família homoafetiva têm origem religiosa, um modo-no-mundo-afetivo que ainda não foi laicizado, embora o País, há mais de um século, e o mundo ocidental, há mais de 500 anos, tenham-se afastado do direito canônico (secularização – separação entre Estado e Igreja). Isso significa que, desde os tempos primitivos da humanidade, já existia o relacionamento homoafetivo e o preconceito religioso, tradição familiar que se mantém até os nossos dias.

Não permitida expressa e constitucionalmente a família homoafetiva, embora seja um modo de ser-em-família, é preciso incentivar os protestos sociais, para que haja, nesse sentido, a promulgação de emenda constitucional, outorgando ao ser humano o direito à convivência e ao compartilhamento em família, na medida em que faz parte da condição humana habitar os modos de ser-no-mundo-genético, de ser-no-mundo-(des)afetivo e de ser-no-mundo-ontológico. A exigência de casar ou de conviver tão-só entre homem e mulher é decorrência do Direito Canônico e da normatização do mundo genético, o mundo dos seres vivos em geral, o que depõe contra o sentido de República, de Estado Democrático, Social e Laico de Direito e da tridimensionalidade do ser humano.

Sustentar que o mundo afetivo é habitado somente por seres humanos de sexos diferentes é causar ruptura aos princípios constitucionais da proibição da discriminação entre os sexos, da cidadania, da afetividade, da liberdade, da tolerância, da dignidade humana. Na negação da homoafetividade reside, talvez, a maior tirania do legislador constituinte e derivado, porque destruiu os mundos afetivo e ontológico de milhões de brasileiros, fazendo com que essa intransigência se reflita no comportamento individual, familiar e social, visto que "quem não respeita o próximo na relação familiar, atuará da mesma forma na relação social em geral".[97]

Por isso, a importância de ser infundida a responsabilidade legislativa social, para compreender que a *democracia pressupõe tolerância*, não havendo regime democrático e nem republicano quando é exigido que todos os interesses e valores sejam aceitos como absolutos, eternos, iguais, formais e enquanto o ser humano não for capaz de conviver com a *diversidade*, com os valores do Outro. Tendo em vista que a jurisdição constitucional não se destina a substituir o legislador, cresce a importância do voto consciente e, principalmente, do protesto social, porquanto, na visão de Teubner, esses movimentos são "os candidatos natos a serem um potencial democrático na esfera mundial",[98] que constituem "um visível Terceiro Setor da sociedade, de ação pública, sem fins lucrativos, de ponderável peso político.[99]

---

fosse abominação"; e 20:13 "Se também um homem se deitar com outro homem, como se fosse sua mulher, ambos praticaram cousa abominável; serão mortos; o seu sangue cairá sobre eles".

[97] PEREIRA, Sérgio Gischkow. *Estudos de direito de família.* Porto Alegre: Livraria do Advogado, 2004, p. 51 a 53.

[98] TEUBNER, Gunther. *Direito, sistema e policontexturalidade.* Traduzido por Brunela Vieira de Vincenzi, Dorothee Susanne Rüdiger, Jürgen Volker Dittberner, Patrícia Stanzione Galizia e Rodrigo Octávio Broglia Mendes. São Paulo: Unimpe, 2005, p. 119 e 120.

[99] WILHEIM, Jorge. Por que reformar as instituições? In: *Sociedade e Estado em transformação.* PEREIRA, L. C. Bresser; WILHEIM, Jorge; SOLA, Lourdes (organizadores). São Paulo: UNESP; Brasília: ENAP, 1999, p. 20.

Nessa direção, Gómez alerta que associações civis, movimentos sociais e fundações poderão contribuir na ampliação do debate democrático e na incorporação de uma dimensão participativa de cidadania nas instâncias e assuntos de governo,[100] visto que "o protesto social encontra na democracia um clima tolerante e compreensivo que facilita sua propagação".[101]

A humanidade vive um momento social em que se impõe, já há algum tempo, os protestos sociais mundiais, à medida que "há limites objetivos da capacidade de tolerância das massas à degradação das suas condições de vida".[102] O mundo universalizado é de alta complexidade cultural, tecnológica, democrática, em que o ser humano reclama, cada vez mais, a sua participação nas decisões políticas, tendo em vista que elas afetam a sua vida. Por tudo isso, surpreende que os movimentos sociais ainda não tenham se alastrado por todo o universo, uma vez que a sociedade necessita de práticas movimentistas, simultaneamente locais e globais,[103] pois quanto mais passividade tanto pior para o povo,[104] tendo em vista que "o protesto social encontra na democracia um clima tolerante e compreensivo que facilita a sua propagação".[105]

Numa só palavra, se no texto constitucional houvesse uma emenda, suprimindo a expressão *entre o homem e a mulher,* seria perfeitamente constitucional a compreensão da família homoafetiva, com base na principiologia constitucional da dignidade humana, da cidadania, da afetividade, da pluralidade, da proibição de discriminação em razão de sexo, da condição humana tridimensional e do princípio da separação de poderes.

9. Guarda unilateral e compartilhada: os direitos fundamentais de conviver e compartilhar na tridimensionalidade humana

No relacionamento entre os seres humanos, pais e filhos têm o direito fundamental de manter incólumes os mundos genético, afetivo e ontológico, e não o caleidoscópio

[100] GÓMEZ, José María. *Política e democracia em tempos de globalização.* Petrópolis: Vozes; 2000, p. 103.

[101] BORÓN, Atilio. A sociedade civil depois do dilúvio neoliberal. In: *Pós-neoliberalismo. As Políticas Sociais e o Estado Democrático.* 6. ed. Emir Sader; Pablo Gentili (orgs.). Rio de Janeiro: Paz e Terra, 2003, p. 111.

[102] PAULO NETTO, José. Repensando o balanço do neoliberalismo. In: *Pós-neoliberalismo. As Políticas Sociais e o Estado Democrático.* 6. ed. Emir Sader; Pablo Gentili (orgs.). Rio de Janeiro: Paz e Terra, 2003, p. 32, 33.

[103] THERBORN, Göran. A crise e o futuro do capitalismo. In: *Pós-neoliberalismo. As Políticas Sociais e o Estado Democrático.* 6. ed. Emir Sader; Pablo Gentili (orgs.). Rio de Janeiro: Paz e Terra, 2003, p. 50.

[104] SANTOS, Milton. *Por uma outra globalização.* 11.ed. Rio de Janeiro: Record, 2004, p. 104.

[105] BORÓN, Atilio. A sociedade civil depois do dilúvio neoliberal. In: *Pós-neoliberalismo. As Políticas Sociais e o Estado Democrático.* 6. ed. Emir Sader; Pablo Gentili (orgs.). Rio de Janeiro: Paz e Terra, 2003, p. 111.

direito de visitas quinzenal[106] e/ou da guarda unilateral,[107] que caracterizam cerceamento e limitação do direito da convivência e do compartilhamento em família tridimensional (artigos 227 da Constituição e 1.634 do Código Civil). Isso ocorre porque a responsabilidade educativa dos filhos é permanente e de ambos os pais, não importando se casados ou separados, pois a separação ou o desafeto entre os pais não significa o fim da parentalidade.[108]

A guarda unilateral não garante o desenvolvimento da criança e não confere aos pais o direito de igualdade no âmbito pessoal, familiar e social, pois quem não detém a guarda recebe um tratamento meramente coadjuvante no processo de desenvolvimento dos filhos, acarretando severos traumas à família, porquanto o afastamento das pessoas configura "o primeiro passo para a extinção dos vínculos sentimentais até então existentes, transformando o afeto positivo em negativo, o amor em ódio".[109]

Em reportagem sobre a família portuguesa,[110] foi divulgado que a ausência do pai na família gera, na maioria das vezes, o aumento da delinquência infantil e juvenil, do consumo de drogas e do insucesso escolar. Esse abandono paterno é provocado principalmente por problemas culturais de nossos dias, como o individualismo e a guarda unilateral, resultando na rejeição das responsabilidades e dos compromissos, o que é mais visível no homem, o qual não tem uma ligação imediata à criança, como ocorre com a mãe.

Acerca da guarda compartilhada, Eliana Riberti Nazareth, em manifestação anterior à Lei nº 11.698, de 13 de junho de 2008, salientou que, nos casos em que algum dos pais não se opõe, mas também não se prontifica a compartilhar a guarda, "o juiz pode determinar a guarda compartilhada", mas que, "quando o casal de pais está de pleno acordo, o juiz não deveria intervir, ainda que tal acordo lhe pareça singular. Só se a integridade física e/ou mental do menor estiver ameaçada justifica-se a ingerência".

A autora certifica que, quando as crianças são muito pequenas, até os quatro ou cinco anos, ou nos casos em que há muita insegurança dos filhos, não se aconselha a guarda compartilhada, tendo em vista que "a criança necessita de um contexto o mais estável possível para o delineamento satisfatório de sua personalidade. Conviver ora com a mãe ora com o pai em ambientes físicos diferentes requer uma capacidade de adaptação e de codificação-decodificação da realidade só possível em crianças mais

---

[106] RIO GRANDE DO SUL. Tribunal de Justiça. Agravo de Instrumento nº 70006305445. 7ª CCv. Relator: Luiz Felipe Brasil Santos. Em 28.05.2003. "É de ser mantida, ao menos em caráter liminar, a decisão que determinou visitas quinzenais da genitora aos menores, sobretudo porque eles estão na guarda do pai desde a separação fática do casal". Disponível em: www.tj.rs.gov.br. Acesso em 22.03.2006.

[107] RIO GRANDE DO SUL. Tribunal de Justiça. Ap. Cível nº 70008803280, da 7ª Câmara. Relator: José Carlos Teixeira Giorgis. Disponível em: www.tj.rs.gov.br. Acesso em 22.03.2006. "Mantém-se a guarda com o genitor quando a criança manifesta expresso desejo de permanecer com o pai, revelando inconformidade com a separação dos pais. Outrossim, o infante está sendo atendido adequadamente em suas necessidades pelo varão. Ademais, eventual alteração desta situação poderia agravar ainda mais o quadro, devendo os envolvidos serem submetidos a tratamento psicológico".

[108] OST, François. *O Tempo do Direito*. Traduzido por Maria Fernanda Oliveira. Lisboa: Instituto Piaget, 1999, p. 390.

[109] BRUMANA, Fábio; e ANGELUCI, Cleber Affonso. Abandono afetivo: considerações para a constituição da dignidade da pessoa humana. In: Revista CEJ, Brasília, n. 33, p. 43-53, abr./jun. 2006.

[110] Família: Paternidade em crise. 19 de março de 2001. Disponível em: http:www.pratica.iol, em 15.08.2001.

velhas", sendo sempre aconselhável a realização de "avaliação psicológica específica da capacidade adaptativa da criança em questão".

Por fim, a articulista afirma que a guarda compartilhada não é adequada quando um dos genitores não tem as condições operacionais adequadas, se, por exemplo, "não possuir habitação apropriada para receber os filhos; morar muito longe da escola das crianças e das atividades por elas freqüentadas; precisar, por motivos vários, se ausentar durante períodos prolongados, tendo de delegar a terceiros os cuidados para com as crianças; cumprir horário de trabalho que não permite atenção adequada e suficiente etc.".[111]

Na visão de Maria Helena Lordelo,[112] a nova lei da guarda compartilhada beneficiará os pais que pretendem uma maior convivência com os filhos, em vista da intolerância do detentor da guarda unilateral, os quais, agora, poderão ajuizar ação de concessão de guarda compartilhada, para possibilitar a preservação do vínculo afetivo entre pais e filhos, evitando a continuação de retaliações econômicas e afetivas do ex-cônjuge, "esquecendo-se que a presença das duas figuras, paterna e materna, é fundamental para o equilíbrio emocional da criança". A guarda compartilhada, segundo a autora, levará "ao equilíbrio de papéis entre pai e mãe, que passam a dividir direitos e deveres em relação aos filhos, com responsabilização conjunta".

Para Fábio Brumana e Cleber Affonso Angeluci,[113] na guarda compartilhada pode ser concedido o direito a um dos pais de deter a guarda física do filho, sendo que o outro não se limitará a supervisionar a educação, porque deverá participar, efetivamente, como "detentor de poder e autoridade para decidir diretamente na educação, religião, cuidados com a saúde, lazer, estudos". Momento seguinte, os autores invocam a doutrina de Gustavo Tepedino, no sentido de que a guarda de filho é uma expressão semântica ambivalente, "indicando um sentido de guarda como ato de vigilância, sentinela, que mais se afeiçoa ao olho unilateral do dono de uma coisa guardada, noção inadequada a uma perspectiva bilateral de diálogo e de troca, na educação e formação da personalidade do filho".

Não é possível impor restrições quando da fixação da guarda compartilhada, na medida em que se chocam contra os princípios constitucionais da igualdade, da afetividade, da dignidade, da proteção integral e absoluta e da convivência em família. A compreensão constitucional da família impede uma visão intransigente dos direitos aos filhos exclusivamente com base na conduta dos pais. Se alguma observação precisa ser efetivada, quando da concessão excepcional da guarda unilateral ou da guarda compartilhada, isso somente poderá ocorrer com o cumprimento do devido processo legal, produzindo-se todas as provas admitidas em direito, como testemunhal, documental e pericial, notadamente laudos psicológicos, estudos sociais e, se for o caso, o depoimento sem dano da criança e do adolescente.

---

[111] NAZARETH, Eliana Riberti. Com quem fico, com papai ou com mamãe? – Considerações sobre a Guarda Compartilhada Contribuições da Psicanálise ao Direito de Família, Direito de Família e Ciências Humanas, Eliana Riberti Nazareth (coordenação geral), Caderno de Estudos nº 1, fevereiro de 1997, São Paulo, Jurídica Brasileira, 1997, p. 82 a 84.

[112] LORDELO, Maria Helena. Benefícios da guarda compartilhada. Disponível: www.editoramagister.com.br. Acessado em 02.07.2008.

[113] BRUMANA, Fábio; e ANGELUCI, Cleber Affonso. Abandono afetivo: considerações para a constituição da dignidade da pessoa humana. In: *Revista CEJ*, Brasília, n. 33, p. 43-53, abr./jun. 2006.

A respeito da nova lei da guarda compartilhada, Maria Berenice Dias esclarece que, devido ao sistema patriarcal, a mãe sempre se sentiu proprietária do filho, transformando o pai em mero pagador de alimentos, sendo-lhe estendido, para tanto, o direito de visitas. Mas, alerta a autora, como o fim da conjugalidade não significa o fim da parentalidade, os pais estão reivindicando, cada vez mais, a participação igualitária no desenvolvimento psicossocial dos filhos, o que veio a ocorrer por meio da Lei nº 11.698/2008, com a concessão da guarda compartilhada, a qual deve ser estabelecida mesmo que não exista consenso entre os genitores. A autora alerta que o direito à guarda compartilhada não é uma vitória dos pais, mas, sim, dos filhos, da família e da própria sociedade, porque os filhos "não podem mais ser utilizados como moeda de troca ou instrumento de vingança. Acabou a disputa pela 'posse' do filho que, tratado como um mero objeto, ficava sob a guarda da mãe, que detinha o poder de permitir, ou não, as visitas do pai".[114]

De acordo com Waldyr Grisard Filho,[115] parte da doutrina e da jurisprudência não aceita a guarda compartilhada em caso de divergência dos pais, porque haveria uma instabilidade emocional nos filhos, a diversidade de critérios de educação e a inconveniência de dois lares. Porém, o autor se manifesta acerca do equívoco dessas questões, na medida em que:

a) o exercício da guarda compartilhada exigirá dos pais uma conciliação e harmonização de suas atitudes em favor do bem-estar do filho;

b) o filho tem o direito de ser educado por ambos os pais, em condições de igualdade, mantendo relacionamento pessoal e direto;

c) o filho terá maior estabilidade emocional ao perceber e sentir que está sendo cuidado pelo pai e pela mãe, que por ele serão responsáveis, solidariamente;

d) os critérios educativos podem ser compartilhados ou diferentes, em qualquer espécie de guarda, podendo os pais, em caso de dissenso, recorrer às vias judiciais;

e) na guarda compartilhada, o filho terá dois lares, circulando livremente, e seu domicílio necessário será o do genitor com quem convive, lugar em que habitualmente exerce seus direitos e deveres.

O escoliasta lembra que a finalidade da nova lei da guarda compartilhada é o rompimento da cultura antagonista pela convivência com os filhos, "eliminando a possibilidade de existir 'ganhadores' e 'perdedores', logrando proclamar um só vencedor, o filho", pelo que não há qualquer razão para se temer os efeitos da guarda compartilhada.

A Lei nº 11.698, de 13 de junho de 2008, veio ao encontro do artigo 227 da Constituição, que assegura o direito fundamental à convivência em família, que poderá ser regulada de forma consensual ou litigiosa, sempre atendendo, principalmente, aos princípios constitucionais da proteção integral e absoluta, da igualdade e da convivência em família, da afetividade e da dignidade da pessoa humana.

Diante do texto dessa lei, todas as espécies de guarda poderão ser revistas, para estabelecer, consensual ou litigiosamente, a guarda compartilhada, produzindo-se todas as provas permitidas em Direito, como testemunhal, documental, pericial, inclusive

[114] DIAS, Maria Berenice. Filho da mãe. Disponível em: editoramagister.com/doutrina. Acessado em 21.08.2008.

[115] GRISARD FILHO, Waldyr. Quem (ainda) tem medo da guarda compartilhada?. In: *Boletim do Instituto Brasileiro de Direito de Família* nº 51, ano 8, julho/agosto de 2008, p. 07.

com laudos psicológicos e sociais e a colheita do depoimento sem dano da criança ou do adolescente, à medida que somente por exceção será admissível a fixação da guarda unilateral, já que a regra geral passou a ser o direito fundamental à criança e ao adolescente da convivência integral e absoluta em família.

A guarda compartilhada nem sempre deverá ser estabelecida, porquanto, mesmo em caso de acordo entre os pais, o julgador, ouvindo previamente o Ministério Público, poderá, mediante o apoio de equipe interdisciplinar, fixar a guarda unilateral, ou conceder a guarda a outra pessoa que possua ligações afetivas com a criança ou o adolescente, sempre atendendo ao supremo interesse da perfilhação, em atenção a necessidades específicas do filho, ou em razão da distribuição de tempo necessário ao convívio deste com o pai e com a mãe (artigo 1.584 do Código Civil). Significa que o Judiciário tem o poder/dever de "frear os ânimos impulsivos e até mesmo irracionais, para preservar e garantir o bom desenvolvimento psicológico da criança, sem traumas ou abalos que possam influenciar na formação desse ser".[116]

Pelo princípio da convivência em família, pais e filhos têm o direito fundamental de manter incólumes os mundos genético, afetivo e ontológico, e não o caleidoscópio direito de visitas quinzenal[117] e/ou da guarda unilateral,[118] que caracterizam cerceamento e limitação do princípio da convivência e do compartilhamento em família tridimensional. Isso porque a responsabilidade educativa dos filhos é permanente e solidária de ambos os pais, não importando se casados, conviventes, separados, divorciados, solteiros, viúvos, pois o estado civil ou o desafeto entre os pais ou entre pais e filhos não significa o fim da parentalidade.[119]

Segundo investigações,[120] o passado do ser humano foi um conviver e um compartilhar em família, que continua se constituindo "a escola primária da diferenciação social, o instinto familial ou grupal", em que o ser vivo se humaniza, se socializa, se torna humano, porque não é apenas um ser genético, à medida que, nesse mundo, ele é um mero ser vivo, mas, nos mundos afetivo e ontológico, esse ser se transforma em ser humano.

A realidade quanto ao direito à convivência em família, do poder/dever familiar, da guarda compartilhada e das visitas ainda retroage ao direito romano, porque a sociedade continua permitindo que o pai possa enjeitar os filhos, promovendo corte vertical do modo de ser-em-família. Com efeito, com o fim da conjugalidade, por exemplo, são raros os casos em que o pai não promove também o fim da parentalidade, não mais

---

[116] BRUMANA, Fábio; e ANGELUCI, Cleber Affonso. Abandono afetivo: considerações para a constituição da dignidade da pessoa humana. In: *Revista CEJ*, Brasília, n. 33, p. 43-53, abr./jun. 2006.

[117] RIO GRANDE DO SUL. Tribunal de Justiça. Agravo de Instrumento nº 70006305445. 7ª CCv. Relator: Luiz Felipe Brasil Santos. Em 28.05.2003. "É de ser mantida, ao menos em caráter liminar, a decisão que determinou visitas quinzenais da genitora aos menores, sobretudo porque eles estão na guarda do pai desde a separação fática do casal". Disponível em: www.tj.rs.gov.br. Acesso em 22.03.2006.

[118] RIO GRANDE DO SUL. Tribunal de Justiça. Ap. Cível nº 70008803280, da 7ª Câmara. Relator: José Carlos Teixeira Giorgis. Disponível em: www.tj.rs.gov.br. Acesso em 22.03.2006. "Mantém-se a guarda com o genitor quando a criança manifesta expresso desejo de permanecer com o pai, revelando inconformidade com a separação dos pais. Outrossim, o infante está sendo atendido adequadamente em suas necessidades pelo varão. Ademais, eventual alteração desta situação poderia agravar ainda mais o quadro, devendo os envolvidos serem submetidos a tratamento psicológico".

[119] OST, François. *O Tempo do Direito.* Traduzido por Maria Fernanda Oliveira. Lisboa: Instituto Piaget, 1999, p. 390.

[120] BRANDÃO, Adelino. *Iniciação à sociologia do Direito.* São Paulo: Juarez de Oliveira, 2003, p. 71.

desejando a convivência em família e nem contribuindo para a criação e educação de seu filho. Quando o faz, é com uma insignificante pensão alimentícia, a qual, muitas vezes, passa por um penoso calvário processual, culminando inclusive em prisão civil, demonstrando o firme propósito de ejetar de sua vida o vínculo familiar com o filho, perpetuando, assim, o velho sistema romano da rejeição paterna.

Com esse modo de ser-no-mundo, o pai pretende dizer que a convivência em família está limitada à insignificante pensão alimentícia, ficando o filho à mercê dos cuidados da mãe, ou de favores de algum parente, ou, muitas vezes, morador de rua, verdadeiros filhos de ninguém, institucionalizando as ninguendades,[121] porque:

a) são insignificantes as sanções civis e penais impostas a quem rejeita a paternidade/maternidade; b) não se fomenta a convivência integral e absoluta em família; c) a guarda é fixada, quase sempre, em favor da mãe, sem qualquer imposição de responsabilidade solidária ao pai; d) fixam-se visitas bimensais, como se o filho não tivesse o humano direito de ser visitado e amado a cada episódio de sua vida; e) é dado o direito de ajuizar ação negatória de paternidade genética e afetiva, como se faz com os negócios jurídicos em geral, como se o direito de família fosse um apêndice do direito das obrigações ou do direito das coisas; f) fulmina-se o direito ao filho afetivo de investigar a paternidade/maternidade biológica, negando-se-lhe o direito ao conhecimento do mundo genético; g) concorda-se com o anonimato da gestante e de quem fornece o material genético, como se o ser humano pudesse manter-se humano sem conhecer e ser a sua aurora, a sua origem, o princípio de sua existência, que significam a própria evolução da civilização e do desvelamento do ser do ser humano.

Somente o ser-em-família pode garantir o cumprimento de todos os direitos e deveres da condição humana tridimensional, com a convivência integral e absoluta em família, em que estão compreendidos o poder/dever familiar, a guarda compartilhada, com a liberdade de locomoção aos lares paterno e materno. Os pais genéticos e afetivos devem assumir, solidariamente, os mesmos direitos e deveres, inclusive a responsabilidade civil, como se o filho convivesse e compartilhasse na constância da conjugalidade/convivencialidade ou de outro modo de ser-em-família, como se não tivesse havido o fim do mundo afetivo entre os pais ou entre pais e filhos. Com isso, são mantidos os laços familiares de amor, de carinho, de afeto, da solidariedade, para assimilar o eventual impacto negativo que a ruptura conjugal/convivencial causa ao relacionamento entre pais e filhos.[122]

O direito à convivência familiar e, portanto, ao poder/dever familiar, à guarda compartilhada não é um direito subjetivo de um ou de ambos os pais, visto que os princípios estatuídos no artigo 227 da Magna Carta são direitos fundamentais dirigidos principalmente à criança e ao adolescente, portanto hierarquicamente superiores aos direitos de guarda unilateral dos pais ou de terceiros, não se admitindo que alguém da família tenha hegemonia, pois todos têm o mesmo poder/dever/obrigação de conviver em família, decorrente do princípio republicano das relações democráticas.

---

[121] BRUM, Argemiro J. O Desenvolvimento Econômico Brasileiro. 20.ed. Ijuí: UNIJUÍ, 1999, p. 144. Como conseqüência da multiplicidade de relacionamentos sexuais do homem branco com as índias, escravas e mestiças resultou o nascimento de filhos e a impossibilidade de descobrir o verdadeiro pai. A discriminação dos filhos tem início aqui, pois, para os indígenas, a mulher "não tinha participação efetiva na formação do filho, sendo apenas um recipiente adequado onde o homem depositava a semente para a germinação, desenvolvimento e geração do fruto", pelo que os filhos nascidos de mãe índia com pai desconhecido eram chamados de filhos de ninguém, ninguendades.

[122] GRISARD FILHO, Waldyr. Guarda compartilhada: um novo modelo de responsabilidade parental. São Paulo: Revista dos Tribunais, 2000, p. 106-113.

A concessão da guarda unilateral tornou-se exceção, devendo ser devidamente comprovada nos autos, mediante prova documental, testemunhal e pericial, porque ela não condiz mais com a realidade da família contemporânea, ao não garantir à criança ou ao adolescente o pleno desenvolvimento de sua personalidade. Isso quer dizer que, no (re)canto afetivo familiar, os princípios constitucionais da igualdade, da proteção integral e absoluta, da cidadania e da dignidade humana reclamam a intangibilidade do princípio da convivência integral em família.

Não apenas pela compreensão da família pela principiologia constitucional, mas também pela leitura da psicanalista,[123] verifica-se que há um grande equívoco com relação à lei da guarda compartilhada, quando se entende em não aplicá-la devido à igualdade, às diversidades humanas, à divisão do tempo entre os pais, à residência da criança e do adolescente, ao pagamento das despesas, à mobilidade geográfica e ao convívio livre, à medida que:

1) o sentido da Lei nº 11.698/2008 é de que há responsabilidade solidária do pai e da mãe em todos os episódios da família, somente sendo possível prescrever a guarda unilateral ou restringir os direitos/obrigações/deveres na guarda compartilhada se essa decisão for em benefício do filho e desde que, nesse sentido, sejam carreados aos autos todas as provas, documental, testemunhal e pericial, inclusive o depoimento sem dano da criança e do adolescente.[124]

2) a lei da guarda compartilhada previne as manipulações, as tentativas de alienação parental, as falsas denúncias e toda perversão, que, com a nova lei, serão mais facilmente detectáveis;

3) os filhos não precisam apenas da companhia de um dos pais, e sim de ambos, para seu perfeito desenvolvimento e equilíbrio psicossocial;

4) a guarda compartilhada fomenta os vínculos de afeto com ambos os pais, condição necessária para uma formação saudável dos filhos;

5) o direito à convivência em família é também um direito à integridade psíquica;

6) a guarda compartilhada é muito mais compreensiva, mais democrática, o que não ocorre na guarda unilateral, que é restritiva, punitiva e hierarquizada, não condizente com a igualdade e as relações de afeto em família;

7) mesmo quando não há consenso, é possível a fixação da guarda compartilhada, porque os filhos têm o direito de conhecer e de compreender a infinita e ineliminável alteridade humana;

8) a diminuição do tempo de convivência entre pais e filhos faz reascender a competição, representando um retrocesso familiar e social, porque viabilizará a continuação da troca do afeto pela moeda, colocando os filhos como prêmios ou alvo indevido de instrumento de punição;

9) é preciso uma mudança de paradigma, para que a lei da guarda compartilhada seja compreendida pela principiologia constitucional, principalmente da convivência

[123] GROENINGA, Giselle Câmara. Direito à família. In: *Boletim do Instituto Brasileiro de Direito de Família* nº 51, ano 8, julho/agosto de 2008, p. 03 a 05.

[124] CEZAR, José Antônio Daltoé. *Depoimento sem dano*: uma alternativa para inquirir crianças e adolescentes nos processo judiciais. Porto Alegre: Livraria do Advogado, 2007. Segundo o autor, no depoimento sem dano busca-se a redução do trauma na criança durante a produção de prova, em processo no qual ela é vítima, assegurando-se-lhe a garantia de seus direitos, com valorização de sua palavra, o que somente ocorrerá se respeitada a condição dela como pessoa em desenvolvimento.

democrática, pois ela tem um ganho de consciência na responsabilidade dos pais, facilitando o acesso, o gerenciamento e a comunicação entre as famílias.

Não há como concordar com a decisão do Tribunal de Justiça gaúcho, cuja ementa foi lavrada nos seguintes termos: "A guarda compartilhada está prevista nos arts. 1583 e 1584 do Código Civil, com a redação dada pela Lei 11.698/08, não podendo ser impositiva na ausência de condições cabalmente demonstradas nos autos sobre sua conveniência em prol dos interesses do menor. Exige harmonia entre o casal, mesmo na separação, condições favoráveis de atenção e apoio na formação da criança e, sobremaneira, real disposição dos pais em compartilhar a guarda como medida eficaz e necessária à formação do filho, com vista a sua adaptação à separação dos pais, com o mínimo de prejuízos ao filho. Ausente tal demonstração nos autos, inviável sua decretação pelo Juízo".[125]

Essa jurisprudência continua com o velho ranço da proibição de o filho conviver e compartilhar em família, com o pai, a mãe, os irmãos etc., voltando o olhar unicamente ao direito dos pais, quando, devido principalmente ao princípio da proteção integral e absoluta, é necessário compreender os fatos da vida com base nos interesses das crianças e dos adolescentes. Esse acórdão, com a devida vênia, está a perpetuar a regra de que se presume a guarda unilateral, devendo-se comprovar, nos autos, que o mais benéfico ao filho é a guarda compartilhada. É justamente o oposto que deve prevalecer, ou seja, com a adoção da principiologia constitucional, a regra é de que se presume, "juris tantum", a guarda compartilhada, em vista da necessidade da convivência e do compartilhamento do filho com o pai e a mãe. É dizer, como a regra é a guarda compartilhada, a guarda unilateral passa a ser exceção, pelo que, ao contrário do que foi decidido, não é a guarda compartilhada, e sim a guarda unilateral que deve ser devidamente comprovada nos autos.

O equívoco desse precedente jurisprudencial reside justamente no entendimento de que a guarda compartilhada é medida de exceção, cabendo aos pais comprovar que ela é mais benéfica ao filho, causando, assim, grave ofensa ao texto constitucional (artigo 227), que impõe a convivência e o compartilhamento em família e a proteção integral e absoluta da criança e do adolescente. Quer dizer, a regra geral será sempre a concessão da guarda compartilhada, independentemente de haver acordo entre os pais, uma vez que está em jogo, em causa, em discussão, o direito fundamental do filho à convivência integral e absoluta com ambos os pais, e somente por exceção poderá ser deferida a guarda unilateral ou suspenso o direito de convivência entre pais e filhos, mediante prévia comprovação de que essa decisão é mais favorável à filiação.

A comunidade jurídica necessita compreender que o princípio da proteção integral e absoluta pertence aos filhos, e não aos pais, motivo pelo qual a guarda unilateral somente poderá ser imposta se em benefício do filho. Isso porque o sentido da lei da guarda compartilhada é garantir o princípio constitucional à convivência integral e absoluta em família, que está em sintonia com os princípios familiares da proteção integral e absoluta da criança e do adolescente, da igualdade, da dignidade, da cidadania e da liberdade. A decisão de nossa egrégia Corte de Justiça deve ser recebida com cautela, porque não se pode abandonar a principiologia constitucional, de que é a guarda unilateral, e não a guarda compartilhada, que deve ser devidamente comprovada nos autos.

[125] RIO GRANDE DO SUL. Tribunal de Justiça. Agravo de Instrumento, nº 70025244955, sétima Câmara Cível. Relator: André Luiz Planella Villarinho, julgado em 24/09/2008. Disponível em www.tj.rs.gov.br, boletim eletrônico de ementas. Acessado em 01.10.2008.

É preciso examinar, em cada processo, a historicidade, a fenomenologia, a singularidade, a universalidade, a realidade genética, (des)afetiva e ontológica, propondo um novo sentido à convivência integral e absoluta em família, combinando legalidade e realidade familiar e social, porque "ninguém tenha dúvida de que o Direito, como 'ciência da compreensão', exista no 'fato', hermeneuticamente interpretado".[126] Exige-se do intérprete não uma mera análise sintática do texto normativo, já que o direito de família não pode ser compreendido à margem da Constituição do País, em que não basta compreender as regras, mas, sobretudo, os princípios, na medida em que eles contribuem para o desvelamento e o fechamento do processo interpretativo. É dizer, o sentido da lei da guarda unilateral e compartilhada deve ser guindado pela principiologia constitucional, visto que somente os princípios, e não as regras, afastam a subjetividade e a arbitrariedade do julgador, que deve fundamentar e justificar a decisão não apenas com âncora na lei, mas, também, numa pauta concatenada com elementos fáticos objetivos, colhidos na realidade da vida em família e em sociedade, para que haja a pacificação social.

No interpretar, o ser humano está sempre diante de uma situação concreta, uma singularidade, daquele caso, que nunca é igual ao outro (a coisa mesma não é a mesma coisa, diz Lenio Streck), tendo em vista que a verdade em família é o desvelamento de uma situação concreta, nas suas especificidades.[127] O que liga o intérprete à situação hermenêutica não é o "sagrado" instante da subjetividade, e sim a compreensão da família pela tradição histórica, que é o (re)aparecimento dos fenômenos à luz do sentido próprio da vida,[128] pois ninguém escapa da história, do passado e do presente, que são a proveniência do ser humano, que surte efeito nos fenômenos da convivência pessoal, familiar e social, significando "um conjunto de acontecimentos e influências que atravessa o passado, presente e futuro".[129]

Impõe-se, pois, o exame da singularidade e da historicidade de cada caso familiar, com a produção de todas as provas admitidas em Direito, uma vez que, como diz Heidegger, "tomar aquilo que 'é' por uma presença constante e consistente, considerado em sua generalidade, é resvalar em direção à metafísica".[130] Significa dizer que tudo o que for dito sobre a guarda compartilhada deve ser visto de soslaio, na medida em que o diálogo se encontra na fase gestacional, não havendo engenharia constitucional capaz de singularizar e historicizar os sentidos dos princípios da prioridade, da prevalência absoluta dos interesses dos integrantes da família, da cidadania, da igualdade, da dignidade, da convivência em família, da guarda compartilhada e da condição humana tridimensional.

É necessário preservar e garantir, sempre que mais benéfico ao filho, a convivência e o compartilhamento em família, que é um direito fundamental do filho e um dever fundamental dos pais, que não se limita a um vulgar direito de visitas, mas, sim,

---

[126] BAPTISTA DA SILVA, Ovídio Araújo. Processo e Ideologia. O Paradigma Racionalista. Rio de Janeiro: Forense, 2004, p. 36.

[127] STRECK, Lenio Luiz. Hermenêutica (jurídica): compreendemos porque interpretamos ou interpretamos porque compreendemos? Uma resposta a partir do *Ontological Turn*. In: *Anuário do programa de pós-graduação em direito*. Leonel Severo Rocha; Lenio Luiz Streck (org.). São Leopoldo: UNISINOS, 2003, p. 263-4.

[128] CANCELLO, Luiz A. G. *O fio das palavras*. 4ed. São Paulo: Summus Editorial, 1991, p. 83.

[129] HEIDEGGER, Martin. *Ser e Tempo*. 12.ed. Rio de Janeiro: Vozes. Volume II, 2005, p. 183 e 184.

[130] STRECK, Lenio Luiz. In: manifestação no processo-crime nº 70001588300. 5ª Câmara Criminal do Tribunal de Justiça do Rio Grande do Sul. 01.11.2000. Relator: Amilton Bueno e Carvalho.

um conviver, compartilhar, participar, interferir, indicar limites, cuidar, educar, amar.[131] Enfim, a lei da guarda compartilhada exige uma nova postura das famílias, separando as funções conjugais/convivenciais das parentais, já que a mãe, de um modo geral, sempre criou os filhos com os vizinhos, com os avós, com os parentes, nas creches. Importa dizer que, se ela não deseja a convivência do pai na vida dos filhos, "pode ser apenas uma questão de poder",[132] com a finalidade de garantir a alienação parental, por gerações. Mas, é preciso recordar que essas crianças e adolescentes, que "crescem sob esta influência, internalizam o modelo de competição e exclusão, e não o de cooperação", significando que, para formar seu psiquismo, o filho precisa da presença constante do pai e da mãe, formando, assim, os três vértices da vida: pai, mãe e filho.[133]

A necessidade psicológica desse tripé existencial somente poderá ser suprida com a convivência e o compartilhamento em família, porquanto, pela maternagem, a mulher já carrega dentro de si o amor pelo filho, ao passo que o homem não tem esse preparo genético para ser pai,[134] o que somente é internalizado por meio da comunicação pessoal, familiar e social, o que somente será possível na guarda compartilhada, que faz parte do princípio da convivência integral e absoluta familiar e comunitária (artigo 227 da Constituição do País).

10. Desnecessidade de processo de adoção aos brasileiros

A adoção tinha a finalidade de eternizar o culto doméstico, direito concedido a quem não tivesse filhos, para que não cessassem as cerimônias fúnebres, cujo novo vínculo de culto substituía o parentesco, mas o gesto de adotar não tinha qualquer conotação afetiva.[135]

Historia-se[136] que, em Atenas, na Antiga Grécia, a adoção era ato solene, exigindo a intervenção do Magistrado, pelo que desde aquela época ela era judicial (mediante um processo).

A adoção era prevista nas Leis de Manu, entre um homem e um rapaz da mesma classe, e no Código de Hamurábi, 1.500 anos antes de Cristo, constava que esse instituto era irrevogável,[137] tendo sido acolhido no direito romano, mas, na Idade Média, caiu em desuso, chegando a desaparecer. O Direito Canônico não o recepcionou, mas constou do *Code Civile* da França e das Ordenações do Reino de Portugal, vindo a ser inserida

---

[131] PEREIRA, Rodrigo da Cunha. Separação e divórcio judicial – Reflexões sobre a prática. In: *Direito de Família*: processo, teoria e prática. Rio de Janeiro: Forense, 2008, p. 13.

[132] PEREIRA, Rodrigo da Cunha. Separação e divórcio judicial – Reflexões sobre a prática. In: *Direito de Família*: processo, teoria e prática. Rio de Janeiro: Forense, 2008, p. 11.

[133] GROENINGA, Giselle Câmara. O fenômeno da alienação parental. In: *Direito de Família*: processo, teoria e prática. Rio de Janeiro: Forense, 2008, p. 130.

[134] TIBA, Içami. *Adolescentes*: quem ama, educa. São Paulo: Integrare, 2005, p. 167.

[135] COULANGES, Fustel de. *A cidade antiga*. São Paulo: Martins Fontes, 2000, p. 50-1.

[136] CHAVES, Antônio. *Adoção*. Belo Horizonte: Del Rey, 1995, p. 49.

[137] GRISARD FILHO, Waldyr. Será verdadeiramente plena a adoção unilateral? CD *Revista brasileira de Direito de família* nº 05, 2004. Porto Alegre: Síntese.

no Brasil, por exemplo, no Código Civil de 1916,[138] no Estatuto da Criança e do Adolescente (Lei nº 8.069/90) e no Código Civil de 2002.

No Brasil, para adotar é preciso cumprir o seguinte calvário processual:

a) pedido de habilitação, em qualquer Comarca; b) certidões negativas cíveis, policiais e criminais da Justiça Comum e Especial; c) atestado médico de saúde física e mental; d) estudo psicossocial para aferir as condições pessoais, econômicas, intelectuais, emocionais, morais, psíquicas e afetivas, com inspeção na residência, para examinar o conceito, a noção e a imagem que o adotando faz de si mesmo, a respeito de filhos, e de suportar a série de contratempos, dificuldades, abnegações e doação pessoal; e) comprovação de residência; f) prova da idoneidade moral e financeira; g) qualificação dos requerentes e dos pais do adotando; h) indicação do parentesco entre adotantes e adotado; i) certidões originais ou fotocópias autenticadas de nascimento ou de casamento do(s) adotante(s) e do adotado; j) declaração sobre a existência de bens, direitos ou rendimentos financeiros em nome do adotando; k) xerocópia da carteira de identidade; l) fotografia recente; m) visitas periódicas, tudo isso para evidenciar alguma anormalidade mental ou de comportamento e formatar total e minuncioso levantamento das condições de vida dos adotantes[139] (artigos 1.618 a 1.629 do CCv e 39 a 52 e 165, I a V, e parágrafo único, do ECA).

Pelo Estatuto da Criança e do Adolescente e do Código Civil, mesmo com a implantação da igualdade formal e substancial entre a perfilhação (artigo 227, § 6º, da Constituição do País), continua obrigatório o *processo* de adoção para que o filho afetivo possa conviver e compartilhar em família.

Todavia, o processo, que, desde a Grécia Antiga, era condição de possibilidade para o filho afetivo conviver em família, tornou-se desnecessário desde a Constituição do Brasil de 1988, por três razões: a primeira, o texto constitucional proíbe a discriminação filial (artigo 227, § 6º); a segunda, o texto constitucional não prevê o processo de adoção para brasileiros, mas, apenas, aos estrangeiros (artigo 227, § 5º); a terceira, o conviver e o compartilhar em família não se faz por meio de um processo judicial, que é a objetificação do ser humano, e sim pela linguagem tridimensional de ser-em-família (artigo 227, *caput*, da Constituição), já que "todo o pensar permanece ligado ao mundo e à linguagem".[140]

É, pois, equivocada a leitura do artigo 227, §§ 5º e 6º, da Constituição, efetivada pelo legislador ordinário e pela comunidade jurídica nacional, ao manter o processo de adoção, pelas seguintes razões:

A primeira, no § 5º do artigo 227 da Constituição consta que "a adoção será assistida pelo Poder Público, na forma da lei, que estabelecerá casos e condições de sua efetivação por parte de estrangeiro". Esse texto continua sendo compreendido pelo legislador, pela doutrina e pela jurisprudência pelo preconceito impuro da exigência do *processo* de adoção para alguém conviver e compartilhar em família, significando que, depois de milhares de anos, ainda é sustentado que o processo de adoção é condição de possibilidade para o filho afetivo ter o direito de ser-no-mundo-afetivo e ontológico.

[138] TAVARES, José de Farias. *Comentários ao estatuto da criança e do adolescente.* 4.ed. Rio de Janeiro: Forense, 2002, p. 45-46.

[139] RIZZARDO, Arnaldo. *Direito de família.* Rio de Janeiro: Aide, 1994, p. 882-a 886. Volume I.

[140] ZILLES, Urbano. Filosofia e linguagem. In: *Veritas. Revista da PUCRS*, tomo XIX, nº 17, junho de 1974, p. 77.

Quer dizer, pela leitura do senso comum dos juristas, tanto aos brasileiros quanto aos estrangeiros é obrigatório o processo de adoção, que deverá ser dificultado para o estrangeiro, em vista da prevalência dos interesses dos pretendentes brasileiros.

Segundo Gadamer, quem quiser compreender um texto está disposto a deixar que ele diga alguma coisa,[141] sendo vedado ao intérprete examinar o texto constitucional com base nos conceitos da legislação anterior à Constituição, quando o processo de adoção era o único meio de o filho afetivo (não genético) ser-em-família.

Esse equívoco ainda ocorre devido ao engessamento na vida dos conceitos prévios (um processo de adoção), que cegam a compreensão humana, tendo em vista que, ao nascer, somos jogados no pré-mundo, um mundo já existente, com significados e valores, cabendo ao intérprete purificar, identificar e separar esses pré-conceitos.[142]

O texto deve ser lido com base na compreensão da tradição histórica do direito de família, à medida que, quando da promulgação da Constituição de 1988, havia absoluta desigualdade entre todos os seus integrantes, inclusive entre os filhos biológicos, mas, a contar desse evento, o texto constitucional aboliu toda discriminação no modo de ser-em-família tridimensional.

Com a leitura da família pelo viés ôntico e/ou ontológico, o § 5º do artigo 227 da Constituição pode ser lido de várias formas, extraindo-se a mesma compreensão, de que não há necessidade de processo de adoção aos brasileiros para o filho afetivo conviver e compartilhar em família.

Primeira leitura ôntica do artigo 227, § 5º, da Constituição: A adoção, *por parte de estrangeiros*, será assistida pelo Poder Público, na forma da lei, que estabelecerá casos e condições de sua efetivação.

Nessa ótica, não houve alteração do texto constitucional, e sim a recolocação das palavras do artigo, extraindo-se o sentido de que *somente* ao estrangeiro é obrigatório o processo de adoção.

Segunda leitura ôntica do artigo 227, § 5º, da Constituição: *Por parte dos estrangeiros*, a adoção será assistida pelo Poder Público, na forma da lei, que estabelecerá casos e condições de sua efetivação.

Aqui também não se modificou sequer uma letra do texto original da Constituição, tendo sido alterada a ordem das palavras: a parte final – por parte dos estrangeiros – foi posta no início do parágrafo. Como ocorreu no item anterior, não há qualquer leitura nesse texto que pudesse extrair a necessidade de um processo para alguém exercer o direito ao mundo afetivo.

Terceira leitura ôntica do artigo 227, § 5º, da Constituição:

O § 6º do artigo 227 da Constituição diz o seguinte: "Os filhos, havidos ou não da relação do casamento, ou por adoção, terão os mesmos direitos e qualificações, proibidas quaisquer designações discriminatórias relativas à filiação". Esse parágrafo, embora faça referência ao filho nascido na constância do casamento ou por adoção, não deve ser lido com os pré-conceitos turvos do passado, porque essas expressões foram utilizadas para esclarecer que o modo de ser-em-família passa a ter os mesmos direitos e qualificações.

[141] GADAMER, Hans-Georg. *Verdade e Método*. 2.ed. Traduzido por Enio Paulo Giachini. Rio de Janeiro: Vozes, 2004. Tomo II, p. 76.

[142] D'AGOSTINI, Franca. *Analíticos e continentais*. São Leopoldo: Unisinos, 2003, p. 476 e 414, lembrando a hermenêutica filosófica de Hans-Georg Gadamer.

Numa leitura em que são afastados os preconceitos opacos com pertinência aos filhos (adotivos e genéticos), o § 6º do artigo 227 deve ser compreendido de forma a excluir a explicação e elaboração textual prolixa do legislador (havidos ou não na constância do casamento, ou por adoção), passando-se para a seguinte leitura: "Os filhos terão os mesmos direitos e qualificações, proibidas quaisquer designações discriminatórias relativas à filiação".

Sequer precisaria constar no texto constitucional qual a origem dos filhos (genéticos ou adotados) e nem que são proibidas quaisquer designações discriminatórias, porque, ao mencionar a expressão discriminação, o texto está incorrendo em preconceito, induzindo o intérprete a vislumbrar o texto com os seus preconceitos da desigualdade familiar, pelo que o § 6º deve ser compreendido da seguinte forma: *Os filhos terão os mesmos direitos e qualificações.*

Destarte, reescrevendo, no sentido ôntico, os §§ 5º e 6º do artigo 227 da Constituição, resultam as seguintes leituras: § 5º: *A adoção aos estrangeiros será assistida pelo Poder Público, na forma da lei, que estabelecerá casos e condições de sua efetivação*; § 6º: *Os filhos terão os mesmos direitos e qualificações.*

Também pela *leitura ontológica* da Constituição é aferida a desnecessidade de um processo de adoção judicial aos brasileiros para o filho afetivo relacionar-se em família. Com efeito, se o intérprete deixar que o texto constitucional lhe diga alguma coisa, sem um pré-conceito familiar, concluirá que o § 5º do artigo 227 exige o processo de adoção unicamente aos estrangeiros. Contudo, como o intérprete está mergulhado nos preconceitos impuros do passado, não se dá conta de que foi extinto o meio, a condição de possibilidade (processo de adoção) pelo qual era possível, antes da Constituição, o compartilhamento em família do filho afetivo.

Desde o novel sistema constitucional de 1988, *todos os filhos*, não importando se brancos, pretos, genéticos, afetivos, incestuosos, legitimados, nascidos ou não na constância de uma família, por meio de relacionamento sexual ou assexual, todos eles podem ser reconhecidos voluntariamente, *sem processo algum*, isso porque a normatização, *o processo, objetifica o ser humano, mantendo a milenar discriminação e coisificação.*

A cultura jurídica, ao exigir a adoção judicial para o reconhecimento voluntário da paternidade/maternidade, não compreende o texto constitucional nem pela linguagem ôntica, muito menos ontológica, tendo em vista que no artigo 227, §§ 5º e 6º, da Constituição, não está inserida a adoção judicial aos brasileiros, mas aos estrangeiros.

O texto constitucional de 1988 trouxe para o direito de família brasileiro uma autêntica revolução de paradigma – do processo de adoção para o acolhimento do ser humano pelo modo de ser-em-família –, compreendendo a genética juntamente com os mundos (des)afetivo e ontológico. O fenômeno constitucional mudou, tendo nascido uma nova família, um novo texto, um novo ser humano, um novo episódio histórico, motivo pelo qual esse evento é a "experiência de uma passagem que não garante a continuidade, mas que demonstra, ao contrário, uma descontinuidade e representa o encontro com a realidade da história".[143]

Para que a nova família republicana, democrática, hermenêutica, laica, digna, genética, afetiva e ontológica possa nascer, é preciso que, antes, haja o falecimento do patriarcalismo, da intolerância, do preconceito, da desigualdade, da tirania, da opressão,

[143] GADAMER, Hans-Georg. *Verdade e Método.* 2.ed. Traduzido por Enio Paulo Giachini. Rio de Janeiro: Vozes, 2004. Tomo II, p. 167.

da violência doméstica e familiar. Pela realidade do mundo da vida, o preceito constitucional da igualdade material continua vigendo formalmente, porque a comunidade jurídica e o legislador exigem um processo de adoção para o filho afetivo conviver e compartilhar em família, pelo que *o filho afetivo continua a adquirir a qualidade de filho, como está a ocorrer há milhares de anos, unicamente por meio de um processo judicial, ainda objetificado, coisificado, monetarizado, compreendido no limitado mundo genético-normativo.*

Calha invocar o contratualista J.J. Rousseau, ao sentenciar, há mais de um século, que "os pais, a família, a sociedade, o Estado, não devem ter preferências quanto aos filhos" à medida que "todos os filhos são igualmente filhos". Esses filhos, segundo o autor, merecem os mesmos cuidados, afeto e ternura, sendo por isso que, "quem não pode cumprir os deveres de pai não tem direito de tornar-se pai. Não há pobreza, trabalhos nem respeito humano que o dispensem de sustentar seus filhos e de educá-los ele próprio".[144]

O direito continua refém do pensamento metafísico-objetificante, pelo fato de ter uma compreensão meramente ôntica do fenômeno da Constituição.[145] No caso do direito de família, a cultura jurídica brasileira não está compreendendo nem a linguagem ôntica, muito menos a ontológica do maior evento constitucional de nossa história. Mas, como diz Paulo Bonavides,[146] as regras vigem e os princípios valem, o que quer dizer que eles só valem se *não* forem procedimentalizados, sob pena de se tornarem regras, pois os princípios são condição de possibilidade de compreensão das regras, sendo dotados de normatividade e superioridade tanto formal quanto material. A regra é um pequeno facho de luz; e o princípio, o próprio sistema solar, o hierarca da regra formal e material, sendo normas-chaves de todo o sistema jurídico e o centro dos critérios valorativos da Constituição, cuja superioridade deve irradiar efeitos sobre os demais textos, querendo dizer que a regra que se contrapõe a um princípio não tem validade.[147]

A comunidade jurídica e o legislador ordinário, ao exigirem um processo de adoção judicial, continuam com a compreensão procedural do princípio da igualdade entre a perfilhação, transformando-o em regra infraconstitucional, tentando afastar esse princípio que dá vida, sustentação, base e alicerce às regras. Significa dizer que a exigência de um processo de adoção aos brasileiros, por não reconhecer o afeto e a ontologia como valores jurídicos, causa ofensa à República e ao Estado Democrático, Laico, Hermenêutico, de Direito, porque, como bem diz Streck,[148] a Constituição *constitui*, não obstante a negação peremptória da dogmática jurídica e do legislador (infra)constitucional.

---

[144] ROUSSEAU, J.J. *Emílio ou Da Educação.* Traduzido por Roberto Leal Ferreira. São Paulo: Martins Fontes, 2004, p. 27 e 34.

[145] STRECK, Lenio Luiz. *Jurisdição constitucional e hermenêutica: uma nova visão crítica do direito.* 2.ed. Rio de Janeiro: Forense, 2004, p. 286.

[146] BONAVIDES, Paulo. *Curso de Direito Constitucional.* 11.ed. São Paulo: Malheiros, 2001, p. 260.

[147] LEIRIA, Maria Lúcia Luz. *O acesso à jurisdição e a garantia do crédito-débito tributário para impugnar a execução fiscal: uma releitura hermenêutica.* Disponível em: www.revistadoutrina.trf4.gov.br/index.revistadoutrina.trf4. Acesso em 12.07.2005.

[148] STRECK, Lenio Luiz. Constitucionalismo, jurisdição constitucional e Estado Democrático de Direito: ainda é possível falar em constituição dirigente? In: *Anuário do programa de pós-graduação em Direito.* São Leopoldo: Unisinos, 2001, p. 90, 110 e 111.

O sistema constitucional é um existencial, um acontecer, um instante, um momento, um fenômeno histórico, um modo de ser-no-mundo-genético, um jeito de ser-no-mundo-(des)afetivo e uma condição de ser-no-mundo-ontológico, cujo descumprimento significa solapar o próprio Contrato Social, a condição e a dignidade humanas, motivo pelo qual a Carta Magna precisa ser compreendida pelos planos ôntico e ontológico.[149]

A Constituição não é só um conjunto de regras, "mas um conjunto de princípios, aos quais se devem afeiçoar as próprias normas constitucionais, por uma questão de coerência".[150] As regras são normas[151] que, cumpridos determinados pressupostos, exigem, proíbem ou permitem alguma coisa em termos definitivos, sem qualquer exceção, afirma Canotilho, ao passo que princípios "são normas que exigem a realização de algo, da melhor forma possível, de acordo com as possibilidades fácticas e jurídicas",[152] tendo vida e valor substantivo, estejam ou não inscritos nos Códigos.

Como as regras não se esgotam em si mesmas, carecendo, para viger, de um princípio, que "servem para balizar todas as regras, as quais não podem afrontar as diretrizes contidas nos princípios",[153] as disposições legais, ao imporem o processo judicial para o filho afetivo conviver em família, estão sobrecarregadas com pré-conceitos espúrios do passado, afastando exatamente a sua base principiológica,[154] que é o princípio da igualdade material entre a filiação, retratada no artigo 227, cabeço e § 6º, da Constituição.

Esse é o novel pensamento do constitucionalismo, uma vez que os princípios incidem diretamente sobre o Direito, "sem a necessidade de regras decorrentes de 'inter-

---

[149] CHAUÍ, Marilena. *Convite à filosofia.* 13.ed. 2.impressão. São Paulo: Afiliada, 2004, p. 204. A autora anota a distinção entre as expressões ôntico e ontológico, cunhadas por Heidegger, nos termos: "Ôntico se refere à estrutura e à essência própria de um ente, aquilo que ele é em si mesmo, sua identidade, sua diferença em face de outros entes, suas relações com outros entes. Ontológico se refere ao estudo filosófico dos entes, à investigação dos conceitos que nos permitam conhecer e determinar pelo pensamento em que consistem as modalidades ônticas, quais os métodos adequados para o estudo de cada uma delas, quais as categorias que se aplicam a cada uma delas". A autora cita alguns exemplos: a) Estruturas ônticas: "1. os entes materiais ou naturais que chamamos de coisas reais (frutas, árvores, pedras, rios, estrelas, areia, o Sol, a Lua, metais; b) os entes materiais artificiais que também chamamos de coisas reais (nossa casa, mesas, cadeiras, automóveis, telefone, computador, lâmpadas, chuveiro, roupas, calçados, pratos, talheres etc.)". Momento seguinte, a autora demonstra como passamos da estrutura ôntica para a ontológica, nos termos: "Quando aquilo que faz parte de nossa vida cotidiana se torna problemático, estranho, confuso; quando somos surpreendidos pelas coisas e pelas pessoas, porque acontece algo inesperado ou imprevisível; quando desejamos usar certas coisas e não sabemos como lidar com elas; enfim, quando o significado costumeiro das coisas, das ações, dos valores ou das pessoas perde sentido ou se mostra obscuro e confuso, ou quando o que nos foi dito, ensinado e transmitido sobre eles já não nos satisfaz e queremos saber mais e melhor".

[150] DIAS, Maria Berenice. União homossexual, aspectos sociais e jurídicos. Porto Alegre. In: *CD Juris Plenum, Doutrina jurídica brasileira.*

[151] BRAGA, Valeschka e Silva. *Princípios da proporcionalidade & da razoabilidade.* Curitiba: Juruá, 2004, p. 15, afirmando que "os princípios são normas como todas as outras".

[152] CANOTILHO, José Joaquim Gomes. *Direito Constitucional e Teoria da Constituição.* 3.ed. Coimbra – Portugal: Livraria Almedina, 1999, p. 1177.

[153] DIAS, Maria Berenice. *Manual de Direito das famílias.* 2.ed. Porto Alegre: Livraria do Advogado, 2005, p. 52.

[154] BARROSO, Luís Roberto. *Interpretação e Aplicação da Constituição: fundamentos de uma dogmática constitucional transformadora.* São Paulo: Saraiva, 1996, p. 101. "A superioridade jurídica, a superlegalidade, a *supremacia* da Constituição é a nota mais essencial do processo de interpretação constitucional. É ela que confere à Lei Maior o caráter paradigmático e subordinante de todo o ordenamento, de forma tal que nenhum ato jurídico possa subsistir validamente no âmbito do Estado se contravier seu sentido".

positio legislatoris'", sendo esse um dos três aspectos que "diferenciam o positivismo – sustentado em regras – do neoconstitucionalismo – sustentado em princípios (atrás de cada regra tem um princípio)".[155] As regras infraconstitucionais, o texto, o evento, o ser humano, a família, a doutrina, a jurisprudência, a súmula, a genética, a afetividade e a ontologia precisam banhar-se pelo processo de filtragem do texto constitucional.[156] Com isso, será possível se despir dos preconceitos impuros da normatização parcial da genética, da procedimentalização humana, ao exigir um processo, a objetificação, para o filho afetivo exercer a sua tridimensionalidade humana.

Esses modos de ser do legislador e da comunidade jurídica têm relegado o direito constitucional a um plano secundário, que Streck denomina de baixa constitucionalidade[157] ou de baixa compreensão,[158] o que vem ocorrendo exatamente com o não-reconhecimento da tridimensionalidade humana.

No texto constitucional consta, de forma expressa, a igualdade material entre as perfilhações[159] e que a adoção judicial destina-se somente aos estrangeiros (artigo 227, §§ 5º e 6º), mas, mesmo assim, continua sendo reproduzido o milenar processo para um filho afetivo ser-em-família, como se a comunidade jurídica não tivesse conhecimento da existência do fenômeno da Constituição do País de 1988. Falta ao intérprete mostrar-se receptivo à alteridade do texto, visto que o preconceito falso faz com que seja ocultado o sentido da Constituição, que *não* exige um processo de adoção para alguém declarar voluntariamente a paternidade/maternidade sociológica.

Todos os textos (Código Civil, Estatuto da Criança e do Adolescente etc.) que reclamam um processo judicial para a adoção são inconstitucionais, uma vez que nenhum texto tem sentido válido se não estiver de acordo com a Constituição, pelo que os filhos, *todos os filhos,* podem ser reconhecidos sem qualquer intervenção judicial, mediante a declaração voluntária da paternidade/maternidade, na forma do artigo 1.609 do Código Civil: no registro do nascimento, por escritura pública ou escrito particular, por testamento ou perante qualquer Magistrado, ou por meio de ação de investigação de paternidade afetiva, em que o afeto é a causa de pedir.

A cultura jurídica e o legislador ordinário preferem cumprir o Código Civil e o Estatuto da Criança e do Adolescente à Constituição do País, não sendo sem razão o desabafo do pensamento crítico no sentido de que, no Brasil, se "obedece à lei, mas não

---

[155] STRECK, Lenio Luiz. *Quando um caso em concreto não é um caso concreto: um caso prático.* Disponível em: www.leniostreck.com.br. Acesso em 11.11.2005.

[156] STRECK, Lenio Luiz. Hermenêutica (jurídica) e Estado Democrático de Direito: uma análise crítica. In: *Anuário do Programa de Pós-Graduação em Direito. Mestrado e Doutorado.* Leonel Severo Rocha, Lenio Luiz Streck e José Luis Bolzan de Morais (Organizadores). São Leopoldo: UNISINOS, 1999, p. 117.

[157] STRECK, Lenio Luiz. Hermenêutica (jurídica): compreendemos porque interpretamos ou interpretamos porque compreendemos? Uma resposta a partir do *Ontological Turn.* In: *Anuário do programa de pós-graduação em direito.* Leonel Severo Rocha e Lenio Luiz Streck (org.). São Leopoldo: UNISINOS, 2003, p. 224.

[158] STRECK, Lenio Luiz. *Verdade & Consenso.* Rio de Janeiro: Lumen Juris, 2006, p. 263.

[159] ROUSSEAU, J.J. *Emílio ou Da Educação.* Traduzido por Roberto Leal Ferreira. São Paulo: Martins Fontes, 2004, p. 27 e 34. Os pais, a família, a sociedade, o Estado, não devem ter preferências quanto aos filhos (genéticos e afetivos), à medida que, na visão do autor, "todos os filhos são igualmente filhos", merecendo os mesmos cuidados, afeto e ternura, sendo por isso que, "quem não pode cumprir os deveres de pai não tem direito de tornar-se pai. Não há pobreza, trabalhos nem respeito humano que o dispensem de sustentar seus filhos e de educá-los ele próprio".

se obedece à lei das leis...!",[160] numa clara demonstração de que não foi superado o paradigma epistemológico de que a regra teria um poder de alcance geral, quando, na verdade, a regra não explica, mas esconde o sentido do texto (a norma), mas o "princípio desnuda a capa de sentido imposta pela regra (pelo enunciado, que pretende impor um universo significativo auto-suficiente)", querendo dizer que, "por de trás de cada regra, passa a existir um princípio",[161] na medida em que o princípio é condição de validade da regra.

Pela doutrina heideggeriana, "tomar aquilo que 'é' por uma presença constante e consistente, considerado em sua generalidade, é resvalar em direção à metafísica",[162] pelo que tomar o milenar processo de adoção como presença constante e consistente para que o filho afetivo conviva em família é deslizar nas profundezas da metafísica, nos cegos e turvos pré-conceitos do passado, legados pela tradição, ignorando a condição humana tridimensional, pelo seguinte:

a) no Brasil, milhões de crianças e adolescentes estão institucionalizados, sem qualquer perspectiva de conviver e compartilhar a tridimensionalidade humana, esquecendo-se a realidade da vida, transformando-se em verdadeiros *filhos de ninguém, ninguendades*;[163] b) os pais biológicos podem, independentemente de processo, reconhecer seus filhos, não importando se estão doentes, pobres, negros, brancos, com antecedentes criminais, cujo direito é *(só)negado aos pais afetivos*, em que é exigido longo e penoso processo de adoção, inclusive com o devastamento de sua vida pessoal, com a realização de estudo social, comprovação de residência, renda, atestado de saúde, negativas policiais e criminais etc.; c) a Constituição garante a igualdade entre todos os filhos (genéticos e afetivos), não exigindo processo de adoção aos brasileiros, mas somente aos estrangeiros, mas ele ainda é efetivado devido ao universal e milenar preconceito contra a perfilhação.

A respeito da necessidade da passagem do texto legal pelo filtro da Constituição do País, Streck[164] tem dito que o texto tem dois âmbitos: vigência e validade, não bastando que o texto seja vigente, e sim que tenha validade, porquanto, embora vigente, o texto será válido se de acordo com o texto constitucional, em sua materialidade e substancialidade. Noticia o autor que o legislador ordinário (por exemplo, do ECA e do

---

[160] STRECK, Lenio Luiz. A atualidade do debate da crise paradigmática do direito e a resistência positivista ao neoconstitucionalismo. In: *Direito, Estado e Democracia: entre a (in)efetividade e o imaginário social.* Porto Alegre: Instituto de Hermenêutica Jurídica, v. 1, n. 4, p. 231. 2006.

[161] STRECK, Lenio Luiz. *Verdade & Consenso.* Rio de Janeiro: Lumen Juris, 2006, p. 266.

[162] STRECK, Lenio Luiz. A hermenêutica filosófica e as possibilidades de superação do positivismo pelo (neo)constitucionalismo. In: *Constituição, sistemas sociais e hermenêutica: programa de pós-graduação em Direito da UNISINOS: mestrado e doutorado.* Leonel Severo Rocha; Lenio Luiz Streck (Organizadores). Porto Alegre: Livraria do Advogado, 2005, p. 181, lembrando: HEIDEGGER, Martin. *Escritos e Conferências.*

[163] BRUM, Argemiro J. *O Desenvolvimento Econômico Brasileiro.* 20.ed. Ijuí: UNIJUÍ, 1999, p. 144. Como conseqüência da multiplicidade de relacionamentos sexuais do homem branco com as índias, escravas e mestiças, resultou o nascimento de filhos e a impossibilidade de descobrir o verdadeiro pai. A discriminação dos filhos no Brasil tem início com a chegada do europeu, uma vez que, para os indígenas, a mulher "não tinha participação efetiva na formação do filho, sendo apenas um recipiente adequado onde o homem depositava a semente para a germinação, desenvolvimento e geração do fruto", pelo que os filhos nascidos de mãe índia com pai desconhecido eram chamados de *filhos de ninguém, ninguendades.*

[164] STRECK, Lenio Luiz. In: *Apelação nº 70000284455.* Relator: Amilton Bueno de Carvalho. 09/02/2000. Disponível em www.leniostreck.com.br. Acesso em 31.05.2006.

Código Civil) não é livre para estabelecer leis, que deverão passar sempre pela "necessária filtragem hermenêutico-constitucional do sistema jurídico, fazendo com que todo o ordenamento fique contaminado pelo 'vírus' constitucional".

O autor lembra que, devido a essa ausência de antivírus constitucional, Jiménes de Azúa chegou a afirmar que, ao ser promulgada uma nova Constituição, "todos os Códigos deveriam ser refeitos, para evitar o mau vezo de se continuar a aplicar leis não recepcionadas ou recepcionadas apenas em parte pelo novo topos de validade, que é o texto constitucional". Em vista da ausência da validade da lei diante da Constituição, caberá ao Poder Judiciário promover as correções, com base em sua "função integradora e transformadora, típica do Estado Democrático de Direito", utilizando-se, para tanto, de mecanismos hermenêuticos, como "a interpretação conforme à Constituição, a nulidade sem redução de texto e a declaração da inconstitucionalidade das leis incompatíveis com a Constituição".

A Constituição, ao introduzir a igualdade entre *todos os filhos*, deveria ter sido seguida materialmente pelas leis infraconstitucionais, mas não foi o que aconteceu, porque o Estatuto da Criança e do Adolescente (ECA) e o Código Civil desvirtuaram o texto constitucional, ao continuarem exigindo um processo de adoção para que o ser humano possa estar-em-família afetiva.

No entender de Gadamer, "a person is not an intelligent animal, but rather a human being",[165] dizendo que o ser humano não é um *animal* inteligente, um ser-genético-normatizado, e sim um ser-genético, um ser-(des)afetivo e um-ser-ontológico. No mundo genético vivem os seres vivos em geral, inclusive os humanos, mas nesse mundo o humano não é um ser humano, e sim tão só ser vivo, visto que o humano se transforma em humano nos mundos afetivo e ontológico, tendo, pois, o direito à dignidade e à condição humana tridimensional.

Na parte relativa à exigência de um processo de adoção, o Estatuto da Criança e do Adolescente e o Código Civil são textos legais vigentes, *mas não válidos diante da Constituição*, por causarem ofensa à materialidade e à substancialidade do texto constitucional e da tridimensionalidade humana. Numa só palavra, as crianças e os adolescentes, ao serem obrigados a percorrer o calvário processual da adoção, para ser-em-família, continuam sendo (des)cuidados como ocorria antes do texto Constituinte de 1988, (re)publicamente desterrados e perseguidos pelos pais genéticos, pela sociedade e pelo próprio Estado, porque se encontram fora do albergue hermenêutico do legislador ordinário e da comunidade jurídica, embora legítima e validamente abrigados pela Constituição Cidadã.

Em vista da ausência de previsão no texto constitucional, poderá ser sustentada a inconstitucionalidade do processo de adoção, mediante o que Streck[166] denomina de *nulidade parcial sem redução de texto*, para que sejam expungidos os sentidos de uma

[165] GADAMER, Hans-Georg. *The enigma of health.* Traduzido por Jason Gaiger and Nicholas Walker. Stanford University Press: California, 1996, p. 60. Tradução livre para o português: O ser humano não é um *animal* inteligente, mas, sim, um humano.

[166] STRECK, Lenio Luiz. *Apelação Criminal nº 70007387608*. Quinta Câmara do Tribunal de Justiça do Rio Grande do Sul. 11 de fevereiro de 2004. Relator: Aramis Nassif. Disponível em: www.leniostreck.com.br. Acesso em 31.05.2006. O autor explica a diferença entre a inconstitucionalidade de lei *conforme a constituição* e *nulidade parcial sem redução de texto*, nos termos: "enquanto na interpretação conforme a constituição há uma adição de sentido, na nulidade parcial sem redução de texto há uma abdução de sentido", cuidando-se, portanto, de uma "decisão de acolhimento parcial qualitativa (e não quantitativa, porque o texto permanece na íntegra) da norma".

ou de parte da legislação. Com isso, o julgador poderá declarar a inconstitucionalidade, não de todo o texto do Estatuto da Criança e do Adolescente e do Código Civil, e sim das partes que exigem o processo de adoção aos brasileiros, isso porque, lembra Streck, todo ato judicial é ato de jurisdição constitucional, sendo "dever do magistrado examinar, antes de qualquer coisa, a compatibilidade do texto normativo infraconstitucional com a Constituição".[167]

Outrossim, caso o legislador não possa conter a sua impulsividade de normatizar o modo de ser-no-mundo humano, poderá, por exemplo, depois de autorizar o reconhecimento voluntário da paternidade/maternidade socioafetiva, na forma do artigo 1.609 do Código Civil, portanto *sem processo*, fixar certo lapso temporal para promover o acompanhamento psicossocial, não para eventual revogação da paternidade/maternidade afetiva, que é manifestamente irrevogável, mas, sim, para contribuir no entrelaçamento dos laços genético, (des)afetivo e ontológico.

11. O direito de investigar a paternidade na reprodução humana sexual, assexual e socioafetiva

Tem-se dito que, se a inseminação artificial heteróloga for praticada por mulher, solteira, separada, divorciada ou viúva, não pode prosperar, mais tarde, a tentativa de reconhecimento compulsório da filiação contra o doador do sêmen, porque, "de um lado, o anonimato ou mesmo o sigilo o acoberta. De outro lado, a prática inseminatória deve ser um risco exclusivo da mulher, não permitindo abrir pesquisa sobre a procedência do elemento procriador".[168]

Autores[169] historiam que a maioria das legislações (só)nega o direito de investigar a origem genética na reprodução humana medicamente assistida, para efeito de manter em segredo a identidade do doador do material genético, mas, "de qualquer sorte, a questão é de tal forma delicada que, quando foi votada no Conselho da Europa, cinco países pronunciaram-se a favor da proibição do anonimato e nove a favor do anonimato".

Também é afirmado que não pode ser estabelecido qualquer vínculo de filiação entre o doador do material genético e a criança nascida na reprodução medicamente assistida, decorrendo desse conceito a impossibilidade de o cônjuge ou convivente impugnar a paternidade/maternidade anteriormente consentida na reprodução humana, cuja opinião representa "uma exceção ao biologismo, aos vínculos de sangue, prevalecendo a filiação voluntária, a verdade sócio-afetiva".[170]

[167] STRECK, Lenio Luiz. *Manifestação na apelação criminal nº 70009422833, da 5ª CCr. do Tribunal de Justiça do Rio Grande do Sul*. Em 13.08.2004. Relator: Luiz Gonzaga da Silva Moura. Disponível em: www.leniostreck.com.br. Acesso em 31.05.2006.

[168] PEREIRA, Caio Mário da Silva. *Reconhecimento de Paternidade/maternidade e seus Efeitos*. 5.ed. Rio de Janeiro: Forense, 1996, p. 117-118.

[169] LUZ, Valdemar P. da. *Curso de Direito de família*. Caxias do Sul: Mundo Jurídico, 1996, p. 117.

[170] VELOSO, Zeno. *Direito brasileiro da filiação e paternidade/maternidade*. São Paulo: Malheiros, 1997, p. 152-153.

Outrossim, dizem,[171] equivocadamente, que o filho não perde a sua identidade por não conhecer os pais genéticos, porque, "com a afirmação dos direitos da personalidade, é certo que a identidade se altera com o esforço pessoal-próprio, ganhando nova imagem, foros de honra, de intimidade, tudo isso com que a sociedade se engrandece". Além disso, é sustentado que o anonimato do doador não significa 'esconder tudo', podendo ser possível, em um primeiro momento, revelar ao filho o seu nascimento através de inseminação medicamente assistida e, em outra oportunidade, outorgar-lhe o direito de investigar a paternidade/maternidade genética.[172] Quer dizer que o doador genético permanece no anonimato, uma vez que "age na expectativa legítima de jamais ser reconhecido socialmente como o 'pater', ou mesmo como o simples genitor de certo indivíduo que acabou por nascer graças à sua participação".[173]

Nos países em que a inseminação artificial está mais desenvolvida, como na Alemanha, França, Estados Unidos, Portugal, Inglaterra, Espanha, Bulgária e na Austrália, "há o consenso de que o doador do sêmen deve ficar no anonimato. Mas o filho, em algum tempo, terá direito de ser informado sobre a sua origem genética, inclusive para conhecer as suas origens genéticas".[174] Lei sueca, de 1º de março de 1985, permite ao filho ter conhecimento do 'doador', mas somente depois de atingida a maioridade, pelo que "o prévio consentimento para fecundação dos 'pais civis' tornaria juridicamente inadmissível, por exemplo, qualquer impugnação à paternidade que estes desejassem, supervenientemente, deduzir".[175] No Brasil, contudo, não existe nenhuma lei garantindo esse anonimato, mas, apenas, recomendação constante do inciso IV, n°s 2 e 3, da Resolução 1.358 do Conselho Federal de Medicina, de 11.11.1992.[176]

Não concordo com o acobertamento do anonimato e da impossibilidade de o filho afetivo investigar a paternidade genética, excluindo o mundo genético, a negação da

---

[171] MELO, Albertino Daniel de. Filiação Biológica – Tentando Diálogo Direito – Ciências. In: *Grandes Temas da Atualidade, DNA como meio de prova da filiação.* Eduardo de Oliveira Leite (Coord). Rio de Janeiro: Forense, 2000, p. 02.

[172] DINIS, Joaquim José de Souza. *Filiação Resultante da Fecundação Artificial Humana, Direitos de Família e do Menor – inovações e tendências – doutrina e jurisprudência.* 3.ed. Sálvio de Figueiredo Teixeira (coordenador). Belo Horizonte: Del Rey, 1993, p. 50.

[173] OLIVEIRA, Guilherme de. *Critério Jurídico da Paternidade/maternidade.* Coimbra: Livraria Almedina, 1998, p. 500.

[174] VELOSO, Zeno. *Direito brasileiro da filiação e paternidade/maternidade.* São Paulo: Malheiros, 1997, p. 157.

[175] FERRAZ, Sérgio. *Manipulações Biológicas e Princípios Constitucionais: uma introdução.* Porto Alegre: Sergio Antonio Fabris Editor, 1991, p. 53-54.

[176] MEIRELLES, Jussara. *Gestação por outrem e determinação da maternidade – 'mãe de aluguel'.* Curitiba: Genesis, 1998, nota 12 do capítulo VI, p. 111, cita a Resolução nº 1.358, de 11 de novembro de 1992, do Conselho Federal de Medicina, nos termos: "O Conselho Federal de Medicina, no uso das atribuições que lhe confere a Lei n° 3.268, de 30 de setembro de 1957, regulamentada pelo Decreto n° 44.045, de 19 de julho de 1958 e, considerando a importância da infertilidade humana como um problema de saúde, com implicações médicas e psicológicas, e a legitimidade do anseio de superá-la; considerando que o avanço do conhecimento científico já permite solucionar vários dos casos de infertilidade humana; considerando que as técnicas de Reprodução Assistida têm possibilitado a procriação em diversas circunstâncias em que isto não era possível pelos procedimentos tradicionais; considerando a necessidade de harmonizar o uso destas técnicas com os princípios da ética médica; considerando, finalmente, o que ficou decidido na Sessão Plenária do Conselho Federal de Medicina, realizada em 11 de novembro de 1992; resolve: Art. 1°. Adotar as Normas Éticas para a Utilização das Técnicas de Reprodução Assistida, anexas à presente Resolução, como dispositivo deontológico a ser seguido pelos médicos. Art. 2°. Esta Resolução entra em vigor na data da sua publicação".

origem, do princípio, da aurora das coisas, da ética, da moral, da evolução da civilização. O não-direito ao mundo biológico esconde a condição humana tridimensional, que é parte integrante de seus direitos da cidadania, da dignidade e da condição humana, em vista do direito fundamental aos modos de ser-no-mundo-genético, de ser-no-mundo-(des)afetivo e de ser-no-mundo-ontológico.

Na hermenêutica fenomenológica[177] é dito que o mensageiro já vem com a mensagem e que no conto está o contador. Aplicada essa visão ao direito de família, pode ser afirmado que, na relação sexual, assexual ou no reconhecimento da paternidade/maternidade (genética ou afetiva), o material genético e a filiação já desde sempre vem antecipada com a mensagem da origem do mundo biológico e/ou afetivo. Isso quer dizer que o mundo genético não pode ser visto exclusivamente na visão do doador genético, da relação sexual ou assexual (inseminação artificial) ou de que o doador "age na expectativa legítima de jamais ser reconhecido socialmente como o 'pater', ou mesmo como o simples genitor de certo indivíduo que acabou por nascer graças à sua participação".[178] Isso porque a origem genética é um direito à condição humana tridimensional, que pertence ao ser humano, "que não participou do processo de sua concepção, e não pode viver sem o direito de ter seu estado de filho reconhecido",[179] pelo que lhe negar esse direito é confiscar o princípio, a origem, a civilização do ser humano.

O concedente ou doador de material genético não poderá deixar de assumir a paternidade/maternidade sob o manto impermeável do anonimato, à medida que, com o seu modo de ser-no-mundo (conceber a existência humana pelo material genético), fez com que ele se tornasse o pai/mãe genético, o mundo biológico do filho, que é irrenunciável, imprescritível, indisponível. A garantia do anonimato é prova de que o mundo ocidental continua coisificando o ser humano, porquanto o ser humano não convive e nem compartilha unicamente na normatização do mundo genético, nem na bidimensionalidade dos mundos genético e afetivo, mas, sim, na tridimensionalidade dos mundos genético, afetivo e ontológico. É por mais evidente que lhe arrostar o direito ao conhecimento de quaisquer um desses três mundos é sonegar-lhe a condição humana e postar-se contra toda a evolução da ética, da bioética, da moral e da humanidade.

Oportuna a lembrança de Anete Trachtenberger, de que alguns humanos, ao exigirem teste em DNA para reconhecerem um filho, apresentam, com frequência, história familiar de que também foram filhos não reconhecidos por seus pais, ou que viveram em famílias cujo pai abandonou o lar. Por conseguinte, "esses homens passaram todo o ciclo de vida, até a fase adulta, sem um relacionamento mais próximo com a figura paterna". A autora lembra que a "influência da família não está restrita aos membros de uma determinada estrutura doméstica ou a um dado ramo familiar nuclear do sistema, ela está sempre reagindo aos relacionamentos passados, presentes e antecipando futuros".[180]

---

[177] HEIDEGGER, Martin. *A caminho da linguagem.* Traduzido por Márcia Sá Cavalcante Schuback. Rio de Janeiro: Vozes, 2006, p. 117.

[178] OLIVEIRA, Guilherme de. *Critério Jurídico da Paternidade/maternidade.* Coimbra: Livraria Almedina, 1998, p. 500.

[179] FACHIN, Luiz Edson. *Elementos Críticos do Direito de família: curso de direito civil.* Rio de Janeiro: Renovar, 1999, p. 207-208, citando VIANA, Marco Aurélio S. Curso de Direito Civil. Belo Horizonte: Del Rey, 1993, p. 174. Volume II.

[180] TRACHTENBERG, Anete. O poder e as limitações dos testes sangüíneos na determinação de paternidade/maternidade. In: *Grandes Temas da atualidade. DNA como meio de prova da filiação.* Eduardo de Oliveira Leite (Coord). Rio de Janeiro: Forense, 2000, p. 16.

Isso quer dizer que, por diversas razões, emocionais, históricas, econômicas, direitos e benefícios, heranças, pode ser necessário identificar o pai ou a mãe biológico.[181]

A legislação comparada[182] sustenta que a principal questão da investigação da paternidade/maternidade é o filho saber a sua origem genética, sua ancestralidade, sua identidade, suas raízes, de entender seus traços (aptidões, doenças, raça, etnia) socioculturais, direito de vincular-se com alguém que lhe deu a bagagem genético-cultural básica, seu mundo genético. Investigar o nascedouro biológico é conhecer e ser a ancestralidade, a identidade pessoal, para impedir o incesto, preservar os impedimentos matrimoniais, evitar enfermidades hereditárias, enfim, para receber o direito de cidadania, na qual estão incluídos todos os direitos e garantias do parentesco genético e afetivo. Esses direitos fazem com que o ser humano também tenha o direito de relacionar-se nos mundos genético, afetivo e ontológico, porquanto "cada geração transmite um patrimônio social de usos, costumes, tradições e idéias à geração seguinte, para continuidade social".[183]

Com relação ao direito de investigar a paternidade/maternidade biológica *pelo filho afetivo*, a discussão, nos Estados Unidos e na República Federal da Alemanha, está em torno dos seguintes argumentos: a) direito à informação; b) princípio da igualdade perante a lei, entendido como defesa da privacidade, mas que não são aceitos pelos Tribunais. São acolhidos os seguintes fundamentos: a) necessidade psicológica; b) conveniência fundada de saber a história clínica e a herança genética do adotado, porque o progresso dos meios de diagnóstico e dos meios terapêuticos das doenças genéticas tornou fundamental, em certos casos, conhecer os antecedentes biológicos de um indivíduo – casos em que a confidencialidade e o anonimato dos genitores se tornam obstáculos inconvenientes ou mortais[184] aos filhos.

Sem razão, nessa questão, o Tribunal Constitucional alemão, em decisão exarada em 1994, quando reconheceu o direito de personalidade ao conhecimento da origem genética, do mundo biológico, *mas sem efeitos sobre a relação de parentesco*,[185] cuja jurisprudência não deve ser aplicada no Brasil, já que a Constituição alberga os princípios da informação, da cidadania, da dignidade e da condição humana tridimensional, respeitando, ao memo tempo, a igualdade e a diversidade humana em seu modo de ser-no-mundo-genético, de ser-no-mundo-(des)afetivo e de ser-no-mundo-ontológico,

---

[181] RASKIN, Salmo. *A evolução das perícias médicas na investigação de paternidade/maternidade: dos redemoinhos do cabelo ao DNA*. Porto Alegre: Síntese. Revista Brasileira de Direito de família nº 3 – Out-Nov-Dez/99, p. 52.

[182] MARQUES, Claudia Lima. Visões sobre o teste de paternidade/maternidade através do exame do DNA em direito brasileiro – direito pós-moderno à descoberta da origem?. In: *Grandes Temas da atualidade. DNA como meio de prova da filiação.* Eduardo de Oliveira Leite (Coordenador). Rio de Janeiro: Forense, 2000, p. 31, 32 e 41.

[183] MADALENO, Rolf. A coisa julgada na investigação de paternidade/maternidade. In: *Grandes Temas da Atualidade, DNA como meio de prova da filiação.* Eduardo de Oliveira Leite (Coord). Rio de Janeiro: Forense, 2000, p. 307.

[184] OLIVEIRA, Guilherme de. *Critério Jurídico da Paternidade/maternidade*. Coimbra: Livraria Almedina, 1998, p. 475-7, "seja como for, é conhecido um trabalho feito na Escócia, depois de 44 anos de publicidade dos registros, que mostra a vantagem psicológica de saber as origens genéticas".

[185] LÔBO, Paulo Luiz Netto. Princípio Jurídico da Afetividade na Filiação. Direito de família: a família na travessia do milênio. *Anais* do II Congresso Brasileiro de Direito de família. Rodrigo da Cunha Pereira (coordenador). Belo Horizonte, IBDFAM, OAB – MG: Del Rey, 2000, nota de rodapé, p. 247, citando a decisão de 1994 do Tribunal Constitucional alemão, que "reconheceu nitidamente o direito de personalidade ao conhecimento da origem genética, mas 'sem efeitos sobre a relação de parentesco".

direitos alçados a fundamentos da República Federativa e do Estado Democrático de Direito (artigos 1º, II e III, 5º, inciso XIV, 226, § 7º, 227, §§ 4º e 7º, da Constituição).

O texto constitucional revolucionou a relação entre pais e filhos, cônjuges, conviventes, irmãos, etc., ao equiparar todos os membros da família, procedendo a um entrelaçamento entre os modos de ser-em-família, reconhecendo-lhes o direito de conviver em seus três mundos. O modo de ser-filho-afetivo é irrevogável tanto quanto a filiação genética, mas não é razoável proibir o filho afetivo de investigar a paternidade/maternidade sanguínea.[186] Nesse sentido, realizou-se um estudo, na Escócia, com quarenta e quatro anos de publicidade, provando a vantagem psicológica de saber as origens genéticas,[187] cujo resultado estatístico comprova que o ser humano é incapaz de conviver e compartilhar com dignidade em família, em sociedade (mundo afetivo) e consigo mesmo (mundo ontológico), caso não conheça seu passado, sua origem.

No Brasil, deve ser buscada uma razoabilidade/proporcionalidade, cujos princípios devem sempre nortear a intersubjetividade no processo hermenêutico, considerando o seguinte: a) o ser humano, em vista da unidade da filiação, da consequente proibição de discriminação, independentemente de sua origem, tem o direito de conhecer os seus mundos genético, afetivo e ontológico, já que os princípios da cidadania e da dignidade da pessoa humana foram alçados a fundamento da República e do Estado Constitucional; b) é irrevogável o reconhecimento voluntário ou judicial da filiação afetiva, o modo de ser-em-família, que se mantém incólume ainda que descoberta a verdade biológica; c) o filho afetivo, em suas diversas formas de ser-em-família tridimensional, tem o direito constitucional ao nascedouro da ancestralidade.

Com toda razão, nesse aspecto, Lenio Luiz Streck,[188] ao pontificar o seguinte:

> Ora, *saber o nome do pai é uma questão civilizatória; é o resgate da origem; do desvelamento de nosso ser; a angústia* que persegue o homem desde a aurora da civilização é saber quando e de que maneira algo é e pode ser. Veja o Heidegger, comentando Heráclito: se tirássemos do homem a partícula "é", o que aconteceria? Uma tragédia. Aí tem o enigma que Heidegger coloca: mas isso já aconteceu há mais de 2000 anos. *O ser foi escondido pela metafísica. Portanto, proteger o nome do pai no anonimato é metafísica, é a negação da origem, do primeiro, da aurora das coisas.* Enfim, negar o nome do pai é negar o princípio. Por último, ética é paridade axiológica entre o eu e o Outro (grifei).

Com esses fundamentos, justificações e modo de ser-no-mundo-hermenêutico, vê-se que faz parte da condição humana o direito de conhecer e ser a tridimensionalidade genética, afetiva e ontológica, já que se cuida da própria evolução civilizatória, do conhecimento da origem, do princípio, da observância da isonomia entre os seres humanos, da ética e da moral. Isso quer dizer que no mundo ocidental há necessidade de ser inicializada uma autêntica revolução científica, para que seja mudado o pensamento metafísico da impossibilidade de o ser humano identificar o seu princípio genético, não importando a forma em que veio e vive no mundo humano, se pelo nascimento genético e/ou socioafetivo.

---

[186] BRASIL. Superior Tribunal de Justiça. REsp nº 127.541 (1997/0025451-8)-RS, 3. Turma. Relator: Eduardo Ribeiro, DJU 28.08.2000. In: Revista brasileira de direito de família nº 07, de 10/2000, p. 67.

[187] OLIVEIRA, Guilherme de. *Critério Jurídico da Paternidade/maternidade*. Coimbra: Livraria Almedina, 1998, p. 475-7.

[188] STRECK, Lenio Luiz. Respondendo a um e-mail, em 09.05.2007, acerca da indagação que fiz acerca da questão da investigação de paternidade genética.

Com a adoção da teoria tridimensional do direito de família, que sustenta a possibilidade de o ser humano ter direito aos três mundos, genético, afetivo e ontológico, é preciso repensar o Direito de Família nas seguintes questões, por exemplo: a) na ação de adoção, não será mais possível o rompimento dos vínculos genéticos; b) afasta-se a ação de destituição do poder familiar, mantendo-se apenas a ação de *suspensão*, enquanto perdurar a desafetividade dos pais contra o filho; c) o filho terá direito a postular alimentos contra os pais genéticos e socioafetivos; d) o filho terá direito à herança dos pais genéticos e afetivos; e) o filho terá direito ao nome dos pais genéticos e afetivos; f) o filho terá direito ao parentesco dos pais genéticos e afetivos; g) o filho terá o direito ao poder/dever dos pais genéticos e afetivos; h) o filho terá direito à guarda compartilhada e/ou unilateral dos pais genéticos e afetivos; i) o filho terá o direito à visita dos pais/parentes genéticos e afetivos; j) deverão ser observados os impedimentos matrimoniais e convivenciais dos parentes genéticos e afetivos; k) a adoção será proibida aos parentes genéticos e afetivos; l) o filho poderá propor ação de investigação de paternidade *genética e socioafetiva*, obtendo todos os direitos decorrentes de ambas as paternidades.

Polêmica, a meu ver, *reside na questão registral da dupla paternidade/maternidade* (biológica e afetiva), porquanto se o filho já tem um registro de nascimento socioafetivo, como na adoção, na adoção à brasileira ou no reconhecimento voluntário da paternidade, qual seria o nome (sobrenome) que ele adotaria com o acolhimento da paternidade biológica? Qual o sobrenome que ele adotaria no acolhimento da paternidade socioafetiva, quando já registrado pelos pais genéticos? Ele manteria no registro de nascimento o nome dos pais genéticos e dos pais afetivos, ou dos pais genéticos e do pai ou da mãe afetivo?

Quando se cuida de ação de estado, de direito da personalidade, indisponível, imprescritível, intangível, fundamental à existência humana, como é o reconhecimento das paternidades *genética* e *socioafetiva*, não se deve buscar compreender o ser humano com base no direito registral, que prevê a existência de um pai e uma mãe, e sim na realidade da vida de quem tem, por exemplo, quatro pais (dois genéticos e dois afetivos), atendendo sempre aos princípios fundamentais da cidadania, da afetividade, da convivência em família genética e afetiva e da dignidade humana, que estão compreendidos na condição humana tridimensional.

As seguintes formas de registro de nascimento poderiam ser adotadas, independentemente da mudança no direito registral: a) o filho poderá acrescer ao seu o nome dos pais genéticos e afetivos; b) caberá ao filho o direito de adotar a ordem do nome dos pais genéticos ou afetivos; c) fazer constar do registro de nascimento o nome dos pais e avós genéticos e afetivos; d) fazer constar da certidão de nascimento apenas o nome dos pais com que o filho é conhecido no meio social, fazendo-se o registro da paternidade genética ou afetiva afetiva não na certidão de nascimento, e sim no Cartório de Registro Civil, vez que, na certidão de nascimento, é vedada a anotação discriminatória da origem humana.

Visto o direito de família pelo prisma da tridimensionalidade humana, deve-se atribuir ao filho o direito fundamental às paternidades genética e socioafetiva e, em decorrência, conferir-lhe *todos os efeitos jurídicos das duas paternidades*. Numa só palavra, não é correto afirmar, como o faz a atual doutrina e jurisprudência do mundo ocidental, que "a paternidade socioafetiva se sobrepõe à paternidade biológica", ou que "a paternidade biológica se sobrepõe à paternidade socioafetiva", isso porque ambas as paternidades são iguais, não havendo prevalência de nenhuma delas, exatamente porque fazem parte da condição humana tridimensional, que é genética, afetiva e ontológica.

Em decorrência da tese da teoria tridimensional no direito de família, é preciso que a doutrina e a jurisprudência avancem mais um pouco, não admitindo apenas a existência do mundo genético OU do mundo afetivo, mas reconhecer que o ser humano é detentor de três mundos, genético-afetivo-ontológico, pelo que ele tem o direito a ver declarada a sua singularidade, o seu mundo real, em sua perspectiva verdadeira, a base sobre a qual ele se relaciona consigo mesmo, com a família e com a sociedade, para que haja a pacificação social, um dos maiores fundamentos do Estado de Direito.

12. Coisa julgada na investigação de paternidade

Dois momentos sobre a coisa julgada na investigação de paternidade precisam ser avaliados: o primeiro, a visão bidimensional (genética ou afetiva) do direito de família; o segundo, a compreensão tridimensional do direito de família.

12.1. Visão bidimensional (genética e afetiva) sobre coisa julgada na investigação de paternidade

Em 1998,[189] sustentei que a sentença de improcedência, por insuficiência de provas, como a não-realização do exame genético em DNA, não tem o condão de julgar o mérito da ação de investigação de paternidade. Com isso, seria possível o ajuizamento de outra demanda ou interposição de ação rescisória, já que, para que haja coisa julgada material, é necessário o exame do mérito da ação (artigos 1º, II e III, e 227, ambos da Constituição do País, 130 e 485, incisos V, VI ou VII, do Código de Processo Civil).

Na segunda edição da obra, foi complementada a visão anterior, respeitando a coisa julgada quando presente a perfilhação afetiva, para abrigar as duas únicas filiações constantes do texto constitucional: biológica e sociológica. Assim, a mutabilidade da coisa julgada, que autoriza o ingresso de nova ação de investigação de paternidade e de maternidade, quando não produzidas anteriormente todas as provas, documental, testemunhal, pericial, especialmente o exame genético em DNA, e depoimento pessoal, somente será possível se ainda não edificada a filiação socioafetiva.

Desde então, a doutrina e a jurisprudência vêm, paulatinamente, acolhendo esse pensamento, nos seguintes termos:

Honrando-me com sua citação, Humberto Theodoro Júnior manifestou-se, acerca da possibilidade de ajuizamento de ação rescisória, nos seguintes termos:[190]

> Diante da indisponibilidade do direito à paternidade biológica, Belmiro Pedro Welter defende, no caso de omissão da perícia de DNA na fase de instrução de investigatória, a ocorrência de violação à literal disposição do artigo 130 do CPC, em que estaria inserto não só o poder, mas também o dever do juiz de "determinar a produção de todas as provas", inclusive a pericial (DNA). Enquanto,

---

[189] WELTER, Belmiro Pedro. *Coisa julgada na investigação de paternidade*. Porto Alegre: Síntese.

[190] THEODORO JÚNIOR, Humberto. Prova. Princípio da verdade real. Poderes do juiz. Ônus da prova e sua eventual inversão. Provas ilícitas. Prova e coisa julgada nas ações relativas à paternidade (DNA). In: *Revista Brasileira de Direito de Família* nº 03, de out./nov./dez./99, Porto Alegre, Síntese, 1999, p. 23.

pois, não esgotada a instrução, não poderia haver o julgamento de mérito em torno de *direito natural, constitucional e indisponível de personalidade.* Donde sua conclusão de, na espécie, ser cabível a ação rescisória, com apoio no artigo 485, V, do CPC, quando a causa tiver sido decidida sem a promoção da perícia genética, ainda que não requerida pela parte.

Continuando, o eminente jurista concorda com a possibilidade de ação rescisória, em caso de ausência do exame genético DNA, nos termos:

> De minha parte, penso que, conforme as circunstâncias da ação primitiva, o posterior exame de DNA pode servir de meio para demonstrar que a sentença da ação de paternidade se lastreou em falsa prova. De fato, se os elementos de convicção do processo autorizavam a conclusão a que chegou o sentenciante, e se prova técnica evidenciou, com certeza plena, que a verdade dos fatos era em sentido oposto, não é difícil afirmar o defeito do substrato probatório do julgamento rescindendo.

Também Maria Berenice Dias[191] concorda com a inocorrência de coisa julgada material nas ações de investigação de paternidade, uma vez que "a ausência de prova, que no juízo criminal enseja a absolvição, ainda que não tenha correspondência na esfera cível, não pode levar a um juízo de improcedência, mediante sentença definitiva". Momento seguinte, a autora atesta o seguinte: "ainda que ditas disposições sejam tidas como verdadeira excrescência ao princípio da estabilidade jurídica, não se pode deixar de invocar como precedentes a autorizarem o afastamento dos efeitos da coisa julgada quando a ação diz com o estado da pessoa".

Concluindo seu pensamento, a articulista lembra que é chegado o momento de "repensar a solução que vem sendo adotada ante a ausência de probação nas ações de investigação de paternidade. O que se verificou foi a falta de pressuposto ao eficaz desenvolvimento da demanda, a impossibilidade de formação de um juízo de certeza".

Assevera Rolf Madaleno[192] que a questão da investigação de paternidade

> é direito de mão dupla, porque seria injusto abortar sua revisão tanto quando persegue os interesses do suposto pai como quando persegue os interesses do suposto filho, sentenciando Belmiro Pedro Welter que: "cada pessoa, cada membro da família tem a sua própria personalidade, que é direito constitucional à dignidade humana, indisponível, inegociável, imprescritível, impenhorável, indeclinável, absoluto, vitalício, indispensável, oponível contra todos, intransmissível, constituído de manifesto interesse público e essencial ao ser humano" e por todos estes seus predicados, é que a verdade científica e absoluta não pode ser barrada pela coisa julgada.

A seguir, o autor acrescenta que a engenharia genética descodificou os segredos da origem do homem, sendo "preciso reconhecer que se fiscalizados seus processos e processadores, será impossível ignorar o valor e a certeza de seus resultados processuais, apenas por amor à velha norma jurídica que teima em eternizar no tempo esta absoluta paixão pela coisa julgada".

Em acórdão do Tribunal de Justiça do Paraná foi agasalhada essa doutrina, lançando-se os seguintes argumentos:[193] "Antes de ter-se por singelamente caracterizada

---

[191] DIAS, Maria Berenice. Investigação de paternidade, prova e ausência de coisa julgada material. In: *Revista brasileira de direito de família* nº 01, de abril/maio/jun./99. Porto Alegre: Síntese, 1999, p. 18

[192] MADALENO, Rolf. A coisa julgada na investigação de paternidade. In: *Grandes Temas da Atualidade, DNA como meio de prova da filiação.* Eduardo de Oliveira Leite (Coord.). Rio de Janeiro: Forense, 2000, p. 307.

[193] PARANÁ. Tribunal de Justiça. AI nº 75.570.8 (Ac.16.581), 1ª Ccv., em 11.05.99. Relator: Pacheco Rocha. Revista brasileira do direito de família nº 04, de jan./fev./mar./2000, Porto Alegre, Síntese, p. 116.

a coisa julgada material apenas pela ocorrência da tríplice identidade (partes, causa e pedido), cumpre seja detectado o verdadeiro conteúdo da decisão anterior. Se esta concluiu apenas que inexistiu, naquele processo, prova suficiente para a declaração da paternidade, óbice não há para a propositura de outra demanda". Ao longo do corpo do acórdão, ficou assentado o seguinte: "Deve ser perquirido o conteúdo dessa afirmada coisa julgada material, para, então, poder ser concluído, com segurança, se uma demanda, de caráter profundamente relevante para um ser humano, como é a investigação de paternidade, deverá ser repelida abruptamente sem resposta jurisdicional".

No Tribunal de Justiça do Acre, foi defendida a mesma jurisprudência, nos termos: "Decisão monocrática que não decreta ser ou não o investigante filho do investigado, ou seja, não aprecia o mérito. Fato que não impede que a lide volte a ser posta em juízo em nova relação processual – Inexistência de afronta à coisa julgada material".[194]

No Tribunal de Justiça da Capital Federal, houve pronunciamento a esse respeito, nos termos: "A busca da verdade há de se confundir com a busca da evolução humana, sem pejo e sem preconceitos. Não tem sentido que as decisões judiciais possam ainda fazer do quadrado, redondo, e do branco, preto. Nesse descortino, a evolução dos recursos científicos colocados à disposição justifica a possibilidade de se rediscutir a paternidade, pois ilógica toda uma seqüência de parentesco e sucessão com origem sujeita a questionamentos. A 'coisa julgada' não pode servir para coroar o engodo e a mentira. O caráter de imprescritibilidade e de indisponibilidade da investigatória revela-se incompatível com qualquer restrição decorrente da coisa julgada".[195]

O Tribunal de Justiça de Goiás apresenta julgado, edificado em 27.04.99, que vem ao encontro desse pensamento, nos termos:[196] "À época da ação investigatória foi declarada apenas a paternidade presumida, e que, com o passar dos anos, ficaram evidenciadas as diferenças fisionômicas e a dúvida ficou cada vez mais forte em seu íntimo, por não ter uma certeza de tal paternidade; pelo contrário, a certeza mais forte é da 'não-paternidade' e de injustiça".

O Superior Tribunal de Justiça[197] modificou sua jurisprudência, quando, em memorável acórdão, tive a honra de ser citado duas vezes, nos seguintes termos:

> Nesse particular, Belmiro Pedro Welter, em artigo intitulado *Coisa Julgada na Investigação de Paternidade,* assinala: "Dessa forma, de nada adianta canonizar-se o instituto da coisa julgada em detrimento da paz social, já que a paternidade biológica não é interesse apenas do investigante ou investigado, mas de toda a sociedade, e não existe tranqüilidade social com a imutabilidade da coisa julgada da mentira, do engodo, da falsidade do registro público, na medida em que a paternidade biológica é direito natural, constitucional, irrenunciável, imprescritível, indisponível, inegociável, impenhorável, personalíssimo, indeclinável, absoluto, vitalício, indispensável, oponível contra todos, intransmissível, constituído de manifesto interesse público e essencial ao ser humano, genuíno princípio da dignidade humana, elevado à categoria de fundamento da República Federativa do Brasil (artigo 1º, II)".

---

194 ACRE. Tribunal de Justiça. Revista dos Tribunais nº 12.

195 DISTRITO FEDERAL. Tribunal de Justiça. AC 46.400 – (Reg. Ac. 103.959) – 1ª T – Rel: Valter Xavier – DJU 22.04.98.

196 GOIÁS. Tribunal de Justiça. Ac. nº 48.900-6/188, da 3ª CCv., em 27.11.99. Rel: Felipe Batista Cordeiro. Revista Jurídica nº 261, de 07/99, p. 84-5.

197 BRASÍLIA. Superior Tribunal de Justiça. Resp. nº 226436-PR, julgado em 28.06.2001, publicado em 04.02.2002, 4ª Turma, Relator: Sálvio de Figueiredo Teixeira.

Esse direito natural e constitucional de personalidade (prossegue o autor), não pode ser afastado nem pelo Poder Judiciário, nem pela sociedade e nem pelo Estado, porque, parafraseando Humberto Teodoro Júnior, se queremos uma sociedade de pessoas livres, não se pode colocar a segurança da coisa julgada acima da justiça e da liberdade, porque um povo sem liberdade e sem justiça é um povo escravo, devendo ser entendido que "mudou a época, mudaram os costumes, transforma-se o tempo, redefinindo valores e conceituando o contexto familiar de forma mais ampla que, com clarividência, pôs o constituinte de modo o mais abrangente, no texto da nova Carta. E esse novo tempo não deve o Poder Judiciário, ao qual incumbe a composição dos litígios com olhos na realização da justiça, limitar-se à aceitação de conceitos pretéritos que não se ajustem à modernidade".

Por fim, no julgamento constou o seguinte:

Em sua obra *Investigação de Paternidade*, Belmiro Pedro Welter anota que "somente haverá coisa julgada material quando na ação de investigação de paternidade forem produzidas todas as provas permitidas em Direito", tendo em vista que, conforme leciona Helena Cunha Vieira, "se se trata de direitos indisponíveis, deverá o juiz orientar-se no sentido de encontrar a verdade real, determinando a produção das provas que entender necessária". É do citado jurista ainda a observação de que "não faz coisa julgada a sentença de improcedência da ação de investigação de paternidade por falta de provas, pois, conforme acima dito, nas demandas sobre direitos indisponíveis devem ser produzidas todas as provas admitidas em Direito, acima citadas, devendo habitar nos autos a verdade biológica da filiação".

12.2. Compreensão tridimensional sobre coisa julgada na investigação de paternidade

Pela jurisdição constitucional, devem ser observados, sobretudo, os princípios constitucionais, dentre os quais a coisa julgada, porquanto, na visão de Baptista da Silva, é impróprio condicionar a força da coisa julgada à produção de justiça. Isso porque "a gravidade da injustiça, como condição para 'confrontar' a coisa julgada acabaria, sem a menor dúvida, destruindo o próprio instituto da *res iudicata*".[198] Mais adiante, o autor explica o porquê da impossibilidade de afastar o princípio da coisa julgada por eventual cometimento de injustiça:

Suponho desnecessário sustentar que a "injustiça da sentença" nunca foi e, a meu ver, jamais poderá ser, fundamento para afastar o império da coisa julgada. De todos os argumentos concebidos pela doutrina, através dos séculos, para sustentar a necessidade de que os litígios não se eternizem, parece-me que o mais consistente reside, justamente, na eventualidade de que a própria sentença que houver reformado a anterior, sob o pressuposto de conter injustiça, venha a ser mais uma vez questionada como injusta; e assim *ad aeternum*, sabido, como *é*, que a justiça, não sendo um valor absoluto, pode variar, não apenas no tempo, mas entre pessoas ligadas a diferentes crenças políticas, morais e religiosas, numa sociedade democrática que se vangloria de ser tolerante e "pluralista" quanto a valores.

Por fim, o escoliasta esclarece que ninguém pode garantir que a segunda sentença destruiria a injustiça da "primeira coisa julgada", assim como seria impossível impedir que o sucumbente da segunda sentença retorne, no dia seguinte, com uma ação inversa, pretendendo demonstrar a injustiça dessa segunda sentença, e assim por diante, até que nunca haja coisa julgada, renovando-se as demandas eternamente.

---

[198] BAPTISTA DA SILVA, Ovídio A. Coisa julgada relativa. In *Anuário do Programa de Pós-Graduação em Direito. Mestrado e Doutorado.* Leonel Severo Rocha e Lenio Luiz Streck (Organizadores). São Leopoldo: UNISINOS, 2003, p. 368.

A *condição humana tridimensional é direito fundamental do ser humano,* a qual, caso não reconhecida, poderá ensejar a renovação de demanda judicial, *na medida em que não se perfectibilizou a coisa julgada material, visto que o processo será extinto sem julgamento do mérito.* Isso porque o Direito é filho do tempo de todos os tempos, querendo-se dizer que o direito de família tridimensional reclama a compreensão do texto pela linguagem da genética, da afetividade, da ontologia, mediante a suspensão dos preconceitos autênticos e inautênticos, a fusão de horizontes, o círculo hermenêutico e a tradição histórica da família.

Quer dizer, a coisa julgada somente ocorre se a sentença examinar o mérito da demanda investigatória de paternidade/maternidade, e isso se dá unicamente quando forem produzidas todas as provas em direito admitidas, sempre que possível, como documental, testemunhal e pericial, especialmente o exame genético em DNA, e se for declarada, quando for o caso, a dupla paternidade: genética e socioafetiva. Caso essas provas não tiverem sido produzidas, deverá ser extinto o processo investigatório de paternidade/maternidade, sem julgamento do mérito, visto que não será possível examinar a realidade da vida, mas a ficção do mundo genético, o que depõe contra a condição humana tridimensional.

12.3. Cumulação de todos os efeitos jurídicos da investigação de paternidade genética e afetiva

Ver-se-á que, com a compreensão tridimensional do direito de família, *todos* os eventos humanos precisam ser cumulados, porquanto a história de vida é o instrumento mais poderoso quando se fala em genética, em afetividade e em ontologia.

12.3.1. Efeitos jurídicos quanto aos impedimentos matrimoniais

O incesto é a base de todas as proibições, lembra Célio Garcia, sendo a primeira lei fundante e estruturante do sujeito, da sociedade e do ordenamento jurídico. Depois, citando Levi Strauss, articula que a proibição do incesto não é nem puramente de origem cultural e nem "uma dosagem de elementos variados tomados de empréstimo parcialmente à natureza e parcialmente à cultura. Constitui o passo fundamental, graças ao qual, mas, sobretudo, no qual se realiza a passagem da natureza para a cultura".[199]

Os interditos são de ordem sexual, sendo o principal deles a proibição do incesto, que, segundo a Psicanálise e a Antropologia, "diferencia as sociedades humanas do mundo animal. Contudo, o incesto não tem nada de natural ou de biológico, é só cultural e social; portanto, o que é visto como incesto é incesto!".[200] A principal lei de qualquer organização social, lembra Rodrigo da Cunha Pereira, é a proibição do incesto, à medida que somente a contar desse interdito é que alguém pode tornar-se sujeito, pessoa, enfim, "é com esta interdição primeira que se faz possível a passagem do estado de

[199] GARCIA, Célio. Prefácio na obra de Pereira, Rodrigo da Cunha. *Direito de Família: uma abordagem psicanalítica.* 2.ed. Belo Horizonte: Del Rey, 1999, p. 12-13.

[200] RIBEIRO, Renato Janine. A Família na Travessia do Milênio. In: *Direito de Família: a família na travessia do milênio. Anais do II Congresso Brasileiro de Direito de Família.* Rodrigo da Cunha Pereira (coordenador). Belo Horizonte: IBDFAM, OAB – MG, Del Rey, 2000, p. 20-1.

natureza para a cultura e, conseqüentemente, estabelecem-se as relações sociais e os ordenamentos jurídicos".[201]

Embora a proibição social do incesto, Giselda Hironaka cita o caso de Zeus, que, disfarçado de serpente, manteve relação sexual com sua mãe, Réia, ou de Cleópatra, que se casou com seu irmão, Ptolomeu XII, ou de Abraão, que se casou com sua irmã, Sara. Anota a autora, ainda, que, na verdade, sempre houve, há e haverá aversão ao incesto, podendo-se dizer que "a proibição do incesto é, hoje, daqueles freios inibitórios que se encontram incrustados no nosso ego, os quais automaticamente passamos à nossa descendência, mesmo sem a averiguação dos seus motivos e conseqüências".[202]

No mundo indígena, o incesto é mais grave do que matar alguém, "pois, por razões de tradição e magia, considera-se que o incesto pode trazer males a toda a comunidade. Muitas vezes a criança que nasce de um incesto é morta".[203]

O artigo 41 do ECA diz que "a adoção atribui a condição de filho ao adotado, com os mesmos direitos e deveres, inclusive sucessórios, desligando-o de qualquer vínculo com pais e parentes, salvo os impedimentos matrimoniais" (*sic*). Significa que "não há adoção do ECA sem decisão judicial que implica o desligamento praticamente absoluto do adotado com a família de origem, exceto sob o aspecto dos impedimentos matrimoniais",[204] os quais "abrangem tanto os parentes da mãe ou do pai biológico, como daquele que deu o sêmen ou emprestou o útero, pois o sêmen utilizado liga o seu fornecedor ao filho daí resultante por laços de sangue".[205]

Em sendo a proibição do incesto a primeira lei de qualquer organização social, a base de todas as proibições, que diferencia a sociedade humana dos animais, em habitando na sociedade a aversão ao incesto, deve ser assegurado o direito à investigação de paternidade biológica, para que sejam preservados os impedimentos matrimoniais, nos termos do artigo 41 do ECA. Essa, aliás, é a orientação do Superior Tribunal de Justiça, o que se infere do seguinte aresto judicial: "Admitir-se o reconhecimento do vínculo biológico de paternidade não envolve qualquer desconsideração ao disposto no artigo 48 da Lei nº 8.069/90 (ECA). A adoção subsiste inalterada. A lei determina o desaparecimento dos vínculos jurídicos com pais e parentes, mas, evidentemente, persistem os naturais, daí a ressalva quanto aos impedimentos matrimoniais".[206]

Concordo com esse julgado quanto ao acolhimento da investigação de paternidade genética, inclusive quando se cuida de filho afetivo, para o fim de preservar os impedimentos matrimoniais e convivenciais. Porém, discordo desse aresto judicial quanto

---

[201] PEREIRA, Rodrigo da Cunha (coord.). Direito, Amor e Sexualidade. In: *Direito de Família: a família na travessia do milênio, Anais do II Congresso Brasileiro de Direito de Família.* Belo Horizonte: IBDFAM, OAB – MG, Del Rey, 2000, p. 53.

[202] HIRONAKA, Giselda Maria Fernandes Novaes. Se eu soubesse que ele era meu pai.. In: *Direito de Família: a família na travessia do milênio. Anais do II Congresso Brasileiro de Direito de Família.* Rodrigo da Cunha Pereira (coordenador). Belo Horizonte: IBDFAM, OAB – MG, Del Rey, 2000, p. 180-181.

[203] MINDLIN, Betty. Família Indígena, Poligamia e Mitos de Moqueca de Maridos. In: *Direito de Família: a família na travessia do milênio. Anais do II Congresso Brasileiro de Direito de Família*, Rodrigo da Cunha Pereira (coordenador). Belo Horizonte: IBDFAM, OAB – MG, Del Rey, 2000, p. 414.

[204] FACHIN, Luiz Edson. *Elementos Críticos do Direito de Família: curso de direito civil*, Rio de Janeiro: Renovar, 1999, p. 217.

[205] RIZZARDO, Arnaldo. *Direito de Família.* vol. I. Rio de Janeiro: Aide., 1994, p. 263.

[206] BRASÍLIA. Superior Tribunal de Justiça. REsp nº 127.541 (1997/0025451-8)-RS, 3ª Turma. Rel: Eduardo Ribeiro, DJU 28.08.2000. Revista brasileira de direito de família nº 07, de 10/2000, p. 67.

ao desaparecimento do vínculo jurídico com os pais de sangue na adoção e nas demais formas de ser-filho-afetivo, porquanto o ser humano é, ao mesmo tempo, portador dos mundos existenciais genético, (des)afetivo e ontológico, pelo que desligá-lo de qualquer desses mundos é causar ofensa à condição humana tridimensional.

12.3.2. Efeitos jurídicos quanto à preservação da vida e da saúde do filho e dos pais genéticos

Na reprodução humana natural e medicamente assistida, além do direito de investigar a paternidade e a maternidade por necessidade psicológica e da manutenção dos impedimentos matrimoniais, deve ser mantido ao filho e seus pais biológicos o direito à vida e à saúde, em caso de grave doença genética. Devem ser aplicados, nesses casos, o princípio do direito à saúde e à vida do ser humano, não se discutindo na investigação da paternidade e/ou da maternidade sobre quem são os pais biológicos e nem sobre a prevalência, ou não, do anonimato, ou da presença da filiação afetiva, já que é um direito da pessoa o ser e o conhecer a sua origem genética, (des)afetiva e ontológica.

É sustentado[207] que não pode ser estabelecido qualquer vínculo de filiação entre quem doou o material genético e o filho na reprodução humana medicamente assistida, o que caracterizaria "uma exceção ao biologismo, aos vínculos de sangue, prevalecendo a filiação voluntária, a verdade sócio-afetiva". Porém, a concessão do direito de investigar a paternidade genética – (re)conhecer a ancestralidade, resguardando os impedimentos matrimoniais e a própria vida do filho e dos pais biológicos – não significa uma exceção ao biologismo nem violação da filiação socioafetiva, porque ambas permanecerão intactas, de vez que edificadas na Constituição e na condição humana tridimensional.

Quer dizer, "o sigilo quanto ao doador é um requisito positivo, mas entra em conflito com o direito de a criança saber quem é seu pai".[208] Nesse assunto, Regina dos Santos advoga a noção de que se têm dois direitos: um, do doador de permanecer no anonimato, em vista do direito ao segredo, que faz parte da personalidade, "tendo por finalidade impedir que certas manifestações de uma pessoa sejam divulgadas ou conhecidas por outras"; outro direito, que é personalíssimo e faz parte da condição humana, é gerado do direito ao conhecimento de sua origem biológica.

Não há normas legais a respeito do assunto, prossegue a articulista, mas, apenas, "critérios de deontologia médica, provenientes da Resolução nº 1.358/92, do Conselho Federal de Medicina, que diz: os doadores não devem conhecer a identidade dos receptadores e vice-versa". Por fim, a autora afirma que "se o ser humano gerado nessas condições necessitar de informações sobre seus antecedentes genéticos paternos, para tratamento de saúde e conseqüente preservação de sua vida, caberá investigar a sua paternidade?". A escoliasta responde afirmativamente, com base no direito fundamental de informação (art. 5º, XIV, Constituição do Brasil), devendo, com isso, ser prestadas "pelo médico ou banco de sêmen as informações necessárias sobre o doador, mesmo que resguardado o sigilo da fonte, consoante dispõe aquele mesmo dispositivo da Constituição".[209]

---

[207] VELOSO, Zeno. *Direito Brasileiro da filiação e paternidade.* São Paulo: Malheiros, 1997, p. 152.

[208] JUNGES, José Roque. *Bioética, perspectivas e desafios.* São Leopoldo: Unisinos, 1999, p. 169.

[209] SANTOS, Regina Beatriz Tavares da Silva Papa dos. op. cit, p. 81-2.

12.3.3. *Efeitos jurídicos quanto ao nome*

A designação do nome começou com Adão e Eva, que tinham um só nome, tendo sido acrescentado, mais tarde, o nome do pai, como ocorreu entre os Hebreus, os Mouros, os Romanos, os Russos.[210]

A ostentação de um nome significa, do ponto de vista social, "o reconhecimento e a aceitação do indivíduo como integrante de um grupo familiar. Representa o aval para agir e interagir como parte significativa de uma família".[211]

Um dos deveres do reconhecimento da paternidade e da maternidade genética e socioafetiva é a concessão ao filho do nome de ambos os pais, genéticos e afetivos. Portanto, o filho afetivo, ao investigar a paternidade ou a maternidade biológica, tem o direito de ostentar mais um nome, um tratamento e reputação de filho, concedido pelos pais sociológicos, pelo que ele tem o direito de ter dois pais e duas mães.

Os nomes dos pais afetivos e genéticos devem ser preservados, em atendimento à dignidade e à condição humana tridimensional do filho e de seus pais sociológicos e genéticos, já que todos os eventos da existência precisam ser cumulados na trajetória da vida humana.

12.3.4. *Efeitos jurídicos quanto aos alimentos ao filho genético e afetivo e seus pais*

Grassa divergência no seio doutrinário e jurisprudencial quanto ao direito do filho afetivo em postular alimentos aos pais biológicos.[212] O artigo 41, § 2º, da Lei nº 8.069/90 (ECA), diz que "é recíproco o direito sucessório entre o adotado, seus descendentes, o adotante, seus ascendentes, descendentes e colaterais até o 4º grau, observada a ordem de vocação hereditária".

É sustentado[213] que "não se pode excluir que se o pai – genitor legal – morrer, o doador – genitor genético – possa assumir algumas responsabilidades, mesmo de tipo educativo, em relação ao filho", isto é, "caberia essa investigação se fosse apenas para conceder alimentos a esse filho, que deles necessitar, a exemplo da legislação francesa de 1972, que criou um tipo de paternidade apenas alimentar, sem o exercício do pátrio poder".[214]

---

[210] MILHOMENS, Jônatas. e ALVES, Geraldo Magela. *Manual Prático de Direito de Família.* 3.ed. Rio de Janeiro: Forense, 1995.

[211] CATTANI, Aloysio Raphael; PINTO, Ana Célia Roland Guedes; FRANCO, Beatriz Cardoso Esteves; MARRACCINI, Eliane Michelini; SALEH, Ligia Pimenta; HUNGRIA, Maria Cristina Leme; NASSOUR, Mariza Naldony; FERREIRA, Verônica A. M. Cesar. O Nome e a Investigação de Paternidade: uma nova proposta interdisciplinar. Direito de Família e Ciências Humanas. Eliana Riberti Nazareth, Maria Antonieta Pisano Motta (Coordenação geral). In: *Caderno de Estudos* nº 2, São Paulo: Jurídica Brasileira, 1998, p. 24.

[212] MADALENO, Rolf. O calvário da execução de alimentos. Porto Alegre: Síntese. In: *Revista Brasileira do Direito de Família* nº01, 06/99, p. 32, explicando a dificuldade em se executar alimentos no sistema jurídico brasileiro.

[213] GAMA, Guilherme Calmon Nogueira da. Filiação e reprodução assistida: introdução ao tema sob a perspectiva do direito comparado. In: *Revista dos Tribunais* nº 776, ano 2000, p. 65.

[214] VERUCCI, Florisa. O direito de ter pai. In: *Grandes Temas da Atualidade. DNA como meio de prova da filiação*, op. cit, p. 98.

O dever de alimentos reclama um modo de ser-em-família (relação de parentesco ou de entidade familiar), sendo, por esse motivo, e particularmente por ser expressão da solidariedade familiar, que a obrigação de alimentos tem o seu assento no Direito de Família, cuidando-se, portanto, "de uma obrigação não autônoma, cuja disciplina sofre influência de sua origem familiar",[215] que pode ser genética *e/ou* afetiva.

A jurisprudência do Superior Tribunal de Justiça navega no sentido da não-concessão de alimentos dos pais biológicos à filiação afetiva, com âncora no artigo 41 do ECA,[216] em cuja ementa consta o seguinte: "Admitir-se o reconhecimento do vínculo biológico de paternidade não envolve qualquer desconsideração ao disposto no artigo 48 da Lei nº 8.069/90 (ECA). A adoção subsiste inalterada. A lei determina o desaparecimento dos vínculos jurídicos com pais e parentes, mas, evidentemente, persistem os naturais, daí a ressalva quanto aos impedimentos matrimoniais".[217]

No corpo do acórdão, pelo relator, foi dito o seguinte: "Não me animaria, ademais, a excluir por completo a possibilidade de se pedir alimentos, não obstante os termos do mencionado artigo 41 (do ECA). Suponha-se a hipótese de criança de tenra idade, cujos pais adotivos viessem a falecer ou a cair em miséria. Parece-me que a ela, que não foi ouvida sobre a adoção, não se poderia impedir de pretender alimentos de seus pais biológicos. É o direito de vida que está aí envolvido".

Não concordo com o pensamento majoritário – de exclusão do dever alimentar pelos pais genéticos ao filho socioafetivo –, na medida em que, em se cuidando de alimentos, que é vida humana, não é razoável deixar perecer um ser humano pelo fato de ter sido adotado, impedindo-o de postular alimentos contra os pais genéticos. Isso seria penalizar duas vezes o filho: a primeira, por afastar seus pais biológicos, por serem desafetos; a segunda, por perder a vida, em vista de uma lei, que deveria protegê-lo, mas, de forma incoerente, faz com que seja despojada a sua origem, a sua ancestralidade, a sua civilização.

Pela atual legislação, a adoção rompe com todos os direitos e deveres do mundo genético, o que não ocorre com a teoria tridimensional no direito de família, que mantém incólume os mundos genético, afetivo e ontológico. Quero dizer que o alimentante não tem o direito de receber alimentos, ao mesmo tempo, do parente afetivo **e** genético, mas, se o parente afetivo não puder alimentá-lo, o encargo deverá ser suportado pelo parente genético, tudo dependendo da realidade da vida em que se encontrar o parente afetivo carente de alimentação.

O ser humano é tridimensional, significando que se o parente afetivo tiver dificuldades de sustentar seus parentes afetivos, o filho deverá ser alimentado pelos parentes genéticos, mesmo que esse parentesco tenha sido suspenso pela lei (pela teoria tridimensional, nenhum direito poderá ser revogado, mas tão só suspenso, já que não é possível renunciar ou extinguir a realidade existencial), pois o ser humano tem o direito de se relacionar com os seus três mundos, genético, afetivo e ontológico.

Não estou a dizer que o parente *afetivo* tem o direito de requerer alimentos aos parentes afetivos e, ao mesmo tempo, aos parentes genéticos. Trago apenas a mensagem

[215] OLIVEIRA, José Lamartine Corrêa de. e MUNIZ, Francisco José Ferreira. *Direito de Família.* Porto Alegre: Sergio Antonio Fabris Editor, 1990, p. 13.

[216] Artigo 41 do ECA: "A adoção (*rectius,* filiação socioafetiva) atribui a condição de filho ao adotado, com os mesmos direitos e deveres, inclusive sucessórios, desligando-o de qualquer vínculo com os pais e parentes, salvo os impedimentos matrimoniais".

[217] BRASÍLIA. Superior Tribunal de Justiça. REsp nº 127.541 (1997/0025451-8)-RS, 3.Turma. Rel: Eduardo Ribeiro, DJU 28.08.2000. Revista brasileira de direito de família nº 07, de 10/2000, p. 67.

de que, com a constituição do parentesco afetivo, é *suspenso*, mas não extinto, o cordão umbilical do parentesco genético, não sendo razoável se admitir que um parente afetivo deixe de receber alimentos do parente genético, quando necessitando, pois estará sendo comprometida a sobrevivência humana, que se localiza no mundo genético.

Como a trajetória da vida afastou do alimentando afetivo, por meio de lei, o parentesco biológico, não quer dizer que foram afastados de sua existência os *mundos genético e ontológico.* Como os parentes afetivos estão impossibilitados de alimentar, o alimentando afetivo poderá volver-se contra os parentes sanguíneos, uma vez que a suspensão do poder familiar ou o não-reconhecimento do *parentesco genético* (pai ainda não investigado) não quer dizer que houve o fim do mundo genético.

O filho afetivo tem direito aos alimentos dos pais genéticos não apenas quando ocorre a impossibilidade de alimentação pelos pais afetivos, mas também quando houver necessidade de complementação da verba alimentar. Isso não quer dizer que os pais genéticos, por sua vez, tenham o direito de volver-se contra o filho genético para pedir algum direito, porque, no caso de adoção judicial, foi suspenso o poder/dever familiar, devido ao modo de ser-no-mundo-desafetivo dos pais genéticos.

Como a desafetividade é causa de exclusão de direitos, os pais genéticos, quando da adoção ou outro modo de ser desafetivo, não terão qualquer direito de seu filho genético, tendo em vista que não foram afetivos com ele, mas cujo direito poderá ser reconquistado, já que o ser humano tem o direito à sua condição humana tridimensional.

Não se está a sustentar que os pais genéticos perdem seus direitos ao filho devido à adoção, à destituição (suspensão) do poder/dever familiar ou outro modo de ser-desafetivo, à medida que nenhum direito humano pode ser revogado, destituído para sempre, *mas, tão-somente, suspenso enquanto perdurar a existência desafetiva.* Os pais genéticos têm suspensos seus direitos do filho enquanto perdurarem os efeitos da suspensão do modo de ser-desafetivo, devido à ausência de afetividade com seu filho. Isso porque o ser humano carrega dentro de si a sua condição humana tridimensional, cuidando-se de um existencial, não precisando, portanto, procurá-la em alguma lei do Estado ou da religião.

12.3.5. Cumulação de todos os eventos jurídicos na tridimensionalidade humana

O ser humano é um todo tridimensional e, ao mesmo tempo, uma parte genética, afetiva e ontológica, tendo à sua disposição todos os direitos e desejos desses três mundos, uma vez que a existência é uma formação contínua de eventos, pelo que, nas ações de investigações de paternidade/maternidade genética e afetiva, devem ser *acrescidos todos os direitos daí decorrentes,* como alimentos, herança, poder/dever familiar, parentesco, guarda compartilhada, nome, visitas, paternidade/maternidade genética e afetiva e demais direitos existenciais.

No decorrer da trajetória da vida, o ser humano vai adquirindo direitos, que vão moldando os seus modos de ser-no-mundo, encontrando-se *em formação contínua da vida*, motivo pelo qual nenhum desses episódios poderá ser renunciado, sob pena de renunciar à carga, à história, à experiência de vida, à evolução da civilização, à linguagem humana e a toda temporalidade, que não pode ser negada como se ela não tivesse ocorrido e nem conduzido o modo de ser-em-família, de ser-em-sociedade, de ser-genético e de ser-ontológico.

A proibição da renúncia a todos os momentos da estrada da vida[218] decorre da manutenção da trilogia dos modos de ser-no-mundo, porque os eventos da existencialidade não são somente os que foram vivenciados, mas, também, "que o seu ser-vivenciado teve um efeito especial, que lhe empresta um significado permanente".[219] A vivência se encontra "numa relação direta com o todo, com a totalidade da vida", pelo que o todo da vida se integra na vivência e a vivência no todo da vida, a qual não se desliga da existência concreta, nem das cargas pré-genética, pré-des-afetiva e pré-ontológica. Essas cargas existenciais vêm sempre antecipadas, significando que o ser humano sempre traz consigo as cargas históricas de seu mundo tridimensional, de seu modo de ser-em-família.

Pela linguagem gadameriana,[220] isso quer dizer que o mundo da vida é sempre e ao mesmo tempo "um mundo comunitário que contém a co-presença de outros", pelo que toda a experiência familiar, social e pessoal é um confronto, porque ela opõe o novo ao antigo. Isso faz com que as experiências adquiridas pela história da vida, embora possam representar um confronto, não podem ser esquecidas, apagadas do mundo da vida do vivente, porque fazem parte da evolução da humanidade e da essência histórica do ser humano.

Essa compreensão da família faz com que o legislador/intérprete/julgador precise estranhar o que lhe era mais familiar (a exclusividade de direitos do mundo biológico normatizado) e, ao mesmo tempo, o convoca a tornar conhecido o que lhe surge como estranho (os mundos afetivo e ontológico), somando-se todos os direitos decorrentes dessa condição humana tridimensional.

A linguagem familiar, no sentido de vislumbrar a presença de direitos unicamente na genética normativa, pode ser o teto que impede o ser humano de suspender os seus conceitos prévios. Mas, por meio da linguagem não-familiar (da afetividade e da ontologia), esses preconceitos poderão ser descobertos, suscitados, suspensos, para que o ser humano possa derrubar esse *teto preconceituoso genético* que o encobre. Com isso, poderá ser desenhada uma abertura na paisagem e na passagem preconceituosa à compreensão do ser humano como humano, que se relaciona, simultaneamente, no mundo tridimensional.

Deve ser desmitificado o conhecimento de que na família é compreendida somente a linguagem da genética legalizada, porque ela encobre os mundos existenciais do afeto e da ontologia, pelo que o texto do direito de família não significa normatização genética, mas, sim, existência humana (genética, afetiva e ontológica). A partir dessa compreensão, o intérprete estará em condições de compreender a *linguagem familiar* da genética, do afeto e da ontologia e a acumulação de todos os direitos de família, *significando que, reconhecida a perfilhação genética e/ou socioafetiva, todos os efeitos jurídicos dessa dupla filiação deverão ser somados na vida do ser humano.*

---

[218] RIO GRANDE DO SUL. Tribunal de Justiça. Apelação Cível nº 70010871598. 8ª CCv. Relator: Alfredo Guilherme Englert, em 25.08.2005. Disponível em: www.tj.rs.gov.br. Acesso em 07.12.2006. "Inexiste qualquer vedação legal para que a viúva busque excluir o patronímico do marido, em face de seu falecimento. Aliás, tal possibilidade atende a uma interpretação sistemática, pois, na separação, é facultado à mulher abandonar o seu nome e na conversão da separação em divórcio é impositiva a volta ao nome de solteira. Assim, de todo descabido impor que continue com o nome de casada se o casamento findou em decorrência da morte do cônjuge".

[219] GADAMER, Hans-Georg. *Verdade e Método I*. 6ª ed. Traduzido por Flávio Paulo Meurer. Rio de Janeiro: Vozes, 2004, p. 106, 115 e 116.

[220] Idem, p. 332, 345 e 465.

13. Negatória de paternidade e a tridimensionalidade humana

Em uma reportagem sobre a família portuguesa[221] foi informado que a ausência do pai gera, na maioria das vezes, o aumento da delinquência infantil e juvenil, do consumo de drogas e do insucesso escolar. Esse abandono paterno é provocado principalmente por um problema cultural de nossos dias, o individualismo, tendo, como alcance, a rejeição das responsabilidades e dos compromissos, o que é mais visível no homem, que não tem uma ligação tão íntima com o filho. A reportagem afirma, ainda, que a ausência do pai nas famílias norte-americanas "está directamente relacionada com o aumento de divórcios e de mães solteiras. Isto se tornou um problema social que fez disparar as taxas de delinqüência juvenil". Quer dizer, a ausência da figura paterna pode acarretar ao filho tendência à criminalidade,[222] porque faltará a imposição de limites no modo de ser-consigo-mesmo, no modo de ser-em-família e no modo de ser-em-sociedade.

Na seara do direito de família, o julgador deve apropriar-se dos conhecimentos da Psicanálise,[223] da História, da Filosofia, da intersubjetividade, da tradição histórica da família, porque as experiências da vida nos ensinam que o pai tem importância fundamental no recanto da família. Nas tribos primitivas, o pai era assassinado pelos próprios filhos para a refeição totêmica, tornando-se "mais poderoso do que jamais fora em sua vida, pois ele passa a ocupar um lugar simbólico: passa a ser um significante". E isso ocorre porque o pai ocupa o lugar da lei, que "possibilita a passagem da natureza para a cultura, através de um interdito proibitório na relação mãe-filho".[224]

Quando nasce uma criança, o pai comparece e a registra em seu nome: "eis o nome do pai. Até então o pai é incerto. 'Pater sempre incertus est' dizem os comentadores da lei. O pai, nesse caso, é uma função, nada mais; esvazia-se assim a lenda e seu aparato que idealizava a figura do pai". A mãe fala no pai quando faz a habitual afirmação: "quando teu pai chegar, você vai ver!. A fala da mãe sobre o pai é decisiva; esta instaura o terceiro termo marcador de uma instância outra, estranha à fusão mãe/filho. A instância outra a que me refiro é de ordem simbólica".[225]

Propaga-se o pensamento de que a carência do pai não está ligada a sua presença, porquanto ele pode estar presente mesmo na ausência, pois quem já não passou pela experiência de perder o pai e, nem por isso, perder a sua palavra? Ou seja, "a carência se coloca aí, na dimensão simbólica, na insuficiência da sua palavra". O ser humano instala o pai no centro do complexo de Édipo, porque "ele é quem abre sua entrada para o sujeito e também quem tem a chave de saída. É com ele que o sujeito se identifica, é ele quem aponta a mãe como objeto de desejo e marca sua proibição. É ele quem garante o nome

[221] *Família: Paternidade em crise*, 19 de março de 2001, http:www.pratica.iol, em 15.08.2001.

[222] PEREIRA, Rodrigo da Cunha. A criança não existe. In: *Direito de família e Psicanálise*. Giselle Câmara Groeninga e Rodrigo da Cunha Pereira (Coordenadores). Rio de Janeiro: Imago, 2003, p. 206.

[223] DIAS, Maria Berenice. Souza, Ivone M. C. Coelho de. Separação Litigiosa, na 'Esquina' do Direito com a Psicanálise. Porto Alegre: *Revista da Ajuris*, doutrina e jurisprudência, Ano XXVI – nº 76, 12/99, p. 237.

[224] PEREIRA, Rodrigo da Cunha. A desigualdade dos gêneros, o declínio do patriarcalismo e as discriminações positivas (Coord). In: Repensando o direito de família. *Anais* do I Congresso Brasileiro de Direito de família, IBDFAM, OAB-MG, Belo Horizonte: Del Rey, 1999, p. 168 e 171.

[225] GARCIA, Célio. Psicanálise: operadores do simbólico e clínica das transformações familiares. In: *Repensando o direito de família*. Anais do I Congresso Brasileiro de Direito de família. Rodrigo da Cunha Pereira (Coord.), IBDFAM, OAB-MG, Belo Horizonte: Del Rey, 1999, p. 298.

das coisas e a sua falta". O nome do pai "deve receber o tratamento de uma instituição; como Legendre dizia, instituir o nome do pai para o filho é uma função jurídica muito importante no processo de filiação, uma vez que 'instituir é fabricar o traçado escrito', é legitimar o nome do pai".[226]

Pela Psicanálise, a família não é base natural, e sim cultural da sociedade, não se constituindo tão somente por um homem, mulher e filhos, mas, sim, de uma edificação psíquica, *em que cada membro ocupa um lugar/função de pai, de mãe, de filho*, sem que haja necessidade de vínculo biológico. Prova disso é o fato de que "o pai ou a mãe biológica podem ter dificuldade, ou até mesmo não ocupar o lugar de pai ou de mãe, tão necessários (essenciais) à nossa estruturação psíquica e formação como seres humanos". Contudo, essa fundamental função paterna não precisa ser ministrada, necessariamente, pelo pai biológico, mas por um pai (afetivo), na medida em que

> o pai pode ser uma série de pessoas ou personagens: o genitor, o marido da mãe, o amante oficial, o companheiro da mãe, o protetor da mulher durante a gravidez, o tio, o avô, aquele que cria a criança, aquele que dá o seu sobrenome, aquele que reconhece a criança legal ou ritualmente, aquele que fez a adoção..., enfim, aquele que exerce uma função de pai.[227]

A figura paterna "é menos a figura do pai, enquanto 'macho', do que o pai enquanto autoridade ou limite para o filho, introduzindo a idéia de lei". O pai pode ser "a avó, a professora da escola, a terapeuta, enfim, qualquer pessoa do sexo masculino ou do feminino, a quem a criança possa 'referir-se' como entidade que a ajude a encontrar-se ou a descobrir-se como sujeito".[228]

O novo milênio faz emergir a significação enigmática do "ser" pulsional e social (simbólico), porque a Psicanálise aposta na necessidade de edificação, "ainda que artificial (como tudo o que é da cultura), de uma vontade partilhada, que possibilite uma 'fraternidade discreta', ao redefinir, a partir do lugar e da função do sujeito, o estatuto da lei...".[229] O criador do conceito psicanalítico "o nome-do-pai", Jacques Lacan,[230] enfatiza que um dos princípios fundamentais em psicanálise é de que "o pai é, em primeiro lugar, um nome – um significante – e apenas secundariamente uma pessoa (um homem, na maioria dos casos). Assim, o pai não pode ser encontrado na natureza, porque o animal que gerou outro é apenas um meio contingente para o nome que se dá a ele".

Isso significa que a Psicanálise, ao estudar as relações familiares, atesta que a família não se constitui só por um homem e/ou mulher e descendente, mas, sim, de uma edificação psíquica, em que cada membro ocupa um lugar/função de pai, de mãe, de filho, de irmão, sem que haja necessidade de vínculo biológico. O pai pode ser uma série de pessoas ou personagens, como o genitor, o marido ou companheiro da mãe,

---

[226] BARROS, Fernanda Otoni de. Um Pai Digno de Ser Amado. Direito de família: a família na travessia do milênio. *Anais* do II Congresso Brasileiro de Direito de Família. Rodrigo da Cunha Pereira (coordenador), Belo Horizonte, IBDFAM, OAB – Minas Gerais: Del Rey, 2000, p. 239, 243 e 244.

[227] PEREIRA, Rodrigo da Cunha. *Direito de família: uma abordagem psicanalítica.* 2.ed. Belo Horizonte: Del Rey, 1999, p. 36 e 148.

[228] VILLELA, João Baptista. Desbiologização da Paternidade/maternidade. In: *Boletim* IBDFAM nº 11, ano 02, set./out./2001, p. 04.

[229] PHILIPPI, Jeanine Nicolazzi. Direito e psicanálise: breves apontamentos acerca do estatuto da lei. In: Repensando o direito de família. *Anais* do I Congresso Brasileiro de Direito de Família. Rodrigo da Cunha Pereira (Coord.), IBDFAM, OAB-MG, Belo Horizonte: Del Rey, 1999, p. 257.

[230] LACAN, Jacques. *Para Ler o seminário 11 de Lacan.* Tradução: Dulce Duque Estrada. Richard Feldstein, Bruce Fink e Maire Jaanus (org). Rio de Janeiro: Jorge Zahar Editor, 1997, p. 81.

o amante, o protetor da mulher durante a gravidez, os tios, os avós, os professores, os terapeutas, quem educa a criança ou o adolescente, dá o seu nome, reconhecendo legal ou ritualmente. Diz-se que é pai quem exerce a função de pai,[231] seja homem ou mulher, ser referido como entidade e apoio no encontro e no descobrimento do filho como sujeito.[232]

Está na hora de ser afastado o paradigma da biologia, tendo em vista que o filho precisa da figura de um pai, e não de um genitor, para contribuir no desenvolvimento intrapsíquico, porque faz parte da condição humana o desejo de ser amado e protegido.[233] Não se está confinando o liame biológico da relação paterno-filial, mas, sim, buscando os critérios hermenêuticos da razoabilidade[234] na descoberta dos laços de sangue, de afeto e ontológicos. Aliás, sequer haveria necessidade de lançar os fundamentos jurídicos para justificar que numa família se respiram os três modos de ser-no-mundo, já que elementos essenciais da condição humana tridimensional.

Uma vez aplicada a teoria lacaniana – exercício da função de pai e/ou de mãe –, a irrevogabilidade da filiação afetiva é proclamada pelos tribunais,[235] nos seguintes termos: "A declaração de vontade tendente ao reconhecimento voluntário da filiação, admitindo alguém ser o pai ou a mãe de outra pessoa, uma vez aperfeiçoada, torna-se irretratável. A exemplo do que ocorre com os demais atos jurídicos, a invalidação pode verificar-se em razão de erro, dolo, coação, simulação ou fraude".

Em outro julgamento, proferido pelo Superior Tribunal de Justiça, decidiu-se que "a verdadeira paternidade não pode se circunscrever na busca de uma precisa informação biológica; mais do que isso, exige uma concreta relação paterno-filial, pai e filho que se tratam como tal, donde emerge a verdade socioafetiva. Balanceando a busca da base biológica da filiação com o sentido afetivo da paternidade, o legislador valeu-se da conhecida noção de posse de estado",[236] que, para a hermenêutica filosófica, são condi-

[231] PEREIRA, Rodrigo da Cunha. *Direito de família: uma abordagem psicanalítica.* 2.ed. Belo Horizonte: Del Rey, 1999, p. 36 e 148. PEREIRA, Tânia da Silva. O estatuto da criança e do adolescente inovando o direito de família. In: *Repensando o direito de família – I Congresso Brasileiro de Direito de Família,1999.* Belo Horizonte. Anais. Rodrigo da Cunha Pereira (coord.). Belo Horizonte: Del Rey, 1999, p. 229, quando se fala em lugar de pai, de mãe e de filho, "estamos falando, também, de políticas públicas de colocação familiar. Não podemos deixar de recorrer a outras ciências, abrindo novos espaços, uma vez que o Direito não esgota mais todas as possibilidades de regulação social".

[232] VILLELA, João Baptista. Desbiologização da Paternidade/maternidade. In: *Boletim IBDFAM* nº 11, ano 02, setembro/outubro de 2001, p. 04.

[233] CATTANI, Aloysio Raphael *et al.* O Nome e a Investigação de Paternidade/maternidade: uma nova proposta interdisciplinar. In: *Direito de família e Ciências Humanas.* Eliana Riberti Nazareth *et al.* (cord.). Caderno de Estudos, nº 2. São Paulo: Jurídica Brasileira, 1998, p. 30.

[234] BONAVIDES, Paulo. *Curso de Direito Constitucional.* 11.ed. São Paulo: Malheiros, 2001, p. 369. O princípio da proporcionalidade é proporção, razoabilidade, adequação, validade, validade de fim, exigibilidade, necessidade, menor interferência possível, mínimo de intervenção, meio mais suave, meio mais moderado, subsidiariedade, conformidade e proibição de excesso. Nesse sentido, STEINMETZ, Wilson Antônio. *Colisão de Direitos Fundamentais e princípio da proporcionalidade.* Porto Alegre: Livraria do Advogado, 2001, p. 147, o princípio da proporção "é um princípio universal no âmbito de vigência das constituições dos Estados Democráticos de Direito".

[235] MINAS GERAIS. Tribunal de Justiça. AC 117.577/7. 2ª C.Cív. Relator: Rubens Xavier Ferreira. J. 09.03.1999, citado por Zeno Veloso. Negatória de paternidade/maternidade – vício de consentimento. In: *Revista Brasileira de Direito de família* nº 3, de out-nov-dez/99.

[236] BRASIL. Superior Tribunal de Justiça. REsp. 194.866-RS, 3. Turma. 20.04.99. Relator: Eduardo Ribeiro. In: DJ de 14-06-99. Jur. Sup. Trib. Just., Brasília, a. 01, (Rev. STJ-07): 239-313, julho 1999. Nesse acórdão foram citado Clóvis Beviláqua (*CCv Comentado.* vol. II. 12ª ed. Francisco Alves, 1960, p. 237)

ções de ser-pai, de ser-mãe, de ser-filho, de ser-irmão, de ser-parente, de ser-em-família. Consta nesse acórdão que a presunção legal "cede diante da realidade contrária". Essa cedência diante da realidade contrária, com o advento da Constituição do Brasil de 1988, é a edificação do modo de ser-filho-genético-afetivo-ontológico, na medida em que quando um pai educa uma pessoa como filho, mesmo que não biológico, ele deixa emergir o modo de ser-pai-filho-afetivo e os demais modos de ser-em-família.

No mês de maio de 2007, o Superior Tribunal de Justiça promoveu um retrocesso jurídico, social e humano, ao julgar procedente ação negatória de paternidade,[237] embora presente a paternidade socioafetiva, sob o argumento de ter havido *vício de consentimento, porque o pai teria sido induzido a erro ao registrar a criança, acreditando tratar-se de sua filha biológica.*

Porém, em julgamento ocorrido em setembro de 2007, a terceira Turma do Superior Tribunal de Justiça reconheceu que paternidade é válida se reflete a existência duradoura do vínculo socioafetivo entre pais e filhos e de que a ausência de vínculo biológico é fato que, por si só, não revela a falsidade da declaração de vontade consubstanciada no ato do reconhecimento, já que a relação socioafetiva não pode ser desconhecida pelo Direito. A relatora Nancy Andrighi detalhou a evolução legislativa e jurídica do conceito de filiação e citou jurisprudência e precedentes que permitiram o amplo reconhecimento dos filhos ilegítimos, reconhecendo que aquela Corte de Justiça vem dando prioridade ao critério biológico para o reconhecimento da filiação nas circunstâncias em que há dissenso familiar, em que a relação socioafetiva desapareceu ou nunca existiu, concluindo o seguinte:

> Não se podem impor os deveres de cuidado, de carinho e de sustento a alguém que, não sendo o pai biológico, também não deseja ser pai sócio-afetivo. Mas, se o afeto persiste de forma que pais e filhos constroem uma relação de mútuo auxílio, respeito e amparo, é acertado desconsiderar o vínculo meramente sanguíneo, para reconhecer a existência de filiação jurídica.

Cuida-se, pois, de um caso em que o pai quis reconhecer a filha como se sua fosse e uma filha que aceitou tal filiação, pelo que "não houve dissenso entre pai e filha que conviveram, juntamente com a mãe, até o falecimento. Ao contrário, a longa relação de criação se consolidou no reconhecimento de paternidade", concluiu a relatora.[238]

Tendo em vista o momento histórico no direito de família, em que há necessidade de ser acolhida a afetividade e a ontologia como valores jurídicos, não se pode concordar com o acolhimento da ação negatória de paternidade, porque:

a) negar a paternidade socioafetiva é repisar o milenar pensamento da monetarização, da normatização, da sacralização, do endeusamento do mundo genético, como se o ser humano pudesse ser cuidado como coisa, como um mero ser vivo. Ocorre que somente com o acolhimento dos mundos genético, afetivo e ontológico é que o ser humano passará à condição de humano;

---

e Luiz Edson Fachin (*Da Paternidade/maternidade — Relação Biológica e Afetiva*. Belo Horizonte: Del Rey, 1996, p. 61 e ss.).

[237] BRASIL. Superior Tribunal de Justiça. Relatora: Nancy Andrighi, em 21 de maio de 2007. Notícia constante do site desse Tribunal (www.stj.gov.br). Acessado em 22.05.2007.

[238] BRASÍLIA. SUPERIOR TRIBUNAL DE JUSTIÇA. Notícia disponível em www.stj.gov.br/portal. Acessado em 24.09.2007. Remetido pelo sistema push, em 19.09.07. Não foi informado o nº do processo, que tramitou na terceira Turma, relatora Nancy Andrighi.

b) não é razoável revogar os mundos afetivo e ontológico, como se eles tivessem sido *contratados*, como ocorre com a revogação dos negócios jurídicos em geral, pois objetifica o ser humano;

c) compreender o ser humano apenas pelo mundo genético é típico do Estado *Liberal* de Direito, em que a propriedade, e não a afetividade e a ontologia, é a extensão do ser humano. O Brasil não mais se encontra na Era dos Estados Absolutista, Liberal ou Social, e sim no Estado Republicano, Democrático e Laico de Direito, que é um Estado Constitucional, que alberga a dignidade e a condição humana tridimensional, e não unicamente a genética normatizada. Não se deve esquecer que esse Estado suplanta as noções dos Estados absolutista, liberal e social, na medida em que transforma o modelo de produção capitalista e financeiro em uma organização social de *viés social, para dar passagem, por vias pacíficas e de liberdade formal e real, a uma sociedade onde se possam implantar superiores níveis reais de igualdades e liberdades*;[239]

d) o direito a ser tutelado jurisdicionalmente não é exclusividade do pai, na medida em que o Judiciário tem o poder/dever de se importar também com o direito do filho, que incorporou a afetividade paterna e seu modo de ser-em-família;

e) em um mundo com tanta violência, sobretudo em família, julgar que o ser humano vive exclusivamente no mundo genético normatizado, como os demais seres vivos em geral, é desdenhar a essência da condição humana, que repousa em sua existência genética, afetiva **e** ontológica;

f) a única condição de possibilidade de monitorar a educação, a violência doméstica, familiar e social, a indisciplina, a apatia, a doença, a inteligência, a liberdade, a cidadania, a condição e a dignidade humana *é mediante a afetividade*,[240] porque o ser humano somente é humano quando se encontra em uma *situação afetiva*, sendo, no mundo genético, um mero ser vivo;

g) cada revogação da paternidade afetiva afasta os mundos afetivo e ontológico do ser humano, fomentando a violência na família e na sociedade, porque somente o tempo, a linguagem, a compreensão, o diálogo, a hermenêutica, a inteligência, *a genética, a afetividade **e** a ontologia* são condições de possibilidade de velar e desvelar a condição humana tridimensional e a paz social;

h) depõe contra a família tridimensional a afirmação de que "não se podem impor os deveres de cuidado, de carinho e de sustento a alguém que, não sendo o pai biológico, também não deseja ser pai sócio-afetivo",[241] visto que pai é pai, não importando se genético ou afetivo;

i) a família, principalmente genética, é composta de afeto e de desafeto, em cujas dependências são cometidas as mais terríveis atrocidades contra a pessoa humana, inclusive com indiferença dos pais, que, diuturnamente, negam a paternidade das mais difernte formas, como a ausência de afeto, de cuidado, de carinho e de sustento. Quer dizer, grande parte dos pais também não querem ser pais genéticos, mas, mesmo assim, a lei os considera pais, inclusive, em certos casos, presumindo a paternidade e a mater-

[239] STRECK, Lenio Luiz. *Hermenêutica Jurídica e(m) Crise.* 5.ed. Porto Alegre: Livraria do Advogado, 2004, p. 38.

[240] GABRIEL CHALITA. Educação: a solução está no afeto. 8.ed. São Paulo: Gente, 2001, p. 264.

[241] BRASÍLIA. SUPERIOR TRIBUNAL DE JUSTIÇA. Notícia disponível em www.stj.gov.br/portal. Acessado em 24.09.2007. Remetido pelo sistema push, em 19.09.07. Não foi informado o nº do processo, que tramitou na terceira Turma, relatora Nancy Andrighi.

nidade. É preciso volver o olhar, na investigação de paternidade e de maternidade, não apenas sob o enfoque dos pais, mas, unicamente, em favor dos filhos, tendo em vista que prepondera o princípio da proteção integral e absoluta, mesmo que em detrimento dos pais.

Com a compreensão da trilogia familiar, os eventos da vida passarão a ser compreendidos pela linguagem de ser-no-mundo, principalmente como ser-em-família, porque o ser humano é um ser histórico, um existencial, "que nos permite o retorno do passado à vida".[242] É a partir da tradição da família que se velam e desvelam as experiências passadas, desembocando no presente, e possibilitando um projeto de futuro, significando que o texto, o ser humano, a família, a humanidade, não são algo pronto, perfeito, fixo, e sim um *continuum*, genético, afetivo e ontológico, que vai se formando no decorrer da história da vida humana.

O fato de o humano ser um ser-no-mundo faz com que tenha o pensamento de um mundo que circula, com espiral hermenêutica, circulante, no qual estão imersos os fatos históricos do mundo. Ser-no-mundo, de acordo com Heidegger, não quer dizer que o homem se acha no meio da natureza, ao lado de árvores, animais, coisas e outros humanos, não sendo nem um fato, nem uma necessidade no nível dos fatos, e sim *uma estrutura de realização*.[243] Por isso, é possível ponderar que o mundo, a filosofia, o ser humano, a família, o texto, a lei, a doutrina, a jurisprudência, a súmula, a filiação, a paternidade, a maternidade, a genética, a afetividade, a ontologia são todos eventos históricos hermenêuticos, estruturas de realização e de formação do ser humano.

A pertença à tradição somente é viável pela estrutura circular da compreensão, que permite a antecipação de sentido,[244] mas é necessário ser cauteloso quando da compreensão do texto do direito de família, porque os preconceitos que nos dominam podem comprometer o verdadeiro reconhecimento do passado. Os pré-conceitos, os conceitos prévios, são necessários para o conhecimento histórico, que pode confirmar ou modificar a tradição, o que significa que a compreensão histórica não é um projeto livre, porque seus pré-conceitos turvos precisam ser purificados.[245]

Não há como compreender o texto do direito de família unicamente no mundo subjetivo do intérprete nem pelo preconceito genético e normatizado, e sim assentado nos arraiais da compreensão intersubjetiva da tradição, explicando e justificando a realidade como um todo, um universal entorno hermenêutico. Isso se dá porque o ser humano faz parte da realidade existencial como um todo, não podendo ser imparcial, comentando apenas o espetáculo, porque ele é parte do espetáculo da vida. Numa só palavra, o intérprete não "domina" a tradição, pelo que os sentidos não são obtidos mediante a lente deformante da subjetividade, mas, sim, pela intersubjetividade, que ocorre na e pela linguagem, havendo, em decorrência, a interdição dos sentidos arbitrários.[246]

---

[242] GADAMER, Hans-Georg. *O problema da consciência histórica.* 2.ed. Traduzido por Paulo César Duque Estrada. Rio de Janeiro: Fundação Getúlio Vargas, 2003, p. 43.

[243] HEIDEGGER, Martin. *Ser e Tempo.* 14.ed. Traduzido por Márcia Sá Cavalcante Schuback. Petrópolis: Vozes, 2005. Parte I, p. 20.

[244] HERMANN, Nadja. *Hermenêutica e Educação.* Porto Alegre: DP&A, 2003, p. 47.

[245] GADAMER, Hans-Georg. *O problema da consciência histórica.* 2.ed. Traduzido por Paulo César Duque Estrada. Rio de Janeiro: Fundação Getúlio Vargas, 2003, p. 12.

[246] STRECK, Lenio Luiz. Interpretar e Concretizar: em busca da superação da discricionaridade do positivismo jurídico. In: *Olhares hermenêuticos sobre o Direito.* Douglas Cesar Lucas (Organizador). Ijuí: UNIJUÍ, 2006, p. 363.

O genético reconhecimento da filiação não poderá ser revogado, por uma singela razão: os mundos afetivo e ontológico do filho não devem ser dissolvidos por qualquer pessoa, muito menos pelos pais, ainda mais sob o argumento de que *não teriam exercido a função de pais* ou de que teria ocorrido vício de consentimento, tendo em vista que a convivência e o compartilhamento em família responsável se perfectibiliza no acontecer, no evento, na realidade existencial, na condição de ser-em-família, no modo de ser-no-mundo-genético, de ser-no-mundo-(des)afetivo e de ser-no-mundo-ontológico, muito antes, portanto, de qualquer exercício das funções paterna/materna ou de eventual erro no reconhecimento da paternidade.

A igualdade entre todos os membros da família, acolhendo a tridimensionalidade humana genética, afetiva e ontológica (artigo 227, § 6º, da Constituição), impede a negatória da paternidade/maternidade. Isso decorre do direito do filho a esses três mundos, direitos e garantias fundamentais da condição humana como sujeito de direitos e de desejos.[247] É dizer, os pais, o legislador, a comunidade jurídica e a sociedade não têm legitimidade para expungir a tridimensionalidade humana, à medida que apagar a chama desses mundos é eliminar a própria vida, a existência, o que não é possível, juridicamente, por se cuidar de direito indisponível, irrenunciável, imprescritível, intangível.

Há premente necessidade de modificação do pensamento paradigmático da filiação, com relação à possibilidade de proposição de ação negatória da perfilhação, impondo-se a compreensão do direito de família com visão genética, (des)afetiva, ontológica, (neo)constitucionalista, hermenêutica, filosófica e humanista, arrefecendo-se as amarras da doutrinalização, da jurisprudencialização,[248] da baixa constitucionalidade e compreensão do texto do direito de família, ao propagar-se a doutrina equivocada da revogabilidade dos três mundos humanos. Com a tridimensionalidade humana, torna-se necessário repensar o enfoque doutrinário-jurisprudencial, já que a família *não é só* um comportamento, uma função de pai, de mãe, de filho, de irmão, de avós ou suscetível de ser anulado como os negócios jurídicos em geral. O ser humano é um modo de ser, um jeito de ser, *um existencial*, uma realidade da vida, que é indisponível, irrevogável e irrenunciável.

Quando Lacan refere que há necessidade do exercício da função de pai, ele não quer dizer que essa função seja exercida após o reconhecimento da paternidade/maternidade, mas, evidentemente, quando do modo de ser-em-família, anteriormente, portanto, do acolhimento da verdadeira filiação, genética ou afetiva. Admitida a hipótese da necessidade do exercício da *função de pai* ou acolhida a negatória de paternidade pelo vício de consentimento, estar-se-á, como sempre, objetificando o ser humano, porque, em um momento (no modo de ser-pai, de ser-em-família), ele será desejado como filho,

[247] PEREIRA, Rodrigo da Cunha. Família, direitos humanos, psicanálise e inclusão social. In: *Direito de família e Psicanálise.* Giselle Câmara Groeninga e Rodrigo da Cunha Pereira (Coordenadores). Rio de Janeiro: Imago, 2003, p. 160: "Sujeito de direito é também um 'sujeito de desejo' e, portanto, um sujeito-desejante. A fisiologia do desejo é estar sempre desejando algo a mais. Desejo é falta. É assim nossa estrutura psíquica. Somos sujeitos da falta". PEREIRA, Tânia da Silva. O princípio do 'melhor interesse da criança' no âmbito das relações familiares. In: *Direito de família e Psicanálise.* Giselle Câmara Groeninga e Rodrigo da Cunha Pereira (Coordenadores). Rio de Janeiro: Imago, 2003, p. 210. "Sujeito de direitos, significa, para a população infanto-juvenil, deixar de ser tratada como objeto passivo, passando a ser, como os adultos, titular de direitos juridicamente protegidos".

[248] MORAIS, José Luís Bolzan de; e AGRA, Waber de Moura. A jurisprudencialização da Constituição e a densificação da legitimidade da jurisdição constitucional. In: *Revista do Instituto de Hermenêutica Jurídica* – (Neo)constitucionalismo: ontem, os Códigos; hoje, as Constituições. Porto Alegre, 2004, p. 217.

mas, em outro (caso não exercida a função de pai por algum lapso temporal), será enjeitado como coisa.

O evento que deu origem genética e/ou afetiva ao ser humano é um acontecer em família, na medida em que ele "não é coisa ou substância, mas uma actividade vivida de permanente autocriação e incessante renovação".[249] Isso porque a genética, o afeto, o desafeto, a ontologia, não são em si mesmo algo psíquico, um estado interior, mas, sim, *um modo existencial*,[250] querendo-se dizer que os modos de ser-no-mundo tridimensional são fenômenos, existenciais, episódios, momentos, eventos, instantes, fatos, acontecimentos, que se mostram por si mesmos, sem qualquer ingerência normativa ou exercício da função paterna ou materna.

Não é só o pai que abre a entrada para o sujeito, garantindo o nome das coisas e a sua falta, e nem "o nome do pai" deve receber o tratamento de uma instituição, legitimando-o.[251] Isso porque não é o ser humano quem indica as coisas, a função de pai, de mãe, de filho. São as coisas que se revelam ao humano, o qual sempre está mergulhado na linguagem, na qual o mundo se apresenta,[252] sendo o lugar de onde ele fala e desde sempre se encontra.[253] Existência que pode ser compreendida é linguagem,[254] que, desde sempre, edifica e carrega as estruturas de realização e de formação do ser humano.

Não é tão só pela função de pai, como também pela palavra, pela linguagem, que as coisas chegam a ser e são,[255] porque, ao nascer, o ser humano é lançado em um mundo de significados e de valores, em um mundo pré-pronto, sendo por isso que ele não pode pensar como entidade neutra avaliadora da realidade.[256] A linguagem não pode ser objeto de pensamento, porque o ser humano não é sujeito, mas servo da linguagem, não se tornando o senhor dela, na qual ele repousa e só pode advir a partir dela, sendo ela que fala por meio dele, e não ele que a traga.[257]

Na relação paterno/materno/filial, pode ser utilizada a expressão "que nenhuma coisa é onde falta a palavra",[258] significando que não é unicamente o exercício da função

---

[249] BLANC, Mafalda de Faria. *Introdução à Ontologia. Coleção Pensamento e Filosofia.* Lisboa: Instituto Piaget, 1990, p. 110.

[250] HEIDEGGER, Martin. *Ser e Tempo.* 14.ed. Traduzido por Márcia Sá Cavalcante Schuback. Petrópolis: Vozes, 2005. Parte I, p. 61 e 189.

[251] BARROS, Fernanda Otoni de. Um Pai Digno de Ser Amado. Direito de família: a família na travessia do milênio. *Anais* do II Congresso Brasileiro de Direito de família. Rodrigo da Cunha Pereira (coordenador), Belo Horizonte, IBDFAM, OAB – Minas Gerais: Del Rey, 2000, p. 239, 243 e 244.

[252] GADAMER, Hans-Georg. *Verdade e Método I.* 6.ed. Petrópolis: Vozes, 2004, p. 581.

[253] LUCAS, Douglas César (Coord.). Hermenêutica filosófica e os limites do acontecer do direito numa cultura jurídica aprisionada pelo "procedimentalismo metodológico". In: *Olhares hermenêuticos sobre o Direito.* Ijuí: UNIJUÍ, 2006 p. 35.

[254] KUSCH, Martin. *Linguagem como cálculo versus linguagem como meio universal.* Traduzido por Dankwart Bernsmüller. São Leopoldo: Unisinos, 2003, p. 257, 265, 271, 273 e 276.

[255] HEIDEGGER, Martin. *Introdução à Metafísica.* Traduzido por Emmanuel Carneiro Leão. Rio de Janeiro: Tempo Brasileiro, 1969, p. 44.

[256] D'AGOSTINI, Franca. *Analíticos e continentais.* Traduzido por Benno Dischinger. Coleção Idéias. São Leopoldo: Unisinos, 2003, p. . 409 a 414.

[257] PIRES, Celestino. Deus e a Teologia em Martin Heidegger. In: *Revista portuguesa de filosofia.* Braga, jul.-dez. 1970. fase 3-4. Tomo XXVI, p. 42.

[258] HEIDEGGER, Martin. *O caminho da linguagem.* Rio de Janeiro: Vozes, 2003, p. 124, 191-193. A expressão *que nenhuma coisa é onde falta a palavra* foi extraída pelo autor em analogia ao poema de Stefan George, com o título *A palavra*, texto publicado em 1919, em que consta a expressão: *nenhuma coisa que seja onde a palavra faltar.*

de pai ou um ato volitivo, que poderá ser anulado a qualquer tempo, que vai estabelecer a paternidade/maternidade, e sim "a" palavra, pois "só onde há palavra é que há coisa" ou, dito de outro modo, "só a palavra concede o ser às coisas",[259] porquanto "é aprendendo a falar que crescemos, conhecemos o mundo, conhecemos as pessoas e por fim conhecemos a nós próprios".[260]

Não é unicamente a subjetividade do intérprete, o exercício da função de pai ou o reconhecimento da paternidade sob o manto genético que funda e que descreve as coisas, os objetos do mundo, e sim a intersubjetividade, a linguagem, a palavra, o modo de ser-pai, a condição de ser-mãe, o jeito de ser-em-família. Ter mundo é ter linguagem, querendo-se dizer que "o mundo, como meio universal de significado, não é um objeto, mas um todo não-matemático, no qual e pelo qual o ser humano (*Dasein*) vive".[261] O humano é um ser[262] vivendo na linguagem,[263] pelo que tudo o que existe no mundo é produção de uma linguagem, que nos antecede, nada podendo ser existente, identificado, expressado sem a utilização de uma linguagem.

Muito antes de nascer, viver, legislar, compreender, interpretar, brincar, estudar, trabalhar, amar, odiar, (des)casar, (des)conviver, exercer a função de pai, de mãe, de filho ou de reconhecida a paternidade afetiva, o ser humano já sempre habitou na linguagem familiar, o que quer dizer que "a linguagem nasce do ser e com o ser, que é o modo como o homem primeiro compreende a si e às coisas".[264] O ser humano não apenas possui linguagem, mas é linguagem[265] familiar tridimensional, independentemente do exercício ou não da função paterna, materna, filial, parental ou de reconhecimento de filho unicamente pelo liame biológico.

Não é exclusivamente o exercício da função de pai, de mãe, de filho, de irmão, de parentalidade, de conjugalidade, de convivencialidade ou de qualquer conduta humana que devem ser elevados a uma instituição, porque quem abre a entrada para o sujeito, garantindo o nome às coisas e a sua falta é a *linguagem familiar, as cargas pré-genéticas, pré-afetivas e pré-ontológicas*, que já estão imersas, desde sempre, por meio da tradição histórica da família, na condição humana tridimensional.

Um exemplo pode ser citado: quando da adoção judicial, adoção à brasileira, reconhecimento voluntário ou judicial da filiação, do filho de criação e de qualquer espécie de relacionamento em que haja nascimento de humano genético ou afetivo, *não há* necessidade do exercício de qualquer função familiar ou de reconhecer o filho apenas

[259] ZARADER, Marlène. *Heidegger e as palavras de origem.* Tradução de João Duarte. Lisboa: Instituto Piaget, 1990, p. 239 e 267.

[260] GADAMER, Hans-Georg. *Verdade e Método II.* 2.ed. Traduzido por Enio Paulo Giachini. Petrópolis: Vozes, 2004, p. 176.

[261] KUSCH, Martin. *Linguagem como cálculo versus linguagem como meio universal.* Traduzido por Dankwart Bernsmüller. São Leopoldo: Unisinos, 2003, p. 174.

[262] LEIRIA, Maria Lúcia Luz. *O acesso à jurisdição e a garantia do crédito-débito tributário para impugnar a execução fiscal: uma releitura hermenêutica.* Disponível em www.revistadoutrina.trf4.gov.br/index.revistadoutrina.trf4. Acesso em 12.07.2005. Invocando Heidegger, afirma que "o ser é algo autônomo e independente que se dá em seu sentido, ou seja, não há uma definição do ser, e sim há sempre uma experiência de seu sentido, porque o tempo o faz velar e desvelar-se".

[263] GADAMER, Hans-Georg. *Verdade e Método II.* 2.ed. Traduzido por Enio Paulo Giachini. Rio de Janeiro: Vozes, 2004, p. 173.

[264] STEIN, Ernildo. *Uma breve introdução à Filosofia.* Ijuí: UNIJUÍ, 2002, p. 55.

[265] ROHDEN, Luiz. Hermenêutica e linguagem. In: *Hermenêutica filosófica. Nas trilhas de Hans-Georg Gadamer.* Porto Alegre: EDIPUCRS, 2000, p. 192.

se genético, uma vez que os modos de ser-em-família perfectibilizam-se antes da concepção genética e/ou afetiva do ser humano. Isso porque se o mensageiro já vem sempre com a mensagem, mas também já deve ter ido até a mensagem,[266] da mesma forma na relação sexual, assexual ou no reconhecimento da paternidade afetiva, o material genético e o modo de ser-pai, de ser-em-família já desde sempre vem com a mensagem do mundo biológico e/ou afetivo do filho. O mensageiro (o pai e/ou a mãe) já foi(ram), antes da concepção, até a mensagem (o relacionamento sexual ou assexual e o acolhimento da paternidade afetiva).

Não há sequer necessidade de registro ou de exercício da função de pai para averiguar se houve afetividade, na medida em que isso ocorre no momento em que o pai ou a mãe decide ser pai, ser mãe, não importando a sua origem (genética, afetiva, sexual ou assexual). Isso ocorre porque o jeito de ser-pai, de ser-mãe, de ser-em-família, está delineado muito antes do registro e/ou do exercício da função de pai, de mãe. Um exemplo pode ser extraído inclusive da normatização genética do ser humano, à medida que o artigo 1.610 do Código Civil diz que "o reconhecimento não pode ser revogado, nem mesmo quando feito em testamento". Esse reconhecimento da paternidade/maternidade não é, de modo algum, na qualidade de o filho ser genético, porque alguém pode, via testamento, admitir a paternidade/maternidade de outrem sem se importar nem comprovar que se cuida de filho biológico.

Ques dizer: a) proibir o ser humano de investigar a paternidade/maternidade genética; b) possibilitar a negação da filiação/paternidade/maternidade afetiva; c) acobertar os pais no anonimato; d) impossibilitar a condução do investigado na produção do exame genético em DNA, são chagas sociais dos últimos milênios causadas pela metafísica, filosofia da consciência, método supremo da subjetividade, que têm por objetivo a eternização da entificação, da objetificação, da coisificação, da monetarização, da mercantilização e normatização dos existenciais genético, afetivo e ontológico.

Vê-se que faz parte da condição humana o direito de conhecer e ser a tridimensionalidade, já que se cuida da própria evolução civilizatória, da origem, do princípio, da observância da isonomia, da diversidade, da moral e da ética entre os seres humanos. Isso quer dizer que no mundo ocidental há necessidade de ser inicializada uma autêntica revolução científica, no sentido kuhniano, para que seja revisitado o pensamento metafísico da impossibilidade de o ser humano identificar o seu princípio genético e afetivo, não importando a forma em que veio e como vive no mundo humano.

Não é sem razão que Heidegger[267] *se rebela contra o esquecimento do ser do ser humano*, de sua transformação em simples vapor, como disse Nietzsche, certificando que nenhuma catástrofe no planeta seria comparável à privação de "toda a possibilidade de dizer e compreender a palavra 'é'", porque, para Heidegger, "basta que o homem (o ser humano) 'viva' e atue 'próximo da vida', 'próximo da realidade'", uma vez que,

[266] HEIDEGGER, Martin. *A caminho da linguagem.* Traduzido por Márcia Sá Cavalcante Schuback. Rio de Janeiro: Vozes, 2006, p. 117.

[267] HEIDEGGER, Martin. *Heráclito.* Traduzido por Marcia Sá Cavalcante Schuback. 3.ed. Rio de Janeiro: Relume Dumará, 2002, p. 96 e 97. Nas p. 74 e 75, o autor esclarece que a palavra "é" é uma derivação da palavra "ser", e ser "é a palavra de todas as palavras", e "como a palavra de todas as palavras, a palavra ser é, portanto, propriamente, a palavra-originária-do-tempo. Como palavra de todas as palavras, ser, esta palavra-do-tempo nomeia 'o tempo de todos os tempos'. Ser e tempo pertencem um ao outro de maneira originária".

como diz Wilhelm von Humbolt, *o ser humano é: ser humano.*[268] Isso, em linguagem familiar, quer dizer que o ser humano "é": é um ser humano, genético, afetivo e ontológico, e não uma coisa, um objeto, uma mercadoria, e que o ser do ser humano somente poderá ser compreendido dentro de sua condição humana tridimensional e temporal, já que ninguém é dono do tempo, mas, pelo contrário, todos somos servos da linguagem e do tempo de todos os tempos.

Em decorrência, o artigo 1.601 do Código Civil[269] e a cultura jurídica postam-se frontalmente contra toda a principiologia constitucional, principalmente da dignidade e da condição humana tridimensional, ao permitir que alguém possa afastar algum dos três mundos do ser humano, com a interposição de ação negatória de paternidade/maternidade. Isso seria o mesmo que fomentar a família como uma aquisição de propriedade e de posse, renunciável e transferível, a qualquer tempo, cuja linguagem é lembrada pela tradição histórica do direito de família romano, em que o homem tinha o poder de vida e de morte sobre a esposa, filhos e escravos.

O tempo, o senhor dos seres vivos em geral, inclusive dos humanos, denunciou esse equívoco, trazendo ao Brasil a isonomia não apenas entre os cônjuges, mas também entre todos os membros da família, não importando se originários da biologia ou da afetividade. Quero dizer que o modo de ser-em-família não é efetivado dentro do mundo genético normatizado, o mundo das necessidades dos seres vivos em geral, em que sequer há vida humana, pois uma família é compreendida no âmago dos mundos genético, afetivo e ontológico, onde a linguagem se manifesta, transformando o mero ser vivo genético em ser humano. Numa só palavra, uma vez reconhecida/declarada a paternidade/maternidade, nenhum ser humano deveria negá-la/revogá-la, sob pena de afastar a condição humana tridimensional, a própria existencialidade, o princípio, a gênese, a aurora do mundo humano biológico e afetivo.

Essa linguagem somente será compreendida se o intérprete aceitar a paternidade/maternidade tridimensional para além de toda compreensão, mediante a pré-compreensão do círculo hermenêutico, a suspensão de seus preconceitos, a fusão de horizontes e a tradição da família. Dito de outro modo, a paternidade/maternidade "é" o próprio ser humano; o ser humano "é" a paternidade/maternidade, porque ambos são existências, pelo que promover a negação da paternidade genética, afetiva e ontológica é afastar a própria essência humana, que é a existência, cuja essência é, em família, por exemplo, a liberdade, o direito a ter dois pais e duas mães, com a acumulação de todos os direitos da existencialidade.

A cultura jurídica deve reconhecer todas as hipóteses de investigação de paternidade (genética, afetiva, natural e medicamente assistida), simultaneamente, acrescendo-se os seus efeitos jurídicos, impedindo, portanto, a negação da paternidade genética e afetiva e, em decorrência, da dignidade e da existência humana. Caso contrário, apenas será possível compreender alguns fragmentos da essência do ser humano (a normatização genética ou afetiva ou ontológica), e, se o ser humano for somente fragmento normativo da compreensão existencial genética, qualquer tentativa de reconstituir o todo (a tridimensionalidade) ficará entregue a arbitrariedades. Portanto, ou compreendemos o

---

[268] HEIDEGGER, Martin. *A caminho da linguagem.* Traduzido por Márcia Sá Cavalcante Schuback. Rio de Janeiro: Vozes, 2003, p. 07.

[269] Artigo 1.601 do Código Civil: "Cabe ao marido o direito de contestar a paternidade/maternidade dos filhos nascidos de sua mulher, sendo tal ação imprescritível. Parágrafo único: Contestada a filiação, os herdeiros do impugnante têm o direito de prosseguir na ação".

ser humano como um todo, ou nele não será possível compreender sequer algum fragmento de iluminação do todo do ser humano, e sim apenas uma coisa, uma mercadoria, portanto, objetificado, desalojado do mundo humano, um vivente do mundo dos seres vivos em geral.

A filiação socioafetiva é tão irrevogável quanto a biológica, pelo que ambas devem manter-se incólumes, com o acréscimo de todos os direitos dessa relação de parentesco, já que faz parte da trajetória da vida, dos modos de ser-no-mundo-genético, de ser-no-mundo-(des)afetivo e de ser-no-mundo-ontológico do ser humano.

Com esse pensamento, conclui-se que a negatória da filiação perdeu seu referencial, sua linguagem biológica e normatizada, visto que a base principiológica do ser humano é genética, afetiva e ontológica, um modo existencial. É dizer, em vista da necessidade de o ser humano conhecer os seus modos de ser-no-mundo-genético, de ser-no-mundo-(des)afetivo e de ser-no-mundo-ontológico, não será mais possível a revogação desses três mundos, porquanto a família saltou de um comportamento, para um modo de ser-no-mundo, que é irrevogável, indisponível, imprescritível, intangível, irrenunciável.

14. Desnecessidade de processo judicial de separação judicial, divórcio, dissolução da união estável ou outro modo de ser-em-família

De acordo com o artigo 226, § 6º, da Constituição, "o casamento civil pode ser dissolvido pelo divórcio, após prévia separação judicial por mais de um ano nos casos previstos em lei, ou comprovada separação de fato por mais de dois anos". O comando constitucional é bem claro quando exige, para o divórcio indireto, mais de um ano de prévia *separação judicial*, e, para o divórcio direto, mais de dois anos de *separação de fato*.

Como não é a lei, mas, sim, o desafeto, o desamor, o fim do mundo afetivo que rompe a conjugalidade e a convivencialidade, não deveria ser normatizado qualquer prazo para a dissolução da família. É o que tem sido reclamado,[270] porque o Poder Judiciário teria sido transformado em palco de uma verdadeira encenação, limitando-se a chancelar a vontade das partes, porque, para casar, basta a manifestação da vontade, o que pode ser promovido até por procuração, pelo que, para descasar, não devem ser exigidas maiores formalidades do que para casar, havendo necessidade, assim, de

> questionar a legitimidade do Estado em se opor à vontade de pessoas maiores, capazes e no pleno exercício de seus direitos. Não se pode olvidar que o cânone maior da ordem constitucional é o respeito à dignidade da pessoa humana, que se cristaliza no princípio da liberdade. Dizer que o bem maior é preservar os sagrados laços do matrimônio é proceder a uma inversão valorativa não chancelada pelos direitos humanos, que dão prevalência ao indivíduo, até porque o casamento não mais existe. Se livremente casaram, inquestionável que deveriam dispor da mesma liberdade para pôr fim ao casamento.

[270] DIAS, Maria Berenice. O fim do fim sem fim. In: Direitos fundamentais do Direito de família. Belmiro Pedro Welter e Rolf Hanssen Madaleno (Coordenadores). Porto Alegre: Livraria do Advogado, 2004.

Isso quer dizer que "sem a convivência, rompido de fato o vínculo, inexiste casamento gerando direitos e obrigações",[271] na medida em que não é o procedimento de habilitação, a separação judicial, o divórcio, a dissolução da união estável ou outro modo de ser-em-família, e sim o início e o fim do mundo afetivo que (des)constitui a família, querendo-se dizer que é a linguagem humana do início ou do fim do mundo afetivo que (de)marca a fronteira da (des)união familiar.

O casamento e a união estável situam-se dentro do mundo afetivo, pelo que o fim do afeto é o fim do mundo, mas somente do mundo afetivo, da comunhão plena de vida afetiva, não sendo razoável manter o liame jurídico entre duas pessoas que não mais dialogam na mesma linguagem, mantendo-se acorrentados ao mundo do desafeto.

É por isso que o ser humano, para manter-se humano, precisa libertar-se desse i-mundo[272] conjugal e/ou convivencial, porque a entidade familiar é um pacto de afeto, e não um pacto de morte ou até que a lei os separe, sob pena de ser mantida a coisificação do ser humano, confinando os cônjuges ou conviventes ao mundo dos interesses monetários, do instinto, da genética, confiscando-lhe o direito de habitar, ao mesmo tempo, a tridimensionalidade humana.

Porém, como o ser humano e a família convivem em sociedade, a qual, mediante uma democracia laica e representativa, decidiu que é de competência exclusiva do Poder Legislativo elaborar as leis, é preciso a elaboração de emenda constitucional para retirar da Constituição a necessidade de separação e de divórcio judicial.

15. A culpa no direito de família tridimensional

A discussão sobre a culpabilidade em família viola os modos de ser-no-mundo-genético, de ser-no-mundo-(des)afetivo e de ser-no-mundo-ontológico, isso porque a família não se aloja unicamente no mundo genético, o mundo das necessidades biológicas, o mundo dos instintos. Os membros da família também habitam o mundo (des)afetivo, no qual se constitui e desconstitui a família, a parentalidade, a conjugalidade, a convivencialidade, pelo que a lei não deveria ter o poder de unir ou desunir a família, e sim os episódios de afeto ou de desafeto, em que se apresenta a realidade do início e do fim do mundo (des)afetivo.

Para evitar que o ser humano seja objetificado, monetarizado, deve-se abolir qualquer discussão de culpa no direito de família, porque o texto não é conduzido por um processo, um agir procedural, visto que é impossível "o legislativo (a lei) poder antever todas as hipóteses de aplicação. Assim, na medida em que o Direito é uma ciência prática, o centro da discussão inexoravelmente sofre um deslocamento em direção ao mundo prático",[273] a realidade do mundo da vida.

[271] PEREIRA, Sérgio Gischkow. A separação de fato dos cônjuges e sua influência nos bens adquiridos posteriormente. In. *Revista da Ajuris* 56, p. 259-267.

[272] I – mundo quer dizer sem mundo humano, mas apenas mundo natural, dos demais seres vivos, que habitam apenas no mundo genético, e não no mundo afetivo e ontológico, em que o ser vivo homem se transforma em humano.

[273] STRECK, Lenio Luiz. *Verdade & Consenso.* Rio de Janeiro: Lumen Juris, 2006, p. 01.

A complexidade do conceito de culpa,[274] estende-se até a morte do ser humano, permitindo identificá-la como um estigma, um sinal, uma marca, uma cicatriz, aquilo que assinala.[275] As origens da inserção da culpa decorrem do patriarcalismo da família antiga, em que o pai é reconhecido, ao mesmo tempo, como aquele que interdita, que limita, que é a lei e, por isso mesmo, é sagrado.

As culpas acompanham o ser humano desde a infância, expressadas de forma inconsciente.[276] Para o fundador da Psicanálise, Sigmund Freud,[277] a linguagem da culpa acomete todos os seres humanos desde a mais tenra idade, decorrendo do crime primordial (parricídio),[278] que, por sua vez, origina a lei universal (lei do incesto). Essa teoria freudiana foi chamada por Melanie Klein de "Édipo precoce", a partir da psicanálise em crianças,[279] cuja linguagem de culpa assombra o inconsciente dos seres humanos desde a infância, quando a criança passa a sentir emoções conflitantes com relação aos seus pais, já que, num momento, os ama, mas, em outro, os odeia.[280]

É lembrado[281] que na teoria edipiana está a origem da culpa, presente nas relações familiares, tendo em vista que o parricídio e o incesto são frustrados pela lei da castração e, a partir de então, a criança se vê acometida por sentimentos contraditórios de amor e ódio, em relação a seus pais, que a fazem se sentir culpada.

---

[274] SILVA, De Plácido e. *Vocabulário Jurídico.* 18.ed. Rio de Janeiro: Forense, 2001, p. 233. "Derivado do latim culpa (falta, erro cometido por inadvertência ou por imprudência), é compreendido como a falta cometida contra o dever, por ação ou por omissão...".

[275] FERREIRA, Aurélio Buarque de Holanda. *Novo Dicionário Aurélio da Língua Portuguesa.* 2.ed. Rio de Janeiro: Nova Fronteira, 1994, p. 721.

[276] FERREIRA, Verônica A. da Motta Cezar. A culpa nas separações conjugais, vista sob uma ótica psicojurídica. In: *III Congresso Ibero-Americano de Psicologia Jurídica, 2000, São Paulo.* Anais. São Paulo, 2000.

[277] KAUFMANN, Pierre. *Dicionário Enciclopédico de Psicanálise: o legado de Freud e Lacan.* Traduzido por: Vera Ribeiro *et al.* Marco Antônio Coutinho Jorge (consultoria). Rio de Janeiro: Jorge Zahar Ed., 1996, p. 104-110.

[278] SILVA, De Plácido e. *Vocabulário Jurídico.* 18.ed. Rio de Janeiro: Forense, 2001, p. 589. "Do latim *parricidium, de parens* (pai e mãe) e *caedere* (matar) originariamente quer significar homicídio praticado pelo filho na pessoa de seu pai ou de sua mãe. É o crime de matar pai ou de matar mãe".

[279] KAUFMANN, Pierre. *Dicionário Enciclopédico de Psicanálise: o legado de Freud e Lacan.* Traduzido por: Vera Ribeiro *et al.* Marco Antônio Coutinho Jorge (consultoria). Rio de Janeiro: Jorge Zahar Ed., 1996, p. 140. "... o complexo de Édipo operava ao longo de toda a primeira infância, antes de culminar e se resolver, por ocasião do estágio genital, entre três e cinco anos: daí sua noção de 'Édipo precoce', ou de 'estádios precoces do complexo de Édipo'".

[280] KLEIN, Melanie. *Amor, culpa e reparação e outros trabalhos.* Traduzido por: André Cardoso. Rio de Janeiro: Imago 1996, p. 350-351. Quanto ao sentimento de culpa, afirma a autora que: "Esse sentimento surge do medo inconsciente de ser incapaz de amar os outros de verdade ou de forma suficiente e, principalmente, de não conseguir dominar seus próprios impulsos agressivos: essas pessoas têm medo de ser um perigo para aquele que amam". Quanto ao sentimento contraditório, que acarreta num sentimento de culpa, sentido pela criança com relação aos pais, relata a escoliasta: "Um desenvolvimento correspondente ocorre no menino, que logo sente desejos genitais em relação à mãe e sentimentos de ódio contra o pai, encarado como rival. Entretanto, nele também surgem desejos genitais voltados para o pai, que são a raiz do homossexualismo nos homens. Essas situações geram muitos conflitos: a menina, apesar de odiar a mãe, também a ama; o menino ama o pai e gostaria de poupá-lo do perigo criado pelos seus impulsos agressivos. Além disso, o principal objeto de todos os desejos sexuais – no caso da menina, o pai, no do menino, a mãe – também provoca ódio e a vontade de vingança, pois esses desejos são frustrados".

[281] WELTER, Sandra Regina Morais. *A secularização da culpa no direito de família.* Monografia de conclusão da graduação em Direito, pela Universidade do Alto Uruguai e das Missões (URI, Santo Ângelo), em 2005.

Desde a origem da família, as religiões – religião doméstica (antepassados), religião monoteísta (Pai) e religião católica (Filho) – contribuíram para a solidificação da culpa nas relações familiares ocidentais, ao impor à família todas as suas regras morais, ditando o que era proibido – e quase tudo era proibido, especialmente para as mulheres e os filhos –, quais os tipos de libações (oferendas) que deveriam ser ofertadas aos antepassados, aos deuses, ao Pai e ao Filho, prescrevendo sanções terrenas e divinas para o caso do não-cumprimento dos preceitos religiosos, do tipo "não separe o homem o que Deus uniu",[282] cujo exemplo é o ato de contrição, ao proclamar que o culpado merece ser castigado neste mundo (terreno) e no Outro (divino).

A religião judaico-cristã é a responsável pela introdução no universo familiar do estigma da culpa, que teria sido desencadeado pelo chamado pecado original.[283] Relata o texto bíblico que o pecado original[284] ocorreu devido à desobediência às leis de Deus pela mulher e pelo homem, que, induzidos pela serpente, comeram o fruto proibido (a maçã?). Daí houve a queda do homem diante dos olhos de Deus que, se referindo à mulher, disse: "multiplicarei sobremodo os sofrimentos da tua gravidez; em meio de dores darás à luz filhos: *o teu desejo será para o teu marido, e ele te governará*"; e, voltando-se para Adão, afirmou: "*visto que atendeste à voz de tua mulher*, e comeste da árvore que eu te ordenara não comesses: maldita é a terra por tua causa: em fadigas obterás dela o sustento durante os dias de tua vida".[285]

A culpa conjugal/convivencial *judicial*, por sua vez, é a imputação e a atribuição de fato pelo descumprimento de um dever do casamento, da união estável ou outros modos de ser-em-família, por um ou ambos os cônjuges/conviventes/membros da família.[286] Porém, há diferença entre as culpas psicológica e judicial, uma vez que, na culpa psicológica, a pessoa se sente culpada por uma ação ou omissão na perquirição da culpa conjugal, pelas mais diversas razões, sejam legais, ou sentimentais, por vingança, imputa-se ao outro cônjuge/companheiro um determinado ato comissivo ou omissivo, procurando atribuir-lhe toda a culpa pela dissolução do mundo afetivo, na tentativa de se livrar de seu próprio sentimento de culpa.

É inaceitável que o direito de família albergue dispositivo legal que tenha conteúdo do direito das coisas, do direito obrigacional, do direito penal, pois o modo de ser-em-família se baseia na linguagem do amor, afeto, confiança, amizade, solidariedade, carinho, igualdade, desejo de felicidade, liberdade de opção e a aceitação da igualdade

---

[282] CAHALI, Yussef Said. *Divórcio e Separação.* 6.ed. São Paulo: Revista dos Tribunais, 1991.p. 27. Tomo I.

[283] SANTOS, Luiz Felipe Brasil. A Separação Judicial e o Divórcio no Novo Código Civil Brasileiro. In: *Revista Brasileira de Direito de família.* Porto Alegre: Síntese, IBDFAM, v. 3, n. 12, jan./mar., 2002, p. 148, lembrando Gustavo Tepedino.

[284] OSÓRIO, Luiz Carlos. *Família Hoje.* Porto Alegre: Artes Médicas, 1996, p. 48-49). "A noção de 'pecado', vinculada ao desejo e à atividade sexual, permeia toda a história da cristandade, desde o mito de Adão e Eva até o dogma da imaculada concepção de Maria. Na fé católica, a virgindade, a castidade, a renúncia aos prazeres da carne e o celibato são associados à idéia de santidade e de salvação religiosa, sendo a quebra dos preceitos, com relação à interdição do sexo fora das finalidades de procriação da espécie, considerada uma violação dos mandamentos da Igreja".

[285] BÍBLIA CATÓLICA. *Antigo e Novo Testamento.* Traduzido por Padre Antônio Pereira de Figueiredo. Difusão Cultural do Livro. Gênesis, 3: 16 e 17.

[286] FERREIRA, Verônica da Motta Cezar. A culpa nas separações conjugais, vista sob uma ótica psico-jurídica. In: *III Congresso Ibero-Americano de Psicologia Jurídica, 2000, São Paulo.* Anais. São Paulo, 2000. "A separação, salvo casos especialíssimos, não suporta 'culpado' solitário, porque decorre da recursividade da relação, da dinâmica construída pelo par".

e da diversidade humana tridimensional. Isso demonstra que o Direito estatal ainda não está imune aos dogmas religiosos, não tendo sido completamente laicizado, urbanizado nem humanizado.

O legislador e a comunidade jurídica, de um modo geral, embora sabendo que o processo objetifica o ser humano, relutam em aceitar que a presença e a ausência de afeto é a única causa de constituição e dissolução da comunhão plena de vida genética, afetiva e ontológica. É suficiente, portanto, o comparecimento ao Cartório de Registro Civil para manifestar a intenção de casar ou conviver, assim como para dissolver a vida conjugal ou convivencial, não importando se consensual ou litigiosa. O casamento, a união estável, a família, situam-se dentro do mundo afetivo, pelo que o fim do afeto é o fim do mundo afetivo, não sendo razoável manter o liame jurídico entre duas pessoas que não mantêm o diálogo pela linguagem afetiva, acorrentando-os a um mundo que não mais existe.

O humano, para manter-se humano, precisa libertar-se desse i-mundo conjugal ou convivencial, cuja manutenção jurídica, de forma coercitiva, de duas pessoas que não ocupam o mesmo espaço no mundo afetivo, faz com que ocorra o confinamento do mundo ontológico, confiscando-lhe, portanto, parte da condição humana tridimensional.

Continua vigendo no Brasil, em pleno século XXI, o velho e surrado discurso da posse e da propriedade que os cônjuges ou conviventes exercem um sobre o outro, quando é impedido o exercício da liberdade de casar, de descasar, na exigência da discussão da culpa, de dano moral, de um processo para o filho afetivo relacionar-se em família. A realidade social demonstra, diariamente, que os homens, devido a esse pré-conceito de posse e de propriedade, causam violência doméstica e familiar, inclusive de morte, quando suas (ex)mulheres não se curvam aos seus preconceitos.

Propaga-se[287] a idéia equivocada de que a dissolução do casamento, da união estável, da família, acarreta diversos problemas psicológicos, pois representariam: a) um não ter razões; b) um não te quero; c) uma arbitrariedade; d) a redução do cônjuge ou convivente a objeto; e) o repúdio ao outro cônjuge ou convivente, idêntico ao existente no direito romano, havendo, pois, "uma ofensa ao pacto, e de rejeição, como ofensa à pessoa, um retrocesso a estágios arcaicos da cultura e da civilização", na medida em que, segundo Sant Exupéry, "cada qual é responsável por quem cativa".

Contudo, esses pensamentos não se coadunam com a tridimensionalidade humana nem com o moderno direito de família, pelo seguinte:

a) ao casar ou conviver, nenhum dos cônjuges ou conviventes declina suas razões, que estão implícitas no modo de edificar uma comunhão plena de vida genética, afetiva e ontológica, tendo em vista que a família não é um comportamento, um agir, mas um modo de ser-em-família;

b) o repúdio ao cônjuge, oriundo do direito romano, somente era direito do homem, mas, atualmente, qualquer um dos cônjuges ou conviventes pode afastar-se da vida conjugal ou convivencial, o que não significa repúdio, e sim o exercício do direito de liberdade de descasar, desconviver. É preciso compreender que o picadeiro familiar

---

[287] PELUSO, Antonio Cezar. O desamor como causa da separação. In: *Aspectos psicológicos na prática jurídica. Campinas-SP:* Millennium, 2002, p. 419 a 427.

não foi edificado sob a cláusula "até que a morte os separe", mas até que o desafeto os separe;[288]

c) a família não é um pacto de morte, e sim um pacto de amor, mas somente enquanto durar o mundo afetivo, e não enquanto durar a vida humana, não se podendo estipular qualquer prazo de duração, devido aos acontecimentos, aos eventos, da montanha da vida, os modos de ser-no-mundo-genético, de ser-no-mundo-(des)afetivo e de ser-no-mundo-ontológico;

d) se é certo que cada ser humano é responsável pelo Outro que cativa, também é correto que essa responsabilidade não é ilimitada, absoluta, eterna, canônica, porque perdura enquanto qualquer um dos membros da família estiver cativado. É dizer, o humano que cativa o Outro é responsável pela higidez dos mundos genético, afetivo e ontológico, mas somente enquanto durar o modo de ser-em-família, sob pena de objetificar o membro familiar, obrigando-o a conviver em um mundo desafetivo;

e) a dissolução do casamento, da união estável, da família, não caracteriza um retrocesso dos direitos fundamentais pessoais ou sociais, mas, ao contrário, manter o membro da família confinado no mundo conjugal, mesmo quando findo o mundo do amor, é expropriar os direitos fundamentais aos mundos afetivo e ontológico daquele que não tem mais o modo de ser afetivo em família e, principalmente, a sua liberdade, que é a essência da vida;

f) o descasar, o desconviver, o dissolver a família, não transforma o outro cônjuge ou convivente em coisa, em objeto, mas, pelo contrário, quem, de forma compulsiva, impede o fim do mundo afetivo é quem está coisificando, objetificando, o ser humano que pretende libertar-se do cárcere conjugal, convivencial, familiar, porquanto se eu insisto para que outra pessoa se ajuste a mim, "não a estarei tomando como pessoa, mas como instrumento; e, mesmo que eu me ajuste a mim próprio, estarei usando a mim mesmo como objeto";[289]

g) para quem não quer descasar ou desconviver, o casamento representa a aliança, o pacto afetivo, o símbolo do amor, do compromisso conjugal, convivencial, familiar, mas, para quem não nutre mais o afeto, não convivendo no mesmo mundo afetivo, essa aliança, esse pacto, representa as algemas, a desumanização do humano, a morte dos mundos afetivo e ontológico;

h) não há dúvida alguma de que o fim do amor é o fim do mundo! Só que esse fim de mundo não é o fim do mundo genético, não é fim da vida humana, mas, sim, o fim do mundo conjugal, convivencial, familiar, que, a qualquer momento, poderá ser (re)constituído, porque o ser humano não *é*, e sim *está*, em certos momentos, afetivo e/ou desafetivo, porquanto ele é um evento, dimensão existencial tridimensional.

16. O dano moral no direito de família tridimensional

Questão que merece maiores esclarecimentos é quanto a possibilidade de ser concedida indenização por dano moral entre os membros da família. No cenário jurídico

[288] A expressão desafeto é tomada no sentido de ausência de afeto, e não de inimigo, adversário.

[289] MAY, Rollo. *A Descoberta do Ser: estudos sobre a psicologia existencial.* Traduzido por: Cláudio G. Somogyi. 4.ed. Rio de Janeiro: Rocco, 2000, p. 139 a 141.

brasileiro, ocorrem, por exemplo, manifestações favoráveis[290] à indenização por danos sofridos pelo cônjuge inocente, por infração aos deveres do casamento e da união estável[291] e por abandono moral, intelectual e material.[292]

Não se cuida de matéria nova nem pacífica,[293] na medida em que é sustentado o dever de indenizar por dano moral na constância do casamento e da união estável nos casos de crimes de homicídio, crime contra a honra, lesões corporais;[294] contaminação pelo vírus da Aids;[295] falta do dever de assistência material; tentativa de morte; injúrias graves;[296] lesão deformante; abandono injustificado da família; maus-tratos; transmissão de doença venérea;[297] incapacidade física;[298] negligência ao estado de saúde da mulher, permitindo que ela desenvolva moléstia;[299] sevícias; difamação; injúria[300] e, inclusive, pela ausência da convivência em família.[301]

Examinando os exemplos a seguir citados, percebe-se que as infrações aos deveres do casamento, da união estável e do poder/dever familiar (artigos 1.566 e 1.724 do CC) são, na verdade, *condutas delituosas*. É dizer, o que se reclama não é indenização devido à desobediência aos deveres conjugais, convivenciais ou parentais, mas, sim, porque houve o cometimento de crime de um membro familiar contra o outro. Esse dano não se indeniza pela razão de ter ocorrido na constância do conjugalidade, convivencialidade ou da parentalidade, visto que, se a conduta delituosa ocorrer fora do âmbito familiar,

---

[290] MADALENO, Rolf. Divórcio e Dano Moral. *Revista do Direito de família* 01, n. 02, p. 60-5.

[291] CAHALI, Yussef Said. *Divórcio e Separação.* 8.ed. São Paulo: Revista dos Tribunais, 1995, p. 953.

[292] MINAS GERAIS. Tribunal de Justiça. Apelação Cível nº 408.550-5. 7ª Câmara Cível. Em 01.04.2004. Relator: UNIAS SILVA. In: *Revista Brasileira de Direito de família* nº 24, p. 110 a 113. Diz o relator: "O apelante foi, de fato, privado do convívio familiar com seu pai, ora apelado. Até os seis anos de idade, o ora apelante manteve contato com seu pai de maneira razoavelmente regular. Após o nascimento de sua irmã, a qual ainda não conhece, fruto de novo relacionamento conjugal de seu pai, este se afastou definitivamente. Em torno de quinze anos de afastamento, todas as tentativas de aproximação efetivadas pelo apelante restaram-se infrutíferas, não podendo desfrutar da companhia e dedicação de seu pai, já que este não compareceu até mesmo em datas importantes, como aniversários e formatura. Assim, ao meu entendimento, encontra-se configurado nos autos o dano sofrido pelo autor, em relação à sua dignidade, a conduta ilícita praticada pelo réu, ao deixar de cumprir seu dever familiar de convívio e educação, a fim de, através da afetividade, formar laço paternal com seu filho e o nexo causal entre ambos".

[293] BRASIL. Tribunal de Justiça do Rio de Janeiro. Apelação Cível nº 14156/98, 14ª Câmara Cível. Relator: Marlan de Moraes Marinho. 13.05.99.

[294] BITTAR, Carlos Alberto. *Reparação civil por danos morais.* 3.ed. São Paulo: Revista dos Tribunais, 1998, p. 188-9.

[295] CRISPINO, Nicolau Eládio Bassalo. Responsabilidade Civil dos Conviventes. In: *A Família na Travessia do Milênio – II Congresso Brasileiro de Direito de família, 2000, Belo Horizonte.* Anais. (coord.) Rodrigo da Cunha Pereira. Belo Horizonte: Del Rey, 2000, p. 116-7.

[296] SANTOS, Regina Beatriz Tavares da Silva Papa dos. *Reparação civil na separação e no divórcio.* São Paulo: Saraiva, 1999, p. 153-154.

[297] REI, Cláudio Alexandre Sena. *Danos morais entre cônjuges.* Disponível em: www.jus.navigandi.com.br. Acesso em: 03.03.2001.

[298] CAHALI, Yussef Said. *Dano Moral.* 2.ed. São Paulo: Revista dos Tribunais, 1999, p. 670.

[299] DIAS, José de Aguiar. *Da Responsabilidade Civil.* 10.ed. 11995. Rio de Janeiro: Forense, p. 382. Tomo II, § 160.

[300] CAHALI, Yussef Said. *Dano moral.* 2.ed. São Paulo: Revista dos Tribunais, 1999, p. 668 a 670.

[301] MINAS GERAIS. Tribunal de Justiça. Apelação Cível nº 408.550-5. 7ª Câmara Cível. Em 01.04.2004. Relator: UNIAS SILVA. In: *Revista Brasileira de Direito de família* nº 24, p. 110 a 113.

também caberá a indenização, porquanto, pelo enfoque de Pontes de Miranda, o amor não escusa o delito.[302]

Nos julgados consultados, a indenização de dano moral em família foi concedida devido à ocorrência de ilícito penal, e não devido à infração aos deveres constantes dos artigos 1.566 e 1.724 do Código Civil, conforme se infere dos seguintes exemplos:

a) Em julgamento no Tribunal de Justiça do Rio Grande do Sul, em 1981, foi decidido que é cabível a indenização de dano moral quando o marido espanca a esposa, bárbara e violentamente, chegando a fraturar-lhe um braço,[303] havendo, assim, a presença de ilícito penal que ensejou o pedido de indenização;

b) Dois acórdãos são citados,[304] oriundos do Tribunal de Justiça de São Paulo, em que houve a concessão de indenização de dano moral na constância do casamento, em decorrência do contágio do cônjuge pelo vírus da Aids e ao abandono da mulher que estava grávida, que perdeu o emprego e sofreu aborto. Esses dois casos comprovam que não houve tão só infração aos deveres do casamento, mas conduta delituosa (artigo 121, c/c artigo 14, II, tentativa de homicídio pela transmissão do vírus da Aids, artigo 125, aborto, e artigo 244, abandono material, todos do Código Penal);

c) No Tribunal de Justiça do Rio de Janeiro foi edificada ementa de acórdão nos seguintes termos:[305] "Lesões corporais causadas pelo marido à própria esposa, deixando-a inabilitada para as funções profissionais de advogada". Outra vez presente a conduta criminosa, a amparar a indenização por dano moral;

d) Em julgado paulista[306] é citada a concessão do direito à indenização por dano moral, tendo em vista as sevícias e a injúria grave (crimes) praticadas por um cônjuge contra o outro;

e) Em acórdão gaúcho[307] não foi concedida a indenização do dano moral, pois "a quebra de um dos deveres inerentes à união estável, a fidelidade, não gera o dever de indenizar, nem a quem o quebra, um dos conviventes, e menos ainda a um terceiro, que não integra o contrato (sic) existente e que é, em relação a este, parte alheia". Vê-se que, embora o adultério fosse capitulado como crime (artigo 240 do CP), autores[308] e

---

[302] MIRANDA, Pontes. *Tratado de Direito de família.* Atualizado por Vilson Rodrigues Alves. São Paulo: Bookseller, 2001, p. 467.

[303] RIO GRANDE DO SUL. Tribunal de Justiça. Ap. Cível nº 36.016, da 1ª CCv. Relator: Cristovam Daiello Moreira. 17.03.1981. In: *RT 560/178-185.*

[304] SANTOS, Regina Beatriz Tavares da Silva Papa dos. *Responsabilidade Civil dos conviventes. Revista brasileira de direito de família*, nº 03, ano I, p. 39, out/dez/1999, citando acórdão da 10ª Câmara de Direito Privado do Tribunal de Justiça do Estado de São Paulo, 23.04.1996. Relator: Quaglia Barbosa, e acórdão da 2ª Câmara de Direito Privado. Relator: Ênio Santarelli Zuliani. 23.02.1999.

[305] RIO DE JANEIRO. Tribunal de Justiça. *Ap. Cível nº 8.323/98, 9ª CCv.* Relator: Jorge de Miranda Magalhães; DJE 19.10.98. In: Revista Jurídica 257, p. 74-2.

[306] CAHALI, Yussef Said. *Dano moral.* Op. cit., p. 65, mencionando acórdão da 1ª Câmara do TJRS, 17.03.1981, maioria, RT 560/178 e 15.12.1961, 1ª CCv. do TASP, maioria, RT 327/443.

[307] RIO GRANDE DO SUL. Tribunal de Justiça. Ap. 597.155.167 – 7ª CCv.. Relator: Eliseu Gomes Torres. 11.02.1998. In: *RT 752/344.*

[308] ANDRADE, Vera Regina Pereira de. Violência contra a mulher e controle penal. Revista da Faculdade de Direito da UFSC, 1998, p. 207. Vol. 1. In: *CD Juris Síntese* nº 34, Porto Alegre: Síntese, 2003, ao afirmar que, "por um lado, demanda a necessidade de uma ampla revisão dos tipos penais existentes, defendendo a descriminalização de condutas hoje tipificadas como crimes (aborto, posse sexual mediante fraude, sedução, casa de prostituição e adultério, entre outras), e a redefinição de alguns crimes, especialmente o

jurisprudência[309] vinham sustentando a despenalização, o que ocorreu por meio da lei nº 11.106/2005;

f) O Superior Tribunal de Justiça[310] conferiu indenização por danos morais na constância do casamento, em vista da separação litigiosa requerida pela mulher, baseado "na insuportabilidade da vida em comum, adjetivado o comportamento do marido como violento, irascível, tirânico, autoritário e ameaçador, proclamando ela seu fundado temor de ver-se objeto de violências físicas, além das psíquicas". Aqui, novamente, o pedido de indenização não foi acolhido devido à infração dos deveres do matrimônio, mas, sim, porque o ex-marido cometeu o crime de ameaça e lesão corporal.

Vê-se que essas hipóteses admitem a indenização de dano moral no casamento e na união estável não em razão da infração aos deveres matrimoniais, e sim devido ao cometimento de ilícito penal de um cônjuge ou convivente contra o outro. É por isso que autores[311] contestam a indenização por dano moral no picadeiro familiar, uma vez que seria o término da paixão, do amor, da libido, da força do sexo, impondo puritanismo retrógrado e, de quebra, acabaria com o mundo afetivo na constância da família, tornando-a monetarizada, como se ela fizesse parte unicamente do mundo genético.

Os pedidos de indenização por dano moral não ocorrem pelo prejuízo que os cônjuges ou companheiros sofreram "em nome do amor que acabou",[312] e sim pela conduta delituosa perpetrada contra o membro da família, a quem jurou amar, sonhar e fazer feliz por toda a vida, na alegria e na dor, na (des)esperança, na juventude e na velhice, na (in)felicidade, na tristeza, na (des)confiança, na saúde e na doença, na riqueza e na pobreza, amando e respeitando um ao outro por todos os dias, enquanto perdurar o mundo afetivo entre ambos, e não aproveitar essa comunhão de vida genética, afetiva e ontológica para cometer ilícitos penais contra os membros da família.

Em vista da separação entre o Estado e a Religião, da dessacralização do casamento, da liberdade, da igualdade, da prevalência dos interesses dos cônjuges e dos conviventes, da felicidade, da solidariedade, do afeto, da cidadania, da dignidade e da condição humana tridimensional torna-se inviável o pedido de indenização por danos morais,[313] à medida que a responsabilidade imposta na família "é o direito de ser feliz

---

estupro, propondo o deslocamento do bem jurídico protegido (que o estupro seja deslocado de 'crime contra os costumes' como o é hoje para 'crime contra a pessoa') com vistas a excluir seu caráter sexista".

[309] RIO DE JANEIRO. Tribunal de Justiça. Embargos Infringentes nº 57.736/96, 1ª Gr. da Câmara Criminal. Relator: Sérgio Verani. 23.10.1997. In: *CD Juris Síntese* nº 34, 2003, em que foi dito o seguinte: "E a própria incriminação do adultério torna-se obsoleta, violando-se o direito à intimidade da sexualidade (art. 5º, X, Constituição), deixando de atender ao conceito da tipicidade conglobante: 'él juicio de tipicidad no es um mero juicio de tipicidad legal, sino que exige otro paso, que és la comprobación de la tipicidad conglobante, consistente en la averiguación de la prohibición mediante la indagancion del alcance prohibitivo de la norma, no considerada isoladamente, sino conglobada en el orden normativo...' (E. R. Zaffaroni, 'Manual de Derecho Penal, Parte General', Ediar, Buenos Aires, 5ª ed, p. 386)".

[310] BRASIL. Superior Tribunal de Justiça. *Recurso Especial nº 37.051*, 3ª Turma. Relator: Nilson Naves. 17.04.2001.

[311] PEREIRA, Sérgio Gischkow. *Dano moral e direito de família: o perigo de monetarizar as relações familiares.* Disponível em: http://www.gontijo-familia.adv.br.

[312] MOTTA, Maria. Direito de família: a família na travessia do milênio. In: *A família na travessia do milênio – II Congresso Brasileiro de Direito de família*, 2000, Belo Horizonte. *Anais.* (coord.) Rodrigo da Cunha Pereira. Belo Horizonte: Del Rey, 2000, p. 40.

[313] FARIAS, Cristiano Chaves de. A proclamação da liberdade de permanecer casado. Porto Alegre: Síntese. *In: Revista brasileira do Direito de família* nº 18, jun./jul./2003, p. 50. Cita a Apelação Cível nº 70005834916. da 7ª CCv. do TJRS. 02.04.2003. Relator: José Carlos Teixeira Giorgis, nos termos: "É re-

e o dever de fazer o outro feliz",[314] e não de indenizar o membro familiar pelo fim do mundo afetivo.

O amor é estrada de mão dupla, na qual os membros da família são responsáveis por seus modos de ser-em-família, não sendo razoável se discutir a culpa no recanto da família para ensejar indenização por dano moral,[315] porque nela não há espaço à responsabilidade civil, mas convivência em uma comunhão plena de vida tridimensional, pelo modo de ser-no-mundo-genético, de ser-no-mundo-(des)afetivo e de ser-no-mundo-ontológico, porquanto "se é direito da pessoa humana constituir núcleo familiar, também é direito seu não manter a entidade formada, sob pena de comprometer-lhe a existência digna".[316]

Sendo a família um modo de ser-no-mundo tridimensional, e não um modo de agir, não se perquire de qualquer indenização pela sua dissolução, isso porque, embora toda a intimidade havida entre os membros da família, eles se tornam, no fim do mundo afetivo, cada vez mais conscientes da distância entre eles. Com isso, eles transformam suas vidas em rostos tardios, que não têm mais nada de íntimo a ser preservado pelo mundo afetivo, pois acabou a compreensão, a relação do encontro, do entorno, da reciprocidade, do diálogo, da hermenêutica, da linguagem, do modo de ser e de amar entre eles.

Numa só palavra, se durante a manutenção do mundo afetivo ocorrer qualquer espécie de crime, como abandono material, intelectual e/ou moral; de homicídio; contra a honra; lesões corporais; contaminação pelo vírus da Aids; falta do dever de assistência material; tentativa de morte; injúrias graves; lesão deformante; abandono injustificado da família; maus tratos; transmissão de doença venérea; incapacidade física; negligência ao estado de saúde da mulher, permitindo que ela desenvolva moléstia; sevícias; difamação; injúria, lesões corporais, maus-tratos, enfim, qualquer atentado contra a vida, ou a liberdade, ou a integridade física, ou a integridade psíquica, ou a reputação, ou a privacidade etc., essas circunstâncias fáticas, em tese, ensejam o pedido de indenização por dano moral.

Contudo, a ausência de convivência em família genética, afetiva e ontológica, por si só, não configura esses crimes, nem a indenização por dano moral, porque o ser humano tem a liberdade de desatar, a qualquer tempo, o mundo afetivo conjugal, convivencial ou parental. Aceita a tese de que o afastamento dessa tridimensionalidade humana daria causa à indenização por dano moral, estar-se-á concordando com a dogmática jurídica, que torna inumano o ser humano, como parte integrante somente do mundo genético, apenas monetarizado, objetificado.

---

mansoso o entendimento de que descabe a discussão da culpa para investigação do responsável pela erosão da sociedade conjugal. A vitimização de um dos cônjuges não produz qualquer seqüela prática, seja quanto à guarda dos filhos, partilha dos bens ou alimentos, apenas objetivando a satisfação pessoal, mesmo porque difícil definir o verdadeiro responsável pela deterioração da arquitetura matrimonial, não sendo razoável que o Estado invada a privacidade do casal para apontar aquele que, muitas vezes, nem é o autor da fragilização do afeto. A análise dos restos de um consórcio amoroso, pelo Judiciário, não deve levar à degradação pública de um dos parceiros, pois os fatos íntimos que caracterizam o casamento se abrigam na preservação da dignidade humana, princípio solar que sustenta o ordenamento nacional".

[314] DIAS, Maria Berenice. *Amor proibido.* Disponível em: www.mariaberenice.com.br.

[315] RIO GRANDE DO SUL. Tribunal de Justiça. *Ap. 70000922427*, da 7ª CCv. Relatora: Maria Berenice Dias. 09.08.00.

[316] FARIAS, Cristiano Chaves de. A proclamação da liberdade de permanecer casado. Porto Alegre: Síntese. In: *Revista brasileira do Direito de família* nº 18, de junho e julho de 2003, p. 69.

Poder-se-á argumentar que, se um pai abandona o filho, é possível a indenização de dano moral, como tem entendido o Tribunal de Justiça mineiro,[317] uma vez que a relação no mundo afetivo é diferente da existente entre os cônjuges e conviventes, porque a lei exige o cumprimento dos direitos/deveres do poder/dever parental.

Ocorre que o abandono moral, intelectual, material ou a entrega de menor a pessoa inidônea se constituem *ilícitos penais* (artigos 244 a 247 do Código Penal), motivo pelo qual é possível a perquirição de dano moral, mas isso não significa que o fim do mundo afetivo seja indenizável, à medida que, em sendo a família um modo de ser-no-mundo tridimensional, não há espaço para um comportamento, mas, sim, um modo de ser-no-mundo-genético, um jeito de ser-no-mundo-(des)afetivo e uma condição de ser-no-mundo-genético, pelo que, em direito de família, é juridicamente inviável a responsabilidade civil, sendo, contudo, cabível a responsabilidade no âmbito penal, que faz, inclusive, coisa julgada no cível, possibilitando, dessa forma, eventual pedido de indenização por dano moral.

A impossibilidade de indenização por danos morais na família decorre, por exemplo, de duas questões: a primeira, a família se constitui e se desfaz pelo afeto; b) na dissolução do casamento, da união estável e das demais condições de ser-em-família não se examina a hipótese de culpa, porque as razões do fim do amor dizem respeito única e exclusivamente a cada cônjuge – um direito à intimidade, à vida privada, à honra e à imagem (5º, inciso X, da Constituição).

Como se deve obedecer à lei das leis (a Constituição), e não meramente à lei (infraconstitucional), não é permitida qualquer discussão no âmbito familiar de culpa e, muito menos, de pedido de indenização por dano moral. Uma exceção se impõe, quando se cuida de imputar conduta delituosa cometida por um membro familiar contra o outro, porque não mais se estará na órbita das relações de família, e sim no plano criminal, em que não se exige o segredo de justiça. Neste caso específico, é possível discutir o dano moral dentro da ação de dissolução do casamento, da união estável ou de outro jeito de ser-em-família, não tendo como fundamento alguma infração aos deveres em família, mas pela ocorrência de ilícito penal.

17. A mediação na solução dos conflitos no direito de família tridimensional

A mediação familiar somente poderá ser compreendida pela interdisciplinaridade, buscando um encontro entre pontos de vista divergentes, permitindo a transformação da

[317] MINAS GERAIS. Tribunal de Justiça. Apelação Cível nº 408.550-5. 7ª Câmara Cível. Em 01.04.2004. Relator: UNIAS SILVA. In: *Revista Brasileira de Direito de família* nº 24, p. 110 a 113. Diz o relator: "O apelante foi, de fato, privado do convívio familiar com seu pai, ora apelado. Até os seis anos de idade, o ora apelante manteve contato com seu pai de maneira razoavelmente regular. Após o nascimento de sua irmã, a qual ainda não conhece, fruto de novo relacionamento conjugal de seu pai, este se afastou definitivamente. Em torno de quinze anos de afastamento, todas as tentativas de aproximação efetivadas pelo apelante restaram-se infrutíferas, não podendo desfrutar da companhia e dedicação de seu pai, já que este não compareceu até mesmo em datas importantes, como aniversários e formatura. Assim, ao meu entendimento, encontra-se configurado nos autos o dano sofrido pelo autor, em relação à sua dignidade, a conduta ilícita praticada pelo réu, ao deixar de cumprir seu dever familiar de convívio e educação, a fim de, através da afetividade, formar laço paternal com seu filho e o nexo causal entre ambos.

realidade social,[318] em que o mediador precisa ser bem informado na coisa mesma (na questão jurídica em análise) e disposto ao diálogo.

A linguagem da mediação é direito de todos e dever/obrigação da sociedade e do Estado (artigo 226, cabeço, da Constituição), a qual não tem a finalidade de decidir lides, e sim ser uma tentativa de (r)estabelecer o diálogo, a conversação, a comunhão plena de vida genética, afetiva e ontológica. A mediação é uma linguagem democrática, hermenêutica, tridimensional, republicana e laica, tendo duas principais finalidades: a primeira, harmonizar a linguagem quando os membros da família estão com qualquer dificuldade de conviver e compartilhar em seus três mundos; a segunda, contornar o conflito familiar judicial, significando que a mediação buscará aplainar a perda da linguagem em família durante e após a sua dissolução, evitando que os seus integrantes atinjam a rede da litigiosidade judicial, ou, se for inevitável a contenda judicial, para harmonizar os efeitos jurídicos do fim da conjugalidade, da convivencialidade, dos modos de ser-em-família.

O mediador buscará esclarecer aos componentes familiares a necessidade de compreensão da tolerância na diversidade tridimensional humana, que reside em todos os seres humanos, explicando que a diferença que eu encontro no outro é a mesma diversidade que o outro encontra em mim, que precisa ser assimilada, respeitada, admitida, urbanizada, humanizada, porque nem eu e nem o outro somos desafetos, propriedade, posse, coisas ou objetos de dominação, e sim seres humanos com direitos, deveres e desejos, porque cada um tem o seu próprio modo de ser-no-mundo-genético, de ser-no-mundo-(des)afetivo e de ser-no-mundo-ontológico.

A diversidade humana não pode ser motivo de discórdia, de violência, mas, sim, de liberdade para conviver e compartilhar, ao mesmo tempo, os três mundos humanos, e de assimilar eventual conflito familiar, que é inerente à própria condição do ser humano, da família, da sociedade, do Estado, à medida que, se eu insisto para que o outro se ajuste aos termos de minha forma de vida, do meu jeito de ser-nos-três-mundos, não o estarei tomando como pessoa, mas como instrumento, como objeto, assim como se eu me ajustar ao modo de ser do outro, estarei sendo usado como objeto.[319]

Para tanto, compreender o que é o outro é de fundamental importância, assevera Castoriadis,[320] porque o ser humano vive *por diferença, mas não em oposição aos outros*, querendo dizer que não somos inimigos, opositores ou desafetos, mas, sim, diferentes uns dos outros, pelo que ser civilizado é aceitar que o outro humano colabore mutuamente na luta por uma vida melhor.

A mediação terá como condição de possibilidade um conciliador, um pacificador, um hermeneuta, cujo poder estará (de)limitado na (re)condução da família ao diálogo, à conversação, procurando incutir aos seus membros a aceitação das três *diversidades humanas*, genética, (des)afetiva e ontológica, que presidem a vida de todos os humanos. Na mediação, precisa ser cultivada a linguagem, que somente existe no mundo humano, porque, segundo Gadamer, "ser que pode ser compreendido é linguagem",[321] a qual não

[318] BARBOSA, Águida Arruda. Para todos. *Boletim IBDFAM*, ano 04, n.26, maio/jun. 2004, p. 04.

[319] MAY, Rollo. *A Descoberta do Ser: estudos sobre a psicologia existencial.* Traduzido por Cláudio G. Somogyi. 4.ed. Rio de Janeiro: Rocco, 2000, p. 139 a 141.

[320] CASTORIADIS, Cornelius. *As encruzilhadas do Labirinto.* Traduzido por Regina Vasconcelos. São Paulo: Paz e Terra, 2002. Volume IV, p. 207.

[321] GADAMER, Hans-Georg. *Verdade e Método I.* 6.ed. Traduzido por Flávio Paulo Meurer. Rio de Janeiro: Vozes, 2004, p. 612.

somente é a casa do ser, mas também a casa do ser humano, na qual ele vive, se instala, se encontra a si, se encontra a si no outro. Escutar tudo aquilo que nos diz algo, e deixar que nos seja dito – eis onde reside a exigência mais elevada que se apresenta a cada ser humano.[322]

Somente pela linguagem o mundo se apresenta,[323] motivo por que toda conversação em família deve gerar uma linguagem comum, que surge com o diálogo, não significando a adaptação de uns aos outros, e sim a aceitação das diversidades humanas. A linguagem é, por sua essência, conversação, somente adquirindo a realidade da vida quando do entendimento mútuo,[324] uma vez que onde há diálogo haverá vínculo humano,[325] já que, sem falar uns com os outros, sem entender-nos uns aos outros, e até sem entender-nos quando faltam argumentações lógicas concludentes, não existiria nenhuma sociedade humana.[326]

De acordo com Gadamer, compreensão significa entender-se uns aos outros, hermenêutica, filosofia, Arte do entendimento, diálogo, conversação, ou, como diz Stein, "estar por alguém",[327] que é "uma forma de realização da vida social humana, que, em última formalização, representa uma comunidade de diálogo",[328] que não é guiado mediante um processo orientado por regras, mas, sim, pelo viver cotidiano, pela realidade da vida, que é trazido ao ser humano, à família, que se pretende compreender.[329]

Não há dúvida de que a família é o lugar na humanidade em que há mais necessidade de diálogo, de conversação, de entendimento, de aceitação da diferença tridimensional, de ouvir e de ser ouvido, isso devido ao fato de seus membros (cônjuge, convivente, pai, mãe, filho, irmão, parente) estarem diuturnamente em contato mais íntimo com os seus três modos de ser-no-mundo. Como certifica Gadamer,[330] um verdadeiro diálogo não é experimentar algo de novo, "mas termos encontrado no outro algo que ainda não havíamos encontrado em nossa própria experiência de mundo". Isso quer dizer que diálogo é o encontro "entre dois mundos, duas visões e duas imagens do mundo", havendo sempre uma transformação nos seres humanos que dialogam, que conversam e procuram se compreender na linguagem genética, afetiva e ontológica.

A condição de possibilidade da mediação é a hermenêutica, o diálogo, o encontro entre dois seres humanos, é o relacionamento em família genética, afetiva e ontológica,

---

[322] GADAMER, Hans-Georg. *Herança e futuro da Europa*. Tradução de António Hall. Lisboa-Portugal: Capa de Edições 70, 1989, p. 132.

[323] GADAMER, Hans-Georg. *Verdade e Método I*. 6.ed. Petrópolis: Vozes, 2004, p. 581.

[324] Idem, p. 575-6.

[325] GADAMER, Hans-Georg. *O problema da consciência histórica*. 2.ed. Tradução de Paulo César Duque Estrada. Rio de Janeiro: Fundação Getúlio Vargas, 2003, p. 57.

[326] GADAMER, Hans-Georg. *Verdade e Método II*. 2.ed. Traduzido por Enio Paulo Giachini. Petrópolis: Vozes, 2004, p. 370-1.

[327] STEIN, Ernildo. *Diferença e Metafísica: ensaios sobre a desconstrução*. Porto Alegre: EDIPUCRS, 2000, p. 121.

[328] GADAMER, Hans-Georg. *Verdade e Método I*. 6.ed. Traduzido por Flávio Paulo Meurer. Petrópolis: Vozes, 2004, p. 248; e GADAMER, Hans-Georg. *Verdade e Método II*. 2.ed. Traduzido por Enio Paulo Giachini. Petrópolis: Vozes, 2004, p. 292, 297 e 369.

[329] SCHROTH, Ulrich. Hermenêutica filosófica e jurídica. In: *Introdução à Filosofia do Direito e à Teoria do Direito Contemporâneas*. Traduzido por Marcos Keel; Manuel Seca de Oliveira. Arthur Kaufmann; Winfried Hassemer (organizadores). Lisboa: Fundação Calouste Gulbenkian, 2002, p. 385.

[330] GADAMER, Hans-Georg. *Verdade e Método II*. 2.ed. Traduzido por Enio Paulo Giachini. Petrópolis: Vozes, 2004, p. 243, 246, 247, 251, 252, 368.

que perpassa, necessariamente, pelo vaivém da palavra, pelo aceitar que o outro possa ter razão,[331] pela retórica,[332] porquanto a linguagem "nos oferece a liberdade do dizer a si mesmo e deixar-se dizer". Em decorrência dessa capacidade para dialogar, surge a possibilidade de cada membro da família ser o mesmo para o Outro, na medida em que a "compreensão sempre vem ligada com linguagem", sendo, ela mesma, um acontecimento, um evento, o que significa que mediação hermenêutica não ocorre às esconsas da linguagem.[333]

O mediador, o pacificador, o hermeneuta, precisa pré-compreender, por meio da tradição, que um dos grandes problemas dos integrantes da família é de que eles têm, muitas vezes, ouvidos de mercador, ouvindo apenas a si mesmos, buscando com tanta compulsividade os seus próprios interesses que não conseguem ouvir o que dizem os demais humanos. É por isso que Gadamer enfatiza que a capacidade constante de voltar a dialogar, de ouvir o outro, é a verdadeira elevação do homem à humanidade, porque "a incapacidade para o diálogo parece-me ser mais a objeção que se lança contra aquele que não quer seguir nossas idéias do que uma carência real no outro", recomendando que "um diálogo entre parceiros, talvez, tenha que ser infinito para não cair em verdadeiros diálogos de surdos".[334]

Em Gadamer é possível extrair uma leitura de como conduzir uma mediação, uma pacificação em família, com a sua compreensão, linguagem universal, que significa conversar, perguntar e responder, de ouvir e ser ouvido, da espiral hermenêutica e filosófica, do método universal, da suspensão dos preconceitos, da fusão de horizontes, da tradição, de que "não haja coisa alguma ali onde se rompe a palavra".[335] Onde reside a hermenêutica, a filosofia, a linguagem, compreende-se a palavra, o diálogo, a conversação, a verdade do ser humano e da família, porque "a hermenêutica, por ser crítica, está inexoravelmente condenada à abertura e ao diálogo",[336] pelo que "compreender é o caráter ontológico original da própria vida humana".[337]

---

[331] LIXA, Ivone Fernandes Morcilo. *Hermenêutica e Direito: uma possibilidade crítica.* Curitiba: Juruá, 2003, p. 189 e 190.

[332] GADAMER, Hans-Georg. *Verdade e Método II.* 2.ed. Traduzido por Enio Paulo Giachini. Petrópolis: Vozes, 2004, p. 370-1. Diz o seguinte sobre retórica. "A corrente tradicional que transmitia o saber humano de uma geração à outra sem submetê-lo à crítica era a retórica. Isso torna-se estranho ao homem moderno, uma vez que a palavra retórica parece-lhe uma palavra depreciativa, usada para uma argumentação não-objetiva. Mas é preciso devolver ao conceito de retórica seu verdadeiro alcance. Abarca qualquer forma de comunicação baseada na capacidade de falar e é o que dá coesão à sociedade humana. Sem falar uns com os outros, sem entender-nos uns aos outros, e até sem entender-nos quando faltam argumentações lógicas concludentes, não existiria nenhuma sociedade humana. Daí, a necessidade de recobrar nova consciência da significação da retórica e do lugar que ocupa na cientificidade moderna".

[333] GADAMER, Hans-Georg. *Verdade e Método II.* 2.ed. Traduzido por Enio Paulo Giachini. Petrópolis: Vozes, 2004, p. 269, 280 e 286.

[334] STEIN, Ernildo. *Diferença e Metafísica: ensaios sobre a desconstrução.* Porto Alegre: EDIPUCRS, 2000, p. 140.

[335] GADAMER, Hans-Georg. *Verdade e Método I.* 6.ed. Traduzido por Flávio Paulo Meurer. Petrópolis: Vozes, 2004, p. 630.

[336] STRECK, Lenio Luiz. A atualidade do debate da crise paradigmática do direito e a resistência positivista ao neoconstitucionalismo. In: *Direito, Estado e Democracia: entre a (in)efetividade e o imaginário social.* Porto Alegre: Instituto de Hermenêutica Jurídica, v. 1, n. 4, p. 260. 2006.

[337] GADAMER, Hans-Georg. *Verdade e Método I.* 6.ed. Traduzido por Flávio Paulo Meurer. Petrópolis: Vozes, 2004, p. 348.

Com a aceitação da mediação em família será possível a reconstituição da tridimensionalidade humana, mas, se esse intento não for obtido pelo pacificador, pelo mediador, pelo menos seja tentada uma cadência dos direitos e dos desejos dos membros da família, por exemplo:

a) incultar a necessidade da continuação da linguagem familiar comum, evitando a instalação ou a manutenção da alteridade, do desafeto;

b) a composição dos direitos entre todos os membros familiares, um dos modos de assegurar a continuidade pacífica da diversidade em família;

c) demonstrar aos integrantes da família os seus novos modos de ser-em-família, porque o fim da conjugalidade/convivencialidade não é, de modo algum, o fim da parentalidade, o fim da família ou o fim do mundo, pois a afetividade poderá ser reconstituída, a qualquer tempo;

d) comprovar que a tridimensionalidade humana não é sempre afetiva, mas, às vezes, desafetiva, em que é preciso conviver também com a diversidade genética, afetiva e ontológica que reside em cada humano e, com maior intensidade, no meio familiar.

18. Herança isonômica aos conviventes e aos cônjuges

O artigo 2º, inciso III, da Lei nº 8.971/94, estatui que, "na falta de ascendentes e de descendentes, o (a) companheiro (a) sobrevivente terá direito à totalidade da herança". A Lei nº 9.278/96 silencia quanto ao direito à herança e ao usufruto, concedendo, apenas, no parágrafo único do artigo 7º, ao convivente sobrevivente o direito real de habitação, mas enquanto viver ou não constituir nova união ou casamento, relativamente ao imóvel destinado à residência da família.

Não tendo a Lei nº 9.278/96 expungido qualquer direito constante da Lei nº 8.971/94, ambas devem ser aplicadas, conjuntamente, já que as novas Leis estabeleceram disposições a par das existentes, não revogando, nem modificando as Leis anteriores. Esse mesmo pensamento deve ser sufragado com relação ao Código Civil, pelo que, para a união estável, devem ser aplicadas as três Leis nº 8.971/94, 9.278/96 e 10.406/2002.

Todavia, o artigo 1.790 do Código Civil (de 2002) não apenas alçou o cônjuge à condição de herdeiro necessário, como a de *herdeiro necessário privilegiado*, pois concorre com os descendentes e ascendentes do *de cujus*,[338] mas o legislador cuidou de modo diferente os conviventes com relação ao direito constitucional à herança.[339] A

[338] No artigo 1.829 do Código Civil diz que "a sucessão legítima defere-se na ordem seguinte: I – aos descendentes, em concorrência com o cônjuge sobrevivente, salvo se casado este com o falecido no regime da comunhão universal, ou no da separação obrigatória de bens (art. 1.640, parágrafo único); ou se, no regime da comunhão parcial, o autor da herança não houver deixado bens particulares; II – aos ascendentes, em concorrência com o cônjuge; III – ao cônjuge sobrevivente; IV – aos colaterais. No artigo 1.845, do mesmo digesto legal, estabelece que são herdeiros necessários os descendentes, os ascendentes e o cônjuge".

[339] Artigo 1.790. "A companheira ou o companheiro participará da sucessão do outro, quanto aos bens adquiridos onerosamente na vigência da união estável, nas condições seguintes: I – se concorrer com filhos comuns, terá direito a uma quota equivalente à que por lei for atribuída ao filho; II – se concorrer com descendentes só do autor da herança, tocar-lhe-á a metade do que couber a cada um daqueles; III – se concorrer

sucessão do convivente limita-se aos bens adquiridos, onerosamente, na vigência da entidade familiar e de forma diversa da outorgada aos cônjuges.

Há flagrante inconstitucionalidade nesse artigo,[340] porque é deficiente e falho em relação à Lei nº 8.971/1994, em que o companheiro ocupa, na ordem de vocação hereditária, lugar igual ao do cônjuge sobrevivente (art. 2º da aludida lei) e, com o Código Civil, passa a ocupar um lugar abaixo dos colaterais, embora tenha direito a um terço da herança nesta hipótese,[341] com grave ofensa ao princípio isonômico entre os modos de ser-em-família.

Esse (des)cuidado – de fixar o direito do convivente em patamar inferior ao parente colateral – privilegia o parentesco genético em detrimento da afetivo, da solidariedade, da comunhão de vidas, elementos supremos do moderno Direito de Família. Indaga-se, pois: por que privilegiar os vínculos biológicos, mesmo que de quarto grau, na linha colateral, em prejuízo dos vínculos do afeto, da felicidade, da solidariedade entre os conviventes?

O casamento e a união estável são entidades familiares com a mesma indumentária jurídica,[342] porquanto, a contar da Lei Maior de 1988,[343] está valorizada a afetividade na relação entre casados, conviventes, pais e filhos, e não a hierarquia do casamento, significando o início de uma nova Era, a do "prestígio do elemento amoroso, alicerce da maior parte do moderno Direito de Família. É o reforço da outra grande característica do atual Direito de Família, vinculada à veracidade e autenticidade das relações humanas".[344]

Nos termos do § 3º do artigo 226 da Constituição Federal, das Leis dos conviventes (nºs 8.971/94 e 9.278/96) e do Código Civil, união estável e casamento são entidades familiares edificadas no amor, no carinho, no respeito, na coabitação, na lealdade, na assistência mútua, no companheirismo, no afeto, na convivência, na paz familiar, uma

---

com outros parentes sucessíveis, terá direito a um terço da herança; IV – não havendo parentes sucessíveis, terá direito à totalidade da herança".

[340] VELOSO, Zeno. Do Direito Sucessório dos Companheiros. In: *Direito de Família e o novo Código Civil.* (coord.) Maria Berenice Dias e Rodrigo da Cunha Pereira. Belo Horizonte: Del Rey, 2002, p. 231.

[341] FRANCISCO, Caramuru Afonso. *Código Civil de 2002: o que há de novo?* São Paulo: Juarez de Oliveira, 2002, p. 278.

[342] DIAS, Maria Berenice. Efeitos patrimoniais das relações de afeto. In: Repensando o direito de família – I Congresso Brasileiro de Direito de Família, 1999, Belo Horizonte. *Anais.* (coord.) Rodrigo da Cunha Pereira. Belo Horizonte: Del Rey, 1999, p. 55, a união estável está edificada na "convivência duradoura, pública e contínua de um homem e uma mulher, estabelecida com o objetivo de constituição de família. Tipificada a relação, há que se deferir os direitos e prerrogativas previstos em ambas as normas legais, pois não se incompatibilizam nem se excluem".

[343] ROSA, Patrícia Fontanella. *União estável. Eficácia temporal das leis regulamentadoras.* Florianópolis: Diploma Legal, 1999, p. 94-5, a contar da publicação da Lei nº 9.278/96, assentaram-se três correntes em torno da vigência das duas leis da união estável (nºs 8.971/94 e 9.278/96): a) primeira, que entende a vigência simultânea das duas Leis, sendo a de nº 8.971/94 destinada a regular o concubinato e a de nº 9.278/96 para a união estável; a segunda, a Lei nº 9.278/96 ab-rogou a Lei nº 8.971/94; a terceira, na qual me filio, sustentando a aplicação das duas Leis, com a observação de que a última lei derrogou a anterior na parte em que é incompatível.

[344] PEREIRA, Sérgio Gischkow. Concubinato e união estável. In: Repensando o direito de família – I Congresso Brasileiro de Direito de Família, 1999, Belo Horizonte. *Anais.* (coord.) Rodrigo da Cunha Pereira. Belo Horizonte: Del Rey, 1999, p. 51.

"comunhão de vidas numa ordem constitucional empenhada em valorizar a dignidade da pessoa humana".[345]

Com base nas leis nº 8.971/94 e 9.278/96, o direito do convivente sobrevivente é similar à do cônjuge supérstite, não havendo razão jurídica, motivo histórico, causa sociológica, afirma Zeno Veloso, que justifique mudança tão intensa e radical, pelo que é inconcebível que, enquanto o cônjuge passou a ser considerado herdeiro necessário privilegiado, o companheiro seja considerado herdeiro facultativo, "em posição bisonha e tímida, muito inferior à que ocupa na legislação vigorante".[346]

O texto constitucional de 1988 representa um *pacto social*, em que estão inseridos direitos e deveres recíprocos entre o Estado e o indivíduo. O Estado detém o poder de regulamentar a sociedade com leis, mas assumindo, em contrapartida, o dever de garantir a dignidade do ser humano e a segurança de seus bens. À pessoa é reservado o dever de obedecer às leis, de um lado, e, por outro, o direito de exigir do Estado os seus direitos convencionados,[347] porquanto os direitos e as garantias fundamentais, arraigados na Lei Maior de 1988, não são modificáveis nem por emenda constitucional.[348]

No mesmo sentido manifesta-se José Joaquim Gomes Canotilho,[349] apregoando que "os direitos sociais e económicos (ex.: direitos dos trabalhadores, direito à assistência, direito à educação), uma vez obtido um determinado grau de realização, passam a constituir, simultaneamente, uma garantia institucional e um direito subjectivo". O reconhecimento dos direitos fundamentais constitui, segundo o autor, um limite jurídico do legislador e "uma obrigação de prossecução de uma política congruente com os direitos concretos e as expectativas subjectivamente alicerçadas". Significa dizer que os direitos fundamentais não foram objetos de convenção quando da passagem para o Estado de Direito, pelo que não pode haver qualquer ingerência nesses direitos, já que não se pode dispor daquilo que não se possui, sendo ilegítima eventual interferência do Estado.[350]

Pela Lei nº 8.971/94, cônjuges e conviventes tinham os mesmos direitos, pelo que não pode lei posterior (Código Civil de 2002) derrogar essa igualdade constitucional (artigos 5º, I, 226, §§ 3º e 5º, da Constituição), tendo em vista o princípio constitucional

[345] SANTOS, Frederico Augusto de Oliveira. *Alimentos decorrentes da união estável.* Belo Horizonte: Del Rey, 2001, p. 13.

[346] VELOSO, Zeno. Do Direito Sucessório dos Companheiros. In: *Direito de Família e o novo Código Civil.* (coord.) Maria Berenice Dias e Rodrigo da Cunha Pereira. Belo Horizonte: Del Rey, 2002, p. 235-236.

[347] CARVALHO, Amilton Bueno; CARVALHO, Salo de. *Aplicação da Pena e Garantismo.* Rio de Janeiro: Lumen Juris: 2001, p. 06-08.

[348] MARTINS, Ives Gandra da Silva. O exame do DNA como meio de prova – aspectos constitucionais. In: *Grandes Temas da Atualidade. DNA como meio de prova da filiação.* (coord.) Eduardo de Oliveira Leite. Rio de Janeiro: Forense, 2000, p. 128.

[349] CANOTILHO, José Joaquim Gomes. *Direito Constitucional e Teoria da Constituição.* 3.ed. Coimbra, Portugal: Livraria Almedina, 2000, p. 387

[350] CARVALHO, Salo de. *Pena e Garantias: uma leitura do garantismo de Luigi Ferrajoli no Brasil.* Rio de janeiro: Lumen Juris, 2001, p. 15.

da proibição de retrocesso social, segundo entendimento doutrinário[351] e jurisprudencial.[352]

O Poder Judiciário não tem o direito de agasalhar a desigualdade sucessória entre os cônjuges e conviventes,[353] devendo julgar inconstitucional o artigo 1.790 do Código Civil de 2002, uma vez que "no Estado Democrático de Direito há um sensível deslocamento da esfera de tensão do Poder Executivo e do Poder Legislativo para o Poder Judiciário".[354] Destarte, para que não haja uma ruptura na Constituição Cidadã de 1988, os tribunais pátrios terão a missão de corrigir, mais uma vez, o lamentável equívoco perpetrado pelo legislador, para conceder aos conviventes os mesmos direitos hereditários outorgados aos cônjuges, em vista da isonomia constitucional entre as duas entidades familiares.

19. O trinômio necessidade-possibilidade-afetividade nos alimentos, no direito à herança genética e socioafetiva e nos demais direitos da tridimensionalidade humana

A legislação alimentar, a herança, situam-se no mundo genético, no mundo das necessidades biológicas, como a sobrevivência, pelo que sempre bastou ser parente bio-

[351] BONAVIDES, Paulo. *Curso de Direito Constitucional.* 11.ed. São Paulo: Malheiros, 2001, p. 503-4, "a garantia constitucional de primeiro grau, dentro ou fora do art. 60, § 4º, "d", protege o espírito da Constituição. Está fora do poder de emenda. Sobre ela não tem jurisdição o titular do poder constituinte constituído. Esse poder se insere unicamente na esfera jurídica de permissibilidade de emenda, estabelecida pela Constituição (...) As garantias constitucionais de segundo grau são, de conseguinte, aquelas que não conferem aos preceitos constitucionais uma proteção de eficácia idêntica àquelas de primeiro grau, porquanto os resguardam apenas contra o legislador ordinário, mas não prevalecem contra o legislador constituinte que exerce, nos limites da Constituição, o poder de emenda constitucional". Nesse sentido: 01) STRECK, Lenio Luiz. *Hermenêutica e(m) crise.* 2.ed. Porto Alegre: Livraria do Advogado, 2000, p. 97, o Estado Social está assegurado pelo caráter intervencionista/regulador da Constituição, sendo "evidente que qualquer texto proveniente do constituinte originário não pode sofrer um retrocesso que lhe dê um alcance jurídico/social inferior ao que tinha originariamente, proporcionando um retorno ao estado pré-constituinte". 02) MARTINS, Ives Gandra da Silva. O exame do DNA como meio de prova – aspectos constitucionais. In: *Grandes Temas da atualidade: DNA como meio de prova da filiação.* (coord.) Eduardo de Oliveira Leite. Rio de Janeiro: Forense, 2000, p. 128; 03) SILVEIRA, José Néri da. A reforma constitucional e o controle de sua constitucionalidade. *Revista do Ministério Público Estadual do Rio Grande do Sul*, Porto Alegre, nº 35, p. 15, 1995; 04) CARVALHO, Amilton Bueno; CARVALHO, Salo de. *Aplicação da Pena e Garantismo.* Rio de Janeiro: Lumen Juris, 2001, p. 06; 05) CANOTILHO, José Joaquim Gomes. *Direito Constitucional e Teoria da Constituição.* 3.ed. Coimbra – Portugal: Livraria Almedina, 1999, p. 326-7; 06) RUBIN, Daniel Sperb. Direito privado e Constituição – contratos e direitos fundamentais. *Revista do Ministério Público do Rio Grande do Sul*, Porto Alegre, nº 40, p. 107, mai./2001; 07) PEIXOTO, Cid. *Princípios elementares de Direito Público Constitucional.* 2.ed. São Paulo: Nacional, Biblioteca de estudos comerciais e econômicos, 1942, p. 09. Volume 22.

[352] PORTUGAL. Tribunal Constitucional. Acórdão 39/84, 3º volume, de 11.04.84, processo nº 6/83. In: Diário da República, 1ª série, de 5 de Maio de 1984.

[353] RIO GRANDE DO SUL. Tribunal de Justiça. ED nº 70010106524, em 02.12.2004. Relator: Rui Portanova. Disponível em: www.tj.rs.gov.br. Acessado em 19.05.2007. "Reconhecida a união estável e o direito de partilha dos bens deixados pelo "de cujus", descabe ao julgado especificar quais são esses bens, porque os efeitos patrimoniais decorrem da lei, especificamente, do artigo 1.790 do Código Civil".

[354] STRECK, Lenio Luiz *et al. Ciência Política e Teoria Geral do Estado.* Porto Alegre: Livraria do Advogado, 2000, p. 95.

lógico para ter direitos, mas como o ser humano não é apenas genético, mas, também, afetivo e ontológico, é preciso examinar todas as circunstâncias da tridimensionalidade humana.

A ausência do parente no modo de ser-no-mundo-genético-afetivo-ontológico do outro parente pode ser causa de exclusão dos direitos, porque o ser humano não vive somente no mundo das necessidades alimentares, de herança, como também nos mundos das carências afetivas e ontológicas. Com isso, os mundos afetivo e ontológico do alimentante, do autor da herança, do ser humano, podem estar comprometidos devido ao modo de ser-em-família do alimentando/herdeiro/ser humano, não sendo razoável que alguém receba alimentos, herança e demais direitos quando contribuiu com o comprometimento da tridimensionalidade humana do autor da herança ou do alimentante. Numa só palavra, a tridimensionalidade no direito de família faz com que todos os parentes tenham o compromisso de tornar seu parente um humano, e não um mero ser vivo, que vive apenas no mundo biológico, convivendo e compartilhando em seus três mundos, não dando causa, por exemplo, à desafetividade em família.

Com relação aos alimentos, a primeira indagação é no sentido de que se o parente *afetivo* pode receber alimentos dos parentes genéticos e afetivos. Pela atual legislação, a resposta é negativa, porque, por exemplo, a adoção rompe com todos os direitos e deveres do mundo genético, o que não ocorre com a tridimensionalidade no direito de família, que mantém incólume os mundos genético, afetivo e ontológico. Quer dizer que o alimentante não tem o direito de receber alimentos, ao mesmo tempo, do parente afetivo **e** genético, mas se o parente afetivo não puder alimentá-lo, o encargo poderá ser suportado pelo parente genético, tudo dependendo da realidade da vida em que se encontrar o parente afetivo.

O ser humano é tridimensional, significando que se o parente afetivo tiver dificuldades de sustentar seus parentes afetivos, ele deverá ser alimentado pelos parentes genéticos, mesmo que esse parentesco tenha sido revogado/suspenso pela lei (pela tridimensionalidade humana, nenhum direito poderá ser revogado, mas tão só suspenso), pois o ser humano tem o direito de se relacionar com os seus três mundos. Não estou a dizer que o parente *afetivo* tem o direito de requerer alimentos aos parentes afetivos e, ao mesmo tempo, aos parentes genéticos. Estou a sustentar que, com a constituição do parentesco afetivo, é *suspenso*, mas não extinto, o cordão umbilical do parentesco genético, não sendo razoável admitir-se que um parente afetivo deixe de receber alimentos do parente genético, quando necessitando, pois estará sendo comprometido o mundo da sobrevivência humana, que se localiza no mundo genético.

Como a trajetória da vida afastou do alimentando afetivo o parentesco biológico, não quer dizer que foram afastados de sua existência os *mundos genético e ontológico*. Como os parentes afetivos estão impossibilitados de alimentar, o alimentando afetivo poderá pedir alimentos aos parentes sanguíneos, uma vez que a suspensão ou o não-reconhecimento do *parentesco genético* não quer dizer que houve o fim do mundo genético.

O filho afetivo tem direito aos alimentos dos pais genéticos não apenas quando ocorre a impossibilidade de alimentação pelos pais afetivos, mas também quando houver a necessidade de complementação da verba alimentar. Isso não quer dizer que os pais genéticos, por sua vez, tenham o direito de volver-se contra o filho genético para pedir algum direito, porque, no caso de adoção judicial, foi revogado (suspenso) o poder/dever familiar. Como a desafetividade é causa de exclusão de direitos, os pais genéticos, quando da adoção, não terão qualquer direito de seu filho genético, tendo em vista que não foram afetivos com ele.

Não se está a defender que os pais genéticos perdem seus direitos ao filho devido à adoção, à destituição (suspensão) do poder/dever familiar, à medida que nenhum direito humano pode ser revogado, eliminado para sempre, mas, tão somente, suspenso, porquanto o humano tem o direito à sua condição humana tridimensional. Os pais genéticos têm suspensos seus direitos do filho enquanto perdurarem os efeitos da suspensão do poder/dever familiar, devido à ausência de afetividade com seu filho.

A compreensão do binômio necessidade-possibilidade dos alimentos também precisa sofrer alguma alteração, uma vez que os alimentos devem ser fixados na *tridimensionalidade alimentar:* os requisitos da necessidade, da possibilidade *e da afetividade* entre alimentante e alimentando. A relação afetiva e a necessidade alimentar dos filhos menores e incapazes é, em tese, inerente às suas condições de ser-em-família, mas, discutível, perante os parentes maiores e capazes, cônjuges e conviventes.

O binômio – necessidade/possibilidade – foi edificado porque os alimentos, como de resto no direito de família, foram compreendidos unicamente pelo prisma genético normativo (o mundo das necessidades humanas). Pela trilogia humana, os parentes, em regra, os maiores e capazes, devem atestar, além de sua necessidade e da possibilidade, também a relação afetiva com o alimentante, que, em direito de família, significa não ser desafetivo.

O parente genético e/ou afetivo maior de idade e capaz e o cônjuge e/ou convivente, para terem direito aos alimentos, precisam produzir três provas: a) que é parente genético e/ou afetivo, cônjuge ou convivente em estado de necessidade alimentar (é o cumprimento do requisito do mundo genético); b) que seu parente, cônjuge ou convivente (alimentante) tem condições de pagar os alimentos sem prejuízo de seu sustento (é o cumprimento do requisito da possibilidade dos alimentos, também disciplinado no mundo genético); c) que o alimentando genético ou afetivo, maior de idade e capaz, está mantendo um relacionamento afetivo com o alimentante, não tendo sido desafetivo (é o cumprimento do requisito do mundo afetivo).

Outra questão que merece exame diz respeito ao direito de herança pelo parente genético *e afetivo.* O artigo 1.830 do Código Civil concede o direito de herança aos parentes genéticos e ao cônjuge/convivente, fazendo uma ressalva no sentido de que o cônjuge sobrevivente terá esse direito mesmo se separado, até o prazo de dois anos, de seu ex-consorte, se provar que a ruptura da vida em comum deu-se por culpa do "de cujus". Vê-se que o legislador não se contentou em introduzir a culpa no direito de família, mas, também, invadiu a seara das sucessões, autorizando a produção de prova contra o falecido, que, evidentemente, não poderá se defender quanto à eventual imputação de responsabilidade pela dissolução do mundo afetivo.

Em vista das divergências no plano da discussão da culpa e da parcialidade do legislador diante do (des)cuido do convivente perante o cônjuge, é preciso reler o Direito das Sucessões, para adaptá-lo à condição humana tridimensional, para compreender que a herança passou a ser genética e socioafetiva. Isso significa que, para herdar, não basta provar a legitimidade biológica, conjugal ou convivencial com o falecido, mas, sim, que o beneficiário conviveu e compartilhou na tridimensionalidade humana do autor da herança, principalmente no evento de sua morte. Quer dizer, é preciso ser genético e/ou afetivo do autor da herança, portanto, ainda se relacionando, afetivamente, no momento de sua morte, o que exclui a percepção de herança, por exemplo, pelo parente genético ou afetivo que tenha abandonado os pais, ou pelo cônjuge/convivente separado de fato ou judicialmente.

Depõe contra a existência humana alguém beneficiar-se do mundo genético (mundo das necessidades físicas, em que se inclui a herança) de outrem se esse alguém contribuiu para o esfacelamento dos mundos genético, afetivo e/ou ontológico do autor da herança ou do alimentante. Quanto ao separado de fato do autor da herança quando de sua morte, ele também não tem direito à herança, por ter havido o fim do mundo afetivo conjugal/convivencial, que rompe com todos os direitos e deveres da tridimensionalidade humana, e porque foi o responsável pelo fim do mundo afetivo de seu ex-consorte.

Como o ser humano tem dimensão tridimensional, os efeitos jurídicos deverão transitar pela filtragem desses três mundos humanos, pelo que não basta ser beneficiário genético, havendo necessidade de participação na convivência com o falecido. Todos que não conviveram e não compartilharam, em vida, na tridimensionalidade humana do falecido, não poderão ser beneficiados pela herança, na medida em que não basta ser parente genético e/ou socioafetivo ou cônjuge ou convivente desafetivo, separado de fato ou judicialmente, mas, sim, que tenha participado da tridimensionalidade humana do autor da herança. Isso quer dizer que o filho afetivo (adoção judicial, da adoção à brasileira, do reconhecimento voluntário da paternidade/maternidade, do filho de criação) poderá receber *todos os direitos das duas ancestralidades – genética e afetiva –*, como herança, alimentos, nome, parentesco, poder/dever familiar, filiação, tudo dependendo das circunstâncias em que ele se encontra no mundo tridimensional.

Nas hipóteses aventadas – alimentos entre parentes genéticos e afetivos, o trinômio necessidade-possibilidade-afetividade nos alimentos e herança genética e afetiva –, *além de todo e qualquer direito,* é condição de possibilidade não ser *desafetivo* com o parente ou autor da herança, pois a desafetividade exclui a percepção desses direitos, já que afasta do outro membro familiar a sua condição humana tridimensional.

20. Condução coercitiva do investigado na produção do exame genético em DNA

A recusa em submeter-se ao exame genético em DNA é um dos mais difíceis problemas a serem resolvidos no direito de família, porque parte dos tribunais admite a condução coercitiva do investigado,[355] mas, o Supremo Tribunal Federal não tem admitido essa conduta processual.

O Superior Tribunal de Justiça tem entendido que é obrigatória a produção dessa prova, o que se haure do seguinte julgado: "Na fase atual de evolução do direito de família, não se justifica, sobretudo quando custeada pela parte interessada, desprezar a produção da prova genética do DNA, que a ciência tem proclamado idônea e eficaz. No

[355] RIO GRANDE DO SUL. Tribunal de Justiça. Ap. cível nº 594101032. 8.Ccv. 27.10.94. Relator: Antonio Carlos Stangler Pereira. SANTA CATARINA. Tribunal de Justiça. Agravo de Instrumento nº 8.137. 2ª Ccv. 19.04.94. Relator: Napoleão Amarante.

campo probatório, a grande evolução jurídica continua sendo, em termos processuais, a busca da verdade real".[356]

O Supremo Tribunal Federal, por maioria, entendeu não ser possível a condução coercitiva, nos seguintes termos: "Discrepa, a mais não poder, de garantias constitucionais implícitas e explícitas – preservação da dignidade humana, da intimidade, da intangibilidade do corpo humano, do império da lei e da inexecução específica e direta de obrigação de fazer –, provimento judicial que, em ação civil de investigação de paternidade, implique determinação no sentido de o réu ser conduzido ao laboratório, 'debaixo de vara', para coleta do material indispensável à feitura do exame DNA. A recusa resolve-se no plano jurídico-instrumental, consideradas a dogmática, a doutrina e a jurisprudência, do que voltada ao deslinde das questões ligadas à prova dos fatos".[357]

Instalou-se, assim, um conflito jurisprudencial entre o Supremo Tribunal Federal e o Superior Tribunal de Justiça, porque, de um lado, o STF garantiu ao investigado o direito de recusa ao exame, mas, de outro, o STJ determinou a produção dessa prova, entendendo que o modo de ser-filho, de ser-em-família é "um direito elementar que tem a pessoa de conhecer sua origem genética, um direito de personalidade à descoberta de sua real identidade, e não mais apenas um vínculo presumido por disposição de lei".[358]

São invocados os seguintes fundamentos jurídicos para afastar a condução coercitiva do investigado na produção do exame genético em DNA:

a) a defesa dos direitos fundamentais à liberdade, à intimidade, à vida privada, à intangibilidade física[359] e da não-obrigatoriedade de produção de provas contra si, garantindo os princípios da legalidade e da reserva da Constituição do Brasil,[360] porquanto qualquer parte do corpo, como um dedo, uma unha ou um fio de cabelo, é indissociável do corpo humano e da pessoa, não podendo "ser considerado como uma coisa à parte, de modo que não é possível querer tratar o corpo humano, ou um elemento dele, como uma coisa, um bem que possa ser disposto pela vontade de terceiro ou do Estado";[361]

---

[356] BRASIL. Superior Tribunal de Justiça. R. Especial nº 215.247. 4ª Turma. Relator: Sálvio de Figueiredo Teixeira. 05.10.99. DJ de 06-12-99, RSTJ, a. 02, (13):260-303, Janeiro, CD-STJ 27, de 11.2000.

[357] BRASIL. Supremo Tribunal Federal. Hábeas-Córpus nº 71373-4-RS. 10.11.94. Relator: Marco Aurélio. Boletim Informativo nº 31, de 11/96, da PGJ do RS.

[358] ALMEIDA, Maria Christina de. *Investigação de Paternidade e DNA: aspectos polêmicos.* Porto Alegre: Livraria do Advogado, 2001, p. 48-49.

[359] CONDE, Enrique Álvarez. *Curso de Derecho Constitucional.* 3.ed. Madrid: Editorial Tecnos, 1999, p. 334. Volume I, "a integridade física significa no ser sometida contra su voluntad a tratamientos susceptibles de anular, modificar o herir su voluntad, ideas, pensamientos o sentimientos".

[360] MIRANDA, Jorge. *Manual de Direito Constitucional.* Coimbra, Portugal: Coimbra, 1997, p. 194. Volume IV, "a reserva da Constituição pode, entretanto, assumir duas configurações. Umas vezes, consiste numa reserva de regulamentação, de tal jeito que são as normas constitucionais que fazem o travejamento da matéria e a recortam perante outras. Assim, as formas de exercício da soberania ou do poder político são as previstas na Constituição; o conteúdo essencial dos direitos, liberdades e garantias é o resultante dos preceitos constitucionais. Outras vezes, a reserva da Constituição traduz-se numa enumeração exaustiva, num 'numerus clausus'. Entram aqui os pressupostos da declaração de estado de sítio e de estado de emergência", etc.

[361] ARRUDA, José Acácio; PARREIRA, Kleber Simônio. *A Prova Judicial de ADN.* Belo Horizonte: Del Rey, 2000, p. 140.

b) no futuro, a legalização desse procedimento será destinada à extração de sangue ou outro material biológico para outros propósitos, como na clonagem humana;[362]

c) seria possível produzir exame genético se existente lei prevendo essa situação;[363]

d) a condução coercitiva violaria a paz social;

e) o Código Civil prevê que, nos casos de negativa do investigado em se submeter ao exame genético em DNA, a recusa pode suprir a prova que se pretendia obter (artigo 231), presumindo-se, equivocadamente, a paternidade/maternidade.

Na ação de investigação de paternidade genética está em conflito o princípio da dignidade da pessoa humana do investigado e do investigante, que têm o direito e o desejo em compartilhar nos três mundos, genético, afetivo e ontológico.[364] Então, qual o sentido que, nesse caso em particular, deve ser compreendido o texto constitucional: a) preservar o princípio da dignidade humana de quem confiscou o mesmo princípio do investigante, com a sua negativa em submeter-se a exame genético? b) ou a concessão não apenas do princípio da dignidade humana, mas, essencialmente, da condição humana tridimensional?

Alerta Sarlet que o pensamento majoritário opõe-se à harmonização do princípio da dignidade da pessoa humana, e nem mesmo o interesse comunitário justificaria ofensa à dignidade pessoal, porque "cada restrição à dignidade (ainda que fundada na preservação de direitos fundamentais ou proteção da dignidade de terceiros) importa em sua violação e, portanto, encontra-se vedada pelo ordenamento jurídico".[365]

Discordo dessa doutrina e jurisprudência, porque, pelas razões a seguir lançadas, é, em tese, constitucional a condução do investigado na feitura do exame genético em DNA, pelo seguinte:

a) para que haja harmonização entre princípios, é necessário manter incólume o princípio da igualdade entre investigante e investigado, que ostentam direitos fundamentais e o mesmo princípio da dignidade e da condição humana tridimensional. Sem

[362] MARTINS, José Renato Silva. ZAGANELLI, Margareth Vetis. Recusa à realização do exame de DNA na investigação de paternidade: direito à intimidade ou direito à identidade? In: *Grandes Temas da Atualidade, DNA como meio de prova da filiação.* Eduardo de Oliveira Leite (Coord). Rio de Janeiro: Forense, 2000, p. 154.

[363] LIMA NETO, Francisco Vieira. Obtenção de DNA para exame: direitos humanos "versus" exercício da jurisdição. In: *Grandes Temas da Atualidade, DNA como meio de prova da filiação.* Eduardo de Oliveira Leite (Coord). Rio de Janeiro: Forense, 2000, p. 123. MIRANDA, Jorge. *Manual de Direito Constitucional.* 3.ed. Coimbra, Portugal: Coimbra, 2000, p. 241. Volume IV, "por certo, haverá que respeitar a liberdade de conformação do legislador. Mas esta, além de variável consoante as normas constitucionais a que se reporta, não pode sobrepor-se, em caso algum, aos princípios constitucionais materiais. Também pode haver desvio de poder legislativo por infracção do princípio da igualdade". LOCKE, John. *Dois Tratados Sobre o Governo.* Traduzido por Julio Fischer. São Paulo: Martins Fontes, 1998, p. 505, "o poder do legislativo, em seus limites extremos, limita-se ao bem público da sociedade. Trata-se de um poder desprovido de qualquer outro fim senão a preservação e, portanto, jamais pode conter algum direito de destruir, escravizar ou empobrecer deliberadamente os súditos".

[364] DOTTI, René Ariel. O exame de DNA e as garantias do acusado. In: *Grandes Temas da Atualidade, DNA como meio de prova da filiação.* Eduardo de Oliveira Leite (Coord). Rio de Janeiro: Forense, 2000, p. 277, "nas ações de investigação de paternidade, há uma forte tendência jurisprudencial no sentido de considerar a recusa em doar o material para exame como presuntiva da admissibilidade do fato alegado".

[365] SARLET, Ingo Wolfgang. *Dignidade da Pessoa Humana e Direitos Fundamentais na Constituição Federal de 1988.* Porto Alegre: Livraria do Advogado, 2001, p. 132-133.

esse requisito, estar-se-á denegando um direito fundamental, o que seria francamente inconstitucional, porquanto, em nenhuma hipótese, se justifica esse confisco.[366]

Para manter intangível o princípio da dignidade humana do investigante e do investigado, devem ser invocados os princípios da igualdade, da cidadania, da liberdade, da razoabilidade, da proporcionalidade e do conhecimento da tridimensionalidade humana, sacrificando o mínimo para preservar o máximo de direitos, porquanto, "em nenhuma circunstância, um direito constitucional deve suprimir, por inteiro, outro direito",[367] isso porque sempre há necessidade de aplicação dos princípios da razoabilidade e da proporcionalidade na decisão judicial;[368]

b) em vista da condução coercitiva, não se está diante de um desses direitos e desejos que fazem parte apenas do mundo genético, "da própria identidade biológica e pessoal – uma das expressões concretas do direito à verdade pessoal",[369] mas, muito mais do que isso, porque é direito e desejo humano ter identidade genética, afetiva e ontológica, direitos fundamentais personalíssimos, intangíveis, imprescritíveis e indisponíveis, que fazem parte da condição e da dignidade humana tridimensional, elevados à categoria de fundamento da República Federativa do Brasil e pilares do Estado Republicano e Democrático de Direito (artigo 1º, incisos II e III, da CF);

c) pela certeza científica da paternidade em praticamente 100%, por meio do exame genético em DNA, faz com que haja garantia da paternidade ao investigante e investigado, já que somente o investigado pode excluir a paternidade mediante a efetivação voluntária do exame genético. Além disso, o aspecto da negativa ao exame "vai contra a intenção mesma do requerido, pois, ao contestar a ação, apela pela negativa, e essa mostra confere-lhe o ônus de provar que não é o genitor", pelo que se está diante de um paradoxo, "pois se se pode determinar com certeza a paternidade e a não-paternidade, através de exame pericial, isso de nada vale se o requerido se recusa a fazê-lo";[370]

d) no tablado jurídico brasileiro, vigem, a contar da Carta Fundamental (artigos 226, §§ 4º e 7º, e 227, § 6º), apenas duas verdades da perfilhação: biológica e socioafetiva, as quais devem vir cumuladas ao ser humano, para que ele consiga conviver e compartilhar em seu mundo ontológico. Isso porque a verdade biológica parece ser

> a verdade verdadeira, mas não se concebe um sistema jurídico que, embora não o diga, não conceda um lugar à verdade sociológica, aos hábitos individuais, familiares, sociais [...]. O facto de viver como se o vínculo biológico existisse cria [...] uma comunidade psicológica que pode ser tão forte como a comunidade de sangue [...] que seria pouco realista abalar [...], pois "juieta non movere" é uma das máximas secretas do direito. Em suma, tratou-se de dar relevância à verdade sociológica da filiação, de guardar a paz das famílias que assente na comunhão filial duradoura.[371]

---

[366] FREITAS, Juarez. Tendências Atuais e Perspectivas da Hermenêutica Constitucional. Porto Alegre: *Revista da Ajuris*, ano XXVI – nº 76 – dezembro de 1999, p. 400-401.

[367] Idem, ibidem.

[368] MIRANDA, Jorge. *Manual de Direito Constitucional*. 3.ed. Coimbra, Portugal: Coimbra, 2000, p. 205. Volume IV.

[369] SÃO PAULO. Tribunal de Justiça. Acórdão nº 110.067-1. 02.11.89. RJTJSP 126/201.

[370] SIMAS FILHO, Fernando. Investigação de paternidade: peculiaridades, panorama atual, futuro. In: Repensando o Direito de família. *Anais* do I Congresso Brasileiro de Direito de família. Rodrigo da Cunha Pereira (Coord). Belo Horizonte, IBDFAM, OAB-MG: Del Rey, 1999, p. 465.

[371] OLIVEIRA, Guilherme. *Critério Jurídico da Paternidade*. Coimbra, Portugal: Almedina, 1998, p. 421.

Em tendo sido cravadas apenas duas filiações no contexto jurídico brasileiro (genética e afetiva), tornou-se inconstitucional a declaração da verdade formal, ficção jurídica, mera presunção jurídica, significando que somente é constitucional a declaração da filiação biológica e/ou socioafetiva, sob pena de ser reconhecida apenas a ficção do modo de ser-filho, um simulacro da condição humana tridimensional;

e) para a realização do exame em DNA pode ser colhido material genético pelo sangue, sêmen, raiz do cabelo, pele, placenta,[372] ossos,[373] saliva, urina,[374] dentes[375] ou músculos.[376] Dentre essas opções, "temos de fazer concordar os valores jurídicos e, quando um tiver que preponderar sobre o outro, mister salvaguardar, ao máximo, aquele que restou relativizado",[377] querendo-se dizer que, primeiramente, há de ser colhido do investigado a raiz do cabelo ou a saliva, que não representam sequer risível lesão corporal;

f) o interesse da origem biológica, da preservação da tridimensionalidade humana, diz respeito ao indivíduo, ao grupo familiar, à sociedade[378] e à humanidade, ainda mais na situação atual da ciência, em que há premência na descoberta da origem biológica, da preservação dos impedimentos matrimoniais/convivenciais e da "prevenção de doenças, tornando-a matéria de saúde pública, 'a fortiori' de interesse social".[379]

A preservação da dignidade e dos modos de ser-no-mundo-genético, de ser-no-mundo-(des)afetivo e de ser-no-mundo-ontológico do investigante preponderam sobre a negativa do investigado em cumprir um mero ato processual de realização de uma prova genética, exatamente porque, com uma conduta negativa, o investigado continua se relacionando em seus três mundos, ao passo que ao investigante é denegado esse direito e desejo, desalojado de sua própria condição humana;

g) a aplicação da condução coercitiva do investigado na produção do exame genético em DNA é encontrada na leitura de Sarlet, ao citar que, embora a prática dos atos de violação da dignidade por terceiro, no caso do investigado, que se nega a produzir a prova,

> não tenha o condão de acarretar a perda da dignidade, nos parece razoável admitir que, qualquer pessoa, ao cometer uma ofensa à dignidade alheia, acaba por colocar, a si mesma, numa condição de desigualdade na sua relação com os seus semelhantes, que, para além de serem igualmente

---

[372] SANTOS, Maria Celeste Cordeiro Leite. Quem são os pais? O DNA e a filiação, proposta de solução ou início dos dilemas?. In: *Grandes Temas da Atualidade, DNA como meio de prova da filiação*. Eduardo de Oliveira Leite (Coord). Rio de Janeiro: Forense, 2000, p. 207.

[373] MORAES, Maria Celina Bodin de. O direito personalíssimo à filiação e a recusa ao exame de DNA: uma hipótese de colisão de direitos fundamentais. In: *Grandes Temas da Atualidade, DNA como meio de prova da filiação*. Eduardo de Oliveira Leite (Coord). Rio de Janeiro: Forense, 2000, p. 223.

[374] ALMEIDA, Maria Cristina de. *Investigação de Paternidade e DNA: aspectos polêmicos*. Porto Alegre: Livraria do Advogado, 2001, p. 67-68.

[375] VELOSO, Zeno. A Dessacralização do DNA. Direito de família: a família na travessia do milênio. *Anais* do II Congresso Brasileiro de Direito de família. Rodrigo da Cunha Pereira (coordenador). Belo Horizonte: Del Rey, 2000, p. 196.

[376] RASKIN, Salmo. *Investigação de Paternidade: manual prático do DNA*. Curitiba: Juruá, 1999, p. 34.

[377] FREITAS, Juarez. Tendências Atuais e Perspectivas da Hermenêutica Constitucional. Porto Alegre: *Revista da Ajuris*, doutrina e jurisprudência, Ano XXVI – nº 76 – dezembro de 1999, p. 400-401.

[378] MORAES, Maria Celina Bodin de. Recusa à Realização do Exame de DNA na Investigação de Paternidade e Direitos de Personalidade. *A Nova Família: problemas e perspectivas*. Vicente Barreto, Jacques Comaille...[*et al*] (Org.). Rio de Janeiro: Renovar, 1997, p. 189-190.

[379] LÔBO, Paulo Luiz Neto.O exame de DNA e o princípio da dignidade da pessoa humana. In: *Revista brasileira de direito de família* nº 01, de 06/99.

dignos por serem pessoa, são também – pelo menos para efeito do caso concreto em que se está a fazer a ponderação – dignos nas suas ações.[380]

Essa compreensão vem ao encontro da concepção kantiana da dignidade da pessoa humana, nos termos:

se o fim natural de todos os homens é a realização de sua própria felicidade, não basta agir de modo a não prejudicar ninguém. Isto seria uma máxima meramente negativa. Tratar a humanidade como um fim em si implica o dever de favorecer, tanto quanto possível, o fim de outrem. Pois sendo o sujeito um fim em si mesmo, é preciso que os fins de outrem sejam por mim considerados também como meus;[381]

Quem deu causa à exclusão do princípio da dignidade e da condição humana tridimensional do investigante foi o investigado, e não um terceiro ou a sociedade, ante a sua recusa na submissão ao exame genético. Assim, parafraseando Sarlet, a conduta indigna do suposto pai (investigado) não importa perda, mas, sim, enfraquecimento (harmonização) de sua dignidade e de sua condição humana;

h) as partes devem se encontrar no mesmo nível processual, em vista do princípio da igualdade que norteia o processo. Em matéria de família, o investigante é a parte mais fraca, em vista do teto constitucional da proteção integral e absoluta e a ausência de sua origem sanguínea;

i) o direito do filho genético e/ou afetivo de investigar a paternidade faz parte de sua condição humana tridimensional, pois:

i.1) vive no mundo dos seres vivos em geral, fazendo com que haja continuação da linhagem, do ciclo de vida, transmitindo às gerações, por exemplo, a compleição física, os gestos, a voz, a escrita, a origem da humanidade, a imagem corporal, parecendo-se, muitas vezes, com seus pais, tendo a possibilidade de herdar as qualidades dos pais.[382] É o mundo da autorreprodução dos seres vivos, inclusive do ser humano, das necessidades, correspondendo ao modo de ser-no-mundo-genético, um complexo programa genético que influencia o ser humano em sua atividade, movimento ou comportamento,[383] pelo qual o ser humano permanece ligado a todos os demais seres vivos (mundo genético);

i.2) ele vive e se relaciona em família e em sociedade (mundo afetivo);

i.3) ele vive em seu próprio mundo, a conversação consigo mesmo, no qual nasce a necessidade psicológica de conhecer os mundos biológico e/ou afetivo (mundo ontológico). Por isso, o ser humano somente será cuidado e compreendido como humano se for concedido a ele o direito de conhecer a sua tridimensionalidade humana;

---

[380] SARLET, Ingo Wolfgang. *Dignidade da Pessoa Humana e Direitos Fundamentais na Constituição Federal de 1988.* Porto Alegre: Livraria do Advogado, 2001, p. 129-130.

[381] ALMEIDA, Silmara Juny de Abreu Chinelato e. Exame de DNA, Filiação e Direitos da Personalidade. In: *Grandes Temas da Atualidade, DNA como meio de prova da filiação.* Eduardo de Oliveira Leite (Coord). Rio de Janeiro: Forense, 2000, p. 353.

[382] ASIMOV, Isaac. *O Código Genético.* São Paulo: Cultrix, 1962, p. 16.

[383] VARELLA, Dráuzio. A imposição sexual. In: *Caderno Colunistas do jornal O SUL.* Em 04 de março de 2007, em que afirma que Ernst Mayr, um dos grandes biólogos do século passado, disse o seguinte: "Não existe atividade, movimento ou comportamento que não seja influenciado por um programa genético". Por isso, enfatiza Dráuzio, "considerar a orientação sexual mera questão de escolha do indivíduo é desconhecer a condição humana".

j) sob o ponto de vista emocional, a questão da origem da paternidade faz parte do mundo afetivo e ontológico, já que, "não raras vezes, manifesta-se em casos concretos muito mais confusional e comprometedor para a integração psíquica da pessoa o fato de não portar o sobrenome paterno (e/ou materno), do que o fato de não saber quem seja seu pai",[384] pelo que se tornou direito de todo ser humano conhecer a sua origem, sua identidade, sua família de sangue,[385] seu modo de ser-no-mundo-genético, de ser-no-mundo-(des)afetivo e de ser-no-mundo-ontológico. O conhecimento do DNA de alguém para determinar a filiação é direito constitucional, já que "a intimidade do pai não é mais forte que o direito do filho de ter assegurado, como conseqüência da atitude paterna menos digna, o seu direito à cidadania ampla e à própria dignidade pessoal decorrente do reconhecimento".[386]

k) o exame genético em DNA é o *único meio de prova* para descobrir a paternidade genética. Quer dizer, se, no ordenamento jurídico, houvesse alguma outra prova no sentido de dar garantia de 100% da paternidade biológica, a condução coercitiva do investigado seria inconstitucional;

l) no direito comparado admite-se a condução coercitiva do investigado na produção do exame genético em DNA. A França e a Alemanha produzem essa prova, "porque aquelas legislações disciplinam que a sujeição da integridade do indivíduo está num plano inferior a um interesse coletivo decorrente da ordem pública".[387] Desde os anos 50, a Alemanha afirma que "não ofende à dignidade, vida e segurança da pessoa a coleta de pequena amostra de sangue. Foi, porém, a decisão de líder, de 31.01.1989, do Tribunal Constitucional Federal alemão, reconhecendo a existência de um 'direito da criança de saber sua origem'".[388]

m) a produção do exame genético em DNA não encontra respaldo na ideia de "não-autoincriminação", à medida que estão em confronto dois direitos fundamentais da mesma hierarquia. Negando a certeza científica da paternidade, estar-se-á privando, para sempre, uma existência humana digna, já que afastada de sua condição humana tridimensional, ao passo que, na condução coercitiva, não ocorre esse aniquilamento da pessoa, porquanto não está em jogo a privação da liberdade, mas apenas uma limitação

[384]. CATTANI, Aloysio Raphael; PINTO, Ana Célia Roland Guedes; FRANCO, Beatriz Cardoso Esteves; MARRACCINI, Eliane Michelini; SALEH, Ligia Pimenta; HUNGRIA, Maria Cristina Leme; NASSOUR, Mariza Naldony; FERREIRA, Verônica A. M. Cesar. *O Nome e a Investigação de Paternidade: uma nova proposta interdisciplinar. Direito de família e Ciências Humanas.* Eliana Riberti Nazareth e Maria Antonieta Pisano Motta (Coordenador). Caderno de Estudos nº 2. São Paulo: Jurídica Brasileira, 1998, p. 22-23.

[385] MADALENO, Rolf. *Novas Perspectivas no Direito de família.* Porto Alegre: Livraria do Advogado, 2000, p. 40.

[386] MARTINS, Ives Gandra da Silva. O exame do DNA como meio de prova – aspectos constitucionais. In: *Grandes Temas da Atualidade, DNA como meio de prova da filiação.* Eduardo de Oliveira Leite (Coord). Rio de Janeiro: Forense, 2000, p. 128.

[387] MARTINS, José Renato Silva; ZAGANELLI, Margareth Vetis. Recusa à realização do exame de DNA na investigação de paternidade: direito à intimidade ou direito à identidade? In: *Grandes Temas da Atualidade, DNA como meio de prova da filiação.* Eduardo de Oliveira Leite (Coord). Rio de Janeiro: Forense, 2000, p. 160.

[388] MARQUES, Claudia Lima. Visões sobre o teste de paternidade através do exame do DNA em direito brasileiro – direito pós-moderno à descoberta da origem?. In: *Grandes Temas da Atualidade, DNA como meio de prova da filiação.* Eduardo de Oliveira Leite (Coord). Rio de Janeiro: Forense, 2000, p. 43.

temporária,[389] em decorrência do modo de ser-no-mundo do investigado, que se nega a realizar o exame genético;

n) na condução coercitiva do investigado na produção do exame genético em DNA ocorre a colisão do princípio constitucional da dignidade humana do investigante e do investigado. As ponderações de Streck são no sentido de que, quando da colisão de princípios, deve ser aplicado o princípio da concordância prática (ou da harmonização), com a finalidade de preservar a unidade constitucional,[390] uma vez que é justamente "dessa colisão de princípios que deve exsurgir a solução da querela jurídica. Dito de outro modo e para ser mais simples: quais os princípios que devem pesar mais?". Respondendo à indagação, o escoliasta lembra que se deve procurar a "otimização entre os direitos/valores em jogo, no estabelecimento de uma concordância prática, que deve redundar numa ordenação proporcional dos direitos fundamentais e/ou valores fundamentais em choque. Dito de outro modo: busca-se um razoável equilíbrio entre os princípios colidentes".[391]

Na condução coercitiva, pende de harmonização o princípio[392] da dignidade e da condição humana tridimensional do investigado e do investigante. Para que o investigado tenha o direito de exigir a sua dignidade perante o investigante, a sociedade, o Estado, à humanidade, que é a sua liberdade de não se submeter a exame, precisa respeitar a liberdade do investigante em conhecer os seus três mundos. É dizer, se o investigado quer garantir o seu direito à dignidade e à liberdade de não ser tocado em sua integridade física, deve respeitar a dignidade e a liberdade do investigante em conviver e compartilhar nos mundos genético, afetivo e ontológico, submetendo-se voluntariamente ao exame genético.

Não haverá harmonia e nem unidade constitucional com a denegação do direito à dignidade e à condição humana tridimensional do investigante, em vista do comportamento omissivo do investigado. Com a denegação da condução coercitiva do investigado, vê-se que ainda não foram submetidos à jurisdição constitucional o Direito

---

[389] BRAGA, Valeschka e Silva. *Princípios da proporcionalidade & da razoabilidade*. Curitiba: Juruá, 2004, p. 164, rodapé.

[390] STRECK, Lenio Luiz. In: *Parecer no HC 70.911.823.531*, 5ª Câmara Cível. TJ/RS, em 15/06/2005. Disponível em: www.leniostreck.com.br. Acesso em: 06/06/2006, em nota de rodapé, recomendando ver STRECK, Lenio Luiz. *Jurisdição Constitucional e Hermenêutica*.2.ed. Rio de Janeiro: Forense, 2004 e SARLET, Ingo Wolfgang. *A eficácia dos direitos fundamentais*. 4.ed. Porto Alegre: Livraria do Advogado, 2004.

[391] STRECK, Lenio Luiz. In: *Parecer no Hábeas-Córpus nº 70.911.823.531,* da 5ª CCr. do Tribunal de Justiça do Rio Grande do Sul, em 15.06.2005. Disponível em: www.leniostreck.com.br. Acesso em 6/6/6.

[392] STRECK, Lenio Luiz. In: *Parecer no HC nº 70.011.823.531*, da 5ª CCr. do Tribunal de Justiça do Rio Grande do Sul, em 15.06.2005. Disponível em: www.leniostreck.com.br. Acesso em 6/6/6. O autor faz as seguintes considerações, com relação à colisão de princípios constitucionais em um caso de incitação ao crime: "O caso concreto evidencia um embate entre princípios de ordem constitucional – da manutenção do pensamento, liberdade de consciência e de crença, liberdade de reunião e liberdade de associação –, previstos no artigo 5º da Constituição e outros princípios constitucionais, como a segurança, a incolumidade pública e a paz social. Colisão de direitos fundamentais. Paz pública (ordem pública) vs. direito de expressão (liberdade de crença, reunião e associação). Problema concernente à colisão de direitos fundamentais. Aplicação do princípio da concordância prática (ou da harmonização), com o fim de preservar a unidade constitucional. Com a concordância prática, os direitos fundamentais e valores constitucionais deverão ser harmonizados, no caso concreto, por meio de juízo de ponderação que objetive preservar (e concretizar) ao máximo os direitos e bens constitucionais protegidos".

infraconstitucional e nem a principiologia constitucional,[393] já que está prevalecendo unicamente a dignidade e a condição humana do investigado, único ser humano que tem o poder, em tese, de conceber a dignidade e a condição humana ao investigante;

o) com toda razão, nesse aspecto, Lenio Luiz Streck,[394] ao pontificar o seguinte:

> *Saber o nome do pai é uma questão civilizatória; é o resgate da origem; do desvelamento de nosso ser; a angústia que persegue o homem desde a aurora da civilização é saber quando e de que maneira algo é e pode ser.* Veja o Heidegger, comentando Heráclito: se tirássemos do homem a partícula "é", o que aconteceria? Uma tragédia. Aí tem o enigma que Heidegger coloca: mas isso já aconteceu há mais de 2000 anos. O ser foi escondido pela metafísica. *Portanto, proteger o nome do pai no anonimato é metafísica, é a negação da origem, do primeiro, da aurora das coisas. Enfim, negar o nome do pai é negar o princípio.* Por último, ética é paridade axiológica entre o eu e o Outro (grifei).

Por derradeiro, (re)lembro a pontuação de Heidegger,[395] ao se rebelar contra o esquecimento do ser, da transformação do ser em simples vapor, como disse Nietzsche, certificando que nenhuma catástrofe no planeta seria comparável à privação de "toda a possibilidade de dizer e compreender a palavra 'é'", porque, para o autor, "basta que o homem (ser humano) 'viva' e atue 'próximo da vida', 'próximo da realidade'", que é conhecer e ser a sua condição humana tridimensional.

Com esses fundamentos, justificações e modo de ser-no-mundo-hermenêutico fica cristalino o direito de o ser humano conhecer e ser a sua tridimensionalidade, genética, afetiva e ontológica, já que se cuida de uma questão da evolução civilizatória, do conhecimento da origem, do princípio, da observância da isonomia entre os seres humanos, da ética e da moral.

21. Proteção integral e absoluta da criança e do adolescente e a declaração oficiosa da paternidade

Não faz muito tempo que as crianças e os adolescentes eram subjugados pelos professores a severos castigos, como a colocação de chapéu de palhaço, permanecer de joelhos sobre grãos de milho, a palmatória, a vara, muitas vezes com espinho ou alfinete na ponta, permitindo furar a barriga da perna do aluno.[396]

Essa tortura psicológica e corporal é fruto da tirania dos integrantes da família, da sociedade e do Estado, pelo fato de o ser humano ser compreendido apenas pela normatização do mundo genético, cujo modo de ser foi abolido pelo Pacto Social de 1988 (cabeço do artigo 227),[397] no qual foi engendrado o princípio da proteção integral

[393] STRECK, Lenio Luiz. E que o texto constitucional não se transforme em latifúndio improdutivo – uma crítica à ineficácia do Direito. Disponível em: www.leniostreck.com.br. Acesso em 12.06.2006.

[394] STRECK, Lenio Luiz. Respondendo a um e-mail, em 09.05.2007, acerca da indagação que lhe fiz sobre a questão da entificação do ser do ser humano na investigação de paternidade.

[395] HEIDEGGER, Martin. *Heráclito.* Traduzido por Marcia Sá Cavalcante Schuback. 3.ed. Rio de Janeiro: Relume Dumará, 2002, p. 96 e 97.

[396] FREYRE, Gilberto. *Casa-Grande & Senzala.* 49.ed. São Paulo: Global, 2004, p. 507-8.

[397] STRECK, Lenio Luiz. *Hermenêutica jurídica e(m) crise.* 2.ed. Porto Alegre: Livraria do Advogado, 2000, p. 287. FERRAJOLI, Luigi. *Derecho y razón. Teoria del garantismo penal.* 4.ed. Traduzido por Perfecto Andrés Ibañez et al. Editorial Trotta: Madrid, 2000, p. 860.

e absoluta da infância e da juventude, para que a família seja compreendida em sua tridimensionalidade humana.

Acerca da proteção integral e absoluta da criança e do adolescente, Gadamer diz o seguinte:[398]

> We cannot and should not lead young people to believe that they will inherit a future of satisfying comfort and increasing ease. Rather, we should convey to them a pleaure in collective responsability and in a genuinely shared existence both with and for one another. This is something which is missing both in our society and indeed in many others as well. Young people in particular are well aware of this. And here were are reminded of an ancient saying: youth is in the right.

O autor está a dizer que os pais, a sociedade, o Estado não devem simular à criança e ao adolescente um futuro de esplêndido conforto e de crescente comodidade, e sim facultar-lhes a alegria na responsabilidade compartilhada, na convivência afetiva e na solidariedade dos humanos, cujo relacionamento está em falta na família e na sociedade.

No artigo 19 do Estatuto da Criança e do Adolescente consta que "toda criança ou adolescente tem direito a ser criado e educado no seio da sua família e, excepcionalmente, em família substituta, assegurada a convivência familiar e comunitária". Esse artigo é preconceituoso, porque cuida da socioafetividade como *família substituta*, quando ela se encontra em igualdade de condições com a família biológica. Na visão tridimensional, para o ser humano não basta o laço sanguíneo, mas, também e necessariamente o relacionamento afetivo e ontológico, que não estão subdivididos em titular e substituto, à medida que se cuida de um ser humano único.

A proteção integral e absoluta se inicia na concepção, principalmente no nascimento com vida, exigindo-se o afastamento dos pré-juízos, conceitos prévios da diversidade entre os filhos, em que a paternidade/maternidade responsável (artigo 226, § 7º, da Constituição) compreende o cumprimento das seguintes condições, por exemplo: o modo de ser-em-família, o jeito de ser-pai, de ser-mãe, de ser-filho, o ideal, a vontade, carinho, afeto, amor, desvelo, segurança, equilíbrio emocional dos pais, alimentação, abrigo, vestuário, habitação, escola, saúde corporal, bucal, psicológica, mental e emocional, o direito de ouvir e de ser ouvido e respeito à igualdade e aos modos de ser-no-mundo-genético, de ser-no-mundo-(des)afetivo e de ser-no-mundo-ontológico.

A Lei nº 8.560, de 29 de dezembro de 1992, diz o seguinte: "Em registro de nascimento de menor apenas com a maternidade estabelecida, o oficial remeterá ao juiz certidão integral do registro e o nome e prenome, profissão, identidade e residência do suposto pai, a fim de ser averiguada oficiosamente a procedência da alegação". Essa lei não cumpre, em toda a sua extensão, o princípio da proteção integral e absoluta, tendo em vista que ainda deixa a cargo do representante legal do filho o ingresso da ação de investigação de paternidade.

Para que o filho seja realmente protegido integral e absolutamente, essa lei deveria ser alterada, exigindo que, no registro de nascimento, constasse, de imediato, o nome do suposto pai, o qual, após intimado na averiguação oficiosa de paternidade, poderá ajuizar a competente ação negatória de paternidade, antes de ser edificada

---

[398] GADAMER, Hans-Georg. *The enigma of health.* Traduzido por Jason Gaiger and Nicholas Walker. Stanford University Press: California, 1996, p. 82. Tradução do autor: "Não podemos nem devemos simular para a juventude um futuro de esplêndido conforto e de crescente comodidade, mas facultar-lhe a alegria na responsabilidade partilhada, na convivência afetiva e na solidariedade dos homens. É o que falta na nossa sociedade e na coabitação de muitos. A juventude, de modo particular, sente isso. Há um mote antiqüíssimo: 'a juventude tem razão'".

a filiação socioafetiva, sob pena de tornar-se definitiva e irrevogável a paternidade. Esse procedimento faz com que haja uma abreviação na investigação de paternidade, não competindo mais ao menor ajuizar a ação, e sim concedendo-se o direito ao pai, para, que-rendo, negar a paternidade. É dizer, tendo em vista o princípio da proteção integral e absolu-ta, a condição humana tridimensional, genética, afetiva e ontológica, e a verossimilhança das afirmações da mãe, registra-se o filho imediatamente em nome do pai, que, ulteriormente, caso discorde da paternidade, poderá ajuizar a respectiva demanda judicial.

O princípio constitucional da proteção integral e absoluta da criança e do adolescente aplica-se com a mesma intensidade e nos mesmos termos à pessoa idosa (igual ou maior de sessenta anos de idade), com âncora na Lei Federal nº 10.741, de 1º de outubro de 2003, ao determinar que

> o idoso goza de todos os direitos fundamentais inerentes à pessoa humana, sem prejuízo da proteção integral de que trata esta Lei, assegurando-se-lhe, por lei ou por outros meios, todas as oportunidades e facilidades, para preservação de sua saúde física e mental e seu aperfeiçoamento moral, intelectual, espiritual e social, em condições de liberdade e dignidade.

Os jeitos de ser-em-família, preservando-se os vínculos familiares dos mundos genético, afetivo e ontológico, e a desinstitucionalização da população infanto-juvenil e idosa, "fazem parte de um contexto maior de diretrizes a serem adotadas nas políticas públicas de proteção. Já é unânime a orientação no sentido de se incentivar a convivência familiar e comunitária".[399] Mas, o ser humano não convive e nem compartilha em família com base em orientação ou mesmo com regras constitucionais, precisando-se materializar, substancializar os direitos e as garantias fundamentais. Isso quer dizer que a institucionalização da criança, do adolescente e do idoso é prova da realidade da desconcertante ausência da linguagem humana na família, na sociedade e no Estado.

Na família constitucional, democrática, hermenêutica, filosófica e secularizada se impõe o cumprimento das necessidades pessoais, não sendo a pessoa que vive para a família, e sim esta é que deve servir como condição de possibilidade do desenvolvimento pessoal, na busca da felicidade.[400]

Assim, não se pode falar apenas em família conjugal, convivencial, monoparental, unipessoal, socioafetiva, anaparental, reconstituída, porquanto, pela linguagem tridimensional, ela também é um modo de ser, um jeito de ser, uma condição de ser-no-mundo-genético, de ser-no-mundo-(des)afetivo e de ser-no-mundo-ontológico, respeitando-se, portanto, todas as circunstâncias genéticas, sociais/familiares e pessoais do ser humano.

A linguagem constitucional, laica, hermenêutica, democrática foi elevada a direito e garantia fundamental, fazendo parte dos três mundos do ser humano, pelo que as disposições legais do ECA e do Código Civil, ao negarem a afetividade e a ontologia como valores jurídicos, são manifestamente inconstitucionais, preconceituosos, ao afrontar a sua base principiológica da igualdade entre a filiação, da convivência, da liberdade, da dignidade e da condição humana tridimensional.

---

[399] ZABAGLIA, Rosângela Alcântara; PEREIRA, Tânia da Silva. O Estatuto do Idoso e os desafios da modernidade. In: *A arte de envelhecer.* Maria Teresa Toríbio Brittes Lemos e Rosângela Alcântara Zabaglia (organizadoras). Rio de Janeiro: Idéias & Letras, 2004, p. 179.

[400] FACHIN, Luiz Edson. *Estabelecimento da Filiação e Paternidade/maternidade Presumida.* Porto Alegre: Fabris, 1992, p. 25.

22. Igualdade entre as filiações biológica e socioafetiva (artigos 227, cabeço e § 6º, da Constituição do País)

Com o desfraldar da genética, do afeto e da ontologia a direitos fundamentais do ser humano, decorrente da compreensão do conjunto de toda a principiologia constitucional, que dá sentido à condição humana tridimensional, resta enfraquecida a resistência à igualdade entre as filiações (biológica e socioafetiva), havendo necessidade de ser formatada uma parceria, um entrelaçamento, um relacionamento recíproco no direito de família.

São pelo menos quatro os modos de ser-no-mundo da filiação socioafetiva, por exemplo: a) adoção judicial; b) filho de criação; c) reconhecimento voluntário ou judicial da paternidade/maternidade; d) adoção à brasileira. Todos são jeitos de ser-em-família, fazendo com que o membro familiar possa assimilar o direito de conviver e compartilhar em sua tridimensionalidade humana. Analisarei, sumariamente, as quatro formas de perfilhação no direito brasileiro:

a) adoção judicial: Quando do surgimento da família primitiva, já se falava em adoção, que tinha a finalidade de eternizar o culto doméstico, direito concedido a quem não tivesse filho, para que não cessassem as cerimônias fúnebres. O novo vínculo do culto substituía o parentesco, mas o gesto de adotar não estava ligado à afetividade,[401] muito menos à ontologia. Historia-se[402] que, em Atenas, na Antiga Grécia, portanto, há milhares de anos, a adoção era ato solene, *exigindo a intervenção do magistrado*, portanto, como ainda hoje é efetivado, *mediante um processo*, isso devido ao preconceito impuro da discriminação entre os membros da família, que ainda vige em pleno 3º milênio, embora na Constituição do Brasil esteja prevista a igualdade entre todos os integrantes da família.

A adoção era prevista nas Leis de Manu, entre um homem e um rapaz da mesma classe, e no Código de Hamurábi, 1.500 anos antes de Cristo, constava que era irrevogável,[403] tendo sido acolhida no direito romano, mas, na Idade Média, o instituto caiu em desuso, chegando a desaparecer. O Direito Canônico não o recepcionou, constando, contudo, do *Code Civile* da França e das Ordenações do Reino de Portugal, estando inserida no ordenamento jurídico brasileiro, por exemplo, no Código Civil de 1916,[404] no Estatuto da Criança e do Adolescente (Lei nº 8. 069/90) e no Código Civil de 2002.

b) filho de criação: A afetividade se corporifica naqueles casos em que, mesmo não havendo vínculo biológico, alguém educa um ser humano por mera opção, por um modo de ser-em-família, amor, afeto e solidariedade humana,[405] abrigando-o em seu lar, cumprindo com o princípio da convivência em família (artigo 227, cabeço, da Constituição). É dizer, quando uma pessoa cuida (re)publicamente de alguém, sem qualquer

[401] COULANGES, Fustel de. *A cidade antiga.* São Paulo: Martins Fontes, 2000, p. 50-1.

[402] CHAVES, Antônio. *Adoção.* Belo Horizonte: Del Rey, 1995, p. 49.

[403] GRISARD FILHO, Waldyr. Será verdadeiramente plena a adoção unilateral? CD *Revista brasileira de Direito de família* nº 05, 2004. Porto Alegre: Síntese.

[404] TAVARES, José de Farias. *Comentários ao estatuto da criança e do adolescente.* 4.ed. Rio de Janeiro: Forense, 2002, p. 45-46.

[405] PEREIRA, Lafayette Rodrigues. *Direitos de Família: anotações e adaptações ao Código Civil por José Bonifácio de Andrada e Silva.* 5ed. Rio de Janeiro: Livraria Freitas Bastos, 1956, p. 266, a "posse de estado de filho induz virtualmente e, portanto, supre a prova do nascimento, a da paternidade/maternidade e da maternidade".

formalidade, num modo de ser-paterno/materno/filial, suprindo-lhe todas as necessidades, é formatado o autêntico reconhecimento da paternidade/maternidade,[406] não apenas mediante um comportamento, um agir, um exercício das funções de pai e de mãe, mas, principalmente, pelo seus modos de ser-no-mundo-afetivo-ontológico, porquanto, sem o afeto, o ser humano tem prejudicado seu jeito de ser-em-família e suas circunstâncias pessoais ontológicas.

c) reconhecimento voluntário ou judicial da paternidade/maternidade: Quem comparece no Cartório de Registro Civil, de forma livre e espontânea, solicitando o registro de alguém como filho, não necessita de qualquer comprovação genética,[407] porque isso representa um modo de ser-em-família. Em outras palavras, "aquele que toma o lugar dos pais pratica, por assim dizer, uma 'adoção de fato'",[408] uma aceitação voluntária ou judicial da paternidade/maternidade, em que é estabelecido o modo de ser-filho-afetivo, com a atribuição de todos os direitos e deveres.

Como exemplo desse jeito de ser-em-família, pode ser lembrado o caso da mãe solteira, que contrai casamento ou união estável, cujo cônjuge ou convivente reconhece, voluntariamente, a paternidade responsável do filho de sua consorte. Esse cônjuge ou companheiro pratica um ato humanitário, já que outorga a um ser humano o direito ao mundo afetivo, motivo pelo qual não só exerce a função de pai, como, principalmente, a circunstância, o jeito de ser-pai, transformando-se em tutor do mundo afetivo de seu filho, cujo direito é irrevogável, irrenunciável, irretratável, indisponível, imprescritível, inegociável, intangível;

d) adoção à brasileira: A adoção à brasileira ocorre quando a criança, ao nascer, é registrada diretamente em nome dos pais afetivos, como se fossem pais biológicos. É o caso da gestante que entrega seu filho a alguém, *voluntariamente*, fazendo o registro de nascimento em seu nome, como se fosse pai/mãe genético.

Ostentar um modo de ser-filho é ser reconhecido e cuidado como filho, um jeito de ser-pai-mãe-filho-família. Sustenta-se[409] que a adoção à brasileira representa conduta delituosa, sendo, portanto, revogável. Há, contudo, equívoco nesse pensar, ao confundir adoção à brasileira – entrega *voluntária* de filho a terceiro e a condição de ser-em-família – com o cometimento de conduta criminosa, como o sequestro, o cárcere privado, a sonegação ou a subtração de incapaz (artigos 148, 248, III, e 249 do Código Penal). Essa linguagem ainda é fruto do pensamento unívoco da genética, esquecendo-se de que o ser humano convive e compartilha na tridimensionalidade humana, um modo de ser-no-mundo-genético, de ser-no-mundo-(des)afetivo e de ser-no-mundo-ontológico.

O modo de ser-pai-mãe-filho torna irrevogável a paternidade/maternidade, pelas seguintes razões, por exemplo:

a) o mundo afetivo do filho não poderá ser dissolvido pelos pais, negando-se-lhe a paternidade/maternidade, sob o argumento de que não são pais biológicos, na medida em que a paternidade/maternidade socioafetiva exauriu-se no momento do modo de

---

[406] BEVILAQUA, Clovis. *Direito da Família.* 7.ed. Rio de Janeiro: Freitas Bastos, 1943, p. 346-7.

[407] VILLELA, João Baptista. O modelo constitucional da filiação: verdades & superstições. *Revista Brasileira de Direito de família*, nº 2, julho/agosto/setembro de 1999.

[408] FACHIN, Luiz Edson. *Da Paternidade/maternidade: relação biológica e afetiva.* Belo Horizonte: Del Rey, 1996, p. 124.

[409] FILIPPI, Rejane. Recasamentos. In: *Casamento, uma escuta além do Judiciário.* Ivone M. C. Coelho de Souza (org.).Florianópolis: VoxLegem, 2006, p. 453.

ser-pai, de ser-em-família, independentemente da origem da perfilhação e bem antes do registro do filho;

b) em sendo irrevogável a condição humana tridimensional, é impensável a revogação da paternidade/maternidade afetiva, salvo se for mediante conduta delituosa;

c) o ser humano tem direito à condição humana tridimensional, sob pena de renunciar a sua vida, a sua existência;

d) o ser humano não é um objeto, para, em um momento, ser desejado, aceito, como filho, mas, em outro, ser enjeitado como coisa;

e) não há necessidade do transcurso de lapso temporal para comprovar a paternidade/maternidade, pois ela não é só um comportamento, um agir procedimental, mas também um modo de ser-no-mundo-afetivo. É dizer, a paternidade/maternidade não é efetivada unicamente com o exercício das funções de pai, de mãe, de filho, mas quando os componentes da família passam a adotar um modo de ser-pai, um modo de ser-mãe, um jeito de ser-filho, enfim, uma circunstância de ser-em-família. Por isso, não há como explicar os motivos que levaram os legisladores franceses, luxemburgueses e espanhóis, a fixar, respectivamente, os prazos de duração mínima do jeito de ser-filho afetivo em dez, três e quatro anos, isso porque "o estabelecimento de um prazo, em matéria sem antecedentes legais é com certeza um passo arbitrário",[410] considerando que,

> diante do caso concreto, restará ao juiz o mister de julgar a ocorrência, ou não, de posse de estado, o que não retira desse conceito suas virtudes, embora exponha sua flexibilidade. E isso há de compreender-se: trata-se de um lado da existência, de um elemento de fato, e é tarefa difícil, senão impossível, enjaular em conceitos rígidos a realidade da vida em constante mutação.[411]

A atribuição de sentido a ser realizada, quando da outorga da paternidade/maternidade (biológica ou sociológica), deve passar, necessariamente, por uma visão existencial do direito de família, pelo seu modo de ser-em-família, motivo por que é inviável, nos planos legislativo/judicial, o estabelecimento de prazo à efetivação do modo de ser-filho. É preciso examinar a singularidade e a historicidade do caso, uma vez que, como refere Streck, citando Heidegger,[412] "tomar aquilo que 'é' por uma presença constante e consistente, considerado em sua generalidade, é resvalar em direção à metafísica".

O autor aduz também que, para a Nova Hermenêutica, de vertente heideggeriana-gadameriana, "interpretar é produzir/agregar/adjudicar sentido ao texto, que passará a ser norma a partir da interpretação. Não pode haver hermenêutica sem relação social". Por fim, o autor certifica que o texto deve ser interpretado pelo jurista não só com pensamento voltado à lei e nem captando o seu sentido, mas, sim, "mergulhado no rio de sua história, deslizando até o presente de sua aplicação, ou seja, não é possível interpretar sem ter em conta um caso concreto (nas suas especificidades)".[413]

---

410 OLIVEIRA, Guilherme de. *Critério Jurídico da Paternidade/maternidade*. Coimbra: Livraria Almedina, 1998, p. 446-447.

411 FACHIN, Luiz Edson. *Estabelecimento da filiação e paternidade/maternidade presumida*. Porto Alegre: Sergio Antonio Fabris Editor, 1992, p. 162.

412 STRECK, Lenio Luiz. In: *manifestação no processo-crime nº 70001588300*. 5ª Câmara Criminal do Tribunal de Justiça do Rio Grande do Sul. 01.11.2000. Relator: Amilton Bueno e Carvalho.

413 STRECK, Lenio Luiz. O "crime de porte de arma" à luz da principiologia constitucional e do controle de constitucionalidade: três soluções à luz da hermenêutica. In: *Revista de Estudos Criminais* nº 01, 2001, p. 54-5

Na ação de investigação de paternidade afetiva, tem-se verberado que a prova do modo de ser-em-família poderá ser produzida por todos os meios em direito admitidos, como testemunhas, documentos, perícia e depoimento pessoal. Os vizinhos e as pessoas que convivem com o investigante poderão depor em juízo, mas deve ser "aquele conjunto de pessoas que, por serem da família, amigos ou vizinhos, constituem um círculo mais íntimo das relações pessoais do investigante, do pretenso filho e da mãe deste", não bastando a grande maioria desse público manifestar-se no sentido de indicar a paternidade, pois, se a prova não for unânime, significa que a reputação e o tratamento estão desviados.[414] Discordo desse pensamento, porque, em se cuidando de matéria de prova testemunhal, não se devem trilhar os caminhos da dogmática jurídica, que geometriza o direito, pensando em obter minúcias,[415] depoimentos exatos, matemáticos. Por isso, o julgador deve examinar todos os argumentos da prova, sob os auspícios do modo de ser-no-mundo dos pais e filhos, para compreender o texto do direito de família pela linguagem, do geral ao particular, do coletivo ao singular, dentro de uma universalidade e de uma singularidade e pela tradição da família.

Para o juiz não existe preclusão quanto à prova, já que o princípio da inércia, originário do Estado Absolutista, foi proscrito pelo texto constitucional de 1988, sendo, inclusive, um dos maiores preconceitos no direito de família. Dessa forma, mesmo apresentado a destempo o rol de testemunhas, documentos etc., o julgador tem o poder/dever de determinar a produção dessa prova, porquanto o intérprete/julgador deve formar a sua pré-compreensão com base na prova, na fusão de horizontes, do círculo hermenêutico, da suspensão dos pré-conceitos turvos e límpidos e da tradição da família, fundamentando/justificando/compreendendo a decisão, sendo "natural que se lhe dêem condições de trazer para o processo os elementos de prova de que ele necessite, mesmo que as partes não os tenham proposto".[416]

Afirma-se que o Código Civil de 1916 não agasalhou o modo de filho afetivo, devido ao fato de sua apuração ser exclusivamente testemunhal, pelo que o julgador deve

> aferir efetivamente se se trata de autêntica posse de estado (modo de ser-em-família), ou se a conduta do investigado para com o investigante permaneceu em nível de solidariedade humana, piedade cristã ou sentimento de amizade, que inspiraram dispensar ao investigante carinhos, cuidados e proteção por motivos outros, que não a paternidade.[417]

Recomendável, assim, que o processo de investigação de paternidade genética e afetiva não seja julgado exclusivamente com base em prova testemunhal, mas também concatenado com alguma prova documental e pericial, sempre que possível, para servir de adminículo na comprovação do jeito de filho genético e sociológico. A prova oral, isolada e sem se completar com outras de maior força probatória, torna-se precária, em

---

[414] SANTOS, Eduardo dos. *Direito da Família*. Coimbra, Portugal: Livraria Almedina, 1999, p. 459 a 462.

[415] MINAS GERAIS. Tribunal de Justiça. Acórdão nº 28.272. da 1ª CCv. Relator: Hélio Costa. 29.04.68. In: *DELINSKI, Julie Cristine. O novo direito da filiação*. São Paulo: Dialética, 1997, p. 145.

[416] BAPTISTA DA SILVA, Ovídio Araújo. *Curso de Processo Civil*. Processo de conhecimento. 5.ed. São Paulo: Revista dos Tribunais, 2001. Volume I, p. 351.

[417] PEREIRA, Caio Mário da Silva. *Instituições de Direito Civil*. Rio de Janeiro: Forense, 1994, p. 203. Vol. I.

vista da possibilidade de reunir várias testemunhas que podem simular a unicidade de afirmação inverídica, tornando difícil o contraponto da prova.[418]

Nos casos de adoção judicial, adoção "à brasileira" e reconhecimento judicial ou extrajudicial da paternidade, a prova documental da perfilhação é pré-constituída, mediante a certidão de nascimento. Assim, em tese, apenas o filho de criação não terá certidão de nascimento, podendo comprovar o modo de ser-filho, o modo de ser-em-família com os seguintes subsídios documentais, por exemplo:

a) certidão de batismo; b) plano de saúde; c) inscrição no Imposto de Renda; d) inscrição, como dependente, do filho afetivo em órgão previdenciário (INSS, IPERGS, UNIMED, SAS, DAS, Montepios); e) aplicações em caderneta de poupança; f) aplicações financeiras em geral; g) testamento em favor do filho afetivo; h) fotografias que revelam típica convivência familiar; i) escritura ou contrato de aquisição de imóvel ao filho ou em condomínio com os pais e filho; j) bilhetes, cartas ou cartões a indicar a filiação afetiva; k) seguro de vida beneficiando o filho; l) histórico escolar, em que conste o nome dos pais afetivos como responsáveis; m) documentos das despesas de instrução e/ou médico-hospitalares; n) remessa de correio eletrônico (e-mail), denotando o reconhecimento fático do jeito de ser filho afetivo; o) pagamento de pensão alimentícia; p) inclusão em inventário como herdeiro ou legatário; q) autorização para compra de mercadorias em casa comercial, em que é certificado o modo de ser afetivo; r) o nome dos pais inscrito na roupa ou demais pertences do filho; s) depoimento pessoal em qualquer processo, reconhecendo a filiação afetiva; t) o nome do filho afetivo constando da certidão de óbito dos pais; u) o nome dos pais como responsáveis em consulta médica e/ou baixa hospitalar.

Na ação de investigação de paternidade socioafetiva, deve ser produzida prova tão rigorosa quanto na biológica, inclusive de ofício, como testemunhal, pericial (assistente social, psicólogo etc), depoimento pessoal e documental, para que seja declarada a paternidade sociológica, e não apenas a mera ficção jurídica do modo de ser-pai-mãe-filho. Todas essas provas são necessárias, tendo em vista que a presunção[419] da paternidade biológica ou afetiva assegura uma dúvida insolúvel do filho quanto à verdadeira paternidade, se genética ou socioafetiva, isso porque o filho reclama *o pai* biológico ou afetivo, e não *um pai* presumidamente biológico ou afetivo.

23. Igualdade entre casamento e união estável

No artigo 1.723 do Código Civil consta que "é reconhecida como entidade familiar a união estável entre o homem e a mulher, configurada na convivência pública, contínua e duradoura, e estabelecida com o objetivo de constituição de família". Como se vê, o Código Civil seguiu a trilha da Lei nº 9.278/96, não estabelecendo qualquer prazo, mas apenas o objetivo de constituir uma família, que deverá atender às mesmas

[418] NUNES, Victor Augusto Pereira. *Tratado: filiação legítima e ilegítima- Comentário à Lei de Protecção dos Filhos.* 3.ed. Coimbra, Portugal: Coimbra, 1963, p. 253.

[419] Artigo 232 do Código Civil: "A recusa à perícia médica ordenada pelo juiz poderá suprir a prova que se pretendia obter com o exame". Súmula nº 301 – STJ – 18/10/2004 – DJ 22.11.2004. "Em ação investigatória, a recusa do suposto pai a submeter-se ao exame de DNA induz presunção 'juris tantum' de paternidade".

exigências do casamento, quais sejam: "I – fidelidade recíproca; II – vida em comum, no domicílio conjugal; III – mútua assistência; IV – sustento, guarda e educação dos filhos; V – respeito e consideração mútuos", que significam os jeitos de ser-nos-mundos-genético-afetivo-ontológico (artigo 1.566 do Código Civil).

Para a união estável, o legislador (artigo 1.724 do Código Civil) não se referiu, de forma expressa, ao dever de fidelidade e à vida em comum, no domicílio convivencial, requisitos exigidos para o casamento (artigo 1.566 do CC). Contudo, a vida em comum consta do artigo 1.723 do mesmo digesto legal, ao proclamar que a união estável somente poderá ser reconhecida com a convivência pública, contínua e duradoura e estabelecida com o objetivo de constituição de família, tendo sido substituído o requisito da fidelidade pelo de lealdade, que é conceito mais amplo e moderno.

No artigo 1º da Lei nº 8.971/94 (primeira Lei da união estável) consta o seguinte: "A companheira comprovada de um homem solteiro, separado judicialmente, divorciado ou viúvo, que com ele viva há mais de cinco anos, ou dele tenha prole, poderá valer-se do disposto na Lei nº 5.478, de 25.07.68, enquanto não constituir nova união e desde que prove a necessidade". Portanto, a Lei nº 8.971/94 estabelece um prazo de 05 anos, em não havendo filhos. Mas, se os conviventes tiveram filho, a união estável pode ser reconhecida sem a fixação de qualquer prazo. Entretanto, não se pode distinguir a união estável, com ou sem descendente, porquanto não é a descendência que vai informar o nascimento da entidade familiar, mas, sim, a situação fática consubstanciada no preenchimento dos mesmos requisitos reclamados para o casamento: lealdade recíproca, vida em comum, mútua assistência, sustento, guarda e educação dos filhos, respeito e consideração mútuos (artigo 1.566 do CC).

A Lei nº 9.278/96 (segunda Lei da união estável), em seu artigo 1º, menciona o seguinte: "É reconhecida como entidade familiar a convivência duradoura, pública e contínua, de um homem e uma mulher, estabelecida com objetivo de constituição de família". Não obstante a dispensa de prazo certo, deve haver prova segura de que tenha havido a "convivência duradoura, pública e contínua, estabelecida com o objetivo de constituição de família" (artigo 1º da Lei nº 9.278/96 e artigo 1.723 do Código Civil).

Não basta a comprovação de apenas um, mas, sim, de todos esses requisitos, além da constituição da família, que não reclamam lapso prazal, podendo dar-se em um dia, como ocorre no casamento. A única diferença entre essas duas entidades familiares é que, no casamento, a prova é pré-constituída (certidão de casamento) e, na união estável, pode ser pré (escritura pública de pacto patrimonial) ou pós-constituída.

O namoro, a toda evidência, não gera união estável, e nunca foi e nem será sinônimo de casamento, porque a sua finalidade não é constituir uma família, e sim a convivência que ditará se ambos estão preparados para edificar, futuramente, um casamento ou uma união estável. Com isso, com base no Código Civil, é possível ratificar a decisão do Tribunal de Justiça de Santa Catarina, quando honradamente fui citado, com relação ao lapso temporal para ser arquitetada a união estável, nos termos: "Não é o lapso prazal, e sim o ânimo dos conviventes de viverem como marido e mulher que indica a existência da união estável".[420]

[420] SANTA CATARINA. Tribunal de Justiça. Apelação cível nº 99.008974-6. Relator: Eder Graf, 3ª CCv. 17 de agosto de 1999.

A comunidade jurídica insistiu por quase 100 anos para convencer o legislador da igualdade entre casamento e união estável, ambas como forma de ser-em-família, e não uma sociedade comercial, uma sociedade de fato, uma união livre, uma união de fato. A expressão entidade significa aquilo que constitui a essência de um ser, que é a existência, com o que a entidade familiar (união estável, casamento, monoparentalidade e demais jeitos de ser-em-família) é a essência, a existência da família. Ora, se a essência, a existência do casamento e da união estável é a família, significa que ambas são entidades familiares com a mesma indumentária jurídica.

A união estável está inundada com os mesmos propósitos do casamento, sendo os companheiros, solteiros, viúvos, separados judicialmente, divorciados, ou, ainda, separados de fato (artigo 1.723, § 1º, do Código Civil). No artigo 1.723, § 1º, do Código Civil, consta que a união estável não se constituirá se ocorrerem os impedimentos públicos do artigo 1.521, mas não se aplica a incidência do inciso VI no caso de a pessoa casada se encontrar separada de fato ou judicialmente. O artigo 1.521, inciso VI, diz que estão impedidas de casar (impedimento público, em que o casamento é nulo) as pessoas casadas. Logo, o separado de fato, o separado judicialmente, o solteiro e o viúvo estão incluídos no rol dos beneficiários da entidade familiar, em vista da ressalva constante da parte final do § 1º do artigo 1.723 do Código Civil.

Os princípios da igualdade, da afetividade, da cidadania e dignidade da pessoa humana não se aplicam unicamente na quebra de paradigma da filiação genética no Brasil, também servindo para retirar da periferia jurídica as famílias extramatrimoniais, como a união estável e demais modos de ser-em-família, atribuindo-lhes direitos e deveres próprios da convivência em família. Significa dizer que a união estável é, tal qual o casamento, mais uma forma de ser-em-família, até porque ela se localiza no mundo humano afetivo, em que não há um comportamento, um modo de agir, mas um modo de ser-no-mundo-genético, de ser-no-mundo-(des)afetivo e de ser-no-mundo-ontológico. É dizer, equiparar casamento e união estável é compreender a tradição da família, a Constituição e a realidade do mundo da vida,[421] mergulhados na realidade social, e não acorrentadas ao medievo, quando somente era visto o interesse patrimonial, o mundo normatizado genético.

Há necessidade, pois, de ser desdenhada essa baixa compreensão acerca do sentido afetivo da Constituição, sob pena de ocorrer uma equivocada aplicação do evento familiar, porquanto importa a linguagem de solidariedade, de afetividade e as formas de ser-no-mundo-genético, de ser-no-mundo-(des)afetivo e de ser-no-mundo-ontológico, isso porque no mundo prático não pode ser dito tudo, sempre sobrando algo, em que esses princípios constitucionais promovem o sentido que resulta do ponto de encontro entre o texto e a realidade, em que um não subsiste sem o outro.[422]

A realidade demonstra – basta perguntar por aí, diria Saussure – que não há qualquer diferença entre o jeito de ser-no-casamento, na união estável e nas demais formas de ser-em-família. Esses modos de ser não subsistem sem o mundo humano afetivo,

[421] GADAMER, Hans-Georg. *Elogio da Teoria.* Lisboa: Edições 70, 2001, p. 56. O autor lembra o seguinte sobre a expressão mundo da vida: "... Nos trabalhos tardios de Husserl, a expressão mágica era mundo da vida – uma dessas raras e surpreendentes cunhagens lexicais (a expressão não ocorre antes de Husserl) que ingressou na consciência lingüística geral e atestou, desse modo, que trouxe à fala uma verdade desconhecida ou esquecida. Assim, a expressão 'mundo da vida' recorda os pressupostos que residem de antemão em todo o conhecimento científico".

[422] STRECK, Lenio Luiz. *Verdade & Consenso.* Rio de Janeiro: Lumen Juris, 2006, p. 266.

querendo dizer que *o modo de ser-no-mundo-afetivo é condição de possibilidade de o humano compartilhar em família e no seu mundo ontológico*, motivo pelo qual precisam ser acolhidos todos os modos de ser-em-família, evitando, assim, a continuação da coisificação do direito de família.

É preciso iniciar uma destruição do atual pensamento dogmático do direito de família, de que ela se edifica apenas no casamento, para voltar-se contra o encobrimento da vida humana, partindo-se para uma liberação, um aparecimento do ser do ser humano que está encoberto, que são os modos de ser-no-mundo-genético, de ser-no-mundo-(des)afetivo e de ser-no-mundo-ontológico.

A realidade das famílias brasileiras demonstra que, embora velhos ranços discriminatórios, a família pós-moderna está sendo arquitetada por seres humanos que, abandonando a ideia da solidez, estão se permitindo compreendê-la na liquidez da felicidade. A imposição do legislador, em compreender o texto do direito de família voltado exclusivamente no casamento, está existencialmente ultrapassada, já que a normatização não alcança a realidade, os eventos, os episódios, os acontecimentos da vida.

Para compreender o texto do direito de família, a interpretação não deve levar em conta o *ser-objeto*, a normatização do mundo familiar pelo casamento, uma vez que há um mundo circundante em que é vislumbrado um ter-prévio, um ver-prévio e um pré-conceito sobre a Constituição e a condição humana tridimensional. É necessário despir-se dos pré-conceitos, da pré-compreensão do que é família, lei, decisão judicial ou um processo que desconstitui o vínculo genético, afetivo e ontológico, querendo dizer que os preconceitos que dominam o ser humano comprometem o seu verdadeiro reconhecimento do passado histórico, do presente e do futuro afetivo da família.

O texto do direito de família não deve ser compreendido exclusivamente pela normatização genética, mas também pelos mundos (des)afetivo e ontológico. A genética, a afetividade e a ontologia são imprescindíveis à saúde física, mental, à inteligência, à educação, à estabilidade econômica, social, material e cultural do ser humano, à dignidade e à condição humana, não bastando tão só a procriação, a origem genética, como a ancestralidade afetiva, a recreação, a paz, a felicidade, a solidariedade familiar e o respeito ao modo de ser de cada membro familiar.

Surge, com isso, uma nova forma de compreender o texto do direito de família, não apenas dentro de um mundo natural, do mundo genético, do instinto, do mundo dos demais seres vivos, mas de outros dois mundos comuns pertencentes ao ser humano – afetivo e ontológico –, em que os demais seres vivos não fazem parte. É dizer, o ser humano, dentro do mundo genético, é um mero ser vivo, à medida que ele somente se transforma em humano pela linguagem, que se localiza dentro dos mundos afetivo e ontológico.

Dessa forma, a união estável e demais modos de ser-em-família estão equiparados ao casamento, constitucional, hermenêutica e filosoficamente, pelo que o intérprete necessita compreendê-los mergulhado na viva realidade social, e não acorrentado ao medievo, quando era visto o interesse patrimonial e a influência judaico-cristã, esquecendo-se da condição humana tridimensional, genética, (des)afetiva e ontológica, da dignidade, da (des)igualdade familiar, da ineliminável alteridade e da afetividade, valiosos princípios para compendiar a Constituição.

24. Interdição e a tridimensionalidade humana

Acerca dos mistérios da saúde, Gadamer, falecido aos 102 anos de idade, afirma que o ser humano não é composto de partes, e sim da totalidade humana, e que a ausência de saúde causa ofensa à totalidade, à integridade, ao todo do ser humano em sua relação com o mundo da vida, sendo a doença uma espécie de exclusão da vida. O autor quer dizer que "algo nos falta de cada vez que estamos doentes", à medida que o paciente não tem a capacidade de sentir-se bem, de sentir-se como um ser-no-mundo, de sentir-se como uma totalidade humana, sendo a cura, em decorrência, "como que um retorno às vias restabelecidas da vida".[423]

O estado de saúde, lembra Gadamer, não é apenas um sentir-se bem, mas um "estar-aí, estar-no-mundo, é um estar-com-os-outros, um sentir-se satisfeito com os afazeres da vida e manter-se activo neles", porque a vida somente é vivida com plenitude quando compreendida pela linguagem da saúde. A presença da doença faz com que o humano não se sinta bem, não se sinta em casa, não se sinta um ser-no-mundo, um ser-com-os-outros e nem se sinta satisfeito com seus afazeres e da montanha da vida,[424] comprometendo sua condição humana tridimensional.

O equilíbrio da saúde humana precisa ser cuidado pelo paciente, pelo médico e pelo Estado, nos seguintes termos gadamerianos:

a) *o equilíbrio da saúde efetivada pelo paciente*. O paciente deve se "auscultar e escutar-se a si mesmo, o encher-se com o todo da riqueza do mundo, num instante sereno, não perturbado pelo sofrimento", uma vez que "são instantes em que cada qual está mais perto de si mesmo", no seu mundo ontológico, em que ele se conhece e sabe quando alguma coisa não está bem. Desse pensamento, extrai-se o cuidado do ser humano consigo mesmo, à medida que ele precisa "aprender que todas as perturbações da saúde, desde as pequenas dores até às infecções, constituem, na realidade, acenos para que se trate de recuperar a mesura, o conveniente, o equilíbrio".

O ser humano, nas primeiras perturbações da saúde, deve ter o cuidado de procurar imediato socorro médico, para evitar que a doença promova todo esse desequilíbrio em sua vida. Para conseguir o equilíbrio da vida, o humano precisa esquecer a suspensão da saúde, visto que "uma das grandes forças curativas da vida é a possibilidade de sucumbir, todas as noites, ao sono reparador que permite o esquecimento". O que Gadamer quer dizer é que quem não consegue esquecer a sua doença já está com uma grave doença, que é a ausência de possibilidade do esquecimento dos problemas do mundo da vida;

b) *o equilíbrio da saúde promovida pelo médico*. O médico exerce função essencial na promoção do reingresso do paciente no círculo habitual da sua vida, fazendo-o esquecer que é um paciente em tratamento. Com relação às doenças crônicas, aos casos desesperados e às doenças que não têm cura, resta ao médico sempre o recurso de aliviar o sofrimento, querendo-se dizer que "problemas terríveis pesam sobre o médico, sobretudo no tocante à chamada preparação para a morte".

[423] GADAMER, Hans-Georg. *O mistério da saúde: o cuidado da saúde e a arte da Medicina*. Lisboa, Portugal: Edições 70, 1993, p. 59, 60, 61, 63, 75, 82, 97 a 100, 109, 129, 130, 131, 160.

[424] GADAMER, Hans-Georg. *Quem sou eu, quem és tu?* Traduzido por Raquel Abi-Sâmara. Rio de Janeiro: Ed UERJ, 2005, p. 51, em análise aos poemas Hausto-Cristal, de Paul Celan, afirmando que o monte-vida, a montanha da vida, "somos todos nós, com toda a nossa experiência acumulada".

Com isso, cresce a importância da boa consulta médica, não bastando que o médico olhe nos olhos do paciente, mas, sim, que ele olhe nos olhos da doença, que ele encare a doença, mediante "a mão que palpa, o ouvido fino, a palavra exacta, o olho atento". O paciente tem o direito de ser examinado em sua totalidade, o que inclui não apenas ouvir o relato da doença, mas, principalmente, o olhar e o palpar o paciente e a doença com a mão e com o ouvido do médico, pois em cada paciente se encontra um olhar solícito, aguardando a cura ou, pelo menos, o abrandamento do sofrimento.

Esse vaivém da palavra entre paciente e médico é efetivado mediante uma conversação, um diálogo, que nenhum dos dois dirige, mas que conduz ambos ao caminho do equilíbrio da saúde, da alma e da paz social, para que não haja uma verdadeira conversação de surdos,[425] visto que "onde não há vínculo, também não pode haver diálogo",[426] e porque a compreensão é uma linguagem universal, é perguntar e responder, ouvir e ser ouvido;[427]

c) *o equilíbrio da saúde garantido pelo Estado*. O Estado tem o dever/obrigação de promover a integração total do paciente consigo mesmo (mundo ontológico), na vida familiar, profissional e social (mundo afetivo) e a harmonia integral da saúde física e mental (mundo genético), cuja forma de vida não é abstrata, e sim concreta, real. Para tanto, terá de buscar a inserção do "próprio auto-equilíbrio num todo social maior, no qual se colabora e que também se partilha", à medida que "a cura é como que um retorno às vias restabelecidas da vida".

Com relação ao portador de desequilíbrio mental, Gadamer pontifica que "o estado de equilíbrio que se qualifica como saúde mental é, precisamente, um estado da pessoa na sua totalidade – e não apenas de um pacote das suas capacidades – e abarca toda a sua relação com o mundo". Significa que o portador de desequilíbrio mental (ou físico) não perde seus três mundos, genético, afetivo e ontológico, havendo um enfraquecimento dessa tridimensionalidade humana enquanto perdurar a doença, porque ele "já não domina as possibilidades que o rodeiam", em vista da incapacidade de promover o autoequilíbrio mental (ou físico).

A respeito da saúde mental, Gadamer diz ainda o seguinte:[428]

> Na doença mental, o estado do indivíduo não degenera nem se degrada, simplesmente, em animal-vegetativo. A deformação do equilíbrio em si mesmo continua a ser mental. Como Bilz demonstrou

---

[425] STEIN, Ernildo. *Diferença e Metafísica: ensaios sobre a desconstrução*. Porto Alegre: EDIPUCRS, 2000, p. 140.

[426] GADAMER, Hans-Georg. *O problema da consciência histórica*. 2.ed. Tradução de Paulo César Duque Estrada. Rio de Janeiro: Fundação Getúlio Vargas, 2003, p. 57.

[427] OHLWEILER, Leonel Pires. *Dicionário de filosofia do Direito*. Vicente de Paulo Barretto (Coordenador). Rio de Janeiro: Lumen Juris, 2006, p. 621. Com base em Heidegger, diz o autor que "perguntar é muito mais estar permanentemente construindo caminhos, razão pela qual nossa atenção há de voltar-se para o caminho e não ficar preso a conceitos e rótulos isolados".

[428] GADAMER, Hans-Georg. *The enigma of health*. Traduzido por Jason Gaiger and Nicholas Walker. Califórnia: Stanford University Press, 1996, p. 60. "When suffering from mental illness our condition does not simply fall into na animal-vegetative; the deforming loss of equilibrium is rather itself something which peculiarly affects the mind. Structurally this deformation appears, as Bilz has illuminatingly shown, as a potential virulence which always already belongs to the esential possibilities of human beings. In my opinion even the complete loss of distance towards one-self which characterizes certain forms of equilibrium. Like all loss of equilibrium, 'mental' disturbance too is dialectical, capable of being restored but also capable of leading finally to complete destruction through total loss of personality if the restoration of equilibrium cannot permanently be maintained. Thus even the dark misfortune of mental illness provides confirmation that a person is not an intelligent animal, but rather a human being".

com grande clareza, a doença surge estruturalmente como uma excrescência que figura entre as possibilidades da essência humana. Segundo creio, até a perda total da distância a respeito de si mesmo, peculiar algumas formas de demência se deve considerar sempre como uma perda do equilíbrio humano. Como toda a perda, também a perda do equilíbrio "mental" é dialéctica e suscetível de recuperação, mas acaba por conduzir à destruição total, quando não se consegue recuperar o equilíbrio de forma permanente. De modo que a doença mental – mesmo no caso de que tenha um hipotético caracter definitivo – continua a ser um testemunho de que o homem não é um animal inteligente, mas, sim, um homem.

Agiu com correção o legislador, ao determinar, no artigo 1.777 do Código Civil, que a internação do interditado somente se dará quando ele não se adaptar ao convívio doméstico, preservando-se, com isso, os princípios da dignidade e da tridimensionalidade humana. Isso quer dizer que a internação e interdição serão admitidas unicamente se em benefício do interditado, e não por interesse de sua família, como ocorria com a legislação anterior (Código Civil de 1916). A expressão não se adaptar ao convívio doméstico não significa que possa ser internado ou interditado por ser um incômodo dentro da família, e sim que ele não se adapte à comunhão plena de vida familiar genética, afetiva e ontológica, carecendo do auxílio e de proteção, e não de pena da família, da sociedade e do Estado.

O comprometimento da saúde física e mental não acarreta a perda, mas o abalamento da tridimensionalidade humana, havendo imensa importância no cuidado da saúde, por parte da trilogia: paciente, médico e Estado, pelo seguinte:

a) por parte do paciente, para que busque, nos primeiros sinais de que algo não está bem, socorro médico;

b) o médico, por sua vez, não deve cuidar do paciente como mais uma consulta, e sim como "a" consulta, como se fosse a primeira, olhando principalmente nos olhos da doença, e não apenas nos olhos do paciente;

c) o Estado deve completar esse tripé de cuidado ao ser humano enfermo, cujo entendimento já foi firmado, desde o ano de 2000, pelo Supremo Tribunal Federal,[429] nos termos:

> O direito público subjetivo à saúde representa prerrogativa jurídica indisponível assegurada à generalidade das pessoas pela própria Constituição da República (art. 196). Traduz bem jurídico constitucionalmente tutelado, por cuja integridade deve velar, de maneira responsável, o Poder Público, a quem incumbe formular – e implementar – políticas sociais e econômicas idôneas que visem a garantir, aos cidadãos, inclusive àqueles portadores do vírus HIV, o acesso universal e igualitário à assistência farmacêutica e médico-hospitalar. – O direito à saúde – além de qualificar-se como direito fundamental que assiste a todas as pessoas – representa conseqüência constitucional indissociável do direito à vida. O Poder Público, qualquer que seja a esfera institucional de sua atuação no plano da organização federativa brasileira, não pode mostrar-se indiferente ao problema da saúde da população, sob pena de incidir, ainda que por censurável omissão, em grave comportamento inconstitucional.
>
> O caráter programático da regra inscrita no art. 196 da Carta Política – que tem por destinatários todos os entes políticos que compõem, no plano institucional, a organização federativa do Estado brasileiro – não pode converter-se em promessa constitucional inconseqüente, sob pena de o Poder Público, fraudando justas expectativas nele depositadas pela coletividade, substituir, de manei-

[429] REsp. nº 271286 AgR/RS. Relator: Celso de Mello, Segunda Turma, Supremo Tribunal Federal, j. em 12/09/00, DJU 24/11/00. Disponível em: www.stf.gov.br. Acessado em 19.05.2007. Acórdão também citado por SCAFF, Fernando Facury. O jardim e a praça ou a dignidade da pessoa humana e o direito tributário e financeiro. In: *Direito, Estado e Democracia: entre a (in)efetividade e o imaginário social.* Porto Alegre: Instituto de Hermenêutica Jurídica, v. 1, n. 4, p. 108. 2006.

ra ilegítima, o cumprimento de seu impostergável dever, por um gesto irresponsável de infidelidade governamental ao que determina a própria Lei Fundamental do Estado.

O direito à saúde (física, mental etc.) faz parte da vida, da existência, que é a essência do ser humano, pelo que o Poder Público, em qualquer de suas esferas governamentais (Município, Estado, União), tem o dever/obrigação constitucional de proteger o ser humano. Isso tudo mediante cuidado prévio contra a doença, importando-se e responsabilizando-se, solidariamente, independentemente do local em que a pessoa residir, com o fornecimento, gratuito, de consultas, de medicamentos, de exames laboratoriais, readaptação funcional, benefício social e todo auxílio para a reaquisição da plena condição humana tridimensional.

25. Considerações finais do capítulo

É por meio da genética, do (des)afeto e da ontologia que se compreende a família, porquanto os seus membros convivem e compartilham, ao mesmo tempo, nesses três mundos, dotados de linguagem,[430] autêntico símbolo da humanidade,[431] nada podendo ser existente, identificado ou expressado sem essa visão tridimensional. O legislador, contudo, continua com a idéia da normatização de parte do mundo genético, no que é aplaudido pelo Judiciário, que não ousa infringir as disposições legais, temendo a represália da invasão de competência legislativa, embora *no âmbito da jurisdição constitucional* tenha o poder/dever de *produzir*, e não meramente *reproduzir*, o Direito, sem qualquer ofensa aos demais poderes da República.

Isso ocorre porque o Direito não é de interesse exclusivo do Executivo e/ou do Legislativo, mas também do Judiciário, da comunidade jurídica, da sociedade, dos membros da família e de todo ser humano. Isso quer dizer[432] que o Poder Judiciário passou a ter um potente controle da jurisdição constitucional, uma vez que os tribunais superiores, ainda mais agora com as súmulas vinculantes, transformaram-se em

> vigilantes de plantão do imaginário e da (re)produção de seus quadros, cujas funções podem ser exemplificadas: uniformizar decisões dos tribunais inferiores a partir de um marco axiológico e epistemológico pré-definido; calibrar os critérios hermenêuticos impostos; preservar a disciplina e o profissionalismo de todo o corpo de magistrados; constituir-se numa espécie de escudo simbólico de um sistema jurídico fechado, autônomo, completo e autofundamentador.

As deficiências de um dos mundos do ser humano devem ser supridas pelos outros dois mundos, pois se o ser humano for compreendido dentro da normatização do mundo genético, como sempre ocorreu, ele estará sendo compreendido em menos de um terço de sua condição humana e mais de dois terços de inumano; se for compreendido pela dimensionalidade dos mundos genético e afetivo, ainda faltará mais de um terço de sua compreensão humana (o modo de ser-no-mundo-ontológico).

---

[430] GADAMER, Hans-Georg. *Verdade e Método.* 2.ed. Traduzido por Enio Paulo Giachini. Rio de Janeiro: Vozes, 2004. Tomo II, p. 173.

[431] TIBURI, Márcia. Nota sobre hermenêutica: a linguagem entre o sujeito e o objeto. In: *Revista Veritas. Revista Trimestral de Filosofia da PUCRS* volume 45, nº 2, junho de 2000, p. 277.

[432] LEAL, Rogério Gesta. *Hermenêutica e direito:* considerações sobre a teoria do direito e os operadores jurídicos. Santa Cruz do Sul: EDUNISC, 1999, p. 176.

Somente pela linguagem tridimensional poder-se-á compreender o ser humano como humano, habitando, ao mesmo tempo, esses mundos, que interagem, formando único mundo humano, permitindo, portanto, que o ser humano seja visto a partir dele mesmo, nas dimensões de seu modo, de seu jeito, de suas circunstâncias de ser-no-mundo-genético, de ser-no-mundo-(des)afetivo e de ser-no-mundo-ontológico, que é a estrutura de realização do ser humano. É dizer, é unicamente pela linguagem, pela palavra, pelo diálago, que o ser humano se torna humano e que o mundo desponta para o ser humano, "na diferencialidade e diferenciação ilimitada de sua automostração".[433]

O intérprete deve relacionar cada parte (genética, afetividade ou ontologia) a um todo mais amplo (tridimensionalidade), precisando, para tanto, conhecer o todo e cada parte, porque a compreensão do ser humano não é efetivada pela soma das partes, como se fosse um quebra-cabeça, e sim por uma pré-compreensão do que é um ser humano tridimensional. Isso é possível pelo movimento circular do todo às partes e das partes ao todo, com a compreensão da tradição histórica e numa fusão de horizonte, em que são suspensos os preconceitos, para que não haja a continuação do círculo hermenêutico vicioso, preconceituoso, da família genética normatizada.

Nem mesmo com o método fenomenológico, uma linguagem com alcance universal,[434] *é possível compreender a totalidade da linguagem tridimensional, sempre ficando algo de fora, algo por ser dito, que é a realidade da vida, a existência, o evento, na medida em que o ser humano já nasce dentro de um mundo repleto de preconceitos puros e impuros, pelo que "não existe seguramente nenhuma compreensão totalmente livre de preconceitos",*[435] *sendo por essa circunstância que "a hermenêutica não mais será uma 'questão de método', passando a ser filosofia".*[436]

Como a cultura jurídica do Brasil compreende o texto do direito de família unicamente pelo mundo genético-normativo, o mundo dos seres vivos em geral, é preciso traçar a diferença entre os seres humanos e os animais, estabelecida por Aristóteles, nos seguintes termos:

> Os animais têm a possibilidade de entender-se mutuamente, mostrando uns aos outros o que lhes causa prazer, a fim de poder buscá-lo, e o que lhes causa dor, a fim de evitá-lo. Apenas aos homens foi dado ainda o *logos* (a linguagem), para que se informem mutuamente sobre o que é útil ou prejudicial, o que é justo e injusto (...). Tudo isso porque o homem (ser humano) é o único ser que possui *logos*. Ele pode pensar e falar.[437]

---

[433] GADAMER, Hans-Georg. *Hermenêutica em retrospectiva. A virada hermenêutica.* Rio de Janeiro: Vozes, 2007, p. 37.

[434] GADAMER, Hans-Georg. *Verdade e Método II.* 2.ed. Traduzido por Enio Paulo Giachini. Petrópolis: Vozes, 2004, p. 214.

[435] GADAMER, Hans-Georg. *Verdade e Método I.* Petrópolis: Vozes, 2004, p. 631.

[436] STRECK, Lenio Luiz. Hermenêutica (jurídica): compreendemos porque interpretamos ou interpretamos porque compreendemos? Uma resposta a partir do Ontological Turn. In: *Anuário do programa de pós-graduação em direito.* Leonel Severo Rocha e Lenio Luiz Streck (org.). São Leopoldo: UNISINOS, 2003, p. 236. Sobre a diferença ontológica, ver STEIN, Ernildo. *Diferença e metafísica.* Coleção filosofia nº 114. Porto Alegre: Edipucrs, 2000.

[437] GADAMER, Hans-Georg. *Verdade e Método II.* 2.ed. Traduzido por Enio Paulo Giachini. Petrópolis: Vozes, 2004, p. 173.

No mundo ocidental, lembra Rohden,[438] a expressão *logos* foi compreendida como "o homem é o animal racional, o ser vivo racional, isto é, que se difere do resto dos animais por sua capacidade de pensar". O autor lembra que Gadamer, quando aprendeu a ler Aristóteles, por meio dos ensinamentos de Heidegger, viu, com desconcerto, "que a definição clássica de pessoa não é 'o ente vivo que possui razão' (*animal rationale*), mas *o ente que possui linguagem*" (grifei). Nesse sentido, o autor, citando Gadamer, assegura que a linguagem "constitui o verdadeiro centro do existir humano, se se contempla no âmbito que só a preenche o âmbito da convivência humana, o âmbito do entendimento, do consenso sempre maior, que é tão imprescindível para a vida humana como o ar que respiramos".

Em Gadamer ausculta-se o equívoco do pensamento ocidental, porque *logos* não quer dizer razão, e sim discurso, linguagem, a palavra que se diz a outrem, pois, pelo fato de o ser humano ter a palavra, a linguagem, ele se distingue dos demais seres vivos.[439]

Essa linguagem, que pode ser discernimento, pensamento, fala, diálogo, grito, choro, nome, indicação, silêncio, conversa, (in)compreensão, texto, palavra, gesto, amor, desamor, (des)afeto, modo, jeito, circunstância de ser-no-mundo, enfim, toda forma de comunicação humana,[440] reside nos mundos (des)afetivo e ontológico, ou seja, no mundo da linguagem com os humanos (mundo afetivo) e com a linguagem endógena do próprio ser humano consigo mesmo (mundo ontológico).

É dizer, só nos mundos afetivo e ontológico há linguagem, há comunicação, há ser humano, que "pensa, sente, vive unicamente na língua, e é por ela que deve ser formado",[441] o que não ocorre no mundo genético, o mundo dos seres vivos em geral. Isso significa que o legislador, com apoio da comunidade jurídica, desde sempre, está compreendendo o ser humano, a família, apenas como um ser vivo, objetificado, já que normatiza tão somente o mundo genético, desprezando os mundos (des)afetivo e ontológico, justamente os mundos em que vive o ser humano, que é o único ser vivo com linguagem.

Esse pensamento vem ao encontro do que ocorre comumente no Direito, da (in)transponível dificuldade no reconhecimento dos direitos e das garantias fundamentais constantes do texto constitucional, como igualdade, liberdade, democracia, hermenêutica, dignidade, cidadania e a condição humana tridimensional, porque esses direitos sempre foram pensados dentro da lei biológica, quando, na verdade, essas linguagens se corporificam nos mundos afetivo e ontológico.

Quer dizer, a "cunhagem do conceito de linguagem pressupõe uma consciência de linguagem", porquanto todo pensar sobre a linguagem foi alcançado pela linguagem, significando que o ser humano somente pode pensar dentro de uma linguagem, pelo fato "de que nosso pensamento habita a linguagem que constitui o enigma profundo que a

[438] ROHDEN, Luiz. Hermenêutica e Linguagem. In: *Hermenêutica Filosófica: Nas trilhas de Hans-Georg Gadamer*. Coleção Filosofia 117. Porto Alegre: EDIPUCRS, 2000, p. 157-158.

[439] GADAMER, Hans-Georg. *Elogio da Teoria*. Lisboa: Edições 70, 2001, p. 12.

[440] ROHDEN, Luiz. Hermenêutica e linguagem. In: Hermenêutica filosófica: Nas trilhas de Hans-Georg Gadamer. *Coleção Filosofia 117*. Porto Alegre: EDIPUCRS, 2000, p. 156 e 162.

[441] HABERMAS, Jürgen. *Verdade e Justificação*. Traduzido por Milton Camargo Mota. São Paulo: Edições Loyola, 2004, p. 65.

linguagem propõe ao pensar".[442] E o único ser vivo que pode compreender a linguagem é o ser humano afetivo e ontológico, motivo porque é necessário que o legislador/intérprete/julgador, quando da compreensão de um texto, esteja sempre em uma situação *afetiva*, pois, se estiver no modo de ser-no-mundo-*desafetivo*, não compreenderá o ser humano como humano, e sim objetificado, unicamente no mundo genético, em que vivem somente os seres vivos não humanos.

Se é na linguagem que se representa o mundo; se é na linguagem que se tem concepção de mundo; se o ser humano está mergulhado na linguagem; se o ser humano vive no mundo humano, e não apenas no mundo genético dos demais seres vivos em geral, é fácil compreender que a linguagem não existe no mundo dos seres vivos (no mundo genético), mas no mundo humano, único ser vivo que está, ao mesmo tempo, mergulhado nos mundos genético, (des)afetivo e ontológico.

Um exemplo é citado por Gadamer,[443] lembrando Aristóteles, nos termos: Todos os soldados de um exército estão de fuga, tomados pela angústia do pânico, mas, em determinado momento, um dos soldados olha para trás e vê que o inimigo está bem distante, arriscando-se, por isso, a parar um instante, sendo seguido por outro soldado e, assim, sucessivamente, até que todo o exército deixa de fugir. Isso mesmo acontece com o aprendizado da fala, lembra Gadamer, à medida que "não existe uma primeira palavra; e, no entanto, aprendemos, crescemos na linguagem e no mundo", isso porque "o sentido de cada palavra pressupõe sempre um sistema de palavra".[444]

Essa linguagem não se localiza no mundo biológico, mas nos mundos afetivo e ontológico, que têm por base o relacionamento social, as convenções da vida social, a família, o diálogo consigo mesmo, a convenção endógena, o jeito de ser do humano, a circunstância que ele vive em seu mundo pessoal. Não é sem motivo que Streck[445] sufraga o fim da dogmática jurídica, isso porque "o paradigma (modelo/modo de produção de Direito) liberal-individualista está esgotado. O crescimento dos direitos transindividuais e a crescente complexidade social (re)clama novas posturas dos operadores jurídicos". Isso quer dizer que o intérprete está inserido na história efetual, como diz Gadamer, que se rompe "com a questão epistemológica sujeito-objeto, porque o sujeito não é ele, mas é ele e sua possibilidade de ser-no-mundo,[446] é ele e suas circunstâncias, é ele e sua cadeia significante", que é genética, (des)afetiva e ontológica.

A família é o doce (afetivo) e amargo (desafetivo) berço humano, que vincula, vinca e (de)marca toda a montanha da vida humana, e, embora se afirme que ela nunca se extinguirá,[447] ela deveria sofrer radical mudança em sua (des)constituição, porque não é mais um comportamento, um modo de agir, um contrato, uma instituição, que pode

---

[442] GADAMER, Hans-Georg. *Verdade e Método II.* 2.ed. Traduzido por Enio Paulo Giachini. Petrópolis: Vozes, 2004, p. 175-176.

[443] Idem, p. 235-236 e 255.

[444] ROHDEN, Luiz. Hermenêutica e linguagem. In: *Hermenêutica filosófica. Nas trilhas de Hans-Georg Gadamer.* Porto Alegre: EDIPUCRS, 2000, p. 191.

[445] STRECK, Lenio Luiz. Hermenêutica (jurídica) e Estado Democrático de Direito: uma análise crítica. In: *Anuário do Programa de Pós-Graduação em Direito. Mestrado e Doutorado.* Leonel Severo Rocha, Lenio Luiz Streck e José Luis Bolzan de Morais (Organizadores). São Leopoldo: UNISINOS, 1999, p. 77, 105 e 108.

[446] STEIN, Ernildo. *Seis estudos sobre ser e tempo.* 3.ed. Petrópolis: Vozes, 2005, p. 70, afirma que *é precisamente a partir do 'como hermenêutico' que se determina o caráter fundamental de ser-no-mundo.*

[447] FONSECA, Claudia. O Casamento Revisitado: afetos em diálogo com a lei. In: *Casamento, uma escuta além do Judiciário.* Ivone M. C. Coelho de Souza (org.).Florianópolis: VoxLegem, 2006, p. 45.

ser instituída e destituída de acordo com a subjetividade do legislador, mediante um procedimento ou processo.

A compreensão da tridimensionalidade humana não significa que o intérprete esteja autorizado a promover decisionismos, relativismos genéticos, afetivos ou ontológicos, porque isso seria admitir verdades absolutas, que sequestram a temporalidade e a condição humana. Além disso, adverte Streck, os limites da atividade judicial não residem nas virtudes pessoais do juiz, "mas, sim, na sujeição às regras do discurso prático geral e na concordância com os princípios e valores substantivos previsto no direito", pois o texto não carrega o seu sentido (a norma), sendo vedado ao intérprete "a *atribuição arbitrária de sentidos, e tampouco uma atribuição de sentidos arbitrária*, como se texto e norma estivessem separados"[448] (grifei). O autor lembra que a utilização de um método de interpretação é sempre arbitrária, porque "proporciona interpretações *ad hoc*, discricionárias", fazendo com que a hermenêutica filosófica assuma uma relevância fenomenal, na medida em que ela não é compreendida por um método, e sim por uma teoria filosófica no Direito.

A tridimensionalidade humana está blindada pelo princípio da proibição do retrocesso social, que está alicerçado em dois aspectos:[449] a) em sua condição humana, o ser humano conquistou direitos que, hoje em dia, estão consagrados no ordenamento jurídico como direitos e garantias fundamentais e sociais; b) esses direitos não podem ser confiscados, visto que não pertencem aos indivíduos entre si, mas, sim, da pessoa perante o Estado.

Estabelecido o Estado Democrático de Direito, a negativa de eficácia ou eliminação de direitos e de garantias fundamentais e sociais representa um retrocesso social, uma vez que, segundo Streck,[450]

> estando o Estado Social assegurado pelo caráter intervencionista/regulador da Constituição, é evidente que qualquer texto proveniente do constituinte originário não pode sofrer um retrocesso que lhe dê um alcance jurídico/social inferior ao que tinha originariamente, proporcionando um retorno ao estado pré-constituinte.

Constituição, complementa o autor, significa constituir alguma coisa, fazer um pacto social, um contrato, uma convenção, um acordo no qual toda a sociedade é coprodutora, e violar ou deixar de observar o pacto constitucional é descumprir o contrato social, na medida em que a Constituição provém de um processo constituinte originário, após a ruptura com o regime não-constitucional autoritário.

As normas (regras e princípios) da Constituição vinculam o legislador,[451] o executivo, o judiciário, o intérprete, as instituições públicas, privadas e a sociedade em geral, visto que, na esteira de Eros Grau,[452] "o governo revolucionário instaura a Constituição; o governo constitucional preserva, respeita a Constituição".

---

448 STRECK. Lenio Luiz. *Dicionário de Filosofia do Direito.* Rio de Janeiro: Lumen Juris, 2006, p. 432 a 434.

449 RUBIN, Daniel Sperb. Direito privado e Constituição – contratos e direitos fundamentais. *Revista do Ministério Público do RS* nº 40, de 05/2001, p. 107.

450 STRECK, Lenio Luiz. *Hermenêutica Jurídica e(m) crise.* 2.ed. Porto Alegre: Livraria do Advogado, 2000, p. 97.

451 SCAFF, Fernando Facury. In: *Canotilho e a Constituição Dirigente.* 2ª ed. Jacinto Nelson de Miranda Coutinho (Organizador). São Paulo: Renovar, 2005, p. 89.

452 GRAU, Eros. In: *Canotilho e a Constituição Dirigente.* 2ª ed. Jacinto Nelson de Miranda Coutinho (Organizador). São Paulo: Renovar, 2005, p. 98.

No Brasil, desde o dia 05 de outubro de 1988, embora tenha cessado o momento revolucionário, permanece a vinculação à Constituição e, em decorrência, à implementação da tridimensionalidade humana e da jurisdição constitucional, cuja consciência jurídica nacional precisa ser cultivada, para que o Estado brasileiro se afirme como um *Estado constitucionalmente vinculado.*[453] Numa só palavra, em um Estado Constitucional, o direito não pertence aos três poderes ou às Instituições do Estado, pois, na visão de Carvalho Netto,[454]

> a soberania popular só é soberania popular se ela for ocupada por alguém, se ela permanecer um hiato aberto, se ela não for, por exemplo, o Supremo Tribunal Federal ou o Congresso ou o Presidente da República ou quem quer que seja. No dia em que o direito constitucional se fechar, completar-se, ele não mais será Direito Constitucional, e sim ditadura, exclusão.

Em julgado[455] do Tribunal Constitucional de Portugal, ficou assentada a proibição de retrocesso social, nos seguintes termos:

> Quando a tarefa constitucional consiste na criação de um determinado serviço público (como acontece com o Serviço Nacional de Saúde) e ele seja efectivamente criado, então a sua existência passa a gozar de protecção constitucional, já que a sua abolição implicaria atentado a uma garantia institucional de um direito fundamental e, logo, um atentado ao próprio direito fundamental.

No Brasil, em vista do Estado Democrático de Direito, todos os direitos e garantias constitucionalmente assegurados, além da necessidade de serem implementados pelo Estado, não são suscetíveis de confisco, de retrocesso social (artigos 1º, II e III, 3º, I, 4º, II, e 60, § 4º, inciso IV, da Constituição).[456] Os direitos fundamentais da genética, da afetividade e da ontologia, em vista de sua importância material e formal, suas principais características de historicidade, inalienabilidade, imprescritibilidade e irrenunciabilida-

---

[453] NUNES, António José Avelãs. In: *Canotilho e a Constituição Dirigente.* 2ª ed. Jacinto Nelson de Miranda Coutinho (Organizador). São Paulo: Renovar, 2005, p. 118.

[454] CARVALHO NETTO, Monelick de. In: *Canotilho e a Constituição Dirigente.* 2ª ed. Jacinto Nelson de Miranda Coutinho (Organizador). São Paulo: Renovar, 2005, p. 129.

[455] PORTUGAL. Tribunal Constitucional. Acórdão 39/84. 3. volume, de 11.04.84, processo nº 6/83, publicado no Diário da República, 1ª série, de 05 de maio de 1984, cópia do aresto judicial remetido por ofício pelo Secretário da Presidência daquele Sodalício, em junho de 2001. Nesse julgamento também foi dito o seguinte: "Em grande medida, os direitos sociais traduzem-se para o Estado em obrigação de fazer, sobretudo de criar certas instituições públicas (sistema escolar, sistema de segurança social, etc.). Enquanto elas não forem criadas, a Constituição só pode fundamentar exigências para que se criem; mas após terem sido criadas, a Constituição passa a proteger a sua existência, como se já existissem à data da Constituição. Quer isto dizer que, a partir do momento em que o Estado cumpre (total ou parcialmente) as tarefas constitucionalmente impostas para realizar um direito social, o respeito constitucional deste deixa de consistir (ou deixa de consistir apenas) numa obrigação positiva, para se transformar (ou passar também a ser) numa obrigação negativa. O Estado, que estava obrigado a actuar para dar satisfação ao direito social, passa a estar obrigado a abster-se de atentar contra a realização dada ao direito social. Este enfoque dos direitos sociais faz hoje parte integrante da concepção deles a teoria constitucional, mesmo lá onde é escasso o elenco constitucional de direitos sociais e onde, portanto, eles têm de ser extraídos de cláusulas gerais, como a cláusula do «Estado social». Impõe-se a conclusão: após ter emanado uma lei requerida pela Constituição para realizar um direito fundamental, é interdito ao legislador revogar essa lei, repondo o estado de coisas anterior. A instituição, serviço ou instituto jurídico por ela criado passa a ter a sua existência constitucionalmente garantida. Uma nova lei pode vir alterá-los ou reformá-los nos limites constitucionalmente admitidos; mas não pode vir extingui-los ou revogá-los".

[456] SARLET, Ingo Wolfgang. Direitos fundamentais sociais e proibição de retrocesso: algumas notas sobre o desafio da sobrevivência dos direitos sociais num contexto de crise. In: *Revista do Instituto de Hermenêutica Jurídica* – (Neo)constitucionalismo: ontem, os Códigos; hoje, as Constituições. Porto Alegre, 2004, p. 163.

de, que fazem parte da condição humana, não se encontram na esfera de disponibilidade dos poderes constituídos, insuscetíveis, portanto, de retrocesso social.

Pelejar pelos direitos e garantias constitucionais "significa ter como meta a permanente e plena realização do princípio da dignidade da pessoa humana",[457] uma vez que as regras e os princípios constitucionais precisam ser compreendidos dentro de um contexto histórico, não ignorando as transformações da sociedade, na conjuntura que abrange os fatos de cada época,[458] interpretando-os com o princípio da unidade do texto constitucional, que consiste em unificar e compreender ao máximo a compatibilidade de todas as normas, com base nas regras e, principalmente, nos princípios albergados pela República Federativa e pelo Estado Constitucional.[459]

---

[457] SARLET, Ingo Wolfgang. Os Direitos Fundamentais e sua Eficácia na Ordem Constitucional. *Revista da Ajuris, doutrina e jurisprudência*, Porto Alegre, nº 76, Ano XXVI, p. 382, dez./ 1999.

[458] BARROSO, Luís Roberto. *Interpretação e aplicação da Constituição*. 5.ed. São Paulo: Saraiva, 2003, p. 01.

[459] Artigo 1º: *A República Federativa do Brasil, formada pela união indissolúvel dos Estados e Municípios e do Distrito Federal, constitui-se em Estado Democrático de Direito e tem como fundamentos: I- a soberania; II- a cidadania; III- a dignidade da pessoa humana; IV- os valores sociais do trabalho e da livre iniciativa; V- o pluralismo político.*

Conclusões da Teoria Tridimensional do Direito de Família

Pelo que foi visto no decorrer da pesquisa, a dogmática jurídica não tem alcance para compreender hermeneuticamente o texto do direito de família, tendo em vista a impossibilidade de a lei antever todos os modos de ser-no-mundo tridimensional, ocasionando a mera reprodução da realidade social passada.

A crítica de desconstrução da metafísica ocidental no direito de família, promovida no decorrer deste texto, operada com base na doutrina de Martin Heidegger e Hans-Georg Gadamer, permite discernir, com clareza, a radicalidade da crise que abate sobre a base paradigmática de concepção unicamente genética da família, do texto, do ser humano, fundamentada no objetivismo e subjetivismo de um pensamento único, que ainda traduz a hegemonia jurídica dogmática, confinada acriticamente no preconceito inautêntico de uma abstração lógica e desvinculada da realidade da vida, da práxis humana.

O dogmatismo jurídico acaba confundindo a prática existencial com o quotidiano formal e burocrático da lei, que, na verdade, encobre e vela, ao invés de desnudar e desvelar, o sentido da verdadeira dimensão existencial do direito de família, que não é unidimensional (genético), e nem bidimensional (genético e afetivo), mas, sim, tridimensional, pois o ser do ser humano é genético, (des)afetivo e ontológico. Disso decorre, como afirma Streck,[1] que o intérprete/julgador passa ocupado apenas com as prévias conceptualizações e sumulações do Direito, da trivialidade do senso comum teórico, no qual os sentidos da lei são apenas ratificados, reprisando velhas teses metafísicas, esquecendo-se das condições da existência ou da faticidade do próprio Direito, que se constitui pela Constituição.

Com a hermenêutica filosófica e fenomenológica, o Direito passa a ter potencialidade de transformar a sociedade, saltando-se do fundamentar ao compreender, que "não é mais um agir do sujeito, mas um modo-de-ser que se dá em uma intersubjetividade", tendo havido, nesse sentido, dois saltos hermenêuticos: o primeiro, o salto heideggeriano, "a partir do qual se supera o caráter epistemo-metodológico da filosofia, mostrando que a filosofia é hermenêutica"; o segundo, o salto gadameriano, "mostrando que a hermenêutica é filosofia, condição de ser-no-mundo",[2] que, em direito de família, é condição de ser-no-mundo-genético, de ser-no-mundo-(des)afetivo e de ser-no-mundo-ontológico. Por isso, a necessidade de compreensão do Direito por uma teoria *filosófica no Direito*, com a finalidade de promover a inclusão social do ser humano, e não mais,

[1] STRECK, Lenio Luiz. *Jurisdição Constitucional e Hermenêutica.* 2.ed. Rio de Janeiro: Forense, 2004, p. 219.

[2] STRECK, Lenio Luiz. Prefácio. In: *Olhares hermenêuticos sobre o Direito.* Douglas Cesar Lucas (Organizador). Ijuí: UNIJUÍ, 2006, p. 09, 10, 12 e 13.

como faz a dogmática jurídica, em um "instrumento para inferiorização de determinados sujeitos e a exclusão de outros".[3]

A dogmática jurídica está em crise,[4] porque o velho e surrado "modelo de Direito (de feição liberal-individualista-normativista) não morreu e o novo modelo (forjado a partir do Estado Democrático de Direito) não nasceu ainda", havendo necessidade de ser adotada uma teoria que deixe "ver aquilo que se mostra, tal como se mostra a partir de si mesmo",[5] isto é, ver a família que se mostra, tal como ela se mostra a partir de sua realidade, e não exclusivamente pela ingerência Estatal.

Com a pré-compreensão, decorrente da tradição, ocorre uma antecipação de sentido do que se compreende, fazendo com que o intérprete possa se armar contra a arbitrariedade e o espelho deformante da subjetividade. É a condição de ser-no-mundo tridimensional, genética, (des)afetiva e ontológica, que vai determinar o sentido do texto do direito de família, e não por meio do método de interpretação subjetivo-genético, uma vez que o sentido é um existencial,[6] e não algo colado ao texto da lei. Isso quer dizer que a possibilidade de uma verdadeira compreensão do direito de família também remete o intérprete no universo linguístico da tradição dos seus pré-conceitos, a embasar a realidade do seu mundo circulante. Significa dizer que a historicidade do direito de família e, inclusive, de todo o direito, nos remete sempre para essências genéticas, (des)afetivas e ontológicas.

Busca-se compreender o Direito com a "produção de um sentido originado de um processo de compreensão, onde o sujeito, a partir de uma situação hermenêutica, faz a fusão de horizontes a partir de sua historicidade",[7] em que a antecipação de sentido se articula na abertura da compreensão, não podendo seu sentido "ser definido como algo que ocorre em um juízo ao lado e ao longo do ato de julgar", porque a compreensão está sempre presente antes de qualquer interpretação.[8]

Com o novel paradigma de Direito, estatuído pelo Estado Democrático de Direito, há, na visão streckiana, "a superação do direito-enquanto-sistema-de-regras, fenômeno que (somente) se torna possível a partir dos princípios introduzidos no discurso constitucional, que representam a efetiva possibilidade de resgate do mundo prático (faticidade) até então negado pelo positivismo".[9] Com a harmonização do sistema de regras

[3] FACHIN, Luiz Edson. As Crises como Elementos de Ruptura dos Vínculos Conjugais. In: *Casamento, uma escuta além do Judiciário*. Ivone M. C. Coelho de Souza (org.).Florianópolis: VoxLegem, 2006, p. 228.

[4] STRECK, Lenio Luiz. O senso comum teórico e a violência contra a mulher: desvelando a razão cínica do direito em *terra brasilis*. *Revista Brasileira de Direito de família,* Porto Alegre: Síntese, IBDFAM, ano IV, n.16, jan./fev./mar. 2003, p. 140-141.

[5] TOLFO, Rogério. Linguagem e mundo: a fenomenologia do sinal em *ser e tempo* de Martin Heidegger. *In:* HELFER, Inácio (org.). *Pensadores alemães dos séculos XIX e XX.* Santa Cruz do Sul: EDUNISC, 2000, p. 139.

[6] STRECK, Lenio Luiz. *Dicionário de filosofia do Direito.* Vicente de Paulo Barreto (Coordenador). Rio de Janeiro: Renovar, 2006, p. 430.

[7] SPAREMBERGER, Raquel Fabiana Lopes. O Direito ("estátua") e a hermenêutica da produção: Espelho e Reflexo da realidade. In: *Olhares hermenêuticos sobre o Direito.* Douglas Cesar Lucas (Organizador). Ijuí: UNIJUÍ, 2006, p. 161.

[8] HEIDEGGER, Martin. *Ser e Tempo.* 14.ed. Traduzido por Márcia Sá Cavalcante Schuback. Petrópolis: Vozes, 2005. Parte I, p. 208, 211 e 219.

[9] STRECK, Lenio Luiz. *Verdade & Consenso.* Rio de Janeiro: Lumen Juris, 2006, p. 06, 07, 142, 167 e 168.

com a principiologia constitucional, alerta o autor, poderá ser formatado, mediante o acolhimento da materialidade da Constituição, um "espaço que vem a ser ocupado pelos princípios (atrás de cada regra há, agora, um princípio que não a deixa se 'desvencilhar' do mundo prático)".

O autor quer dizer que é inviável a interpretação de uma regra sem o seu princípio instituidor, porque a regra está nele mergulhada, encobrindo-o, havendo uma diferença, e não separação entre os dois, não sendo possível transformar a regra em princípio, já que a regra não subsiste isoladamente, visto que, "se assim fosse, o princípio não cumpriria a função de introduzir a razão prática no direito". Isso quer dizer, conclui o autor, que o Direito não é mais ordenador, como na fase liberal; nem é promovedor, como na fase do Estado do Bem-Estar Social, porque, na Era do Estado Democrático de Direito, o Direito passou a ser transformador da realidade, mediante o acolhimento da garantia e dos direitos fundamentais, entre os quais a tridimensionalidade humana, a serem compreendidos por meio da jurisdição constitucional, a qual é a condição de possibilidade do Estado Constitucional.[10]

De acordo com Ferrajoli,[11] no modelo paleo-yuspositivista, o Estado era Legislativo/Legal de Direito, tendo o monopólio da produção jurídica, na qual o princípio da legalidade era a norma de conhecimento. Pelo modelo neo-yuspositivista, *o Estado é Constitucional de Direito*, o qual surgiu na Europa, após a Segunda Guerra Mundial, instituindo as Constituições rígidas e o controle da constitucionalidade das leis ordinárias com base nos princípios constitucionais.

O Estado Constitucional continua a ter a função da produção legislativa do Direito, mas, ao mesmo tempo, altera o papel da jurisdição constitucional, determinando ao intérprete a compreensão, interpretação e aplicação das leis que sejam válidas diante do texto constitucional, declarando a sua (in)constitucionalidade, sempre com vinculação social. Com isso, acrescenta Ferrajoli, também ocorre a necessidade, no Estado Constitucional, da subordinação das leis aos princípios constitucionais, o que representa uma "dimensión sustancial no sólo en las condiciones de validez de las normas, sino también en la naturaleza de la democracia, para la que representa un límite, a la vez que la completa".

Esses limites foram estabelecidos devido ao fato de os direitos constitucionais representarem proibições e obrigações impostas aos poderes da maioria, os quais, de outra forma, seriam absolutos. Isso quer dizer, finaliza o autor, que os princípios da legalidade e da reserva legal passam a ter cada vez menos sentido, em vista da fragilidade do Estado (único) Legislativo/Legal, que passou a ser, sobretudo, Constitucional, em que vige a harmonia dos princípios constitucionais, significando que

> una Constitución no sirve para representar la voluntad común de un pueblo, sino para garantizar los derechos de todos, incluso frente a la voluntad popular. Su función no es expresar la existencia de un *demos*, es decir, de una homogeneidad cultural, identidad colectiva o cohesión social, sino, al contrario, la de garantizar, a través de aquellos derechos, la convivencia pacífica entre sujetos e intereses diversos y virtualmente en conflicto.

---

[10] SPENGLER, Fabiana Marion. A Constituição e a Compreensão Hermenêutica da sua (in)efetividade e do seu constituir In: *Olhares hermenêuticos sobre o Direito*. Douglas Cesar Lucas (Organizador). Ijuí: UNIJUÍ, 2006, p. 206.

[11] FERRAJOLI, Luigi. Pasadó y Futuro Del Estado de Derecho. In: *Neoconstitucionalismo(s)*. Edición de Miguel Carbonell. Paris: Trotta, 2005, p. 14, 16 a 21, 24 e 28.

Nesse ponto, Sanchís[12] pondera que a lei deixou de ser a única, suprema e racional fonte do Direito do Estado Legislativo/Legal, motivando a declaração da intransponível crise da dogmática jurídica. O autor quer dizer que o Estado Constitucional criou uma nova teoria do Direito, com base, por exemplo, nas seguintes questões: a) mais princípios que regras; b) mais ponderação que subsunção; c) presença suprema da Constituição em todas as áreas do Direito e em todos os conflitos sociais; d) intromissão legal do Poder Judiciário no lugar do legislador ordinário; e) coexistência de uma pluralidade de valores, inclusive contraditórios, no lugar da hegemonia ideológica, "en torno a un puñado de principios coherentes entre sí y en torno, sobre todo, a las sucesivas opciones legislativas"; f) ao lado "de cada precepto legal se adivina siempre una norma constitucional que lo confirma o lo contradice", fazendo com que o legislador cada vez mais perca a sua autonomia, visto que todas as regras ordinárias precisam ser, previamente, filtradas pelos princípios constitucionais.

É imprescindível uma revolução no direito de família mediante a linguagem, que apresenta o mundo ao humano,[13] porquanto "o lugar de onde falamos é o mundo, onde desde sempre já nos encontramos",[14] sendo, por isso, que "nenhuma revolução é possível sem uma linguagem revolucionária",[15] pelo que "existência que pode ser compreendida é linguagem".[16] Com a linguagem é possível formatar um novo mapeamento da família, que vem sendo compreendida, há vários séculos, pelo olhar normativo e parcial da genética, da discriminação, do pré-conceito impuro, intolerante, da violência, como a dizer que a humanidade paralisou no limiar da vida privada.[17]

É exclusivamente pela clareira da linguagem que emerge o ser genético, (des)afetivo e ontológico, viabilizando ao ser humano a sua condição humana no mundo, visto que "o mundo é o que a palavra do homem mundifica".[18] Significa dizer que o ser humano somente é humano quando se encontra e se compreende pela verdade tridimensional, e não como uma possessão que o faz proprietário unicamente da verdade genética ou genética e afetiva. O ser humano é um ente ôntico, mas o ser do ser humano é uma verdade, um ser, genético, (des)afetivo e ontológico, sendo, portanto, uma verdade tridimensional ôntica (genética e des-afetiva) e ontológica, possibilitando, assim, o convívio com uma hermenêutica fenomenológica.

Quando o ser humano se abre para o ser tridimensional, a verdade genética, (des)afetiva e ontológica, transparece histórico-temporalmente em forma de liberdade, não se submetendo a nenhum preconceito exclusivamente genético, como sempre tem

---

12 SANCHÍS, Luis Prieto. Neoconstitucionalismo y Ponderación Judicial. In: *Neoconstitucionalismo(s)*. Edición de Miguel Carbonell. Paris: Trotta, 2005, p. 131 a 133.

13 GADAMER, Hans-Georg. *Verdade e Método I*. 6.ed. Petrópolis: Vozes, 2004, p. 581.

14 LUCAS, Douglas César (Org.). Hermenêutica filosófica e os limites do acontecer do direito numa cultura jurídica aprisionada pelo "procedimentalismo metodológico". In: *Olhares hermenêuticos sobre o Direito*. Ijuí: UNIJUÍ, 2006 p. 35, lembrando Custódio Luiz S. Almeida.

15 HEIDEGGER, Martin. *Ser e Tempo*. 14.ed. Traduzido por Márcia Sá Cavalcante Schuback. Petrópolis: Vozes, 2005. Parte I, p. 21.

16 KUSCH, Martin. *Linguagem como cálculo versus linguagem como meio universal*. Traduzido por Dankwart Bernsmüller. São Leopoldo: Unisinos, 2003, p. 257, 265, 271, 273 e 276.

17 OST, François. *O Tempo do Direito*. Traduzido por Maria Fernanda Oliveira. Lisboa: Instituto Piaget, 1999, p. 388.

18 RESWEBER, Jean-Paul. O Pensamento de Martin Heidegger. Tradução de João Agostinho A. Santos. Coimbra: Almedida, 1976, p. 76 e seguintes. In: NEDEL, Antonio. Uma Tópica Jurídica. Porto Alegre: Livraria do Advogado, 2006, p. 31.

ocorrido no mundo ocidental, na medida em que o ser do ser humano não é passível de ser aprisionado pelas preconceituosas fórmulas prontas da lei, querendo-se dizer que não é só o legislador, mas também o hermeneuta, que faz emergir o ser do ser humano.

A Constituição deve ser compreendida de tal forma que sejam ejetados todos os pré-conceitos patrimoniais, biológicos e eclesiásticos, edificando vínculos tridimensionais, sanguíneos, familiares, sociais e pessoais. Quer dizer, o ser humano não é formado apenas pela corrente genética,[19] mas pela linguagem da biologia, do afeto, do relacionamento em sociedade e, essencialmente, em família, e pelo relacionamento consigo mesmo, de seu jeito, de seu modo, de suas circunstâncias de ser em um mundo humano.

Nessa senda, Gadamer diz que "a person is not an intelligent animal, but rather a human being", significando que o ser humano não é um *animal* inteligente, e sim um ser humano que convive e compartilha entre os humanos em um mundo humano, e não em um mundo genético, um mundo natural. No mundo genético, vivem os seres vivos em geral, inclusive os humanos, mas nesse mundo o humano não é um ser humano, mas mero ser vivo, transformando-se em humano nos mundos afetivo e ontológico.

O ser humano está mergulhado, ao mesmo tempo, na linguagem de três mundos, quais sejam: a) a linguagem biológica, o mundo dos objetos à nossa volta, o mundo dos seres vivos em geral (um modo de ser-no-mundo-genético); b) a linguagem (des)afetiva, que está submersa nos "factores externos sociales", um ser-com, que "no es simplemente un agregado, un añadido, sino lo que uno hace, lo que emana de un individuo, lo que un individuo provoca, lo que inventa, lo que decide", motivo pelo qual "un niño no se hace desde su propio desarrollo somático o nervioso, se hace desde la *Mitwelt* que es la família" (um ser-no-mundo-des-afetivo); c) a linguagem ontológica, "que es el mundo propio, el mundo interior. La interiorización de la *Mitwelt* abre paso a la *Eigenwelt*. Y allí, ya los modos de finitud anteriores son superables en un crecimiento" (um modo de ser-no-mundo-ontológico).

O mundo humano pode ser alcançado mediante um "crecimiento natural desde la *Umwelt* al ápice constitucional, del ápice constitucional a la interiorización de la *Mitwelt* situacional, social, y de allí a la constitución de la *Eigenwelt*, es decir, del mundo íntimo o del mundo propio".[20] Em outros termos, o ser humano vive em três mundos, ao mesmo tempo: no mundo biológico, em que se encontram os objetos, a técnica, que são domináveis, manipuláveis, obedientes, como uma televisão, um carro, o computador; no mundo afetivo, em que ocorrem as relações de (des)afeto com os outros, principalmente em família; o mundo ontológico, próprio da realidade de cada um, o mundo pessoal, íntimo, o terreno de surpresas, da forma, do jeito, da circunstância de cada ser humano ser em seu mundo humano, do inédito.[21]

A compreensão do humano não é efetivada somente pelo comportamento com o mundo das coisas (mundo genético), como até agora tem sido sustentado na cultura jurídica do mundo ocidental, mas também pelo modo de ser-em-família e em sociedade (mundo des-afetivo) e pelo próprio modo de se relacionar consigo mesmo (mundo on-

[19] VILLELA, João Baptista. Repensando o Direito de família. In: Repensando o Direito de família. *Anais* do I Congresso Brasileiro de Direito de Família. Rodrigo da Cunha Pereira (coord.). IBDFAM, OAB-MG, Belo Horizonte: Del Rey, 1999, p. 28.

[20] *La libertad possible*. In: http://www.iterhominis.com/autores/Polo/PHC/PHC_02_Libertad_posible.htm. Acesso em 24-10-2005.

[21] WEINSTEIN, Luis. *Fundamentos los Del desarrollo alternativo*. Disponível em: http://www.unrc.edu.ar/publicar/23/tres.html. Acesso em 24-10-2005.

tológico). Quer dizer que a compreensão em família é linguagem, diálogo, conversação infinita e modos de ser-no-mundo-genético, de ser-no-mundo-(des)afetivo e de ser-no-mundo-ontológico. O ser humano não existe só, porquanto, nas palavras heideggerianas,[22]

> ele existe para si (*Eigenwelt*): consciência de si; ele existe para os outros (*Mitwelt*): consciência das consciências dos outros; ele existe para as entidades que rodeiam os indivíduos (*Umwelt*). Existência se dá no interjogo dessas existências. Mas o Ser deve cuidar-se para não ser tragado pelo mundo-dos-outros e isentar-se da responsabilidade individual de escolher seu existir.

Enfim, a hermenêutica filosófica acolhe os modos de ser-no-mundo-genético, de ser-no-mundo-(des)afetivo e de ser-no-mundo-ontológico,[23] porque a linguagem é a casa do ser,[24] que somente pode ser compreendido pela linguagem,[25] pelas seguintes razões:

1) *o ser humano é biológico*, fazendo com que haja a continuação da linhagem, do ciclo de vida, transmitindo às gerações, por exemplo, a compleição física, os gestos, a voz, a escrita, a origem da humanidade, a imagem corporal, parecendo-se, muitas vezes, com seus pais, e tendo a possibilidade de herdar as suas qualidades.[26] É o mundo da autorreprodução dos seres vivos, inclusive do ser humano, das necessidades, correspondendo ao modo de ser-no-mundo-genético, um complexo programa genético que influencia o ser humano em sua atividade, movimento ou comportamento,[27] pelo qual o ser humano permanece ligado a todos os demais seres vivos;

2) *o ser humano é afetivo e desafetivo*, porque forjado pela dinâmica dos fatores pessoal, familiar, social e universal,[28] cuja linguagem não é algo dado, codificado, enclausurado, logicizado, de modo fixo, cópia de uma realidade social previamente estabelecida, e sim um existencial, um modo de ser-no-mundo-(des)afetivo, um construído, um (des)coberto, uma imagem, um especulativo de um sentido na singularidade do ser dentro da universalidade e faticidade das relações sociais, do mundo em família, porque o ser humano "não é coisa ou substância, mas uma actividade vivida de permanente autocriação e incessante renovação".[29]

---

[22] HEIDEGGER, Martin. *Matrizes pós-românticas. Fenomenologia e existencialismo.* Disponível em: http://www.ufrgs.br/museupsi/aula29.PPT#36. Acesso em 24-10-2005.

[23] BUZZI, Arcângelo R. *Introdução ao pensar.* 31.ed. Rio de Janeiro: Vozes, 2004, p. 17 a 24. "Ontologia é a questão do ser! Sua tarefa consiste no esclarecimento do ser. A existência humana, em todos os aspectos, humildes e elevados, certos ou errados, está na questão do ser. O ser é simplesmente porque é, porque aparece e se presentifica. Ele aí está, na totalidade dos entes e na série de objetos que compõem o mundo. O ser é pensar, sentir, é compreensão".

[24] HEIDEGGER, Martin. *Ser e Tempo.* Rio de Janeiro: Vozes. Volume I, 2005.

[25] GADAMER, Hans-Georg. *Verdade e Método.* 6.ed. Traduzido por Flávio Paulo Meurer. Rio de Janeiro: Vozes, 2004. Volume I, e Volume II, 2.ed., traduzido por Enio Paulo Giachini.

[26] ASIMOV, Isaac. *O Código Genético.* São Paulo: Cultrix, 1962, p. 16.

[27] VARELLA, Dráuzio. A imposição sexual. In: *Caderno Colunistas do jornal O SUL.* Em 04 de março de 2007, em que afirma que Ernst Mayr, um dos grandes biólogos do século passado, disse o seguinte: "Não existe atividade, movimento ou comportamento que não seja influenciado por um programa genético". Por isso, enfatiza Dráuzio, "considerar a orientação sexual mera questão de escolha do indivíduo é desconhecer a condição humana".

[28] DOURADO, Ione Collado Pacheco. e PRANDINI, Regina Célia Almeida Rego. *Henri Wallon: psicologia e educação.* Disponível em: http://www.anped.org.br/24/T2071149960279.doc. Acesso em 26.10.2004.

[29] BLANC, Mafalda de Faria. *Introdução à Ontologia.* Coleção Pensamento e Filosofia. Lisboa: Instituto Piaget, 1990, p. 110.

O estado de humor, diz Heidegger,[30] em si mesmo, não é algo psíquico, um estado interior, mas, sim, um existencial, o que, em direito de família, quer dizer que o afeto e o desafeto (que são os estados de humor) são existenciais, momentos, eventos, instantes, fatos, acontecimentos, que se mostram por si mesmos.

A compreensão afetiva faz parte da condição humana, conforme informam Heidegger e seus seguidores, nos seguintes termos:

a) o ser humano, na qualidade de ser-no-mundo, é compreensão e afetividade;[31]

b) a afetividade atinge o ser humano em sua manifestação de linguagem;[32]

c) a compreensão afetiva "é necessária porque, quando falamos, comunicamos marcos afectivos particulares, seleccionamos e omitimos, falamos do que poderia ser";[33]

d) a expressão afeto é devastadora, fazendo "parte de meu relacionamento ek-stático, de meu ser-no-mundo";[34]

e) todos "os existenciais, não apenas a compreensão, por exemplo, também a afectividade, tiram o seu sentido do futuro originário";[35]

f) a experiência afetiva, "em que se lhe mostra o ser, ou melhor, em que nos sentimos no meio dele, é uma experiência indistinta de existência, e o seu nada é, paralelamente, um nada da existência finita";[36]

g) de acordo com Vattimo,[37] seguindo as pegadas de Heidegger, a afetividade é "o modo originário de se encontrar e de se sentir no mundo é uma espécie de primeira 'pressão' global do mundo que, de alguma maneira, funda a própria compreensão". Numa só palavra, *o intérprete somente compreenderá o texto do direito de família tridimensional se ele se encontrar numa situação afetiva,* querendo dizer que:

> o próprio encontro com as coisas no plano da sensibilidade só é possível com base no facto de que o *Deisen* está sempre originariamente numa situação afetiva; por conseguinte, toda relação específica com as coisas individuais (mesmo a compreensão e sua articulação interpretativa) é possível em virtude da abertura ao mundo garantida pela tonalidade afectiva. "A tonalidade afectiva abriu desde já sempre o *Deisen* ao mundo na sua totalidade, tornando assim possível um dirigir-se para".

Momento seguinte, Vattimo afirma que o ser humano pode confiar "a descoberta originária do mundo à simples tonalidade afectiva", significando que o "ser-no-mundo nunca é um sujeito puro porque nunca é um espectador desinteressado das coisas e dos

---

[30] HEIDEGGER, Martin. *Ser e Tempo.* 14.ed. Traduzido por Márcia Sá Cavalcante Schuback. Petrópolis: Vozes, 2005. Parte I, p. 61 e 189.

[31] STRECK, Lenio Luiz. *Jurisdição constitucional e hermenêutica: uma nova visão crítica do direito.* 2.ed. Rio de Janeiro: Forense, 2004, p. 200.

[32] COBRA, Rubem Q. *Martin Heidegger.* Disponível em: http://www.cobra.pages.nom.br/fc-heidegger.html. Acesso em 20.12.2001.

[33] ROCHA, Acílio da Silva Estanqueiro. O Ideal da Europa. In: *Revista Portuguesa de Filosofia.* jul./dez. 2000. Vol. 56, fase 3-4, p. 327.

[34]. HEIDEGGER, Martin. *Seminários de Zollikon.* Traduzido por Gabriela Arnhold e Maria de Fátima de Almeida Prado. Petrópolis: Vozes, 2001, p. 187.

[35] HAAR, Michel. *Heidegger e a essência do homem.* Lisboa: Instituto Piaget, 1990, p. 65.

[36] FRAGA, Gustavo de. *Sobre Heidegger.* Coimbra: Livraria Almedina, 1965, p. 35.

[37] VATTIMO, Gianni. *Introdução a Heidegger.* 10.ed. Portugal, Lisboa: Instituto Piaget, 1999, p. 38 a 40.

significados". Em outras palavras, *o ser humano não poderá ter uma pré-compreensão do mundo se ele estiver numa situação desafetiva.*

Quando o ser humano está se relacionando com o mundo afetivo, acontece alguma coisa dentro dele "infinitamente mais complexa, sutil, rica e poderosa do que já tínhamos percebido",[38] porque é ele que auxilia o ser humano em sua realização pessoal, mas é preciso aceitar a informação de que, de um modo geral, esse mundo sempre foi muito castigado, malcompreendido e mal-orientado,[39] visto que o humano não é um ser unicamente afetivo, sendo também desafetivo (ausência de afeto).

A linguagem familiar, no sentido de não vislumbrar a ausência de afeto, pode ser o teto que impede o ser humano de suspender os seus preconceitos, mas, por meio da linguagem não-familiar (do desafeto), esses preconceitos poderão ser descobertos, suscitados, suspensos. O ser humano deve derrubar esse *teto preconceituoso* que o encobre (de que na família há apenas afeto), para que possa obter uma paisagem e uma passagem à compreensão do ser humano como humano, que, às vezes, *está* afetivo, mas, outras vezes, desafetivo.

Isso, porém, não significa, como pretende a jurisprudência, que "afeto tecnicamente tanto pode ser o amor como o ódio. O ódio também é afeto. O odiar alguém também é uma forma de ter afeto por essa pessoa".[40] Por isso, é preciso compreender que o afeto não é desafeto e que amar não é, ao mesmo tempo, odiar alguém, isso porque o ser humano somente é humano quando está afetivo, à medida que, quando se encontra em estado desafetivo, regride à sua condição de mero ser vivo. Quer dizer, o ser humano é humano unicamente *enquanto for um ser-no-mundo-afetivo*, porque, quando ele está *desafetivo*, quando ele odeia o outro humano, retroage em sua condição humana para um mero ser vivo, vivendo no mundo genético, mas não nos mundos afetivo e ontológico;

3) *o ser humano é ontológico*, porque se comporta e se relaciona no mundo, sem divisões, sem origens, sem teoria exclusiva (genética, <u>ou</u> afetiva <u>ou</u> ontológica, porquanto é um ser único, total, tridimensional). O humano é um ser com condição comum a todos os humanos, um acontecer, que convive e compartilha nos mundos da ancestralidade sanguínea, do relacionamento social/familiar e consigo mesmo.

Essas diferenças que são encontradas nos mundos genético, (des)afetivo e ontológico são denominadas na hermenêutica filosófica e na fenomenologia hermenêutica de *diferença ontológica,* a qual, segundo Ernildo Stein,[41] nasce da tentativa de resolver o problema epistemológico, porquanto "o ente é objeto do conhecimento científico e o ser, objeto da filosofia. A filosofia fundamenta a ciência. O conhecimento do ser é a condição de possibilidade do reconhecimento do real. Somente à medida que conheço o ser, conheço algo do real". Além disso, segundo o autor, "o sentido do ser seria a própria clareira, o mundo, o desvelamento. A fenomenologia se resumiria no papel de vigiar a diferença ontológica e, nela, o acontecer de velamento e desvelamento, que seriam

[38] MAY, Rollo. *A descoberta do ser.* 4.ed. Traduzido por Cláudio G. Somogyi. Rio de Janeiro: Rocco, 2000, p. 25.

[39] BAQUERO, Victoriano. *Afetividade Integrada Libertadora.* 3.ed. Rio de Janeiro: Edições Loyola, 1992, p. 5.

[40] RIO GRANDE DO SUL. Tribunal de Justiça. Ac. nº 70013567888, 4º grupo cível. Relator: José S. Trindade, em 13 de janeiro de 2006. Disponível em: www.tj.rs.gov.br. Acessado em 15.01.2008.

[41] STEIN, Ernildo. *Uma breve introdução à filosofia.* Ijuí: UNIJUÍ, 2002, p. 81, 94 a 96.

as duas faces do ser". Conforme Gadamer,[42] a diferença ontológica "não é algo que se faça, mas algo que se apresenta aí, que se abre como um abismo. Algo se afasta. Um despontar tem lugar", não sendo essa diferença "algo feito por alguém, mas que somos colocados nessa diferenciação, nessa diferença".

A hermenêutica filosófica e fenomenológica serve justamente para desvelar esse velamento do ser da família, do texto, do ser humano, visto que, nas palavras de Heidegger, *a vida é nevoenta,* querendo dizer que somente é possível nos movimentar hermenêuticamente "senão por um curto espaço de tempo em numa névoa que se ilumina, uma névoa que nos envolve novamente quando buscamos a palavra correta".[43]

Por isso, a importância no direito de família de descobrir, de abrir uma clareira hermenêutica para que surja do ente humano o ser genético, o ser (des)afetivo e o ser ontológico, o que somente será possível mediante a compreensão do texto familiar pela fenomenologia, pelo acontecer da tridimensionalidade do ser humano, pelo surgimento das coisas mesmas, buscando a verdade nos dados originários de todos os episódios da experiência, da realidade da vida pessoal, familiar e social.

É preciso iniciar uma destruição do atual pensamento dogmático do direito de família, para voltar-se contra o encobrimento da vida humana, partindo-se para uma liberação, um aparecimento do ser do ser humano que está encoberto, que são os modos de ser-no-mundo-genético, de ser-no-mundo-(des)afetivo e de ser-no-mundo pessoal de cada um (ontológico).

A dogmática jurídica tem causado muitos problemas sociais, com a compreensão do texto do direito de família apenas em parte do mundo genético, já que a normatização não alcança a realidade da vida, a existencialidade, os eventos, os episódios, os acontecimentos. E como a pessoa não é e nem pode ser compreendida como uma coisa,[44] ela está sendo transformanda em vítima de arrombamento, sem violência, de seus modos de ser-no-mundo-tridimensional. Quer dizer, a dogmática jurídica é autoritária, tendo a mania de dominar, para impingir uma falsa autoconfiança e para ser observado apenas o seu pensamento único, não admitindo a crítica, que é uma das maiores liberdades da pessoa em um Estado Constitucional.

Para compreender o texto do direito de família, a interpretação não deve levar em conta exclusivamente o *ser-objeto*, a normatização do mundo genético, uma vez que há um mundo circundante em que é vislumbrado um ter-prévio, um ver-prévio e um pré-conceito sobre a Constituição[45] e a condição humana tridimensional. Nesse sentido, Gadamer[46] lembra que o intérprete, ao dirigir-se a um texto, não deve partir da opinião prévia que lhe é própria, "mas examine expressamente essas opiniões quanto à sua

[42] GADAMER, Hans-Georg. *Hermenêutica em retrospectiva. Heidegger em retrospectiva.* Rio de Janeiro: Vozes, 2007, p. 92 e 93.

[43] GADAMER, Hans-Georg. *Hermenêutica em retrospectiva. Heidegger em retrospectiva.* Rio de Janeiro: Vozes, 2007, p. 107.

[44] OHLWEILER, Leonel. Administração Pública e Filosofia Política Contemporânea: algumas projeções do constitucionalismo comunitário. In: *Direito, Estado e Democracia: entre a (in)efetividade e o imaginário social.* Porto Alegre: Instituto de Hermenêutica Jurídica, v. 1, n. 4, p. 266. 2006. O autor lembra que Martin Heidegger "chamava de o fascínio pela técnica, querer dispor das coisas do mundo da vida por meio da técnica".

[45] STRECK, Lenio Luiz. *Jurisdição constitucional e hermenêutica: uma nova visão crítica do direito.* 2.ed. Rio de Janeiro: Forense, 2004, p. 229.

[46] GADAMER, Hans-Georg. *Verdade e Método.* 6.ed. Traduzido por Flávio Paulo Meurer. Rio de Janeiro: Vozes, 2004. Tomo I, p. 356.

legitimação, ou seja, quanto à sua origem e validez". É preciso despir-se dos pré-conceitos, da pré-compreensão do que é família, lei, decisão judicial ou um processo que (des)constitui o vínculo genético, afetivo e ontológico, querendo dizer que os preconceitos que dominam o ser humano comprometem o seu verdadeiro reconhecimento do passado histórico.[47]

O intérprete deve transitar pelos mundo da teoria *e* da práxis, visto que, alerta Gadamer,[48] a teoria tão só contempla, não se deixando levar "por interesses e impulsos de um mundo de desejos, mas reconhecer o que é ou o que se apresenta". Porém, o mundo da práxis desvela todo erro, executando um "permanente processo de aprendizado e de autocorreção, seja com o sucesso ou com o fracasso". Por isso, finaliza o autor, devemos "aprender a atravessar a divisão que há entre o teórico que sabe acerca da generalidade e o prático que deve atuar na sempre singular situação" do caso em análise.

Para suscitar os preconceitos deve ser acolhida a distância temporal, que é uma distância hermenêutica, lembra Gadamer,[49] já que "o tempo não é primeiramente um abismo que se deve ultrapassar porque separa e distancia", mas é o fundamento que sustenta o acontecer, no qual se enraíza a compreensão atual, "como uma possibilidade positiva e produtiva da compreensão". Além disso, o autor lembra que *quem quiser compreender um texto está disposto a deixar que ele diga alguma coisa*, pois são as coisas que se revelam ao humano, e não ele quem as indica.[50] Em outros termos, a compreensão da família não decorre da aplicação de um método de interpretação, devendo o intérprete deixar que o texto (Constituição, o ser humano, a família) lhe diga alguma coisa, à medida que negar a linguagem tridimensional é o mesmo que negar a existência humana.

Uma pausa deve repousar sobre a atual compreensão do texto do direito de família, para que não seja compreendido unicamente pela visão do intérprete, do legislador ou do julgador, mas deixar que o texto diga algo, empreendendo uma viagem hermenêutico-filosófica ao âmago do método fenomenológico, da circularidade hermenêutica, da tradição, da fusão de horizontes e da suspensão dos pré-conceitos. Isso porque há *preconceitos que cegam e outros que iluminam o ser humano*, impostos, inapelavelmente, pelo fato de ser lançado em um mundo já existente, com significados, valores, e abarrotado de conceitos prévios autênticos e inautênticos, cabendo ao ser humano identificá-los e purificá-los.[51]

Aquele que não se conscientizar dos pré-conceitos puros e impuros "acaba se enganando sobre o que se revela sob sua luz",[52] exigindo do intérprete uma conduta receptiva à alteridade do texto do direito de família, visto que um conceito prévio falso é

---

[47] SPAREMBERGER, Raquel Fabiana Lopes (Org.). Hermenêutica filosófica. História e hermenêutica na obra de Hans-Georg Gadamer. In: *Hermenêutica e argumentação.* Ijuí: UNIJUÍ, 2003, p. 20.

[48] GADAMER, Hans-Georg. *O caráter oculto da saúde.* Rio de Janeiro: Vozes, 2006, p. 101.

[49] GADAMER, Hans-Georg. *Verdade e Método II.* 2.ed. Traduzido por Enio Paulo Giachini. Petrópolis: Rio de Janeiro, 2004, p. 79 e 80.

[50] ESPINDOLA, Angela Araujo da Silveira e SALDANHA, Jânia Maria Lopes, Construir a Constituição para a Cidadania: A compreensão e a Linguagem na Nova Crítica do Direito Afastando os Mitläufers Jurídicos. In: *Olhares hermenêuticos sobre o Direito.* Douglas Cesar Lucas (Organizador). Ijuí: UNIJUÍ, 2006, p. 81.

[51] D'AGOSTINI, Franca. *Analíticos e continentais.* São Leopoldo: Unisinos, 2003, p. 476 e 414, lembrando a hermenêutica filosófica de Hans-Georg Gadamer.

[52] GADAMER, Hans-Georg. *Verdade e Método I.* 6.ed. Traduzido por Flávio Paulo Meurer. Rio de Janeiro: Vozes, 2004. p. 471.

uma pré-decisão, uma pré-compreensão, um pré-julgamento, que pode estar ocultando a verdade, causando graves prejuízos à humanidade. Como compreender é um interpretar, uma forma explícita da compreensão, o problema da linguagem, que ocupava uma posição ocasional e marginal na dogmática jurídica, passa a ocupar, com a hermenêutica gadameriana, o centro da filosofia,[53] "representando não apenas um giro lingüístico, mas, sobretudo, um giro ontológico".[54]

O intérprete deve deixar que a linguagem da família lhe diga alguma coisa, porque "no es que unicamente nosotros conduzcamos la conversación, sino que también somos conducidos por ella".[55] A linguagem familiar do texto da Constituição de 1988 é um acontecimento, um momento, um evento, um instante, um fenômeno, uma viragem, uma importância histórica para todo o povo brasileiro, a passagem de uma geração para outra, quando tudo ficou diferente, tudo mudou, tudo se transformou, tudo envelheceu, mas, ao mesmo tempo, ficou novo, formou-se o poente e o nascente, o que antes foi, já não é, aparecendo algo novo, tornando tudo novo, uma nova linguagem da família, com o acolhimento da condição e dignidade humana tridimensional.

Não basta, contudo, que o País esteja mergulhado em uma nova Era Constitucional, se a cultura jurídica continuar vivendo o novo com um velho arcabouço de preconceitos, à medida que essa nova Idade constitucional deve ser compreendida pelo estranhamento, pelo assombro, pela admiração, pelo desconserto, pela perplexidade, pelo espanto, pela vinculação a um marco histórico de rompimento dos preconceitos do passado. Esse conceito diante do direito de família significa

> que reconhecemos nossa ignorância e exatamente por isso podemos superá-la. Nós nos espantamos quando, por meio de nosso pensamento, tomamos distância do nosso mundo costumeiro, olhando-o como se nunca o tivéssemos visto antes, como se não tivéssemos tido família, amigos, professores, livros e outros meios de comunicação que nos tivessem dito o que o mundo é; como se estivéssemos acabando de nascer para o mundo e para nós mesmos e precisássemos perguntar o que é, por que é e como é o mundo, e precisássemos perguntar também o que somos, por que somos e como somos.[56]

O intérprete deve vincular-se ao texto do direito de família, assustando-se com a realidade, com o que ele encontra no mundo, que já é preposto, pré-lançado, motivando perguntas, porquanto, com o perguntar, o intérprete assume a condição de que nada sabe com relação ao mundo em que vive. A linguagem hermenêutica não permanece refém (como se dá com a dogmática jurídica) dos acasos do momento, porque vive da herança da tradição, como "solo comum do mundo comum em que nos situamos, o acervo garantido dos conhecimentos comuns dos quais vivemos",[57] partindo do princípio de que

---

[53] GADAMER, Hans-Georg. *Verdade e Método I*. 6.ed. Traduzido por Flávio Paulo Meurer. Rio de Janeiro: Vozes, 2004., p. 406.

[54] STRECK, Lenio Luiz. Súmulas vinculantes: em busca de algumas projeções hermenêuticas. In: *Jurisdição e direitos fundamentais. Anuário 2004/2005 da Escola Superior da Magistratura do Rio Grande do Sul.* Ingo Wolfgang Sarlet (Organizador). Porto Alegre: Livraria do Advogado, 2005. Volume I. Tomo I, p. 108.

[55] GADAMER, Hans-Georg. *Hermenéutica de la Modernidad. Conversaciones con Silvio Vietta.* Traduzido por Luciano Elizaincín-Arrarás. Madrid: Editorial Trotta, 2004, p. 11.

[56] CHAUÍ, Marilena. *Convite à filosofia.* 13.ed. São Paulo: Ática, 2004, p. 18.

[57] KAUFMANN, Arthur. Filosofia do Direito, Teoria do Direito, Dogmática Jurídica. In: *Introdução à Filosofia do Direito e à Teoria do Direito Contemporâneas*. Traduzido por Marcos Keel; Manuel Seca de Oliveira. Arthur Kaufmann; Winfried Hassemer (organizadores). Lisboa: Fundação Calouste Gulbenkian, 2002, p. 151.

"aquele que quer compreender está ligado ao que é transmitido e está em contacto ou estabelece contacto com a tradição, da qual brota o que é comunicado".[58]

De acordo com a doutrina gadameriana, "todo esse desacerto, assombro e incompatibilidade na compreensão convida sempre a avançar a um conhecimento mais profundo",[59] sugerindo o entrelaçamento entre o intérprete e o texto, fazendo com que a pré-compreensão do texto (do ser humano, da família) não seja efetivada unilateralmente pelo intérprete, pelo texto ou somente pelo caso concreto, mas, sim, pela fusão de horizontes entre o texto, o intérprete, a tradição histórica da vida familiar. O autor pretende dizer que a indagação ao texto (da família, do ser humano) propicia a compreensão da pergunta pela qual é interpelado o intérprete, mas, para perguntar, é preciso querer saber, confessar que não se sabe.[60] Esse é talvez o maior problema do intérprete, do julgador e do legislador, à medida que lhes falta a humildade para admitir que não compreendem a linguagem tridimensional do texto do direito de família. Por isso, lembro da advertência gadameriana, de que "sobre aquilo de que não se pode falar, deve-se calar",[61] querendo dizer que "compreender significa primeiramente entender-se na coisa e, só em segundo lugar, apartar e compreender a opinião do outro como tal".[62]

Há premente necessidade de o intérprete passar à condição de lenhador, de guardião, de desvelador, de descobridor dos caminhos do texto do direito de família, desterrando os velhos conceitos prévios, uma vez que, para perguntar, é preciso conhecer a coisa a ser pesquisada, discutida, examinada, compreendida/interpretada/aplicada. Com isso, a expressão gadameriana – sobre aquilo de que não se pode falar, deve-se calar[63] – serve justamente para evitar que os caminhos da floresta do direito de família não permaneçam sinuosos, preconceituosos, perdendo-se, subitamente, no não trilhado[64]. Com relação aos caminhos da floresta, Heidegger[65] afirma o seguinte:

---

[58] KAUFMANN, Arthur. Filosofia do Direito, Teoria do Direito, Dogmática Jurídica. In: *Introdução à Filosofia do Direito e à Teoria do Direito Contemporâneas*. Traduzido por Marcos Keel; Manuel Seca de Oliveira. Arthur Kaufmann; Winfried Hassemer (organizadores). Lisboa: Fundação Calouste Gulbenkian, 2002, p. 151.

[59] ROHDEN, Luiz. Hermenêutica e linguagem. In: *Hermenêutica filosófica. Nas trilhas de Hans-Georg Gadamer*. Porto Alegre: EDIPUCRS, 2000, p. 164.

[60] ROCHA, Acílio da Silva Estanqueiro. O Ideal da Europa. In: *Revista Portuguesa de Filosofia*. jul./dez. 2000. Vol. 56, fase 3-4, p. 328.

[61] ROHDEN, Luiz. Ser que pode ser compreendido é linguagem. In: *Revista Portuguesa de Filosofia*. jul./dez. 2000. Vol. 56, fase 3-4, p. 544.

[62] GADAMER, Hans-Georg. *Verdade e Método II*. 2.ed. Traduzido por Enio Paulo Giachini. Petrópolis: Rio de Janeiro, 2004; p. 78.

[63] ROHDEN, Luiz. Ser que pode ser compreendido é linguagem. In: *Revista Portuguesa de Filosofia*. jul./dez. 2000. Vol. 56, fase 3-4, p. 544.

[64] STRECK, Lenio Luiz. O senso comum teórico e a violência contra a mulher: desvelando a razão cínica do direito em *terra brasilis*. *Revista Brasileira de Direito de Família*, Porto Alegre: Síntese, IBDFAM, ano IV, n.16, jan./fev./mar. 2003, p. 160-161. O autor refere que Heidegger assim se manifestou sobre a descoberta de caminhos: "Há que se *des-cobrir os caminhos* que podem nos levar para o *des-velamento* daquilo que tendencialmente encobrimos... Entretanto, há que se ter muito cuidado! Afinal, diz HEIDEGGER, no seu *Holzwege*: 'Na floresta há caminhos que, no mais das vezes sinuosos, terminam perdendo-se, subitamente, no não trilhado. Chamam-se caminhos da floresta (*Holzwege*). Cada um segue separado, mas na mesma floresta (*Wald*). Parece, muitas vezes, que um é igual ao outro. Porém, apenas parece ser assim. Somente os lenhadores e os guardas-florestais conhecem os caminhos. Eles sabem o que significa estar metido num caminho da floresta".

[65] HEIDEGGER, Martin. *Caminhos da floresta*. Traduzido por Irene Borges Duarte. Lisboa, Portugal: Fundação Calouste Gulbenkian, 1988, p. IX.

A floresta não é, no sentido próprio, um mero arvoredo, que a mão do homem pudesse ter plantado. Não é um parque. É selva e mato, natureza em estado puro, selvagem. Os caminhos do mato, estreitos e sinuosos, mais que atravessá-los, levam quem o tenta fazer a descobri-lo como tal, embrenhando-se no seu interior sem saída. "Perder-se" por esses caminhos é, pois, encontrar a floresta, encontrar-se nela.

Somente se o intérprete invadir os caminhos estreitos e sinuosos da floresta familiar e neles se perder, retornando a novos caminhos, com a destruição do atual pensamento metódico e subjetivo, abrindo os olhos à realidade da vida e escutar nas palavras a proveniência secreta e o presente velado da tridimensionalidade humana, genética, (des)afetiva e ontológica, é que poderá desvelar e encontrar o verdadeiro sentido do texto do direito de família. O ser humano não tem a mínima capacidade de colocar perguntas orientadoras se ele não tiver uma compreensão prévia, uma visão provisória, um juízo precoce, um pré-juízo, um experimentar a nós mesmos, um reconhecer "os fios condutores clandestinos, que dirigem nossa abordagem do mundo", uma exposição "ao risco de ver-se surpreendido, sempre de novo, por obscuros impulsos e motivos orientadores de nossa postura, sem que se estivesse consciente disto de antemão".[66]

Nesse caminho, Flickinger tem divulgado que o "compreender recusa qualquer postura subjetiva de domínio e, em conseqüência, de instrumentalização do mundo objetivo", porquanto "toda compreensão se efetua na linguagem e na história, por nós de modo algum objetiváveis".[67] Isso ocorre, conclui o autor, porque a hermenêutica filosófica gadameriana é "um curioso arrombamento, sem violência, da postura intelectual objetificadora de que somos herdeiros",[68] um giro ontológico em direção ao que vem a ser o objeto da compreensão: a linguagem.[69]

A hermenêutica filosófica, segundo Leal, é efetivada por um sujeito histórico que parte de condições *espaciais*, temporalmente dadas, uma vez que "em todo o processo de compreensão se parte de pressupostos ou pré-juízos – no sentido etimológico de juízos prévios – que viabilizam e constituem certa memória cultural presente em teorias, mitos, tradições etc.". Quer dizer, o intérprete que compreende "não parte do zero, mas, ao contrário, conta com toda uma história que lhe caracteriza e mesmo o define como sujeito", evitando que suas opiniões prévias sejam arbitrárias, dirigindo-se ao texto a partir da opinião prévia que lhe subjaz, "mas que examine tais opiniões quanto à sua legitimação, isto é, quanto à sua origem e validez".[70]

Cultivando essa linguagem, o autor lembra que o ser humano se encontrará na arte de perguntar, que é continuar perguntando, de se colocar à prova, de pensar, na medida em que perguntar é a Arte de pensar e pensar é a Arte de perguntar, de um dizer-se, um

---

[66] FLICKINGER, Hans-Georg. Hans-Georg Gadamer – uma abordagem hermenêutica das ciências do planejamento. *In:* HELFER, Inácio (org.). *Pensadores alemães dos séculos XIX e XX*. Santa Cruz do Sul: EDUNISC, 2000, p. 31-32.

[67] FLICKINGER, Hans-Georg. Hans-Georg Gadamer – uma abordagem hermenêutica das ciências do planejamento. In: HELFER, Inácio (org.). *Pensadores alemães dos séculos XIX e XX*. Santa Cruz do Sul: EDUNISC, 2000, p. 31-32.

[68] FLICKINGER, Hans-Georg. Hans-Georg Gadamer – uma abordagem hermenêutica das ciências do planejamento. In: HELFER, Inácio (org.). *Pensadores alemães dos séculos XIX e XX*. Santa Cruz do Sul: EDUNISC, 2000, p. 31 a 33.

[69] LEAL, Rogério Gesta. *Hermenêutica e direito:* considerações sobre a teoria do direito e os operadores jurídicos. Santa Cruz do Sul: EDUNISC, 1999, p. 114.

[70] LEAL, Rogério Gesta. *Hermenêutica e direito:* considerações sobre a teoria do direito e os operadores jurídicos. Santa Cruz do Sul: EDUNISC, 1999, p. 114 a 122.

surgir. Ao se dizer que em um texto do direito de família caberia uma pergunta, isso já é uma verdadeira pergunta, pelo que, nesse horizonte do perguntar, se alcança o sentido. Quer dizer, todo compreender de um texto é sempre algo mais que a mera reprodução de uma opinião alheia ou a repetição de algo passado, sendo participação num sentido presente,[71] significando que é impossível a reprodução de sentido.

Essa experiência do intérprete de perguntar diante do antigo e ao atual é um confronto, um estranhamento, um choque hermenêutico, fazendo-o estranhar o que lhe era mais familiar e, ao mesmo tempo, o convoca a tornar conhecido o que lhe surge como estranho.[72] Com isso, ocorre o enfrentamento do novo ao antigo, dos preconceitos autênticos e inautênticos, que são incorporados pelo intérprete no decorrer da compreensão histórica da tradição familiar, os quais permanecem por algum tempo, às vezes sempre, após ter-se instalado um novo texto, em vista do sistema genético dominante. A resistência ao acolhimento da família tridimensional é em decorrencia dos paradigmas da discriminação, da hierarquia, da família patriarcal, da violência, da compreensão apenas parcial (normatização) do mundo genético e da exclusão dos mundos afetivo e ontológico, promovidos há milênios pela cultura jurídica do Ocidente, cujo preconceito deverá ser quebrado mediante uma revolução científica.[73]

A visão tridimensional do direito de família poderá ser compreendida por meio de uma teoria que não esteja mergulhada no Direito, como a hermenêutica filosófica, que é uma teoria filosófica no Direito, com linguagem universal, mediante a compreensão do método fenomenológico universal, a suspensão dos preconceitos, a fusão de horizontes, o círculo hermenêutico e a tradição histórica. Com a filosofia, é possível promover uma abertura, uma clareira, na Constituição, como alerta Streck,[74] para des-ocultar os cami-

[71] GADAMER, Hans-Georg. *Verdade e Método I*. 6.ed. Flávio Paulo Meurer. Rio de Janeiro: Vozes, 2004, *p*. 479 a 489 e 508.

[72] ALMEIDA, Custódio Luís S. de. Hermenêutica e Dialética. Hegel na perspectiva de Gadamer. In: *Hermenêutica filosófica. Nas trilhas de Hans-Georg Gadamer.* Porto Alegre: EDIPUCRS, 2000, p. 65. O autor, a esse respeito, diz o seguinte: "A distância é o fio condutor que liga horizontes distintos e torna possível a fusão deles, através de um processo dialógico. Gadamer nos diz que a experiência do *choque* hermenêutico, que acontece quando um intérprete se vê diante da alteridade da distância – algo estranho a seu horizonte de sentido, com perspectivas diferentes – faz com que ele ponha em questão seus *pré-juízos*, levando-o assim a descobrir-se marcado por um determinado horizonte histórico. O *choque* hermenêutico faz o intérprete *estranhar* o que lhe era mais *familiar* e, ao mesmo tempo, o convoca a tornar familiar o que lhe surge como estranho. Por isso, a receptividade de um texto diferente exige *disposição* e *abertura* do intérprete, sem lhe pedir neutralidade, pois o que ocorre a partir da receptividade é a tomada de consciência de suas opiniões prévias e de seus *pré-juízos,* provocando a revisão do projeto inicial de interpretação e a aproximação da *coisa mesma*, pois 'são os *pré-juízos* não percebidos que, com seu domínio, nos tornam surdos para a coisa de que nos fala a tradição'".

[73] KUHN, Thomas S. *A estrutura das revoluções científicas.* 5.ed. São Paulo: Perspectiva, 2000, p. 122 e 116.

[74] STEIN, Ernildo. *Uma breve introdução à Filosofia*. Ijuí: UNIJUÍ, 2002, p. 94 a 96, anotando o seguinte sobre o que significa clareira: "O espaço de onde emerge o ser-aí – e onde se revela o ente – é o mundo: o desvelamento, a clareira, o acontecimento-a-propriação (Ereignis), ou o ser. Isto é experimentado pela compreensão radical da diferença ontológica. O ser – que assim é experimentado por Heidegger – surge da superação e radicalização da subjetividade e da postura transcendental. Este ser não pode ser mais entendido como determinação do ente. Pelo contrário, todo o ente é compreendido enquanto emerge do âmbito deste ser. O ser, para Heidegger, é aquele espaço, abertura ou clareira, em que acontece qualquer ente. Ele se abre como tempo (...). Primeiro era necessário superar a ontologia objetivística, mediante a fenomenologia transcendental, colocando a problemática do ser a partir do homem. Não sendo isso suficiente, era preciso dar o segundo passo: além de Heidegger realizar a ontologia fundamental, enquanto analítica existencial, ele teria que realizar a ontologia fundamental, enquanto elaboração do sentido do ser. Foi isso possível pe-

nhos, à medida que é na abertura da floresta jurídica, "no aberto para tudo que se apresenta e ausenta, é que se possibilitará que a Constituição se mostre como ela mesma, que se revele e se mostre em si mesma, enquanto fenômeno".[75]

A Constituição precisa triunfar sobre o antigo, os preconceitos e a tradição, e por ser uma revolução científica ela deve se afirmar contra o passado familiar, abolindo a discriminação, a hierarquização, a violência e a desigualdade. A Constituição poderá ser desvelada, desocultada, descoberta se o intérprete estiver munido de preconceitos puros, e não dos pré-juízos inautênticos da violência familiar, pelo que concordo com Gabriel García Márquez,[76] quando afirma o seguinte, em sua "Crônica de uma morte anunciada": *Dai-me um preconceito e moverei o mundo*, pelo que, parafraseando o autor, com preconceitos puros move-se o direito de família em direção ao verdadeiro sentido da tridimensionalidade humana.

A função da *Constituição é constituir,* sentencia Streck, pois contempla os princípios e os direitos fundamentais e sociais, iluminando e desvelando a interpretação da legislação (infra)constitucional, sendo no plano da ciência jurídica e na compreensão histórica da tradição que se localizam "as normas atualmente vigentes e as formas de pensamento jurídico comumente reconhecidas, mediante o trabalho precedente de muitas gerações de juristas", no qual se inclui "tudo o que se faz no campo jurídico (doutrina, decisões judiciais, pareceres, etc.)".[77] Por isso, a importância do questionamento, do diálogo, do confronto, com o novo direito de família inserido no texto constitucional, para que um novo texto, uma nova família, um novo ser humano "venha à luz pela mediação do antigo, constituindo-se, assim, um processo de comunicação, cuja estrutura corresponde a um modelo de diálogo".[78] E esse diálogo não é formatado para convencer os outros, mas, principalmente, para buscar a superação de nossos conceitos e preconceitos, que em nós estão enraizados, visto que, lembra Gadamer, "o problema não está em não compreendermos o outro, mas em não nos compreendermos".[79]

A lei, a jurisprudência, o caso precedente, a doutrina, a súmula, o enunciado, o verbete, a fala da autoridade, o oráculo jurídico, são paradigmas da dogmática jurídica. Pela hermenêutica filosófica, eles serão partes integrantes da fusão de horizontes (entre o intérprete, o texto, a tradição), o círculo hermenêutico (do todo à parte e da parte ao todo) e do reexame dos preconceitos herdados, automaticamente, da tradição, que são

las vias fenomenológicas? O terceiro passo, dado pelo segundo Heidegger, permitiria suspeitar a resposta: o sentido do ser seria a própria clareira, o mundo, o desvelamento. A fenomenologia (desaparecida como expressão) se resumiria no papel de vigiar a diferença ontológica e, nela, o acontecer de velamento e desvelamento, que seriam as duas faces do ser".

[75] STRECK, Lenio Luiz. *Hermenêutica jurídica e(m) crise.* 2.ed. Porto Alegre: Livraria do Advogado, 2000, p. 287.

[76] MÁRQUES, Gabriel García. *Crônica de uma morte anunciada.* Traduzido por Remy Gorga Filho. 33.ed. São Paulo: Record, 2005, p. 148.

[77] STRECK, Lenio Luiz. *Jurisdição constitucional e hermenêutica: uma nova visão crítica do direito.* 2.ed. Rio de Janeiro: Forense, 2004, p. 274.

[78] SPAREMBERGER, Raquel Fabiana Lopes (Org.). Hermenêutica filosófica. História e hermenêutica na obra de Hans-Georg Gadamer. In: *Hermenêutica e argumentação.* Ijuí: UNIJUÍ, 2003, p. 21.

[79] GADAMER, Hans-Georg. *Hermenêutica em retrospectiva. Heidegger em retrospectiva.* Rio de Janeiro: Vozes, 2007, p. 107.

os pontos de partida para toda a compreensão,[80] os quais não podem ser totalmente erradicados da história humana.[81]

Fingir não ter preconceitos já é outro preconceito, o da neutralidade,[82] o mais grave de todos os preconceitos, na medida em que, nas palavras de Heidegger, a pessoa e o essencial das coisas tendem para o disfarce ou estão efetivamente encobertos, havendo o que ele denomina de o primado para o encobrimento. Significa que ideologia, interesse, repressão, alienação, reificação, são modos de totalização que comandam nossas teorias sobre o texto, o ser humano, a história,[83] a família.

Nessa espiral hermenêutica encontra-se inserida a mensagem gadameriana, de que quem quiser compreender um texto está disposto a deixar que ele diga alguma coisa, pelo que, parafraseando o autor de Marburgo, quem quiser compreender o significado da família tridimensional deve estar disposto a deixar que ela lhe diga alguma coisa, dentro dos limites (de)limitados pela Constituição do País.

A compreensão que se extrai da leitura do texto do direito de família não é uma verdade única, sagrada, eterna, como pretende a dogmática jurídica. Na visão gadameriana, em cada nova leitura extrai-se um novo texto (um novo ser humano, uma nova família), sendo comum descobrir que a obra, conhecida de várias leituras anteriores, ainda surpreende com conhecimentos que não haviam sido percebidos.[84]

O texto do direito de família deve ser lido de tal forma que haja um entrelaçamento entre o intérprete e a questão jurídica (a coisa mesma), na busca da compreensão da linguagem biológica, (des)afetiva e ontológica, para que possam ser arredadas a expectativa, a curiosidade, a (in)diferença, a afobação, a inquietação, a intolerância, a alteridade, examinando-as mediante o afastamento dos preconceitos autênticos e inautênticos do passado, inicializando um novo diálogo, um vir-à-fala, com perguntas e respostas sobre aquilo que se está procurando no exame da coisa mesma (do caso concreto).

O giro linguístico da hermenêutica filosófica é o (re)aparecimento dos fenômenos à luz do sentido próprio da vida,[85] uma vez que ninguém escapa da história, que é a proveniência do ser humano, que também é o presente, que sempre produz efeitos nos fenômenos da convivência, significando que a história é um conjunto de acontecimentos e influências que atravessa passado, presente e futuro.[86]

A compreensão do direito de família não se exaure na normatização da genética, mas em cada evento dos modos de ser-no-mundo-genético, de ser-no-mundo-(des)afetivo e de ser-no-mundo-ontológico, mediado pela jurisdição constitucional, uma vez que "não existe seguramente nenhuma compreensão totalmente livre de pre-

[80] CAMARGO, Margarida Maria Lacombe. *Hermenêutica e Argumentação: uma contribuição ao estudo do Direito*. 2.ed. Rio de Janeiro: Renovar, 2001. p 22, nota de rodapé.

[81] ROHDEN, Luiz. Hermenêutica e linguagem. In: *Hermenêutica filosófica. Nas trilhas de Hans-Georg Gadamer*. Porto Alegre: EDIPUCRS, 2000, p. 183. O autor esclarece que "a hermenêutica filosófica afirma que não é possível a erradicação total de todos os 'pré-juízos', como foi a pretensão da Ilustração".

[82] D'AGOSTINI, Franca. *Analíticos e continentais*. Traduzido por Benno Dischinger. Coleção Idéias. São Leopoldo: Unisinos, 2003, p. 414.

[83] STEIN, Ernildo. *Seis estudos sobre ser e tempo*. 3.ed. Petrópolis: Vozes, 2005, p. 69.

[84] BAPTISTA DA SILVA, Ovídio Araújo. *Processo e Ideologia. O Paradigma Racionalista*. Rio de Janeiro: Forense, 2004, p. 296.

[85] CANCELLO, Luiz A. G. *O fio das palavras*. 4.ed. São Paulo: Summus Editorial, 1991, p. 83.

[86] HEIDEGGER, Martin. *Ser e Tempo*. 12.ed. Rio de Janeiro: Vozes. Volume II, 2005, p. 183 e 184.

conceitos, embora a vontade do nosso conhecimento deva sempre buscar escapar de todos os nossos preconceitos".[87]

Estar junto de si, da família, da sociedade, significa estar junto no mesmo mundo,[88] e conhecer quer dizer "um dos modos de ser, fundados na estrutura permanente do ser-no-mundo",[89] sendo a compreensão da família um estar junto, um conhecer, um palavrear, um diálogo, porquanto é da condição da família estar junto, conhecer-se, ouvir e ser ouvido, mergulhando na mesma linguagem. Na montanha da vida, afirma Gadamer, é preciso saber que "es necesario escuchar y que se puede hacer comprender algo sólo a quien es capaz de escuchar", acrecentando que Aristóteles "tiene razón cuando sostiene que lo que distingue al hombre de los animales es el lenguaje", isso porque "el lenguaje no es proposición y juicio, sino que unicamente es si es respuesta y pregunta", é estar no caminho comum com os Outros.

Uma passagem de Heidegger é lembrada por Gadamer, de que o ser humano "es weltet", porque ele tem e faz mundo. Isso significa que "quien escucha al otro, escucha siempre a alguien que tiene su propio horizonte", fazendo com que nessa escuta ao outro "se abre el verdadero camino en el que se forma la solidariedad". Essa forma de Gadamer visualizar a solidariedade, que habita em cada ser humano pelo fato de escutar, permite que cada humano "aprenda a salvar las distancias y a superar los antagonismos entre nosotros".[90] Todavia, é preciso lembrar o pensamento heideggeriano, no sentido de que "somente quem já compreendeu é que poderá escutar".[91]

Em outra oportunidade, Gadamer, ao estudar os mistérios da saúde, referiu que "o paciente é uma pessoa, e não um 'caso'".[92] Por isso, o ser humano deve ser compreendido não como *um caso, um paciente, uma parte de um processo*, isto é, quando da compreensão do texto do direito de família, não estão em jogo "casos", "partes", à medida que esses "casos", esses "demandantes e demandados", esses "réus", *são pessoas, são humanos, e não meros seres vivos*. Por isso, o intérprete não deve aplicar, simplesmente, a súmula, a doutrina, a lei, a jurisprudência, o enunciado, mas também, como refere Gadamer, levar a cabo, "na práxis vital de cada um, aquilo que existe, e não o que gostaríamos que existisse".[93]

Muito ainda precisa ser dito acerca do texto do direito de família, da necessidade de conversação, de escutar e ser escutado, do círculo hermenêutico, da fusão de horizontes, da tradição histórica, da herança dos preconceitos puros e impuros e dos modos de

---

[87] GADAMER, Hans-Georg. *Verdade e Método I.* Traduzido por Flávio Paulo Meurer. Petrópolis: Vozes, 2004, p. 631.

[88] MAY, Rollo. *A Descoberta do Ser: estudos sobre a psicologia existencial.* Traduzido por: Cláudio G. Somogyi. 4.ed. Rio de Janeiro: Rocco, 2000, p. 129.

[89] DOWELL, João A. Mac. *A Gênese da Ontologia Fundamental de M. Heidegger.* São Paulo: Loyola, 1993, p. 193.

[90] GADAMER, Hans-Georg. La diversidad de las lenguas y la comprensión del mundo. *In:* KOSELLECK, Reinhart; GADAMER, Hans-Georg. *Historia y hermenéutica.* Barcelona: Paidós Ibérica, Instituto de Ciencias de la Educación de la Universidad Autónoma de Barcelona, 1997, p. 120 e 121.

[91] HEIDEGGER, Martin. *Ser e Tempo I.* Traduzido por Márcia Sá Cavalcante Schuback. 14.ed. Rio de Janeiro: Vozes, 2005, p. 223.

[92] GADAMER, Hans-Georg. *O mistério da saúde: o cuidado da saúde e a arte da Medicina.* Lisboa, Portugal: Edições 70, 1993, p. 99.

[93] BAPTISTA DA SILVA, Ovídio Araújo. Verdade e significado. In: *Constituição, sistemas sociais e hermenêutica: programa de pós-graduação em Direito da UNISINOS: mestrado e doutorado.* Leonel Severo Rocha; Lenio Luiz Streck (Organizadores). Porto Alegre: Livraria do Advogado, 2005, p. 269-270.

ser-no-mundo-genético, de ser-no-mundo-(des)afetivo e de ser-no-mundo-ontológico. Por enquanto, (re)lembro o diálogo gadameriano[94], no sentido de que o hermeneuta que não tiver vários horizontes terá uma visão reduzida, delimitada, obstruída, compreendendo demasiadamente o que está próximo em detrimento do que está à distância, ou desvalorizando o que está distante em detrimento do que está próximo, motivo pelo qual renovo a mensagem gadameriana, de que quem quiser compreender o texto do direito de família deixe que ele diga alguma coisa, suspendendo, em cada caso, os conceitos prévios do passado familiar.

Por isso, Gadamer diz que ter horizonte é valorizar de forma equânime o que está perto e o que está longe, o que é novo e antigo, a parte e o todo, a fração e o inteiro, aprendendo "a ver para além do que está próximo e muito próximo, não para abstrair dele, mas precisamente para vê-lo melhor, em um todo mais amplo e com critérios mais justos", mediante a linguagem do diálogo, em que o horizonte é propagado, enriquecido, nascendo a cada leitura uma nova compreensão do direito de família.

Concluo a pesquisa com o mesmo argumento apresentado por Hans-Georg Gadamer, quando, nos termos finais de sua obra *Verdade e Método,*[95] disse o seguinte: "Seria um mau hermeneuta aquele que imaginasse poder ou dever ter a última palavra", tendo em vista que a história está em curso, pelo que o ser humano nunca compreenderá, nem mesmo por meio da linguagem universal da hermenêutica filosófica, a totalidade dos acontecimentos do passado, do presente e do futuro da tridimensionalidade humana, que estão sempre presentes e diferentes em todos os eventos da vida, significando que, "quando faltam o tempo e a tradição, falta-nos a chave da compreensão!".[96]

Pela linguagem gadameriana, não existe a primeira, a segunda e nem a última palavra, e sim o poder falar, só existe "a" palavra,[97] pelo que o intérprete não parte de um grau zero, um ponto neutro de compreensão ou de atribuição de sentido, à medida que "a linguagem, como a história, possuem um 'peso', uma força que nos conduz ou arrasta".[98] Quer dizer, cada leitura da família é uma nova compreensão da família, já que não há textos sem normas, nem normas sem fatos, nem interpretação sem relação social, sendo no caso em concreto, na coisa mesma, na aplicação do texto, que se dará o acontecer do sentido, que é único e irrepetível.[99]

Esse pensamento vem ao encontro do que disse Heráclito, há milhares de anos, de que "é impossível banhar-se duas vezes na mesma água do rio",[100] querendo dizer que "aqueles que descem aos mesmos rios recebem águas sempre novas",[101] motivo pelo

[94] GADAMER, Hans-Georg. *Verdade e Método I.* 6.ed. Traduzido por Flávio Paulo Meurer: Rio de Janeiro: Vozes, 2004, p. 400 e 403.

[95] GADAMER, Hans-Georg. *Verdade e Método II.* 2.ed. Traduzido por Enio Paulo Giachini. Petrópolis: Vozes, 2004, p. 544.

[96] STRECK, Lenio Luiz. *Hermenêutica Jurídica e(m) Crise.* 5.ed. Porto Alegre: Livraria do Advogado, 2004, p. 206.

[97] GADAMER, Hans-Georg. *Elogio da Teoria.* Lisboa: Edições 70, 2001, p. 14.

[98] ROHDEN, Luiz. Hermenêutica e Linguagem. In: *Hermenêutica filosófica nas trilhas de Hans-Georg Gadamer.* Custódio Almeida, Hans-Georg Flickinger e Luiz Rohden (Organizadores), Porto Alegre: Edipucrs, 2000, p. 151 e seguintes.

[99] STRECK, Lenio Luiz. *Verdade & Consenso.* Rio de Janeiro: Lumen Juris, 2006, p. 180.

[100] STRECK, Lenio Luiz. Hermenêutica (jurídica) e Estado Democrático de Direito: uma análise crítica. In: *Anuário do Programa de Pós-Graduação em Direito. Mestrado e Doutorado.* Leonel Severo Rocha, Lenio Luiz Streck e José Luis Bolzan de Morais (Organizadores). São Leopoldo: UNISINOS, 1999, p. 105.

[101] BRUN, Jean. *Os Pré-Socráticos.* Traduzido por Armindo Rodrigues. Lisboa: Edições 70, p. 45 a 47.

qual os instantes da genética, da afetividade e da ontologia precisam ser compreendidos pelo sentido da realidade do mundo, em cada caso, porque a hermenêutica é infinita, e o sentido da obra, inesgotável, não parando "de enriquecer ao longo das suas interpretações, alimentando leituras sempre novas", tendo em vista que "não há *ciência do sentido*. O sentido não é objectivável: ele é um *acontecimento*, que tem lugar na ocasião da prática hermenêutica. Não se compreende *melhor*, mas apenas *de outra forma*".[102]

Tudo isso é efetivado por meio da linguagem, visto que o ser humano se compreende quando compreende a linguagem, compreendendo algo como algo, a família como família, o texto como texto, que se manifestam na linguagem, no diálogo, na palavra, em que as coisas chegam a ser e são.[103] Com isso, renova-se a abertura dos sentidos de cada evento, incorporando os pré-conceitos, acolhendo o Direito em sua historicidade, em seu tempo, e não em uma odisseia procedimental e metodológica.

Essa compreensão do direito de família não será efetivada à margem da Constituição, em que não basta compreender as regras, mas, sobretudo, os princípios, na medida em que o mundo prático não pode ser dito no todo, nem mesmo pela linguagem, sempre sobrando algo por ser dito. O princípio pode desnudar a capa de sentido imposta pela lei, que esconde a condição humana tridimensional, pois, enquanto a regra abre, o princípio fecha a compreensão do texto. Isso quer dizer que a lei não prevalece diante do princípio, sob pena de o intérprete incidir em contradição, porque a regra se funda com base em um princípio, não podendo sobrepor-se à sua principiologia, sob pena de haver um retorno ao positivismo.[104]

Isso explica as ponderações de Rollo May, de que a ontologia serve para afastar o totalitarismo da razão, apontando a "fenda entre o que é *abstratamente verdadeiro* e o que é *existencialmente real*". O autor lembra que o esquecimento do mundo afetivo (*Mitwelt*) faz com que o ser humano conviva no mundo instintivo (*Umwelt*), e que o afastamento do mundo ontológico (*Eigenwelt*) "contribui não somente para uma aridez intelectual e perda da vitalidade, como, também, obviamente, tem muito a ver com o fato de que as pessoas modernas sejam propensas à perda do senso de realidade em suas experiências".[105]

O acolhimento da hermenêutica filosófica – uma teoria filosófica no Direito – permite ao intérprete acolher a jurisdição constitucional a partir do mundo real de sua vivência, produzindo o Direito com vinculação social, acolhendo, na práxis vital de cada ser humano, o que nele existe, e não o que gostaria que existisse. Tudo isso a ser efetivado por meio da linguagem, para descerrar o véu que encobre a tridimensionalidade no direito de família e os limites da jurisdição constitucional.

O texto do direito de família remete fortemente contra o ocultamento, a aproximação, a normatização humana e o afastamento do tempo, visto que os sentidos da tridimensionalidade humana são temporais, existenciais, não podendo ser compreendidos e apreendidos em sua totalidade, porque sempre fica algo de fora, o inacessível, o não-dito.

---

[102] HOTTOIS, Gilberto. *História da filosofia*. Traduzido por Maria Fernanda Oliveira. Lisboa, Portugal: Instituto Piaget, 2002, p. 346-7.

[103] HEIDEGGER, Martin. *Introdução à Metafísica*. Traduzido por Emmanuel Carneiro Leão. Rio de Janeiro: Tempo Brasileiro, 1969, p. 44.

[104] STRECK, Lenio Luiz. *Verdade & Consenso*. Rio de Janeiro: Lumen Juris, 2006, p. 266 e 102.

[105] MAY, Rollo. *A Descoberta do Ser: estudos sobre a psicologia existencial*. Traduzido por Cláudio G. Somogyi. 4.ed. Rio de Janeiro: Rocco, 2000, p. 142.

Na hermenêutica filosófica não há como fugir das heranças da tradição, que suspende os preconceitos, e da incidência do tempo, o tempo de todos os tempos,[106] que demarcam as diferenças entre os modos de ser-no-mundo-genético, de ser-no-mundo-(des)afetivo e de ser-no-mundo-ontológico, em que o direito não é separado da sociedade, da realidade da vida, motivando a compreensão, a existência pela vinculação social. É por isso que somente é possível falar sobre aquilo que o intérprete consegue compreender quando da ocorrência de cada episódio do mundo da vida, na medida em que, lembra Gadamer, "o texto recebe um novo sentido, quando o ambiente que forma o contexto se ordena de maneira nova".[107]

A tese tem a pretensão de trazer uma mensagem, um anúncio filosófico e fenomenológico da genética, da (des)afetividade e da ontologia, para que haja uma nova experiência hermenêutica, a qual, segundo Gadamer, "no es algo que podemos planear y controlar en un laboratorio, sino que nos sucede, nos derrumba y obliga a pensar de otro modo",[108] um jeito de pensar que não é melhor nem pior do existente no mundo ocidental, mas, sim, um modo *diferente* de compreender o Direito, tudo de acordo com a principiologia constitucional e os eventos da existência, porquanto o tempo e a tridimensionalidade humana pertecem um ao outro de maneira originária.

[106] HEIDEGGER, Martin. *Heráclito.* Traduzido por Marcia Sá Cavalcante Schuback. 3.ed. Rio de Janeiro: Relume Dumará, 2002, p. 96 e 97. Nas p. 74 e 75, o autor esclarece que a palavra "é" é uma derivação da palavra "ser", e ser "é a palavra de todas as palavras", e "como a palavra de todas as palavras, a palavra ser é, portanto, propriamente, a palavra-originária-do-tempo. Como palavra de todas as palavras, ser, esta palavra-do-tempo nomeia 'o tempo de todos os tempos'. Ser e tempo pertencem um ao outro de maneira originária".

[107] GADAMER, Hans-Georg. *Hermenêutica em retrospectiva. A virada hermenêutica.* Rio de Janeiro: Vozes, 2007, p. 123.

[108] STRECK, Lenio Luiz. *Diferença (ontológica) entre texto e norma: afastando o fantasma do relativismo.* Disponível em: www.ihj.org.br. Acessado em 07.05.2007, às 22h05min.

Referências

ADEODATO, João Maurício. Jurisdição Constitucional à Brasileira – situações e limites. In: *Neoconstitucionalismo – ontem, os códigos; hoje, as Constituições. Revista do Instituto de Hermenêutica Jurídica.* Porto Alegre: IHJ, 2004. n. 2.

ADORNO, Theodor W. Mensagem numa garrafa. In: *Um mapa da ideologia.* Slavoj Zizek (org.). Traduzido por Vera Ribeiro. Rio de Janeiro: Contraponto, 1999.

AGRA, Walber de Moura. *Republicanismo.* Porto Alegre: Livraria do Advogado, 2005.

ALBUQUERQUE, Antônio Augusto. In: *Reportagem constante do Correio do Povo.* Porto Alegre, de 12.11.98.

ALEXY, Robert. *Teoria da argumentação jurídica.* Traduzido por Zilda Hutcinson Schild Silva. São Paulo: Landy, 2001.

ALMEIDA, Custódio Luís S. de. Hermenêutica e Dialética. Hegel na perspectiva de Gadamer. In: *Hermenêutica filosófica. Nas trilhas de Hans-Georg Gadamer.* Porto Alegre: EDIPUCRS, 2000.

ALMEIDA, Maria Cristina de. *Investigação de Paternidade e DNA: aspectos polêmicos.* Porto Alegre: Livraria do Advogado, 2001.

ALMEIDA, Silmara Juny de Abreu Chinelato e. Exame de DNA, Filiação e Direitos da Personalidade. In: *Grandes Temas da Atualidade, DNA como meio de prova da filiação.* Eduardo de Oliveira Leite (Coord). Rio de Janeiro: Forense, 2000.

ALMEIDA JÚNIOR, A. Paternidade: aspectos biopsicológico, jurídico e social. São Paulo: Nacional, 1940.

ANDERSON, Perry. Balanço do neoliberalismo. In: *Pós-neoliberalismo. As políticas sociais e o Estado Democrático.* 6.ed. São Paulo: Paz e Terra, 2003.

ANDRADE, Vera Regina Pereira de. Violência contra a mulher e controle penal. *Revista da Faculdade de Direito da UFSC*, 1998.

ANTUNES, Tatiana de Souza Araújo. Clonagem Humana: uma afronta aos Direitos Fundamentais da Pessoa Humana. In: *Direito ao Extremo: coletânea de estudos.* Cláudio Brandão; João Maurício Adeodato (organizadores). Rio de Janeiro: Forense, 2005.

ARANTES, Valéria Amorim. *Afetividade e Cognição: rompendo a dicotomia na educação.* Disponível em: http://www.hottopos.com/videtur23/valeria.htm. Acesso em 26.10.2004.

—— (Organizadora). *Afetividade na Escola.* São Paulo: Summus Editorial, 2003.

ARAÚJO, Maria de Fátima. Amor, casamento e sexualidade. *Revista de Psicologia, ciência e profissão.* Brasília, nº 02, ano 22, 2002.

ARIÈS, Philippe. *História Social da Criança e da Família.* 2.ed. Traduzido por Dora Flaksman. Rio de Janeiro: LTC, 1981.

ARNAUD, André-Jean; FARINAS DULCE, Maria José. *Introdução à Análise Sociológica dos Sistemas Jurídicos.* Rio de Janeiro: Renovar, 2000.

ARRUDA, José Acácio; PARREIRA, Kleber Simônio. *A Prova Judicial de ADN.* Belo Horizonte: Del Rey, 2000.

ASIMOV, Isaac. *O Código Genético.* São Paulo: Cultrix, 1962.

AURVALLE, Luís Alberto D'Azevedo. A Evolução do Direito de família. In: *Seleções Jurídicas*, mar./abr./1998, ADV.

ÁVILA, Fernando Bastos de. *Introdução à Sociologia.* 8. ed. Rio de Janeiro: Agir, 1996.

AZAMBUJA, Maria Regina Fay de. *Violência sexual intrafamiliar: é possível proteger a criança?* Porto Alegre: Livraria do Advogado, 2004.

AZEVEDO, Álvaro Villaça. União entre pessoas do mesmo sexo. Direito de família: a família na travessia do milênio. *Anais do II Congresso Brasileiro de Direito de família.* Rodrigo da Cunha Pereira (coordenador). Belo Horizonte: Del Rey, 2000.

BALLONE, GJ. *Afetividade.* Disponível em: http://www.psiqweb.med.br/cursos/afet.html. Acesso em 26.10.2004.

BAPTISTA DA SILVA, Ovídio A. Fundamentação das Sentenças como Garantia Constitucional. In: *Direito, Estado e Democracia: entre a (in)efetividade e o imaginário social.* Porto Alegre: Instituto de Hermenêutica Jurídica, v. 1, n. 4, 2006.

——. Coisa julgada relativa? In: *Anuário do Programa de Pós-Graduação em Direito. Mestrado e Doutorado.* Leonel Severo Rocha e Lenio Luiz Streck (Organizadores). São Leopoldo: UNISINOS, 2003.

——. *Decisões interlocutórias e sentenças liminares.* Revista AJURIS nº 51.

——. *Jurisdição e execução.* 2.ed. São Paulo: Revista dos Tribunais, 1997.

——. *Processo e Ideologia. O Paradigma Racionalista.* Rio de Janeiro: Forense, 2004.

——. *Sentença da coisa julgada.* 4.ed. Rio de Janeiro: Forense, 2003.

——. Verdade e significado. In: *Constituição, sistemas sociais e hermenêutica: programa de pós-graduação em Direito da UNISINOS: mestrado e doutorado.* Leonel Severo Rocha; Lenio Luiz Streck (Organizadores). Porto Alegre: Livraria do Advogado, 2005.

——. *Curso de Processo Civil. Processo de conhecimento.* 5.ed. São Paulo: Revista dos Tribunais, 2001. Volume I.

BAQUERO, Victoriano. *Afetividade Integrada Libertadora.* 3.ed. Rio de Janeiro: Edições Loyola, 1992.

BARBOSA, Águida Arruda. Para todos. *Boletim IBDFAM,* ano 04, n.26, maio/jun. 2004.

BARBOSA, Florentino. *A família, sua origem e evolução.* Petrópolis: Vozes, 1948.

BARRETO, Vicente de Paulo. Da interpretação à hermenêutica constitucional. In: *Direito & Justiça. Revista da Faculdade de Direito da PUCRS,* volume 23, ano XXIII, 2001.

BARROS, Fabrício Silveira. *O interesse superior da criança como paradigma da filiação sócio*-afetiva. In: *O direito de família descobrindo novos caminhos.* Maria Cláudia Crespo Brauner (org). Canoas: La Sale, 2001.

BARROS, Fernanda Otoni de. Um Pai Digno de Ser Amado. Direito de família: a família na travessia do milênio. *Anais do II Congresso Brasileiro de Direito de família.* Rodrigo da Cunha Pereira (coordenador), Belo Horizonte, IBDFAM, OAB – Minas Gerais: Del Rey, 2000.

BARROS, Sérgio Resende. A Constituição e o afeto. In: *Boletim IBDFAM,* de novembro/dezembro de 2005.

——. Direitos humanos da família: Dos fundamentais aos operacionais. In: *Direito de família e Psicanálise.* Giselle Câmara Groeninga e Rodrigo da Cunha Pereira (Coordenadores) . Rio de Janeiro: Imago, 2003.

BARROSO, Luís Roberto. *Interpretação e Aplicação da Constituição: fundamentos de uma dogmática constitucional transformadora.* 3.ed. Rio de Janeiro: Saraiva, 1999.

——. *Interpretação e aplicação da Constituição.* 5.ed. São Paulo: Saraiva, 2003.

BAUMAN, Zygmunt. *Modernidade Líquida.* Traduzido por Plínio Dentzien. Rio de Janeiro: Jorge Zahar Editor, 2001.

BERCOVICI, Gilberto. In: *Canotilho e a Constituição Dirigente.* 2ª ed. Jacinto Nelson de Miranda Coutinho (Organizador). São Paulo: Renovar, 2005.

BERNARDES, Márcio de Souza. *A compreensão do Direito nas matrizes neopositivistas e pragmático-sistêmicas.* Disponível em: http://jus2.uol.com.br/doutrina/texto.asp?id=5624. Acesso em: 11.09.2005.

BEVILAQUA, Clovis. *Direito da Família.* 7.ed. Rio de Janeiro: Freitas Bastos, 1943.

BÍBLIA CATÓLICA. *Antigo e Novo Testamento.* Traduzido por: Padre Antônio Pereira de Figueiredo. Difusão Cultural do Livro. Gênesis: 2:7, 18, 21, 22; 3: 16 e 17; *38:8; 25: 5 e 6;* 16:2 e 15; 21: 3, 9 e 10; 30:3, 22, 23 e 24; *Êxodo: 20: 14; Levítico:* 6: 8, 9 e 13; 12: 2 a 5, Dos casamentos ilícitos: 18: 6 até 18; Uniões abomináveis: 18:22; Deuteronômio: 21:15; 22:22; 24: 1, 2 e 4; 22:20 e 21; 21:18 e 21; *Números:* 27:4 a 9; 6 a 8, 11 e 12.

BIGNOTTO, Newton. Tolerância e diferença. In: *Civilização e Barbárie.* Adauto Novaes (Org.). São Paulo: Companhia das Letras, 2004.

BITTAR, Carlos Alberto. *Reparação civil por danos morais.* 3.ed. São Paulo: Revista dos Tribunais, 1998.

BITTAR, Eduardo Carlos Bianca. Clonagem: fenômeno e disciplina jurídica. *Jornal da Síntese* nº 13, de março de 1998.

BITENCOURT, Cezar Roberto. *Lições de Direito penal: parte geral.* 3.ed. Porto Alegre: Livraria do Advogado, 1995.

BITTENCOURT, Edgard de Moura. *Concubinato.* São Paulo: Leud, 1975.

BLANC, Mafalda de Faria. *Introdução à Ontologia.* Coleção Pensamento e Filosofia. Lisboa: Instituto Piaget, 1990.

BLEICHER, Josef. *Hermenêutica Contemporânea.* Traduzido por Maria Georgina Segurado. Lisboa: Edições 70, 2002.

BOBBIO, Norberto. *O futuro da democracia.* 9.ed. Traduzido por Marco Aurélio Nogueira. São Paulo: Paz e Terra, 2004.

——. *O positivismo jurídico.* Traduzido por Márcio Pugliesi, Edson Bini e Carlos E. Rodrigues. São Paulo: Ícone, 1995.

——. *Thomas Hobbes.* 9ª tiragem. Traduzido por Carlos Nélson Coutinho. Rio de Janeiro: Campus, 1991.

—— (org). As crises do Estado. In: *O Estado e suas crises.* Porto Alegre: Livraria do Advogado, 2005.

——; AGRA, Waber de Moura. A jurisprudencialização da Constituição e a densificação da legitimidade da jurisdição constitucional. In: *Revista do Instituto de Hermenêutica Jurídica – (Neo)constitucionalismo: ontem, os Códigos; hoje, as Constituições.* Porto Alegre, 2004.

BOLZAN DE MORAIS, José Luiz e STRECK, Lenio Luiz. *Ciência política e teoria geral do Estado.* Porto Alegre: Livraria do Advogado, 2004.

BONAVIDES, Paulo. *Curso de Direito Constitucional.* 11.ed. São Paulo: Malheiros, 2001.

——. *Do País Constitucional ao País Neocolonial: a derrubada da Constituição e a recolonização pelo golpe de Estado institucional.* 2.ed. São Paulo: Malheiros, 1999.

——. Prefácio da obra *Dignidade da pessoa humana e direitos fundamentais,* de Ingo Wolfgang Sarlet. Porto Alegre: Livraria do Advogado, 2001.

——. *Teoria do Estado.* 4.ed. São Paulo: Malheiros, 1999.

BORÓN, Atilio. A sociedade civil depois do dilúvio neoliberal. In: Pós-neoliberalismo. As Políticas Sociais e o Estado Democrático. 6. ed. Emir Sader; Pablo Gentili (organizadores). Rio de Janeiro: Paz e Terra, 2003.

BRAGA, Renata. Por um estatuto jurídico do embrião humano. In: *Direitos de Família, uma abordagem interdisciplinar.* Reinaldo Pereira Silva e Jackson Chaves de Azevedo (Coordenadores). São Paulo: LTr, 1999.

BRAGA, Valeschka e Silva. *Princípios da proporcionalidade & da razoabilidade.* Curitiba: Juruá, 2004.

BRAGATO, Fernanda. *Dicionário de filosofia do Direito.* Vicente de Paulo Barretto (Coordenador). Rio de Janeiro: Lumen Juris, 2006.

BRANDÃO, Adelino. *Iniciação à sociologia do Direito.* São Paulo: Juarez de Oliveira, 2003.

BRAUNER, Maria Cláudia Crespo (org.). As novas orientações do Direito de família. In: *O Direito de família descobrindo novos caminhos.* Canoas: La Sale, 2001.

——. Casamento Desfeito, Transitoriedade e Recomposição Familiar. In: *Casamento, uma escuta além do Judiciário.* Ivone M. C. Coelho de Souza (org.).Florianópolis: VoxLegem, 2006.

——. Nascer com dignidade frente à crescente instrumentalização da reprodução humana In: *Revista do Direito do Programa de Pós-Graduação em Direito-Mestrado* nº 14 (jul./dez.2000). Santa Cruz do Sul: UNISC, 2000.

——. Novos contornos do Direito da Filiação: a dimensão afetiva das relações parentais. São Leopoldo: *Anuário da UNISINOS*, 2000, e *Revista Ajuris* nº 78, de 07/2000.

BRUM, Argemiro J. *O Desenvolvimento Econômico Brasileiro.* 20.ed. Ijuí: UNIJUÍ, 1999.

BRUMANA, Fábio; e ANGELUCI, Cleber Affonso. Abandono afetivo: considerações para a constituição da dignidade da pessoa humana. In: Revista CEJ, Brasília, n. 33, abr./jun. 2006.

BRUN, Jean. *Os Pré-Socráticos.* Traduzido por Armindo Rodrigues. Lisboa: Edições 70.

BUZZI, Arcângelo R. *Introdução ao Pensar.* 30.ed. Petrópolis: Vozes, 2003.

CAHALI, Yussef Said. *Dano Moral.* 2.ed. São Paulo: Revista dos Tribunais, 1999.

——. *Divórcio e Separação.* 6.ed. São Paulo: Revista dos Tribunais, 1991. Tomo I.

——. *Dos Alimentos.* 3.ed. São Paulo: Revista dos Tribunais, 1999.

CAMARGO, Margarida Maria Lacombe. *Hermenêutica e Argumentação: uma contribuição ao estudo do Direito.* 2.ed. Rio de Janeiro: Renovar, 2001.

CANARIS, Claus-Wilhelm. *Pensamento sistemático e conceito de sistema na ciência do Direito.* 3.ed. Lisboa: Fundação Calouste Gulbenkian, 2002.

CANCELLO, Luiz A. G. *O fio das palavras.* 4.ed. São Paulo: Summus Editorial, 1991.

CANOTILHO, J. J. Gomes. *Direito constitucional e teoria da constituição.* 4.ed. Coimbra, Portugal: Livraria Almedina, 2000.

——. *Brancosos e interconstitucionalidade.* Coimbra, Portugal: Almedina, 2006.

——. In: *Canotilho e a Constituição Dirigente.* 2ª ed. Jacinto Nelson de Miranda Coutinho (Organizador). São Paulo: Renovar, 2005.

CAPPELLETTI, Mauro. *Juízes legisladores?* Traduzido por Carlos Alberto Álvaro de Oliveira. Porto Alegre: Sergio Antonio Fabris Editor, 1999.

CARBONERA, Silvana Maria. O papel jurídico do afeto nas relações de família. In: Repensando o direito de família. *Anais do I Congresso Brasileiro de Direito de família.* Rodrigo da Cunha Pereira (coord.). IBDFAM, OAB-MG, Belo Horizonte: Del Rey, 1999.

CARDOZO, Benjamin N. *A natureza do processo judicial.* Traduzido por Silvana Vieira. São Paulo: Martins Fontes, 2004.

CARVALHO, Amilton Bueno; CARVALHO, Salo de. *Aplicação da Pena e Garantismo.* Rio de Janeiro: Lumen Juris, 2001.

CARVALHO, Salo de. *Pena e Garantias: uma leitura do garantismo de Luigi Ferrajoli no Brasil.* Rio de janeiro: Lumen Juris, 2001.

CARVALHO NETTO, Monelick de. In: *Canotilho e a Constituição Dirigente.* 2ª ed. Jacinto Nelson de Miranda Coutinho Organizador. São Paulo: Renovar, 2005.

CATTANI, Aloysio Raphael; PINTO, Ana Célia Roland Guedes; FRANCO, Beatriz Cardoso Esteves; MARRACCINI, Eliane Michelini; SALEH, Ligia Pimenta; HUNGRIA, Maria Cristina Leme; NASSOUR, Mariza Naldony; FERREIRA, Verônica A. M. Cesar. O Nome e a Investigação de Paternidade: uma nova proposta interdisciplinar. *Direito de família e Ciências Humanas.* Eliana Riberti Nazareth e Maria Antonieta Pisano Motta (Coord.). Caderno de Estudos nº 2. São Paulo: Jurídica Brasileira, 1998.

CASTORIADIS, Cornelius. *As encruzilhadas do labirinto. Os domínios do homem.* São Paulo, 2002. Volume II.

——. *As encruzilhadas do Labirinto.* Traduzido por Regina Vasconcelos. São Paulo: Paz e Terra, 2002. Volume IV.

CATTANI, Aloysio Raphael; PINTO, Ana Célia Roland Guedes; FRANCO, Beatriz Cardoso Esteves; MARRACCINI, Eliane Michelini; SALEH, Ligia Pimenta; HUNGRIA, Maria Cristina Leme; NASSOUR, Mariza Naldony; FERREIRA, Verônica A. M. Cesar. *O Nome e a Investigação de Paternidade: uma nova proposta interdisciplinar. Direito de família e Ciências Humanas.* Eliana Riberti Nazareth e Maria Antonieta Pisano Motta (Coord.). Caderno de Estudos nº 2. São Paulo: Jurídica Brasileira, 1998.

CATTONI DE OLIVEIRA, Marcelo Andrade (Org.). Jurisdição e hermenêutica constitucional no Estado Democrático de Direito: um ensaio de teoria da interpretação enquanto teoria discursiva da argumentação jurídica de aplicação. In: *Jurisdição e Hermenêutica Constitucional.* Belo Horizonte: Mandamentos, 2005.

CEZAR, José Antônio Daltoé. Depoimento sem dano: uma alternativa para inquirir crianças e adolescentes nos processo judiciais. Porto Alegre: Livraria do Advogado, 2007.

CHALITA, Gabriel. *Pedagogia do amor.* São Paulo: Gente, 2003.

CHASIN, Ibaney. *O canto dos afetos.* São Paulo: Perspectiva, 2004.

CHÂTELET, François. *Uma história da razão. Entrevista com Émile Noël.* Traduzido por Lucy Magalhães. Rio de Janeiro: Jorge Zahar Editor, 1994.

CHÂTELET, François; DUHAMEL, Olivier; PISIER-KOUCHNER, Évelyne. *Histórias das idéias políticas.* Traduzido por Carlos Nelson Coutinho. Rio de Janeiro: Jorge Zahar, 2000.

CHAUÍ, Marilena. *Convite à filosofia.* 13.ed. 2.impressão. São Paulo: Afiliada, 2004.

CHAVES, Antônio. *Adoção.* Belo Horizonte: Del Rey, 1995.

CHEVALLIER, Jean-Jacques. *As grandes obras políticas de Maquiavel a nossos dias.* Traduzido por Lydia Cristina. 8.ed. 4.impressão. Rio de Janeiro: Agir, 2002.

CHIOVENDA, Giuseppe. *Instituição de Direito Processual Civil.* 2.ed. Traduzido por J. Guimarães Menegale. São Paulo: Livraria Acadêmica Saraiva, 1942. Volume I.

——. *Instituições de Direito Processual Civil.* 2.ed. Traduzido por Paolo Capitanio. São Paulo: Bookseller, 2000. Volume II.

CINTRA, Antonio Carlos de Araújo et ali. *Teoria Geral do Processo.* 18.ed. São Paulo: Malheiros, 2002.

COBRA, Rubem Q. *Martin Heidegger.* Disponível em: http://www.cobra.pages.nom.br/fc-heidegger.html. Acesso em 20.12.2001.

COELHO, Edmundo Campos. *As profissões liberais. Medicina, Engenharia e Advocacia no Rio de Janeiro – 1822 a 1930.* Rio de Janeiro: Record, 1999.

CONDE, Enrique Álvarez. *Curso de Derecho Constitucional.* 3.ed. Madrid: Editorial Tecnos, 1999. Volume I.

CORDEIRO, António Menezes. Apresentação da obra de CANARIS, Claus-Wilhelm. *Pensamento sistemático e conceito de sistema na ciência do Direito.* 3.ed. Lisboa: Fundação Calouste Gulbenkian, 2002.

CORRÊA, Darcísio. *A Construção da Cidadania: reflexões histórico-políticas.* Ijuí: Unijuí, 1999.

COSTA, Dilvanir José da. *Curso de Hermenêutica Jurídica.* Belo Horizonte: Del Rey, 1997.

COSTA, Jean Carlo de Carvalho. Hans-Georg Gadamer: notas introdutórias à hermenêutica filosófica contemporânea. In: *Fragmentos de Cultura.* Goiânia: Universidade Católica de Goiás, v.14, n. 5, 2004.

COSTA, Maria Luiza Andreozzi da. *Piaget e a intervenção psicopedagógica.* São Paulo: Olho d´Água, 1997.

COULANGES, Fustel de. *A Cidade Antiga.* 4.ed. Traduzido por Fernando de Aguiar. São Paulo: Martins Fontes, 1998.

CRETELLA JÚNIOR, José. *Curso de Direito Romano,* 28.ed. Rio de Janeiro: Forense, 2003.

CRISPINO, Nicolau Eládio Bassalo. Responsabilidade Civil dos Conviventes. In: *A Família na Travessia do Milênio – II Congresso Brasileiro de Direito de família,* 2000, Belo Horizonte. Anais. (coord.) Rodrigo da Cunha Pereira. Belo Horizonte: Del Rey, 2000.

D'AGOSTINI, Franca. *Analíticos e continentais.* São Leopoldo: Unisinos, 2003.

DALLARI, Dalmo de Abreu. *Elementos da Teoria Geral do Estado.* 14.ed. São Paulo: Saraiva, 1989.

DANTAS, San Tiago. *Direitos de Família e das Sucessões.* 2.ed. Rio de Janeiro: Forense, 1991.

DIAS, Maria Berenice. SOUZA, Ivone M. C. Coelho de. *Separação Litigiosa, na "Esquina" do Direito com a Psicanálise.* Porto Alegre: Revista da Ajuris, doutrina e jurisprudência, Ano XXVI – nº 76, 12/99.

——. *Amor proibido.* Disponível em: www.mariaberenice.com.br.

——. *Convivendo com a diversidade.* Disponível em: www.intranet.mp.rs.gov.br. Acesso em 19.07.2006.

——. Efeitos patrimoniais das relações de afeto. In: Repensando o direito de família – I Congresso Brasileiro de Direito de Família, 1999, Belo Horizonte. *Anais.* (coord.) Rodrigo da Cunha Pereira. Belo Horizonte: Del Rey, 1999.

——. Filho da mãe. Disponível em: editoramagister.com/doutrina. Acessado em 21.08.2008.

——. Incesto: um pacto de silêncio. In: *Boletim IBDFAM* de novembro/dezembro de 2005.

——. *Manual de Direito das Famílias.* 2.ed. Porto Alegre: Livraria do Advogado, 2005.

——. *União homossexual, aspectos sociais e jurídicos.* CD Juris Plenum, Doutrina jurídica brasileira.

——. Investigação de paternidade, prova e ausência de coisa julgada material. In: *Revista brasileira de direito de família* nº 01, de abril/maio/jun./99. Porto Alegre: Síntese, 1999.

DINIZ, Maria Helena. *Curso de Direito Civil Brasileiro.* 17.ed. São Paulo: Saraiva, 2002. Vol. 5. Direito de família.

——. *Código Civil Anotado.* São Paulo: Saraiva, 1995.

DINIS, Joaquim José de Souza. *Filiação Resultante da Fecundação Artificial Humana, Direitos de Família e do Menor – inovações e tendências – doutrina e jurisprudência.* 3.ed. Sálvio de Figueiredo Teixeira (coordenador). Belo Horizonte: Del Rey, 1993.

DOTTI, René Ariel. O exame de DNA e as garantias do acusado. In: *Grandes Temas da Atualidade, DNA como meio de prova da filiação.* Eduardo de Oliveira Leite (Coord). Rio de Janeiro: Forense, 2000.

DOURADO, Ione Collado Pacheco. e PRANDINI, Regina Célia Almeida Rego. *Henri Wallon: psicologia e educação.* Disponível em: http://www.anped.org.br.doc. Acesso em 26.10.2004.

DOWELL, João A. Mac. *A Gênese da Ontologia Fundamental de M. Heidegger.* São Paulo: Loyola, 1993.

DUBOIS, Christian. *Heidegger: Introdução a uma leitura.* Rio de Janeiro: Jorge Zahar Editor, 2005.

DUBY, Georges. *Idade Média, idade dos homens: do amor e outros ensaios.* Traduzido por Jônatas Batista Neto. São Paulo: Companhia das Letras, 1989.

DUQUE, João. Gadamer e a Teologia. In: *Revista Portuguesa de Filosofia.* jul./ez. 2000. Vol. 56, fase 3-4.

DUQUE-ESTRADA, Paulo César. *Dicionário de filosofia do Direito.* Vicente de Paulo Barreto (Coordenador). Rio de Janeiro: Renovar, 2006.

DURKHEIM, Émile. *Sociologia e filosofia.* Traduzido por Fernando Dias Andrade. São Paulo: Ícone, 2004.

ENGELMANN, Wilson. A Crise Constitucional: a linguagem e os direitos humanos como condição de possibilidade para preservar o papel da Constituição no mundo globalizado. In: *O Estado e suas crises.* José Luis Bolzan de Morais (organizador). Porto Alegre: Livraria do Advogado, 2005.

ENGELS, Friedrich. *A origem da família, da propriedade privada e do Estado.* Traduzido por Leandro Konder. 14.ed. Rio de Janeiro: BCD União de Editoras, 1997.

ENGISCH, Karl. *Introdução ao pensamento jurídico.* 8.ed. Traduzido por J. Baptista Machadi. Lisboa: Fundação Calouste Gulbenkian, 2001.

ESPINDOLA, Angela Araujo da Silveira e SALDANHA, Jânia Maria Lopes, Construir a Constituição para a Cidadania: A compreensão e a Linguagem na Nova Crítica do Direito Afastando os Mitläufers Jurídicos. In: *Olhares hermenêuticos sobre o Direito.* Douglas Cesar Lucas (Organizador). Ijuí: Unijuí, 2006.

FACHIN, Luiz Edson. A Tríplice Paternidade dos Filhos Imaginários. In: *Repertório de Jurisprudência e Doutrina sobre Direito de família: aspectos constitucionais, civis e processuais.* Volume 2, Teresa Arruda Alvim (Coord.). São Paulo: Revista dos Tribunais, 1995.

——. As Crises como Elementos de Ruptura dos Vínculos Conjugais. In: *Casamento, uma escuta além do Judiciário.* Ivone M. C. Coelho de Souza (org.).Florianópolis: VoxLegem, 2006.

——. *Da Paternidade: relação biológica e afetiva.* Belo Horizonte: Del Rey, 1996.

——. *Elementos Críticos do Direito de família: curso de direito civil.* Rio de Janeiro: Renovar, 1999.

——. *Estabelecimento da Filiação e Paternidade Presumida.* Porto Alegre: Fabris, 1992.

——. Família Hoje. In: *A Nova Família: problemas e perspectivas.* Vicente Barreto (org.). Rio de Janeiro: Renovar, 1997.

——. In: *Canotilho e a Constituição Dirigente.* 2ª ed. Jacinto Nelson de Miranda Coutinho (Organizador). São Paulo: Renovar, 2005.

——. Paternidade e ascendência genética. In: *Grandes Temas da atualidade: DNA como meio de prova da filiação.* Eduardo de Oliveira Leite (Coord.). Rio de Janeiro: Forense, 2000.

——. Sujeito, Poder e Direito na Contemporânea Principiologia Axiológica Civil-Constitucional. In: *Direito e Poder. Estudos em homenagem a Nelson Saldanha.* São Paulo: Manoel, 2005.

——. Da Casa Privada à Ágora: reflexão sobre a metáfora do estatuto jurídico conceitual da violência familiar no tempo proprietário. In: *Revista Jurídica* nº 284, Ano 49 – Jun./2001. Porto Alegre: Notadez, 2001.

FARIAS, Cristiano Chaves de. A proclamação da liberdade de permanecer casado. Porto Alegre: Síntese. In: *Revista brasileira do Direito de família* nº 18, jun./jul;/2003.

FARRULA Junior, Leônidas Filippone. *O Novo Código Civil: do Direito de Família.* Heloisa Maria Daltro Leite (coord.), Rio de Janeiro: Freitas Bastos, 2002.

FELDSTEIN, Richard; FINK, Bruce. e JAANUS, Maire. *Para ler o Seminário 11 de Lacan.* Traduzido por Dulce Duque Estrada. Rio de Janeiro: Jorge Zahar, 1997. 02) MILLER, Jacques-Alain. *Jacques Lacan. O Seminário. As informações do inconsciente. Livro 5.* Traduzido por Vera Ribeiro. Rio de Janeiro: Jorge Zahar, 1999.

FERRAJOLI, Luigi. *Derecho y razón. Teoria del garantismo penal.* 4.ed. Traduzido por Perfecto Andrés Ibañez *et al.* Editorial Trotta: Madrid, 2000.

——. Pasado y Futuro Del Estado de Derecho. In: *Neoconstitucionalismo(s).* Edición de Miguel Carbonell. Paris: Trotta, 2005.

FERRAZ, Sérgio. *Manipulações Biológicas e Princípios Constitucionais: uma introdução.* Porto Alegre: Sergio Antonio Fabris Editor, 1991.

FERRAZ JÚNIOR, Tércio Sampaio. *Introdução ao Estudo do Direito: técnica, decisão, dominação.* 4.ed. São Paulo: Atlas, 2003.

——. *Constituição de 1988: legitimidade, vigência e eficácia, supremacia.* São Paulo: Atlas, 1989.

FERREIRA, Patrícia Vasconcellos Pires. *Afetividade e cognição.* Disponível em: http://www.psicopedagogia.com.br/artigos/artigo.asp?entrID=404. Acesso em 29.10.2004.

FERREIRA, Verônica A. da Motta Cezar. A culpa nas separações conjugais, vista sob uma ótica psico-jurídica. In: III Congresso Ibero-Americano de Psicologia Jurídica, 2000, São Paulo. Anais. São Paulo, 2000.

FILIPPI, Rejane. Recasamentos. In: *Casamento, uma escuta além do Judiciário.* Ivone M. C. Coelho de Souza (org.).Florianópolis: VoxLegem, 2006.

FLICKINGER, Hans-Georg. Hans-Georg Gadamer – uma abordagem hermenêutica das ciências do planejamento. *In:* HELFER, Inácio (org.). *Pensadores alemães dos séculos XIX e XX.* Santa Cruz do Sul: EDUNISC, 2000.

FONSECA, Claudia. O Casamento Revisitado: afetos em diálogo com a lei. In: *Casamento, uma escuta além do Judiciário.* Ivone M. C. Coelho de Souza (org.).Florianópolis: VoxLegem, 2006.

FRAGA, Gustavo de. *Sobre Heidegger.* Coimbra: Livraria Almedina, 1965.

FRANCISCO, Caramuru Afonso. *Código Civil de 2002: o que há de novo?* São Paulo: Juarez de Oliveira, 2002.

FREITAS, Juarez. Tendências Atuais e Perspectivas da Hermenêutica Constitucional. Porto Alegre: *Revista da Ajuris*, ano XXVI – nº 76 – dezembro de 1999.

FREYRE, Gilberto. *Casa-Grande & Senzala*. 49.ed. São Paulo: Global, 2004.

FROMM, Erich. *A arte de amar*. Traduzido por Eduardo Brandão. São Paulo: Ed Martins Fontes, 2000.

GABRIEL CHALITA. *Educação: a solução está no afeto*. 8.ed. São Paulo: Gente, 2001.

GADAMER, Hans-Georg. A incapacidade para o diálogo. In: *Hermenêutica filosófica. Nas trilhas de Hans-Georg Gadamer*. Porto Alegre: EDIPUCRS, 2000.

——. *A razão na época da ciência*. Traduzido por Ângela Dias. Rio de Janeiro: Tempo Brasileiro, 1983.

——. *Acotaciones hermenéuticas*. Traducido por Ana Agud y Rafael de Agapito. Madrid: Editorial Trotta, 2002.

——. Da palavra ao conceito. In: Hermenêutica filosófica. Nas trilhas de Hans-Georg Gadamer. *Coleções filosofia nº 117*. Porto Alegre: EDIPUCRS, 2000.

——. *El problema de la consciencia histórica*. 2.ed. Traducido por Agustín Domingo Moratalla. Madrid: Editorial Tecnos, 2001.

——. *Elogio da Teoria*. Lisboa: Edições 70, 2001.

——. *Herança e futuro da Europa*. Traduzido por António Hall. Lisboa-Portugal: Capa de Edições 70, 1989.

——. *Hermenéutica de la Modernidad. Conversaciones con Silvio Vietta*. Traduzido por Luciano Elizaincín-Arrarás. Madrid: Editorial Trotta, 2004.

——. *Hermenêutica em retrospectiva. Heidegger em retrospectiva*. Rio de Janeiro: Vozes, 2007. Volume I.

——. *Hermenêutica em retrospectiva. A virada hermenêutica*. Rio de Janeiro: Vozes, 2007. Volume II.

——. Homem e linguagem. In: *Hermenêutica filosófica. Nas trilhas de Hans-Georg Gadamer*. Porto Alegre: EDIPUCRS, 2000.

——. *La actualidade de lo bello*. Introducción de Rafael Argullol. México: Ediciones Paidós, 2002.

——. La diversidad de las lenguas y la comprensión del mundo. *In:* KOSELLECK, Reinhart; GADAMER, Hans-Georg. *Historia y hermenéutica*. Barcelona: Paidós Ibérica, Instituto de Ciencias de la Educación de la Universidad Autónoma de Barcelona, 1997.

——. *O mistério da saúde:* o cuidado da saúde e a arte da Medicina. Lisboa, Portugal: Edições 70, 1993.

——. *O caráter oculto da saúde*. Rio de Janeiro: Vozes, 2006.

——. *O problema da consciência histórica*. 2.ed. Traduzido por Paulo César Duque Estrada. Rio de Janeiro: Fundação Getúlio Vargas, 2003.

——. *Quem sou eu, quem és tu?* Traduzido por Raquel Abi-Sâmara. Rio de Janeiro: Ed UERJ, 2005.

——. *The enigma of health*. Traduzido por Jason Gaiger and Nicholas Walker. Stanford University Press: California, 1996.

——. *Verdade e Método I*. 6. ed. Traduzido por Flávio Paulo Meurer. Petrópolis: Vozes, 2004.

——. *Verdade e Método II*. 2.ed. Traduzido por Enio Paulo Giachini. Petrópolis: Vozes, 2004.

GALUPPO, Marcelo Campos. A Epistemologia Jurídica Entre o Positivismo e o Pós-Positivismo. In: *Revista do Instituto de Hermenêutica Jurídica*, Porto Alegre, 2005, vol. 1, n.3. Porto Alegre: Instituto de Hermenêutica Jurídica, 2005.

GARCIA, Célio. Psicanálise: operadores do simbólico e clínica das transformações familiares. In: Repensando o direito de família. *Anais do I Congresso Brasileiro de Direito de família*. Rodrigo da Cunha Pereira (Coord.), IBDFAM, OAB-MG, Belo Horizonte: Del Rey, 1999.

——. Prefácio na obra de Rodrigo da Cunha Pereira. *Direito de Família: uma abordagem psicanalítica*. 2.ed. Belo Horizonte: Del Rey, 1999.

GOMÉS, José María. *Política e democracia em tempos de globalização*. São Paulo: Vozes, 2000.

GOMES, Orlando. *Direito de família*. 7.ed. Rio de Janeiro: Forense, 1994.

GONÇALVES, Carlos Roberto. *Seleções Jurídicas*. 8.ed. São Paulo: Saraiva, 2002. Vol. 2, Direito de Família.

GRANGER, Giles-Gaston. *A razão*. Traduzido por João da Silva Gama. Lisboa: Edições 70, 1955.

GRAU, Eros Roberto. *O direito posto e o direito pressuposto*. 5.ed. São Paulo: Malheiros, 2003.

——. In: *Canotilho e a Constituição Dirigente*. 2ª ed. Jacinto Nelson de Miranda Coutinho (Organizador). São Paulo: Renovar, 2005. Resenha do Prefácio da 2ª edição.

GRISARD FILHO, Waldyr. Será verdadeiramente plena a adoção unilateral? CD *Revista brasileira de Direito de família* nº 05, 2004. Porto Alegre: Síntese.

——. *Guarda compartilhada: um novo modelo de responsabilidade parental*. São Paulo: Revista dos Tribunais, 2000.

——. Quem (ainda) tem medo da guarda compartilhada?. In: Boletim do Instituto Brasileiro de Direito de Família nº 51, ano 8, julho/agosto de 2008.

GROENINGA, Giselle Câmara. O direito a ser humano: da culpa à responsabilidade. In: *Direito de família e psicanálise*. Giselle Câmara Groeninga e Rodrigo da Cunha Pereira (Coordenadores). Rio de Janeiro: Imago, 2003.

——. Direito à família. In: Boletim do Instituto Brasileiro de Direito de Família nº 51, ano 8, julho/agosto de 2008.

——. O fenômeno da alienação parental. In: Direito de Família: processo, teoria e prática. Rio de Janeiro: Forense, 2008.

GRONDIN, Jean. *Hans-Georg Gadamer. Una biografía*. Barcelona: Empresa Editorial Herder. 2000.

GUEDES, Néviton. In: *Canotilho e a Constituição Dirigente.* 2ª ed. Jacinto Nelson de Miranda Coutinho (Organizador). São Paulo: Renovar, 2005.

GUSMÃO, Paulo Dourado de. *Introdução ao Estudo do Direito.* 19.ed. Rio de Janeiro: Forense, 1996.

HAAR, Michel. *Heidegger e a essência do homem.* Lisboa: Instituto Piaget, 1990.

HABERMAS, Jürgen. *Direito e Democracia: entre facticidade e validade.* Traduzido por Flávio Beno Siebeneichler. Rio de Janeiro: Tempo Brasileiro, 1997. Vol. I.

——. *Verdade e Justificação.* Traduzido por Milton Camargo Mota. São Paulo: Edições Loyola, 2004.

——. *Direito e Democracia entre facticidade e validade.* Volume II. Traduzido por Flávio Beno Siebeneichler. Rio de Janeiro: Tempo Brasileiro, 1997.

HEGEL, G. W. F. *Princípios da Filosofia do Direito.* Traduzido por Norberto de Paula Lima. São Paulo: Ícone, 1997.

HEIDEGGER, Martin. *Caminhos da floresta.* Traduzido por Irene Borges Duarte, Filipa Pedroso, Alexandre Franco de Sá, Hélder Lourenço, Bernhard Syllam Vítor Moura e João Constâncio. Lisboa, Portugal: Fundação Calouste Gulbenkian, 1988.

——. *Caminhos de Bosque.* Traduzido por Helena Cortés; Arturo Leyte. Aliança editorial, 2000.

——. *Carta sobre o humanismo.* São Paulo: Moraes, 1991.

——. *Heráclito.* 3.ed. Traduzido por Márcia Sá Cavalcante Schuback. Rio de Janeiro: Relume Dumará, 2002.

——. *Introdução à Metafísica.* Traduzido por Emmanuel Carneiro Leão. Rio de Janeiro: Tempo Brasileiro, 1969.

——. *Matrizes pós-românticas. Fenomenologia e existencialismo.* Disponível em: http://www.ufrgs.br/museupsi/aula29.PPT#36. Acesso em 24-10-2005.

——. *O caminho da linguagem.* Rio de Janeiro: Vozes, 2003.

——. *Seminários de Zollikon.* Traduzido por Gabriela Arnhold e Maria de Fátima de Almeida Prado. Petrópolis: Vozes, 2001.

——. *Ser e Tempo.* 14.ed. Traduzido por Márcia Sá Cavalcante Schuback. Petrópolis: Vozes, 1986. Parte I.

——. *Ser e Tempo.* 12.ed. Rio de Janeiro: Vozes. Volume II, 2005.

HERMANN, Nadja. *Hermenêutica e Educação.* Porto Alegre: DP&A, 2003.

HESSEN, Johannes. *Teoria do Conhecimento.* Traduzido por João Vergílio Gallerani Cuter. São Paulo: Martins Fontes, 2000.

HIRONAKA, Giselda Maria Fernandes Novaes. Se eu soubesse que ele era meu pai... In: Direito de Família: a família na travessia do milênio – II Congresso Brasileiro de Direito de Família. Belo Horizonte. *Anais.* (coord.) Rodrigo da Cunha Pereira. Belo Horizonte: Del Rey, 2000.

HOBBES, Thomas. *Leviatã.* Traduzido por Alex Marins. São Paulo: Martin Claret, 2003.

HOHLFELDT, Antonio. *Passaramente, dores que quase sempre sente quem é filho de pais separados.* Jornal Zero Hora, de 08.09.99.

HOTTOIS, Gilberto. *História da filosofia.* Traduzido por Maria Fernanda Oliveira. Lisboa, Portugal: Instituto Piaget, 2002.

HOUAISS, Antonio. *Dicionário Houaiss da língua portuguesa.* Rio de Janeiro: Objetiva, 2001.

HUISMAN, Denis. *História do Existencialismo.* Traduzido por Maria Leonor Loureiro. Bauru: EDUSC, 2001.

IANNI, Octavio. *A sociedade global.* 11.ed. Rio de Janeiro: Civilização brasileira, 2003.

INWOOD, Michael. *Dicionário Heidegger.* Tradução: Luíza Buarque de Holanda. Rio de Janeiro: Jorge Zahar Editor, 2002.

ISHIDA, Válter Kenji. *Estatuto da criança e do adolescente: doutrina e jurisprudência.* 4.ed. São Paulo: Atlas, 2003.

JAMESON, Fredric. O Pós-modernismo e o mercado. In: *Um mapa da ideologia.* Traduzido por Vera Ribeiro. Slavoj Zizek (org.). Rio de Janeiro: Contraponto, 1999.

Jornal Zero Hora, Porto Alegre, 09 dez. 1995.

JUNGES, José Roque. *Bioética, perspectivas e desafios.* São Leopoldo: Unisinos, 1999.

JUSTO, A. Santo. *Introdução ao Estudo do Direito.* Coimbra: Coimbra, 2003.

KANT, Emmanuel. *Doutrina do Direito. Emmanuel Kant.* 2.ed. Traduzido por Edson Bini. São Paulo: Ícone, 1993.

KASER, Max. *Direito Privado Romano.* Traduzido por Samuel Rodrigues e Ferdinand Hämmerle. Lisboa: Fundação Calouste Gulbenkian, 1999.

KAUFMANN, Arthur. Filosofia do Direito, Teoria do Direito, Dogmática Jurídica. In: *Introdução à Filosofia do Direito e à Teoria do Direito Contemporâneas.* Traduzido por Marcos Keel; Manuel Seca de Oliveira. Arthur Kaufmann; Winfried Hassemer (organizadores). Lisboa: Fundação Calouste Gulbenkian, 2002.

KAUFMANN, Pierre. *Dicionário Enciclopédico de Psicanálise: o legado de Freud e Lacan.* Traduzido por Vera Ribeiro *et al.* Marco Antônio Coutinho Jorge (consultoria). Rio de Janeiro: Jorge Zahar Ed., 1996.

KEHL, Maria Rita. Civilização Partida. In: *Civilização e Barbárie.* Adauto Novaes (Org.). São Paulo: Companhia das Letras, 2004.

KELSEN, Hans. *Teoria Geral do Direito e do Estado.* 2.ed. Traduzido por Luís Carlos Borges. Martins Fontes, 1992.

KLEIN, Melanie. *Amor, culpa e reparação e outros trabalhos.* Traduzido por André Cardoso. Rio de Janeiro: Imago 1996.

KOLTAR, Caterina. O "estrangeiro" no processo de globalização ou a insustentável estrangeiridade do outro. In: *Desafios da globalização.* 3.ed. Ladislau Dowbor; Octavio Ianni; Paulo-Edgar A. Resende (organizadores). Petrópolis: Vozes, 1997.

KOSELLECK, Reinhart. Histórica y hermenéutica. *In:* KOSELLECK, Reinhart; GADAMER, Hans-Georg. *Historia y hermenéutica.* Barcelona: Paidós Ibérica, Instituto de Ciencias de la Educación de la Universidad Autónoma de Barcelona, 1997.

KOSHIBA, Luiz. *História: origens, estruturas e processos.* São Paulo: Atual, 2000.

KUHN, Thomas S. *A estrutura das revoluções científicas.* 5.ed. São Paulo: Perspectiva, 2000.

KUPFER, Maria Cristina Machado. Afetividade e cognição: uma dicotomia em discussão. In: *Afetividade na Escola.* Valéria Amorim Arantes (Organizadora). São Paulo: Summus Editorial, 2003.

KUSCH, Martin. *Linguagem como cálculo versus linguagem como meio universal.* Traduzido por Dankwart Bernsmüller. São Leopoldo: Unisinos, 2003.

LACAN, Jacques. *Os complexos familiares.* Traduzido por Antonio Coutinho Jorge e Potiguara Mendes da Silveira Júnior. Rio de Janeiro: Jorge Zahar, 2002.

——. *Para Ler o seminário 11 de Lacan.* Traduzido por Dulce Duque Estrada. Richard Feldstein, Bruce Fink e Maire Jaanus (org). Rio de Janeiro: Jorge Zahar Editor, 1997.

LACERCA, Galeno. *O juiz e a justiça no Brasil.* Revista Ajuris 53/58, de 11/91.

LEAL, Rogério Gesta. *Hermenêutica e direito:* considerações sobre a teoria do direito e os operadores jurídicos. Santa Cruz do Sul: EDUNISC, 1999.

——. *Teoria do Estado.* Porto Alegre: Livraria do Advogado, 2001.

LEIBNIZ, G. W. *Los Elementos Del Derecho Natural.* Traduzido por Tomás Guillén Vera. Madrid: Editorial Tecnos S.A., 1991.

LEIRIA, Maria Lúcia Luz. *O acesso à jurisdição e a garantia do crédito-débito tributário para impugnar a execução fiscal: uma releitura hermenêutica.* Disponível em www.revistadoutrina.trf4.gov.br/index.revistadoutrina.trf4. Acesso em 12.07.2005.

LEITE, Eduardo de Oliveira (Coord). Exame de DNA, ou o limite entre o genitor e o pai. In: *Grandes Temas da Atualidade, DNA como meio de prova da filiação.* Rio de Janeiro: Forense, 2000.

LEME, Maria Isabel da Silva. Cognição e afetividade na perspectiva da psicologia cultural. In: *Afetividade na Escola.* Valéria Amorim Arantes (Organizadora). São Paulo: Summus Editorial, 2003.

LIMA, Fabíola. *Escuta pronta.* Disponível em: http://www.sinpmp.com.br/News3_Escuta.asp. Acesso em 01.12.2005.

LIMA, Francisco Gérson Marques de. *Fundamentos constitucionais do processo.* São Paulo: Malheiros Editores, 2002.

LIMA NETO, Francisco Vieira. Obtenção de DNA para exame: direitos humanos "versus" exercício da jurisdição. In: *Grandes Temas da Atualidade, DNA como meio de prova da filiação.* Eduardo de Oliveira Leite (Coord). Rio de Janeiro: Forense, 2000.

LIRA, Ricardo César Pereira. Breve estudo sobre as entidades familiares. In: *Repensando o Direito de família – I Congresso Brasileiro de Direito de Família.* Rodrigo da Cunha Pereira (Coord.). Belo Horizonte: Del Rey, 1999.

LIXA, Ivone Fernandes Morcilo. *Hermenêutica e Direito: uma possibilidade crítica.* Curitiba: Juruá, 2003.

LÔBO, Paulo Luiz Netto. Princípio Jurídico da Afetividade na Filiação. Direito de família: a família na travessia do milênio. *Anais* do II Congresso Brasileiro de Direito de Família. Rodrigo da Cunha Pereira (coordenador). Belo Horizonte, IBDFAM, OAB – MG: Del Rey, 2000.

——. O exame de DNA e o princípio da dignidade da pessoa humana. In: *Revista brasileira de direito de família* nº 01, de 06/99.

LOCKE, John. Dois Tratados Sobre o Governo. Traduzido por Julio Fischer. São Paulo: Martins Fontes, 1998.

LORDELO, Maria Helena. Benefícios da guarda compartilhada. Disponível: www.editoramagister.com.br. Acessado em 02.07.2008.

LOTUFO, Maria Alice Zaratin. Curso Avançado de Direito Civil. São Paulo: Revista dos Tribunais, 2002. Vol. 5: *Direito de Família.*

LOTUFO, Renan. *Separação e divórcio no ordenamento jurídico brasileiro e comparado.* In: Repensando o direito de família. *Anais* do I Congresso Brasileiro de Direito de Família, Pereira, Rodrigo da Cunha (Coord.), IBDFAM, OAB-MG, Belo Horizonte: Del Rey, 1999.

LUCAS, Doglas César (Org.). Hermenêutica Filosófica e os limites do acontecer do direito numa cultura jurídica aprisionada pelo "procedimentalismo metodológico". In: *Olhares hermenêuticos sobre o Direito.* Ijuí: Unijuí, 2006.

LUHMANN, Niklas. *Sociologia do Direito II.* Traduzido por Gustavo Bayer. Rio de Janeiro: Edições Tempo Brasileiro, 1985.

LUZ, Valdemar P. da. *Curso de Direito de família.* Caxias do Sul: Mundo Jurídico, 1996.

MACINTYRE, Alasdair. *Justiça de quem? Qual racionalidade?* 2.ed. Traduzido por Marcelo Pimenta Marques. Coleção filosofia 17. São Paulo: Loyola, 2001.

MADALENO, Rolf. A coisa julgada na investigação de paternidade. In: *Grandes Temas da Atualidade, DNA como meio de prova da filiação.* Eduardo de Oliveira Leite (Coord). Rio de Janeiro: Forense, 2000.

——. *Divórcio e Dano Moral.* Revista do Direito de família 01, n. 02.

——. *Alimentos e sua restituição.* Revista Jurídica nº 211, de 05/95.

——. *Direito de Família: aspectos polêmicos.* 2.ed. Porto Alegre: Livraria do Advogado, 1999.

——. Lei nº 11.441/2007. Separação extrajudicial: praticidade, trâmite e fraude. In: *Revista brasileira de direito de família* nº 41, de abril e maio de 2007.

——. *Novas Perspectivas no Direito de Família.* Porto Alegre: Livraria do Advogado, 2000.

MAGALHÃES, Rui Ribeiro de. *Direito de Família no novo Código Civil Brasileiro.* São Paulo: Juarez de Oliveira, 2002.

MAIA, Alexandre da. O Embasamento Epistemológico como Legitimação do Conhecimento e da Formação da Lei na Modernidade: uma leitura a partir de Descartes. In: *Direito, Estado e Democracia: entre a (in)efetividade e o imaginário social.* Porto Alegre: Instituto de Hermenêutica Jurídica, v. 1, n. 4, 2006.

MARINONI, Luiz Guilherme. *A antecipação da tutela.* 8.ed. São Paulo: Malheiros, 2004.

——. *Tutela antecipatória e julgamento antecipado.* 5.ed. São Paulo: Revista dos Tribunais, 2002.

MARQUES, Claudia Lima. Visões sobre o teste de paternidade através do exame do DNA em direito brasileiro – direito pós-moderno à descoberta da origem?. In: *Grandes Temas da atualidade. DNA como meio de prova da filiação.* Eduardo de Oliveira Leite (Coordenador). Rio de Janeiro: Forense, 2000.

MÁRQUES, Gabriel García. *Crônica de uma morte anunciada.* Traduzido por Remy Gorga Filho. 33.ed. São Paulo: Record, 2005.

MARTINS, Ives Gandra da Silva. O exame do DNA como meio de prova – aspectos constitucionais. In: *Grandes Temas da Atualidade, DNA como meio de prova da filiação.* Eduardo de Oliveira Leite (Coord). Rio de Janeiro: Forense, 2000.

MARTINS, José Renato Silva; ZAGANELLI, Margareth Vetis. Recusa à realização do exame de DNA na investigação de paternidade: direito à intimidade ou direito à identidade? In: *Grandes Temas da Atualidade, DNA como meio de prova da filiação.* Eduardo de Oliveira Leite (Coord). Rio de Janeiro: Forense, 2000.

MATTÉI, Jean-Françóis. *A barbárie interior.* São Paulo: UNESP, 2002.

MAURER Béatrice. Notas sobre o respeito da dignidade da pessoa humana...ou pequena fuga incompleta em torno de um tema central. In: *Dimensões da Dignidade: ensaios da Filosofia do Direito e Direito Constitucional.* Traduzido por Ingo Wolfgang Sarlet *et al.* Ingo Wolfgang Sarlet (organizador). Porto Alegre: Livraria do Advogado, 2005.

MAXIMILIANO, Carlos. *Hermenêutica e Aplicação do Direito.* 18.ed. Rio de Janeiro: Forense, 2000.

MAY, Rollo. *A descoberta do ser.* 4.ed. Traduzido por Cláudio G. Somogyi. Rio de Janeiro: Rocco, 2000.

——. *O homem à procura de si mesmo.* 30.ed. Traduzido por Áurea Brito Weissenberg. Petrópolis: Vozes, 2004.

MEIRELLES, Jussara. *Gestação por outrem e determinação da maternidade* – "mãe de aluguel". Curitiba: Genesis, 1998.

MELO, Albertino Daniel de. Filiação Biológica – Tentando Diálogo Direito – Ciências. In: *Grandes Temas da Atualidade, DNA como meio de prova da filiação.* Eduardo de Oliveira Leite (Coord). Rio de Janeiro: Forense, 2000.

MELLO, Baptista de. Direitos de Bastardia: historia, legislação, doutrina, jurisprudência e prática. São Paulo: Saraiva, 1933.

MENDES, Alexandre Fabiano. Dicionário de filosofia do Direito. Vicente de Paulo Barretto (Coordenador). Rio de Janeiro: Lumen Juris, 2006.

MENDES, Sérgio de Sá. Direito Romano Resumido. 2.ed. Rio de Janeiro: Rio, 1978.

MERRYMAN, John Henry. La tradición juridical romano-canônica. Traduzido por Eduardo L. Suárez. México: Fondo de Cutlrura Econômica, 2004.

MINDLIN, Betty. Família Indígena, Poligamia e Mitos de Moqueca de Maridos. Direito de Família: a família na travessia do milênio. Anais do II Congresso Brasileiro de Direito de Família. Rodrigo da Cunha Pereira (coordenador), Belo Horizonte, IBDFAM, OAB – MG> Del Rey, 2000.

MIRANDA, Jorge. Manual de Direito Constitucional. 6.ed. Coimbra, Portugal: Coimbra, 1993. Tomo IV.

MIRANDA, Pontes. Tratado de direito de família. Atualizado por Vilson Rodrigues Alves. São Paulo: Bookseller, 2001. Volume I.

MONTEIRO, Denise Schulthais dos Anjos; PEREIRA, Luciana Fernandes; SARMENTO, Marilza Rodrigues Sarmento; e MERCIER, Tânia Maura de Aquino. *Resiliência e pedagogia na presença: intervenção sócio-pedagógica no contexto escolar.* Disponível em: http://www.pedagogiaemfoco.pro.br/fundam01.htm. Acesso em 29.10.2004.

MONTEIRO, Washington de Barros. *Curso de Direito Civil.* 37.ed. Rio de Janeiro; Saraiva. vol.2. Direito de família, 2004.

MONTESQUIEU, Charles de Secondat, Baron de. *O espírito das leis.* 3.ed. Traduzido por Cristina Murachco. São Paulo: Martins Fontes, 2005.

MORAES, Maria Celina Bodin de. O direito personalíssimo à filiação e a recusa ao exame de DNA: uma hipótese de colisão de direitos fundamentais. In: *Grandes Temas da Atualidade, DNA como meio de prova da filiação.* Eduardo de Oliveira Leite (Coord). Rio de Janeiro: Forense, 2000.

——. Recusa à Realização do Exame de DNA na Investigação de Paternidade e Direitos de Personalidade. *A Nova Família: problemas e perspectivas.* Vicente Barreto, Jacques Comaille...[*et al*] (Org.). Rio de Janeiro: Renovar, 1997.

MORAIS, José Luís Bolzan de; e AGRA, Waber de Moura. A jurisprudencialização da Constituição e a densificação da legitimidade da jurisdição constitucional. In: *Revista do Instituto de Hermenêutica Jurídica – (Neo)constitucionalismo: ontem, os Códigos; hoje, as Constituições.* Porto Alegre, 2004.

MOREIRA, Vital. O Futuro da Constituição. In: *Direito Constitucional: estudos em homenagem a Paulo Bonavides.* Eros Roberto Grau e Willis Santiago Guerra Filho (Org.). São Paulo: Malheiros, 2001.

MORENO, Montserrat; SASTRE, Genoveva. O significado afetivo e cognitivo das ações. In: *Afetividade na Escola.* Valéria Amorim Arantes (Organizadora). São Paulo: Summus Editorial, 2003.

MORIN, Edgar. *Amor, poesia, sabedoria.* 6. ed. Traduzido por Edgard de Assis Carvalho. Rio de Janeiro: Bertrand Brasil, 2003.

MOTTA, Maria. Direito de família: a família na travessia do milênio. In: *A família na travessia do milênio – II Congresso Brasileiro de Direito de família*, 2000, Belo Horizonte. Anais. (coord.) Rodrigo da Cunha Pereira. Belo Horizonte: Del Rey, 2000.

NAZARETH, Eliana Riberti. Com quem fico, com papai ou com mamãe? – Considerações sobre a Guarda Compartilhada. In: *Contribuições da Psicanálise ao Direito de família.* (coord.) Direito de família e Ciências Humanas. Caderno de Estudos nº 1. São Paulo: Jurídica Brasileira, fev./1997.

NEVES, Antonio Castanheira. *Questão-de-facto-questão-de-Direito ou o problema metodológico da juridicidade.* Coimbra: Almedina, 1.967.

NÓBREGA, Airton Rocha. *Obrigação alimentar e cessação do dever de sustento.* Site jus navigandi, dezembro de 2000.

NOGUEIRA, Jacqueline Filgueras. *A filiação que se constrói: o reconhecimento do afeto como valor jurídico.* São Paulo: Memória Jurídica, 2001.

NOVAES, Adauto (Org). Crepúsculo de uma civilização. In: *Civilização e Barbárie.* São Paulo: Companhia das Letras, 2004.

NOVO Ensino Dinâmico de pesquisa. São Paulo: Edipar Edições e Participações Ltda, 1999.

NUMANN, Jorge Milton. Ofício remetido ao Fórum de Guarani das Missões-RS, em 25.08.97, juntado ao processo nº 2.543/214.

NUNES, António José Avelãs. In: *Canotilho e a Constituição Dirigente.* 2ª ed. Jacinto Nelson de Miranda Coutinho (Organizador). São Paulo: Renovar, 2005.

NUNES, Victor Augusto Pereira. *Tratado: filiação legítima e ilegítima- Comentário à Lei de Protecção dos Filhos.* 3.ed. Coimbra, Portugal: Coimbra, 1963.

OHLWEILER, Leonel Pires. *Dicionário de filosofia do Direito.* Vicente de Paulo Barretto (Coordenador). Rio de Janeiro: Lumen Juris, 2006.

——. Administração Pública e Filosofia Política Contemporânea: algumas projeções do constitucionalismo comunitário. In: *Direito, Estado e Democracia: entre a (in)efetividade e o imaginário social.* Porto Alegre: Instituto de Hermenêutica Jurídica, v. 1, n. 4, 2006.

——. A ontologização do direito administrativo: o exemplo da dignidade humana como elemento hermenêutico. In: *A filosofia no direito e a filosofia do direito.* Revista do instituto de hermenêutica jurídica nº 05. Porto Alegre, RS, 2007.

OLIVEIRA, Basílio de. *Direito Alimentar e Sucessório entre os Companheiros.* Rio de Janeiro: Destaque, 1995.

OLIVEIRA, Guilherme de. *Critério Jurídico da Paternidade.* Coimbra: Livraria Almedina, 1998.

OLIVEIRA, José Sebastião. *Fundamentos constitucionais do Direito de família.* São Paulo: Revista dos Tribunais, 2002.

OSÓRIO, Luiz Carlos. *Família Hoje.* Porto Alegre: Artes Médicas, 1996.

OST, François. *O Tempo do Direito.* Traduzido por Maria Fernanda Oliveira. Lisboa: Instituto Piaget, 1999.

PASQUALINI, Alexandre. *Hermenêutica e sistema jurídico.* Porto Alegre: Livraria do Advogado, 1999.

PAULO NETTO, José. Repensando o balanço do neoliberalismo. In: Pós-neoliberalismo. As Políticas Sociais e o Estado Democrático. 6. ed. Emir Sader; Pablo Gentili (organizadores). Rio de Janeiro: Paz e Terra, 2003.

PEIXOTO, Cid. *Princípios elementares de Direito Público Constitucional.* 2.ed. São Paulo: Nacional, Biblioteca de estudos comerciais e econômicos, 1942. Volume 22.

PELUSO, Antonio Cezar. O desamor como causa da separação. In: *Aspectos psicológicos na prática jurídica.* Campinas-SP: Millennium, 2002.

PEPE, Albano Marcos Bastos. Direito e Democracia: aspectos do legado greco-aristotélico. In: *Direito ao Extremo.* Cláudio Brandão e João Maurício Adeodato (Org). Rio de Janeiro: Forense, 2005.

——. Kant e a modernidade jurídica; razão e liberdade. In: *Constituição, sistemas sociais e hermenêutica.* Programa de pós-graduação em Direito da UNISINOS. Mestrado e Doutorado. André Copetti, Lenio Luiz Streck e Leonel Severo Rocha (Coordenadores). Anuário 2005 nº 02.

PEREIRA, Caio Mário da Silva. *Instituições de Direito Civil.* 9.ed. Rio de Janeiro: Forense, 1994. Vol. V.

——. *Reconhecimento de Paternidade e seus Efeitos.* 5.ed. Rio de Janeiro: Forense, 1996.

PEREIRA, Lafayette Rodrigues. *Direitos de Família: anotações e adaptações ao Código Civil por José Bonifácio de Andrada e Silva.* 5ed. Rio de Janeiro: Livraria Freitas Bastos, 1956.

PEREIRA, Rodrigo da Cunha. A primeira lei é uma lei de Direito de Família: a lei do pai e o fundamento da lei. In: *Direito de Família e Psicanálise: rumo a uma nova epistemologia.* Giselle Câmara Groeninga; Rodrigo da Cunha Pereira (coordenadores). Rio de Janeiro: Imago, 2003.

——. *Direito, Amor e Sexualidade.* Direito de família: a família na travessia do milênio. *Anais do II Congresso Brasileiro de Direito de família.* Rodrigo da Cunha Pereira (coordenador). Belo Horizonte: Del Rey, 2000.

——. A criança não existe. In: *Direito de família e Psicanálise.* Giselle Câmara Groeninga e Rodrigo da Cunha Pereira (Coordenadores).Rio de Janeiro: Imago, 2003.

——. A desigualdade dos gêneros, o declínio do patriarcalismo e as discriminações positivas (Coord). In: Repensando o direito de família. *Anais* do I Congresso Brasileiro de Direito de família, IBDFAM, OAB-MG, Belo Horizonte: Del Rey, 1999.

——. *Direito de família: uma abordagem psicanalítica.* 2.ed. Belo Horizonte: Del Rey, 1999.

——. Família, direitos humanos, psicanálise e inclusão social. In: *Direito de família e Psicanálise.* Giselle Câmara Groeninga e Rodrigo da Cunha Pereira (Coordenadores). Rio de Janeiro: Imago, 2003.

——. Separação e divórcio judicial – Reflexões sobre a prática. In: Direito de Família: processo, teoria e prática. Rio de Janeiro: Forense, 2008.

PEREIRA, Sérgio Gischkow. *Estudos de direito de família.* Porto Alegre: Livraria do Advogado, 2004.

——. *Dano moral e direito de família: o perigo de monetarizar as relações familiares.* Disponível em: http://www.gontijo-familia.adv.br.

——. Concubinato e união estável. In: Repensando o direito de família – I Congresso Brasileiro de Direito de Família, 1999, Belo Horizonte. *Anais.* (coord.) Rodrigo da Cunha Pereira. Belo Horizonte: Del Rey, 1999.

PEREIRA, Tânia da Silva. O estatuto da criança e do adolescente inovando o direito de família. In: Repensando o direito de família. *Anais do I Congresso Brasileiro de Direito de família.* Rodrigo da Cunha Pereira (Coord.), IBDFAM, OAB-MG, Belo Horizonte: Del Rey, 1999.

——. O princípio do "melhor interesse da criança" no âmbito das relações familiares. In: *Direito de família e Psicanálise.* Giselle Câmara Groeninga e Rodrigo da Cunha Pereira (Coordenadores). Rio de Janeiro: Imago, 2003.

PESSOA, Adélia Moreira. A Tormentosa Culpa na Dissolução da Sociedade Conjugal. In: *Casamento, uma escuta além do Judiciário.* Ivone M. C. Coelho de Souza (org.).Florianópolis: VoxLegem, 2006.

PESSOA, Fernando. *Poesias.* Seleção de Sueli Barros Cassal. Porto Alegre: L&PM POCKET Editores, 1997.

PHILIPPI, Jeanine Nicolazzi. *A lei. Uma abordagem a partir da leitura cruzada entre Direito e Psicanálise.* Minas Gerais: Del Rey, 2001.

——. Direito e psicanálise: breves apontamentos acerca do estatuto da lei. In: *Repensando o direito de família. Anais do I Congresso Brasileiro de Direito de família.* Rodrigo da Cunha Pereira (Coord.), IBDFAM, OAB-MG, Belo Horizonte: Del Rey, 1999.

PICHLER, Nadir Antonio; TESTA, Edimárcio (Org.). *Epistemologia, ética e hermenêutica.* In: Introdução.Passo Fundo: UPF, 2005.

PIMENTA, Olímpio. *Razão e conhecimento em Descartes e Nietzsche.* Belo Horizonte: UFMG, 2000.

PINHO, Rodrigo César Rebello. *Sinopses jurídicas. Teoria Geral da Constituição e Direitos fundamentais,* nº 17. 5.ed. São Paulo: Saraiva, 2005.

PIRES, Celestino. Deus e a Teologia em Martin Heidegger. In: *Revista portuguesa de filosofia.* Braga, jul.-dez./1970. fase 3-4. Tomo XXVI.

PORTO, Pedro Rui da Fontoura. *Anotações preliminares à lei nº 11.340/06 e sua repercussão em face dos juizados especiais criminais.* In: Centro de Apoio Criminal do Ministério Público do Rio Grande do Sul.

PORTUGAL, Sylvio. *Investigação de Paternidade.* São Paulo, 1926.

RASKIN, Salmo. *A evolução das perícias médicas na investigação de paternidade: dos redemoinhos do cabelo ao DNA.* Porto Alegre: Síntese. Revista Brasileira de Direito de família nº 3 – out/nov/dez/99.

——. *Investigação de Paternidade: manual prático do DNA.* Curitiba: Juruá, 1999.

REALE, Miguel. *A atualidade do Direito de família no projeto do Código Civil à frente da Constituição de 1988.* Disponível em: Jus. navigandi.com.br. Acesso em: mar. 2000.

——. *Teoria Tridimensional do Direito.* 5.ed. 7. tiragem. São Paulo: Saraiva, 2005.

REBÊLO, Gabriel Antônio. *A Família Brasileira e o Reconhecimento do Filho Adulterino.* Rio de Janeiro: A Manhã, 1943.

REGO, Teresa Cristina; OLIVEIRA, Marta Kohl de. Vygotsky e as complexas relações entre cognição e afeto. In: *Afetividade na Escola.* Valéria Amorim Arantes (Organizadora). São Paulo: Summus Editorial, 2003.

REI, Cláudio Alexandre Sena. *Danos morais entre cônjuges.* Disponível em: www.jus. navigandi.com.br. Acesso em: 03.03.2001.

RELATÓRIO AZUL. Assembléia Legislativa do Rio Grande do Sul. *Garantias e violações dos direitos humanos.* Porto Alegre. 2000/2001.

REVISTA CONSULEX, ano II, nº 16, abr. 1998.

RIBEIRO, Renato Janine. *Ao leitor sem medo. Hobbes escrevendo contra o seu tempo.* 2.ed. Belo Horizonte: UFMG, 1999.

——. Civilização sem guerra. In: *Civilização e Barbárie.* Adauto Novaes (Org.). São Paulo: Companhia das Letras, 2004.

——. Hobbes: o medo e a esperança. In: *Os Clássicos da Política.* 12.ed. Francisco C. Weffort (org.). São Paulo: Ática, 1999. Vol. I.

——. A Família na Travessia do Milênio. In: Direito de Família: a família na travessia do milênio – II Congresso Brasileiro de Direito de Família, 2000, Belo Horizonte. *Anais.* (coord.) Rodrigo da Cunha Pereira. Belo Horizonte: Del Rey, 2000.

RICCIARDI, Maurizio. Príncipes e razão de Estado na primeira idade moderna. In: *O Poder. História da filosofia política moderna.* Giuseppe Duso (Org.). Rio de Janeiro: Vozes, 2005.

RIGAUX, François. *A lei dos juízes.* Traduzido por Luís Couceiro Feio, Lisboa: Instituto Piaget, 2000.

RIOS, Roger Raupp. *A homossexualidade no Direito.* Porto Alegre: Livraria do Advogado, 2001.

RIZZARDO, Arnaldo. *Direito de família.* Rio de Janeiro: Aide, 1994. Volume I.

ROBERT, Cinthia; MAGALHÃES, José Luiz Quadros. *Teoria do Estado, Democracia e Poder Local.* 2.ed. Rio de Janeiro: Lumen Juris, 2002.

ROCHA, Acílio da Silva Estanqueiro. O Ideal da Europa. In: *Revista Portuguesa de Filosofia.* jul.-dez./2000. Vol. 56, fase 3-4.

ROCHA, Leonel Severo. *Epistemologia Jurídica e Democracia.* 2.ed. São Leopoldo: Unisinos, 2003.

ROCHA, Leonel Severo *et al. Introdução à Teoria do Sistema Autopoiético do Direito.* Porto Alegre: Livraria do Advogado, 2005.

RODRIGUES, Silvio. *Direito Civil.* 25.ed. São Paulo: Saraiva, 2002. Vol. VII. Direito das Sucessões.

ROHDEN, Luiz. Hermenêutica e Linguagem. In: *Hermenêutica filosófica nas trilhas de Hans-Georg Gadamer.* Custódio Almeida, Hans-Georg Flickinger e Luiz Rohden (Organizadores), Porto Alegre: EDIPUCRS, 2000.

——. *Hermenêutica filosófica. Entre a linguagem da experiência e a experiência da linguagem.* São Leopoldo, RS: Unisinos, 2002.

——. O "círculo hermenêutico" como estrutura, o "enquanto" da hermenêutica filosófica. In: *Revista Veritas. Revista Trimestral de Filosofia da PUCRS* volume 44, nº 1, março de 1999.

——. Ser que pode ser compreendido é linguagem. In: *Revista Portuguesa de Filosofia.* jul./dez/2000. Vol. 56, fase 3-4.

ROSA, Alexandre Morais da. O estrangeiro, a exceção e o Direito. In: *Direito de Psicanálise* (Jacinto Nelson de Miranda Coutinho (Coordenador). Rio de Janeiro: Lumen Juris, 2006.

ROSA, Patrícia Fontanella. *União estável. Eficácia temporal das leis regulamentadoras.* Florianópolis: Diploma Legal, 1999.

ROUSSEAU, J.J. *Emílio ou Da Educação.* Traduzido por Roberto Leal Ferreira. São Paulo: Martins Fontes, 2004.

——. *Do Contrato Social.* Traduzido por Pietro Nassetti. São Paulo: Martin Claret, 2002.

RUBIN, Daniel Sperb. Direito privado e Constituição – contratos e direitos fundamentais. *Revista do Ministério Público do RS* nº 40, de 05/2001.

SADEK, Maria Tereza. Nicolau Maquiavel: o cidadão sem *fortuna*, o intelectual sem *virtù*. In: *Os Clássicos da Política.* Francisco C. Weffort (org.). 12.ed. São Paulo: Ática, 1999. Vol. I.

——. O Poder Judiciário na Reforma do Estado. In: *Sociedade e Estado em Transformação.* Luiz Carlos Bresser Pereira; Jorge Wilheim; Lourdes Sola (organizadores). São Paulo: UNESP; Brasília: ENAP, 1999.

SAFRANSKI, Rüdiger. *Heidegeer: Um mestre da Alemanha entre o bem e o mal.* Traduzido por Lya Lett Luft. São Paulo: Geração Editorial, 2000.

SALDANHA, Nelson. *Dicionário de Filosofia do Direito.* Vicente de Paulo Barreto (Coordenador). Rio de Janeiro: Lumen Juris, 2006.

——. *O Estado Moderno e a Separação de Poderes.* São Paulo: Saraiva, 1987.

——. *Ordem e Hermenêutica.* Rio de Janeiro: Renovar, 1992.

——. *Secularização e Democracia.* Rio de Janeiro: Renovar, 2003.

——. *O Jardim e a Praça.* Porto Alegre: Sergio Antonio Fabris Editor, 1986.

SANCHÍS, Luis Prieto. Neoconstitucionalismo y Ponderación Judicial. In: *Neoconstitucionalismo(s).* Edición de Miguel Carbonell. Paris: Trotta, 2005.

SANTOS, Boaventura de Souza. *Pela mão de Alice. O social e o político na pós-modernidade.* 9.ed. São Paulo: Cortez, 2003.

SANTOS, Eduardo dos. *Direito da Família.* Coimbra Portugal: Livraria Almedina, 1999.

SANTOS, Frederico Augusto de Oliveira. *Alimentos decorrentes da união estável.* Belo Horizonte: Del Rey, 2001.

SANTOS, Luiz Felipe Brasil. A Separação Judicial e o Divórcio no Novo Código Civil Brasileiro. In: *Revista Brasileira de Direito de Família.* Porto Alegre: Síntese, IBDFAM, v. 3, n. 12, jan./mar., 2002.

SANTOS, Maria Celeste Cordeiro Leite. Quem são os pais? O DNA e a filiação, proposta de solução ou início dos dilemas?. In: *Grandes Temas da Atualidade, DNA como meio de prova da filiação.* Eduardo de Oliveira Leite (Coord). Rio de Janeiro: Forense, 2000.

SANTOS, Milton. *Por uma outra globalização. Do pensamento único à consciência universal.* 11.ed. Rio de Janeiro: Record, 2004.

SANTOS, Regina Beatriz Tavares da Silva Papa dos. *Reparação civil na separação e no divórcio.* São Paulo: Saraiva, 1999.

SÃO PAULO, Maria Luíza de Lamare. *O novo Código Civil – do direito de família.* Rio de Janeiro: Freitas Bastos, 2002.

SARLET, Ingo Wolfgang (org.). As dimensões da dignidade da pessoa humana: construindo uma compreensão jurídico-constitucional necessária a possível. In: *Dimensões da Dignidade: ensaios da Filosofia do Direito e Direito Constitucional.* Traduzido por Ingo Wolfgang Sarlet *et al.* Porto Alegre: Livraria do Advogado, 2005.

——. *Dignidade da Pessoa Humana e Direitos Fundamentais na CF de 1988.* Porto Alegre: Livraria do Advogado, 2001.

——. Direitos fundamentais sociais e proibição de retrocesso: algumas notas sobre o desafio da sobrevivência dos direitos sociais num contexto de crise. In: *Revista do Instituto de Hermenêutica Jurídica – (Neo)constitucionalismo: ontem, os Códigos; hoje, as Constituições.* Porto Alegre, 2004.

——. *Maquiavel, "o príncipe" e a formação do Estado moderno.* In: CD Juris Plenum, edição 72, vol.2, agosto de 2003.

——. Os Direitos Fundamentais e sua Eficácia na Ordem Constitucional. *Revista da Ajuris, doutrina e jurisprudência,* Porto Alegre, nº 76, Ano XXVI, dez./ 1999.

——. *A eficácia dos direitos fundamentais.* 4.ed. Porto Alegre: Livraria do Advogado, 2004.

——. *Dignidade da Pessoa Humana e Direitos Fundamentais na Constituição Federal de 1988.* Porto Alegre: Livraria do Advogado, 2001.

SCAFF, Fernando Facury. In: *Canotilho e a Constituição Dirigente.* 2ª ed. Jacinto Nelson de Miranda Coutinho (Organizador). São Paulo: Renovar, 2005.

——. O jardim e a praça ou a dignidade da pessoa humana e o direito tributário e financeiro. In: *Direito, Estado e Democracia: entre a (in)efetividade e o imaginário social.* Porto Alegre: Instituto de Hermenêutica Jurídica, v. 1, n. 4, 2006.

SCHROTH, Ulrich. Hermenêutica filosófica e jurídica. In: *Introdução à Filosofia do Direito e à Teoria do Direito Contemporâneas.* Traduzido por Marcos Keel; Manuel Seca de Oliveira. Arthur Kaufmann; Winfried Hassemer (organizadores). Lisboa: Fundação Calouste Gulbenkian, 2002.

SILVA, De Plácido e. *Vocabulário Jurídico.* 18.ed. Rio de Janeiro: Forense, 2001.

SILVA, José Afonso da. *Curso de Direito Constitucional Positivo.* 10.ed. São Paulo: Malheiros, 1995.

SILVA FILHO, José Carlos Moreira da. *Hermenêutica Filosófica e Direito. O exemplo privilegiado da boa-fé objetiva no Direito contratual.* Rio de Janeiro: Lumen Juris, 2003.

SILVA, Kelly Susane Alflen da. *Hermenêutica Jurídica e Concretização Judicial.* Porto Alegre: Sergio Fabris, 2000.

SILVA, Maria Luísa Portocarrero. Razão e Memória em H.-G. Gadamer. In: *Revista Portuguesa de Filosofia.* jul./dez. 2000. Vol. 56, fase 3-4.

SILVA, Rui Sampaio da. Gadamer e a Herança Heideggeriana. In: *Revista Portuguesa de Filosofia.* jul./dez. 2000. Vol. 56, fase 3-4.

SILVA, Sônia Maria Teixeira da. *Os avós e a prestação alimentar,* E-mail da autora: sonia.bel@terra.com.br; home-page da autora; http://planeta.terra.com.br/servicos/soniateixeira.

SILVEIRA, José Néri da. A reforma constitucional e o controle de sua constitucionalidade. *Revista do Ministério Público Estadual do Rio Grande do Sul,* Porto Alegre, nº 35, 1995.

SIMAS FILHO, Fernando. Investigação de paternidade: peculiaridades, panorama atual, futuro. In: Repensando o Direito de Família. *Anais* do I Congresso Brasileiro de Direito de Família. Rodrigo da Cunha Pereira (Coord). Belo Horizonte, IBDFAM, OAB-MG: Del Rey, 1999.

SKINNER, Quentin. *Razão e retórica na filosofia de Hobbes.* Traduzido por Vera Ribeiro. São Paulo: UNESP e Cambridge Univesity Press, 1999.

SOUZA, Aida Maria Loredo Moreira de. *Aspectos polêmicos da união estável.* 2.ed. Rio de Janeiro: Lumen Juris, 2000.

SOUZA, Maria Thereza Costa Coelho de. O desenvolvimento afetivo segundo Piaget. In: *Afetividade na Escola.* Valéria Amorim Arantes (Organizadora). São Paulo: Summus Editorial, 2003.

SPAREMBERGER, Raquel Fabiana Lopes (Org.). Hermenêutica filosófica. História e hermenêutica na obra de Hans-Georg Gadamer. In: *Hermenêutica e argumentação.* Ijuí: Unijuí, 2003.

——. O Direito ("estátua") e a hermenêutica da produção: Espelho e Reflexo da realidade. In: *Olhares hermenêuticos sobre o Direito.* Douglas Cesar Lucas (Organizador). Ijuí: Unijuí, 2006.

SPENGLER, Fabiana Marion. A Constituição e a Compreensão Hermenêutica da sua (in)efetividade e do seu constituir In: *Olhares hermenêuticos sobre o Direito.* Douglas Cesar Lucas (Organizador). Ijuí: Unijuí, 2006.

STEIN, Arnildo. *A questão do método na filosofia. Um estudo do modelo heideggeriano.* Porto Alegre: Movimento, 1983.

——. *A caminho de uma fundamentação pós-metafísica.* Coleção Filosofia – 57. Porto Alegre: EDIPUCRS, 1997.

——. *Aproximações sobre hermenêutica.* 2.ed. Porto Alegre: PUCRS, 2004.

——. *Compreensão e finitude.* Ijuí: Unijuí, 2001.

——. *Diferença e metafísica.* Coleção Filosofia 114. Porto Alegre: EDIPUCRS, 2000.

——. *Exercícios de fenomenologia.* Ijuí: Unijuí, 2004.

——. Introdução ao Método Fenomenológico Heideggeriano. In: *Martin Heidegger. Sobre a essência do fundamento. Conferências e escritos filosóficos. Os pensadores.* Traduzido por Ernildo Stein. São Paulo: Abril Cultural, 1979.

——. Nas raízes da controvérsia. In: *Apresentação da obra VERDADE & CONSENSO.* Lenio Luiz Streck. Rio de Janeiro: Juris Lumen, 2006.

——. *Novos caminhos para uma filosofia da constitucionalidade. Apresentação à obra "Jurisdição Constitucional e Hermenêutica – Uma Nova Crítica do Direito", de Lenio Luiz Streck.* Disponível em: www.leniostreck.com.br. Acesso em 12.06.2006.

——. Pensar é pensar a diferença: filosofia e conhecimento empírico. Ijuí: UNIJUÍ, 2002.

——. Seis estudos sobre ser e tempo. 3.ed. Petrópolis: Vozes, 2005.

——. Uma breve introdução à Filosofia. Ijuí: Unijuí, 2002.

STEINMETZ, Wilson Antônio. Colisão de Direitos Fundamentais e princípio da proporcionalidade. Porto Alegre: Livraria do Advogado, 2001.

STRECK, Danilo R. Rousseau & a Educação. Belo Horizonte: Autêntica, 2004.

STRECK, Lenio Luiz. A atualidade do debate da crise paradigmática do direito e a resistência positivista ao neoconstitucionalismo. In: Direito, Estado e Democracia: entre a (in)efetividade e o imaginário social. Porto Alegre: Instituto de Hermenêutica Jurídica, v. 1, n. 4, 2006.

——. A hermenêutica e o acontecer (*ereignen*) da Constituição: a tarefa de uma nova crítica do direito. In: Anuário do programa de pós-graduação em Direito. São Leopoldo: Unisinos, 2000.

——. A hermenêutica filosófica e as possibilidades de superação do positivismo pelo (neo)constitucionalismo. In: Constituição, Sistemas Sociais e Hermenêutica. Anuário de Pós-Graduação de mestrado e doutorado da Unisinos. Porto Alegre: Livraria do Advogado, 2004.

——. Apelação Criminal nº 70007387608. Quinta Câmara do Tribunal de Justiça do Rio Grande do Sul. 11 de fevereiro de 2004. Relator: Aramis Nassif. Disponível em: www.leniostreck.com.br. Acesso em 31.05.2006.

——. Apelação criminal nº 70009422833, da 5ª CCr. do Tribunal de Justiça do Rio Grande do Sul. Em 13.08.2004. Relator: Luiz Gonzaga da Silva Moura. Disponível em: www.leniostreck.com.br. Acesso em 31.05.2006.

——. Apelação criminal nº 70.006.451.827, 5ª Criminal do Tribunal de Justiça do RS, em 20 de junho de 2003. Relator: Luiz Gonzaga da Silva Moura.

——. Apelação criminal. Acórdão da 5ª. CCr. Do tribunal de Justiça do Rio Grande do Sul. Apelação nº 70000284455. Relator: Amilton Bueno de Carvalho. 09/02/2000. Disponível em www.leniostreck.com.br. Acesso em 31.05.2006.

——. Apelação criminal nº 70001588300, da 5ª Câmara Criminal do Tribunal de Justiça do Rio Grande do Sul. 01.11.2000. Relator: Amilton Bueno e Carvalho.

——. As convenções internacionais, o direito de família e a crise de paradigma em face do Estado Democrático de Direito. Porto Alegre. VI Jornada Jurídica Nacional e I Jornada Internacional de Direito de família, novembro de 1997, ADV, Instituto dos Advogados do Rio Grande do Sul. *Seleções Jurídicas*, março/abril de 1998.

——. Constitucionalismo, jurisdição constitucional e Estado Democrático de Direito: ainda é possível falar em constituição dirigente? In: *Anuário do programa de pós-graduação em Direito.* São Leopoldo: Unisinos, 2001.

——. Da proibição de excesso (Übermassverbot) à proibição de proteção deficiente (Untermassverbot): de como não há blindagem contra normas penais inconstitucionais. In: *Revista do Instituto de Hermenêutica Jurídica – (Neo)constitucionalismo: ontem, os Códigos; hoje, as Constituições.* Porto Alegre, 2004.

——. Desvelando os discursos positivistas. In: *Uma tópica jurídica.* NEDEL, Antonio. Porto Alegre: Livraria do Advogado, 2006.

——. *Dicionário de filosofia do Direito* Vicente de Paulo Barreto (Coordenador). Rio de Janeiro: Renovar, 2006.

——. Diferença (ontológica) entre texto e norma: afastando o fantasma do relativismo. In: *Direito e Poder. Estudos em homenagem a Nelson Saldanha.* Heleno Taveira Tôrres (Coord.). São Paulo: Manole, 2005.

——. Direito Penal, criminologia e paradigma dogmático: um debate necessário. In: *Revista do Ministério Público do Rio Grande do Sul* nº 36, 1995.

——. Dogmática e hermenêutica. In: Caderno de Pesquisa nº 02 do Curso de Pós-Graduação da UNISINOS, 1997.

——. Hábeas-Córpus nº 70.011.823.531, da 5ª CCr. do Tribunal de Justiça do Rio Grande do Sul, em 15.06.2005. Disponível em: www.leniostreck.com.br. Acesso em 6/6/6.

——. Hábeas-córpus nº 70.911.823.531, 5ª Câmara Cível. TJ/RS, em 15/06/2005. Disponível em: wwwleniostreck.com.br. Acesso em: 06/06/2006.

——. Hermenêutica (jurídica) e Estado Democrático de Direito: uma análise crítica. In: *Anuário do Programa de Pós-Graduação em Direito.* Mestrado e Doutorado. Leonel Severo Rocha, Lenio Luiz Streck e José Luis Bolzan de Morais (Organizadores). São Leopoldo: UNISINOS, 1999.

——. Hermenêutica (jurídica): compreendemos porque interpretamos ou interpretamos porque compreendemos? Uma resposta a partir do *Ontological Turn.* In: *Anuário do programa de pós-graduação em direito.* Leonel Severo Rocha e Lenio Luiz Streck (org.). São Leopoldo: UNISINOS, 2003.

——. *Hermenêutica e(m) crise.* 2.ed. Porto Alegre: Livraria do Advogado, 2000.

——. *Hermenêutica Jurídica e(m) Crise.* 5.ed. Porto Alegre: Livraria do Advogado, 2004.

——. Interpretando a Constituição: sísifo e a tarefa do hermeneuta. In: *A filosofia no direito e a filosofia do direito.* Revista do instituto de hermenêutica jurídica nº 05. Porto Alegre, RS, 2007.

——. In: prefácio no livro de Belmiro Pedro Welter. *Filiação biológica e socioafetiva, na reprodução humana natural e medicamente assistida.* São Paulo: Revista dos Tribunais, 2003.

——. In: *Canotilho e a Constituição Dirigente.* 2ª ed. Jacinto Nelson de Miranda Coutinho (Organizador). São Paulo: Renovar, 2005.

——. Interpretar e Concretizar: em busca da superação da discricionaridade do positivismo jurídico. In: *Olhares hermenêuticos sobre o Direito.* Douglas Cesar Lucas (Organizador). Ijuí: Unijuí, 2006.

——. *Jurisdição Constitucional e Hermenêutica – Uma Nova Crítica do Direito.* Porto Alegre: Livraria do Advogado, 2002.

——. *Jurisdição constitucional e hermenêutica: uma nova visão crítica do direito.* 2.ed. Rio de Janeiro: Forense, 2004.

——. La jurisdicción constitucional y las posibilidades de concretización de los derechos fundamentales-sociales. Disponível em: www.leniostreck.com.br. Acesso em 12.06.2006.

——. O "crime de porte de arma" à luz da principiologia constitucional e do controle de constitucionalidade: três soluções à luz da hermenêutica. In: *Revista de Estudos Criminais* nº 01, 2001.

——. O senso comum teórico e a violência contra a mulher: desvelando a razão cínica do direito em *terra brasilis. Revista Brasileira de Direito de família,* Porto Alegre: Síntese, IBDFAM, ano IV, n.16, jan./fev./mar. 2003.

——. Prefácio. In: *Olhares hermenêuticos sobre o Direito.* Douglas Cesar Lucas (Organizador). Ijuí: Unijuí, 2006.

——. *Quando um caso em concreto não é um caso concreto: um caso prático.* Disponível em: www.leniostreck.com.br. Acesso em 11.11.2005.

——. Súmulas vinculantes: em busca de algumas projeções hermenêuticas. In: *Jurisdição e direitos fundamentais. Anuário 2004/2005 da Escola Superior da Magistratura do Rio Grande do Sul.* Ingo Wolfgang Sarlet (Organizador). Porto Alegre: Livraria do Advogado, 2005. Volume I. Tomo I.

——. *Verdade & Consenso.* Rio de Janeiro: Lumen Juris, 2006.

——; BOLZAN DE MORAIS, José Luis. *Ciência Política e Teoria Geral do Estado.* 4.ed. Porto Alegre: Livraria do Advogado, 2004.

TARRAGATO, Eugenio. *La afinidad.* Madrid, Espanha: Centro Editorial de Góngora, 1925.

TAVARES, José de Farias. *Comentários ao estatuto da criança e do adolescente.* 4.ed. Rio de Janeiro: Forense, 2002.

TESTA, Edimarcio Testa. *Hermenêutica Filosófica e História.* Passo Fundo: UPF, 2004.

TEUBNER, Gunther. Direito, sistema e policontexturalidade. Traduzido por Brunela Vieira de Vincenzi, Dorothee Susanne Rüdiger, Jürgen Volker Dittberner, Patrícia Stanzione Galizia e Rodrigo Octávio Broglia Mendes. São Paulo: Edi. UNnimpe, 2005.

THEODORO JÚNIOR, Humberto. Prova – princípio da verdade real – poderes do juiz – ônus da prova e sua eventual inversão – provas ilícitas – prova e coisa julgada nas ações relativas à paternidade (DNA). Porto Alegre: Síntese. In: *Revista Brasileira de Direito de família* n º 3, Out-Nov-Dez/99.

THERBORN, Göran. A crise e o futuro do capitalismo. In: Pós-neoliberalismo. As Políticas Sociais e o Estado Democrático. 6. ed. Emir Sader; Pablo Gentili (organizadores). Rio de Janeiro: Paz e Terra, 2003.

TIBA, Içami. Adolescentes: quem ama, educa. São Paulo: Integrare, 2005.

TIBURI, Márcia. Nota sobre hermenêutica: a linguagem entre o sujeito e o objeto. In: *Revista Veritas. Revista Trimestral de Filosofia da PUCRS* volume 45, nº 2, junho de 2000.

TOLFO, Rogério. Linguagem e mundo: a fenomenologia do sinal em *ser e tempo* de Martin Heidegger. *In:* HELFER, Inácio (org.). *Pensadores alemães dos séculos XIX e XX.* Santa Cruz do Sul: EDUNISC, 2000.

TRACHTENBERG, Anete. O poder e as limitações dos testes sangüíneos na determinação de paternidade. In: *Grandes Temas da atualidade. DNA como meio de prova da filiação.* Eduardo de Oliveira Leite (Coord). Rio de Janeiro: Forense, 2000.

——. O poder e as limitações dos testes sangüíneos na determinação da paternidade. Porto Alegre: Revista Ajuris nº 63/327, de 03/1995.

TRINDADE, André Karam. e GUBERT, Roberta Magalhães. Ontem, os Códigos; hoje, as Constituições. In: *Introdução da Revista do Instituto de Hermenêutica Jurídica* nº 02. Porto Alegre: Instituto de Hermenêutica Jurídica, 2004.

VARELLA, Drauzio. *Planejamento familiar.* Disponível em: www.drauziovarella.com.br/artigos/pfamiliar. Acesso em 14.06.2006.

——. A imposição sexual. In: *Caderno Colunistas do jornal O SUL.* Em 04 de março de 2007.

VATTIMO, Gianni. *Introdução a Heidegger.* 10.ed. Lisboa, Portugal: Instituto Piaget, 1996. VELOSO, Carlos Mário da Silva. O poder judiciário como poder político no Brasil do século XXI. Porto Alegre: *Revista Jurídica*, órgão nacional de doutrina, jurisprudência, legislação e crítica judiciária, Ano 49 – Maio de 2001 – nº 283.

VELOSO, Zeno. A Dessacralização do DNA. Direito de família: a família na travessia do milênio. *Anais* do II Congresso Brasileiro de Direito de família. Rodrigo da Cunha Pereira (coordenador). Belo Horizonte: Del Rey, 2000.

——. Direito brasileiro da filiação e paternidade. São Paulo: Malheiros, 1997.

——. Do Direito Sucessório dos Companheiros. In: *Direito de Família e o novo Código Civil.* (coord.) Maria Berenice Dias e Rodrigo da Cunha Pereira. Belo Horizonte: Del Rey, 2002.

VENOSA, Sílvio de Salvo. *Direito Civil.* 2.ed. São Paulo: Atlas, 2002. Direito de família.

VIEIRA, José Ribas. *Teoria do Estado.* Rio de Janeiro: Lúmen Júris, 1995.

VIANA, Marco Aurelio S. Alimentos – ação de investigação de paternidade e maternidade. Belo Horizonte: Del Rey, 1998.

VILA-CHÁ, João J. Hans-Georg Gadamer. In: *Revista Portuguesa de Filosofia.* jul.-dez/2000. Vol. 56, fase 3-4.

VILLELA, João Baptista. Desbiologização da Paternidade. In: *Boletim IBDFAM* nº 11, ano 02, setembro/outubro de 2001.

——. O modelo constitucional da filiação: verdades & superstições. *Revista Brasileira de Direito de família*, nº 2, julho/agosto/setembro de 1999.

——. Repensando o Direito de família. In: Repensando o Direito de família. *Anais* do I Congresso Brasileiro de Direito de Família. Rodrigo da Cunha Pereira (coord.). IBDFAM, OAB-MG, Belo Horizonte: Del Rey, 1999.

WARAT, Luis Alberto. *Introdução Geral ao Direito I.* Porto Alegre: Sergio Antonio Fabris, 1994.

——. *Introdução Geral ao Direito II: a epistemologia jurídica da modernidade.* Porto Alegre: Sergio Antonio Fabris, 1995.

——. *Introdução Geral ao Direito III. o Direito não estudado pela teoria jurídica moderna.* Porto Alegre: Sergio Antonio Fabris, 1997.

WEINSTEIN, Luis. *Fundamentos los Del desarrollo alternativo.* In: http://www.unrc.edu.ar/publicar/23/tres.html. Acesso em 24-10-2005.

WELTER, Belmiro Pedro. *Temas polêmicos do direito moderno.* Porto Alegre: Síntese, 1998.

——. *Investigação de paternidade.* Volumes I e II. Porto Alegre: Síntese, 1999.

——. *Fraude de execução.* 4.ed. Porto Alegre: Síntese, 1999.

——. *Separação e divórcio.* Porto Alegre: Síntese, 2000.

——. *Direito de família: questões controvertidas.* Porto Alegre: Síntese, 2000.

——. *Alimentos na união estável.* 3.ed. Porto Alegre: Síntese, 2000.

——. O sistema epistemológico de Hans Kelsen. In: *Direito. Revista do Programa de Pós-graduação.* Unicruz e Unisinos, 2001.

——. *Coisa julgada na investigação de paternidade.* 2.ed. Porto Alegre: Síntese, 2002.

——. *Igualdade entre a filiação biológica e socioafetiva.* São Paulo: Revista dos Tribunais, 2003.

——. *Alimentos no Código Civil.* 2.ed. São Paulo: Thomson-IOB, 2004.

——. *Estatuto da união estável.* 2.ed. Porto Alegre: Síntese, 2003.

——. A secularização do direito de família. In: *Direitos fundamentais do direito de família.* Belmiro Pedro Welter e Rol Hanssen Madaleno (Coordenadores). Porto Alegre: Livraria do Advogado, 2004.

——. Inconstitucionalidade do processo de adoção judicial. In: *Direitos fundamentais do direito de família.* Belmiro Pedro Welter e Rol Hanssen Madaleno (Coordenadores). Porto Alegre: Livraria do Advogado, 2004.

——. Relativização do princípio da coisa julgada na investigação de paternidade. In: *Anais do IV Congresso Brasileiro de direito de família.* Rodrigo da Cunha Pereira (Coordenador). Belo Horizonte: IBDFAM, OAB, 2004.

——. Rito processual na prestação alimentar, litisconsórcio e tutela antecipada. In: *Alimentos no Código Civil.* Francisco José Cahali e Rodrigo da Cunha Pereira (Coordenadores) Belo Horizonte: IBDFAM, OAB, 2005.

——. A compreensão dos preconceitos do direito de família pela hermenêutica filosófica. In: *Revista brasileira de direito de família.* Porto Alegre: Síntese, 2006.

——. O racionalismo moderno e a ineficácia do processo civil. In: *Revista dos Tribunais,* 2006.

——. Família pós-contemporânea: uma escuta para além do judiciário. In: *Casamento: uma escuta além do judiciário.* Ivone M. C. Coelho de Souza (Coordenadora). Florianópolis: Voxlegem, 2006.

WELTER, Sandra Regina Morais. *A secularização da culpa no direito de família.* Monografia de conclusão da graduação em Direito, pela Universidade do Alto Uruguai e das Missões (URI, Santo Ângelo), em 2005.

WILHEIM, Jorge. Por que reformar as instituições? In: Sociedade e Estado em transformação. PEREIRA, L. C. Bresser; WILHEIM, Jorge; SOLA, Lourdes (organizadores). São Paulo: UNESP; Brasília: ENAP, 1999.

ZABAGLIA, Rosângela Alcântara; PEREIRA, Tânia da Silva. O Estatuto do Idoso e os desafios da modernidade. In: *A arte de envelhecer.* Maria Teresa Toríbio Brittes Lemos e Rosângela Alcântara Zabaglia (organizadoras). Rio de Janeiro: Idéias & Letras, 2004.

ZARADER, Marlène. *Heidegger e as palavras de origem.* Traduzido por João Duarte. Lisboa: Instituto Piaget, 1990.

ZILLES, Urbano. Filosofia e linguagem. In: *Veritas. Revista da PUCRS,* tomo XIX, nº 17, junho de 1974.

ZIZEK, Slavoj (Org.). O espectro da ideologia. In: *Um Mapa da Ideologia.* Traduzido por Vera Ribeiro. Rio de Janeiro: Contraponto, 1999.

Impressão:
Evangraf
Rua Waldomiro Schapke, 77 - P. Alegre, RS
Fone: (51) 3336.2466 - Fax: (51) 3336.0422
E-mail: evangraf.adm@terra.com.br